调查与研究

2024年度铁路思想政治工作优秀调研成果集

中国铁路职工思想政治工作研究会　编

中国铁道出版社有限公司
CHINA RAILWAY PUBLISHING HOUSE CO., LTD.
北京

图书在版编目（CIP）数据

调查与研究：2024 年度铁路思想政治工作优秀调研成果集 / 中国铁路职工思想政治工作研究会编 . -- 北京：中国铁道出版社有限公司，2024. 12. -- ISBN 978-7-113-31824-6

Ⅰ. D412.62-53

中国国家版本馆 CIP 数据核字第 2024VT7053 号

书　　名：**调查与研究**——2024 年度铁路思想政治工作优秀调研成果集
作　　者：中国铁路职工思想政治工作研究会

责任编辑：周雨晨　田银香　　　**编辑部电话**：（010）51873659
封面设计：刘　莎
责任校对：安海燕
责任印制：高春晓

出版发行：中国铁道出版社有限公司（100054，北京市西城区右安门西街 8 号）
网　　址：https: // www. tdpress. com
印　　刷：北京盛通印刷股份有限公司
版　　次：2024 年 12 月第 1 版　2024 年 12 月第 1 次印刷
开　　本：710 mm ×1 000 mm 1/16　**印张**：35.75　**字数**：486 千
书　　号：ISBN 978-7-113-31824-6
定　　价：136.00 元

前言

为有效发挥中国铁路职工思想政治工作研究会的参谋助手作用和铁路思想政治工作优秀调研成果的示范引领作用，依据中国铁路政研会章程和《2024年铁路政研会工作要点》及重点工作安排，我们在全路深入开展了加强学习改进铁路思想政治工作的调研活动，各单位积极主动参加，涌现出一大批优秀调研成果。这些成果始终坚持以习近平新时代中国特色社会主义思想为指导，认真贯彻落实党的二十大和二十届二中、三中全会精神，深入学习贯彻习近平文化思想和习近平总书记关于铁路工作的重要指示批示精神，贯彻落实国铁集团工作会议和铁路基层思想政治工作推进会精神，紧紧围绕铁路思想政治工作理论和实践问题，紧密结合本单位基层思想政治工作实际，主题明确，逻辑严谨，论证充分，既有较高的理论水平，又对实践具有较强的指导和促进作用。现将这些优秀调研成果汇编成册，供各级各单位参考借鉴。期望大家自觉坚持、主动认真、守正创新、求实问效，进一步推动铁路思想政治工作强起来、实起来、活起来，为奋力推动铁路高质量发展、率先实现铁路现代化取得新成效，勇当服务和支撑中国式现代化的“火车头”提供坚强思想保证、强大精神力量、有利文化条件。

编　者

2024年11月

目录

以数字化赋能
推动思想政治工作创新发展

中国铁路政研会　中国铁路南宁局集团有限公司政研会

思想政治工作是党的优良传统、鲜明特色和突出政治优势，是一切工作的生命线。当今时代，信息资源已经成为推动社会发展的重要资源，数字技术已经成为促进社会进步的主要技术，信息主导、数据驱动、网络思维、算法赋能、可视控制、智能引领、虚实交互日渐成为加强和改进思想政治工作必须把握的现实环境。党的二十届三中全会通过的《中共中央关于进一步全面深化改革、推进中国式现代化的决定》（简称《决定》）要求，“加快适应信息技术迅猛发展新形势”“形成网上思想道德教育分众化、精准化实施机制”。落实《决定》要求，铁路企业思想政治工作必须持续推动数字化革新与传统思想政治工作深度融合，利用数字化手段不断创新思想政治工作路径、方式与载体，为勇当服务和支撑中国式现代化的“火车头”提供可靠思想保证和强大精神动力。

近年来，面对迅猛发展的数字化浪潮，南宁局集团公司通过数字化赋能思想政治工作，试点打造思想政治工作大数据信息系统，开发宁铁智慧党建平台，提升了思想政治工作整体效能。集团公司上下发展的共识更加广泛、前进的动力更加强劲，职工在安全生产、防洪防汛中迅速行动、科学应对；全力打好增运增收攻坚战；在科技创新中坚持自主创新、科技攻关，形成了一大批科技创新成果，特别是青年职工积极参与创新创效大赛，推动23个青年创新成果转化落地，累计节约生产成本及创造经济收益达1600万余元，实现了职工与企业互促互进、相得益彰。

一、铁路企业数字化赋能思想政治工作的现实意义

1. 进一步加强党对铁路企业的全面领导，全面迅速地把党的声音贯彻到铁路一线，需要数字化赋能思想政治工作。习近平总书记强调，要“把全国各族人民团结和凝聚在中国特色社会主义伟大旗帜之下”“促进全体人民在理想信念、价值理念、道德观念上紧紧团结在一起”。“始终听党话、永远跟党走”是中国铁路始终坚守并不断传承的红色基因，坚持用马克思主义中国化最新成果武装头脑、指导实践，是中国铁路事业取得历史性成就、发生历史性变革的根本保证。站在新发展阶段上，铁路企业推动思想政治工作数字化赋能，有利于更好地掌握舆论引导主动权，巩固马克思主义在意识形态领域的指导地位。集团公司6万多职工分布在6300多公里铁路网上，点多线长、人员分散，依托数字化赋能思想政治工作，方能迅速推动党的创新理论进一线、到班组，把党的政治优势、组织优势和群众工作优势，转化为企业的竞争优势，为企业高质量发展提供持久、强大的软实力。

2. 进一步全面深化铁路企业改革，教育引导干部职工争做改革支持者、行动派、实干家，需要数字化赋能思想政治工作。党的二十届三中全会对推进国资国企改革、做强做优做大国有资本和国有企业作出了系统部署，明确提出推进铁路等行业自然垄断环节独立运营和竞争性环节市场化改革；深化综合交通运输体系改革，推进铁路体制改革。随着进一步全面深化铁路企业改革方案的确定，改革任务在面上铺开、向纵深推进，会出现各种新矛盾、新问题，许多思想问题也会反映出来，尤其需要提升思想政治工作质效，更好统一思想、凝聚共识、提振信心、激发合力。集团公司以改革创新精神加

快推进宁铁现代化、服务支撑中国式现代化定为中心任务，需要全局上下人心思齐、人心思进。思想政治工作惟有紧跟跟上，通过数字化赋能，提升激活人心的力量，教育引导广大干部职工从思想上及时化解改革中的矛盾，支持企业改革发展，并积极主动地投身到铁路企业改革工作中去。

3. 进一步适应数字技术重塑传播格局新变化，切实把牢信息化时代思想政治工作主动权，需要数字化赋能思想政治工作。随着大数据、区块链、人工智能等技术的发展应用，人们的生产生活被时刻改变着，互联网早已成为日常生活的新空间、信息传播的新载体、思想教育的新平台。同时，近年来铁路企业青年职工比例大幅增加，集团公司35岁以下的青年职工已经占全部职工总数的近一半，而且青年职工中绝大部分一出生就处于信息、数据和技术充分供给的生活环境，是典型的“Z世代”“网生代”，对新技术新业态的关注、使用更多。新形势下，需要紧跟数字化快速发展的历史进程，进一步加快思想政治工作理念创新、手段创新、基层工作创新，准确掌握职工思想脉搏、走好网上群众路线、做大做强网上思想舆论，让线上线下相得益彰，把互联网这个“最大变量”转变为铁路事业发展的“最大增量”。

二、铁路企业推动思想政治工作数字化赋能的实践成效

1. 建强数字平台，推动思政工作转型升级。从建好核心平台、强化矩阵联动、抓好资源整合的角度出发，着力建好数字化思政工作平台，推动思政工作应用互联网从“最大变量”到“最大增量”的转变。一是打造“PC端+移动端”思想政治工作云平台。基于Spring Cloud集群、nacos微服务管理等技术，自主研发宁铁智慧党建平台，将各部门研发使用的20余个党务类平台整合到一个平台中，开设学习平台、工作平台、交流平台、管理平台四大功能模块，开发跨平台（PC端、移动端）、跨系统（安卓、iOS）版本，集成党的建设、宣传管理、工会管理、共青团建设等各个专业工作，实现党员资讯信息“一键查”、培训考试“一点通”、业务诉求“一网办”，

打破传统思想政治工作时空受限制、方式方法单一等局限。二是构建“传统媒体＋新兴媒体”思想政治工作“舆论场”。以“南宁铁路”“南宁铁道”为龙头，在抖音、微博等5个重点网络平台“舆论场”开设账号进驻，形成涵盖报纸、影视、网站、微信公众号等平台在内的传播矩阵，设置新思想、要闻、人物、学习、文化、青年等栏目，让职工多方式、多角度接触铁路网上正能量。建立健全“1+5+6”融媒体制度体系，规范重点信息、重要资讯、重磅产品联合发布机制，实现“南宁铁路”“南宁铁道”账号首发、其他平台账号转载或二次创作的联动传播格局，推动资源互融、效益共生。三是畅通“标准化＋个性化”思想政治工作微链接。按照“一个核心平台主要支撑，多个外部平台资源共享”的思路，在宁铁智慧党建平台现有功能基础上，建立与“学习强国”、求是网、共产党员网、理论中国网等5个国内权威学习平台的外延链接，统一资源调用接口；与博齐书苑、720云VR全景官网、问卷星等网络平台联通，方便干部职工开展自主化学习，助力各级党务工作者进行定制化工作，有效提升资源使用效率。

2. 依托数字力量，加强思政教育工作效能。针对铁路系统点多线长、人员流动大、一线学习资源少的实际情况，运用数字化技术加速思政教育内容供给优化、增强学习互动和成效检验，筑牢干部职工坚定拥护“两个确立”、坚决做到“两个维护”的思想根基。一是聚焦“学习什么”，打造精品线上课程。突出习近平新时代中国特色社会主义思想，明确集团公司党委宣传部、党委组织部、团委联手管理政治学习的归口责任和基层单位党委组织政治学习的主体责任，统筹融媒体中心、党校等11家具有政治教育职能部门力量，适应新时代大众传播规律，以短视频为主、音频和图文为辅，选取把政治话语、理论话语转化为群众语言的权威视频、精品微课、微评论和小故事，集纳生成15期《敦行》电子资料包含189个重点学习内容，为政治学习提供“新鲜养料”。二是聚焦“怎么学习”，丰富云端学习渠道。党委宣传部按照月度下达学习计划和学习资料到站段党委，并在智慧党建平台开设理论原著、专题教育、四史课堂、云讲座、要闻资讯等7个栏目，便于干部职工通过手机端进行浏览学习。为方便流动作业职工学习，指导基层单位通过开展线上直播、结合单位实际二次创作学习视频等形式，广泛运用信息技术开设网络课堂，让政治学习传递到基层一线、职工末端。三是聚焦“学有成效”，组织开展网络考试。有针对性地梳理党的创新理论、形势政策、法律法规等知识点，建立政治理论应知应会题库 200 多题，保持动态更新，按照日常自主闯关、专项动态考、季度全覆盖的思路，组织干部职工开展线上理论测试，参考人数已突破 40 万人次，考试合格率（60 分以上）从 65% 提升至 80% 以上，实现以考促学。

3. 强化数字应用，擦亮思想引导育人底色。聚焦中国式现代化建设和重点工作主战场，通过做好微宣讲、微宣传、微展示，唱响新时代新征程团结奋斗主旋律。一是开展形势任务微宣讲，在加油鼓劲上下功夫。结合每年一个宣讲主题，聚焦党的重要会议精神、铁路发展成就和使命任务等重点内容，开展线上宣讲。组织领导人员录制“说事论理”电视访谈，推出“做优做大国铁企业”“如何统筹安全与经营”“增强科技创新能力”等 36 期线上专题宣讲产品，组织融媒体中心、各单位在传播矩阵上开设宣讲专栏，推出“一图读懂怎么干”“政策微解读”“技术大咖说”“宣讲微漫画”等融媒体产品 800 余个，层层形成线上宣讲热潮，进一步凝聚人心、鼓舞斗志。二是开展企业文化微宣传，在滋养人心上下功夫。采取“图文 + 视频”方式展示新时代宁铁企业精神，引导广大干部职工大力弘扬新时代宁铁企业精神。结合党史学习教育常态化长效化，将管内百色铁路地区红色教育基地、南宁东站党建引领工程展厅等 17 个展馆，通过 VR 技术手段呈现，累计浏览量达 4.9 万次，让红色教育随时随地“触手可及”。三是开展先进典型微展示，在示范引领上下功夫。以“最美铁路人”汪伯华、全国劳模陈岗、“中国好人”林江波等一批先进典型为主体，通过电视访谈、人物视频等网络传播方式持续放大正能量，带动更多职工向上向善，在网上问卷调查中，68% 的职工希望自己成为先进典型，57% 的职工迫切需要展示自我的舞台，典型引路效应进一步凸显。

4. 激活数字活力，解决职工思想和实际问题。坚持工作关口前移导向不动摇，着力发挥好数字化在扩宽诉求渠道、开展思想分析、解决实际问题中的作用，推动形成工作合力，不断提高思想政治工作的精准度和实效性。一是畅通线上诉求渠道。以站段为基础单元，通过网络统计平台、书记段长信箱、企业号、办公 OA 网络等方式，逐步建立健全覆盖全局、直达一线的 68 个“职工有话说”平台，以“图片 + 文字”的形式，在线广泛收集干部职工关于企业管理、改革发展方面的意见建议，掌握职工主要利益诉求，让一线声音“有出口”。二是开展精准思想分析。围绕阶段重点工作及职工关心关注的热点问题，组织 13 万余人次参与网络问卷调查，收集网络平台职工留言信息近 1 万条，通过数据对比与典型事例相结合、现状分析与趋势分析相结合，精准掌握职工思想动态。在南宁车辆段、南宁机务段等单位试点打造职工思想政治工作大数据信息系统，将职工工作生活信息划分为身心健康、政治理论、安全积分、业务素质、“一人一事”等 5 个分析模型，对干部职工情况进行“画像”，精准识别出重点人员。三是大力推动疏导解困。针对职工群众反馈的民生诉求需要，建立健全“线上答疑、线下办理”的工作机制，按照“问题初审—受理—督办—回复—归档”等程序，责成相关部门限时办理并给予答复，发动基层党（总）支部、工班长着力从“一人一事”抓起，采取谈心谈话、慰问家访、政策宣讲、心理干预等方式，加强职工思想疏导，仅 2024 年上半年就回应职工诉求 1750 件，回复率、办结率分别为 100%、87.4%，从根本上解决职工思想问题，做到件件有回音、事事有着落。

三、铁路企业推动思想政治工作数字化赋能的经验启示

1. 必须坚持系统推进。坚持系统观念，是辩证唯物主义的重要认识论和方法论，是具有基础性的思想和工作方法。推动数字化赋能思想政治工作是一项系统性工程，需要各级组织、各个部门共同参与。近年来，铁路企业聚焦应用数字技术，加强和改进思想政治工作，发挥宣传思想工作大格局的

作用，统筹各部门共同参与、主动融入，充分发挥各自职能优势，合力解决问题、改进工作，得到各方面充分肯定。实践证明，必须把思想政治工作作为一个有机统一的整体系统考虑、统筹协调，充分发挥各条战线各个部门对思想政治工作的促进作用，兼顾多方面因素，注重多目标平衡，才能不断破解矛盾瓶颈、推动高质量发展。

2. 必须坚持守正创新。坚持守正创新，是我们党百年来推进马克思主义中国化时代化得出的规律性认识，是中国特色社会主义新时代的鲜明气象，也是习近平新时代中国特色社会主义思想的显著标识。近年来，铁路企业抓住时代发展趋势，推动传统思想政治工作与数字化技术手段深度融合，利用数字技术重塑思想政治工作形态，更好地因时、因地制宜开展工作，使思想政治工作更好地发挥作用、展示作为。实践证明，思想政治工作只有在继承传统优势的同时，与时俱进、因时而变、因势而为，才能更好地把握规律性、富于创造性，不断开创工作新局面。

3. 必须坚持以人为本。思想政治工作从根本来看是做人的工作，其成效集中体现在人的思想和行为的变化上，通过解决人的思想和实际问题，促进认识提高、行动有力。近年来，铁路企业坚持把“以人为本”原则贯彻到数字化赋能思想政治工作全过程各环节，通过充分运用新技术新手段，更加准确找到所思所盼，更加及时回应关注关切，使干部职工有更多获得感、幸福感、安全感。实践证明，只有心里装着职工，及时有效地解决好职工心理最迫切、反映最强烈的问题，才能始终保持职工队伍思想稳定、昂扬向上。

四、铁路企业推动数字化赋能思想政治工作的设想建议

1. 推动数字资源互联共享。在确保信息安全的前提下，进一步打破人事劳资、安全职教、党工团建、综治信访等系统之间的数据壁垒，统一设置、提取、更新表单和字段，形成数据自动生成、更新自动维护、后台多维分析、趋势主动提醒的基础数据系统，广泛汇聚职工思想、行为数据，为精准识别各类重点人员，有效追踪职工思想动态，及时开展思想政治工作打牢基础。

2. 探索数字思政方式方法。在铁路单位和人员相对集中的地区，依托VR、AR、AI等新技术，采取自建、共建和市场化运作等多种形式，打造集教学、展示、观影、体验、互动等多种功能于一体的沉浸式思想政治主题空间，使思想政治工作活起来，增强时代感和吸引力。

3. 拓宽数字平台应用场景。通过嵌入AI应用和数据模型，开发基于提升思想政治工作效果的互动小程序，创设党员职工个人专属的展示“小平台”，想方设法增强“智慧党建”平台和App的交互性及吸引力，让干部职工在“智慧党建”平台和App上动起来，调动党员职工参与思想政治工作的主动性、积极性和创新性，进而实现思想政治工作从“指尖”到“心间”和“脑间”。

4. 提升队伍数字思维能力。教育引导广大思想政治工作人员切实转变观念理念，正视、适应进而拥抱数字化、智能化时代的到来，自觉主动提升自身网络思维、数字素养和多维视域，由基于经验向基于数据延伸，由惯性思考向创新思路转变，由判明现状向预测未来位移，由揭示因果关系向探寻相关关系衍化，努力在现实世界和“元宇宙”等不同环境下都能游刃有余。

（执笔人：胡恺、欧阳勇泉、冯皓）

关于呼和浩特局集团公司开展精准化思想政治工作、勇当服务和支撑中国式现代化“火车头”的调查与研究

中国铁路政研会　中国铁路呼和浩特局集团有限公司政研会

思想政治工作是一切工作的生命线。习近平总书记在全国国有企业党的建设工作会议上指出，“要着力抓好政治引领，抓好国有企业领导人员队伍建设和管理，抓好基层党组织建设和职工群众的思想政治工作”，对做好新时代国铁企业职工思想政治工作提出了根本要求。面对新时代新征程国家铁路肩负的使命任务，迫切需要我们认真学习贯彻习近平总书记关于思想政治工作的重要论述，围绕构建铁路“六个现代化体系”奋斗目标，以进一步全面深化改革为动力，牢固树立精准思维，深刻把握精准内涵，系统推进精准思政，引导200万铁路职工勇当服务和支撑中国式现代化的“火车头”，为推进强国建设和民族复兴伟业贡献铁路力量。

一、开展精准化思想政治工作的现实背景

思想政治工作说到底是做人的工作，最根本的任务是赢得人心。发挥好思想政治工作要求的引领政治方向、凝聚思想共识、汇聚发展力量作用，必

须始终牢记国之大者，自觉站位铁路发展大局，紧紧围绕“人心”这个最大政治，深刻领悟推进精准化思想政治工作的重要意义。

1. 开展精准化思想政治工作是落实党中央加强和改进思想政治工作要求的应有之义。思想政治工作内容丰富，最根本的是坚持党的领导。当今社会思想意识和价值理念日益多元多样多变，不同个体在思想认知、文化背景、信息甄别能力上的差异，无形之中弱化了主流意识形态话语的传播。铁路作为党的事业的重要组成部分，能否保证党中央决策部署在国铁企业不折不扣落实，能否保证铁路现代化事业始终沿着正确方向前进，关键在于用党的创新理论统一思想、统一意志、统一行动，关键在于引导干部职工更加认同党、热爱党、追随党。这就需要我们采取精准有效的方法，推动思想教育由“漫灌”向“滴灌”转变，在准确掌握干部职工真实想法基础上，针对性讲清楚党的领导从何而来、党的领导是为了谁，引导干部职工坚定拥护“两个确立”、坚决做到“两个维护”，不断坚定听党话、感党恩、跟党走的信心决心，持续巩固党对国铁企业全面领导的思想根基。

2. 开展精准化思想政治工作是勇当服务和支撑中国式现代化“火车头”的重要保障。思想政治工作是我们党的优良传统和政治优势。党的二十届三中全会《决定》中，直接对铁路改革提出要求的有推进铁路等行业自然垄断环节独立运营和竞争性环节市场化改革、推进铁路体制改革 2 条，涉及铁路工作的有 40 条，需要铁路提供服务和保障的有 14 条。推动国铁企业全面深化改革取得新突破，思想政治工作发挥着不可替代的重要作用，尤其需要我们精准对焦干部职工的思想疑虑，针对性讲透彻改革为了谁、改革依靠谁、改革造福谁，引领民之所需、民之所计、民之所盼的改革导向，营造问需于民、问计于民、问效于民的改革氛围，让“心动”与“行动”充分交融反应，有效调动干部职工的改革意愿和参与热情，全面夯实推进国铁企业全面深化改革的群众基础，引导干部职工以新的姿态积极投身改革实践，勇当服务和支撑中国式现代化的“火车头”。

3. 开展精准化思想政治工作是充分激发国铁企业干部职工创造活力的

重要举措。思想政治工作是企业最重要的无形资产，做实了就是生产力、做强了就是竞争力、做细了就是凝聚力。随着经济社会快速向前发展，人们对社会环境的触觉更加敏感，民众个人需求维度较以往持续提升，加之各种思潮交融交流交锋影响，推动干部职工思想观念日趋复杂。如何适应这些新特点新变化新形势，有效做好化解矛盾、疏解疙瘩、理顺情绪工作，需要我们不断优化思想政治工作方式方法，统筹运用“编码”与“解码”理论，着力构建精准感知、精准施策、精准处置的工作载体，更好地掌握干部职工心理态势，有的放矢回应干部职工关切，充分激发干部职工创造活力，为推动国铁企业高质量发展凝聚广泛共识和强大力量。

4. 开展精准化思想政治工作是提升基层思想政治工作水平的重要抓手。思想政治工作服务对象在基层，工作主体在基层，任务落实靠基层。企业职工既是思想政治工作的对象，也是思想政治工作的参与者，过去传统的主客二分的工作模式已不再适应当前思想政治工作需要，需要我们积极适应形势任务发展需要，既通过丰富既有内容形式提升工作效果，又通过深化工作效果反哺形式内容，丰富线上问卷调研、热点话题讨论、网上“点单式”宣讲等方式，利用智能数据工具分析调研结果、高频讨论词句等信息，助力研判职工思想状况、心理活动和行为趋向，将思想政治工作“挖掘确定性”转化为“探索可能性”，不断为推动铁路高质量发展、率先实现铁路现代化凝聚行动合力，激发出干部职工建功新时代新征程的昂扬精气神和澎湃正能量。

二、实施精准化思想政治工作前面临的主要问题

问题是时代的声音，也是创新的起点。在全面实施精准化思想政治工作前，呼和浩特局集团公司坚持到火热现场捉“活鱼”的思路，先后多次开展问卷调查、满意度测评、座谈交流，特别是利用乘坐铁路通勤列车、与一线职工共同就餐、到边远站区跟班作业等时机，广泛听取干部职工意见建议，深入了解工作开展一手情况，全面掌握思想政治工作存在的突出问题，为针

对性推进“精准思政”提供了依据。

1. 思想认识“淡化”。近年来，国铁企业陆续出台一系列工作举措，推动铁路思想政治工作取得长足进步。但在调研过程中也发现，部分基层干部对思想政治工作仍然不够重视，不同程度缺乏荣誉感和价值认同，工作精力多投入生产经营等“显绩”上，特别是在安全压力较大和生产任务较重时期，很多时候被具体事务缠身，有的工作举措落实高举轻放，有的工作载体运行时断时续，在个别车间班组难以彰显预期成效。

2. 推进机制“软化”。在基层思想政治工作机制建设方面，近年来，虽然建立了“党委责任清单”，制定了“党支部工作规范”，该落实的责任分解到了人头，该开展的检查都能按期推进，但在一些具体问题考核问责上，往往在关键地方松了手、在紧要时期缓了力、在吃劲阶段溜了肩，有的工作考评“评而不考”，有的失职追责“追而不究”，缺乏持续上劲拧扣的刚性约束，致使一些局部工作推进形不成常态、构不成闭环、难以见长效。

3. 方式方法“老化”。部分车间班组对思想政治工作的基本遵循、提挈要领、实践抓手概念相对模糊，依然用旧观念适应新常态、用老办法解决新问题、用“旧地图”寻找“新大陆”，开展工作习惯于陈规旧式，被动答疑多于主动引导，临时疏导多于经常交流，口头安抚多于现实问题解决，特别是面对信息化时代的新形势，一些车间班组不善于“用网”，不能很好地贯通网上网下两个“舆论场”，对职工所思所想掌握不全面的问题仍然比较突出。

4. 队伍能力“弱化”。在多次深入基层调研中发现，大多数基层党组织书记没有接受过思想政治工作系统培训，有的讲起生产业务头头是道，但与职工交流很难产生共鸣共情，面对多元化思潮对职工思想的影响，特别是涉及利益的个性问题，经常会有“七十二变掀不翻五指山”的困惑；有的车间行政干部管理中过多依赖奖惩，习惯于用命令方式部署推动工作，让一些职工产生了消极抵触心理，很多时候嘴上不说、心里嘀咕，无形中给思想政治工作增添了难度。

三、开展精准化思想政治工作的具体实践

在深入调查研究基础上，本着始于职工需求、终于职工满意的原则，坚持以精准化、信息化、常态化为突破口，紧扣存在问题，建立职工思想问题和实际问题“双闭环”机制，研发精准化思想政治工作信息平台，着力推动察民情、解民忧、聚民智走深走实。

1. 精准对接需求。主动适应新媒体发展趋势，开通董事长和总经理信箱，搭建网络互动交流直通车平台，建立工会意见征集平台和“红黄白”通知书，开启“呼铁手机报”、“草原铁路”微博微信留言功能，打通信息传递过程“梗阻”，避免信息反映中间“过滤”，让职工诉求随时随地直达决策层；本着“流程便捷、操作简单、运行高效、责任明确”的原则，先后三次优化升级“网络互动交流直通车”，开通手机端通道，职工只需扫描即可建言献策，累计受理职工诉求 5900 余条，使信息提交更加便捷、信息处理更加顺畅、信息查询更加精准。通过集团公司 24 小时值班电话即时受理职工诉求，第一时间交办有关部门和单位处置；建立一线车间、基层单位、集团公司三级职工思想动态月度分析报告制度，采取走访座谈、问卷调查、信息直报点等方式，自下而上定期收集职工意见诉求；与安全管理信息系统、信访系统等实现信息共享，将受到甲类及以上问题考核人员、信访职工等作为重点对象，自动生成思想政治工作任务单，及时精准开展家访谈心。充分利用乌海、临河、包头、呼和浩特、集宁五个地区职工服务中心，搭建“一站式”服务模式，受理职工诉求、倾听职工呼声、解答职工疑惑；依托人民铁道网“心声 / 留言”栏目，广泛征求职工在安全运输、经营管理、生产生活、切身利益方面的意见建议，针对性开展解疑释惑、思想疏导。

2. 精准分析研判。按照归口管理的原则，将各类信息点对点提交到各部门和单位予以快速处理。对于各部门和单位职责范围内力所能及的问题，根据日常工作流程和既定受理办法办理，能够当日回复的当日回复，不能当日予以回复的 3 日内回复；对于需要集团公司统筹协调研究解决的问题，

纳入月度职工思想动态分析报告。每月末汇总日常收集和受理提报的问题，撰写月度职工思想动态分析报告，在征求相关部门和单位意见后，呈送集团公司主要领导审阅作出批示要求。坚持“把麻烦留给管理层、把方便留给职工”原则，深入一线调研职工反映问题，积极研究解决措施。对于日常性、一般性的思想问题，依托精准化思想政治工作信息系统，由系统筛选出工作对象后，自动派发任务单至各单位。各单位宣传科长分析研判工作等级，区分紧急办理和常规办理，明确做思想政治工作的责任人和期限。

3. 精准疏导处置。每月由两级单位党委副书记、工会主席、总会计师组织相关部门召开职工诉求和思想问题“双闭环”专题会议，逐条研究纳入职工思想动态问题库的问题，制定解决措施和解释口径，明确部门责任和完成时限，形成会议议定事项通报有关部门和单位。截至2024年11月，集团公司层面召开92次专题会议研究解决职工建言诉求2100余条，通过流转相关部门解决答复5600余条。基层单位也比照集团公司管理模式，建立起党委统一领导、党政工团齐抓共管、有关领导牵头组织、宣传部门具体负责、其他部门分工协作的工作格局。在处置思想政治工作任务单时，做思想政治工作的责任人按照思想疏导、问题处置和动态观察三个类别，根据系统自动提供的思想政治工作方法和相近案例，以及该职工以往思想问题情况，有针对性地开展家访谈心。对于思想问题背后的诉求，由做思想政治工作的责任人协调做好解决、解释工作，对无法解决的问题逐级上报解决。采取思想疏导和问题处置，工作对象思想仍未稳定，问题尚未得到彻底解决的，由党总支实施动态观察、定期写实，防止问题反弹和升级。

4. 精准追踪落实。对于结合部较多、影响职工思想、涉及中心工作、专题会议着重研究解决的问题，纳入集团公司督查督办管理系统，以督查督办通知书形式实施销号管理。对于转交各部门和单位直接承办的问题，要求在7个工作日内向集团公司党委宣传部反馈落实情况，如短时间内确实难以解决的，要说明原因并提出整改措施。定期通过现场走访、电话回访、媒体监督等方式开展追踪督办，抽查问题解决落实情况，确保问题处置闭环。把职工反映问题的解决解释情况，以通俗易懂的语言形成 94 期视频版和文字版《热点问题面对面》，通过“呼铁手机报”、《内蒙古铁道》报、呼铁电视等内宣媒体平台进行深度解读，重点加强对工资收入、“五险一金”、铁路“三线”建设等职工关注度高热点问题，连续推出 71 期《热点访谈》，有效对职工思想疑惑进行阐释解读。

5. 精准考核评价。充分运用网络技术手段，拓展网络互动交流直通车平台数据查询分析功能，实现对职工意见诉求、合理化建议、问题整改落实等情况的自动统计，通过各系统横向、各单位纵向间的数据对比分析，找准职工关注的热点焦点问题，研判职工思想热点发展趋势，为科学决策提供参考依据。在解决思想问题方面，运用精准化思想政治工作信息系统，加强考核评价，根据工作任务处置率，区分集团公司和所属单位两个层面，对各责任主体落责情况进行评比，定期将各单位评定为四个等级，对于“优秀”的，通过会议发言、经验交流等方式表扬推广；对于其他的，采取通报批评、纳入经营业绩考核等方式推动落实。对于问题处置产生良好反响或造成负面效应的，集团公司和各单位还可以额外人工加权考核，使思想政治工作实现由以往靠感觉、难量化向规范化、数据化、可量化的转变。

四、开展精准化思想政治工作的成效

以精准化、智能化、人文化、科学化持续推动思想政治工作创新发展，取得了良好成效。

1. 提升了思想政治工作实际效果。充分运用信息技术模式，采用更为灵活多元的方式，建立起与职工群众的连心桥梁，充分激发职工群众“拍砖”“献策”意愿，推动思想政治工作不断创新、流程不断优化、质量不断提升。强化服务一线、服务职工的意识，解决一线生产生活中的困难，让基层得到实惠，使“一人一事”思想政治工作更有温度。

2. 锻造了思想政治工作过硬队伍。通过建立健全思想政治工作责任制，细化实化工作责任清单和工作规范，组织思想政治工作者练好“说理功”“疏导功”“解难功”，及时帮助职工解开思想上的“疙瘩”、清理思想上的“灰尘”、消除关系上的“芥蒂”、抹去心理上的“阴影”。

3. 创新了思想政治工作有效方法。把思想政治工作与集团公司高度关注、狠抓不放的一些重点工作有机结合起来，共享资源，互相作用，一体化推进，减少“中梗阻”，提高工作效率，真正把实事办到职工群众心坎上。

4. 构建了思想政治工作联动格局。把职工群众当亲人，把工作重点、着力点放在凝心聚力上来，坚持一切为了群众、一切依靠群众，站稳群众立场、树牢群众观点、厚植群众情怀，带着与职工群众交心的真诚，怀着为职工群众解忧的真情，始终同职工群众同呼吸、共命运、心连心，最大限度地调动一切积极因素，推动企业高质量发展行稳致远。

五、持续深化精准化思想政治工作的思路举措

做好新时代国铁企业思想政治工作，要在精准、难在精准、成在精准。随着干部职工个体意识不断崛起，信息茧房加速催生认知孤岛，特别是在基层化解矛盾能力还显不足的现实情况下，思想政治工作复杂性越来越突出，引发个体事件的偶然性也在增大，更加需要我们着眼“精准”二字，在苗头研判、因需施策、联动调处上持续发力。

1. 全面构建精准汇集体系。在发挥传统思想政治工作优势基础上，更加注重信息技术创新运用，动态优化精准化思想政治工作系统，综合匹配“定量”“定时”“定责”要素，做大做细做优数据资源，发挥大数据筛选分析综合功能，前置职工思想动态研判环节，着力构建从纷繁现象中把握思想主流、从日常言行中洞察内心诉求、从露头桅杆中看清发展趋势的思想感知体系，找准表象问题和现实问题的思想根源，针对性提出预警干预要求，有的放矢精准推送思想教育内容，及时化解好苗头性、倾向性、潜在性问题。

2. 系统提升精准疏导能力。统筹普遍引导和个体疏导，立足增强“引领性”“精准性”“实效性”，积极研究探索供需辩证关系，树立运用“供给侧改革”思维，在持续做好用党的创新理论凝心聚魂、深入开展形势任务

集中宣讲、走好网上群众路线、有效发挥典型示范作用等工作的同时，重点加强基层思想政治工作队伍建设，定期开展思想疏导能力培训，构建共情共鸣信任沟通渠道，创新寄理于情、寄情于事、寄事于行实践载体，综合运用结对关怀、换位思考、心理咨询等方式，不断提升思想政治工作亲和力渗透力感染力，推动思想观念这个最大变量转化为企业发展最大增量。

3. 着力完善精准协调机制。立足构建协同联动大思政格局，统筹各级组织工作职能和各自优势，汇集宣传部门、社保部门、帮扶救助部门等各方力量，优化职工思想动态联合分析机制，打通各类信息系统传输端口，最大限度实现信息共享共用；用好既有思想问题和实际问题“双闭环”机制，积极解决涉及职工利益问题，指导基层单位做好点对点政策解读，提升信息反馈通俗性准确性时效性；根据不同部门职责和不同问题性质，按照对策精准、措施精细、处置精心的原则，完善全链条责任分工体系，动态优化响应调处流程，推动形成一般问题即时化解、复杂问题高效化解、疑难问题合力化解的工作格局。

（执笔人：马志军、孙颖）

建好“参谋部” 当好“智囊团”
努力提升新时代新征程铁路政研会工作质量

中国铁路政研会　中国铁路哈尔滨局集团有限公司政研会

党的十八大以来，以习近平同志为核心的党中央高度重视思想政治工作，提出一系列新理念、新部署、新要求，为国铁企业加强和改进思想政治工作指明了方向。2024年以来，哈尔滨局集团公司政研会按照铁路政研会要求，围绕建设一流政研会课题开展了专题调研，持续深化铁路企业政研会建设，围绕中心建好“参谋部”，当好“智囊团”，有效凝聚职工思想共识，为勇当服务和支撑中国式现代化的“火车头”提供坚实思想保证。

一、充分认识做好新时代思想政治工作的重要意义

1. 做好新时代思想政治工作是始终确保国铁企业对党绝对忠诚的重要保证。党的十八大以来，习近平总书记就加强和改进思想政治工作作出一系列重要论述，中共中央、国务院印发《关于新时代加强和改进思想政治工作的意见》，这些都表明了以习近平同志为核心的党中央对思想政治工作的高度重视。铁路作为党的国有企业，从建设到发展始终沐浴着党和国家的亲切关怀。只有坚持以习近平新时代中国特色社会主义思想为指导，加强和改进

思想政治工作，不断提升干部职工思想觉悟、道德水准、文明素养和文明程度，切实把思想政治工作优势转化为推进高质量发展的强大动力，才能在践行“勇当服务和支撑中国式现代化的‘火车头’”使命中，续写忠诚向党的新篇章。

2. 做好新时代思想政治工作是巩固发展国有企业的独特优势、强化企业党委核心作用的根本要求。思想政治工作是传家宝，是党的工作的重要组成部分，也是党的思想建设的重要内容，必须服务于党和国家的中心工作，为搞好经济工作和其他一切各项工作提供政治和思想保障。党的执政地位的取得，离不开思想政治工作这一优良传统；党的执政能力的提高，离不开思想政治工作的加强与改进。思想政治工作是铁路企业的生命线，贯穿于党的建设的各个领域、各个方面、各项工作之中，在党的政治建设、思想建设、组织建设、作风建设、纪律建设、制度建设等各个方面得到了充分应用、发挥了突出作用。因此，发挥党在国有企业的政治核心作用，就必须加强思想政治工作，确保党的领导不动摇、优势不削弱。

3. 做好新时代思想政治工作是助力国铁企业深化改革攻坚、实现高质量发展的重要保障。在革命、建设、改革各个历史时期，我们党一直都十分重视思想政治工作，如井冈山时期的三大纪律、八项注意，延安时期整顿党风、学风、文风等，党领导思想政治工作形成了一系列重大方针原则和重要工作遵循。思想政治工作是国有企业的优良传统和政治优势，是国铁企业改革和发展的生命线。加强思想政治工作，既是企业改革发展稳定的有力保证，也是中国特色现代国有企业制度的鲜明特征。当前，国有企业进入改革发展的攻坚阶段，一些深层次矛盾逐渐显现。要解决这些瓶颈问题，就必须聚焦企业发展实际和员工需求，不断创新思想政治工作的方式方法，使广大员工积极主动地投身到企业改革工作中去，以高水平思想政治工作助力国铁企业高质量发展。

4. 做好新时代思想政治工作是助力国铁企业弘扬主旋律、传播正能量的重要手段。习近平总书记指出：“思想政治工作从根本上说是做人的工作。”

也就是说，从工作内容上讲，思想政治工作是以人为对象的工作，是以马克思列宁主义为指导，用党的创新理论教育党员干部和群众，使人们确立正确的立场观点，提高思想觉悟，掌握正确的思想方法和工作方法，自觉为党和国家的各项工作而努力奋斗的工作。随着互联网时代的到来，职工接受信息方式深刻变化，思想愈发多元，社会上一些“躺平”等负面思想不可避免地对职工的思想带来冲击，给铁路思想政治工作带来了新形势、新挑战和新要求。只有用好思想政治工作这一传家宝，在事关大是大非和政治原则问题上，增强主动性、掌握主动权、打好主动仗，才能引导员工划清是非界限、澄清模糊认识，不给错误思想提供传播渠道；只有宣传好社会主义核心价值观，宣传好先进典型，才能为事业发展营造良好氛围。

二、准确把握铁路政研会在中心工作中的职能定位

1. 铁路政研会要力争成为服务中心工作的“思想库”和“智囊团”。国铁集团党组提出了勇当服务和支撑中国式现代化“火车头”的使命，给集团公司改革发展提出了新的要求，也为进一步加强和改进职工思想政治工作提出了更高要求。当前和今后一个时期，集团公司改革发展进入关键阶段，特别是随着“三项机制”改革、货运组织改革等重点改革任务的深化，使我们面临着一系列新情况、新问题、新挑战，没有现成的经验和模式可以借鉴，需要我们超前进行理论、对策和应用研究。同时，在推动集团公司改革发展的进程中，各级组织、各单位实施了探索、取得了成绩、创造了经验，亟须梳理总结、深入研究，并上升到理论层面，更好地指导实践，发挥更大作用。因此，迫切需要政研会成为“思想库”“智囊团”，紧密围绕推进集团公司改革发展需要把握的重大问题，紧紧聚焦职工思想引领这一目的，扎实开展理论研究，提供思想理论支撑，引领和带动各项工作不断创新发展、取得新成效。

2. 铁路政研会要力争成为开展思想政治工作的“参谋”和“助手”。思想政治工作具有极强的时代性，随着当前社会发展出现深刻变化及网络媒体迅猛发展带来的信息交互，铁路职工接受信息的范围更大、周期更短，思想

状态更容易呈现出多元、多变、多样化特点。思想政治工作只有准确掌握职工所思所想所盼，才能把握工作方向、发挥优势、补齐短板，保持旺盛的生命力，焕发新的创造力。做好职工思想政治工作，坚持铁路企业思想政治工作守正创新是适应新时代新变化的必然要求，打破以往已经成为体系的惯性思维，主动思考研究如何适应形势变化，把人文关怀和心理疏导、尊重职工主体地位和发挥骨干人员关键作用有机结合起来，对提升各级干部开展思想政治工作的能力素质提出了更高、更新的要求。面对新情况新挑战，铁路企业迫切需要政研会成为“参谋”“助手”，积极为各级党委机关和基层开展思想政治工作出主意、想办法，根据当前形势发展变化和职工思想状态特点，提出创新性的工作建议和思路，进一步把广大干部职工的思想认识统一到集团公司部署要求上来，把智慧和力量凝聚到推动高质量发展的实践上来。

3. 铁路政研会要力争成为沟通、联系、服务的纽带和平台。铁路企业有着一支规模庞大的基层党组织和专兼职政工干部队伍，这是我们特有的组织优势。实践证明，不管情况如何变化，“面对面、零距离、心贴心”仍是最管用、最有效的思想政治工作。政研会具有联系社会广泛、联系职工群众密切的优势，需要当好路内与路外、上级与下级、干部与职工相互联系沟通的纽带；具有渠道、资源优势，需要成为总结推广经验、打造工作品牌、扩大社会影响、塑造发展形象的平台。随着铁路改革发展的不断深化，铁路与经济社会关联紧密的特点将更加凸显，社会对铁路的关注程度也将不断加大。只要把政研会桥梁、纽带作用和资源、平台优势用好，调查了解社会舆情、思想动态和思想政治工作的实际情况，就可以第一时间把社会和干部职工关于铁路的呼声、想法、建议反映上来，把各级党委的声音传达下去，把路外思想政治工作的精品成果引进来，把铁路的典型做法宣传出去，就能为推动高质量发展奠定深厚的基础、营造良好的环境。

三、打造一流铁路政研会的探索和实践

1. 坚持以政治建设为根本，强化理论武装。始终把讲政治摆在首位，

用党的创新理论指导政研工作。一是加强理论学习。坚持做习近平新时代中国特色社会主义思想的忠实信仰者和积极传播者，深入学习宣传贯彻党的十九大、二十大精神及党的二十届二中、三中全会精神，组织理论骨干积极撰写研究成果，《学深悟透新思想，笃信躬行解难题》被《思想政治工作研究》采用，集团公司学习贯彻党的二十大精神理论文章在黑龙江省《奋斗》杂志刊发。聚焦巩固“职工政治学习质量提升年”成效，指导基层单位优化职工政治学习组织，健全完善“一班组一方案”，成立精品微课创作课题组，加强理论供给和理论阐释，齐辆职工陈佳撰写的理论文章在中央宣传部《思想政治工作研究》刊发，“在国铁企业大兴调研之风”等6个理论微课被评为全路“五个一百”优秀作品。二是突出党建引领。加强党对政研工作的领导，聚焦以高质量党建引领政研工作高质量发展的目标，推动政研工作与党建工作深度融合，围绕党建工作重点任务积极作为。特别是在正面宣传教育上，运用“631+N”常态化宣传教育载体，先后组建青马宣讲团、最北宣讲团、“铁牛”宣讲团等8支特色宣讲队伍，2024年以来围绕党的二十大、二十届三中全会精神开展全覆盖理论宣讲5300余场次。举办优秀宣讲成果展演，在融媒体中心演播室向全局展播“莎莎说哈铁”等8个优秀宣讲作品，实现以赛促讲、以赛促干，有效弘扬了正能量。集团公司宣讲团队在全路主题宣讲大赛获团队第一名，《运用“四讲”提升主题宣讲针对性时效性》经验在中央宣传部基层思想政治工作培训班交流。三是树牢大局意识。坚持胸怀大局，服务中心，把握铁路企业行业特点，找准政研会自身定位，持续提升贯彻落实党中央、国铁集团党组重大决策部署的思想自觉和行动自觉，将习近平文化思想、习近平总书记关于思想政治工作的重要论述和对铁路工作的重要指示批示精神纳入理论学习重点内容，聚焦成果转化组织开展立项调研，聚焦国铁企业高质量发展创作“六个现代化体系”系列思政课，在《哈尔滨铁道报》专栏刊发述评文章6篇、基层单位领导人员理论学习成果21篇，理论文章《加快构建现代化铁路安全保障体系》在《人民铁道》报刊发。

2. 坚持以组织建设为保障，夯实工作基础。始终把加强自身建设作为提升政研工作质量的首要前提，不断增强政研工作的内生动力。一是优化机构载体。完善集团公司政研工作组织架构，由集团公司党委副书记任集团公司政研会会长、党委宣传部部长任副会长、党委宣传部副部长任秘书长，并在71个基层单位设置政研会分会，进一步配齐工作力量，并按照铁路政研会要求做好换届筹备工作。建立机关部门协调联动机制，依托《哈铁政工》期刊、信息简报等载体，开辟“学习与思考”专栏，先后交流三棵树车辆段《“三个坚持”聚力思想引领》、哈尔滨动车段《把好“三道关”　做到“一人一事”思想政治工作》、鸡西工务段《研判负面因素　前移思想疏导关口》等思想政治工作研究成果110余篇，为政研工作搭建交流成果的平台。二是完善工作机制。建立党建带政研工作机制，定期召开宣传思想工作领导小组会议研究政研工作，出台《中国铁路哈尔滨局集团有限公司职工思想政治工作研究会章程》，明确7项重点任务、会员的5项权利和3项义务，并规范了政研基地任命、特约研究员任命、组织结构、经费使用等各方面流程，让政研工作有矩可依，实现政研工作规范化制度化。三是加强队伍建设。着力建强各级思政骨干队伍，充分发挥所属岗位优势和特长，组建了集团公司“鞠政声”政论组、党校理论教研组、融媒体中心时政组、百名青马讲师团、30个班组“知·行”学习示范小组等思政工作队伍，精心策划理论研究选题，定期做好阶段研究成果交流，丰富班组政治学习内容，为深化理论学习、研究、交流、普及提供力量支撑。

3. 坚持以调查研究为主责，突出守正创新。充分发挥政研工作“智库”作用，聚焦重点领域深入开展调查研究，持续推动基层思想政治工作探索与创新。一是聚焦体系建设深入调研。以明确思想政治工作责任为核心，深化思想政治工作体系建设，厘清各级管理者思想政治工作责任。研究制定《集团公司党委思想政治工作责任清单》，明确从党委书记到班组长等各级管理者的思想政治工作责任，实现管人管事管思想相统一。用好《基层思想政治工作标准化测评体系》，探索建立思想政治工作效果评价办法，推动思想政治工作脱虚向实，《积极构建思想政治工作大格局》被评为黑龙江省政研会优秀研究成果。二是聚焦数字赋能深入调研。积极探索“互联网＋思想政治”工作，发挥数字信息优势，依托集团公司党建信息系统，搭建思想政治工作云平台，开发思想政治方面重点人员动态管理、职工思想倾向问题大数据分析、基层单位思想政治工作效果量化评价等功能，实现思政工作对象情形类别、所在系统、政治面貌、年龄结构动态掌握，职工思想倾向性问题程度自动分析，基层单位思想政治工作效果精准评价，让数据“说话”，有效提升思想政治工作信息化、智能化、精准化水平。三是聚焦基层实战深入调研。聚焦加强和改进基层思想政治工作，在哈尔滨车辆段等 27 个会员单位建立思想政治工作示范点，其中国铁集团级 3 个、黑龙江省级 2 个、集团公司级 22 个，每个示范点确定一个重点课题开展攻关，“孵化”出一批在基层有效管用的思想政治工作法。其中，哈尔滨车辆段《以“五做”方式推进精准化思想政治工作》被评为中国铁路政研会优秀研究成果，集团公司“一人一事”思想政治工作做法获全国铁路思想政治工作研究成果一等奖，职工思想“云引导”的做法被评为黑龙江省宣传工作十大亮点。

4. 坚持以解决问题为导向，促进成果转化。着力解决思想政治工作在基层落实落地的难点问题，着力推进思想政治工作研究成果转化，促进思想政治工作脱虚向实，在基层发挥实效。一是着力解决能力素质问题。针对基层思想政治工作者业务能力不足的实际，结合基层单位党委书记、副书记、其他党委委员、车间（科室）总支书记、班组党支部书记等岗位职责，研究编制《基层思想政治工作手册》，把思想政治工作“战略层面”工作项点，提炼梳理成为“战术层面”的 35 项具体任务，明确做什么、怎么做，为思政工作者提供抓手。二是着力解决重点群体问题。针对普遍性的思想政治工作方法无法解决职工思想个性化问题的实际，有针对性加强重点群体“一人一事”思想政治工作，研究出台《集团公司加强干部职工思想政治方面重点人员分类管理的实施意见》，明确了频繁出现“两违”问题、家庭出现变故、思想偏激偏执等已表现出思想波动但未出现严重后果的 10 种重点关注情形，由党支部书记、班组长开展思想疏导；同时明确了触碰安全红线、违法违纪、不服从企业管理等产生后果的 13 种重点教育情形，组织开展一对一包保转化教育，集团公司累计关心关注职工 4006 人次，开展重点思想教育 546 人，有效防止思想问题演变成现实问题。三是着力解决评价导向问题。坚持以推动基层思想政治工作过程和效果双向评价为导向，进一步完善评价机制。在过程评价上，用好现行标准化测评体系，每半年开展一次联合检查，以分值精准评价基层单位思政工作重点任务完成情况，重点解决工作做没做的问题。在效果评价上，研究完善《基层思政工作效果评估办法》，利用信访稳定、违法犯罪、安全质量、网络舆情等 6 个维度的数据，对基层单位思政工作效果进行评价，重点解决工作好不好问题，推动思想政治工作与中心工作深度融合，发挥实效。四是着力解决物化有形问题。职工思想问题很多是由现实问题引发，解决思想问题必须与解决实际问题相结合，必须从破解实际问题入手，不断提高思想政治工作的公信力。坚持思想问题和现实问题同步解决，研究建立“双解决”机制，针对收入分配、生产组织变化、生活福利等职工关心关注的问题，录制“专业访谈”，开展面对面“定单式”宣讲等，主动回应热点，消除思想疑虑；针对职工互动交流平台、“哈铁家园”留言等多个渠道职工反映的实际困难，督促业务部门落办解决。先后解决了齐齐哈尔站通勤动车车次少、滨江站食堂饭菜质量低等 229 件职工诉求，推动思想政治工作有形化。

四、打造一流铁路政研会的启示和思考

1. 打造一流铁路政研会，必须紧紧依靠党的领导。深化一流铁路政研会建设，坚持党的领导是首要要求和根本保证，必须准确把握自身的建设方向，才能行稳致远，取得真正成效。要充分发挥铁路姓“党”的政治优势，始终以习近平新时代中国特色社会主义思想为指导，深入学习贯彻习近平文化思想，传承发扬铁路红色基因，全面贯彻党的基本理论、基本路线、基本方略，才能找准打造一流铁路政研会的正确方向。

2. 打造一流铁路政研会，必须围绕中心服务大局。定位决定方位，方

向决定走向。对于国有企业而言，思想政治工作就是为生产经营服务的，要围绕中心工作任务思考谋划加强和改进职工思想政治工作的具体措施。要坚持“抓生产从思想入手，抓思想从生产出发”的理念，将破解制约安全生产突出思想问题作为工作重心，时刻聚焦中心工作谋划思想政治工作，推动思想政治工作融入安全运输、生产经营全过程融合，才能避免政研会和中心工作“两层皮”，进而真正激发打造铁路一流政研会的生命力。

3. 打造一流铁路政研会，必须与时俱进守正创新。铁路企业思想政治工作积累了大量的宝贵经验，需要持续继承和发扬，但同时也需要紧密围绕新的形势任务、新的压力考验进行探索和创新。深化一流政研会建设，必须摆正“守正”与“创新”的关系，既要主动适应时代发展变化，紧紧围绕职工思想出现的新问题新矛盾新情况，大胆开拓创新，也要继承发扬优秀经验，赋予传统思想政治方法新的时代内涵，从而时刻保持基层思想政治工作的前瞻性、先进性、引领性，更好地发挥铁路政研会的“参谋”“助手”作用。

4. 打造一流铁路政研会，必须结合实际聚焦一线。职工接受的，才是有效的；职工关注的，就是我们要做的。思想政治工作，归根到底就是做人的工作，就是要做服务职工的工作。思想政治工作的重心在基层，发挥作用在一线，所以出发点也要聚焦到基层一线。铁路政研会只有充分了解基层，经常性深入现场、深入一线，充分了解职工所思所想所急所盼，才能找准加强和改进新时代思想政治工作的切入点和着力点，提升“一把钥匙开一把锁”的针对性，推动思想政治工作在基层落地见效。

（执笔人：姜春雷、李冬浩、孔令钊）

运用“四讲”提升主题宣讲针对性实效性

中国铁路哈尔滨局集团有限公司党委

哈尔滨局集团公司党委聚焦新时代新征程国家铁路使命任务，围绕学习贯彻党的二十大、二十届三中全会精神，全面深化改革创新、奋力推动集团公司高质量发展目标，扎实开展“改革创新展作为、提质增效立新功”主题宣讲，着力统一思想、凝聚力量，引导广大干部职工突破极限、实干担当，以最佳状态、最实举措，奋力开创集团公司高质量发展新局面。

一、背景及挑战

理论宣讲是传播党的创新理论成果、教育基层干部职工、广泛凝聚人心的重要途径，加强队伍建设是做好理论宣讲的基础工程。随着中国特色社会主义进入新时代，宣讲内容更加丰富，职工关切更加多元，传播方式更加灵活，阵地载体更加拓展，单单以“灌输式”“报告式”宣讲已经无法满足职工接受需求，迫切需要与之相适应，建立起一支强大的宣讲队伍，充分发挥“人力资源是第一资源”“专业的人讲专业的事”的积极作用。为准确掌握当前集团公司理论宣讲队伍建设的实际情况，深入解决“谁来讲”“为谁讲”“怎么讲”的问题，集团公司党委采取领导干部带头讲、宣讲骨干解读讲、先进典型示范讲、媒体平台引导讲等灵活多样的宣讲方式，引导广大干部职工积极投身铁路高质量发展实践，凝聚团结奋进力量。讲好新时代党的创新理论，如何加强理论宣讲队伍建设；讲实讲透铁路改革发展故事，如何用生动的故事讲鲜活的思想，对宣讲质效提出了更高的要求，理论宣讲也面临新的任务和诸多挑战。

1. 存在逐级弱化的现象。从两级宣讲报告员宣讲团成员的理论素养、结构层次和数量规模等方面来看，集团公司要好于基层站段，站段好于车间，到基层班组可用的人少之又少，特别是骨干力量总量较少，导致宣讲与安全、生产、经营等中心工作结合不够，对于职工倾向性思想反映、关注的热点问题不能及时回应，职工想听的听不到，想让职工知道的没讲清。

2. 存在流动频繁的问题。当下，各级宣讲队伍整体呈现出人员流动性大的现象，实际参与宣讲人员都是兼职人员，职务岗位调整频繁，直接造成宣讲队伍稳定性较差，使宣讲工作表现有突击性、临时性现象。

3. 存在能力欠缺的问题。基层专职党支部书记、理论骨干真正研究理论、吃透理论的人员比例不高，理论宣讲员普遍缺乏专业性，加上事务性工作繁重，日常专门性培训跟不上去，使知识更新较慢、缺乏宣讲经验、水平参差不齐，能写的不会讲，能讲的不会写稿，导致热情有余而本领有限。

4. 存在结构失衡的问题。目前，各级各类理论宣讲队伍的身份结构、知识结构还不尽合理，有的单位缺乏拓展宣讲队伍的主动意识，在一定程度上造成宣讲队伍身份固化、群体固化、人员固化等情况，导致宣讲提纲内容上下一般粗，存在“一稿讲遍天下”的现象。

5. 存在人才断档问题。有的单位满足于理论宣讲队伍建设现状，缺乏拓展队伍、挖掘人才的积极性主动性，梯队建设特别是新入路的青年职工，作为新生力量，他们思想活跃、思维开阔，有些宣讲形式比较适合青年人的受众口味，应作为后备梯队及时发现发展培养，积极培育使用。

二、思路对策

加强和改进基层理论宣讲工作，要积极探索、勇于创新，以务实举措真正让基层宣讲工作实起来、强起来。

1. 要解决“谁来讲”的问题。壮大宣讲报告员队伍，建强队伍人员结构，探索实施“专业 + 骨干”宣讲队伍分类讲新模式，突出不同队伍宣讲侧重，专业队伍解读政策、讲系统工作，在政策实施时、机构改革时、工资调整时、福利变化时等，变化或实施前，专业人员主动讲。理论骨干队伍讲理论、讲形势任务，遇有党中央重大会议、国铁集团党组重要会议等，各级宣讲团、理论骨干、先优典型等，讲清党的创新理论丰富内涵、党和国家的形势、国铁企业的举措和目标任务。让专业的人讲专业的事，厘清宣讲任务轮廓界面，全面提升宣讲质效。推动宣讲主体多元化，转变单一的“专家讲”“领导讲”，变为复合的“大众讲”“职工讲”模式，争取开创人人参与新局面。发挥全局理论骨干团队优势，组建理论宣讲专家组、课题组，围绕学习贯彻党的二十届三中全会精神和习近平总书记最新重要讲话精神，创作理论微课，撰写宣讲报告、述评文章，加强理论阐释解读。

2. 解决“讲什么”的问题。落实国铁集团年度主题宣讲部署要求，坚持一年一主题，确保主题鲜明。围绕中心工作，确定年度宣讲主题，统筹组织开展主题宣讲活动。主要讲清国铁企业的工作目标、工作任务，教育引导职工充分认识国铁企业改革发展的重大成就、重要举措和目标任务，不断增强推进铁路高质量发展的思想自觉和行动自觉。围绕学习贯彻党的二十大精神和习近平新时代中国特色社会主义思想，结合学习贯彻国铁集团、集团公司工作会议精神，突出分众化、系统化、个性化，结合系统特性，区分集团公司和站段不同层面、运输业与非运输业不同属性，组织理论骨干和专业部门精心编写“1+N”宣讲提纲，使宣讲内容紧密贴合客运、货运、车务、机务、车辆等系统生产作业实际。坚持“631+N”常态化宣传教育载体，结合季度、月度职工思想动态分析，将职工的普遍思想反映、关注的热点焦点、对企业的疑难问题等作为宣讲内容，讲清安全经营形势、讲清生产任务指标、讲清职工关心关注的热点话题，并针对机构改革、政策变化等做好“一事一宣讲”，及时回应职工关切。

3. 解决“怎么讲”的问题。持续活化宣讲形式，采取点单式、互动式、座谈式、答疑式、背包式等鲜活生动、入脑入心的宣讲方式，让职工谈感受、谈希望，不拘形式宣讲理论政策，不断增强宣讲的针对性和实效性。探索“典型巡回报告”模式，通过组织参加劳模事迹报告会、巡回宣讲会，讲好身边先进典型的事迹。拓展宣讲解读渠道，针对不同大众需求，全媒体推出“职工热点话题一席谈”“主播说哈铁”等图文解说、微视频解读宣讲栏目，依托“哈铁家园”微信后台留言分析结果，采取“访谈 + 专栏”方式，实现有问有答，同题共答，消除广大职工思想疑虑。聚焦年度宣讲主题，集团公司、站段分层组织宣讲比赛，采用面对面集中讲、职工互动讲、先进典型讲、媒体传播讲等职工喜闻乐见的方式拓展宣讲形式，对优秀宣讲作品、宣讲成果集中交流，通过举办优秀宣讲成果展示交流会，还原宣讲过程，分享工作体会，全过程录制，全媒体推送，搭建交流互鉴平台，为基层做好宣讲工作教方法、传经验，全面提升宣讲工作质效，实现以赛促讲、以讲促干、以干促效。持续压紧压实责任，发挥两级宣讲报告员作用，动态优化报告员队伍，持续开展跟踪讲评，拧紧一级抓一级的责任链条，形成“人人学、人人讲、人人听”的大宣讲格局，推动常态化宣讲更实、更新、更接地气、更有人气。

三、主要做法

1. 领导人员带头讲，用“关键少数”引领绝大多数。注重发挥各级领导人员宣讲“领头雁”作用，全员宣讲，立标打样。一是主要领导带头。集团公司领导班子成员以上率下，党委书记到满洲里站开展集中宣讲，其他班子成员按照包保分工，分别深入联系点所在单位开展专题宣讲10余场次，并与职工面对面座谈交流，答疑解惑。二是系统专业负责。组建由21个机关部门负责人、73个基层单位党委书记组成的宣讲报告员队伍，分别深入哈尔滨、齐齐哈尔、牡丹江、佳木斯、海拉尔等片区，所在单位车间班组，利用系统会议、现场检查、专业指导、见面工程等契机，向职工宣讲党的二十届三中全会精神、国铁集团工作会议精神等5300余场次，引导干部职工增强使命担当意识。三是压实各级责任。将主题宣讲纳入各级领导人员党建重点任务清单，压紧压实正面宣传工作责任，全局1000余名领导人员下现场，阐释职工关注的理论热点观点，面对面引导职工强化与企业命运共同体意识，确保主题宣讲落地见效。

2. 宣讲骨干解读讲，用小切口阐释大道理。着眼讲清讲透讲深入，最大限度发挥各级宣讲骨干队伍优势，推动主题宣讲走近职工、服务职工。一是发挥理论骨干优势。组织"鞠政声"理论研究组、党校理论教研组、融媒体中心理论报道组等理论骨干，围绕学习贯彻党的二十大、二十届三中全会精神，开发精品课12个，制作理论微课28期，撰写评论文章14篇，开办"党校课车"送讲团，下基层面向职工"背包送讲"140余场次，以小切口多层次阐释党的创新理论。二是组建特色宣讲团队。针对职工多样化需求，组建"铁牛宣讲团""最北青年宣讲团""名师工作室""星闪宣讲团""青马学习小组""逐梦高铁宣讲团"等6支特色宣讲队伍，成立213支基层宣讲小分队，深入施工现场、沿线班组，通过理论阐释、政策解读、视频展示等形式，面向一线职工开展对象化、分众化、互动化宣讲210场次。三是用好基层骨干力量。聚焦国铁集团、集团公司形势任务和职工关心关注的生产组织、收入分配、生活福利待遇等热点问题，精准优化宣讲内容供给，车间党总支书记、班组长每月开展一次宣讲，遇有政策和生产组织变化等主动开展宣讲，实现职工想知道的和想让职工知道的有机结合，打通基层宣讲"隔心墙"。

3. 先进典型示范讲，用感人事迹激发奋进力量。注重发挥典型引领作用，用典型事迹、真情实感感染职工、温暖职工。一是增强典型凝合力。组织将先优典型、劳模骨干、优秀职工代表充实到宣讲队伍，构建"典型宣讲+"模式，推出"明星讲堂""平凡人闪光点"等活动，在齐齐哈尔、牡丹江等5个地区开展事迹宣讲会、巡回报告会100余场次，实现宣讲主体多元化，变单一的"专家讲""领导讲"为多层次、多岗位的"典型讲""职工讲"。二是提升典型引领力。组织开展"哈铁感谢您"优秀人物、"新时代·哈铁榜样”评选活动，从集团公司各条战线评选出164个先进集体和个人，通过召开表彰大会、编辑《星耀新征程》典型业绩汇编、利用全媒体平台跟踪报道、深入一线车间班组座谈讨论等方式，引导干部职工学习典型、争当典型。三是扩大典型影响力。发挥“最美铁路人”邢云堂、马如铁，“新时代·铁路榜样”提名奖王小明、纪鹏等先进典型示范带动作用，先后在局内外作巡回宣讲30余场次。开展“向‘最美铁路人’学什么”大讨论，征集干部职工学习感言1300余条。常态化利用“每周一星”“哈铁榜样”等宣传载体，宣传先进典型事迹130个，持续营造学习先进、见贤思齐的浓厚氛围。

4. 媒体平台引导讲，用网上声音壮大主流思想。强化“大宣传”理念，运用新媒体新技术，推动主题宣讲网上发力。一是统筹媒体整体联动。用好用活全媒体平台矩阵，在《哈尔滨铁道报》、“哈铁家园”微信公众号开设“学习二十大、建功新时代”“改革创新展作为、提质增效立新功”等专栏，综合运用图文、图解、短视频等全媒体手段和平台载体，推送主题宣讲相关文章及新媒体作品500余篇（条）。二是专业访谈精准答疑。依托“哈铁家园”微信后台留言分析结果，把正面宣传教育与专业管理结合起来，采取“访谈＋专栏”方式，组织人事、劳卫、客运、经开等部门负责人走进直播间释疑解惑，2024年以来，网上累计办理重点留言30余件，实现有问有答，同题共答，消除思想疑虑。三是线上线下交流互动。在“哈铁家园”微信公众号推出“今年我们怎么干”“工资增长咋实现”等热点话题，组织职工网上留言，为集团公司发展献计献策。推出“莎莎说哈铁”政策微视频宣讲64期，解读集团公司大事、要事、职工关心的事，开展党的二十大、二十届三中全会精神网络有奖答题，参与人数达11.4万人次，实现宣讲内容线上线下广泛传播。

四、取得成效

近年来，尤其是党的二十大以来，理论宣讲工作任务十分重要，基层宣讲骨干作用发挥越来越好，各单位在队伍建设上也取得了较好成效，不仅要做“宣讲家”，更要当好“实干派”，有力推动新时代理论宣讲对象化、分众化、互动化、通俗化，进一步增强了广大干部职工勇于拼搏、奋力进取的责任感和使命感，推动了集团公司各项工作高质量发展。

1. 汇聚了干部职工团结奋进合力。共识在宣讲中凝聚，思想在学习中升华。主题宣讲开展以来，集团公司举办学习党的二十大精神线上答题、知识竞赛活动，用群众喜闻乐见、易于接受的方式推动党的二十大精神入脑入心、走深走实，通过全方位、多轮次、多形式的宣讲，提升了传播率、到达率和影响力，进一步加深了干部职工对党的二十大精神、对铁路未来 5 年发展规划的理解，推动党的二十大精神在祖国北疆落地生根、开花结果。通过主题宣讲，干部职工思想共识更加凝聚，尤其在“专业访谈”栏目播出后，受到广大干部职工热议，纷纷表示，听了专业部门解读，进一步加深了对国铁集团、集团公司工作会议精神的理解，更加明确了新时期自身岗位肩负的使命和责任，激发了干事创业的劲头，将立足岗位、埋头苦干、奋勇前进。集团公司运用“四讲”提升主题宣讲针对性、实效性的做法在中央宣传部全国宣传部长培训班上作案例交流。集团公司宣讲团在全路“改革创新展作为、提质增效立新功”主题宣讲总决赛中荣获团队一等奖。

2. 确保了安全生产形势持续向好。强化正确安全导向，积极倡导大安全理念，是推动高质量发展的重要前提。在宣讲过程中，全局上下深入贯彻落实总体国家安全观和大安全观，把安全文化理念深度融合于安全履职、专业管理、生产组织、现场作业全过程，深入推进安全文化建设，开展“整治安全陋习大家谈”专项行动和违章违纪专项整治，将查摆出的倾向性陋习作为宣讲内容，向全体职工讲到位、讲清楚，促进了安全责任意识进一步提升。2018 年至 2023 年，集团公司保持了安全基本稳定，责任行车事故件数下降 32.5%，路外安全事故件数下降 70.4%，设备故障件数下降 15.1%。

3. 实现了客运能力提升再创新高。理论宣讲促进内生动力，宣讲成效催生实践成果。2024 年是学习贯彻党的二十届三中全会精神、实施国铁企业改革的开局之年，也是加快构建“六个现代化体系”的关键一年，集团公司大力实施“以客补货”经营策略。坚持旺季打满打足运力，抢抓“五一”、暑运、国庆等契机，重点方向普速列车全部采取最大编组运行，动车组可用车运用率首次提高至 100%。2018 年以来，旅客发送量累计超 4.45 亿人次，2019 年达到 1.18 亿人次，创历史新高；“五一”期间，集团公司发送旅客 208 万人次，同比增长 3.3%，达历史同期峰值。2024 年 5 月 1 日，发送旅客 52.4 万人次，创 2024 年以来单日客流量、历史同期客流量新高。2024 年以来，累计开行旅游专列 111 列，运送游客 5.7 万余人。强劲势头激发哈铁干部职工奋进拼搏热情，更加坚定了哈铁职工勇当服务和支撑中国式现代化“火车头”的必胜信心。

4. 巩固扩大了运输经营成效成果。坚守政治责任、站稳政治立场，在运输经营中彰显担当。聚焦切实维护“五大安全”，引导职工始终牢记国铁企业社会责任，全力保障重大战略和国计民生物资运输，维护国家粮食安全、能源安全和供应链安全，成立电煤、粮食、化肥等重点物资运输专班，开展电煤保供专项行动、粮食运输“百日会战”，实行盯日耗、盯在途、盯卸车和看库存“三盯一看”措施，大力推进“冬煤夏储”、地煤“公转铁”。2024 年以来，煤炭发送 6014 万吨，同比增加 111 万吨；粮食发送 122.7 万吨，同比增加 52.1 万吨。坚持把“挖掘增量”作为货运攻坚主基调，确定“稳黑增白，班列拉动，口岸增量”思路，一企一策推进“公转铁”“水转铁”“打入关”攻坚，实现集团公司跨境“海转铁”历史性突破。坚持把打好“口岸牌”作为攻坚突破口，上半年，集团公司中欧班列东通道满洲里、绥芬河、同江铁路口岸累计进出口货物 1807.4 万吨，同比增长 245.5 万吨，增幅 15.7%，创历史同期新高。

5. 推动了干部职工队伍持续稳定。干部职工队伍稳定是实现企业长期稳定发展的重要基础，面对“十四五”规划深入推进，聚焦构建“六个现代化体系”目标任务，集团公司努力为职工多办实事办好事，积极推进年度 12 件实事，累计服务超 9000 名职工完成健康休养。扎实开展暑运、冬运等重点时期的送清凉、送温暖活动，全面加强抢险救灾、大型施工等关键节点的后勤保障。国庆节期间，集团公司领导班子深入基层，慰问坚守一线干部职工送上节日祝福。畅通职工诉求反映渠道，持续开展“哈铁家园”微信平台和职工互动交流平台反映问题答疑释惑、化解矛盾工作。全力维护大局稳定，完善新形势下矛盾纠纷化解机制，推动信访事项“案结事了”，几年来，两级领导班子主动接访下访解决职工群众急难愁盼问题 2.2 万余件。强化重点人员一对一包保，守牢信访稳定“四道防线”，确保重要节日、重要会议等敏感时期大局稳定。

五、思考启示

1. 宣讲要“强”，确保队伍“有存有备”。限制目前宣讲队伍建设的一个根本性因素就是重视程度不够，选人用人的视野不够开阔，往往局限于在本单位专兼职党务工作者或专业科室等固定群体队伍中来选择。切实突破这种固化思维，打破推选宣讲人才的范围和渠道，广泛吸纳宣讲人才，着力打造年龄梯次配备、专业优势互补、来源渠道广泛的“大格局”宣讲队伍，做好核心级、做强骨干级、做大特色级、做实车间级，使这支队伍能战斗、起作用。比如：各单位将宣讲赛优秀个人纳入宣讲队伍，组建“小明营销”“高铁大师”等系统特色宣讲团。

2. 宣讲要“准”，确保内容“有根有据”。宣讲的核心在于内容精准。要以习近平总书记“五个牢牢把握”重要要求为根本遵循，全面准确宣讲好党的创新理论和提出的重要思想、重要观点、重大论断、重大举措，深入阐释好习近平新时代中国特色社会主义思想的核心要义、精神实质、丰富内涵、实践要求，引导广大干部职工深刻感悟理论的真理力量、实践力量、人格力量，让基层干部职工对党的二十大精神的理解更加深入，对企业实施的举措更加支持，对自身的努力发展方向更加坚定。

3. 宣讲要“实”，确保过程“有滋有味”。实践证明，要想推动宣讲工作落实落地、深入人心，首先要能讲实讲深讲透。要丰富宣讲内容载体、创新宣讲方式，切实增强宣讲实效，做到春风化雨润心田。比如：在班组开展主题宣讲，首先要掌握职工想听什么，要为职工解决什么问题，让职工成为出题人，将热点、难点、堵点问题作为宣讲的课题，有针对性形成宣讲提纲，以问答方式向职工讲清政策和形势变化。只有以翔实的数据为证，用听得懂的语言、看得见的故事，让内容更接地气，才能让职工坐得住、听得进、记得牢、能落实，不断增强宣讲实效。

4. 宣讲要“细”，确保互动“有来有往”。宣讲要想取得实效，职工参与必不可少。要把内容丰富的党的二十大精神讲清楚、讲明白，让职工群众切实增强贯彻落实的自觉性和坚定性，就要在讲“细”上下功夫、多琢磨。要找到职工群众的关切点，针对不同系统、不同岗位、不同群体，研究确定分众化宣讲方案，通过“一把钥匙开一把锁”实现精准宣讲。还要针对大家普遍关注的热点难点问题进行针对性解答，做到“我讲你听”和“你问我答”有机融合，使宣讲更加贴近职工群众。

5. 宣讲要“活”，确保形式“有进有出”。理论只有走进群众，才有鲜活的生命力。要用好灵活的方式，走出办公室、走进车间班组和生产一线，变“固定讲台”为“流动课堂”，把“热气腾腾”的宣讲送进职工心中。要善于走进职工内心世界，走出自身的思想束缚，站在职工的角度思考问题，切身感受职工的疾苦，能解决的事情绝不拖拉，解决不了的也必须做好思想疏导，解开思想疙瘩。要注重发挥思想政治工作优势，多去职工家里走一走、坐一坐、唠一唠，知道职工有困难，就想方设法地协调解决，运用行之有效、可行可鉴的方式方法，推动党的创新理论“传”入千家万户，“播”到车间班组，“走”进人们心坎。

（执笔人：姜春雷、李冬浩、崔子峰）

发挥信息优势　强化数字赋能
推动基层思想政治工作提质增效

中国铁路哈尔滨局集团有限公司政研会

党的十八大以来，以习近平同志为核心的党中央放眼未来、顺应大势，结合我国发展实际，围绕数字经济发展、数字政府建设、数字化改革等提出了一系列战略性、前瞻性、创造性的重要论述，深刻阐明了数字化发展的趋势和规律。数字信息的生产、交互、运用成为常态，现代科学技术极大地拓展了思想政治工作的活动空间、丰富了思想引领的方式与资源。哈尔滨局集团公司政研会聚焦宣传工作守正创新的要求，围绕数字化、信息化赋能思想政治工作开展了专题研究，通过提升信息化、数字化水平，为思想政治工作补强能动性，提供驱动力，推动思想政治工作提质增效。

一、发展数字化载体对思想政治工作的重要意义

1. 发展数字化载体是时代发展的必然趋势。思想政治工作是一切工作的生命线，是中国共产党的优良传统、鲜明特色和突出政治优势。要确保思想政治工作始终在新时代富有生命力，就必须不断与时俱进、转型升级。当前，数字化技术的发展历程相当于现代信息技术在各领域中的应用由点发展

为线，再由线发展为面的过程。在数字化环境下，必将对宣传思想工作的手段、路径、措施带来革命性甚至颠覆性的影响，发展数字化载体是时代发展的大势所趋，数字化赋能宣传思想工作是加强和改进新时代职工思想政治工作的有效手段，数字化建设也将成为宣传思想工作守正创新的关键抓手。

2. 发展数字化载体是打破信息孤岛的必要手段。在社会飞速发展的背景下，数字化代表了一种更加高级和深入的数据利用方式，并且已经渗透到各行各业中。在数字化的框架下，数据不仅被简单地采集、存储和传输，更进一步通过智能算法和技术进行深入分析，从而为决策提供支持，优化业务流程，甚至引领创新。实现数字化赋能，重点是要将思想政治工作核心内容与数字化技术平台有机结合，让思想政治工作的基本理念、基本方式通过数字化技术实现多维扩散、效果升级。充分发挥数字化技术的信息交互、高效传递、多点扩散、智能计算等优势作用，能够打破信息孤岛，解决以往思想政治工作中存在的任务传递缓慢、信息渠道单一、资源难以完全共享等短板问题和传统矛盾，能够更好适应新形势下职工队伍的思想变化，做好针对性思想政治工作。

3. 发展数字化载体是实现精准施策的有效抓手。思想政治工作从根本上说是做人的工作，要创新思想政治工作方式方法，加强人文关怀和心理疏导。这就要求铁路企业必须准确研判职工的所思所想，找准职工遇到的实际困难，按照职工的意愿调整完善各项中心工作的设计思路，同时，要综合各方资源协调解决职工的实际问题。加强和改进职工思想政治工作，必须精准施策，及时准确掌握职工的思想变化和潜在矛盾，综合协调各方面资源，有的放矢加以引导。数字赋能职工思想政治工作，将思想状态和思想问题数据化，通过对“大数据”的有效分析，深入研判各系统职工的思想矛盾，准确分析职工更关心什么、存在什么实际困难，实现思想政治工作更高效更精准。

4. 发展数字化载体是提升工作效率的重要保障。新时代的铁路思想政治工作存在多维度实施载体，既包括周期性、实时性的常态化宣传教育，又包括随时随地要做好的“一人一事”思想政治工作，而铁路企业职工基数大、点多线长、人员分散等特点，一定程度上增加了思想政治工作重点任务的动态跟踪与评价难度。思想政治工作是一项润物无声的工作，也可以说是看不见、摸不到但能够感受到的工作，这也带来了思想政治工作难以评价的问题。通过数字化技术赋能，打破了信息传递在空间上的壁垒和界限。用高效快速准确等数字传递分析特点，一方面促进工作闭环，另一方面能够将安全结果、信访情况、经营指标等数据更好利用，纳入对基层思想政治工作的评价体系，实现结果动态跟踪评价，有效提升基层思想政治工作效率，释放更大效能。

二、发展数字化载体需要解决的主要问题

1. 信息多元化的挑战。随着经济社会的快速发展，职工对社会信息获取途径不断增多，尤其是移动网络让信息环境变得更为复杂，给职工思想状态带来一定影响和冲击，职工更容易被碎片化的海量网络信息所影响。当前，职工存在的思想困惑问题，更加复杂多变，给做好职工思想政治工作带来了更多更新的挑战。面对庞杂的信息来源、职工思想多元化的现实，传统思想政治工作模式难以全面覆盖和引导，做好正面引领需要解决诸多新问题。深化数字化赋能思想政治工作缺少相对成熟的工作经验，铁路企业又具有相对特殊的特点，对探索和实践数字化发展增加了诸多不确定性因素。

2. 技术壁垒的限制。尽管大数据、人工智能等数字技术已在国内多个领域广泛应用，并且取得了诸多突破性进展，但对于铁路企业来说，有些单位探索创新还是离不开传统的思想政治工作思维模式和实践做法，可以说数字化建设往往是一层外壳，容易出现“新瓶装老酒”的现象，没有融入思想政治工作的核心中。除此之外，数字化技术人员有时缺少与职工深入交流的经验，不能全面了解这一差异，在开发相关数字化功能时脱离铁路系统实际，导致思想政治工作与数字化技术难以深度融合。

3. 认知水平的局限。部分铁路基层单位思想政治工作仍然停留在传统模式上，有的经验丰富的思想政治工作者年纪较大，存在一定惯性思维，开

展思想政治工作往往采取传统的方式，并且学习能力相对不足，不善于接受数字化新技术；有的年轻些的思想政治工作者，虽然能较快适应数字化赋能新变化，但由于受社会阅历、人生经历等多方面因素影响，找不准落实到具体工作中的切入点，容易产生“唯数字化”的片面认识，在一定程度上也制约思想政治工作的探索与创新。

三、探索数字化赋能基层思想政治工作的具体实践

1. 多渠道互通，提升工作效能。基于党建信息系统，开发“思想政治工作云平台”，打破重点任务信息孤岛，进一步提升任务部署、资源共享、经验交流效率。一是开发任务一键分劈功能。将基层单位纳入网格化管理，按照系统、地域划分基层单位管理板块，纳入系统平台进行角色分类管理。比如：海拉尔、满洲里地区冬季气温长时间在零下30摄氏度以下，为了做好特殊时期的思想问题收集和疏导工作，将该地区单位统一纳入严寒特点单位，促进做好针对性、集体性职工思想动态调查。全面梳理基层单位党委领导、宣传助理、党总支书记、党支部书记等不同层级思想政治工作职责和要求，将年初重点工作任务和临时性阶段任务纳入任务分批范围，系统维护至各层级管理人员任务界面，通过一键多点实现重点任务分层分级部署，压缩信息传递时间，释放提升质量空间。二是探索资源动态共享。开发线上理论学习资料库，依托《人民日报》、新华社、《人民铁道》报等主流媒体，动态更新习近平总书记最近重要讲话和重要指示批示资料，同步上载权威理论文章、微课慕课，实现月份集中更新、期间动态补充，保持理论学习资料“新鲜有温度”。开发政治学习资料网络互联共享功能，将各单位收集的高质量理论学习资料、理论学习积极分子制作的专题学习课件、党校教师重点专题培训视频等纳入学习资源分享库。各级思想政治工作者根据实际需求，可以通过实时搜索、类别查询等方式进行“点单式”浏览和下载，有效丰富学习资源，为理论学习和理论宣传提供持续供给。三是实现亮点实时推送。开发思想政治工作基层亮点推送功能，各级思想政治工作者可随时将身边好的思

想政治工作做法、典型案例录入平台，宣传部管理员在系统中进行审核把关，择优点亮“星标”，同时标记“全局推广”或“系统推广”，并在平台首页推送。每季度开展十大亮点评选，定期收集整理后汇编成册或通过《哈尔滨铁道报》专版形式刊登，在全局推广交流，为基层单位搭建工作交流平台，所推广的《运用“四讲”提升主题宣讲针对性时效性》《以“五做”方式推进精准化思想政治工作》等基层亮点得到较好反响。

2. 大数据分析，实现精准施策。充分依托数字化技术的信息多维采集、智能分析优势，找准基层思想政治工作切入点，准确研判职工倾向性思想问题，采取有效措施促进思想政治工作更好融入中心、服务大局。一是探索思想倾向趋势智能分析。将职工思想问题信息收集窗口下移至班组党支部，班组党支部依据日常观察掌握情况及时做好“一人一事”思想政治工作，并将具体问题表现形式和疏导措施纳入系统写实，构建基础数据库。在系统中开发数据智能分析和关键词筛选统计功能，按照“两违”问题、家庭变故、政策困惑、思想偏激等类别进行智能梳理，实时形成走势走向图，供各级思想政治工作者及时掌握职工思想倾向问题程度，实现让数据“说话”，采取针对性措施。齐齐哈尔站党委通过系统发现客运车间职工“对新分配政策不理解”反映占比达31%，组织劳人科科长到车间开展专项宣讲，有效消除职工疑惑。二是安全风险智能提示。针对职工在安全方面存在的思想波动问题，结合集团公司安全大数据平台，实现进一步规律分析和结果运用，智能研判哪些作业环节容易带来职工思想问题、思想问题背后反映出哪些具体安全隐患，进而分析出“两违”易发情形，通过“哈铁家园”微信平台持续推出当前重点风险隐患问题，为基层单位有针对性地开展安全思想工作提供参考。比如：在防洪防汛期间，一些单位通过系统写实职工因身心疲惫造成的思想问题，系统梳理分析后形成了思想预警，将该思想问题纳入当前需要重点疏导和研究的范围，同时面向各单位安全管理部门作出提示，为中心工作提供参考遵循。三是重点群体动态掌握。同样基于思想问题数据库，探索开发重点思想问题智能梳理分类功能，根据写实信息自动梳理思想政治方面的重点人员情况，按照情形类别、所在系统、政治面貌、年龄结构进行智能梳理，准确研判需要重点关心关注的职工群体和倾向性类别，提供精准的数据分析结果。每季度开展重点人员整体情况分析，指导基层单位针对性做好重点人员的关心关注和包保教育工作，提升思想政治工作精准度。通过一年多的实践运用，系统已收录来自基层一线的4039条日常关心疏导和重点包保教育写实数据，记录了388名重点人员的全过程包保转化情况，为动态做好思想政治工作业务指导和针对性疏导工作提供了翔实、全面的基础数据。

3. 全过程追溯，构建落实闭环。通过发挥数字技术优势，推行思政工作全过程信息追溯，实现工作显性化，促进各项工作在基层有效落实。一是集体研讨在线巡听。开发理论学习中心组信息化管理功能，实现全环节数字化管理。每年年初组织基层单位将全年理论中心组学习专题录入系统，每月对照专题任务安排组织学习并进行学习信息记录。对于专题研讨，指导基层单位每次学习前通过系统上传学习方案和重点发言材料，各巡（旁）听组利用系统开展在线审核和远程巡听，并根据学习组织情况和学习质量进行综合评定打分。每年党委宣传部组织成立评价小组，对各巡（旁）听反馈的打分情况进行综合分析，形成年度整体评价，分析各单位存在的共性问题和典型问题，利用座谈会、工作交流会等方式开展工作指导，确保年度专题学习质量。二是重点任务动态提示。对照《基层思想政治工作标准化测评体系》，逐项分批基层单位党委层面、车间党总支层面、班组党支部层面工作要求，将可量化的工作纳入系统进行跟踪，对不能量化的工作建立工作写实机制，为各项思想政治工作落实提供有效载体。完善《思想政治工作规范》中的节点性工作任务，通过数字化技术实现重点任务动态提示，以月度、季度、年度为节点，提前3天在系统主页以显著方式弹出提醒，督促基层党组织及时完成工作任务。三是工作质效量化考核。利用数字化技术覆盖面广、时效性强、传播速度快的独特优势，将车间、班组思想政治工作重点任务完成情况纳入量化考核，对重点工作任务分配具体分值和得分标准，通过日常工作写实自动计算得分情况。每年按照“项点分值×权重系数”在基层单位总分中核减相应分数，对各单位普遍存在的扣分项目进行归类列出，形成重点问题清单，纳入次年需要重点加强的工作范围。通过数字化与思想政治工作的有效融合，既保证了重点工作落实落地，又有效营造了层层抓落实的工作氛围，推动思想政治工作测评体系一贯到底，落实到班组，实现工作评价具体化、有形化。

四、工作启示

1. 要坚持以党的创新理论为指导。发展数字化载体，必须以党的创新理论为指导，才能找准数字化建设的正确方向。党的二十大以来，习近平总书记针对发展新质生产力作出一系列重要论述，为数字赋能思想政治工作转型升级提供了根本遵循。发展数字化载体，必须深入学习贯彻习近平总书记的重要论述和重要指示批示精神，提升对新质生产力在思想政治工作领域应用的规律性认识，结合铁路企业工作实际，找准数字化赋能的切入点和突破口，提高驾驭数字化的能力和本领，真正发挥数字化优势，实现与思想政治工作的有机融合。

2. 要坚持与企业中心工作紧密融合。企业思想政治工作始终要坚持围绕中心、服务大局，采取有效的思想引领方式，努力汇聚全体干部职工拼搏奋斗的强大思想合力，推动企业高质量发展不断取得新的成效。推动数字化赋能思想政治工作，必须坚持围绕中心、服务中心，利用数字化技术丰富职工正向引领和思想疏导的具体方式，用数字化手段丰富企业思想政治工作的方式和效果，持续增强职工拼搏奋进正能量，凝聚高质量发展思想共识。只有通过数字化赋能技术，准确研判职工思想规律，促进基层单位持续优化自身管理，在安全生产、经营提质、深化改革等方面实现数据信息共享，才能让新时代思想政治工作焕发生命力。

3. 要坚持把数字化建设融入思政工作全过程。数字化不是简单的“宣传思想文化＋互联网”，把以往的工作方法简单拿到计算机上，而是以宣传内容为核心与以技术平台为基础的“有机体”，是一项双向融合促进的工作，要“融合”，而不是“叠加”。要深入分析数字化技术的发展规律，找准融入思想政治工作的切入点，用好大数据、云计算等信息技术成果，在理论宣传普及、思想动态分析、思想疏导化解等方面广泛融入数字化新技术新手段，智能分析职工思想规律，推动数字化技术应用融入思想政治工作全过程，使之成为有机整体，实现“1+1>2”的效果。

4. 要坚持以人为本的理念不动摇。思想政治工作是做人的工作的，无论载体和技术如何升级，都必须坚持以人为本，多做得人心、暖人心、稳人心的工作。推动数字化赋能思想政治工作，要通过新手段、新方法，必须把解决职工思想问题和实际问题统筹起来，更准确地掌握困扰职工的实际问题，以此为出发点不断完善赋能导向和具体方式，用数字化技术提升思想政治工作温度。通过数字化手段，更精准地将职工急难愁盼的问题筛选出来，将政策解读、形势任务宣讲、做好“一人一事”思想政治工作等工作用数字化技术联通起来，更有效地解决职工思想根源问题，从源头解开职工思想疙瘩。

（执笔人：姜春雷、陈熙、孔令钊）

关于青年职工思想状况的调研报告

中国铁路沈阳局集团有限公司政研会

为进一步了解掌握青年职工思想动态，沈阳局集团公司党委宣传部、团委通过座谈交流、问卷调查等方式，对35岁及以下青年职工思想状况进行了专题调研。

一、调研课题的提出

习近平总书记在党的二十大报告中指出：“全党要把青年工作作为战略性工作来抓，用党的科学理论武装青年，用党的初心使命感召青年，做青年朋友的知心人、青年工作的热心人、青年群众的引路人。”近年来，集团公司青年职工队伍比例逐年上升，成为铁路运输生产一线的生力军。集团公司现有在岗职工总数171721人，青工44956人，占总人数的26.4%。预计到2025年末，全局职工总数16.5万人以内，青工将达到5.1万人，占比将达到31%。

当前，青工传承了铁路优良传统，积极向上是思想主流，但也存在一些不容忽视的思想和实际问题。主要是青工多为独生子女，吃苦耐劳精神弱化；整体文化素质较高，更关注劳动感受、自我认同驱动与价值实现；社会环境和舆论环境的复杂变化，权益诉求更加多样化；青工思想多元多变，传统说教、以罚代管的工作方式难以奏效；等等。这些影响和制约青工成长成才、集团公司高质量发展的热点难点问题，需要开展深入调查研究，摸清真实情况，找准问题症结，提出应对之策。通过深入细致的思想政治工作，教育引导广大青工立志做有理想、有担当、能吃苦、肯奋斗的新时代好青年，积极投身勇当服务和支撑中国式现代化“火车头”的生动实践，在推进集团公司高质量发展中施展抱负、建功立业。

二、青工的主流思想

1. 理想信念日益坚定。调查了解到，青工多数是在党的十八大后入路工作的，对新时代十年的伟大变革高度认可，对中国特色社会主义道路、理论、制度、文化高度自信，对中国共产党能、中国特色社会主义好、马克思主义行特别是中国化时代化的马克思主义行坚信不疑，能够坚定拥护“两个确立”，坚决做到“两个维护”，自觉将个人理想融入建设社会主义现代化强国百年奋斗目标之中。网上问卷调查显示，有 92.6% 的青工认为青工是社会的建设者和接班人，关心时事政治和国家大事是他们的责任和义务，在大是大非面前争做勇于斗争的“战士”，不做爱惜羽毛的“绅士”。有 92.8% 的青工认为入党是政治生活中的大事，要积极向党组织靠拢，牢记使命担当，在岗位上发挥先锋模范作用。

2. 发展信心日益增强。进入新时代，中国铁路取得历史性成就、发生历史性变革，服务经济和社会发展的战略定位和作用更加突出，广大铁路职工的获得感、幸福感、安全感明显增强。网上问卷调查显示，有 81% 的青工对铁路事业的发展充满期待，对集团公司充满信心；有 60.6% 的青工认为个人的前途与企业兴衰紧密相连，企业好自己才能好。

3. 工作岗位日益珍惜。通过座谈普遍反映，国铁企业待遇好，发展前景广阔，在现今大学生就业形势日益严峻的情况下，他们能够进入国铁企业工作，在同学和朋友中备受羡慕，特别是很多高职生反映自己到人才市场竞聘，找份工作都很艰难，现在能穿上铁路制服，是一件非常幸运的事情，今后将继续努力奋斗，珍惜这份难得的好职业。

4. 企业管理日益认同。广大青工普遍感到，国铁企业坚持以人为本的发展理念，生产管理规范化标准化，注重关心关爱职工，及时解决生产生活实际问题，引领职工快乐工作、幸福生活、建功立业。网上问卷调查显示，有 70.4% 的青工认为集团公司选人用人科学规范，倡导重实干、重实绩，只要干好工作，就会有更多的晋职、晋级、聘干等发展机遇；有 63.9% 的青工认为企业收入分配合理，能够有效调动工作积极性、主动性、创造性。

5. 组织作用日益发挥。集团公司坚持党对国有企业的领导不动摇，全面加强和改进党的建设，发挥群团组织桥梁纽带作用，有利于提升职工的向心力、凝聚力、战斗力，为做强做优做大国铁企业提供有力支撑。网上问卷调查显示，有 83.6% 的青工认为党组织开展的党内活动有特色、有实效，对增强青工奉献意识、敬业意识、争先意识、协作意识有很好的促进作用；有 80.1% 的青工认为各级党组织经常性开展政治理论学习、形势任务教育，有利于职工队伍思想积极向上；有 85.5% 的青工认可身边党员作用，能够带动群众完成各项工作任务，在本职岗位上发挥了先锋模范作用；73.8% 的青工认为群团组织活动能够令青工喜闻乐见，在助力青工成长、调动积极性等方面作用突出。

三、存在的思想问题和诉求

1. 积极上进意识不强。部分青工积极向党组织靠拢的意识不强，不关心国家大事，主动学习要求上进的意识欠缺，没有把单位作为成长的平台，只是当作固定工作、稳定收入的保障，在单位“当一天和尚撞一天钟”。通过问卷调查了解到，有 14.7% 的青工对入党不感兴趣，认为入不入党无所谓，时事政治和国家大事与自己的生活关系不大；有 19.9% 的青工对评聘高级工、技师等技术职称意愿不强烈，认为比较难考，能考到哪级算哪级。通过座谈了解到，有的青工家庭条件较好，父母娇生惯养，导致不愿从事较为辛苦的行车工作，要求去运输辅助单位或者后勤岗位。

2. 对实现个人价值的认识有偏颇。广大青工成长成才、晋职晋级的意愿比较强烈，认为只有成为干部、当上工长或离开一线操作岗位才算是实现人生价值、出人头地。但面对干部编制满额、干部年轻化、聘干前需较长时间在操作技能岗位工作等客观现实，一些青工逐渐消磨了意志，丧失了进取心。问卷调查显示，有18%的青工认为大专、高职毕业的聘干受限多，“老师傅的今天就是自己的明天”。通过座谈发现，一些大学生长期从事操作技能岗位，认为晋升通道不够畅通，美好期待与紧张繁忙运输生产现实之间的落差感较大，表现出心急和无奈。

3. 自控能力不强。部分青工自我约束不严，不能管理好自己的业余时间，平时的兴奋点和注意力不在工作上、学习上、发展上，而是集中在网络上、娱乐上、生活上，安于现状、得过且过，不思进取，在安逸、懒惰的环境中逐渐消磨了斗志。问卷调查显示，有45%的青工认为自己是成年人，工作期间接受管理就可以，工作之余没有必要；有38.5%的青工平时基本不读书、不学习，想起来就学习、想不起来就不学习的问题比较突出。通过座谈了解到，青工业余时间习惯于聊微信、刷视频、打网游，大部分信息都从网上获取，热衷于肤浅化、娱乐化、感官化的信息表达。

4. 心理抗压能力较弱。部分青工家庭条件和成长环境相对优渥，对于工作后遇到的挫折困难适应力较弱，面对倒班、通勤与照顾家庭的现实矛盾，产生了一定的心理压力和焦虑情绪。调查显示，有25.2%的青工认为工作很累，压力大，有精力、能力透支现象；有26.2%的青工认为对工作越来越不感兴趣，企业应开展心理健康指导与服务，消除职工出现的焦虑、紧张甚至抑郁等不良情绪。通过座谈了解到，部分青工要求平等、维权的意识非常强，对管理人员的批评考核产生抵触情绪，有着消极怠工倾向。

5. 面临交友婚恋等难题。受铁路企业工作性质影响，以及企业内部性别比例不均衡的实际，个别青工对婚恋问题表现出焦虑情绪。问卷调查显示，有28.9%的青工认为婚恋难，不好找对象；有27%的青工希望企业丰富业余生活，帮助解决个人婚恋问题。在座谈中，有的青工说，平时工作都在单位，工作环境相对闭塞，很难有机会找到情投意合的对象。有的青工说，大城市的商品房价格高，结婚购房让青工生活压力大。2023 年以来，集团公司在苏家屯站区配租沈阳铁路青年公寓，解决了青工住房难的问题。但这次配租数量少，希望集团公司多分配廉租房，让更多青工圆成家梦、安居梦。

6. 对企业管理有更多的期待。问卷调查显示，青工关注生产管理、激励机制等企业管理工作，这些问题解决不好，容易影响工作积极性。一是在生产管理方面，有 21.4% 的青工认为单位注重严格考核，管理人员水平不高，不重视听取职工的意见建议，职工经常说了也白说。二是在激励机制方面，有 23.4% 的青工认为考核标准不科学，指标量化不合理；有 16.6% 的青工认为激励措施吸引力不大，宁可不要奖励，也不费那么多劲。三是在青工队伍建设方面，有 24.4% 的青工认为单位对青工队伍建设缺乏顶层设计、系统思考和整体谋划，没有真正为青工搭建起成长进步的通道和平台。四是在个人现实问题方面，有 55.3% 的青工认为两地通勤，与家人聚少离多，赡养老人、照顾孩子有困难。

7. 各级组织作用发挥还有差距。问卷调查显示，部分青工对企业党建工作、群团组织作用发挥较为关注，认为作用发挥不充分，工作质量有待提升。一是在政治理论学习方面，有 22.2% 的青工认为政治理论学习比较枯燥，不知所云、学不进去，只是为了完成任务；有 17.7% 的青工认为政治理论学习照本宣科，没有采取观看理论微课、学习榜样事迹、畅谈收获体会等多种方式进行。二是在青工思想教育方面，有 20% 的青工认为思想教育引导流于形式，社会上的不良现象和网络上的不良言论传播较快，对青工思想影响较大，思想教育引导还没有跟上。三是在先进典型选树宣传方面，有 12.5% 的青工认为典型选树宣传存在模式化、套路化现象，事迹不够生动鲜活，广泛性、代表性、时代性不强。四是在开展党内活动方面，有 11.6% 的青工认为党内活动重形式、轻内容，重声势、轻效果，引领作用不强。五是在党员作用发挥方面，有 10.4% 的青工认为党员基本合格，责任意识不强，岗位作用不突出。六是在群团组织作用发挥方面，有 26.2% 的青工认为群团组织贴近青工还不够紧密，受班制、地域等条件限制，群团组织活动不能有效覆盖。

四、加强青工队伍建设的建议与思考

1. 加强思想教育，坚定主心骨。把提高政治素质和思想觉悟作为青工思想教育的重要任务，依托团支部“三会两制一课”制度，组织青工深入学习党的二十大精神、习近平总书记在同团中央新一届领导班子成员集体谈话时的重要讲话精神，加强对广大青工的政治引领。依托“沈铁在线”企业号开发网上答题功能，采取在线答题、积分奖励的形式，引导青工踊跃参与，巩固学习成果。深化“书香沈局·我喜爱的好书”读书活动，坚持每季度评选一批读书青年，引导青工养成多读书、读好书的习惯。以每年开展的主题宣讲为载体，以片区为单位，组织优秀团干部、青马讲师运用青年化的思维逻辑和语言方式，开展分众化对象化的宣讲教育，引导青工明向知责，积极投身集团公司高质量发展实践。开展铁路传统教育，组织青工参观沈阳铁路陈列馆等爱国主义教育基地和站段史馆，引导发扬铁路优良传统，传承光荣使命，立志成为敢于担当、甘于奉献的时代新人。

2. 深化学技练功，提升硬本领。开展“听我讲微课”活动，组织优秀青工上台讲授技术微课，以共青团练功场（台）为依托经常性组织实作演练，每年开展覆盖各主要工种的集团公司“双创杯”青年职业技能竞赛，助力青工提升业务技能。根据青工成长经历、专业素养，建立青工信息档案，量身打造培养计划，利用导师带徒、技术团课、经验交流等方式，助力青年成长成才。坚持从青工技术骨干中选拔专业技术人员，对获得集团公司及以上技术竞赛奖项的青工，择优给予聘干，形成有利于优秀人才脱颖而出的选人用人机制。鼓励有志青年到艰苦沿线、吃劲岗位去历练，把视线投向铁路发展的航程，把汗水洒在艰苦创业的舞台，做成一番事业、做好一番事业。

3. 宣传先进典型，弘扬正能量。把培养和选树青年典型作为职工思想政治工作的重要内容，有计划、有重点地总结宣传以“沈铁青年榜样”为代表的青年典型的闪光事迹，总结推广先进典型经验。在“新时代·沈铁榜样”等各类先进典型选树宣传中，加大青工的当选比例，用榜样的力量引导青工安心在一线工作。分片区举办“奋斗的青春最美丽”青年典型成长故事分享会，用身边典型的成长故事、成才经验传递“人人皆可成才”“奋斗创造精彩青春”的价值导向，持续营造崇尚踏实做事、崇尚苦练本领、崇尚贡献越大越荣光的浓厚氛围。

4. 解决思想和实际问题，画好“同心圆”。坚持解决思想问题和解决实际问题一道抓，依托“诉求信箱”平台，倾听青工意愿呼声，带动各单位用好热线电话、党政正职信箱，并通过“谈心日”、“谈心周”、职工意见簿等形式，着力化解矛盾，解决实际问题。聚焦青工关心关注的安全生产、工资收入、福利待遇、休息休假等切身利益问题，按月开展思想动态分析，及时组织各单位、各部门加强政策宣讲解读，化解思想热点和难点问题。针对青工异地通勤的后顾之忧，用好集团公司劳动信息管理平台，优化从事工种的对调匹配规则，降低申请门槛，让更多职工实现在“家门口”就业的心愿，同时组织各单位成立志愿服务保障队伍，让异地职工家庭发生突发问题时有人帮、出现特殊困难有人管，让他们在岗位上安心、对家里放心。坚持每季度组织一次心理抗压专题讲座，邀请心理咨询师作专题辅导，增强青工抗压和自我调适能力。充分利用地方政府保障性租赁住房政策，将部分闲置房屋改造为青年公寓，切实解决青工“住房难”问题。

5. 加强普法教育，增强防范性。针对青工违法犯罪比例偏高的实际，梳理通报违法犯罪典型案例，制作专题片，采取以案说法形式强化警示教育。推出短视频、漫画、微电影等青工喜爱的融媒体产品，切实增强职工防范意识。以新入路青工、单身住宿青工、离异青工为重点，从经常借钱、不良嗜好、性格孤僻等方面定期开展排查，建立青工思想“一人一月一档案”，对排查出的法治意识薄弱人员针对性加强教育引导。组织各级工团组织成立各类兴趣小组，广泛开展健步走、演讲比赛、体育比赛等活动，丰富青工“八小时外”生活，引导青工扩大朋友圈，养成良好生活习惯。

6. 强化机制保障，调动积极性。从管理和机制入手，健全薪酬激励机制，拉开一线工种、关键岗位与一般工种、普通岗位人员收入差距，充分调动青工扎根一线的积极性、主动性。健全荣誉激励机制，科学制定评先考核办法，将职工遵章守纪、技术业务、建言献策等与评先晋升联挂，形成人人争先的良好风尚。健全完善劳动竞赛机制，广泛开展“安康杯”劳动竞赛、“双创立功”竞赛，吸引青工加入劳模创新工作室创建、研修、攻关、交流等活动，努力实现青工发展有空间、创新有动力、价值有体现。

7. 发挥组织作用，增强新活力。加强团员青年推优入党工作，由站段团委向本单位党委推荐优秀团员青年加入中国共产党，进行入党教育，提高他们的政治觉悟。以党建带团建，充分发挥党员“传帮带”作用，吸引团员青年参与安全生产立项攻关，不断激发他们的聪明才智和创新创造活力。发挥工会“娘家人”作用，改善生产生活条件，经常性开展群众性文化活动，丰富精神文化需求。深化团情陪伴行动，组织专兼职团干部节日期间走访慰问坚守岗位的团员青年，把温暖送到青工的心坎上。针对沿线、流动和家在外地的单身青年，组织各级团组织举办单身青年交友联谊活动，创造跨行业交友机会，帮助解决大龄青工的婚恋问题。搭建岗位建功展示平台，积极开展青年安全生产示范岗和青年文明号创建、青年突击队应急攻坚等活动，引导青工爱岗敬业、突击奉献、奋发有为。

（执笔人：昝晶、周立冬、阿都沁）

培育新时代高铁文化的实践与思考

中国铁路沈阳局集团有限公司政研会

文化是实现中华民族伟大复兴的重要力量源泉，也是企业发展的软实力。伴随中国高铁从无到有、从追赶到领跑的历史性跨越，中国高铁文化传播力、影响力不断增强，成为中国铁路最深层次的文化力和竞争力。新时代新征程上，为进一步提升高铁文化建设的内涵品质，更好地为中国高铁事业发展提供文化支撑，深入沈阳局集团公司沈阳站、长春站、沈阳车务段、延吉车务段、沈阳客运段等承担高铁运营管理任务的单位，采取现场观摩、座谈研讨、征求意见等形式，开展培育新时代高铁文化课题调研。本文简要总结新时代十年高铁文化建设的主要做法及成效，深入分析存在的问题和短板，针对性地提出了深化新时代高铁文化建设的新思路新举措。

一、新时代十年开展高铁文化建设的主要做法及成效

高铁文化是立足深厚的铁路文化积淀和突出的高铁发展成果，在高铁建设和运营实践中形成的文化形态。新时代十年，中国高铁从 0.9 万公里增加到 4.2 万公里，增长 366.7%。沈阳局集团公司自 2012 年管内首条高铁——哈大高铁开通运营以来，高铁线路已达 3296 公里，占全局线路营业里程的 22.6%。高铁开通运营十余年来，集团公司党委坚持不懈用习近平新时代中

国特色社会主义思想凝心铸魂，积极发展自信自强的新时代铁路企业文化，在培育高铁精神理念、打造高铁文化品牌等方面，积累了一些成熟经验。

1. 坚持系统化设计，育人铸魂、固本强基。管内高铁开通运营十余年来，始终把高铁文化建设纳入企业发展总体战略，坚持阶段性制定规划安排，基层单位每年制定一个落实方案，机关各系统、各部门从不同角度指导落实，既确保高铁文化的本质统一性，又鼓励和支持各单位打造具有自身特色的文化品牌，促进高铁文化建设层层落责、优势互补、深入推进，文化底蕴日渐厚重。特别是每逢新线建设，坚持高铁文化打造与高铁站场建设同步到位原则，组织相关单位在新建高铁站的过程中，融入本地的、民族的优秀文化元素，将高铁车站建成了具有地方民俗特色的人文建筑，成为高铁线上的亮丽风景。

2. 坚持高品质打造，融合匹配、彰显特色。中国高铁高标准、高品质、高速度、高素质、高水平等独特气质，成为集中展示中国速度、中国创造、中国智慧、中国力量、中国精神的文化标识。在高铁文化建设过程中，集团公司党委紧扣高铁特质，构建文化理念体系，突出高标优质，养成良好行为习惯，形成了与高铁相匹配的价值理念、制度规范和行为方式。比如：长白山站夏看森林冬赏雪、长白情韵伴客行，延吉西站七彩民族风、温馨悦旅途，沈阳车务段铁岭西站“真心诚待、爱心善待、悦心礼待”的车站精神，开原西站“精心一刻不怠、精细一丝不苟、精准一点不差”的安全理念，彰显了高铁基本特质。有的高铁站还在精心打造“四区一室”的基础上，设计打造麦觅书咖、“七彩悦读”空间、外币兑换中心、网红站牌、打卡日历、文创打卡集市等，让旅客尽享宾至如归的超值服务。

3. 坚持人本化管理，铸魂育人、激发动力。职工是高铁文化建设的主体。集团公司党委坚持以职工为中心，充分尊重职工的首创精神，发动职工参与提炼高铁精神，立足岗位实际总结提炼工作理念，创造优秀工作（服务）法，组织开展师带徒活动，让广大职工共建共享高铁文化建设成果，有效激发了爱企爱岗、敬业奉献的积极性。组织创作高铁诗歌、小说、报告文学、散文、微电影等文艺作品，艺术化讲述高铁创新发展故事，MV 作品《高铁情歌》被央视客户端、《人民日报》客户端等 300 余家媒体转发，浏览量过亿，集团公司职工创作的歌曲《追梦飞翔》荣膺全路优秀作品榜首。沈阳客运段还组织干部职工广泛参与，形成了覆盖各岗位的作业指导书、服务标准、服务流程，编发“一车一策”“一车一图”“一车一表”，引导职工按标作业、优质服务。

4. 坚持品牌化推动，以点带面、整体提升。中国高铁成为国家象征、彰显民族自信，自带“品牌效应”。集团公司党委把握契机，结合实际打造哈大高寒高铁示范线、吉珲高铁朝鲜族文化示范线、白敦高铁冰雪游精品线等融入地域文化特色、彰显高铁服务品质的文化品牌。在此基础上，采取组织现场观摩、经验交流、集中采访等方式，面向全局宣传推广，强化品牌引领力；组织编发高铁宣传片、宣传画册，开展“坐着高铁看中国”“森林高铁赋能东北振兴”等大型采访活动，扮靓了高铁品牌形象。铁岭西站“关东情”、开原西站“秧歌乐”、昌图西站“黑土淳”服务品牌，G908 次“盛京之约”、G958 次“太阳鸟号”、G3650“丹凤朝阳号”等高铁列车品牌，产生了良好的示范带动效应。

二、当前存在的问题短板

1. 为民宗旨树得还不够牢。近年来，随着铁路市场化改革的不断深入，市场竞争日趋激烈，但个别干部职工的思想观念转变还不到位，认真践行“人民铁路为人民”宗旨的思想自觉和行动自觉还不够高，一定程度上影响了客运服务质量特别是高铁服务水平的提升。

2. 高铁宣传阵地资源利用率还不够高。有的单位没有充分利用高铁阵地资源进行企业文化传播、形象宣传、营销宣传等。比如：有的单位把客运营销挂在嘴上，所辖的高铁站车却几乎没有相关的营销宣传内容；有的单位展陈的宣传产品种类较少，宣传意图、价值定位不明确，难以产生实际的宣传效果；有的单位打造的服务台、服务岗等，位置设置不合理，名称表述随意，外观打造缺乏文化创意和视觉冲击力。

3. 高铁文化内涵还不够深。从思想认知看，有的单位思路眼界还不够宽，对于高铁自然产生、百姓普遍认知的文化现象不够敏感，局限铁路自身搞文化建设。从创建内容看，有些精神理念缺乏自身特色，存在大众化、雷同化问题，难以让职工入脑入心、落地实施；有的“内外不分”，把本该在职工作业区进行的文化打造内容安放到了旅客服务区。从载体方法看，有的脱离企业实际搞拿来主义，职工参与度不高，企业文化缺乏根基和生命力；有的过于追求形式上的高大上，停留在文化环境的美化上，缺乏内涵上的挖掘和提升。

三、深化新时代高铁文化建设的几点思考

高铁已经成为交通运输现代化的重要标志，也是一个国家工业化水平的重要体现。站在实现第二个百年奋斗目标的新起点上，要坚定不移以习近平文化思想为引领，聚焦国铁企业新的文化使命，持续深化高铁文化建设，切实以文化的力量，让新时代中国高铁亮丽名片的成色更足，始终成为世界高铁的“领跑者”。

1. 充分挖掘展示高铁文化内涵。按照国铁集团党组统一部署，立足深厚的铁路文化积淀和卓越的高铁发展成果，聚焦推动铁路高质量发展、率先实现铁路现代化、勇当服务和支撑中国式现代化的“火车头”的目标任务，认真总结梳理干部职工在高铁建设、运营实践过程中形成的理想追求、价值观念、工作理念等，进行深入研究和宣传阐释，丰富高铁精神文化内涵。对于在建高铁站，坚持提前介入，做到硬件施工与文化打造同步设计、同步开展，确保文化主题、基调、风格等与基础硬件设施、周边环境等融合匹配；对于既有高铁站，把深化高铁文化建设与客运服务品质提升结合起来，本着实际实用的原则，紧扣服务功能提升文化内涵，以文化的魅力彰显服务品质。

2. 着力打造高铁文化品牌。把政府认可、旅客认可、职工认可的高铁文化品牌筛选出来，精心设计宣传方案，面向社会广泛宣传。坚持采取打造试点、示范推进方式，深化高铁文化线、精品车站、精品列车、民族列车、

服务明星等品牌创建工程，做到培育一批、成熟一批、推广一批，带动服务品质整体提升。加强高铁站车单位之间的协调联动，按照“一线一主题、一站一方案、一车一品牌”的原则进行文化设计打造，全面强化品牌化、规模化效应。将高铁文化元素融入图书、影视剧、站车纪念品等高铁文化产品创作中，拍摄高铁系列影视作品、创作高铁歌曲，创新高铁文化表达方式。

3. 大力选树宣传高铁典型。榜样是有形的能量，是鲜活的价值观。常态化选树宣传高铁建设、运营、管理中的先进典型，优秀的高铁志愿服务项目、志愿服务团队等，及时总结推广优秀作业法、服务法，持续创作推送高铁服务团队、先进典型事迹宣传片，形成“点亮一盏灯，照亮一大片”的示范效应，切实用典型引导职工群众的思想和行为，强化激励和带动作用。

4. 推进文旅深度融合发展。认真落实党中央要求，适应铁路市场化发展方向，加强与地方政府、文化机构、旅游公司等合作，深入挖掘高铁沿线历史文化，积极开发高铁旅游专线、高铁研学专列等文化产业，推动铁路产业链延伸拓展，以此推动和扩大铁路的经济效益。深入开展铁路文明旅游特别是高铁文明出行宣传，加强高铁服务文明礼仪宣传教育，加大高铁文明出行宣传力度，探索推进“高铁阅读”、站车“共享读书”“列车读书角”等创新实践，广泛开展读书活动，丰富旅途生活，提高服务文化内涵品质。

5. 讲好新时代高铁发展故事。以企业形象宣传、营销宣传为重点，以适合面向社会传播为原则，立足于中国高铁发展的辉煌成就和远景目标，运用多种方式，加大新闻宣传力度，充分展示高铁发展的良好形象。创新高铁形象传播方式，针对不同人群组织开展相应的学习、参观和体验，系统介绍高铁给中国经济社会发展带来的深刻影响，用感同身受的乘坐体验，增强高铁文化的影响力和感染力。分系统、线别、品牌、工种、岗位等设计制作系列宣传产品，发挥高铁品牌、服务窗口的优势作用，统一在高铁站车宣传展示，有效扩大宣传声势，形成规模宣传效应，促进企业社会形象和文化软实力的提升。

（执笔人：赵金花）

关于推进职工政治学习质量提质增效的调研与思考

中国铁路沈阳局集团有限公司政研会

为切实加强基层一线理论武装工作，围绕“推进职工政治学习质量提质增效”这一课题，采取实地察看、调阅资料、集中座谈、个别谈话等形式，深入沈阳局集团公司沈阳车务段、沈阳动车段、大连机务段、大连站、锦州站等10余家单位了解情况，并调阅检查了延吉工务段、大连供电段等20余家单位相关资料，在此基础上，形成调研报告。

一、主要情况

总体来看，各单位党委能够认真对照《职工政治学习质量提升年工作方案》（党宣函〔2023〕10号），结合实际细化本单位职工政治理论学习相关制度办法，进一步优化学习安排、创新学习方式、丰富学习供给，指导所辖班组做好“一班组一方案”的制定，并常态化做好检查考核等基础工作，确保学习质效。截至2024年，沈阳局集团公司8846个班组已全部完成学习方案的制定。

二、主要做法和成效

1. 在组织管理上突出“细”，确保学习落实落地。一是抓好顶层设计。各单位党委采用专题会议、问卷分析、走访座谈等形式，广泛听取一线干部职工对于加强政治学习特别是优化学习组织的意见建议，为指导班组定好学习方案摸清底数。比如：延吉工务段党委书记组织党群办、业务科室相关人员召开专题会议，研究制定调查问卷，内容包括“本班组政治学习安排在什么时间好”“班组政治学习一次时间多长为宜”“你最认可哪种学习形式”等18个项点，下发至全段14个车间、60个班组、10个职能科室，共计1400余份，准确掌握职工需求；大连供电段党委在深入调研的基础上，结合工种、岗位和班制特点，将全段65个班组划分为日勤、两班制、三班制3种类型，针对不同类型班组形成相应的《学习指导意见》，并成立以党委书记牵头，党委副书记、党办宣传科、组织科、劳人科、职教科科长为主要成员的工作专班，深入一线巡回指导各班组对照《意见》细化制定落实方案。二是细化学习安排。各单位党委在每月编发车间班组政治学习计划的基础上，围绕学习习近平总书记最新重要讲话特别是对铁路的重要指示批示精神，以及国铁集团党组、集团公司党委推出的精品微课、典型榜样等，定期开列重点学习内容提示，确保跟进及时无遗漏。同时，组织基层单位党委区分党员职工和职工群众，并针对不同工种、不同岗位、不同作业班制，分层分类定制学习计划、学习形式、学习篇目，确保学习见行见效。比如：长春电务段党委围绕学习习近平总书记同团中央新一届领导班子成员集体谈话时的重要讲话，组织团员青年围绕“对照讲话差什么”“对照讲话学什么”“对照讲话做什么”开展专题研讨，进一步增强“青春心向党、建功新时代”的自觉性和坚定性；锦州机务段党委于民法典普法宣传期间，在党员学习清单中增设了“党员为什么要带头遵纪守法”的讨论课题，组织党员开展讨论，进一步增强了基层党员“坚决守法用法，作守法用法模范”的政治自觉、思想自觉和行动自觉。三是抓好制度落实。各单位党委加强对班组政治理论学习的管理，特别是严格落实请假和补学制度，进一步规范学习组织。沈阳车务段党委、本溪车务段党委印发思想政治工作记录簿，规范学习记录内容，并标明“补学”栏目，明确由班组党支部书记对未能参加集中学习的职工进行补学。沈阳站党委组织车间党总支（支部）书记每月对所辖班组学习情况进行覆盖式督导，并利用每月标准化规范化检查抽查班组学习情况，对未按时完成学习任务、学习质量不高的，予以通报并纳入一体化考核；延吉车务段党委采取每月现场抽查、季度平推检查等形式加强督导，开展评比排序公示，并召开职工政治学习质量提升年现场推进会，推广交流延吉道口车间、延吉线路车间和延吉桥隧车间经验做法，促进带动职工政治学习质量整体提升。沈阳工务机械段党委针对部分新职班组党支部书记业务不熟、理论水平不高等实际，定期组织车间党总支开展理论知识培训、应知应会抽考、新老班组党支部书记“一帮一”辅导等活动，帮助他们尽快上手。

2. 在方式方法上突出“活”，确保学习见行见效。一是聚焦“学什么”。各单位党委通过深入基层一线走访调研、发放调查问卷等方式，征集干部职工关心关注的理论热点难点，同步纳入车间班组政治学习清单，并组织职工结合本系统、本单位重点工作进行专题学习，强化学习实效。比如：工务、房建系统单位党委组织职工围绕学习贯彻习近平总书记对湖南长沙居民自建房倒塌事故作出的重要指示精神，结合落实集团公司关于抓好沿线安全环境整治的工作要求开展专题讨论。沈阳机务段党委、苏家屯车辆段党委结合学习贯彻习近平总书记对近期安全生产事故的重要指示精神，结合安全生产月活动开展“维护消防安全人人有责”全员大讨论，进一步增强了职工落实安全责任的紧迫感和责任感。二是聚焦“怎么学”。各单位党委着眼于破解工学矛盾、增强学习实效，坚持在丰富学习载体，活化学习形式上下功夫。长春客运段党委组织职工根据党史故事、时政热点等编写演讲提纲，在每班出乘前面向职工开展不超过3分钟的演讲，并为“季度金牌演讲员”颁发证书，激发学习热情。山海关工务段党委在春秋季集中修或遇有大型施工、不能保证“天窗集中学”时，于工程车上开设“流动课堂”，组织干部职工在上下班途中开展学习，做到生产、学习两不误。苏家屯机务段党委针对机车乘务员流动性强的特点，在外公寓和待乘室设置7处流动补习点，并由党支部统一组织乘务员打破班组界限，分批进行集中学习，有效确保了政治学习不间断、全覆盖。通辽车辆段党委在党的二十届三中全会精神专题学习中，围绕深刻领会党的十八大以来党和国家事业取得的历史性成就、发生的历史性变革，针对青工较多的实际，确定了“从家庭生活看新时代十年变化”“谈谈我十年的工作环境改善”等讨论课题，并采取“新老职工对比讲+理论骨干解读讲”的形式，让职工轮流走上讲台，从不同角度畅谈十年变化，感悟今昔对比，进一步凝聚听党话、跟党走的思想共识。三是聚焦“学得好”。各单位党委紧密结合习近平总书记重要讲话精神，以及国铁集团党组、集团公司党委开展的形势任务教育、选树的典型榜样等内容，动态更新职工政治理论学习题库，为开展抽考抽问提供丰富资源。通化工务段党委每月从题库中选择一定数量的试题作为学习内容，提供给职培科纳入月度星级职工评定题库，利用“一张卷”一并考试，并将结果纳入职工绩效考核。沈阳电务段党委还将理论微课中的知识要点纳入考试内容，组织全段干部职工答题，并为答题在前十名的职工购买文创产品，提高职工学习积极性。

3. 在内容供给上突出“实”，确保学习入脑入心。一是强化“网络+学习”。集团公司党委宣传部组织党校、融媒体中心编制了《百堂“四史”教育慕课》《沈铁100先锋录》等学习产品，将相对枯燥的理论知识以广大职工喜闻乐见的数字化形式呈现出来，提升学习的吸引力和感染力。同时，加大选题策划力度，发挥各级理论骨干作用，持续推出高质量的理论微课，2024年以来，编制理论微课20余期，其中《学好党史　用好党史》等被评为全路精品课，并被纳入全路职工政治学习必学内容。二是强化“宣讲+学习”。各单位党委紧密结合“改革创新展作为、提质增效立新功”主题宣讲，围绕学习贯彻党的二十大精神和二十届三中全会精神，以及国铁集团、集团公司不同阶段重点任务，细化宣讲提纲，并结合落实领导干部深入联系点制度，组织各级班子成员深入包保单位、基层联系点及沿线站区，聚焦广大职工关心关注的理论观点、政策焦点、思想难点，开展分众化多形式的理论宣讲辅导，累计开展8000余场次。集团公司理论骨干撰写的理论文章《你我都可以当好“火车头”》《持续用力坚守铁路政治红线和职业底线》《响应时代号召 彰显奋斗底色》被《人民铁道》报“一线论谈”刊发。三是强化“参观+学习”。各单位党委充分用好红色资源，本着就地就近的原则，组织广大党员、干部参观革命遗址遗迹、革命博物馆、纪念场馆，参观集团公司党史教育室外课堂、中共沟帮子铁路党支部纪念馆、沈阳铁路陈列馆等铁路教育基地。延吉车务段党委、通辽车辆段党委以庆祝建党103周年为契机，开展“新老党员话初心”主题党日、“缅怀先烈记誓言”参观烈士陵园等沉浸式红色教育活动，提高学习效果。苏家屯机务段党委统筹“四史”教育与段史教育，新建占地500多平方米，内部展陈老照片1.3万余张、老物件300余件的段史馆和以机车动力升级、品牌机车故事为主题的机车文化室外课堂，组织干部职工参观研学，激发爱党爱国爱路爱企的政治热情和奋进力量。

三、存在问题和不足

综合各渠道调研成果，重点从学习制度、学习内容、学习方式、学习组织等几个方面进行了分析。总的看“有没有”的问题基本得到解决，但“好不好”的问题还比较突出。

1. 学习质效有待提高。个别车间党总支（支部）在学习内容安排上没有统筹考虑集中学和个人自学，致使集中学习内容过多，许多职工反映“学不过来”，同时，没有严格落实“职工政治学习以集中学习讨论为主”的要求，组织学习“我说你听”偏多、互动交流讨论较少，不利于引导职工深入思考交流，影响了学习效果。

2. 基础知识掌握不牢。个别职工集中学习不认真，日常个人自学不主动，对一些党的基本理论知识、应知应会内容理解不深、掌握不清。这些问题从侧面反映出一些班组党支部书记（班组长）在职工政治学习组织和管理上还存在一学了之、管理不到位的问题。

3. 平台关注还需加强。个别党总支（支部）书记督促动员职工关注“人民铁道”公众号、“沈铁在线”企业号力度不够，对未关注的职工、更换手机号后未再关注的职工、私自取消关注的职工等情况底数不清，对照国铁集团党组宣传部要求职工关注“人民铁道”公众号全覆盖的要求还有一定差距。

四、下步工作重点

1. 进一步完善制度机制。要综合运用专项督查、日常检查、随机电话调研等形式，加强对基层单位党委开展“职工政治学习质量提升年”情况的动态指导，特别是督促指导各单位党委区分不同工种、不同岗位、不同作业班制，进一步完善职工政治学习办法，为职工政治学习提供更精准指引。在此基础上，探索打造区域性班组政治学习示范点，推动互学互鉴，促进职工政治学习标准化规范化。

2. 进一步优化内容供给。要持续深化“理论微课365”学习活动，组织创作、推送更多通俗易懂、生动活泼的理论宣传产品，及时更新职工政治理论应知应会题库，办好网络答题活动。指导基层单位党委结合工作和职工实际优化车间班组学习清单，提高学习内容安排的针对性和实效性。

3. 进一步改进学习方式。要坚持分众化差异化思路，推动基层单位党委一对一指导车间党支部（总支），立足工作特性、作业特点和作息规律等，共同研究确定符合实际的集中学习方式和增强参与、互动的措施，提高学习实效。同时，用好理论武装内部工作表彰，选树先进典型、推广优秀案例，发挥示范带动作用。

4. 进一步加强学习管理。要严格落实职工政治学习制度，突出抓好车间党支部（总支）书记指导和督查班组政治学习责任、班组党支部书记或班组长组织集中学习讨论责任的落实，加强学习考勤、补学、定期抽考和自学引导，推动规定学时、指定内容等要求落地。

（执笔人：昝晶、阿都沁、周立冬）

关于铁路现代物流体系建设中职工思想动态调研分析

中国铁路沈阳局集团有限公司政研会

在中央财经委员会第四次会议上，习近平总书记强调，“物流是实体经济的‘筋络’，联接生产和消费、内贸和外贸，必须有效降低全社会物流成本，增强产业核心竞争力，提高经济运行效率”。专门对有效降低全社会物流成本、优化运输结构、强化“公转铁”、深化综合交通运输体系改革等提出明确要求。全国40个铁路物流中心陆续成立，物流产品供给提质增效，货运基础设施建设和生产力布局不断优化。为掌握推进现代物流体系改革中的职工思想动态，2024年二季度沈阳局集团公司党委宣传部按照国铁集团党组宣传部部署要求，开展铁路现代物流体系建设职工思想动态调研分析，采取网上问卷调查、深入物流中心座谈、汇聚网上信息、组织基层单位报送职工思想动态分析报告等形式，进行了职工思想动态调查。

一、基本情况

本次调查采用了网上问卷调查的方式，同时深入95306货运物流服务中心、沈阳铁路物流中心进行了实地调研。

1. 网上问卷调查情况。围绕职工基本情况、对铁路现代物流体系建设的认识、职工的切身利益、日常工作的心理状态等设计了19个问题，组织制作网上调查问卷，向铁路物流中心、直属货运站、车务段、非运输企业等35个单位定点发放，职工匿名在手机端完成问卷，直接提交到后台，共有4376名职工参与调查。

从岗位分布来看，参与调查的一线职工占比71.71%；班组长占比14.12%；车间（部室）管理人员占比14.17%。

从专业分布来看，参与调查的铁路物流中心职工、直属货运站、车务段、物流公司（非运输企业）分别占比16.7%、12.45%、64.83%和6.01%。

从所从事的业务类型分布来看，从事生产管理的职工占比26.23%，从事营销服务的职工占比7.04%，从事内勤作业的职工占比26.53%；从事外勤作业的职工占比40.2%。

2. 实地调查情况。集团公司党委宣传部人员分别深入95306货运物流服务中心和沈阳铁路物流中心进行了调研，与站段部分班子成员、职能科室干部和营业部经理、党支部书记进行了谈话交流。

二、职工对铁路现代物流体系建设的主流思想

1. 对国铁集团推进铁路现代物流体系建设的重大举措表示支持和拥护。网上问卷调查显示，有70.36%的职工表示对改革充满期待，工作有信心、有干劲；有84.83%的职工认为铁路现代物流体系建设事关集团公司高质量发展全局，与每位干部职工都息息相关；有91.7%的职工认为铁路现代物流体系建设涉及货运工作方方面面，每个货运人都应该且能够在其中积极发挥自己的作用。通过座谈了解，广大干部职工对国铁集团的改革举措广泛认同，认为改革符合铁路现代物流体系建设的方向。大连铁路物流中心的职工在座谈中表示，物流中心的建立，将进一步激发铁路运输企业市场主体活力，提高物流资源配置效率，提升以全程物流、全品类物流为发展方向的铁路物流市场开拓能力，全面增强铁路物流市场竞争力，让广大企业和客户获得更

好的服务体验。集团公司领导多次带队深入企业走访洽谈，宣传铁路推进现代物流体系建设的有关情况，成功与鞍钢签订了3200万吨的年度物流总包合同，为东北地区钢铁企业物流总包第一单。2024年一季度，鞍钢运量完成974.7万吨，超合同进度计划65.4万吨，超幅7%。

2. 对铁路现代物流体系建设推进态势表示认可。网上问卷调查显示，有61.61%的职工认为铁路现代物流体系建设措施有力，推进有序，态势良好；有69.2%的职工表示服从单位的岗位调整，一定尽心尽力干好本职工作；有90.08%的职工认为铁路现代物流体系建设使运输组织更为集约高效，货运产品更优，市场反应较好；有73.15%的职工认为推进现货物流体系建设后，工作的平台更高了，责任感和使命感更强了。集团公司注重加强合同制运输，已与123家客户签订了运量互保协议，协议运量合计27028万吨。通过采取驻企服务，定期进行客户走访，及时掌握客户痛点问题，用好国铁支持政策，在让利企业、助力地方经济发展的同时，也为货运上量创造良好的货源基础条件。

3. 激发了投身铁路现代物流体系建设的主观能动性。通过采取班组政治学习、三会一课等形式，组织干部职工学习中央财经委员会第四次会议和“2·29”全路电视电话会议精神，将国铁集团党组、集团公司党委关于加快铁路现代物流体系建设新部署、新要求纳入主题宣讲，做好面向干部职工的宣讲教育，有效调动了广大干部职工为加快推动铁路物流转型发展、实现货运增量提质的积极性主动性。通辽铁路物流中心在霍林河地区走访时了解到，内蒙古自治区兴安盟科尔沁右翼中旗乌塔其嘎查金宏矿业与葫芦岛志达物流有限公司达成叶蜡石代理协议，营销人员及时走访了两家公司，专门设计发运方案，建议企业使用20英尺35吨敞顶箱装载运输，提出采取“点对点”整列直达的运输方式，还专门请两家公司的负责人对汽车短驳运输路径、货场设备设施及装卸能力进行实地考察，两家企业负责人当场决定启动合作相关事宜。“通辽铁路物流中心的运输方案考虑周到细致，处处站在企业角度想问题，帮助我们降低物流成本。今后，我们一定加强与铁路的合作，实现路企共赢。”葫芦岛志达物流公司的经理说。该项目预计全年为铁路增加运量10万吨。

三、存在的思想和实际问题

1. 对铁路现代物流体系建设认识不足。网上问卷调查显示，有10.35%的职工不清楚有哪些任务要求，有14.99%的职工仅知道自己岗位的改革措施和具体要求。通过座谈了解，金州站、长春车务段、苏家屯机务段等部分职工认为推进铁路物流体系建设是铁路物流中心的事，与自己关系不大，没有认识到加快货物列车周转、加强机辆衔接、提高编组站运输效率同样是在为物流体系建设作贡献。通辽铁路物流中心有的职工认为货运中心已经成立了11年，这次组建的物流中心与原来的货运中心没有本质区别，对铁路物流中心是物流营销工作具体实施主体的重要性认识不足。

2. 对车务站段货运、非运输企业物流业务划归铁路物流中心存在担忧思想。网上问卷调查显示，有43.88%的职工担心货运市场份额丢失；有25.25%的职工担心企业遗留问题得不到解决；有15.49%的职工担心企业优惠政策减少。通过走访座谈了解，辽宁铁信集团、长春春铁物流集团的部分职工认为现在的物流业务发展顺利，市场化运营赢得了企业的认可，产生了很好的经济效益，担心重新划归物流中心会导致原有项目丢失，市场份额减少。

3. 思想观念还不适应物流体系建设要求。网上问卷调查显示，有62.68%的职工认为存在“固守铁路大宗货物老本，不能与时俱进开拓市场”的思想观念；有59.44%的职工认为存在“由于铁路的地位和优势，因此会有国家支持，不怕没有市场”的思想观念；有32.04%的职工认为存在“不适应生产作业流程的规范管理，担忧工作考核管理更细更严的，增加工作难度，影响工资收入”的思想观念。通过走访座谈了解，长春物流中心职工1169人，年龄50岁及以上的职工占比达49%，延吉车务段50岁及以上的职工占比达52%，这部分职工安于现状，学习物流业务的积极性差，很难适应现代物流发展的工作要求。通化车务段的部分货运干部不熟悉货运价格政策和物流业务，走访企业货主时，既未讲清铁路的价格优势，也未宣传铁路的安全优势，导致营销效果不明显。这充分反映出部分职工“坐商”的思想严重，在日趋激烈的运输市场竞争中，还存在坐等客户上门，不愿营销、不懂营销、不会营销的问题。

4. 完成全年运输任务还有畏难思想。通过分析后期的货源形势，集团公司完成全年预算仍有1100万吨以上的缺口。一是内蒙古白音华煤电有限公司坑口发电厂新增机组2台，影响铁路煤炭减量500万吨；二是南芬至本钢的铁矿粉管输开通，预计影响铁路减量300万吨以上；三是国铁下达货物发送量预算33745万吨，较2023年实际完成33416万吨增加了329万吨，三项合计1129万吨。特别是随着取暖结束，煤炭运量大幅下滑，货运经营形势较为严峻。通过座谈了解到，沈阳物流中心管内煤炭发送量减少，钢材市场回暖不明显，大宗货物的基础运量减少，运输收入、货物发送量处于双欠状态，部分干部职工认为完成全年运输任务比较艰难。长春北站、苏家屯站、山海关站的部分职工认为作为编组站，车站工资清算与货运收入、办理辆数直接相关，当日均办理辆数下滑时，担心工资收入能否持续增长。同时，网上调查显示，有57.72%的职工认为货运市场竞争激烈、铁路灵活性不够，闯市场做营销的信心不足。沈阳铁路物流中心部分营销人员反映从货运市场价格调查到运价浮动项目实施，需要经过3至5天的审批流程，而公路运输价格随行就市，铁路在打价格战中处于劣势。

5. 职工队伍年龄偏大、作业缺员问题。通过座谈了解到，物流中心职工构成比较复杂，部分职工是车务、装卸、非运输企业的转岗人员，年龄偏大，文化程度偏低，且身体不好的职工较多，现场作业力量不足，导致日常组织运输生产有难度。比如：沈阳铁路物流中心总体缺员81人，其中生产作业人员缺员101人，干部超员20人，完成货运生产任务的压力大。沈阳铁路物流中心文官屯营业部经理在座谈中表示，营业部职工普遍年龄偏大，且有40%的职工身体有病，面对物流改革的这场硬仗，感到心里没底，打胜仗信心不足。

6. 普遍关注个人切身利益。一是关注岗位调整。网上问卷调查显示，有 19.79% 的职工担心推进现代物流体系建设导致岗位调整，产生异地通勤问题，与家人聚少离多，赡养老人、子女教育有困难；有 11.01% 的职工担心岗位调整导致需要学习掌握的技术业务多，营销压力大，难以胜任新岗位。沈阳铁路物流中心的营销部经理在座谈中谈到，铁路物流由以铁路为主变为以市场为主，由站到站变成门到门，实施以项目制、合同制为核心的责任履约运输，涉及法律责任、按合同办事，他感到营销转型的压力很大。大连铁路货物中心的部分职工认为物流改革必然带来岗位调整，担心失去现有岗位或者调整到不胜任的岗位，思想上有顾虑。长春铁路物流中心接收了非运输企业的部分物流分公司，管辖范围涉及延吉、通化、白城地区，部分职工担心会产生岗位变动长距离通勤。本溪车务段的部分货运职工猜测下一步的岗位归属，是执行“一刀切”还是让自愿选择，有的职工工作积极性和作业标准降低，存在“身在曹营心在汉”的心态。白城车务段有的货运干部认为物流中心干部编制少，无法接纳车务段货运全体干部，容易失去干部岗位或身份。二是关注工资收入。网上问卷调查显示，有 16.77% 的职工认为收入没有变化，担忧收入未来会跟随岗位调整而发生变化；有 15.33% 的职工认为收入降低了，对工作的价值感、积极性产生了消极影响。通过座谈了解到，沈阳铁路物流中心受经营业绩影响，2024 年一季度工资收入较 2023 年四季度减少明显，部分职工存在攀比心理。梅河口车务段地处偏远地区，货运量在集团公司排行倒数第二，受地方经济形势和环保政策影响，货运整体运量处于下滑趋势，部分干部职工对完成集团公司预算指标的信心不足，特别是日历进度预算一直欠账，影响全段干部职工工资收入，对工作积极性产生了消极影响。白城车务段的部分货运员担心营业部成立后工资分配制度变动较大，绩效挂钩更大，个人收入会下降。辽宁港铁集团、沈铁物流集团的部分物流分公司职工了解到物流中心职工收入有所降低，担心划归物流中心后，工资收入下降明显。三是关注生产生活条件的改善。有的货运员作业地点在专用线或企业场区，作业环境不好，企业给安置的作业室多为偏差房屋，比如：沈阳铁路货物中心职工反映钢材市场专用线的作业室喝水、上厕所等十分不方便，希望通过这次物流改革，改善他们的作业环境和办公场所。

四、提出的意见建议

1. 建议更加深入地推进铁路现代物流体系建设。网上问卷调查显示，有 49.11% 的职工认为虽然抓住了主要矛盾，但仍需进一步研究制定更具有针对性的措施办法；有 22.46% 的职工认为个别措施针对性还不够强，解决实际问题效果一般；有 5.14% 的职工认为还存在其他制约性问题或短板，需进一步深化改革。

2. 建议加大科技投入，满足铁路现代物流体系建设需要。在货物监装卸、取送车、调车作业等方面，实时共享作业信息，减少车务与物流、车务与机务、车务与车辆等单位的结合部问题，避免发生二次对货位、车等货、货等车的问题，让每批作业变得更智慧、更高效、更安全。

3. 建议加大物流中心人才梯队培养。每年补充一批高职生，缓解铁路物流中心职工队伍年龄偏大、结构缺员的问题。随着推进物流金融服务试点、开展对外合资合作，建议招录一批精通法律、金融、信息技术的专门人才。加大物流营销人员培训力度，突出加快铁路物流体系建设主题，综合运用讲授式、研讨式、体验式等多种教学方式，对构建现代物流体系的重点任务和思路措施等进行系统培训，进一步拓宽思路视野，提升能力素质，着力培养打造一支懂管理、懂经营、懂物流的铁路现代物流体系建设领军队伍。

4. 建议加大铁路货场、专用线改造力度。有的铁路货场、专用线不符合现代物流运输需求，光靠国铁企业改造周期长、投入大，建议吸引社会资本参与改造，出台具体的办法，确保可操作、投产大、收益好，实现互利共赢。同时，在专用线发运方面，给予产权企业出台相应的政策，减少路产租金、专用线代维费用。

五、制定的工作措施和努力方向

1. 深入开展铁路现代物流体系建设宣讲教育。将国铁集团党组、集团公司党委关于加快铁路现代物流体系建设新部署、新要求纳入主题宣讲，跟进做好面向干部职工的宣讲教育，引导干部职工坚定信心、乘势而上，为加快推动铁路物流转型发展、实现货运增量提质作贡献。围绕推进现代铁路物流体系建设，组织各物流中心开展主题宣讲比赛，发动各级领导干部、管理人员、理论骨干、先进典型更加自觉地深入一线开展宣讲，把身边人身边事融入进去，更好地帮助广大干部职工提高政治站位、认清形势任务、强化岗位责任。

2. 大力推动货运增运上量。组织货运部门加大市场营销力度，不断拓展增量空间，尽快弥补装车欠账。加强化肥等春耕重点物资运输保障，盯住装卸车组织等关键环节，提高运输效率。对签订运量互保协议的123家企业，建立定期会商沟通机制，稳定运量基本盘。对非运输企业开展的物流总包项目，做好整合过程中的项目交接，确保项目顺利过渡。

3. 加强先进典型选树宣传。积极选树货运物流领域涌现出来的先进典型，深入挖掘先进事迹和营销故事，纳入“新时代·沈铁榜样”评选，通过集团公司全媒体平台大力宣传，示范带动广大物流营销人员提升营销水平。同时，利用全媒体平台大力宣传基层一线探索物流营销实践的典型做法和工作成效，充分激发广大干部职工干事创业的积极性、主动性和创造性。

4. 结合实际开展主题实践活动。精心设计活动载体，构建共同参与平台，聚集共闯市场的正能量。组织各级党组织突出“物流改革当先锋、经营创效比贡献”主题，坚持季度评选“十佳”经营党支部，广泛开展“征集金点子、寻找金钥匙、抱回金疙瘩”活动，动员引导广大干部职工积极走进市场、拓展市场、赢得市场。同时，按照集团公司现代物流体系建设工作要点和任务分工，对照时间节点抓好推进落实，高质量开展现代物流知识集中培训，为推动货运向现代物流转型发展打好基础。

5. 做好“一人一事”思想政治工作。坚持推进改革与加强教育同步，采取宣讲、讨论等方式，引导职工正确认识改革、理解支持改革、积极投身改革。认真做好职工思想动态分析，准确把握职工思想脉搏，及时跟进有针对性的思想疏导。全面加强新职人员、转岗人员的培训，让他们迅速消除对工作的陌生感，适应岗位要求，在新的岗位上安心工作。特别是针对职工关注的物流总包、考核激励、岗位调整等热点问题，及时开展宣讲教育、解疑释惑，针对性做好物流经营改革创新中的“一人一事”思想工作。

（执笔人：黄玉昆、常效东、张平）

关于提升主题宣讲生动性、实效性的探索与思考

中国铁路北京局集团有限公司政研会

每年一个主题开展形势任务教育，已经成为铁路宣传思想文化工作的鲜明品牌。近年来，北京局集团公司党委认真贯彻落实国铁集团党组关于开展主题宣讲的工作部署，聚焦形势任务发展，紧扣主题，突出重点，创新方式，扎实推进，为践行"人民铁路为人民"的宗旨、推动铁路高质量发展，筑牢了思想根基，增添了精神动力。2024年是中华人民共和国成立75周年，是实施"十四五"规划的关键一年，也是铁路全面深化改革创新、加快构建"六个现代化体系"的重要一年。国铁集团党组部署在全路开展"改革创新展作为、提质增效立新功"主题宣讲，为鼓舞士气，振奋精神，引导干部职工积极投身勇当服务和支撑中国式现代化"火车头"的京铁实践，集团公司党委在提升主题宣讲的生动性、实效性内在逻辑和规律上进行探索实践。

一、主题宣讲不生动、实效性不佳的具体体现

生动性、实效性是开展主题宣讲的重要举措，是推动主题宣讲走深走实的关键。近年来，有些单位在宣讲中不注重把握宣讲的生动性、实效性，照本宣科、不接地气，没有起到鼓舞士气，凝心聚力的作用。

1. 精神没吃透。吃透上级精神是高质量开展宣讲的前提，有些宣讲人

员事先没有认真学习国铁集团、集团公司会议精神，没有系统研究工作的新要求新变化新策略。没有与历次会议精神贯通起来、与当前形势贯通起来、与现场实际贯通起来、与职工队伍现状贯通起来、与面临的挑战贯通起来，来领会精神实质、目标任务、工作特点、方法举措。对会议精神理解得不深、悟得不透，只知其然、不知其所以然，自然就抓不住重点，讲不出新意，调动不了职工想听的“欲望”。

2. 准备不充分。好的讲稿是生动宣讲的必备条件，宣讲材料下得功夫不够，功课备得不好，严重制约了宣讲的生动性和实效性。一方面，宣讲人员没有撰写宣讲材料，有的按照自己的语言习惯量身定做宣讲材料；有的把集团公司、本单位下发的参考资料直接当作宣讲材料；有的东拼西凑，从文件上、讲话上摘抄几段材料，内在逻辑不通，连贯性不强；有的照搬照抄，与实际结合不紧密，重点不“突出”，要求不“明确”，讲的内容离职工较远，激发不起职工兴趣。另一方面，宣讲人员没有对宣讲的群体进行调查分析，没有充分征求职工的意见建议、了解职工的需求、找准职工想要了解的“兴趣点”，宣讲不能引起共鸣。

3. 思想不重视。思想认识高低是能否实现高质量宣讲的关键，有的宣讲人员对开展主题宣讲工作认识不到位，没有把主题宣讲当作关乎实现全年任务目标、关乎全局职工切实利益、关乎企业高质量发展的高度来把握，主动扛责不够； 有的宣讲人员认为主题宣讲年年搞，年年都是换汤不换药“老一套”，存在“完成任务”、下去了就等于落实了、讲了就等于讲好了的片面思想，造成主题宣讲流于形式。

4. 形式不丰富。不断创新宣讲的形式是主题宣讲永葆活力的重要途径，有的单位在宣讲中不注重形式创新，搞“大水漫灌”“填鸭式”宣讲，有的不善于利用互联网、抖音、短视频平台，有的未能区分受众，开展“对象化”“分众化”“互动化”宣讲，宣讲形式单一，缺乏吸引力，影响了主题宣讲的效果。

5. 宣讲没技巧。充分运用宣讲技巧是提升宣讲实效的重要方法，有的宣讲人员宣讲时“照本宣科”，没有把自己的认识理解传递给职工，不注重把握宣讲的氛围，不注重把握宣讲的抑扬顿挫，不注重把握宣讲的节奏，讲官话、套话、做官面文章，不能用“接地气”“带露珠”的语言来感染职工、打动职工，反而使职工“昏昏欲睡”。

6. 成效缺考核。加强对主题宣讲的科学考核是确保主题宣讲生动性、实效性的重要抓手，从现实情况来看，有些单位在主题宣讲的考核上还存在重过程考核不重视结果考核的问题，虽然将主题宣讲纳入党建工作、意识形态工作考核内容，但在考核项点上只是明确了是否制定工作方案、是否有宣讲材料、是否有宣讲记录，而对职工是否听得懂、是否认可、是否充分激发了工作积极性等内容缺乏考核，容易形成讲好讲赖一个样、讲多讲少一个样。

二、提升生动性、实效性的主要做法

为了提升宣讲的生动性、实效性，在近年来的主题宣讲中从六个方面进行探索实践。

1. 精心编撰材料，抓好源头控制。一是及时编发宣传提纲。提前了解国铁集团、集团公司会议内容，第一时间编写了《集团公司工作会议精神、职代会精神宣传提纲 12 问》《党的二十届三中全会宣传提纲》《集团公司领导干部会议精神宣传提纲》等，分层纳入领导人员、党员、干部职工政治理论学习必学内容，作为各级干部学习贯彻会议精神的辅助材料，作为面向职工宣讲会议精神的解读材料。二是成立专班撰写解读材料。通过开展调查问卷，充分征求职工对主题宣讲的意见建议，聚焦职工关心关注的问题，集团公司党委宣传部牵头，组织集团公司安监、运输、客运、货运等部室成立提纲编写专班，围绕安全生产、客货营销、经营创效、关爱职工、组织作用等九方面编写宣传提纲，为开展宣讲提供高质量的材料支撑。三是组织编写《2024 年形势任务宣讲手册》口袋书 16 万余份，做到职工人手一份，将国铁集团和集团公司工作会议精神主要内容摘编成册，方便职工日常学习。

2. 强化队伍建设，提升宣讲能力。一是抓好“领头雁”。注重发挥两级领导班子的示范作用，集团公司党委书记研究《开展“改革创新展作为、提质增效立新功”主题宣讲推进方案》，动员部署并带头深入联系点开展宣讲。集团公司党委组织举办领导人员学习贯彻习近平新时代中国特色社会主义思想和党的二十届三中全会精神培训班6期1263人次，集团公司两级领导班子成员、各部门负责人围绕阶段重点任务，利用深入联系点和检查慰问等时机，面向一线职工开展宣讲，引领主题宣讲持续走深走实。二是抓好全局宣讲骨干队伍。组建“千名骨干宣讲队伍”，成立由各单位宣传助理、党支部书记、团委书记、青马讲师等1017名理论宣传骨干，研究制定《北京局集团公司理论骨干管理办法》，结合各阶段重点任务，由集团公司党委宣传部牵头组织对理论骨干进行专题培训，动态部署宣讲任务，开展“千名骨干下班组”活动，举办“我是宣讲人微视频”展播，每年评选100名优秀宣讲人员，充分调动宣讲骨干的积极性，切实提升宣讲的效果和质量。三是抓好基层三支队伍，各单位分别组建由班子成员带队，以各科室专业人员、党群干部、先进典型为主体的三支宣讲队伍，用通俗易懂的语言，聚焦职工急难愁盼开展有针对性的宣讲，化解思想矛盾，统一思想共识，鼓舞职工士气。

3. 紧盯时间节点，突出阶段重点。贯穿全年开展主题宣讲，以国铁集团、集团公司召开工作会议、领导干部会议、“9·19”电视电话会议作为重要时间节点，紧紧围绕阶段性重点工作，精准选好宣讲主题，逐级发动开展宣讲。一方面，自上而下进行选题。根据党中央、国铁集团党组、北京局集团公司党委的部署安排，将习近平总书记最新重要讲话和对铁路工作的重要指示批示精神、党的二十届三中全会精神、国铁集团和北京局集团公司工作会议精神，以及开展“安全大检查”“防洪汛、战暑运、保安全、作贡献”等重点工作任务确定为阶段性的宣讲主题。让干部职工通过这些主题深入了解各个阶段的工作任务，充分认识集团公司面临的形势，凝聚推动首善之局高质量发展、率先实现铁路现代化的思想共识。另一方面，自下而上进行选题。全面梳理董事长、总经理信箱职工关心关注的问题，广泛征求干部职工的意见建议，将集团公司出台的政策措施、干部职工普遍关心关注的“十件实事”“五小工程”，以及京铁职工特别敢担当、特别能奉献、特别讲纪律、特别有执行力的故事列为宣讲主题，靶向解决广大干部职工的理论困惑、思想难题和现实问题，引导广大干部职工积极投身勇当服务和支撑中国式现代化“火车头”的生动实践。

4. 组建宣讲团队，开展巡回宣讲。一是组建党的二十届三中全会精神宣讲团，举办巡回宣讲。成立由党的二十大代表、党校讲师、先进典型组成的报告团，在深入基层单位宣讲的基础上，线上直播面向全局干部职工解读三中全会精髓要义、进一步全面深化改革的重要意义、学以致用推进铁路高质量发展的实践要求等。二是组建“最美京铁人”先进事迹报告团，举办“最美京铁人”先进事迹巡回报告会 10 场次，2400 多名干部职工聆听了报告会，在《北京铁道报》刊发“最美京铁人”先进事迹，进一步振奋了精神、鼓舞了士气、凝聚了力量。三是组建一线骨干宣讲团，在全局范围举办“改革创新展作为、提质增效立新功”主题宣讲比赛，从中遴选总决赛 12 名选手组建“集团公司基层宣讲团”，围绕学习宣传党的二十届三中全会精神、路史路情、共建共享铁路高质量发展成果等主题开展巡回宣讲 9 场次，收到热烈反响。

5. 搭建多种平台，加强互动交流。一是运用“专业 + 线上直播”。注重增强宣讲互动性，着力改变以往“灌输式”说教，举办 3 场京铁论坛在线直播访谈，邀请集团公司安监室、工务部、电务部、工会、土房部等 20 个部室 24 位嘉宾，围绕 2024 年集团公司安全工作形势任务、路外环境安全、消防安全工作、关心关爱职工政策等进行详细解读，解答职工关心的重点问题，实现了受众广、传播快、收视高、点赞多的良好效果。二是运用“宣传阵地 + 快而精”进行宣讲。利用“京铁手机报”微信公众号、《北京铁道报》、《京铁宣传》、《生产信息》等，开辟“改革创新展作为、提质增效立新功”“安全大检查”“党的二十届三中全会精神”等专栏，以《安全风险意识不能忽视》《教育培训练“精兵”》等篇目，分专业进行政策宣讲、政治理论解读，交流心声，畅谈体会。特别是推出用餐时电视直播，将集团公司形势任务、重点工作和典型案例等新闻产品，第一时间通过内部电视网络直通到各单位食堂，让干部职工及时掌握铁路发展动态。截至 2024 年 10 月，共交流了 608 个次基层单位的宣讲做法和实例，推出“微宣讲”“微讨论”“微话题”，围绕宣讲内容制作图解、视频等新媒体原创作品 931 个，共计刊稿 2356 篇；更新职场大屏、宣传橱窗、标语条幅等宣传环境 1368 个次，营造了浓厚氛围。三是运用“先进典型 + 优秀案例”进行宣讲。采取集中时段、集中力量、集中优势、定向发力的方式，对“全国劳动模范”“新时代 • 铁路榜样”“新时代 • 京铁榜样”“最美京铁人”等在各类宣传阵地同时展示，用先进典型人物的事迹号召鼓舞广大干部职工做推动铁路高质量发展的主力军。推出的“最美铁路人”吕盼、“毛泽东号”司机长王振强、雅万高铁司机张跃等，在路内外产生强烈反响。四是运用“讲堂 + 解读”进行宣讲。利用“京铁讲堂”“理论微课 365”网络视频培训教育等形式，邀请集团公司党校讲师创作《学习〈中国共产党纪律处分条例〉》6 讲、中国共产党的精神谱系、集团公司工作会议精神解读等微视频 30 期，受到广大干部职工一致好评。五是运用“考试 + 竞赛”促进宣讲。开展形势任务常态化答题和党的二十大精神专项答题，做到每周更新、每月排名、每半年抽考，选树“答题先锋”，通过“京铁手机报”等进行全时段宣传，举办主题宣讲比赛 121 场次，参与选手 1200 余名，推动宣讲队伍素质提升，宣讲工作融入日常。

6. 规范考核内容，确保宣讲实效。坚持主题宣讲过程考核与结果考核并重，细化党建工作、意识形态工作巡察考核项点，以督导检查促进宣讲落地见效。一是常态开展“月抽查”。成立由集团公司党委宣传部成员、各单位宣传负责人为主要成员组成的检查组，每月抽查 20 个基层单位，坚持“四不两直”，深入一线车间班组，通过召开座谈会、检查台账、访谈问效等形式对主题宣讲工作进行督查，将督查结果纳入月度党建工作质量考核。二是重点组织“专项查”。将主题宣讲纳入意识形态工作检查内容，结合意识形态工作专项巡察，对 12 个单位主题宣讲工作情况进行全面系统检查，对检查发现的问题开展“回头看”，促进整改取得实效。三是坚持做到“全面查”。成立集团公司 2024 年度党建考核组，强化检查人员培训，细化考核项点，分别深入北京、天津、石家庄等区域，对集团公司各单位主题宣讲工作进行全覆盖、列表式检查，详细了解落实情况和效果。

三、取得成效

1. 强化了政治自觉。主题宣讲中，以习近平新时代中国特色社会主义思想为引领，把教育引导干部职工深刻领悟“两个确立”的决定性意义，增强“四个意识”、坚定“四个自信”、做到“两个维护”作为首要政治任务。通过系统宣讲党的二十届三中全会精神、深入宣讲铁路“六个现代化体系”建设，广大京铁干部职工对牢牢坚持国家铁路战略定位、努力为中国特色社会主义打牢物质基础和政治基础的共识日益强化，对推进铁路高质量发展、率先实现铁路现代化的共识日益强化，对勇当服务和支撑中国式现代化“火车头”的共识日益强化，激发全局干部职工以更加强烈的使命感、责任感推动京铁事业沿着党中央指引的方向奋勇前进、再创辉煌。

2. 展现了京铁担当。主题宣讲中，始终把教育引导干部职工认清大势、把握时事、明理增信、加油鼓劲作为着力点。通过宣讲，广大京铁干部职工使命担当意识不断增强，自觉攻坚克难、勇于担当作为的精气神进一步激发，特别是在推进“三纵一横”标准线建设、圆满完成密集高规格的专运任务服务保障、“五一”“十一”大客流运输、加大集疏港运输、防洪防汛等重点工作中，众志成城、顽强拼搏、奋勇争先，展现了新时代京铁人的良好精神风貌。

3. 汇聚了奋进合力。主题宣讲中，始终把教育引导干部职工积极干好本职工作、立足岗位多作贡献作为基本要求。通过宣讲，激励大家人人努力，从而增强合力，奋力夺取全年工作目标任务的胜利。截至 2024 年 10 月底，全局安全保持总体平稳，旅客发送量较日历进度增长 12.2%，货运发送量较日历进度增长 3.1%；客运量、客运收入、货运量、货车周转时间等指标保持良好态势；安全优质完成全国两会、党的二十届三中全会、暑期专运等重点运输服务保障任务；高质量开通京津城际亦庄站，顺利实现印尼雅万高铁开通运营一周年，圆满完成沙特麦加轻轨朝觐任务等，这是全局干部职工共同努力的结果，主题宣讲发挥了应有的作用。

四、工作启示

1. 要坚持常态化持续发力。紧扣宣讲主题，做到天天宣、天天见、天天新，更要常常讲、时时讲、处处讲，在宣讲资源组合和整合上下功夫，改变以往由党群组织主讲，特别是宣传部门“单打独斗”的尴尬境地，让各部门、各系统围绕宣讲主题全部参与进来，持续开展宣讲不间断，有效提升宣讲常态化、长效化水平。

2. 要坚持创新宣讲形式。实践证明，不管是何种形式的宣讲，只有入脑入心，才能达到凝聚人心、集中众智、汇聚群力的目的，这就需要着力增强形势任务宣讲供给结构对干部职工需求变化的适应性和灵活性，在工作生活、文化体验、信息服务中，在看大屏和电视、用手机和电脑、参与竞赛和活动中，自然而然地植入宣讲，达到润物无声、日用不觉的效果。

3. 要坚持用通俗化的语言。宣传思想文化工作进入了守正创新的重要阶段，推动形势任务宣讲走实走心，重在守正、贵在创新，要牢牢把握紧扣中心任务这个导向，坚持平实务实的基调，防止排浪式宣传和简单的溢美之词堆砌，导致变调走样、简单片面，用干部职工喜爱的方式，讲干部职工关心的话题，采取灵活多样的宣讲方式，更好地贴近实际，坚持把“讲道理”和“讲故事”结合起来，把“讲政策”和“演文艺”结合起来，多采取互动式、体验式、交谈式、文艺式等宣讲方式，使形势任务宣讲更加“鲜活”。

4. 要坚持聚焦职工关心关注。加强形势任务宣讲要注重回应职工普遍关注的问题，注重解答干部职工思想上的“疙瘩”，敢于直面问题，不回避矛盾，及时找准群众的关注点、共鸣点，廓清思想认识上的模糊点、疑问点，进行有针对性、有说服力的讲解，使干部职工从形势任务中掌握核心要义，凝聚发展合力。

（执笔人：马相林、韩强、尚玉玲）

关于在集中修施工中加强和改进思想政治工作的实践与思考

中国铁路北京局集团有限公司保定工务段党委

思想政治工作是党的优良传统、鲜明特色和突出政治优势，是一切工作的生命线。在集中修施工中加强和改进思想政治工作，事关铁路安全运输，事关全段改革发展、事关职工切身利益。北京局集团公司保定工务段党委聚焦京广京九线第一阶段集中修施工，坚持将加强和改进集中修期间的思想政治工作作为融入中心、服务大局的重中之重，在车间调查、集中宣讲、谈心谈话的基础上，研究制定集中修期间加强和改进思想政治工作十条措施，聚焦“一人不伤、一事不出、一点不延”安全目标，积极发挥党组织思想政治引领作用，使思想政治工作成为集中修安全稳定的重要保障。

一、实践背景

1. 队伍新人多。近两年来，段领导班子 10 人中有 5 人履新，班子新人多。全段 17 个车间 70% 是新班子，车间班子融合是个难题，且有 61 名生产和管理骨干退休。2022 年补充 76 名新职大学生和 8 名复转军人，2023 年补充新职大学生 65 名，2024 年补充新职大学生 35 名，新职人员占作业人数的 10%，在集中修团队配合及人身安全方面面临严重考验。同时，津兴铁路 47.17 公里的线桥设备监护克缺、胜芳站改施工牵扯精力巨大。面对京广线、京九线第一阶段集中修，带新班子、育新人、接新线成为工作主线，给安全优质高效推进集中修带来巨大挑战。

2. 施工任务重。第一阶段集中修施工任务重、节奏快、标准高，仅京广线第一阶段集中修工作量就占全年大中修任务的 60%，包含成组更换道岔、成段更换钢轨、大机清筛线路、成段更换轨枕、机械清筛道岔、清筛桥上线路、大机捣固道岔、大机捣固线路、大机打磨道岔、大机打磨线路等 10 项施工，完成成组更换道岔 24 组、大机清筛桥梁 21.353 公里、成段更换钢轨 50.599 公里、更换轨枕 1.2 公里共计 1800 根、清筛道岔 19 组、清筛桥上线路 0.45 公里、捣固道岔 10 个站 143 组、大机捣固道岔计划捣固道岔 81 组、大机打磨道岔计划打磨道岔 91 组、轨距精调 138 公里等施工任务压力巨大。

3. 标准要求高。如 2023 年第一阶段集中修施工期间，正值全路上下认真学习贯彻全国两会精神和新一届政府的新要求，以及落实国铁集团党组对北京局集团公司提出的“政治安宁、社会和谐、安全稳定、队伍过硬”的目标要求的关键时期，在安全、质量、进度等不同层面提出了更高标准要求。在安全上，必须确保一事不出、一人不伤、一点不延；在质量上，必须确保不发生因捣固质量不高，引起的车载、轨检车Ⅲ级、司机报晃车，以及人工添乘明显晃车，轨检车 TQI 动态目标必须分区段达标；在工期上，施工主体任务必须在 2023 年 4 月 28 日前全面完成，绝不能影响“五一”小长假旅客运输。

4. 安全风险大。从人身安全分析，京广线集中修共 34 个“天窗”作业，不设调整日、清明节不停工。京广线集中修结束后，于 2023 年 5 月 4 日开始京九集中修，长时间高强度的连续作战对干部职工精神状态和身体状况提出了更高考验，进一步加大了人身安全、交通安全等管控风险。从施工安全分析，集中修大活较多、难度较大，更换道岔 24 组涉及 8 个Ⅱ级施工，机械清筛道岔 21 组，保定工务段首次使用机械清筛道岔。此次集中修，作业密度高，涉及两组线捣大机，一组维修线捣大机、一组换轨线捣大机，合计51个“天窗”作业；同步推进轨距精调136.9公里，合计94个“天窗”作业。重点施工任务的同步交错，进一步增加了施工安全管控难度。从时间节点分析，4月天气转暖、大风增多，正值列车调图、春耕农忙、清明假期安全敏感时期，线路设备变化大、防胀压力增大、周边环境潜在风险大，给确保行车安全带来巨大压力。

二、主要做法

针对集中修施工任务重、标准高、项目多、风险大，坚持把思想政治工作同集中修施工管理紧密结合起来，思想引导解惑、能力提升解弱、心理疏导解压、生活帮扶解难、文化润心解渴并举，为集中修施工提供坚强的思想保证和强大的精神动力。

1. 聚焦政治动员，坚持思想引导解惑。一是坚持形势教育先行。针对第一阶段集中修施工任务重、标准高、项目多、风险大等实际，提前采取施工预备会、班前班后会、座谈研讨会等形式，教育和引导广大干部职工深刻认识习近平总书记关于安全生产的重要论述和对铁路工作的重要指示批示精神，从班子和职工两个层面着手，深刻认识集团公司集中修工作部署要求，深刻认识安全优质高效完成集中修事关铁路安全长治久安、事关全段工作大局、事关干部职工收入。班子层面，修订完善领导班子分析工制度，建立互补协作关系，老带新确保班子团结、相互补台，破解班子新人多、支援挂职多等难题。职工层面，依托职工政治理论学习质量提升年活动，每月列出形成职工政治学习清单，每天结合班前预想会开展5分钟的思政小课堂，学习国铁集团党组、北京局集团公司党委、保定工务段党委相关要求，把职工思想全部凝聚到集中修施工上来。二是坚持主题党日先行。结合“改革创新展作为、提质增效立新功”主题宣讲，运用群众语言把理论讲懂、把制度讲清、把政策讲透，让思政工作更接地气、冒热气、有生气。同时，各车间党支部在集中修开始前提前谋划，结合车间实际情况，围绕京广线集中修施工，开展主题党日活动，组织党员干部、生产骨干参观中国共产党历史展览馆，回顾党的百年历史，系统宣讲集中修的重要意义、施工艰巨性和施工重点、施工要求、考核政策，统一思想、动员誓师，坚持把广大干部职工的积极性引导到打胜级别最高、风险最大、工作量最重的集中修施工中来，鼓足集中修干劲，坚决扛起确保安全生产的政治责任。三是坚持氛围营造先行。注重宣传形式的多维度持续创新，让思想政治工作更加鲜活、生动。通过悬挂宣传标语、展示典型风采、推出专题信息、制作专题海报等形式，综合运用保工手机报、职场大屏、段信息网等平台，大力宣传带头确保安全、带头攻坚克难、带头优质服务等突出事迹和感人故事，广泛宣传“坚持稳中求进、团结协作、统筹兼顾、期到必成”“坚持一盘棋、一条心、一个家”“坚持亮出党员牌子、干出党员样子”“以安全优质高效的集中修成绩喜迎建段十周年”等集中修安全质量要求，从视觉、听觉上强化职工集中修思想准备，提升传播力、影响力，有效营造在“集中修主战场上争做先锋、奋勇前行”浓厚氛围。

2. 聚焦队伍提素，坚持能力提升解弱。一是坚持在集中修中学习提素。针对班子成员新人多、挂职支援多等现状，在进一步完善段领导班子分工、建立工作协作互补关系的基础上，坚持把抓好班子政治理论学习作为首要任务，严格落实党委中心组理论学习制度，用好用活“第一议题”及时跟进学习习近平总书记最新发表的重要讲话和重要文章，多角度深层次把党的二十大精神学明白、讲清楚，全面深入贯彻落实习近平总书记关于铁路工作重要论述和指示批示精神，扎实开展党的二十大精神学习专题研讨，坚持学思用贯通、知信行统一，切实把思想和行动统一到党的二十大精神上来，用党的创新理论最新成果武装头脑、指导实践、推动工作。二是坚持在集中修磨炼新人。坚持把集中修施工作为培养锻炼青年干部职工的主战场，安排多名青年干部职工负责大机捣固、大机打磨等施工项目，全过程参与项目方案制订和施工组织实施，掌握施工作业关键点、安全风险卡控重点，推动理论学习与现场实践相结合，快速提升业务技能和综合素养，为高质量发展储备一批政治素质优、岗位技能优、群众评价优的青年人才。积极动员号召广大党员带头无私奉献、攻坚克难、勇挑重担，在最关键施工环节、在最艰苦工作环境锤炼党员党性，在最大风险处考验党员履职担当，坚持把集中修期间党员“两违”控制率作为检验党支部战斗堡垒作用的重要指标，在集中修中发挥先锋作用，叫响“党”字号品牌。组织广大团员组建青年突击队，采取团员承诺、青年突击队授旗、现场难题攻关等形式，让青年团员在集中修中练本领、作贡献。三是坚持在集中修中考察干部。坚持干部考察识别与集中修施工作业一体推进、同抓共管，围绕“能力是否突出、作风是否过硬、履职是否到位、成效是否显著”为重点，成立干部作风督查组，通过现场督查、远程督查、平台督查等形式，重点对安全管理、施工管理、用工管理等方面，加强干部履职监督检查和干部盯控数据统计，坚持在集中修中考察干部，使党员干部增强使命意识，强化责任担当，在集中修施工中亮出党员干部的牌子，干出党员干部的样子，形成干部职工齐上阵、同参战的良好风气。坚持以不违章指挥、不发生下道晚、不盲目赶进度为首要评价标准，引导干部职工不贪多、不冒进、不蛮干，对于履职不到位的干部严肃追责、对干了活的干部绝不能忘记、对吃了苦的干部绝不让吃亏，以安全优质高效的集中修成绩喜迎建段十周年，坚决确保集中修安全稳定。

3. 聚焦组织引领，坚持心理疏导解压。一是坚持组织引领在一线。各党支部以“时时放心不下”的政治站位，时刻牢记“生命至上，安全第一”的使命担当，防松懈、防麻痹、防厌战，在集中修开始前开展主题党日活动，组织党员干部参观中国共产党历史展览馆，把党史学习教育融入集中修全过程，激励党员干部从党史中汲取奋进力量，彰显党员率先垂范、勇于担当、甘于奉献的先锋模范本色，切实扛起确保安全生产的政治责任。党支部班子结合集中修重点任务，发扬善打硬仗、敢打攻坚仗的顽强作风，认真研究，做好人员思想保障、后勤保障、队伍保障。二是坚持思想分析在一线。坚持在集中修攻坚战中发挥思想政治工作优势，制定《关于在集中修中加强和改进思想政治工作十条措施》，针对施工任务重、作业条件艰苦、连续施工没有调整日的实际，对集中修前、中、后的职工各进行一次思想分析，排查和发现重点人员，及时了解掌握参战职工的思想状况，全面排查各类不稳定因素，摸清摸透重点人与重点事，提前采取防范措施，全力化解各类矛盾纠纷。对于身患基础疾病的职工重点关注，对家庭困难的职工重点帮扶，对于工作压力大的防护员、工班长、驾驶员等关键岗位职工，针对性做好“一人一事一环节”思想政治工作，引导职工自我调适、释放压力，保证职工全身心投入到集中修施工中。三是坚持党员引领在一线。坚持将集中修作为锤炼党员的熔炉，持续深化“创岗建区”活动，把党员作用嵌入安全生产链条作为岗区评比的主要指标，组织党员干最重的任务、挑最重的担子、创最优的业绩，在最关键施工环节、在最艰苦工作环境锤炼党员党性，在最大风险处考验党员履职担当，在集中修中发挥先锋作用，叫响“党”字号品牌。

4. 聚焦后勤保障，坚持生活帮扶解难。一是以人为本画准“同心圆”。针对施工任务重、作业条件艰苦、连续施工没有调整日的实际，坚定职工是企业高质量发展的动力源，时刻把一切相信职工、一切依靠职工、一切为了职工作为工作的出发点和落脚点，聚焦现场需求、职工需求，全面梳理一线职工急难愁盼问题，紧密围绕集中修施工做好后勤保障、现场慰问等活动，按照人均100元标准下发集中修伙食补贴，集中购买米、面、油、肉等食品，丰富伙食团饭菜品种，提高饭菜质量。按照在岗职工人均40元标准一次性下拨“送温暖”慰问费用，为职工购置牛奶、方便面、火腿肠、矿泉水等食品，为参战人员鼓劲加油。开展暑期送清凉活动，为在岗职工及时发放防暑降温用品，结合标准线建设期间天气炎热，为一线职工购发遮阳帽1378顶，切实关心关爱职工。二是调查研究画好“同心圆”。铭记习近平总书记谆谆教导“拜人民为师、向人民学习”，在集中修期间班子成员结合分工，围绕一线职工需求、优化绩效考核、大学生成长、劳务派遣工培养、伙食团管理、用能管理等九大方面27项调研课题，带着问题深入一线车间班组，聚焦安全生产、设备质量、队伍提素等高质量发展关键制约点，综合运用“面对面、屏对屏、键对键”等方式广泛调研，把职工面临的问题找出来，把职工的意见汇总上来，把职工真实需求摸准摸实。三是正向激励画大“同心圆”。针对集中修施工异常艰苦，坚持物质奖励与精神奖励并举，按照一个夜间“天窗”30元、点外作业10元标准实施分类分项精准奖，鲜明树立“多干多得、少干少得、不干考核”的导向，让真正一线实干者得实惠。同时，强化先进典型的奖励激励，研究制定集中修专项考核措施，明确考核期限、奖励标准、考核条件，坚持向生产一线、艰苦岗位和安全关键岗位倾斜的原则，在集中修施工结束后，根据工作量、作业效率、作业质量对车间进行考核排名，对前三名的先进车间分别按照10000元、 8000元、5000元奖励，并评选集中修施工先进个人100名，每人500元进行奖励，提振干部职工斗志。

5. 聚焦宣教引领，坚持文化润心解渴。围绕集中修施工、“三纵一横”标准线建设等中心任务，开展“喜迎建段十周年、爱岗敬业作贡献”主题实践活动，用感人的画面、难忘的瞬间、幸福的笑脸、先进的感言缓解一线干部职工身心压力，凝聚打赢打胜集中修施工的强大精神动力。一是坚持段史教育办在前。围绕“三纵一横”标准线建设、集中修施工等中心任务，开展“喜迎建段十周年、爱岗敬业作贡献”主题实践活动，录制名为《十年砥砺再出发》的新时代保定工务段十年高质量发展纪实片，围绕“引航篇”“安全篇”“生产篇”“管理篇”“人才篇”“党建篇”6个章节全方位、全领域、全视角展现保工十年感人画面、难忘瞬间、幸福笑脸，组织全段干部职工共同观看，大家在画面中找到了自己、找到了身边人，通过回顾十年砥砺奋进路，进一步坚守初心、凝聚共识。二是坚持先进典型树在前。为学习先进事迹，弘扬奋斗精神，进一步激励广大干部职工“奋进新征程、建功新时代”，在面向一线、层层广泛推荐的基础上，选树了10名“新时代保工10年•安全生产标兵”、10名“新时代保工10年•创新技术能手”予以表彰，涵盖扎根一线的老工长、岗位成才的劳务工、蹲苗一线的大学生、不断创新的4名优秀标兵代表不同群体代表现场发言，通过深度回忆个人成长历程让广大职工对过去发展成绩有了更加深刻的认识，对“保工精神”有了更加透彻的感悟，对不同群体的成长成才有了更加坚定的信心，对保工的未来发展有了更多的展望。三是坚持系列活动办在前。集中修期间，结合十周年活动，举办“喜迎建段十周年”主题庆“六一”儿童节活动，邀请全段职工子女参观段史馆、文化墙、喜迎建段十周年书画展、宝贝作品展，举办宝贝才艺秀、亲子游戏等活动，大力宣传“重家庭、传家教、展家风”，丰富职工子女节日活动，增进亲子感情。常态化开展科室人员志愿劳动活动，每周五由人事、团委、工会组织，重点进行废旧扣件清理回收等工作，组织段科室干部先后三次到固城工区、高碑店站内、保定站内开展义务劳动，累计参加人数150余人次，分拣配件2万余个、油刷围墙6公里，践行“多往现场跑、亲自上手干”工作要求，切实提升各级干部“八种能力”。

三、取得成效

1. 上下同心，敢打善拼，顶住安全压力。如2023年上半年京广京九两条线集中修历时68天，京广线转战京九线仅间隔两天，从时间跨度上来说，就是历史之最，期间穿插清明节、“五一”劳动节。在集中修期间加强和改进思想政治工作十条措施加持下，全段干部职工发扬连续奋战的精神，敢打硬战、能打胜仗，顶住安全压力，在集中修施工中任劳任怨、克服困难、相互配合，按时、按量、保质完成了各项任务，用实际行动诠释了保工精神，确保了集中修整体安全可控。

2. 知重负重，协作共进，提升施工效率。针对集中修施工任务重，保定工务段打破大修维修界限、高铁普速界限，全段上下“一盘棋”。按照“有利于施工组织、有利于人员安排”的原则，细化施工准备，强化安全控制，优化劳动组织，集中修施工计划联合设计和施工组织联合设计、技术方案联合设计节省了大量协调工作量。配合人力投入，最大限度减少监护配合力量、减少车间联合会战次数，在京广线大修换轨地段及京九线大机捣固地段开展轨距精调PK赛。按照先施工后“天窗”、先干线后站支线的顺序，合理安排各项生产任务，在组织施工的同时，按周期完成设备检查，避免关键薄弱设备及边角设备爆冷。

3. 严格管理，精细组织，确保施工质量。上半年第一阶段集中修连续68天施工，其间，全段重心不变、力度不减，完成成组更换道岔24组、机械清筛道岔43组、人工清筛桥上线路1.65公里、更换桥上轨枕208根、大机清筛线路21.687公里、成段更换钢轨47.478公里、大机捣固线路248.381公里、大机捣固道岔108组、大机打磨线路275.4公里、大机打磨道岔125组、轨距精调146.98公里等任务，实现了集中修期间管内施工地段无车载Ⅲ级报警及司机报晃车等不良反应，施工地段TQI实现全面下降，尤其是京广线上行TQI由作业前5.49下降至4.71，降幅14.21%。

4. 注重实践，现场蹲苗，锤炼过硬素质。面对集中修期间施工作业密集、任务繁重、需外单位配合多，持续把集中修作为新职人员的练兵场，重点抓住新入路职工群体和新聘管理人员，安排多名青年干部职工负责大机捣固、大机打磨等施工项目，全过程参与项目方案制订和施工组织实施，掌握施工作业关键点、安全风险卡控重点，推动理论学习与现场实践相结合，快速提升业务技能和综合素养，为高质量发展储备一批政治素质优、岗位技能优、群众评价优的青年人才，涌现出一大批立足岗位，主动作为的先进典型，评选出3个先进车间、100名先进个人，在最关键施工环节、在最艰苦工作环境锤炼党员党性，在最大风险处考验党员履职担当，在集中修中展现先锋作用。

四、活动启示

1. 在集中修中加强和改进思想政治工作必须超前介入。集中修施工期间队伍新人多、施工任务重、标准要求高、安全风险大，且正值上半年工资调控、列车调图、春耕农忙、清明“五一”假期安全敏感时期，必然会引起部分干部职工思想的波动。因此，各级组织针对集中修期间的新情况、工作的新变化，超前预判、提前介入、关口前移，把思想政治工作做在前面。利用座谈会、深入一线调研、发放调查问卷等形式，广泛征求职工群众的意见建议，了解掌握第一手资料，对可能出现的问题，做到超前一步思考、超前一步谋划，针对问题开展“一人一事”的思想政治工作，牢牢把握主动权，从源头上避免可能出现的思想波动。

2. 在集中修中加强和改进思想政治工作必须主动切入。当前，职工思想活动的独立性、选择性、多变性、差异性越来越明显，特别是在前期标准线建设十分艰苦，干部职工连续奋战，转入集中修后连续施工没有调整日的情况下，职工各种需求、现场各种矛盾凸显等多种问题并存，就可能引发职工思想波动，影响制约集中修施工的顺利推进。因此，各级组织只有主动及时地切入中心工作，把涉及职工切身利益的大事小事、当下的安全生产形势任务，运用群众语言，把理论转化成群众听得懂、愿意听的话，把将形势任务变成通俗易懂的话，把制度要求转变为群众的自觉行动，才能让解疑释惑更接地气、冒热气、有生气，赢得干部职工的理解和支持。

3. 在集中修中加强和改进思想政治工作必须全面融入。思想政治工作是在人的心理上做功课，在人的头脑中搞建设，这就要求我们必须坚持以人民为中心的发展思想，针对新形势下职工思想认识多元，价值取向分化，利益诉求强烈，自我意识强化等特点，紧紧围绕职工所思所想，强信念正其心，强引领聚人心，办实事暖人心，提升思想认知和工作需求的契合度。因此，各级组织必须把发动职工、鼓舞职工、凝聚职工作为思想政治工作的重要内容，明确各级干部在开展思想政治工作中的责任，激励各级干部深入一线，因地制宜采取思想动态调研、谈心谈话、走访交流等手段，在主题、层次、频次上做好统筹，有效获取员工实际感知及需求，将解决思想问题与解决实际问题结合起来，坚持既讲道理，又办实事，努力将矛盾化解在一线。

4. 在集中修中加强和改进思想政治工作必须求实深入。加强和改进思想政治工作的目的就是发动职工群众全员在参与集中修施工中保安全、保稳定、保畅通，为实现“一事不出、一人不伤、一点不延”凝聚合力，最终要体现在工作的效果上。因此，各级党组织必须聚焦企业安全生产任务，立足企业党建使命，基于“目标是什么就激励什么，激励什么就谋划什么”，注重在实际工作中检验思想政治工作的效果，与职工见面看精神状态，到班组生产岗位看标准化建设成果，在重点任务攻坚过程中看工作状态和工作结果，用实际工作印证思想政治工作实效，才能实现思想政治工作同生产经营和高质量融合，促进企业高质量发展。

（执笔人：孙生会、孙宝明、张云海）

关于运用调查研究推动国有企业思想政治工作走深走实的实践和思考
——以中国铁路太原局集团有限公司为例

中国铁路太原局集团有限公司党委宣传部（企业文化部）

太原局集团公司路网纵贯三晋南北、横跨晋冀京津，现有员工9.6万人，主要担负着山西省铁路客货运输和京津冀等省市区部分货运任务，煤炭运量占全省三分之二，管辖的中国重载第一路大秦铁路，是中国和世界重载运输的标杆，是确保国家能源安全的战略通道。新征程上，国家铁路承担着率先实现铁路现代化，勇当服务和支撑中国式现代化“火车头”的使命任务，太原局集团公司作为全路货运大局、重载大局，认真学习贯彻习近平文化思想，始终把思想政治工作作为治理企业、推动发展的重要载体，针对铁路跨区域流动，管辖范围点多、线长、面广，基层单位多、职工体量大的特点，充分运用调查研究这一党的传家宝，精准把握铁路高质量发展新形势新任务对思想政治工作的新要求，精准分析基层思想政治工作存在的问题和面临的挑战，精准把握太铁职工的思想脉搏和实际需求，在完善制度机制、落实责任清单、推动实践创新上采取一系列举措，显著提升了思想政治工作的针对性和实效性，有效凝聚了人心、汇聚了力量，为推动太铁高质量发展，更好服务铁路现代化建设提供坚强思想保证。

一、调查研究的重要意义

调查研究是我们党的传家宝，是做好各项工作的基本功。思想政治工作是党的优良传统、鲜明特色和突出政治优势，是一切工作的生命线。推动国有企业思想政治工作提质增效，用好调查研究传家宝，有利于总结新经验、解决新问题、研究新情况、探索新规律。

1. 通过调查研究，总结提炼新经验。调查研究是总结经验的先决条件。国铁企业作为特大型国有企业，具有重视和加强思想政治工作的优良传统。近年来，集团公司党委深入贯彻中共中央、国务院《关于新时代加强和改进思想政治工作的意见》，认真落实国铁集团党组部署要求，在思想政治工作体制机制建设、理念手段方法创新等方面实现了新突破、积累了新经验，推广了《老马聊吧：把思想政治工作做到职工心坎上》《“青年视角”大思政打造共赢新路径》《红色讲台：让党的创新理论“声”入人心》等全国基层思想政治工作优秀案例，选树了景生启、薛胜利等获得全国、全省、全路先进的典型人物，形成了《加强党对国有企业思想政治工作全面领导的实践研究》等一批全省、全路优秀课题和理论成果，交流了“二维码直通车”“相册里的思政”“圆桌思政”等一批基层工作经验，“太铁好声音”宣讲团获得中央宣传部优秀基层理论宣讲集体，集团公司政研会获得全国政研会工作优秀单位，并在山西省政研会成立 40 周年经验交流会上作发言。这些好的理论成果和实践做法，需要通过调查研究进行全面系统的总结提炼，在实践中更好地继承和发扬。

2. 通过调查研究，精准摸清新问题。做好思想政治工作重在解决问题，而调查研究是解决问题的重要方法。近年来，集团公司思想政治工作有力发挥了“生命线”的作用，但紧跟新形势新任务，还存在一些短板和不足。比如：存在“老办法不管用”的问题，在运用分众化、对象化的方式提高针对性，运用全媒体、多样性的手段增强吸引力上，办法招数还不够多、效果还不够显著；存在“说起来重要，做起来次要，忙起来不要”的问题，有的基层单位聚焦重点工作不足，不善于把思想政治工作同业务工作很好地结合起来，在一体推进、相互促进上缺乏力度，等等。面对这些现象，非常有必要通过调查研究把脉问诊、找准病灶，把问题找准，把对策提实，有针对性地加强和改进。

3. 通过调查研究，探索形成新办法。调查研究是实践创新的有效途径，中共中央、国务院印发的《关于新时代加强和改进思想政治工作的意见》指出："坚持守正创新，推进理念创新、手段创新、基层工作创新，使新时代思想政治工作始终保持生机活力。" 做好新时代思想政治工作，要适应新形势下信息化、数字化、智能化的发展趋势，认识到职工队伍结构、思想和工作环境、条件等已经发生深刻变化，职工的思想观念和价值取向更加多元，思想活动的独立性、选择性、多变性、差异性明显增强。这些新变化、新特点，都迫切需要通过全面的调查研究精准分析、精准掌握，摒弃"不管用"的旧思维、旧方法，以及形式单调的工作手段，积极运用新媒体、新技术、新媒介，不断探索形成富有时代特色、管用有效的新办法。

二、调查研究的主要做法

集团公司党委认真学习贯彻党的二十大和二十届三中全会精神，深入学习贯彻习近平总书记关于调查研究的重要论述，以"求深、求实、求细、求准、求效"的调查研究方法论为根本遵循，组织各级党委领导人员、车间党支部（总支）委员、宣传战线及工团组织骨干力量，紧紧围绕落实思想政治工作责任清单和工作规范，以常态化开展"思想政治工作一线行"为主要抓手，深入基层一线调查研究、帮助指导、示范带动，通过总结典型经验，推广优秀案例，发现并解决实际问题，有力推动思想政治工作走深走实、提质增效。

1. 围绕机制建设开展战略性调研，推动顶层设计更加完善。坚持系统观念，在完善思想政治工作体系、构建思政工作大格局上开展战略性调研。一是组织课题攻关。集团公司政研会在 2024 年初研究确定《构建思想政治工作大格局的实践与思考》等16项重点课题，各基层单位结合各自优势和实际，开展领题调研，形成63个理论成果。组织骨干力量成立专门研究课题小组，对《加强党对国有企业思想政治工作全面领导的实践研究》《充分发挥铁路先进典型示范引领作用研究》等国铁集团、山西省8个重点课题进行集体立项攻关，为指导各项实践工作提供了有力的理论指导。二是梳理现有机制。近年来，集团公司党委制定出台了《思想政治工作责任清单》《职工思想动态分析报告管理办法》《关于规范和加强班组政治学习的指导意见》《关于加强领导班子思想政治建设的意见》《车间班组思想政治工作规范》等一系列制度文件，基本形成了思想政治工作机制的“四梁八柱”。三是创新工作方法。集团公司党委组建调研专班，到呼和局集团公司等兄弟单位开展学习交流，总结提炼集团公司历年来思想政治工作好的经验，深入管内64个基层单位进行现场调研，广泛听取意见建议，在集团公司主要领导组织研究下，党政工团联合印发了《职工思想政治工作“十种方法”》《人文关怀“九种慰问”实施办法》，在全局会议上对思想引领法、宣讲解读法、家企联建法、文化熏陶法、典型激励法、诉求受理法、谈心沟通法、心理疏导法、人文关怀法、帮扶解难法进行专门解读、专题宣贯，构建起党委组织领导抓谋划、各级组织各部门齐抓共管抓推动、基层单位结合实际抓落地的大思政格局，有效解决了基层思想政治工作“干什么、怎么干、谁来干”的问题。

2. 围绕重点任务开展跟踪式调研，推动生命线作用更好发挥。落实习近平总书记对铁路工作的重要指示批示精神，聚焦铁路“六个现代化体系”建设使命任务，在推进思想政治工作与中心任务深度融合上开展跟踪式调研。一是理论武装到一线。围绕党的二十大和二十届三中全会精神、中国式现代化理论，组建党校教师、青马讲师、先进劳模等6支宣讲队伍，面向一线开展分众化、对象化宣讲692场次，受众人数达6.3万人次。聚焦“学思想”首要政治任务，两级党委中心组举办读书班1269天，交流理论成果210篇。创作推出136节理论微课，通过全媒体矩阵平台推送，丰富职工政治学习内容供给。先后有“从五个方面深刻把握中国式现代化”等27节理论微课获得中央网信办、国铁集团宣传部“百堂优秀网络正能量”理论微课。太铁“重载火车头”宣讲团、《以“六个必须坚持”指引铁路高质量发展》等7类理论成果获得铁路基层理论武装工作先进集体、个人优秀成果。二是宣传教育到一线。集团公司领导班子带头深入基层联系点，宣讲党的创新理论，解读铁路形势任务，示范带动各级领导人员面对面宣讲892场次。依托太原铁道微信公众平台，开设“部门负责人讲政策”“站段长（党委书记）讲落实”系列讲坛，制作访谈视频42期，深入解读太铁发展形势任务，干部职工“改革创新展作为、提质增效立新功”的思想共识更加凝聚。三是人文关怀到一线。发挥各级组织合力共为抓思想政治工作的优势，加快职代会十件实事的兑现步伐，推动大秦、北同蒲线42个站区生产生活设施整治，建设重载文化线。以主题教育整改整治为契机，集中解决1272个具体问题。举办“缘在太铁·情定今生”集体婚礼，深化人文关怀“九种慰问”，常态化帮扶救助职工18212人次，开设暑期爱心托管班，开行太原至大同、运城、晋城一站式“标杆车”，服务山西百姓美好出行。

3. 围绕实际问题开展对策性调研，推动工作针对性进一步提升。坚持问题导向，弘扬“四下基层”优良作风，采取“四不两直”方式，奔着职工的思想问题和实际问题开展对策性调研。一是沉到一线精准破题。集团公司领导班子成员先后走访管内143个基层单位（车间、班组），听取意见建议，确定“改善大秦线职工生产生活设施”“加强和改进职工政治学习”等10项调研课题。各基层单位党员领导人员、党支部（总支）书记深入1620个联系点，突出“小切口”，确立“思想政治工作在运输站段安全生产中的作用研究”“打造专兼职结合的思想政治工作队伍实践思考”等63个课题，推动解决具体问题。二是精准分析思想动态。综合运用专题分析和季度分析，延伸分析链条，做好前置预判。把握全路货运改革、太中线基础设备维管业务移交过渡期等重要节点，聚焦行车重点岗位、边远地区职工、新入路职工等重点群体，针对性开展12次职工思想动态专题调研，梳理分析9个方面职工关注的热点问题，提出合理化建议39条，为党委决策提供参考。三是及时回应职工困惑。分层建立基层联系点面对面沟通网络，落实违章违纪、新职上岗、家庭变故、同事矛盾必谈，伤病住院、婚丧嫁娶、特殊困难必访等“四必谈三必访”机制。依托线上小程序，建立“百个信息直报点”，开辟“太铁e家园”小程序反馈通道，实现信息上下贯通，答疑及时跟进。复制推广“老马聊吧”“晓睿心里话”“情绪解码”等基层心理疏导室的有效做法，指导各单位先后创建8个心理疏导站，定期做好职工情绪疏导。

4. 围绕典型案例开展解剖式调研，推动工作更加平衡发展。坚持小中见大、抓点带面，围绕“北辆”经验、“湖辆”做法、“装备”案例，围绕思想政治工作薄弱单位的堵点难点，开展解剖式调研。一是摸清现状现实。调研专班走访32个车间班组，座谈1764人次，征集意见建议7256条，参加车间班组政治学习讨论8818场次，面对面宣讲3718场次，与职工谈心谈话19427人次，全面系统掌握基层思想政治工作的现状问题、职工队伍的现实需求。二是交流推广经验。在《太原铁道》报、微信公众号平台开设“思想政治工作一线行”专栏，面向全局推广交流优秀案例31期、展播优秀思政课10期，“北辆”经验“老马聊吧”、“装备”案例“红色讲台”在中国政研会“思想政治工作研究”公众号推出，侯马北机务段侯北二运用车间“建好用好三个课堂”等13个单位的典型做法在《人民铁道》报、《铁路宣传》刊发和交流推广。三是做好示范带动。落实思想政治工作测评体系，按照“政治学习好、思想教育好、人文关怀好、组织保障好”的原则，创建3个铁路思想政治工作示范点、35个集团公司基层思想政治工作示范单位、10个示范车间，召开全局思想政治工作示范点创建推进会，充分发挥好示范点的促进作用。

5. 围绕推动落实开展督查式调研，推动责任进一步压紧压实。针对各基层单位普遍反映的“基层思想政治工作不会干、不好干”的问题，围绕“集团公司、基层单位、车间三个层级的党员干部如何落实思想政治工作责任清单”开展督查式调研。一是督查责任落实。将思想政治工作纳入党委巡察意识形态工作责任制专项检查、年度党建质量评价重点内容，按照“90分以上优秀、80分至90分达标、80分以下不达标”，对各单位思想政治工作进行全覆盖打分评价，指导35个单位、车间补强完善4类共性问题，确保规定动作做实做细、自选动作做精做优。二是督查队伍建设。聚焦基层宣传战线、专兼职党支部书记、工团组织骨干等3支思政工作主力军的能力提升，集团公司党委宣传部牵头组建调研专班，在太原、大同、侯马、秦皇岛等地区，组织召开座谈交流7场次，从“思想政治工作干什么、怎么干、怎么才能干好”3个方面进行解读阐释、交流指导。精心打造《团结奋斗为何如此重要》等74堂精品思政课，纳入集团公司各层级培训主体班次，开展思政工作实务专题培训12场次，组织6场片区现场观摩会，促进互学互鉴。三是督查品牌创建。坚持一系统一标杆、一单位一特色，实施“一家一品”培育机制，重点打造“思政课大赛”“老马聊吧”“光荣套餐”“同心圆文化”“相册思政”“民意直通车”“圆桌思政”“青年视角大思政”“职工对话会”“幸福家书”等十大思政品牌，创建一批太铁思想政治工作实践平台。

6. 围绕方法创新开展前瞻性调研，推动工作更好融合发展。坚持守正创新，深入研究创新的思路、方法和载体，推动思想政治工作紧跟时代步伐、满足事业需要。一是推动理念创新。坚持占领职工时间才能占领职工头脑的理念，推动铁路文化进社区，在太原市最大铁路社区“太铁佳苑”宣传铁路成就、展示太铁职工风采，推动以文化人、以文育人。加强内宣外宣、网上网下、理论舆论、文化文艺业务全链条融合发展，创作更多方向正确、贴近群众、内容鲜活、富有思想的理论作品、新闻作品、文艺作品，达到影响人、感染人、引领人的目的。二是推动载体创新。用好大数据信息技术，统筹协调《人民铁道》“心声”栏目、工会“太铁e家园”、团委“青年之家”等各单位各部门的平台载体资源，通过共享大数据信息，全面获取反映干部职工思想状况的信息数据，及时总结经验、发现规律、预测趋势，在理论武装、思想引导、心理辅导等方面为职工提供全方位服务，为针对性开展思想政治工作提供有力支撑。三是推动方法创新。坚持镜头对准一线职工，加强正面宣传策划，创作“太铁人物讲述太铁好故事”节目，用身边人讲身边事，提升宣传教育的吸引力。启动“百名骨干送理论、千名书记讲思政”活动，提高理论武装质量和思政队伍建设。推进媒体深度融合发展，加强集团公司融媒体中心能力建设，建立12个系统型、区域型融媒体工作室，大力改进媒体供给侧产品质量，推出思政直播间等一批通俗化、大众化、可视化、互动化理论栏目，引导太铁职工深度阅读，打造“太铁好声音”品牌，牢牢占据思想教育、舆论引导、服务职工的信息传播制高点。

三、运用调查研究的有益启示

中共中央、国务院印发的《关于新时代加强和改进思想政治工作的意见》明确指出：“加强企业思想政治工作，把思想政治工作同生产经营管理、人力资源开发、企业精神培育、企业文化建设等工作结合起来，在思想上解惑、精神上解忧、文化上解渴、心理上解压。”集团公司党委在贯穿全年的“思想政治工作一线行”的生动实践中，对如何运用调查研究加强和改进思想政治工作收获了一些有益启示。

1. 坚持服务对象在基层。思想政治工作本质是做人的工作。国有企业是我们党执政兴国的重要支柱和依靠力量，国有企业的产业工人是推动企业发展的主力军。做好国有企业思想政治工作，最核心的就是要在政治上引领职工、思想上尊重职工、岗位上塑造职工、生活上关心职工，做到职工在哪儿，思想政治工作的重点就在哪儿，切实解决好职工的思想问题和实际问题，确保思想稳定、队伍稳定这一干事创业的前提，从而汇聚工作合力，推动事业发展。

2. 坚持工作主体在基层。思想政治工作只有融入中心工作才有顽强的生命力，国有企业的安全、生产、经营、改革、党建等主要工作主体都在基层。做好国有企业思想政治工作，必须围绕中心、服务大局，把思想政治工作贯穿和落实到安全稳定、改革发展等各项工作的全过程、各方面，做到主战场在哪里，思想政治工作就跟进到哪里。同时，要建设一支以政工干部、先进典型等为主要力量的基层思想政治工作队伍，形成专兼结合、数量充足、素质优良的工作力量。

3. 坚持任务落实靠基层。国有企业基层党组织是服务职工群众的“工作站”、联系职工群众的“桥头堡”，是党的全部工作和战斗力的基础，担负着思想政治工作的重要职责。做好国有企业思想政治工作，必须牢固树立党的一切工作到支部的鲜明导向，抓基层、打基础，把车间班组支部作为思想政治工作的前沿阵地，做到支部在哪里，思想政治工作就抓到哪里，充分发挥党支部战斗堡垒作用，打通服务职工群众的“最后一公里”。

（执笔人：郭建斌、项荣、李娜）

新时代国铁企业基层理论武装工作面临的问题及对策探讨

中国铁路太原局集团有限公司党委宣传部（企业文化部）

习近平总书记在党的二十大报告中指出，“全面加强党的思想建设，坚持用新时代中国特色社会主义思想统一思想、统一意志、统一行动，组织实施党的创新理论学习教育计划”“健全用党的创新理论武装全党、教育人民、指导实践工作体系”。太原局集团公司党委认真贯彻党中央重大决策，落实国铁集团党组部署要求，以提升班组政治学习质量为着力点，围绕“加强新时代基层理论武装工作，推动党的创新理论进车间到班组入人心”课题组织深入调研，列席旁听、座谈讨论、问卷调查，进一步完善形成加强基层理论武装工作、提升职工思想政治素质的思路和举措。

一、背景和现状

理论武装是国铁企业加强和改进基层思想政治工作的重要内容，是各级党组织必须抓、必须要抓好的主责主业，此项工作已经在干部职工中形成了广泛共识。问卷调查显示，认为理论武装“非常重要”或“较为重要”的有27287人，占到参与问卷调查总人数的92.94%（见表1）。

表1　认为当前开展职工政治学习的重要性（单选题）

选项	小计（人）	比例
A. 非常重要	20261	69.01%
B. 较为重要	7026	23.93%
C. 不重要	1510	5.14%
D. 其他	562	1.91%
本题有效填写	29359	

2022年，集团公司党委在广泛调研的基础上，出台《关于规范和加强班组政治学习的指导意见》，提出了“学、讲、谈，树、联、评”的基本规范，着力推动基层理论武装工作实起来活起来。特别是聚焦基层思想政治工作的关键和根本，国铁集团党组实施职工政治学习质量年，推行一班组（车间）一方案，为进一步做好职工政治学习指明了路径和方法。所属各单位采取多种措施完善机制、搭建平台，示范带动、营造氛围，推动基层理论学习宣传教育上下衔接、一体贯通，逐步从松散走向规范，促进党的创新理论飞入“千里铁道线”，贯通“最后一公里”。调查问卷中选择经常参加“集中学习”的有24171人，占82.33%（见表2），较2023年初的69.01%提高了13.32%。全局各单位抓基层理论学习教育的氛围正在形成。

表2　单位组织开展班组政治学习基本情况（单选题）

选项	小计（人）	比例
A. 以自学为主	4439	15.12%
B. 班前班后集中学习	16314	55.57%
C. 工作间歇时间集中学习	7857	26.76%
D. 其他	749	2.55%
本题有效填写	29359	

二、问题和启示

太原局集团公司现有车间（二级公司）917个、班组（工区）4660个，分布在管内5343公里铁路线上，点多线长、分散不集中、班制多样，当前政治理论学习虽然从内容、形式、措施等方面进行了规范，并且呈现出持续向好的发展态势，但距离标准化、规范化、创造性地推动落实还有差距，一些普遍性问题还没有引起足够重视，一些典型性问题还没有完全整治到位，一些深层次问题还没有得到根本改观，梳理这次调研掌握的情况，基层理论武装工作存在的短板弱项主要体现在五个方面。

1. 谋划推进的力度不够均衡。各单位在基层理论学习教育上谋划破题的"绣花功"用力不均，有的调研深、底数清、措施实；有的头绪乱、措施粗、难操作。现场了解到，湖东车辆段在全段推行的"九个一"学习模式运行顺畅，通过列席秦皇岛动态监测车间5T维修一班的学习，明显感到主题突出、气氛活跃，职工精神状态很好；同样身在异地，大同电务段柳村车间二场二信号工区学习组织松散，职工意愿不高，两者相比反差较大。湖东电力机务段湖东二运用车间党总支书记能够结合青年职工多的特点，把创新理论融入身边事例、普法案例，在潜移默化中教育人、引导人，职工参与的兴致较高；但同在一个段，有的车间对如何搞好职工政治学习思考调研得不深，一些具体任务推进落实得不好，有的班组还没有实打实兑现职工政治理论学习一年不少于16学时的基本要求。问卷调查显示，仍有7.41%的职工表示"偶尔参加"或者是"没参加过"集体学习。实践证明，在制度建设、学习组织上研究不透彻、措施不具体，必然在落实上打折扣、降标准。

2. 层层加码的现象还未杜绝。集团公司党委宣传部每季度下发学习提示，每月组织编发《太铁月讲·悦读》参考读物，为职工政治理论学习提供较为系统的资料，受到一线干部职工普遍欢迎。但有的单位只会简单做加法，自认为"多多益善"，凡是需要职工知道的统统纳入政治学习，没有把习近平新时代中国特色社会主义思想和党的二十大、二十届三中全会精神作为学习重点，弱化了政治理论学习的属性。还有一些单位对受众层次考虑不周全，把中心组学习的内容、做法生搬到职工群众教育上来，造成“水土不服”，职工难接受。调研中，车务系统职工直言不讳:“组织学习宜短、精、快，忌繁、长、碎，下了夜班本身就挺累，还要安排这么多内容，能不能给减减负？”太原晋太实业（集团）有限公司新星月环能科技分公司、山西三晋地方铁路开发集团有限公司太原市华威通水电工程有限公司的职工在座谈中也反映，平常学习内容庞杂还经常拖堂，“感觉什么都学，学了什么又没有印象”。在“您所在车间班组职工政治理论学习教育存在的突出问题”的调查选项中，有54.3%的职工选择“学习内容安排过多”。这些问题和诉求也提醒我们，要坚持规范与引导结合、服务与指导并重，督促基层更好聚焦主题、精选内容，不能“眉毛胡子一把抓”，搞层层加码。

3. 照本宣科的灌输不受欢迎。互联网时代，职工政治理论学习呈现出丰富多样的发展趋势，但很多时候，基层单位进行删繁就简、灵活多样、通俗易懂的“二次加工”不够，距离职工的期待还有一定差距，难以让职工在思想上受触动、在工作生活中用得上，职工反映“枯燥没兴趣”的声音不同程度存在。大秦车务段秦皇岛东站35岁以下的年轻人少，50岁以上的老职工多，组织学习的动力活力不足，座谈交流中一些职工认为，应该发挥老职工阅历丰富的优势，“讲讲困难时期、谈谈个人经历”，对年轻人传承老一辈铁路人的敬业奉献精神很有好处。一些职工也谈到，一人念众人听，读的口干舌燥，听的昏昏欲睡，“白白浪费时间和精力”。之所以让职工感到“不接地气，高高在上”，是因为没有贴近职工、贴近实际，不能怪职工不买账。有的职工提出，学习中多一些热话题、多一些互动性，使学习讨论过程成为统一思想、凝聚共识的过程。还有职工反映，应该多创新形式载体，比如：学案例、办竞赛，瞻仰革命遗址、看场红色电影，谈一谈感想、搞一搞诵读，让有意义的事情变得更有意思。梳理调查问卷，35.1%的职工认为当前“学习形式吸引力不强”，80.71%的职工认为提高学习质量应该在“丰富学习形式载体”上着力，75.3%的职工对“观看微课视频”等比较感兴趣，职工的想法和建议也反映出当前基层单位政治理论学习的组织形式不够丰富，还有很大拓展的空间。

4. 一抓到底的决心不够坚定。政治学习是一项基础性工作，也是一项长期性任务，特别是在职工的头脑里搞建设，不可能一蹴而就。调研中也发现，有的基层单位党委缺少较真态度和斗争精神，布置多、指导少，特别是对流动分散、边远异地的车间班组政治学习重视不多，电务、工务、房建公寓单位这方面问题较多、相对薄弱。有的单位党委书记抓政治学习“一阵风”“一场雨”，风过则止，雨过地干，没有形成常态化的推进落实机制；有的领导人员对“每年至少参加1次联系点的政治理论学习”的要求不掌握，去了联系点也很少过问，清单上的责任没有落到实处；有的单位党组织对政治理论学习抓得松、管得散，把学习资料在群组一推、网上一挂，一句“都安排了”就等于落实了；有的党支部书记认为职工干好活就行，没必要投入精力掌握那些高大上的道理，对政治理论学习的重要性还缺乏基本认知。这些问题是组织者的能力问题、作风问题，归根到底是思想问题、责任心问题。

5. 守正创新的招数想得不多。政治学习就是让职工明事明理、向上向善，更好地激发动力、促进工作。前期各单位在抓职工政治理论学习上动心思、下功夫，有的单位党委负责人员带队调查研究，指导车间班组开展符合自身实际的学习活动。比如：侯马北机务段针对运用车间人员流动大的特点，在侯北二运用车间试点推行第一课堂周学、大众课堂日学、夜校课堂补学，深化讲解、活化形式、覆盖全员，在多方面平衡中找到了“最优解”。一名乘务员深有感触地说：“职考中理论题能拿到满分，就是得益于日常的政治理论学习。”再如：湖东车辆段每月确定1个与职工切身利益紧密联系的专题，组织职工讨论交流，解决了学而不深、学而不精的问题。一名老职工讲到：“每次参加学习都有收获，在家里和儿女们交流的话题也多了，感觉挺好。”但不可否认，一些单位职工学习入耳不入心、走笔不走心的现象还不同程度存在。从调研情况看，部分单位仍以笔记多少、时间长短论“英雄”，职工笔记没少抄，但印象不深，更谈不上内化转化了。有的单位组织学习存在“一刀切”“一个调”“一锅烩”等情况，缺乏契合实际的效果评价指标和检验手段。座谈交流中，职工也谈到，多想些实打实的招数，少做走过场的应付，让大家真正学有用、能受益。实践证明，方法不对，事倍功半。开展职工政治理论学习不能千篇一律、千人一面，关键是针对不同对象群体因材施教，做到“一把钥匙开一把锁”。

通过调研，更加深刻认识到，高度重视学习、善于进行学习，是我们党的优良传统和政治优势，特别是党的十八大以来，习近平总书记亲自谋划、亲自部署、亲自推动，不论党政机关，还是企事业单位；不论军队，还是学校，都把政治理论学习牢牢抓在手上，作为全社会提高思想觉悟、凝聚发展共识的重要手段和路径。正如习近平总书记指出的，“觉悟看似无形，关键时就会显现出强大力量”。而觉悟不是与生俱来、一朝一夕就能形成的，关键要靠各级组织日常深入细致的思想政治工作，特别是久久为功抓好政治理论学习。铁路企业覆盖面广，情况各不相同，面对新形势新任务新要求，唯有掌握科学的世界观和方法论，从博大精深的习近平新时代中国特色社会主义思想中悟规律、明方向、学方法、增智慧，坚持好、运用好贯穿其中的立场、观点、方法，才是破解基层政治理论学习常抓常新、走深走实的正确之道。

结合调研实践，从中得到一些有益启发，以下几方面对抓好基层理论武装工作、推动党的创新理论进车间到班组入人心尤为重要。一是认识要到位。职工有信仰有觉悟，企业发展才会有力量。只有认识到抓好政治理论学习对职工坚定理想信念、升华觉悟境界、传承红色基因、凝聚发展合力的极端重要性，才能增强工作的使命感责任感。二是责任要清晰。职工能不能坐下去学起来，主要是看各级党组织特别是党组织书记上不上心、尽不尽责，关键是建立一套完整的闭环管理机制，让书记抓、抓书记和层层抓、抓层层形成氛围、成为常态。三是组织要灵活。实践证明，凡是政治理论学习组织好的单位，形式都比较丰富和贴近职工，职工参与度也比较高。有了参与度才会有满意度。必须遵循话语表达规律，立足职工需求期盼，树立融合理念，创新工作方法，让职工乐于参与、受益其中。四是队伍要做强。组织者的能力水平很大程度上决定着学习教育的质量效果，必须培育一支政治素质高、理论基础好、语言表达活的骨干队伍，在内容选取、组织策划上下功夫，备好课、讲出彩，让政治理论学习有意思、不枯燥，教育引导职工在良性互动中长见识、提素能。

三、对策和举措

持续用党的创新理论凝心铸魂，是国铁企业各级党组织光荣而艰巨的政治任务。结合调研发现的问题和基层反映的困惑，汇集各级组织和职工群众的智慧，对推动基层理论武装不断走深走实走心，进行深入思考和研究。

1. 压实工作责任，增强内在动力。加强基层理论武装工作，既要靠上级组织推动，也要靠一线车间班组积极主动，不断提升政治能力、思维能力、实践能力，如此才能上下贯通、同向发力、一体推进。一是用好工作指引。针对集团公司层面文件通知涉及政治学习内容较多、覆盖层次较广，容易造成基层顾此失彼的问题，组织力量系统梳理相关文件制度要求，出台《车间班组政治学习工作指引》，用好工作成果，指导各单位分层落实责任清单，规范组织流程，明确检查重点，让基层有章可循、有规可依。二是抓实方案定制。车间党支部（总支）书记、班组党支部书记（班组长）是抓好职工政治理论学习的主要责任人和最后“一道关”。指导车间班组摸清情况、找准问题、做细工作，立足自身特点，动态量身定制“一班组（车间）一方案”，通过实行“路局宣传部、站段党委、车间党（总）支部”三级联动，确定组织开展学习教育的最佳方案，逐级盯、逐级抓、逐级管，在学习组织上实起来。三是用活考评机制。指导各单位因地制宜建立政治理论学习的评价机制，推行职工政治理论学习和党支部书记考核联挂，坚持一般问题立行立改，重点问题通报批评，突出问题约谈考核，让党支部书记把理论武装工作作为分内之事、应尽之责。逐级压实责任，在党建工作质量评价、意识形态专项检查中明确分值，发挥考核指挥棒作用，通过科学的评价实现最优的管理，切实把政治理论学习的“软指标”变为“硬约束”，在全局营造崇尚学习、主动学习的良好风气。

2. 搞活载体形式，构建生动格局。再正确的理论，再深刻的思想，离开通俗化大众化的传播形式，都难以有效传递给职工群众。近年来，各系统各单位在推进职工政治理论学习上形成了一些好的经验做法，需要在此基础上进一步探索符合时代要求和职工期盼的方法途径，在识变应变求变中打开政治学习新局面。一是优化内容供给。坚持需求导向，紧贴理论热词，进一步优化改版《太铁月讲·悦读》，重构“学习供给侧”栏目，捕捉职工关注的焦点、交流的话题、身边的事例，找准党的创新理论与职工切身利益、社会发展成就的切入点，着力解决好基层“学什么、讲什么、谈什么”的问题。二是丰富组织形式。注重区分受众对象，坚持“到什么山唱什么歌”，把政治理论学习融入知识竞赛、微课展播、典型讲述、文艺创作等实践中，丰富课程的“方”，讲出真理的“味”，做到说理和说事相互融合，以大众话促大众化，增强政治理论学习的吸引力、感染力和穿透力。三是推行学前备课。政治理论学习效果好不好，提前备课很重要。指导基层单位更多采取启发式、案例式、提问式、代入式等学习方法，收集素材案例，做好备课试讲，引导职工积极参加学习讨论，推动学习由“单向”到“双向”、由“互动”变“触动”，让职工“吃得下、消化好、还想吃”。

3. 坚持抓点促面，一体发力推进。抓住重点带动面上工作是唯物辩证法的要求，也是习近平总书记教给我们的科学方法论，坚持一手抓普遍达标，一手抓示范创建，做到两手抓两手都要硬，推动基层理论武装工作质量全面提升。一是打造可学点。把更多时间和精力投入基层一线，心往下沉、步往下移、人往下走，按系统分片区建立集团公司政治理论学习网格化联系点，引领带动各单位领导班子成员、宣传助理、车间党支部（总支）书记优化完善各自的联系点，定期列席参加，指导帮促提升，不造盆景、不装门面、不搞表演，实打实地推动理论武装工作横向到边、纵向到底。二是拓展交流面。坚持“小规模、多场次、重成效”的工作思路，分阶段分地区组织政治理论学习现场交流活动，促进基层党支部书记开拓视野、互学互鉴、共同提高。

利用集团公司报台网微等平台，开设专题专栏，交流推广基层单位好经验好做法好案例，创作推出更多有分量有影响的精品微课、思政课，让学习交流的渠道越来越宽、氛围越来越浓。三是选树排头兵。将理论武装工作纳入基层思想政治工作示范点创建一体推进，用好表彰机制，健全评选项点，采取自下而上推荐、覆盖检查验收、统一命名公布的方式，每年选树一批车间班组政治理论学习优秀案例、理论宣传骨干和政治理论学习积极分子，在全局立标打样，推动基层理论武装工作全面提质增效。

4. 调动各方力量，做强专业团队。抓好基层理论武装不仅需要延展课堂"半径"，也需要借助各方合力培育选拔理论宣讲骨干队伍，更好地推动党的创新理论"飞入寻常百姓家"。一是培育骨干团队。抓住组织者、领学人这个关键因素，落实集团公司《加强理论骨干队伍建设的实施办法（试行）》，重点选拔培养一批优秀青年大学生，充实到政治理论学习积极分子、职工讲师团、理论宣讲团等骨干队伍中，力争一个车间党支部至少有 1 名优秀青年大学生理论骨干。二是用好专业力量。充分发挥集团公司党校、职培基地主阵地作用，建立政治理论教学模块，开设思政课程，把政治理论教育纳入班组长培训班和超过 10 天的职工脱产培训班的教学内容。回应边远异地职工需求，组建宣讲团队，常态化组织开展"百名骨干送理论、千名书记讲思政"活动，推动党的创新理论天天见、天天新、天天深。三是打造过硬队伍。加强宣传部门与组织人事部门、职培部门、基层单位的联动，推行新任职宣传助理到集团公司党委宣传部挂职锻炼，宣传助理培训班、党支部书记示范培训班开设政治理论辅导课，基层单位标准化规范化建设中设立政治理论学习评价项点，夯实工作基础，壮大骨干力量，多维度提升政工队伍素质，切实以关键人员"动起来"推动理论武装工作"硬起来"。

5. 突出效果导向，推动实践运用。理论一经掌握群众，也会变成物质力量。加强基层理论武装工作的目的就是全面普及党的创新理论，切实用以指导推动工作实践。一是突出系统性，以学懂促深化。把加强政治理论学习贯穿到职工思想教育的全过程，对碎片化、分散化的内容作系统化、整体化的梳理，指导各单位统筹运用跟进学、系统学、实践学，在计划安排上考虑、在内容选择上连贯、在效果评价上体现，固定学习时间，组织答题活动，做到“月度有专题，年度成体系”，进一步增进职工对习近平新时代中国特色社会主义思想的政治认同、思想认同、理论认同、情感认同。二是突出思想性，以弄通促内化。坚持用党的创新理论铸魂育人，从政治高度、思想深度做好理论解读阐释工作，特别是用好媒体融合发展改革成果，集中优势力量，加强选题策划、项目运作，持续推出适合一线职工的政治理论学习宣传产品，讲好习近平新时代中国特色社会主义思想蕴含的道理学理哲理，帮助职工改造主观世界，提升精神境界，在思想上政治上行动上始终听党话、永远跟党走。三是突出实践性，以做实促转化。政治理论学习教育效果好不好、实不实，最终要靠职工的思想觉悟、精神状态、现实表现来检验评判。组织职工谈学习体会、讲工作打算、看岗位业绩，驰而不息抓转化，促进学习教育与岗位实践双向融合。通过问卷调查开展效果评估，组织不同岗位、不同系统的职工评价学习成效，通过以下看上、以点看面，检验学习效果，改进工作方法，推动职工在新征程的太铁实践中政治上更坚定、思想上更明理、行动上更自觉，全力推动集团公司高质量发展。

（执笔人：侯继宏、项荣、李娜）

中华优秀传统文化滋养铁路企业文化的历史基础和实践路径研究

中国铁路太原局集团有限公司党委宣传部（企业文化部）

中华优秀传统文化历经五千年绵延不绝，始终富有生机活力，赋予了中华民族独特的精神品格，是中国人民宝贵的精神财富，成为中华民族独有的精神标识，使中华民族精神血脉源远流长，是我们建设中华民族现代文明永远不能割舍也割不断的文化血脉。国铁企业根植于中华民族的广阔大地，成长于党带领人民创造伟大事业的进程中，在铁路的发展历程中，培育了铁路独特的文化形态，这其中同样离不开中华优秀传统文化血脉的强大力量。国铁企业在党的领导下一路走来，具有鲜明的红色文化烙印，对于铁路红色基因的文化传承研究较为系统和完善，而中华优秀传统文化对国铁企业文化的滋养方面研究甚少，特别是铁路文化从思想层面传承中华优秀传统文化的研究更是极少。在中华优秀传统文化中汲取营养，汲取其优秀的文化基因，有助于提升国铁企业的民族自豪感，坚定道路自信、理论自信、制度自信、文化自信，进而培育既有时代特色又有中华民族智慧的铁路文化力量，为国铁企业发展提供优秀传统文化的智慧滋养。新的征程上，中华优秀传统文化和铁路企业文化之间有哪些高度契合之处，如何以中华优秀传统文化滋养铁路企业文化，让铁路企业文化绽放更加坚定的民族文化自信，是铁路企业文化建设需要研究的崭新课题，也是国铁企业深学践悟习近平文化思想的重要着力点。

一、中华优秀传统文化的核心要义及主要特点

1. 中华优秀传统文化的核心要义。“中华优秀传统文化是中华文明的智慧结晶和精华所在，是中华民族的根和魂”，这是习近平总书记对中华优秀传统文化的精辟概括。在中国五千年的历史长河中，中华文明绵延不绝、生生不息，形成了中华民族别具一格的传统文化。这些中国传统文化中，留下了精华的文化基因，就是其中蕴含的中华优秀传统文化。正是因为这些优秀的传统文化，无论是思想层面还是实践层面都使中华民族精神不灭、中国精神不息，这是中华民族绵延不绝的精神力量。与此同时，中华优秀传统文化也推动了整个世界文明的进步，深刻地影响着世界的文明。思想层面如儒家思想、孙子兵法等优秀传统文化思想；实践层面如四大发明等至今在国际上都有很高的评价和应用。这些优秀传统文化源于中华民族的伟大实践，中华民族一代代传承中思想和实践的高度总结和凝练，是中华民族巨大又宝贵的精神财富和根脉力量。中华优秀传统文化内容丰富、思想深刻，本文主要聚焦思想和精神层面对其进行概括。其核心要义主要包括哲学思想、中华优秀传统美德和中华人文精神三个部分。其中哲学思想理念中包括朴素的民本思想，正如我们今天提到的人民至上；天人合一中宇宙万物遵循的自然规律是古代系统思维的体现，至今仍是中国人思维方式的主干。中华传统美德中包括一直传承下来的爱国情愫，像“天下兴亡、匹夫有责”“振兴中华、精忠报国”“自强不息，厚德载物”的奋斗拼搏精神等。中华人文精神中包括积极向上的生活理念和处世之道，如处事原则讲究和为贵，文化传承讲究文以载道、以文化人的基本思想，生活理念讲究勤勉、崇尚节约，等等。

2. 中华优秀传统文化的主要特点。从思想层面看，中华优秀传统文化

中的内容非常丰富，在中华文明的传承中，多民族的融合发展，使中华优秀传统文化具有不可比拟又别具一格的特点。这些特点主要表现在四个层面：一是从范围来讲，具有融合发展的民族多元性。中华民族五千年经久不衰，尽管历史中有纷争战乱，历经多个朝代更迭，今天仍是统一的整体，其文化实现了多民族多地域融合，使中华优秀传统文化既有多元的差异化，但又统一于相同的文化根脉，这种多元融合的历史进程使中华优秀传统文化融合中又具有多元性。二是从开放度来讲，具有海纳百川的包容性。中华优秀传统文化之所以具有包容性，直接体现在民族的多元融合，民族大融合的过程也是优秀文化不断包容的过程，中华优秀传统文化融合了多民族的文明实践精华正是其求同存异包容性的体现。三是从时间来讲，具有未中断的历史延续性。众所周知，世界有四大文明古国，但今天只有中华民族的文化得以绵延不绝地传承下来。文化的发展在历史的进程中始终是不断融合和发展的，文化的融通从未中断，也使其中的文化精髓在五千年的生动实践中流传了下来。四是从程度来讲，具有生生不息的生命力。五千年的历史说明了中华优秀传统文化绵延不绝，在中华文明新的征程中重新焕发出更加勃勃的生机，并成为引领民族复兴的精神根脉，不仅说明了中华优秀传统文化经久不衰、绵延不绝，更反映了其持久又蓬勃的生命力。

二、中国铁路文化的形成过程离不开中华优秀传统文化的滋养，具有深厚的历史基础

中国铁路历史以中国的近代史为起点，在屈辱中诞生，在党的领导下一路发展成长。一路走来，铁路文化精髓最为突出的表现在于：安全为天的底线思维、拼搏奉献的爱国情怀、人民至上的坚定立场、不断创新的优秀品质和艰苦奋斗的精神底色。而纵观铁路文化的形成，一方面来源于党和人民伟大斗争中孕育的革命文化和社会主义先进文化。特别是在新民主主义革命时期的民族独立、社会主义革命和建设时期的艰辛探索、改革开放和社

会主义现代化建设新时期的伟大实践、新时代以来的蓬勃发展，铸就了铁路优秀传统文化的鲜明底色。另一方面，铁路优秀传统文化离不开中华优秀传统文化根脉的滋养，铁路优秀文化的鲜明特质是和中华优秀传统文化一脉相承的。安全第一传承了中华民族的强烈的忧患意识，爱国奉献是“天下兴亡、匹夫有责”爱国情怀的体现，“人民铁路为人民”传承了朴素的人民观、勇于创新传承了民族的创新意识、艰苦奋斗传承了自强不息的民族气节。

1. 中国铁路优秀传统文化中的安全观传承了中华民族强烈的忧患意识。中国铁路作为国家战略工程，长期以来形成了特有的、根深蒂固的安全文化，这是在铁路发展实践中形成的，以确保铁路大动脉安全畅通、人民群众生命财产安全和干部职工劳动安全为导向，成为铁路优秀传统文化中鲜明的特质。在此基础上形成了“安全优质、兴路强国”的铁路精神、“安全第一”的安全理念等等，贯穿于铁路发展的始终，成为推动铁路安全发展的永恒主题。铁路安全文化，包括安全理念、安全行为习惯、安全制度、安全管理、安全技术等，为铁路保安全提供了全方位的保障。之所以如此重视安全，体现的是铁路人对运输基础高度负责的底线思维，对维护国家社会稳定的风险意识，对人民生命财产安全的高度珍视。这种对安全的高度重视也逐步在实践中形成了铁路人自觉的行为习惯，形成铁路最为突出的文化特质——铁路安全文化。深挖其精神根脉不难发现，高度负责的安全底线思维背后传承的不仅仅是党领导的红色基因，还有中华优秀传统文化的精髓，那就是中华民族强烈的忧患意识。

中华民族五千年的历史长河中，沉淀下来积极正能量的忧患意识非常突出，比如：中国人常讲“居安思危”，纵观中华民族发展史，忧患意识为中华民族不断发展进步的重要条件，在中华民族历代的国家治理中，民族忧患意识强，民族就发展进步，反之失去了忧患意识贪图享乐，民族就会陷入危机甚至是颠覆。这种忧患意识在中国哲学思想中也体现得尤为明显，许多哲学书籍中包含着深沉的忧患意识并强调了其重要性，“防患于未然”“防微杜渐”“谨慎戒惧”，范仲淹的“先天下之忧而忧，后天下之乐而乐”，孟子的“生于忧患而死于安乐”，等等，通过自身的努力摆脱困境，化险为夷。这些哲学思想都来源于中华民族几千年来的实践，实践中形成的民族忧患意识，体现着中华优秀传统文化的哲学光辉，是中国人的主干思维和思想意识，这些思想认识在铁路优秀传统文化中得到了传承。

铁路安全文化中“安全第一”的理念在广大干部职工中根深蒂固，多年来从未改变。这种文化特质正是中华民族强烈的忧患意识的传承与发展，二者之间高度契合，这种安全的忧患意识为中国铁路发展注入中华优秀传统文化的基因，使铁路人对安全始终保持“如履薄冰、如临深渊”的警觉。

2. 中国铁路优秀传统文化中的爱国主义观传承了中华民族强烈的爱国情怀。中国铁路诞生于屈辱的近代，鲜明的爱国主义是中国铁路的鲜明特质之一，表达了一代代铁路人与祖国同呼吸共命运的情感升华，更是表达铁路人为国奉献的报国之志。中国近代史中铁路的诞生激发了铁路人的报国之志。中日甲午战争以后，帝国主义开始大规模掠夺中国铁路权益。从那时起，中华民族无数仁人志士开始了争夺路权、修建铁路的苦苦求索，鲜明地提出“路权”即“主权”的响亮口号。以詹天佑等人为代表的爱国知识分子率先开启了自主建铁路的创举。京张铁路就是中国人自主修建的第一条铁路，展现了铁路人爱国报国的志向和永不屈服的精神品格。进入新民主主义革命时期，二七大罢工展示了铁路人团结斗争的爱国热情，成为中国铁路革命史乃至中国革命史上不朽的丰碑。抗日战争时期，中国铁路工人融入全民族抗战的洪流，在党的领导下同仇敌忾，把铁道线变成了抗击日寇的最前线，他们奋起反抗，谱写了可歌可泣的爱国篇章，体现了浓浓的爱国情怀。解放战争时期，铁路工人支援前线，广泛开展“死机复活”运动，冒着战火运送部队和作战物资，“解放军打到哪里，铁路就修到哪里，火车就开到哪里”，是铁路人爱国奉献的铮铮誓言。这一时期也形成了“毛泽东号”精神和“敢挑重担、勇当先锋”的“朱德号”精神。新中国成立以后，铁路人不断攻克难关挑战的过程更是激发了铁路人的民族自豪感和爱国热情。抗美援朝战争中，铁路人依然冲锋在前，打造了“打不断、炸不烂”的铁道运输线，他们奉献了青春、奉献了生命。今天的中国铁路，特别是高铁的发展，在短短的时间内实现了华丽转身，成为领跑世界的亮丽中国名片，更是让铁路人的爱国热情得到飞跃。纵观历史，一代代铁路人之所以有着深深的爱国之志，离不开党领导下的红色文化基因。

浓浓的家国情怀是中华民族的又一精神特质，也是中华优秀传统文化的宝贵财富。比如，“天下兴亡，匹夫有责”“捐躯赴国难，视死忽如归”“位卑未敢忘忧国”“国耻未雪，何由成名”的家国情怀，倾注着对古代文人志士对国家民族命运的拳拳之心，是深深地根植于中华优秀传统文化的，使中国人形成了以国为家的爱国基因。铁路安全文化中爱国主义精神是非常突出的，“安全大如天、责任重于山”的精神特质与中华民族流传下来的爱国情怀高度一致，是中华优秀传统文化在中国铁路的传承和发展，正是浓浓的爱国情怀凝聚着一代代铁路人以为国奉献为荣，激励着铁路人矢志不渝奉献精神。

3. 中国铁路优秀传统文化中人民至上的坚定立场传承了中华民族的民本观。中国铁路文化中革命文化的鲜明特质体现得非常明显，其中全心全意为人民服务的宗旨和意识在铁路文化中根深蒂固，成为“人民铁路”最为坚定的政治立场和价值立场。在实践中，铁路人始终秉持“人民铁路为人民”的价值追求，以此作为铁路人的初心，矢志不渝。铁路之所以将“人民铁路为人民”作为其服务宗旨和价值追求，不仅来源于中国共产党的性质，深究其根源，其鲜明的人民性也是中华优秀传统文化中民本观的传承和体现。

民本观是中华民族的朝代更迭中都是治国理政的基本遵循，历史上中国许多思想家都非常推崇民本观，比如：“民惟邦本，本固邦宁”、“民贵君轻”、“新民”思想、“厚民生，强国势”、“水能载舟亦能覆舟”等民本思想成为中华民族文化中治国理政的核心思想。可以看到，中国古代思想家、哲学家、政治家都把民本观作为治国理政的原则，放在非常重要的位置，尽管表述不同，但核心和重要性本质上都是一致的，都在强调人民对于国家发展的重要性。

没有坚定的人民立场，铁路就失去了中国铁路的性质，这是源于中国共产党的领导。而中华优秀传统文化中的民本思想，不仅与中国共产党“全心全意为人民服务”的宗旨不谋而合，更是中国铁路优秀传统文化的来源，传承了中华民族的民本观。

4. 中国铁路优秀传统文化中勇于创新的优秀品质传承了中华民族的“革故鼎新”的创新观。在中华民族的苦难之际，中国铁路在民族危亡的屈辱岁月中诞生，帝国主义的舰炮打开了中华民族的国门，铁路作为帝国主义汲取中国资源的工具出现在中国大地，直到中国独立自主，铁路发展才逐步走出中国特色的独立自主的道路。而中国铁路的发展传奇之处就在于，能在短短的几十年之内完成发达国家需要几百年的发展之路，根本原因是能够不断学习消化吸收转化成自身的发展能量，从而摆脱“学徒”“跟跑”的亦步亦趋，这其中离不开创新这个根本动力。比如：在铁路机车的技术革新上，从开始学习国外的技术，引进消化吸收到完成自主品牌的建设，仅仅用了30多年，从蒸汽机车、内燃机车、电力机车、磁悬浮等技术发展进步中，最终打出了中国高铁品牌“复兴号”。不仅如此，货运方面，重载货运也创造了诸多世界奇迹，大秦铁路作为中国重载第一路，走出了一条中国特色的重载之路，都是在不断超越极限中大胆创新，实现了从追赶到领先世界的嬗变。之所以有如此大的飞跃，离不开创新这个根本动力。一代代铁路人接续创新地努力，才能走出中国特色的铁路发展道路。

发展的动力来源于创新，中华民族之所以能绵延至今，离不开创新这个动力源，成为中华优秀传统文化的创新观。“革故鼎新”的创新观，来源于中华民族绵延不绝的文化传承。中华文明具有不断革新的精神，不断地调节、丰富和发展自己。比如：《礼记・大学》中的“苟日新，日日新，又日新”，另一部经典《周易》中，“易”可释为“变易”，即顺应时势做出变革。“革故鼎新”的意思就是去除旧的取来新的。历史进化思想在韩非的笔下尤为突出，是当时创新变革思维的集中体现。中华文化创新变革思维的能力，代表了中华民族的性格，成为中华优秀传统文化的优秀特质。

“敢于创新”的文化特质为中国铁路的发展插上了飞翔的翅膀，靠着不断攻坚克难的创新取得了今天的发展成果，成为铁路实现跟跑并跑领跑的坚实力量，使中国铁路走出了一条自主创新的铁路发展的道路，也成为铁路人文化自信的主要力量。这种文化自信，不仅来源于创新带来的实践成果，更来源于中华优秀传统文化中“革故鼎新”的创新观。

5. 中国铁路优秀传统文化中“艰苦奋斗”的文化特质传承了中华民族自强不息的奋斗观。艰苦奋斗是中国铁路多年来持续不变的精神状态。“逢山凿路，遇水架桥，铁道兵前无险阻；风餐露宿，沐雨栉风，铁道兵前无困难。”叶剑英对铁道兵的赞颂直接体现了当年铁道兵艰苦奋斗的精神，这种精神正是铁路发展过程中形成的伟大拼搏力量。铁路工程建设过程艰苦卓绝，经常需要风餐露宿，而且还要面临许多安全风险的挑战。比如：云南到成都的线路途经之处经过专家检测，被定为不可能建成铁路线的禁区。然而，这些没有难倒筑路大军，在艰苦的奋斗中，创造出铁路建设的世界奇迹、人间奇迹，这就是成昆铁路。这条铁路的修建在世界上也颇具影响力，“20 世纪人类征服自然的三大奇迹”之一，正是联合国对成昆铁路的高度评价。青藏铁路沿线同样是一条被定义为铁路禁区的高原铁路，修建难度之大不仅仅来源于高原的特殊地理位置，更是因为途经之处荒无人烟甚至是“生命禁区”，之所以能克服的困难和挑战，一种持之以恒的精神底色就是艰苦奋斗。

铁路艰苦奋斗的精神底色追根溯源，可以在中华民族的优秀传统文化中找到源头。中华民族自古以来就有艰苦奋斗的优良传统。比如：表述君子处世之道中离不开久久为功的奋斗，所谓“天行健，君子以自强不息”。古人对成事者的表述中都会有成事必须经过艰苦的奋斗，也就是说要成功，必须经过艰难困苦的磨炼。“故天将降大任于斯人也，必先苦其心志，劳其筋骨，饿其体肤，空乏其身，行拂乱其所为”，这是孟子对成事者规律的概括。意思是，将要成就一番大事业的人，其内心和身体都要经受一番苦难和磨炼，以此来使他们内心警觉，性格坚定，增长才干。经受过挫折，经历过苦难，在艰苦的环境中奋斗，才能自强不息，奋发有为。儒家文化中倡导自强不息的奋斗观、无论是“克勤于邦，克俭于家”的劝勉，还是“俭节则昌，淫佚则亡”的告诫，有关俭与奢的箴言，沉淀着历史的启迪，牵动着中国人对家风与国运的思考。在中华民族、中华文明史上，自强不息发挥了独特而不可替代的作用。

伟大的精神之所以伟大，就是因为在实践中克服了重重困难和条件。在精神的持久推动下，形成了铁路文化的鲜明特质。可以看到，铁路“艰苦奋斗”的文化特质与中华民族自强不息的奋斗观高度契合。虽然任何民族的发展进步都离不开拼搏进取的精神，但五千多年的中华文明史，其拼搏奋斗的历程有着自身独特的实践基础和思想基础，赋予了铁路人艰苦奋斗的文化基因。

三、中华优秀传统文化滋养铁路企业文化的实践路径

1. 加强基础研究，厚植文化根脉。中华优秀传统文化是中华民族凝聚力、创造力的重要源泉，是中华民族坚定文化自信的源头活水。其博大精深的文化内涵是铁路企业文化的深厚底蕴。要把铁路文化传承好，就要深挖铁路企业文化中蕴含的中华优秀传统文化中与之高度契合的文化精髓，不断夯实铁路企业文化的形成基础。一方面，从文化内涵的精神层面精准梳理铁路文化的精神特质，把中国铁路发展以来形成的精神内涵从文化传承的角度进行系统梳理，比如：在现有的铁路精神谱系的基础上，提炼诸如“奋斗”“创新”“奉献”等核心精神内涵，让铁路精神更加聚焦并富有其鲜明的特点。同时，要善于在细致深入的研究中找到新时代铁路文化与中华优秀传统文化的契合点，实现传统文化与企业文化的融合，创造铁路文化发展的新辉煌。另一方面，在铁路企业文化在企业属性和党领导下的国有属性基础上，在铁路红色基因的根脉基础上，不断厚植中华优秀传统文化的根脉，加强中华优秀传统文化的基础挖掘。从铁路现有文化的内涵中深挖铁路文化中的优秀传

统文化基因，让铁路文化自信成为推动铁路发展进程中更加基础、更加深厚、更加持久的自信，从中华优秀传统文化中汲取更加丰沛的铁路文化力量。

2. 突出思想引领，增强文化认同。思想决定行为，文化的根本目的在于以文化人，也就是用思想引领人、激励人、鼓舞人。中华优秀传统文化有其深厚的思想基础和实践基础，而同时传承好中华优秀传统文化也是铁路坚定文化自信的应有之义。铁路文化的力量其根本目的在于传承和弘扬中凝聚发展伟力，文化的传承是保证铁路发展具有中国特色的重要内容之一，这就必须在文化认同感上发力。要使铁路全体干部职工充分认同铁路的文化力量，才能彰显铁路文化自信，最终汇聚起推动铁路发展的磅礴力量。这个过程中，一个关键的关键，就是思想引领。这就要求必须加强铁路文化的教育传播，特别是加强铁路文化对中华优秀传统文化的传承，在铁路高质量发展的伟大事业中不断弘扬中华优秀传统文化。一方面，要加强顶层设计，把铁路优秀传统文化的内容、形式、推进路线、目标、长短期任务进行统筹规划，在思想教育层面宏观设计，层层落实。另一方面，通过中华优秀传统文化厚植铁路企业文化底蕴。把握二者之间的契合点，通过讲座、宣传片等多媒体等形式，展示中华优秀传统文化在企业文化建设中的历史魅力和民族独特性，让中华优秀传统文化的历史底蕴和思想魅力厚实铁路企业文化，不断扩大企业文化的影响力，增强文化认同，彰显中国铁路文化的时代价值。

3. 打造精品，提升文化格次。铁路企业文化建设离不开精品文化作品的打造。坚定文化自信离不开文化事业和文化产业的繁荣。习近平文化思想为铁路企业文化建设提供了新的思想指南，为全面推进文化强国提供了重要依据，铁路企业文化也有了新的文化使命，弘扬和传承中华优秀传统文化，挖掘铁路文化的中华优秀传统文化力量是其中的重要内容之一。要实现铁路文化新辉煌，就要打造一批文化精品力作。一方面，应推进铁路企业文化领域的改革创新。为不断满足广大人民群众的精神文化需求而努力，创造铁路文化精品力作。深刻理解山西铁路红色历史和太铁光荣传统，在深入挖掘集团公司优秀传统文化内涵，广泛开展铁路史、局史、重载铁路发展史教育基础上，打造铁路文化精品力作。另一方面，加强与中国铁路文联、社会文化艺术部门和文艺名家的合作，加大太铁优秀文化产品推广力度，努力推出具有社会影响力的文学、影视、歌曲等“铁”字号精品力作，让富有民族特色和时代气息的铁路文化作品展现中华优秀传统文化的生机活力和时代意义。此外，要在打造文化精品的过程中不断创造良好的文化氛围。文以载道、以文化人，文化的力量是润物细无声的，打造一个良好的文化建设的氛围非常重要。以“环境创优”为载体，不断激发群众性共建共享共治热情，打造温馨舒适、优美和谐的铁路企业文化环境，让铁路企业文化的格次不断提升。

（执笔人：侯继宏、李翔、张雁华）

新时代加强和改进面对面思想政治工作的调查研究

中国铁路太原局集团有限公司党委宣传部（企业文化部）

中共中央、国务院印发的《关于新时代加强和改进思想政治工作的意见》指出，加强企业思想政治工作，把思想政治工作同生产经营管理、人力资源开发、企业精神培育、企业文化建设等工作结合起来，在思想上解惑、精神上解忧、文化上解渴、心理上解压。太原局集团公司党委紧紧围绕现场所需和职工所盼，坚持以理论热点面对面、思想焦点面对面、诉求难点面对面，使面对面思想政治工作成为锚定重点工作的“稳定器”、体现凝心聚力的“风向标”、衡量民生幸福的“晴雨表”，努力把职工群众的“呼声”“心声”变成“掌声”“笑声”，在推动运输服务保障中不断形成加强和改进现场思想政治工作的生动实践。

一、当前基层思想政治工作所面临的形势任务

党的二十届三中全会部署了未来 5 年的重大改革举措，绘就了进一步全面深化改革的全景图。当前和今后一个时期，随着进一步全面深化国铁企业改革方案确定，各方面改革发展任务非常繁重，迫切需要我们牢牢把握基

层思想政治工作主动权，统一思想、凝聚共识、提振信心、激发合力，教育引导广大干部职工把思想和行动统一到党中央决策部署上来。

1. 基层思想政治工作要紧贴交通强国战略“契合点”。铁路是国民经济大动脉、重大民生工程和综合交通运输体系的骨干，新时代中国铁路的发展，饱含着以习近平同志为核心的党中央的亲切关怀。党的二十大作出了建设交通强国的战略部署，党的二十届三中全会作出了推进铁路体制改革的重大决策，这既为做好新形势下加强企业党建工作指明了方向，也为铁路加强和改进基层思想政治工作提出了新的更高要求。建成“人民满意、保障有力、世界前列”的交通强国，实现“人享其行、物畅其流”宏伟蓝图，需要各级党组织发挥现场思想政治工作优势，增强企业发展内生动力、运输活力，保证党和国家方针政策、重大部署得到坚决贯彻落实，确保铁路高质量发展的正确方向。

2. 基层思想政治工作要聚焦安全稳定目标“切入点”。 铁路安全是国家总体安全、公共安全的重要领域，事关人民群众生命财产安全，事关党和国家工作大局，事关社会大局稳定。铁路最根本、最关键、最重要的就是确保安全稳定，需要国铁企业各级党组织紧扣安全发展新理念新策略新方法，在“夯基础、重基本、强基层”中，推动现场思想政治工作与运输安全任务深度融合，从而找准服务运输安全的切入点，确保运输安全持续稳定，亟待各级党组织发挥现场思想政治工作优势，破解影响安全发展的难题，也迫切需要现场跟进安全思想教育引导作用，在聚焦聚力铁路高质量发展任务上同向发力、提升能力、增强活力、形成合力。

3. 基层思想政治工作要服务职工现实所需“着力点”。国铁集团党组鲜明提出，各级领导班子和领导干部要牢固树立群众观点，深入落实党的依靠方针，坚持职工利益无小事，用心用情用力解决好职工群众急难愁盼问题，筑牢团结奋斗的思想根基，增强命运与共的行动自觉。近年来，铁路职工队伍结构、年龄比例都发生了新的变化，高学历的青年职工比例大幅增加，35岁以下青年职工已占40%左右，“90后”甚至是“00后”群体对自身发展、收入分配、现实需求和健康保障等更加关注，职工思想多样性、多变性和差异性日益显现。这为加强和改进现场思想政治工作既带来了新机遇，又产生了新挑战。现场思想政治工作的着力点逐步向高度关注职工诉求转变，成为铁路各级党组织必须重视解决的重要课题，从而切实把职工利益维护好、发展好。

二、加强和改进基层思想政治工作的思路举措

党建引领业务，业务承载党建。2024年铁路基层思想政治工作推进会指出，准确把握做好铁路基层思想政治工作的时与势，努力为进一步深化国铁企业改革、推动铁路高质量发展作出更大贡献。集团公司紧紧围绕党建引领，加强和改进现场面对面思想政治工作，畅通服务基层的“最后一公里”，用务实作风、扎实举措教育引导广大干部职工强信心、聚民心、暖人心、筑同心，在推进铁路高质量发展中发挥重要作用。

1. 紧抓理论武装传递“同期声”。把学习贯彻习近平新时代中国特色社会主义思想作为首要政治任务，推动党的创新理论“飞入寻常百姓家”。做好理论辅导，结合干部职工关注的党的二十届三中全会理论热点话题，举办“太铁大讲堂”，邀请专家授课，开展专题阐释，组织专项辅导；发挥百名理论骨干、千名政治学习积极分子作用，建强“泰轩理”理论小组、理论骨干宣讲团、一线职工讲师团，用好面对面和屏对屏，举办理论宣讲，推出理论微课和评论文章，最重要的是要把党的创新理论全方位展现在“眼前”，配送到“指尖”、传播到“耳边”。以巡听督学为牵动，成立工作小组，对所有单位和专题研讨开展全覆盖督学评学，特别是针对新成立的单位党委，主动对接教方法、建制度、抓推进，帮助迅速走上正轨。分组下沉基层一线，开展座谈走访，调研掌握班组思想政治工作现状，并以支部联建的方式统筹建好班组政治学习联系点，分片区创建学习教育辅导站，推动党的创新理论普及走深走实。搭建交流平台，建立党委中心组学习管理系统，实施日常提示、月度交流、季度通报，推进质量评价，在《太原铁道报》、中心组学习

管理系统开设专栏专版，刊发交流理论体会文章。每季度梳理习近平总书记最新重要论述、形势任务教育等重点内容，下发学习提示，更新政治理论应知应会，指导各单位组织开展测试，检验学习效果，深化干部职工对党的创新理论的政治认同、思想认同、情感认同。

2. 紧扣中心工作注入“正能量”。围绕“改革创新展作为、提质增效立新功”主题，结合安全、经营、党建等重点任务，面向干部职工持续开展宣传宣讲，激励爱岗敬业、担当奉献。开展形势宣讲，以“部门负责人讲政策”“基层站段长讲落实”“先进典型讲奉献”“一线职工讲实践”为载体，划分四个层面，开展线上示范讲，推出“党建引领”“安全强基”“重载示范”等系列访谈，深入解读全路全局工作总体要求、目标任务及各项惠民举措，凝聚干部职工思想共识，持续增强推动高质量发展的责任感、使命感。跟进典型宣传，用好报、台、网、屏，开设《每周之星》，推出“安全功臣”“集中修尖兵”“安全生产立功榜”，宣传防止事故的人和事。坚持组织认可、群众认可、专业认可的原则，组建工作专班，自下而上、逐级推荐评选年度“太铁榜样”个人（集体），在《太原铁道报》、“太原铁道”微信公众号头条同步推出事迹报道，引导激发干部职工干事创业热情。做好全媒引导，紧扣电煤保供、安全生产等中心工作，用好“互联网+”“太铁月讲·悦读”形势任务教育读本，组织各单位开展大宣讲、大学习、大讨论，营造浓厚攻坚氛围。

3. 紧贴职工诉求畅通“连心桥”。提升现场思想政治工作的针对性，瞄准急难愁盼问题，拓展服务功能，推动问题闭环管理，为职工队伍稳定注入动力、凝聚合力、激发活力、增添效力。畅通信息渠道，构建布点科学、覆盖广泛、触角灵敏的信息渠道，点对点与职工思想动态信息直报点对接，“键对键”与思想动态信息直报员沟通，及时获取鲜活接地气的第一手资料，形成上下贯通、左右联动的职工思想动态收集渠道，把党委关注点、现场聚焦点、职工关切点分类建档立卡，收集整理职工意见诉求和关心关注的问题，加强和改进现场思想政治工作。把准职工脉搏，坚持运用好“确定主题、列出提纲、对接现场、实地走访、形成报告”的调研流程，组织开展职工思想动态专题调研。针对现场存在的普遍性、倾向性、苗头性问题，深入车间班组走访座谈、跟班写实，倾听职工所思所想所盼，分析思想主流、捋清关注项点、提出对策建议，为集团公司党委了解情况、指导工作、科学决策提供有价值的依据。推动问题解决，区分共性与个性问题、思想与实际问题，及时对接相关部门和单位，分类逐配抓好推进解决。对需要集团公司研究解决的突出问题，逐项分劈到责任部门，纳入集团公司党委专项督办，推动关系职工切身利益的问题得到快速解决。

三、运用面对面思想政治工作方法的实践探索

近年来，集团公司党委针对推进重点工作部署落实、跟进关键时段职工思想等方面的新要求新变化，紧紧围绕生产现场、生活现实，确定现场面对面思想政治工作的责任主体、基本原则、内容要求，不断加强和改进基层思想政治工作，为铁路高质量发展筑牢思想基础。

1. 面对面思想政治工作成为锚定重点工作的“稳定器”。深化面对面现场思想政治工作方法，始终把政治建设摆在首位，坚持加强党的全面领导，确保各项工作任务沿着正确的政治方向前进。一是政治建设精准发力。认真学习贯彻党的二十大和二十届三中全会精神，探索“深学细悟、领题调研、形成思路、出台措施”的成果转化模式，通过举办太铁大讲堂，召开联组专题研讨交流会，开展党委理论学习中心组巡听督学 86 次，两级中心组集中学习 1667 次、专题研讨 419 次，交流学习成果 232 篇，举旗定向强化理论武装，提高政治能力“走新”更“走心”。二是理论武装持续发力。推进党的创新理论普及性教育，在充分调研论证的基础上，进一步规范面对面思想政治工作以“学、讲、谈”形式要求和“树、联、评”保障措施，让党的创新理论“飞入寻常百姓家”。召开班组政治学习推进会，培养 6 支理论骨干队伍，面对面开展巡回宣讲 157 场次，建立 1156 个政治学习联系点，打造 20 个学习示范标杆，典型做法在全路经验交流，宣讲集体受中宣部表彰，

不断营造政治学习浓厚氛围。三是意识形态共同发力。完善意识形态“443”工作机制，开发宣传阵地管理系统，全面推进四个专项检查行动，发现解决各类问题496个，对管内7782个传统宣传阵地、74个新媒体平台、8000多个互联网工作群组全部纳入统一管理，有效处置20余起突发事件，确保党的宣传舆论阵地意识形态安全。在锚定重点工作部署上，面对面思想政治工作发挥优势，引导干部职工在推动中心工作任务中旗帜鲜明讲政治，不断增强政治判断力、政治领悟力、政治执行力。

2. 面对面思想政治工作成为体现凝心聚力的“风向标”。突出做好面对面现场思想政治工作，激发职工使命感、凝聚职工归属感、增强职工责任感、提升职工成就感，探寻职工思想教育最大公约数。一是围绕宣讲主题跟进思想教育。固化“部门负责人讲政策、站段长（党委书记）讲落实、先进典型讲奉献、一线职工讲实践”等“四讲”面对面系列访谈；结合保通保畅、施工会战等重点工作，分层分众开展面对面集中宣讲，推出政策解读、事迹报告、一线讲述67期，“强局工程”访谈23期，“泰轩理”评论39期；编纂《大秦铁路精神》，发布《山西铁路革命史话》《国家至上》，打造“蔡家崖号”红色文化列车服务品牌，持续加强思想引导作用。二是围绕媒体融合跟进思想教育。以一流融媒体中心建设为牵引，打造全媒头条，做强平台矩阵，聚焦党的二十大，以重载新气象、客运新服务、保供新成效、建设新动态、物流新发展等报道为重点，十大央媒报道连续突破千篇，展示了国铁企业的使命担当、太铁职工的坚守奉献。三是围绕典型选树跟进思想教育。常态化开展“每周之星”选树宣传活动，全媒宣传增量尖兵、防洪干将等293名，30名季度“太铁榜样”精彩亮相，“新时代·铁路榜样”丁巧仁、于永生等先进群英闪耀，不断开创典型引路、星耀太铁新局面，为集团公司高质量发展凝聚起强大的精神动力。

3. 面对面思想政治工作成为衡量民生幸福的“晴雨表”。突出做好“一人一事”的现场思想政治工作，完善机制办法、压实一岗双责，持续推广典型经验做法，有效解决职工思想问题和实际困难。一是压实责任统筹推进。深入贯彻《关于新时代加强和改进思想政治工作的意见》，建立健全“集团公司党委—基层单位党委—基层车间（班组）党支部”党组织思想政治工作责任体系，细化责任清单（规范）。设立 100 个思想动态信息直报点，及时收集掌握职工急难愁盼问题，为“知难事、解难题”筑牢基础。面向车间班组推广交流 50 个基层思想政治工作典型案例，选树表彰 35 个基层思想政治工作示范点。二是针对重点一体推进。针对职工普遍反映的政策解读不及时等问题，利用全媒体矩阵，线上线下开展“医疗保障政策”“公积金提取条件”等面对面宣讲 75 场次；联合劳卫部、社保部等 6 个部门，在“月讲·悦读”形势任务教育读本中增设“政策直通车”栏目，专题解读、回应关切。三是精准分析重点推进。加强“一人一事”思想工作，围绕布局调整、安全运输等关键时期和职工诉求期盼，采取现场调研、问卷调查、数据分析等方式，集团公司层面组建宣传工作专班，13 次专题调研分析职工思想动态，针对性下发 5 期职工思想动态预警提示书针对性开展“热点问题面对面”，开展线上问卷调查，开展谈心谈话 3570 人次，协调解决职工反映问题 235 个，推动职工思想问题和实际困难的闭环管理，确保职工队伍稳定。

四、开展面对面思想政治工作存在的难点问题

近年来，集团公司在运用面对面现场思想政治工作方面取得积极成效，但从日常调研情况来看还存在不少的制约因素。

1. 现场思想政治工作主动性不足。根据现场调研数据分析，89.7% 的职工认为当前亟待提高的是现场思想政治工作的主动性，以充分调动思想政治工作者的工作积极性。部分职工认为，管理人员在加强和改进基层思想政治工作中仍存在“想干不会干”和“说起来重要、干起来次要”的现象，主动发现职工思想问题、主动解决职工困难的意识有待加强。

2. 现场思想政治工作针对性不强。一些基层车间班组在开展现场思想政治工作中，对职工急难愁盼的问题了解得不够及时精准，开展谈心谈话的方法不够灵活，有的甚至在触及职工利益的问题上，由于对政策掌握理解不

足而避开职工关切的话题。在现场调研中，37.35% 的职工反映，基层管理人员在组织政治学习的形式方法枯燥；21.79% 的职工认为，形势任务教育与岗位作业结合不紧；20.15% 的职工认为，当前管理人员注重抓安全管理的能力，而不注重提高现场开展思想政治工作水平和能力，提高解决问题的针对性亟待加强。

3. 现场思想政治工作规范性不细。经现场调研数据分析，33.2% 的管理人员认为，在现场思想政治工作落实“一岗双责”如何规范操作缺少细化的措施办法。31.7% 的管理人员认为，围绕“政治学习、思想教育、人文关怀、组织保障”等方面，在现场思想政治工作的需求掌握、组织研究、责任落实、分层推进、考核评价等环节需进一步规范流程。

五、推动面对面思想政治工作的建议对策

针对当前存在问题，按照加强和改进基层思想政治工作的要求，对运用面对面现场思想政治工作提出以下意见建议。

1. 围绕现场所需，细化现场思想政治工作机制办法。深化面对面现场思想政治工作，突出针对性、时效性和普遍性，必须加强顶层设计，规范制度建设，确保扎实有效推进。一是提高政治站位。要认真学习习近平总书记关于思想政治工作重要论述，通过两级党委中心组、“三会一课”等方式，开展交流讨论活动，进一步提高政治站位，结合“紧贴现场所需、紧抓现场关切、紧扣现场实际”的思路，切实增强现场思想政治工作的政治自觉、思想自觉和行动自觉。二是优化现场资源。结合线上线下两个方面，推行现场工作区域划片、现场工作时段划线、现场工作统筹成面的现场思想政治工作网格划分设置，以独立作业的工区、班组为基本单元的网格主体，建立一纵到底构建“党委—党支部—党员现场思想政治工作网格”三级组织体系，现场思想政治工作通过面对面实现“零距离”。三是规范工作机制。结合现场所需、现实需求，探索现场“讲道理、办实事”工作机制，广泛吸收相关部门和基层单位参与，在基层党组织建立完善“3+3+N”的现场思想政治工作

体系，在基层车间选取工作能力突出、责任心强，以及善于沟通的党员干部、工班长和优秀骨干党员作为现场思想政治工作三大主体的网格员，主动了解职工思想状况，主动掌握职工工作、生活情况，主动解决职工困难难点；明确现场思想政治工作网格员的三大评价标准，做到“定责、定时、定绩”，推进“正向引导、动态跟踪、积极解决”的现场思想政治工作原则；在现场思想政治工作中，进一步发挥沟通凝聚、传导带动、建言献策等“N”的作用。

2. 围绕队伍建设，建强现场思想政治工作人才梯队。有效提升现场管理人员的思想政治工作素质能力，要从加强自身修养、培养锻炼、选拔任用等方面加强队伍建设。一是加强自身修养。要本着现场思想政治工作方法“缺什么、补什么”的原则和“学有所获”的目标，把加强基层管理人员思想政治工作方式方法纳入管理干部培训班日程，科学设置、确定内容，注重摸索加强和改进现场思想政治工作的学习方式和方法，教育引导基层管理人员正确分析与把握自己开展思想政治工作的弱点和不足，善于合理安排、有效学习，有针对性地增强现场思想政治工作的素质和能力。二是加快培养锻炼。在有条件的情况下，积极选派优秀现场思想政治工作者到机关、到基层、到关键岗位培养锻炼，促进现场思想政治工作者在实践中拓宽视野、增长才干。围绕人才培养选拔制度办法，在思想政治工作队伍的建立、管理和使用环节上做好衔接、管好用活，真正发挥“人才库”作用，形成充足的各类人才“蓄水池”。三是加大选拔任用。通过现场“询”、实地“看”、季度“验”等现场思想政治工作考核评价制度的建立完善，有效提高现场管理人员“有为才有位”的思想认识，深入落实现场思想政治工作奖优罚劣、排队抓尾等各项激励竞争机制，增强基层管理人员现场思想政治工作的忧患意识和危机意识。围绕现场思想政治工作的要求，把管人、管事、管思想紧密融入现场思想政治工作中，坚持“能者上、平者让、庸者下”用人导向，形成“凭实绩用干部，靠德才坐位子”的用人导向，推进基层管理人员业务工作与思想工作质量的双向提升。

3. 围绕流程规范，提升现场思想政治工作服务水平。有效性是检验现场思想政治工作质量的重要标准，也是开展现场思想政治工作的落脚点。一是现场思想教育突出针对性。运用好“讲、解、控”。即：“讲”，要围绕近期上级工作部署、本车间班组重点工作、职工关注热点问题等，管理人员通过交班会、点名会等时机面对面向职工宣讲形势任务、制度措施。“解”，要针对一线关键岗位、主要工种、青年职工等重点群体，以及在职工发生岗位调整、产生情绪波动、受到考核处分、出现苗头性问题，解疑释惑、稳定思想。“控”，要把思想工作贯穿到一班安全管理的全过程。班前，围绕岗位安全风险重点内容，结合当日作业情况，根据人员、设备、气候等因素，进行安全思想教育。班中，采取党员结对包保、党员责任区控制等方式，提醒提示、联防联控。班后，进行总结讲评，表扬先进、点评问题，闭环管理。二是现场典型引导突出时效性。运用好“选、评、述”。即：“选”，针对现场工作重点、难点、热点问题，选用正反典型案例跟进教育引导。“评”，注重总结一班工作成效，评选出最佳职工、最佳方法、最险环节等典型人、典型事，经验共享、问题共防。“述”，现场涌现出的车间、班组先进典型人和事，通过学习会、交班会、点名会等时机，通过讲述案例、讲述做法、讲述感悟，以“身边事教育引导身边人”，以榜样力量激励人，以敬畏制度约束人。三是现场人文关怀突出主动性。运用好“知、议、帮”。即：“知”，班组党支部、车间党（总）支部通过现场一对一、面对面、点对点等方式，知晓掌握重点职工思想问题与实际问题。“议”，通过党员大会、支部委员会等方式，对职工急难愁盼热点、难点、焦点问题研究解决，对班组、车间解决不了的问题，以思想动态分析逐级汇报反馈，协调解决。“帮”，在职工发生伤病住院、婚丧嫁娶、遇到特殊困难、产生家庭矛盾纠纷等情况时，现场管理人员要第一时间进行家访，第一时间疏通思想，第一时间沟通情感，第一时间帮助职工解决后顾之忧，加强人文关怀的“一人一事”现场思想政治工作。

（执笔人：项荣、荣杰、畅永嘉）

基层党组织发挥思想政治理论课培根铸魂作用调查研究

中国铁路太原局集团有限公司党校

思想政治教育是马克思主义理论教育的基本途径，是实现党和国家各项任务的重要环节。思想政治理论课作为思想政治教育的主阵地，以传播马克思主义理论、弘扬践行社会主义核心价值观、巩固发展共同思想基础为主线。习近平总书记指出：“办好思政课，就是要开展马克思主义理论教育，用新时代中国特色社会主义思想铸魂育人。”思想政治理论教育的关键是解决理想信念问题，筑牢理想信念根基，画好思想“同心圆”。通过思想政治理论课坚定干部职工理想信念，巩固马克思主义在意识形态领域的指导地位，用心浇筑思想价值认同之根。

一、调研目的意义

思想政治理论教育的关键是解决理想信念问题，中国共产党高度重视思想政治工作，坚持用科学的理论武装教育党员群众，作为党的思想理论建设的根本任务。思想政治理论课是思想政治教育的重要方式，是提高干部职工的思想政治素质、道德水平和职业素养的有效手段，更是培育和践行社会主义核心价值观、树立坚定理想信念的根本要求。基层党组织要充分发挥思想政治理论课培根铸魂的作用，培养马克思主义理论的践行者和捍卫者，加强对马克思主义基本原理的学习，增加国家政策、党的理论、国际形势、法律法规等方面的政治理论学习内容，全面打牢思想政治理论基础。思想政治理论课的价值在于培根铸魂，善用身边的鲜活资源，用接地气的语言活化政治理论学习教育，将道理和事实相结合，因地制宜、因时制宜、因材施教，强化马克思主义理论武装，推进党的理论入脑入心。

为进一步了解和掌握太原局集团公司基层党组织政治理论教育现状，特别是思想政治理论课情况，挖掘和分析基层党组织政治理论课的优势和不足，有针对性地加强思想政治理论教育，打造精品思想政治理论课，进而开展了此次基层党组织发挥思想政治理论课培根铸魂作用调查研究，以寻找加强基层党组织思想政治理论课的优化途径，最大限度地利用思想政治理论课优势，更好地发挥基层党组织思想政治理论课培根铸魂作用。

二、调研基本情况

本次调研的调查对象为太原局集团公司基层干部职工，以调查问卷的形式开展调查。调查问卷共分为三个部分：第一部分主要是了解受访群体的基本情况，包括年龄分布、党支部内担任的职务，以及所从事的工作岗位。第二部分侧重于分析当前思想政治理论课的现状和效果。第三部分尝试探索受访干部职工对思想政治理论课的需求和建议。本次问卷调查经过对统计数据的有效性和可信度进行检查，证明能够较为客观地反映思想政治理论课在实际教学过程的表现情况，比较符合基层党支部思想政治理论课学习实际情况。

（一）被调查者基本情况

本次问卷共发放问卷 2021 份，有效问卷 2021 份，问卷有效率 100%。从受访干部职工年龄结构来看，参与调查的干部职工年龄集中在 30 岁至 60 岁，比例占 98.6%（见图 1）。此外，本次参与调查的干部职工以普通干部职工为主，占 80.29%，另一方面，一线生产岗位干部职工占全部受访者 80%。除此之外，党支部委员岗位占 11%，党支部书记占 9%（见图 2）。

由此可见，受访干部职工岗位分布和年龄分别较为均衡，且均有机会参加或组织不同类型的思想政治理论课学习。

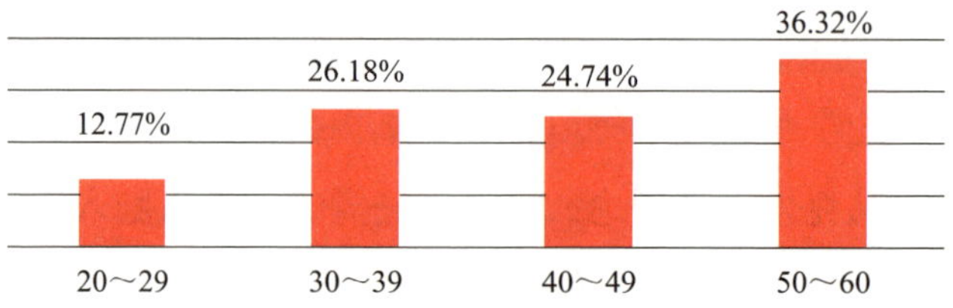

图 1　受访干部职工的年龄

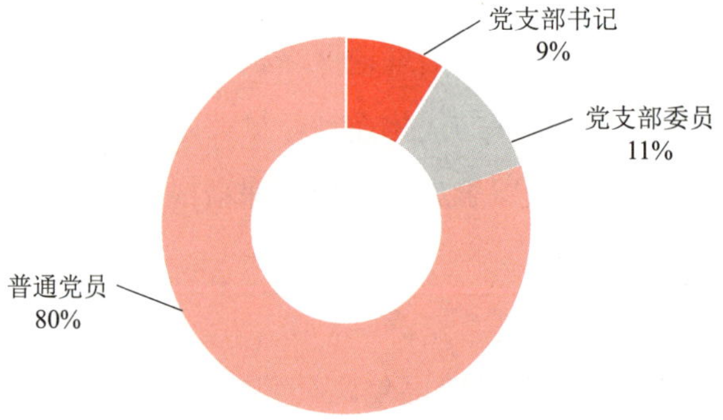

图 2　党支部内担任的职务

（二）思想政治理论课现状

此部分主要了解基层干部职工对思想政治理论课学习的参与度，主要从客观参训情况和主观学习感受两个角度进行分析。

1. 干部职工参与思想政治理论课学习情况。从答题结果来看，有 86% 的受访干部职工表示在一个月内参加过思想政治理论课辅导（见图 3）。在一定程度上可以反映出思想政治理论课在基层单位的覆盖率已经比较高，各基层党支部越来越重视干部职工的政治理论素养拔高，思想政治理论课学习活动在基层党支部已基本实现常态化、全覆盖。但是结合调研数据分析，不排除个别基层党组织存在走过场的情况。

根据调查结果可以发现，目前的思想政治理论课教学组织形式，仍然以传统的文件传达和理论课集体学习为主流形式。一方面，是由理论学习的内容和形式所具备的精炼、高效的特点所决定，理论学习更加适合紧张的工作节奏，在有限的时间里，能鞭辟入里地为职工答疑解惑。另一方面，理论学习相较其他学习方式而言，对硬件设施的要求较低，组织的规模和时间地点也比较灵活。

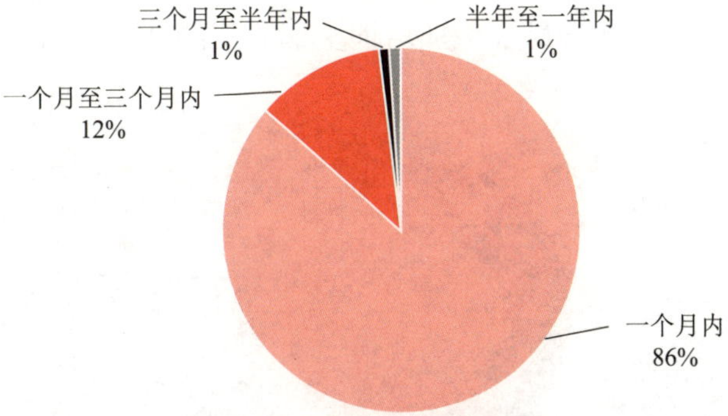

图 3　上一次参加思想政治理论课的时间

在其他较常见的几种学习方式中，听取专题报告或宣讲报告、收听或收看多媒体资料及结合工作实际讲解理论等几种方式，也有三分之二的受访干部职工表示曾经参与（见图 4）。这一类的辅导方式，由于比较贴近工作实际，生动的特点容易引起参加学习干部职工更多的共鸣。另一些比较小众的思想政治理论课组织形式，如社会实践类课堂，尽管学习形式生动多样，但由于组织成本相对较高，实际只能覆盖部分基层干部职工。

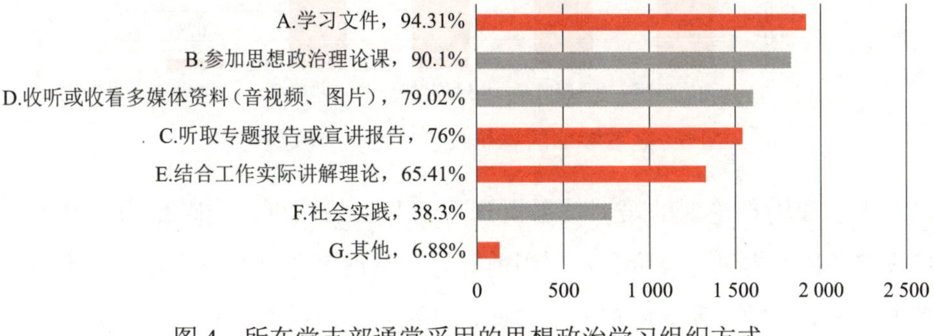

图 4　所在党支部通常采用的思想政治学习组织方式

2. 干部职工主观学习感受。根据问卷调查数据统计归纳得出，参加思想政治理论课培训的干部职工对培训效果普遍比较认可，超过 60% 的干部职工认为学习效果非常好。认为学习“没有效果”的干部职工仅占到全部受访干部职工的千分之四（见图 5）。这种正面反馈是对思想政治理论课教学质量和效果的肯定，说明大部分已经开发成熟的课程其内容构建、教学实施、师资水平等方面较好地满足了参加培训干部职工的期望和需求（见图 6）。

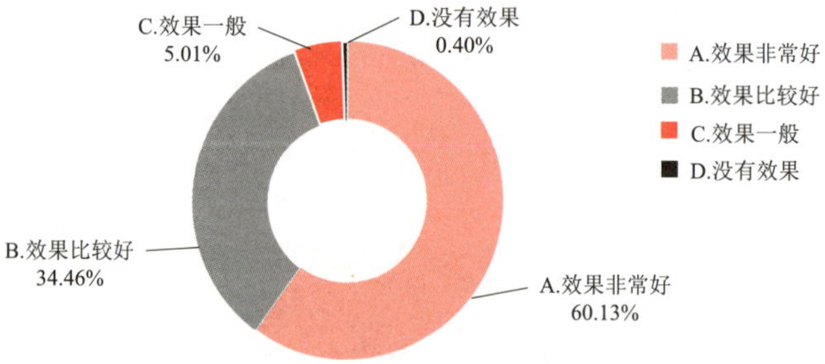

图 5　所在党支部组织思想政治理论课的整体效果

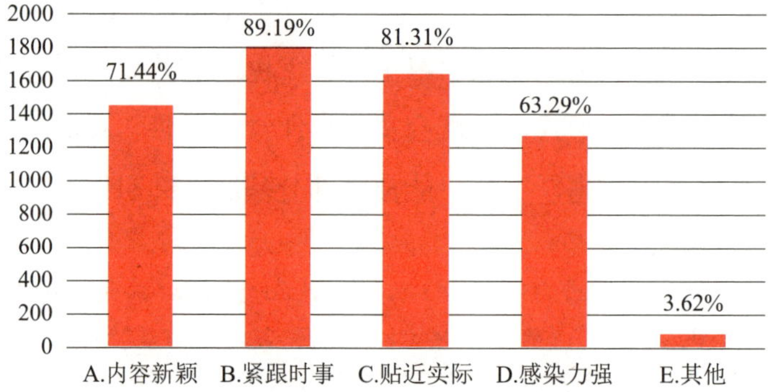

图 6　之前参加的思想政治理论课有哪些亮点

思想政治理论课的培训效果得到干部职工的认可，同时也为未来进一步改进和拓展提供了宝贵参考。当前思想政治理论课仍然面临着一些难题。其中较为突出的主要集中在三个方面，分别是学习内容过多，学习方式方法单一，讲授者照本宣科、没有吸引力。思想政治理论课的教学内容如果不能与干部职工实际工作生活紧密联系，就容易抽象化，难以形成共鸣。如果不积极探索创新教学方法，将难以激发干部职工学习的积极性（见图 7）。

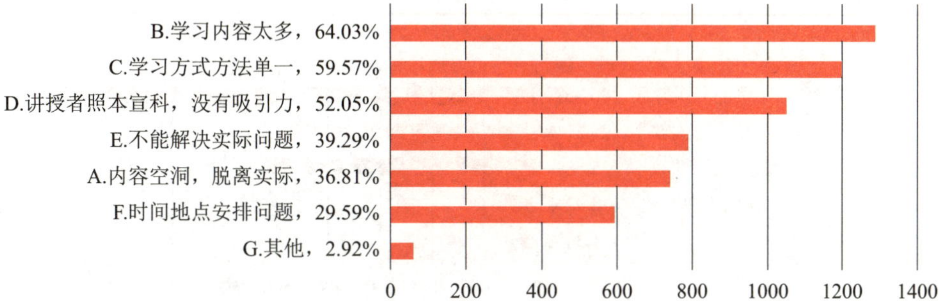

图 7　当前思想政治理论课存在的主要问题

由调查结果推论，思想政治理论课学习的必要性是受访干部职工的共识，但是仍然存在部分干部职工学习主动性不强及干部职工学习效果不明显的现状。

（三）思想政治理论课需求分析

1. 问卷部分是本次调查的重点部分。从总体上分析思想政治理论课的改进方向，有的受访干部职工希望在教学方法得到改进，有的受访干部职工希望在教学设计方面得到改进，有的受访干部职工倾向于接受更富有教学经验的授课讲师地辅导，有的受访者认为思想政治理论课教学内容的设计应该得到进一步改进（见图 8）。传统的理论课堂授课，在内容安排上容易出现枯燥的问题，干部职工听课压力较大。在硬件设施与工作环境许可的前提下，与其他教学方法相结合，相较能更好地发挥思想政治理论课作用。

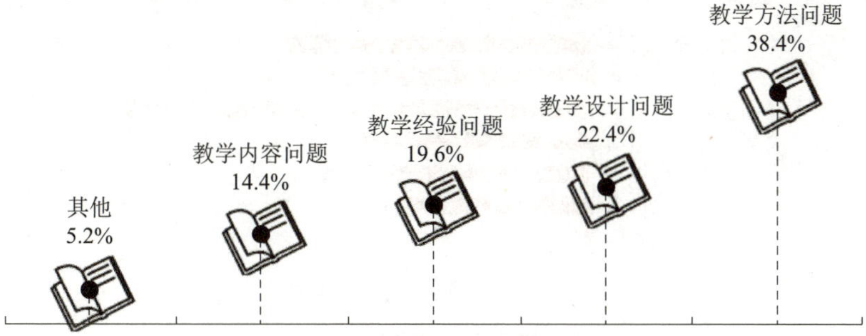

图 8　思想政治理论课需要进一步改进的方向

2. 经过分析数据，可以直观发现，在教学方法的改进方面，受访干部职工比较期待引进更加丰富新颖的教学方法。其中，以故事为案例的分析教学方法，得到相对更多人的青睐（见图 9）。

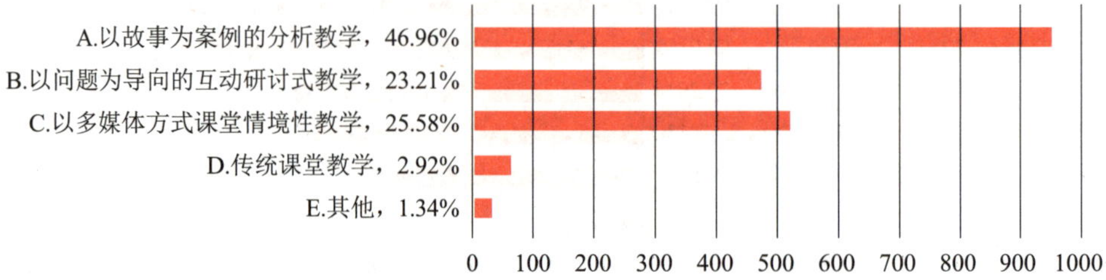

图 9　思想政治理论课教学方法改进方向

3. 在教学组织形式方面，受访干部职工最感兴趣的是红色文化基地实践教学、理论微课及传统课堂理论教学（见图 10）。对特定的思想政治理论课课堂设计环节作进一步分析，出现干部职工比较感兴趣的思想政治理论课授课环节中，案例分析和时政讲解是最受受访干部职工关注的环节（见图 11）。在关于思想政治理论课设计时长的调查中，过半数的受访干部职工倾向于半小时至 1 小时的授课模式，近 30% 的受访干部职工选择半小时以内的微课模式（见图 12）。结合调查结果推断，具有培根铸魂作用的课程政治高度及系统性、与现实情况紧密联系的内容生动性、适合干部职工工作节奏的学习便捷性、授课教师兼具学术素养和敏锐洞察力的专业性，是受访干部职工对思想政治理论课的普遍需求。

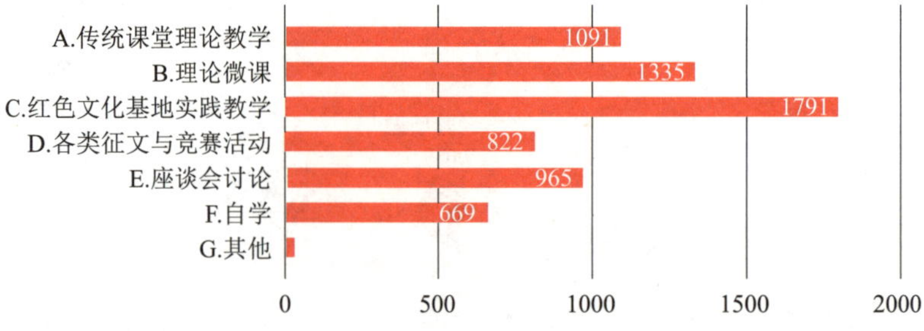

图 10　比较感兴趣的思想政治理论课组织形式

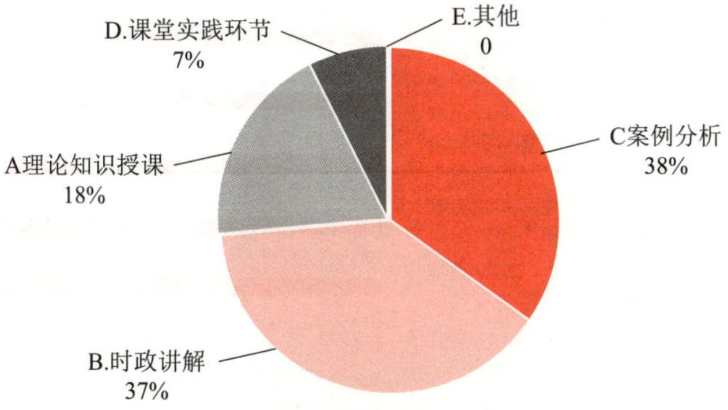

图 11　在思想政治理论课常规课堂上最感兴趣的环节

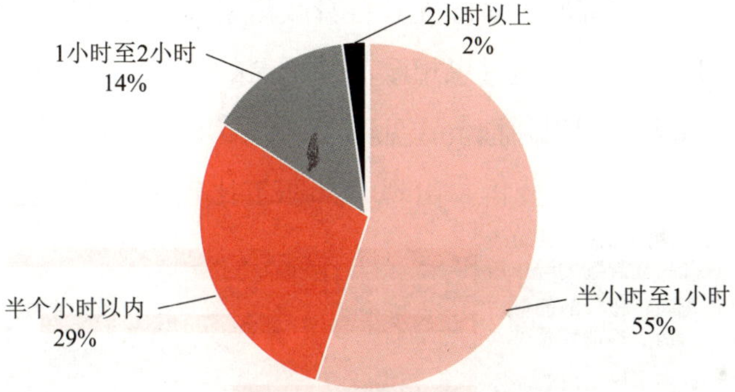

图 12　开展一次思想政治理论课的时长

4. 关于思想政治理论课授课讲师建议方面，由党校老师进行授课是接受程度最高的选项，占到全部受访干部职工的 33.68%。由党政领导、专家学者、先进人物进行授课各占 20% 左右（见图 13）。而从讲授者必备素质分析中，受访干部职工普遍对授课讲师有更全面更严格的评价标准（见图 14）。

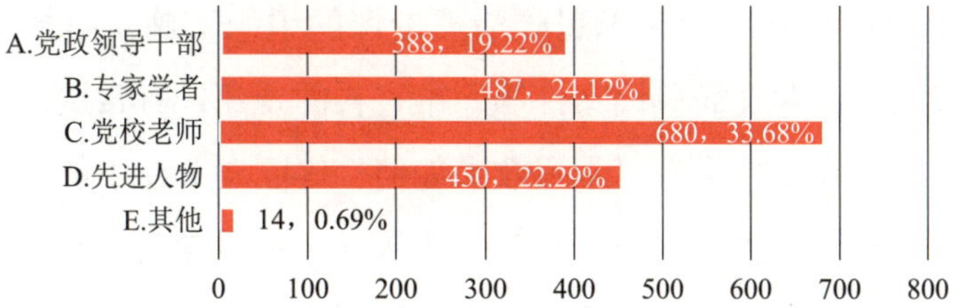

图 13　选择授课讲师

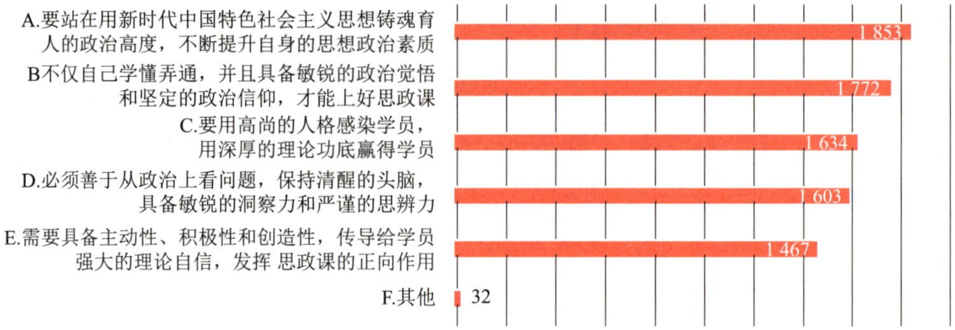

图 14　讲授者的素质

5. 通过调研发现，受访干部职工对参加思想政治理论课学习赋予了很高的期许。反映了干部职工对于提升自身政治素养，深化理论认识，增强实践能力的迫切愿望。希望通过思想政治理论课的学习，强化对国家和民族的责任感，树立远大的理想和抱负（见图 15）。

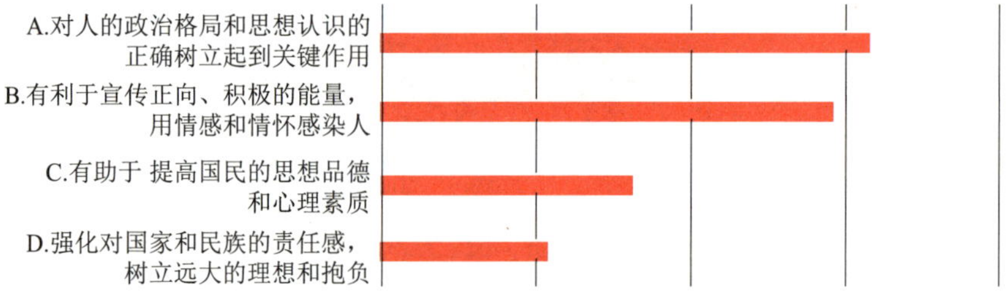

图 15　通过思想政治理论课解决的问题

三、存在问题

（一）对思想政治理论课认识上有偏差，认识程度参差不齐

一是个别基层党组织对思想政治理论课的组织实施走过场，存在一定程度的形式主义，存在简单读文件等照本宣科的现象，日常更多地关注“学没学”，对“学到了什么”“学习效果如何”等问题关注不够，对思想政治理论课检查指导考核也不到位。二是一些领导干部及党支部委员对思想政治理论课重视不足，没有从思想政治理论课发挥立德树人作用的政治高度来思

考，导致对思想政治理论课的准备部署不够充分，没有系统的计划安排，存在临时抱佛脚的情况。三是部分干部职工认为参加思想政治理论课学习只是规定动作，以完成任务为目的，日常学习更多的是坐在会议室里学文件、学理论、学讲话，探讨交流的深度和广度不够，“走出去学、请进来学”比较少。

（二）思想政治理论课内容不够丰富，针对性、实效性不强

一是思想政治理论课教育的针对性不强。思想政治理论课的讲授者在备课之前很少进行课程内容需求调研，导致针对不同群体讲授的思想政治理论课内容雷同，没有进行分众化、分层次地授课，授课效果往往达不到预期。二是有些思想政治理论课内容枯燥。学习内容以上级党组织下发、安排的学习内容为主，照本宣科、空洞说教、内容过多，抓不住重点，找不出关键，缺少紧紧围绕铁路企业中心工作，与工作相关的、对日常工作有指导性、针对性的学习内容。三是对思想政治理论课内容安排上缺乏创新。思想政治理论课的讲授者在课程内容的安排上缺乏新意，比如：很少在课程内容上引入时事热点问题，或者涉及干部职工身边的切身利益等问题，引发广大干部职工参与其中进行交流讨论，从而达到很好的效果。

（三）思想政治理论课教学方法不够多样，缺乏吸引力和感染力

一是思想政治理论课组织形式单一，感染力不强。基层党组织思想政治理论课教育过程多是简单直接地对国家路线、方针、政策进行解读，以及对上级会议、文件精神宣传贯彻，对先进事迹介绍、个人学习汇报等，具有说服力、感染力的形式不多，导致干部职工参与度较低，上思想政治理论课缺乏积极性和主动性。二是网络载体发挥不明显。没有充分借助网络技术和平台扩大学习、宣传效果，没有有效利用先进技术进行党建知识宣传和党建活动开展，没有利用多媒体技术创新工作载体和形式，没有充分利用网络平台开展思想政治理论课学习互动交流。三是现场教学等体验式教学较少。通过问卷调查、电话访谈和座谈交流等形式，调查干部职工喜欢的思想政治理论课形式，对调查结果进行分析，结果显示干部职工更欢迎案例教学、分组讨论，以及现场教学等模式，实际上一线干部职工参加现场

教学的机会较少。

（四）思想政治理论课理论指导实践不够，很难解决实际问题

一是与形势任务结合不紧密。由于开展思想政治理论课教育内容不能与企业运营管理相结合，思想政治教育无法落地，职工接受程度差，不利于思想政治工作服务于企业生产经营的工作理念。二是与一线职工的生产生活贴得不够近。有些思想政治理论课内容空洞、大而全，很少涉及干部职工所见所闻所关切的内容，课程缺乏说服力。三是难以解决实际问题。很多思想政治理论课理论阐释不彻底，或者在涉及基层一线干部职工急难愁盼的事情上避重就轻，没有站在基层一线干部职工立场上分析问题，导致干部职工认为思想政治理论课“空谈”的成分多一些，解决实际问题少一些。

（五）理论骨干队伍建设不足，人员素质须进一步提升

一是人员配备不完善。国有企业中普遍存在重业务、重效益的思想观念，在理论骨干的选拔过程中也没有充分考虑年龄结构、政治素质、管理能力等因素，导致理论骨干队伍配备相对薄弱。二是理论水平不够。基层理论骨干在常学常练上下功夫不够，对经典原著、典型材料、名篇佳作等学习较少，理论功底、政策功底、学识功底和知识储备较差的情况较多，导致对讲好思想政治理论课理论功底不足。三是综合能力不足。部分党支部委员是兼职，日常工作侧重行政管理，对思想政治工作缺乏系统性学习、常态化贯彻，不能够统筹兼顾，存在顾此失彼，针对开展思想政治理论课教育往往缺少思路，不能较好的将所学理论和思考沉淀的知识运用在思想政治理论课教育中。

四、对策措施

（一）提高站位深化认识，提升思想政治理论课教育培根铸魂作用

一是做好思想政治理论课的理论知识基础准备工作，要以习近平新时代中国特色社会主义思想为指导，用党的二十届三中全会精神武装大脑、领导工作，提高群众理论知识认同感、政治观念认同感、思维共识、情感共识。二是精心研究制定年度职工教育培训方案，将思想政治理论课当作各类教育

的必修课，坚持从多层面、多渠道、多维度入手，用好上好思想政治理论课，把党的创新理论真正融入课堂，让职工从党的理论中汲取营养，坚守初心，着力解决部分职工理想信念不牢、理论学习积极性不高的问题。三是进一步拓展思想政治理论课培训教学，通过组织学员游览红色教育培训基地，在现场倾听党史讲述，实地体验革命精神，讲解入党事迹，交换学习心得感受，赓续共产干部职工的革命精神血脉。

（二）加强思想政治理论课的针对性，推动思想政治理论课程创新提效

一是提升思想政治理论课教育的针对性。加强与业务部门和一线岗位的日常沟通交流，向学员了解决策需求和现场矛盾，对不同的授课群体进行分众化、分层次的授课。可以充分发挥支部功能，针对不同支部的不同情况，能更好地贴近职工讲好思想政治理论课，做好理论学习的带头人、形势政策的解惑人。二是丰富思想政治理论课的学习内容，不仅学思想政治，还要引入时事热点问题，或者涉及干部职工身边的切身利益问题，引发广大干部职工参与其中进行交流讨论， 加强政策宣传，指导干部职工更加准确、深入掌握上级部门的相关工作部署。通过这些内容的充实，达到更好的学习效果，将集体智慧和力量汇聚到各项工作上，使学员在学习过程中获得实际成长。三是创新思想政治理论课的学习方式。通过形式多样的学习，将理论学习根植于心，嵌之入魂。“看”，打通主动脉。通过实景式、沉浸式教育，传承红色基因，感悟初心使命。“讲”，把握主基调。以宣讲、演讲等形式，让更多干部职工成为思想政治理论课的讲授主体。“做”，唱响主旋律。积极投入“我为群众办实事”的行动。

（三）拓宽工作思路方法，增加思想政治理论课的吸引力和感染力

一是积极地探讨“互联网 + 思想政治理论课”的方法。充分利用好微信公众号、微信群组矩阵，活动室、宣传栏等载体平台，弘扬主旋律、汇集正能量。依托各党支部微信群组等平台，搭建支部线上线下“指尖课堂”，及时推送线上思想政治理论课，充分调动干部职工利用业务时间、碎片化时间开展学习，拓宽了学习渠道。拍摄理论微课教学视频，让周围的干部职工

讲述周围事，并通过“线上＋线下”的互动党课教学，形成了处处有活动、时时被影响、人人受教育的良性气氛。二是抓好榜样建设。榜样的力量是无穷的。在更严格的意义上来说，以身边的先进典型感化干部职工，比起说理教育更能服人。要主动地深入开展“学进步、树榜样”行动，提倡认真学习周围的人、周围的事，发掘让干部职工人人摸得着、看得出，易于感知的优秀形象和优秀行为，引发广大干部职工的共振，使一个团体爱岗献身、乐意无私奉献、主动前进的气氛愈来愈浓，进而取得“点亮一盏灯，照亮一大片”的美好效应。三是实施“活动熏陶法”。思想教育工作是一件有血有肉的事情，需要采用活动多样化的方式来进行，并充分利用现代科技工具，为思想政治工作教育活动添加更丰富的内容，以实现寓教于乐、寓学于乐、寓理于乐。同时根据新形势要求和社会主义教育的实际需要，经过组织开展一系列的专题实践教育，指导干部职工建立社会主义科学的思想、理念、事业观，经过教育引导干部职工坚定社会主义政治态度，明辨大是大非，模范地遵守社会主义核心价值观，从而成为发展职业道德的表扬者、发展诚实风尚的领导者、社会主义公平正义的保证者。

（四）增强联系实际，在实践中磨砺中练就过硬本领

一是结合实际问题。针对干部职工在工作中遇到除了家庭困难、工作难点、个人发展、身心健康等特性问题，还要充分分析思考干部职工提出的其他问题、困难，要分析问题产生的原因，结合思想政治理论课的内容，有的放矢，更好地指导实际问题。二是坚持创新模式，不断探索企业思政工作的新模式、新路径，用职工喜闻乐见、易于接受的形式上好思想政治理论课。做好企业“大思政”工作，用好企业文化活动，不断加强正能量引领，在创新载体中增强思政工作“渗透力”，提高企业职工“凝聚力”。三是坚持融入发展。思想边界决定事业高度，企业思政建设要与企业发展紧密结合，才能更有生命力，才能达到“活”起来、“用”起来。将思想政治理论课与企业发展实践贯通起来，融入企业经营发展、组织建设、人才培养等多维度，打造志同道合、坚定执行的企业职工队伍，鼓励职工争做思想先锋、挑战行业状元。

（五）建强建优理论骨干队伍，不断提升素质能力

一是优化人员结构。配备配齐人员队伍，在理论骨干的选拔过程中充分考虑年龄结构、政治素质、管理能力等因素，建立一支年龄结构优，政治素质强、能力水平高的理论骨干队伍。二是提升理论水平。进一步提升基层理论骨干理论水平，对经典原著、典型材料、名篇佳作常学常练，提高理论功底、政策功底、学识功底和知识储备。与此同时，还要丰富阅历，在不断地“阅”和“历”中增长见识、了解常识、学习知识。要多深入经营生产一线，在工作中观察学习、强化提升。三是强化作风建设。引导教育理论骨干强化基层一线工作理念，做到“人下心也下，话真情也真”，让广大职工群众喜欢听、愿意看、听得懂、看得进，让主流声音更感人、更动人、更吸引人。严明纪律约束、强化作风建设，建设一支作风过硬的人员队伍。

五、启示

1. 讲好思想政治理论课必须巩固马克思主义在意识形态领域的指导地位。意识形态工作是党的一项极端重要的工作，任何时候、任何情况下都要坚持马克思主义指导地位不动摇，脱离了这一根本要求就会失去灵魂、迷失方向、动摇根基。在推进铁路基层思想政治理论课教育中，必须牢牢掌握意识形态工作的领导权，坚持正确政治方向、舆论导向、价值取向，旗帜鲜明反对历史虚无主义，坚定不移筑牢全体干部职工团结奋斗的思想基础和精神基础。

2. 讲好思想政治理论课必须坚持以人民为中心。基层党支部思想政治理论课教育重点就是职工群众，职工群众的难点在哪，思想政治理论课教育就必须做到哪。必须牢牢把握思想政治理论课教育的人民性，时刻站稳人民立场，践行党的群众路线，把组织群众、宣传群众、教育群众、服务群众作为做好思想政治理论课教育的重中之重，把职工群众认不认可、满不满意作为评判标准，切实解决好基层思想政治工作为了谁、依靠谁这一根本问题。

3. 讲好思想政治理论课必须不断与时俱进。在党的百年奋斗历程中，思想政治工作适应各个不同历史阶段的需要，有效发挥了统一思想、凝聚共识、鼓舞斗志、团结奋斗的重要作用。因此，新时代国铁企业思想政治理论课教育必须加强、不能削弱，并认真总结发扬党在砥砺奋进中形成的思想政治工作优良传统，结合新时代新形势新任务，守正创新，与时俱进，推进理念创新、手段创新、工作创新，使新时代铁路基层党支部思想政治工作始终保持生机活力。

（执笔人：于莹、武淑珺、廉婷婷）

关于把铸牢中华民族共同体意识这一工作主线贯穿国铁企业各项工作的调研报告

中国铁路呼和浩特局集团有限公司党委

一、基本情况

2023年6月，习近平总书记在内蒙古考察时强调："铸牢中华民族共同体意识是新时代党的民族工作的主线，也是民族地区各项工作的主线。"作为驻区国铁企业，认真贯彻落实好习近平总书记关于铸牢中华民族共同体意识的重要论述精神，是民族地区国铁企业肩负的重要职责使命，要求我们自觉站位坚定拥护"两个确立"、坚决做到"两个维护"的政治高度，强化主线意识，把牢主线定位，聚焦主线发力，始终做到想任何问题、作任何决策、干任何工作都要紧紧围绕这条主线来展开，确保所有工作紧紧围绕、毫不偏离这条主线。

2023年12月初，呼和浩特局集团公司组成7个专题调研组，深入35个单位、70余个车间、100余个班组进行调研，采取听取汇报、查阅资料、座谈交流、个别访谈、现场查看等方式，围绕"把铸牢中华民族共同体意识这一工作主线贯穿国铁企业各项工作"的探索和实践进行专题调研，总结成果经验、查找存在问题、提出建议对策。

二、工作成效

近年来，集团公司党委高度重视党的民族工作，始终站在坚定拥护“两个确立”、坚决做到“两个维护”的高度，坚持把铸牢中华民族共同体意识贯穿于铁路安全、运输服务、铁路建设、党的建设等各项工作全过程各方面，时时处处事事聚焦主线，加快推进企业高质量发展，为持续擦亮“模范自治区”金字招牌、勇当服务和支撑中国式现代化的“火车头”贡献铁路力量。

（一）注重思想引领，全面推进中华民族共有精神家园建设，让铸牢中华民族共同体意识“有共识”

一是常态化学习促常学常新。始终把学习贯彻习近平总书记关于加强和改进民族工作的重要思想作为重要政治任务，党员领导人员通过党委理论学习中心组学习和“第一议题”带头学习示范，党员利用“三会一课”持续跟进学习，广大职工采取“一班组一方案”方式抓好日常学习，原原本本学习习近平总书记关于铸牢中华民族共同体意识的重要论述及习近平总书记关于民族工作有关重要讲话和重要指示批示精神、中央民族工作会、全国宣传思想文化工作会、文化传承发展座谈会、中央政治局第九次集体学习时的重要讲话精神等内容，围绕“把铸牢中华民族共同体意识贯穿到集团公司各项工作之中，勇当服务和支撑中国式现代化‘火车头’”等主题开展专题研讨，深刻领会习近平总书记关于铸牢中华民族共同体意识的重大论断，引导干部职工牢固树立休戚与共、荣辱与共、生死与共、命运与共的共同体理念。坚持将铸牢中华民族共同体意识相关内容纳入年度形势任务主题宣讲，2023年，集团公司组织开展三轮集中宣讲530场次、覆盖职工6万余人，围绕主线创作宣传视频，运用全媒体矩阵立体式传播，让广大干部职工受到“润物细无声”的影响。

二是嵌入式宣传促共情共理。深化铸牢中华民族共同体意识教育，突出各民族共有共享的中华文化符号和中华民族形象，各单位坚持阵地联建、教育联抓、活动联办，利用红色资源、铁路史料、警示案例等，建成涵盖党史、路史、段史等内容的党性综合教育基地，定期开展学习教育。临河运营维修段着力培育新时代临哈精神，常态化设立“我的临哈我的情”主题影展，制作《你好临哈》专题片，建成临哈精神主题展馆，生动讲述干部职工坚守大漠、奉献青春、确保安全的奋斗故事。乌海车务段建成乌吉精神教育基地，全方位再现“乌吉精神”的起源、发展和传承，成为新一代红色文化会客厅，截至2024年10月底，已有近3000人观摩学习。充分利用客运车站刷屏机、LED屏和列车广播等载体，循环播放“铸牢中华民族共同体意识”系列宣传标语，以及《齐心协力建包钢》《草原英雄小姐妹》等民族团结进步宣传作品；基层单位通过制作民族团结主题墙、民族团结景观小品、民族团结宣传展架等形式，全景再现各民族职工牢记嘱托、感恩奋进的故事，引导干部职工牢固树立“三个离不开”“四个与共”“五个认同”“五观”“七个作模范”等理念。积极开展形式多样的宣传教育活动，通过开展“民族团结教育”讲座、组织“中华民族一家亲”“我和我的祖国”快闪活动等形式，广泛传播党的民族团结政策，营造浓厚的民族团结氛围。

三是高品质文化促入脑入心。坚持以社会主义核心价值观为引领，根植中华优秀传统文化、革命文化和社会主义先进文化沃土，大力培育具有鲜明时代特征和行业属性的铁路企业文化，不断增强干部职工的文化认同。结合企业发展脉络和价值追求，提炼形成“建设‘八快八新’的现代化呼铁”的企业愿景，“担当、创新、奉献、包容”的企业精神，“勇当服务和支撑中国式现代化的‘火车头’”的企业使命，以及安全、服务、经营、高铁、重载、家园、廉洁、人才等理念，将铸牢中华民族共同体意识嵌入职工行为规范，在潜移默化中引导干部职工增强文化自觉，坚定文化自信。大力推动铁路优秀传统文化创造性转化、创新性发展，深入研究和挖掘京绥铁路红色基因和时代价值，编印出版《京绥铁路革命史话（内蒙古篇）》。大力繁荣文艺创作，围绕建设“八快八新”现代化呼铁、客运提质、货运增量等中心工作，聚焦各民族干部职工团结奋斗的生动实践，创作歌曲《相约现代化》、情景剧《这身衣裳》、舞蹈《绿染北疆》、散文《流沙上的奇迹》、摄影《山城丝路》、美术《杜海宽》、书法《铁路红色基因之福生庄精神》等一批具有中华文化底蕴、汲取各民族文化营养、融合现代文明、富有行业特性的精品文艺作品。坚持每年开展“呼铁乌兰牧骑+”慰问演出、春节前开展“送万福·进万家”等文艺活动，进一步丰富干部职工精神文化生活，让铸牢中华民族共同体意识工作有形有感有效。

四是共同体故事促同心同德。立足各民族职工团结奋斗、携手建设现代化呼铁的生动实践，讲好各族职工感党恩、听党话、跟党走的故事，讲好团结一心攻坚克难、推动高质量发展的故事，讲好各族职工和谐相处、共同进步的故事，推动各族职工人心归聚、精神相依。先后在中央主要传统媒体推出《高原风口上的铲雪人》《奋战一线畅运输》等1200多篇有深度、有温度、有影响的宣传报道，使草原铁路故事广为传播。特别是2023年7月30日，K396次列车因暴雨侵袭紧急停车避险，期间包头客运段赵阳哽咽安抚旅客的情景，被旅客用手机记录下来发到网络平台，“暴雨中列车员哽咽安抚乘客”话题迅速成为热点，获得万千网友点赞，后续推出《照顾好所有旅客，是我的职责》《落坡岭的温暖》等多篇报道，展示了各民族干部职工面对灾害团结一心、坚守岗位的形象，得到社会广泛认可。聚焦各民族职工交往交流交融的生动故事，组织创作推出《大漠冬青》《旅途见“证”》《大桥　师傅　我》等一批有“网感”、有时代气息的新媒体宣传产品，生动形象、直观易懂、通俗有趣，让职工在潜移默化中接受教育。基层单位注重运用身边故事教育身边人，1995年集通线开通运营初期，面对桑根达来线路工区无水无电、荒草丛生的恶劣环境，8名蒙古族和8名汉族职工共建美好家园，结对栽种精心养护“同心树”的故事，在干部职工中口口相传。连续实现安全生产76年的福生庄工区，赓续传承“不走样”精神，成为干部职工践行“把标准养成习惯、让习惯符合标准”安全理念的标杆。

（二）聚焦主线发力，全力推进现代化呼铁建设，让铸牢中华民族共同体意识“有成效”

一是坚持将铸牢中华民族共同体意识贯穿于铁路安全中。坚持把安全工作放在铸牢中华民族共同体意识主线的突出位置，牢固树立“人民至上、生命至上”的发展理念和总体国家安全观、大安全观，加强高铁和客车红线管理，“四位一体”推进站段标准化规范化建设，利用技改、大修资金和安全生产费补强安全基础设施、整治重大事故隐患，坚持严管和厚爱相结合，重奖快奖防止事故隐患职工 500 人次，圆满完成习近平总书记视察内蒙古等一系列重点运输保障任务，顺利实现了安全生产第 12 个安全年，持续夯实铸牢中华民族共同体意识安全之基。各单位干部职工积极投入保安全、保稳定中，有的单位把安全工作感悟编印成《安全谚语警句》《安全经验集》《安全感悟集》，针对性补强安全管理制度，实现对安全生产的有效反哺。有的单位将我国二十四节气知识与线路维修整治相结合，建成“二十四节气话安全”文化长廊，既体现传统文化的独特魅力，又深化安全生产规律性认识。有的单位运用 3D 打印系统制作异型零件在车间使用，实现了异型塑料部件自给自足，大幅降低了零配件投入。有的单位借助北斗卫星和 AI 视频等新技术，合作研发“智慧站场技防管控平台”，投入运用“防溜铁鞋动态监控系统”，现场作业安全得到有效卡控。

二是坚持将铸牢中华民族共同体意识贯穿于铁路运输中。围绕各民族群众多样化出行需求，深入实施客运提质计划和复兴号品牌战略，精准实施“一日一图”，深入推进客运服务基础工作专项整治和车站畅通工程，巩固“厕所革命”成果，组织进京“复兴号”重联、管内“绿巨人”循环运输、夜间“红眼”动车组开行，压缩呼和浩特至北京间运行时间，融入“环京 2 小时交通圈”，为促进各民族广泛交往交流交融提供保障。坚持把满足区域经济发展所需作为企业职责所在，加快现代化铁路物流体系建设，用足临哈、唐包、浩吉等煤运通道能力，全力组织疆煤外运、西煤东运、蒙煤南下。积极跟进自治区农牧、制造业等产业布局调整新政策，全力保障关系国计民生的重点物资运输，加大粮食、化肥、牛奶等重点农产品运输服务保障力度。积极开发“公转铁”“散改集”业务，通过“一口价”降低社会物流成本，与企业、货主间形成了产运销链条。全力服务共建“一带一路”和自治区向北开放，高质量开行中欧班列，2023年二连口岸进出口运量首次突破1700万吨、同比增长28.4%，管内开行始发中欧班列143列、创历史新高。

三是坚持将铸牢中华民族共同体意识贯穿于铁路建设中。坚持从政治上思考谋划服务区域经济社会发展的思路举措，始终聚焦国家赋予内蒙古的“五大任务”和全方位建设模范自治区“两件大事”，认真践行“人民铁路为人民”的宗旨、主动服务地方经济发展大局。持续优化区域铁路规划，大力推进铁路建设，截至2024年10月底，集大原高铁进入联调联试阶段，包银高铁建设、集通铁路电气化改造快速推进，呼和浩特东站北站房和相关配套工程投入使用，助力自治区建成横贯东西、纵连南北、顺通北京、畅联八省、抵边达海、城乡一体的现代化交通网，为促进各民族交往交流交融、推动自治区地区经济社会发展，提供更加安全便捷、经济高效、智能绿色的铁路交通基础保障。

四是坚持将铸牢中华民族共同体意识贯穿于党的建设中。坚持将铸牢中华民族共同体意识贯彻于党的建设各方面全过程，不折不扣贯彻习近平总书记重要指示批示精神和党中央决策部署，大事要事分工落地落实，牢牢把握企业正确发展方向。大力实施新时代基层党组织建设“强基提质”工程，深化党支部标准化规范化建设，基层党组织战斗堡垒作用、党员先锋模范作用充分发挥，贯彻主线成为各级组织和广大干部职工的高度共识和行动自觉。推动“四个特别”干部队伍建设，优化干部年龄结构、知识结构，为铸牢中华民族共同体意识、推动企业高质量发展提供智力支持。严明政治纪律和政治规矩，抓实巡视整改，开展政治监督和政治巡察，整治政商“旋转门”、“逃逸式”辞职、靠路吃路和“微腐败”等问题，一体推进“三不腐”，全面从严治党持续向纵深推进，以严明纪律保障贯彻主线各项工作有序推进。

（三）强化全面保障，着力推进民族工作高质量发展，让铸牢中华民族共同体意识“有品质”

一是突出制度建设。发挥制度管长远、固根本的作用，健全制度保障机制，印发《贯彻落实〈关于全方位建设模范自治区的决定〉重点任务分工实施方案》《关于进一步加强和改进统战工作的通知》等制度办法。健全组织落实机制，构建集团公司党委统一领导、宣传部门牵头负责、各部门通力合作、干部职工共同参与的良好格局。坚持把铸牢中华民族共同体意识主线与构建现代化铁路基础设施体系、现代化铁路运输服务体系、现代化铁路科技创新体系、现代化铁路安全保障体系、现代化铁路经营管理体系、现代化铁路治理体系有机融合，在“六个现代化体系”建设的部署要求、制度规范、推动落实等方面体现主线要求，以主线推动主责主业，使民族工作与各项工作相融共促、与生产生活相融相生、与企业高质量发展相融并进。健全监督检查机制，将贯彻铸牢中华民族共同体意识主线纳入党的建设和意识形态工作责任制，纳入政治机关建设、政治巡察工作和年度党建思想政治工作检查，不断压实责任、强化自觉，切实把中华民族共同体意识铸得更加牢固。

二是突出创建带动。将民族团结进步创建活动作为落实工作主线的有效抓手，作为服务人民群众、展示地方形象、促进经济社会发展的有效载体，坚持面向基层，强化示范引领，广泛动员干部职工开展形式多样的民族团结创建活动。培育典型集群，呼和浩特机务段二连地区车间组建口岸青年绿化队，积极投身地区万亩育林任务，参与各类植树种草 60 次，养护种植 7000 余棵，为筑牢国家向北开放“桥头堡”凝聚民族团结合力。鄂尔多斯车务段有的偏远车站开垦小菜园，经常为周边牧民无偿送去瓜果蔬菜，牧民也将农家肥提供给车站菜园，形成浓厚的民族团结、互助互爱氛围。聚焦让广大旅客出行更美好，组织培育“峻屹爱心服务队”“壹基金”“晓红先锋服务队”等志愿服务品牌，全心全意服务老、幼、病、残、孕、困等各民族特殊旅客，助力旅客安全、有序、温馨出行。在乌审旗、准格尔、达拉特等少数民族旅客较多的车站设置服务站，配备老花镜、轮椅、小药箱等便民服务设施，赢得旅客称赞。截至 2024 年 10 月底，集团公司共创建全国民族团结进步示范单位 3 个、全区民族团结进步示范单位 12 个、铁路族团结进步示范单位 6 个、全区民族团结进步模范 3 人。

三是突出风险防控。强化风险意识，提升涉民族因素突发事件处置能力，完善工作应急预案，定期开展民族领域风险隐患排查，及时发现和妥善处置苗头性倾向性问题。管好用好各类意识形态阵地，定期对图书室进行专项检查，坚决杜绝影响民族团结的出版物通过铁路流通。从严管理各类平台群组，落实 7×24 小时舆情值班值守，做好敏感话题的网络舆情日常监测监看，落实“三审三校”制度，加强新媒体平台涉民族工作内容的审核，充分发挥互联网在铸牢中华民族共同体意识中的正向引导作用。定期开展意识形态工作专项督查，切实化解意识形态工作风险。从严落实意识形态责任制，持续推动意识形态工作落实情况纳入干部考核、纳入执纪问责，确定 9 种追责问责情形，督促各级干部守土有责、守土负责、守土尽责。

四是突出服务职工。发挥思想政治工作效能，精准做好各民族职工思想政治工作，落实职工诉求和思想问题“双闭环”管理机制，优化升级“网络互动交流直通车”平台，做好“一人一事”思想工作，每月专题研究职工急难愁盼诉求，解决答复各民族职工反映问题 330 余个，办成改造沿线站区旱厕和供暖设施、将职工通勤车更换为空调车体、铁路体育场馆免费向职工开放等实事好事。各单位实施“五必谈、五必访”工作机制，前置性化解矛盾纠纷，及时开展教育疏导和政策解释，及时消除影响民族团结的不利因素。关心关爱职工个人成长发展，加大各民族青年职工培养力度，选拔比武尖子到管理和专业技术岗位，职工队伍学先创优蔚然成风。合理尊重民族习俗，集宁车务段、包头客运段开展特色鲜明的文化活动，抽调会讲民族语言的职工担任宣传讲解员，通过开展“民族知识课堂”、共同制作特色食品、文艺表演等文化活动庆祝传统佳节，讲解民族政策、民族文化、民族团结故事等，让干部职工深切感受“民族团结一家亲”。

三、存在问题

1. 工作主线还须进一步突显。开展民族工作的深入性、系统性还不够强，集团公司与站段之间上下联动不够紧密，部门间工作协调配合还有差距，个别单位深化民族团结进步创建工作机制还不够健全，缺乏全局性、系统性思维，片面地把民族工作作为单项工作来抓，把铸牢中华民族共同体意识贯穿安全、服务、运输、建设等中心工作的切入点和发力点没有找准找实，落实工作要求还需持续用力。

2. 工作力量还须进一步加强。集团公司统战民族工作主要由党委宣传部综合科负责，基层单位由宣传部门承担，运输站段宣传工作一般配置 2 人，非运输业单位和合资铁路公司宣传工作一般由 1 人负责，日常宣传工作任务较多，投入统战民族工作的人力和精力还不够。同时，绝大多数基层单位工作人员，未接受过系统的专业培训，统战民族工作理论基础相对薄弱，工作能力、工作经验还不能完全满足新时代民族工作的需要。

3. 工作成效还须进一步提升。个别民族团结进步示范单位带动作用不明显，创建成果未能很好惠及干部职工，也造成部分干部职工参与度不高，创建工作距离大众化还有差距。个别单位在开展文明创建、公民道德建设、时代新人培育等工作中，引导各族干部职工思想观念、精神情趣、生活方式向现代化迈进的措施还不够具体、效果还不够突出。

4. 宣传形式还须进一步丰富。个别单位学习宣传习近平总书记关于加强和改进民族工作的重要思想不够深入，传达学习中央、自治区民族工作会议精神没有做到全覆盖，对铸牢中华民族共同体意识的理论阐释和宣传普及不够深入，宣传国家民族事务法规政策的形式还比较单一，基层干部职工的知晓率、参与率还不够高。

四、建议对策

1. 层层压实责任，形成工作合力。加强党对民族工作的全面领导，压实两级党委主体责任，进一步明确各层级组织工作职责、目标任务，健全工作网络，促进上下联通、齐抓共管。主动自觉把民族工作摆到更加突出的工作位置，把贯彻铸牢中华民族共同体意识主线列入集团公司党委年度工作计划，写入各项规章制度，做到融入日常，抓在经常。将民族工作作为基层党建述职评议、年度民主生活会和组织生活会对照检查的重要内容，纳入年度政治工作、意识形态工作专项督查、标准化规范化建设、精神文明建设等各项考核中，形成覆盖全面、奖惩分明、环环相扣的责任体系，推动工作责任落实层层到位。

2. 培养价值认同，增强行为自觉。结合构建铁路“六个现代化体系”，深化中华民族共同体基础理论和现实问题研究，创作推出职工听得懂、能领会、可落实的优秀理论成果。坚持将铸牢中华民族共同体意识贯穿企业文化建设、职工行为公约、文艺作品创作全过程，大力传播各民族共享的中华文化符号和中华民族形象，引导干部职工牢固树立休戚与共、荣辱与共、生死与共、命运与共的共同体意识。有形有感有效讲好铸牢中华民族共同体故事，深入挖掘干部职工共同奋斗的生动故事，注重用身边故事教育引导职工，进一步振奋广大干部职工团结奋斗的精气神。

3. 创新方法载体，提升工作质效。大力提升民族团结进步创建工作的社会参与度和群众认可度，拓展线上创建空间，利用新媒体新技术打造线上创建品牌活动，努力让互联网成为铸牢中华民族共同体意识的重要渠道。创新民族工作宣传方式、手段、内容，推出一批职工喜闻乐见的漫画、微电影、微视频等反映民族工作的新媒体产品。充分运用突出各民族共享的中华文化符号和中华民族形象，融入基础设施建设、文化阵地、景观陈列等方面。探索民族团结示范创建退出机制，加强动态管理，确保示范始终立得稳、叫得响。

4. 加强队伍建设，提升履职能力。将习近平总书记关于铸牢中华民族共同体意识的重要论述列入党员干部学习计划和教育培训计划，两级党委理论学习中心组每年至少安排1次集体学习研讨，基层党组织每年至少组织1次专题学习交流。按照维护党的集中统一领导态度特别坚决、明辨大是大非立场特别清醒、铸牢中华民族共同体意识行动特别坚定、热爱各族职工群众感情特别真挚的“四特别”要求，选优配强干部队伍，持续加强政治历练、业务培训和实践锻炼，确保民族工作有效运转，确保党的民族理论和民族政策到基层有人懂，民族工作在基层有人抓。

（执笔人：潘龙、黄文斌、焦永堂）

关于新时代基层站段党委做好机车乘务员队伍思想政治工作的思考与实践

中国铁路郑州局集团有限公司新乡机务段党委

思想政治工作是党的优良传统、鲜明特色和突出政治优势，是一切工作的生命线。当前，思想政治工作进入新时代，面对新形势新任务新要求，郑州局集团公司新乡机务段党委始终将思想政治工作摆在重要位置，深入学习领会习近平总书记关于宣传思想工作的重要论述，认真贯彻落实国铁集团党组、郑州局集团公司党委关于加强和改进新时代基层思想政治工作的部署要求，从严务实开展思想政治工作，特别是紧盯机车乘务员队伍这一重要群体，以创新精神，从思路、机制、内容和方法等方面，积极探索新途径，持续加强和改进基层思想政治工作，为企业高质量发展提供强大精神力量和坚强思想保证。

一、机车乘务员队伍基本情况

新乡机务段坐落于豫北中心城市新乡，始建于1905年，初始为清廷所建卢（卢沟桥）汉（汉口）线的新乡机车厂，1938年更名为新乡机务段，已有百年历史。2021年被列为全路重大运输站段，配属机车710台，下辖新乡、新乡南、月山、长治北、安阳、长子南6个生产区，主要担当新侯线、新兖线、太焦线、京广线、瓦日线等3722公里货运机车交路、918公里客运乘务交路，以及承担全段和谐型机车C1-C3修，SS4型机车、内燃机车小辅修和全局内燃机车中修任务。所担当区段多位于山区，37.4%处于高坡、最大坡道20.1‰，牵引总重一般5000吨以上、最大牵引总重12000吨，是一个集高坡、客车、万吨、重载于一体的站段。

新乡机务段现有职工6008人，其中机车乘务员3346人，占职工总数的55.7%。机车乘务员是铁路行车主要工种，是铁路安全生产和运输经营的主力军，是铁路行业职工队伍的形象代表。近年来，随着安全管理日益精细、作业标准越来越高，对乘务员的思想、学习和工作提出了严格要求。我们通过领导包保谈心、干部现场调研、开展座谈交流、广泛征求意见等方式，与部分乘务职工及家属谈心交流，对新形势下乘务员队伍存在的问题进行了剖析，主要有三个方面：

1. 思想认识不适应。在和乘务员谈心交流过程中发现，他们为铁路快速发展取得的巨大成就感到骄傲，但思想上仍存在诸多的不适应。一是对安全大如天的认识有偏差。一直以来，新乡机务段始终把安全作为首要政治任务，坚持高坡高标、重载重干，面对机车配属多、运营里程广、点线环境险、管控难度大等诸多风险挑战迎难而上，狠抓工作落地落实。但仍有部分乘务员在执行“两标”，在落实安全措施的过程中，不同程度地存在着嫌麻烦、差不多等思想，不能真正把安全大如天的思想根植于心、贯穿到标准化作业的过程中。二是对严格管理存在一定抵触思想。在实施严格管理的过程中，规章制度越来越细、安全措施越来越多、执行标准越来越高，使部分乘务员在思想上认为是小题大做，并一定程度上产生了抵触心理。三是对高标准的要求不能完全适应。特别是长交路轮乘制度的实施、和谐机车投入运用、安全风险管理全面推进后，掌握新技术、满足新要求，迫切需要乘务员规范作业程序、提高工作标准。但是对一些不规范、不标准作业程序，仍然存在职工“干惯了”、干部“看惯了”、惯性违章屡禁不止的现象，甚至个别乘务员存在标准太高是跟自己过不去的思想。

2. 能力素质不适应。机车的更新换代、技术升级，以及行车中应急故障的处理对乘务员的业务技术和综合素质提出了更高的要求。部分乘务员表现出三种心态。一是业务学习应付多。受工作性质的影响，乘务员没有固定的学习时间，基本上都是利用休班的时间参加学习会、实作培训等学习新知识、掌握新技术，被动接受的多、主动学习的少，再加上需要了解掌握的事故教训、业务技术、制度措施等内容很多，导致乘务员学习起来较为费力，甚至出现疲于应付的现象。二是对待考核声音大。为规范标准化作业、使各项安全措施更加有效地落实，对触犯安全生产“高压线”、违反各项规章制度的乘务员必须进行严格考核。但面对安全生产的高要求，部分乘务员存在怕出事、怕考核的心理，加上一些乘务员往往只看到被考核的结果，进而产生违章违纪被抓、被考核是自己倒霉、运气不好，而不是从自己的能力、素质方面找原因。三是面对问题办法少。科学研究表明，夜间十点后人的大脑机能明显下降，所以确保夜间行车安全不仅需要制度上的有效卡控，而且需要乘务员克服生理上的困难保证精力充沛。但部分乘务员因主观能动性不强，认为在一些问题上自己已经尽力，潜能也发挥到极限，不可能再有提高或者改善了。

3. 自我疏导不适应。各行各业都存在工作节奏快、压力大的现象，迫切需要人们提高自我疏导的能力。乘务员面对繁重的运输生产任务，迫切需要提升三种能力。一是对工作快节奏的调节能力。铁路工作 24 小时、365 天不停歇，加上运输生产任务繁重，特别需要乘务员能够连续作战。但是，随着人们生活质量的提高，特别渴望有享受生活的时间。乘务工作十分辛苦，不仅班前需要充分休息保证精力，而且班后也必须加强休息去乏解困，所以乘务员除了跑车就是睡觉的现象十分普遍，部分职工不善于自我调节，使自己感觉到很难适应快节奏的工作。二是对工作与家庭的调适能力。异地车间的乘务员十天半月回不了一次家，就是本地乘务员也常常因跑车在家里的休息时间短，使职工没有过多时间干家务、照顾家庭，甚至即使在父母、妻子、孩子生病的时候，或者家中突然有困难需要帮助的时候，自己在外跑车也不能回家，给家庭和谐、夫妻生活等都带来矛盾，并且影响乘务员心情，这些都对行车安全不利。三是对人际关系的调整能力。部分乘务员因工作压力大、休息时间短，在处理人际关系上表现不佳，每天忙于完成工作学习任务，和同事朋友聚会、交流时间较少，和社会上其他朋友也慢慢地失去共同话题，很多时候感到孤独和无助。特别是近年来，新乡机务段新进乘务员较多，正是谈婚论嫁的年龄，但因谈对象的时间有限，结婚难的问题仍然突出。

二、充分认清思想政治工作重要性

1. 把握正确导向。党的领导是铁路企业高质量发展的根本保证，基层站段党委开展思想政治工作必须以习近平新时代中国特色社会主义思想为指导，着力加强党对思想政治工作的领导，确保正确政治方向；必须紧扣中心任务，围绕安全生产、运输经营、队伍稳定等重点工作，着力强化思想建设，凝聚团结奋进力量；必须坚持以人为本，聚焦增强职工幸福感荣誉感，着力解决职工思想问题和最关心、最直接、最现实的利益问题，做好解疑释惑、困难救助，营造和谐共处的内部环境。

2. 强化思想认识。思想政治工作在企业发展中具有行为导向功能、精神激励功能，对于帮助职工树立崇高爱岗敬业精神、提高职业道德修养、维护整体安定团结、促进健康和谐发展具有重大作用。各级党组织要在理论武装、思想教育、人文关怀等方面下功夫，强认识、抓落实、盯效果，通过加强新时代爱国主义教育，引导职工爱党爱国爱社会主义，坚定不移听党话、跟党走；通过加强形势任务宣讲，引导职工爱路爱局爱段，自觉践行“人民铁路为人民”服务宗旨，不断增强推进企业高质量发展的思想自觉和行动自觉；通过加强新时代职工道德教育，引导职工爱岗位爱劳动，积极践行社会主义核心价值观，争做安全功臣、技术标兵、道德模范等典型，在平凡岗位上做出不平凡的业绩。

3. 聚焦思想重点。进入新时代，思想政治工作面临新特点新课题，主要表现在以下几个方面：一是职工的思想观念和价值取向都发生了很大变化，自主意识、法治意识、维权意识不断增强，网络冲击影响越来越明显。二是当下新老职工交替频繁，“一老一小”成为思想政治工作关注的重点对象。新入路职工因成长环境、学习环境的差异，造成了职工思想和性格的多样化，而将要退休的职工因身体状况、业务能力、家庭负担等因素影响，易引起思想焦虑、情绪波动。三是机务系统行车岗位对职工素质技能、职业道德、身体素质等要求较高，再加上受安全、防汛、环境等各类因素影响，容易造成职工思想压力大的现象。聚焦这三个主要方面，在开展思想政治工作时区分重点对象、重点事件、重点领域，有针对性地从理论上加以教育和引导，从行动上加以帮助和感化。

三、主要做法

（一）多点发力，铺就思想政治工作的基础之路

一是健全运行机制。基层站段党委应结合机务专业的特点，紧跟时代步伐，健全和完善思想政治工作的实施方案、工作规范、责任清单、考核办法、评先表彰等运行机制，强化正向效应牵引，为推动思想政治工作奠定基础。近年来，结合机务工作特点，紧盯机车乘务员岗位，先后制定《加强和改进新时代基层思想政治工作的实施办法》《车间班组科室党组织思想政治工作规范》《退役军人思想政治工作实施方案》《职工思想动态分析报告管理办法》等制度，形成了一整套比较完善的思想政治工作运行机制。

二是树立服务理念。基层站段党委必须把思想政治建设放在首位，树立“以服务为本”的工作理念，坚持为中心工作服务、为职工群众服务，才能使思想政治工作在立场、情感、作风上赢得职工的认可。做好思想政治工作，必须以习近平新时代中国特色社会主义思想为指导，紧紧抓住统一思想、凝聚力量这一中心环节，着力宣传、教育、引领、服务职工；必须紧扣中心任务开展思想政治工作，坚持以人为本、注重实效，全心全意依靠职工群众，解决好职工思想问题和最关心、最直接、最现实的利益问题，从而打开思想

政治工作新局面，全面提升思想政治工作水平。

三是选配精兵强将。思想政治工作很重要，也是一项综合性很强的工作，对政工干部思想文化素质和专精广博的业务素质的要求非常高。近年来，新乡机务段着力选拔政治素质硬、工作经验多、沟通能力强的党员干部、班组长等，配齐基层党支部委员，配强政工干部，为做好基层思想政治工作奠定人才基础。同时，将思想政治工作与现代企业管理体系相结合，从行政管理人员、党员技术骨干、先进典型等群体中选拔兼职政工人员，逐步建立党政工团齐抓共管，以专兼职政工人员为骨干、职工广泛参与的“大政工”格局。

（二）守正创新，探寻思想政治工作的突围之道

一是教育疏导法。基层站段党委要利用“三会一课”、政治学习、主题宣讲、座谈交流等多种形式，加强对职工的宣传教育，以科学的理论武装人，以正确的舆论引导人，进一步统一思想、凝聚人心、鼓舞士气，促进企业健康发展，维护职工身心健康。我们结合机务系统乘务员队伍分布广、岗位责任重、工作压力大的特点，在基层车间建成职工心理疏导室，配置了电脑、按摩椅等硬件，安排具有国家二级心理咨询师资质的党员干部担任心理疏导师，还运用颜色管理法，对每名职工进行心理测评，根据工作环境、人际关系等6项测评内容计分，采用红、蓝、绿三色将职工心理以糟糕、正常、开朗进行归类，为每名职工建立心理健康档案，准确掌握职工思想症结，便于针对性开展心理疏导，受到职工的认可。

二是感情投入法。新乡机务段下辖6个生产区、18个生产车间，显著特点是异地车间多、人员分散、高流动性，尤其是乘务员工作时间不固定、作息时间不固定，长期奔波在外，家中有事不能及时处理等，这些都成为影响队伍稳定的重要因素。我们在运用车间推出“亲情关爱链”思想政治工作法，打好“感情牌”，通过超劳慰问、帮困服务等方式，打造立体关爱网络。比如：针对乘务员无法随时随地兼顾家庭的实际，各运用车间党支部抽调党员骨干和青年志愿者，成立帮困服务队，设置服务电话，随时接受职工及家属求助。

三是活动促进法。基层站段党委要坚持贴近职工、贴近工作、贴近生活，在了解和掌握职工真实需求的基础上，充分利用“三八节”“劳动节”“元宵节”等各种节日时机，运用读书演讲、歌咏比赛、摄影书法展，以及球类竞赛等各类活动，开展思想教育，丰富职工生活，促使职工以更加饱满的精神状态投入安全生产中。在“改革创新展作为、提质增效立新功”等主题宣讲中，我们推出了“新年第一课”“‘五老’助春运”“劳模+新秀”典型人物巡回分享会、主题宣讲比赛等特色活动；开展了“家属职工同努力、携手联动保安全”活动，邀请职工家属参与其中，通过参观职工影视厅、机车驾驶室，模拟驾驶方舱、职工食堂共同就餐等方式，让职工家属感知变化、体验幸福，切实提升对“时代好、企业好、单位好、岗位好”的认可。

四是与时俱进法。随着社会经济发展，人们的思想观念、愿望要求、生活方式、思维方式等，都在发生新的变化，基层思想政治工作必须随着时代的前进而前进，随着客观的变化而变化。基层站段党委只有不断研究新情况、解决新问题、形成新认识、提出新思路，才能始终保持思想政治工作的生机和活力。在形式上，我们紧跟时代发展的步伐，采取职工喜闻乐见的形式，善于运用“互联网+”手段开展思想政治工作；在内容上，做到“老理论讲出新花样、老原则融进新内容”，让职工愿意听、听进去；在思想上，要求各级党组织突破思想束缚，真正放下架子、重心下沉，以心换心，主动与职工坐到一起、说到一处、谈在一块。

（三）把准脉搏，紧盯思想政治工作的关键之处

一是抓住关键人。基层站段党委应及时掌握乘务员队伍中不同时期“思想上的波动人、安全上的关键人、纪律上的松懈人、作业上的马虎人、业务上的生疏人、生活上的困难人”等“六大关键人”的思想状况，因人施策、对症下药。我们总结出了“五清楚、五必谈、五到位”思想政治工作法，利用座谈会、家访、面对面谈心、跟班作业等途径，对职工的思想品德、业务水平、家庭情况、兴趣爱好、健康状况等做到“五清楚”；针对关键人，扎实开展“五必谈”，对产生思想问题、发生违标违纪、受到表彰奖励、职工

间出现矛盾、家庭出现突发变故等情况必谈；采取有力措施进行实际帮扶，力求做到重点包保、教育疏导、问题整改、化解矛盾、困难帮扶“五到位”。

二是育好新青年。机车乘务员队伍中的青工群体是基层站段安全生产中的生力军，也是基层思想政治工作要面对的最重要群体。针对新入路青工，我们组织基层党支部书记第一时间与青工逐一谈心，了解基本情况，掌握兴趣爱好，建立个人档案；发挥基层团组织作用，精心策划迎新茶话会、典型分享会等系列活动，助力青工尽快融入新环境。同时，根据青工的思想状况和性格特点，选拔党员骨干、优秀青年和业务突出的师父，通过“师带徒”的形式，在言传身教中影响和带动青工以积极向上的思想对待工作。

三是解决具体事。我们深入落实“一人一事”思想政治工作，注重解决职工最关心、最关注、最直接、最现实的问题，针对性开展帮扶救困、慰问走访、金秋助学、亲情关爱等活动，从生产生活的方方面面加强对职工的人文关怀。聚焦职工“衣食住行”，常态化、长效化开展“我为群众办实事”实践活动，定期收集职工反映的问题，分层建立实事项目清单，公开公示办理情况，主动接受职工监督，切实把好事办实、把实事办好。近年来，共办理完成“改造商丘北乘务员继乘室”“为全体乘务员配发‘反光缚带’式防护服”“为安阳运用车间濮阳外点配备洗衣机”等实事项目 83 件。

（四）注重实效，创新思想政治工作的方式方法

1. 推行“理论专题”集中学习模式。针对担当任务重、异地车间多、人员流动分散、学习需求不同等特点，以新乡运用车间党总支、新乡检修车间党总支为试点，探索推行了“理论专题”集中学习模式，运用“讲、议、看、答、评”五种学习方式，引导职工更加自觉地把个人思想和行动统一到党中央、国铁集团党组和郑州局集团公司党委的各项工作部署上来。

一是坚持一月一题，专题讲。一方面，将以往的“大水漫灌”转变为“精准滴灌”，每月 28 日前，由车间党总支拟定一个理论专题，做到“两个聚焦”，推行“主讲 + 辅讲”：聚焦上级要求的供给侧，重点突出学习习近平新时代中国特色社会主义思想、习近平总书记对铁路工作作出的重要指示批示精

神和国铁集团党组、郑州局集团公司党委阶段性工作部署要求，以此作为主讲内容；聚焦职工受众需求，广泛征集职工对理论专题学习内容中感兴趣的热点、敏感话题，以此作为辅讲内容。另一方面，以车间党总支下属的班组党支部为单元，由党支部书记和车队长、班组长或政治理论学习积极分子担任专题讲课人，围绕当月专题内容提前备课，将“想说的”和“要听的”有机结合，主动适应职工的语言风格和接受习惯，积极运用职工身边的事例、事实、故事，讲透专题学习内容。

二是设置讨论话题，重点议。围绕当月学习专题内容，设置三个以上讨论话题，每月选定不少于参加学习总人数 8% 的职工，实行积极分子带头讨论发言，选定人员重点讨论发言，其他人员补充讨论发言，剩余人员则自愿发言，并做到全年职工讨论发言全覆盖，进一步巩固学习效果。比如：新乡运用车间党总支第三党支部在 2024 年 10 月集中学习中，结合阶段性重点工作，分别设置“如何立足岗位做好机车消防、如何消除火灾隐患、如何加强消防安全意识”三个话题，有 36 名职工讨论发言，4 名职工自愿发言，讨论会上发言热烈、氛围浓厚、启迪心灵，现场职工受益匪浅。

三是严格落实计划，集中看。根据集团公司党委宣传部安排的职工政治学习计划，以“理论微课 365”“新时代 • 铁路榜样”等上级要求必看视频为主要内容，组织职工集中收看学习，在“看”中感受铁路发展成就、领会上级部署要求、学习先进典型事迹、关心关注热点话题，引导职工坚定理想信念、主动担当作为，激发推动铁路高质量发展的强大动力。

四是运用“互联网 +”，现场答。每月集中学习后，现场组织职工，结合当天学习内容和郑州局集团公司政治理论学习题库，围绕提前设定的题目，手机扫码答题；每季度末月，围绕“铁路职工政治理论应知应会网络答题活动”，组织职工扫码现场答题，并作为季度理论抽考项目，答题成绩纳入星级职工评定，其中成绩 100 分 +2 分，80 分以上 +1 分，60 分以下 –1 分。2024 年三季度，新乡检修车间党总支第一党支部有 158 名职工参与答题，其中 90 分以上占 36%，有 73 人在星级职工评定中给予加分奖励。

五是利用调查问卷，职工评。为准确评判和掌握“理论专题”集中学习成效，我们制定授课计划表，每月轮流授课，授课内容覆盖所有班组党支部，在每次集中学习后，设置“优、中、差”三个格次，组织职工现场对学习情况和讲课质量进行评价，既保证授课人、授课内容、评价标准一致，又减轻了授课人备课压力，提升了党支部书记整体素质。每季度进行汇总，对评“优”数量最多的专题学习讲课内容，作为“优质课”全段推广，并对所属班组党支部在党建对标工作中加分，给予激励、树立导向。

2. 搭建“连心码”服务平台矩阵。2023年以来，我们创新运用“互联网＋思想政治工作”工作法，搭建以“串起连心码、架起连心桥、结成同心圆”为主题的“连心码”服务平台矩阵，拓宽了职工与企业的沟通渠道，解决了职工思想问题和实际诉求。

一是心声传递“零距离”。结合各车间生产特点，分别设计各具特色的“连心码”标识，在公示栏、微信群公布，方便职工扫码反馈生活生产困难、提出合理化建议，灵活选择实名或匿名方式提交，实现职工心声“线上直通”。

二是诉求回应“零拖延”。各车间党（总）支部指定支委负责梳理职工反馈信息，按照安全生产、民生建设、干部作风等类别整理问题清单，明确具体责任人和完成期限，并利用车间政治学习会、党员大会、公示栏等形式，及时公开问题清单及处理进度。建立实名反馈问题回访机制，由党支部书记逐件短信回访，告知问题解决情况，确保职工诉求得到有效回应。

三是问题解决“零积压”。坚持“小事就地解决、难事协调处置、大事上报反馈”原则，车间党（总）支部对职工普通诉求即接即办；对涉及车间管理及基础建设的难点问题，集体研究决策，制定最佳方案；对车间无法解决的问题，及时向段党委及相关科室反馈，由段党委组织召开专题会研究解决措施，明确责任部门、资金来源、完成时限等，用心用情为职工办实事。

四是追本溯源“零反弹”。设立“连心码”专用内网邮箱，收集车间“连心码”问题清单、解决方案和待解决难点问题。针对职工集中反映的问题，深挖根源，从制度、管理等源头入手进行化解。同时，将“连心码”服务工作纳入季度党建工作检查考核，对问题处置不及时、态度敷衍、同类问题重复发生的严肃追责。截至2024年10月底，全段共收到“连心码”服务平台反馈问题746件，均已向职工进行反馈。

3. 实行“集中干、集中休”乘务模式。长子南运用车间担当瓦日线长子南至台前北间370公里的重载列车牵引任务，现有职工648人，其中机车乘务员占90%，异地青工占73%，30岁以下青工占68%，职工平均年龄29岁。担当任务重、安全责任大、异地职工多、青工思想活跃等特点，大大增加了管理难度，也对思想政治工作提出更高要求。2023年以来，新乡机务段率先在全局实行“集中干、集中休”乘务模式（简称“双集中”），进一步深化思想政治工作。

一是坚持先行先试、优化乘务交路。“双集中”乘务模式推行前，长子南运用车间职工队伍呈现三大特点：青年职工多、异地职工多、辞职职工多。请假难、休息难成为困扰该车间的突出难题。在集团公司党委的大力支持下，充分借鉴兄弟局经验，开创本局先河，通过小范围实验、征集职工意见等方式，逐步完善优化乘务交路，最终形成了12趟积分管理制度的“双集中”工作制度，让机车乘务员的休息时间由过去的16至20个小时增长至如今的72至96小时。

二是坚持以人为本、解决住房问题。安居乐业是职工群众的最大追求。车间异地职工主要分布在陕西省、河北省等8省54市，由于新职工多，基本上居住在单身宿舍或外出租房居住，九成以上异地职工没有将家安在安阳市。车间班子主动上手，通过下发调查表、召开座谈会等形式，收集汇总异地职工购房需求，组成职工代表团从基础设施、医疗教育等6个方面挑选7家房地产公司，对经营状况及房屋建设情况实地考察，并围绕户型、价格、配套设施等具体事项，与房地产公司沟通谈判，最终以最佳方案选定远大森林城、泰宏阳光和苑两个楼盘。截至2024年10月底，已有39名职工明确了购房意向、12名职工购房成功，2024年又有37名职工参与车间筹备开展的集体购房活动。

三是坚持主动出击、破解婚恋难题。车间全部为男性青年职工，未婚职工占比61%，婚恋难题逐步成为制约单位和个人发展的绊脚石，对职工队伍稳定带来很大冲击。我们主动联系安阳市企事业单位，连续组织开展“青春有约、才聚西裴”“音随你动、相约七夕”等青年联谊活动，解决青工的婚恋问题。截至2024年10月底，车间有230多人次单身男青工参与活动，29对新人牵手成功；2023年9月还在红旗渠车站为5对新人举办了青年集体婚礼。2024年以来，总结经验创新联谊活动形式，以音乐会、趣味运动会等形式开展“青春有约、缘来有你”音乐交友活动，拉近了青工与其他联谊单位女生的距离，联谊成功率得到明显提升，保持联系人员达到参加活动人员的1/3。

四是坚持对症下药、消除工作隐患。“双集中”乘务模式推行后，车间党总支用心用情做好职工思想工作，利用职工意见箱、季度座谈会等方式，畅通职工意见建议收集渠道；依托“连心码”服务平台，指定专人汇总梳理职工在工作、生活方面遇到的困难、对生产方面提出的合理化建议，实现与职工零距离沟通。每月末利用总支委员会，集中研究制定解决方案，做到职工问题及时解决、思想疑惑及时解释。比如：职工反馈台前北站无继乘房的问题，积极向集团公司和兄弟单位沟通协调，在2024年7月得以解决；长子南公寓被褥质量有瑕疵的问题，积极与兄弟单位对接，共同商讨确定更换舒适被褥，保证了机车乘务员在公寓的休息质量。

四、几点启示

面对新时代大潮和形势发展，铁路思想政治工作必须与时俱进、动态发展、持续完善。尤其是针对机车乘务员这一重要群体，必须坚持“严管厚爱”思想理念，坚持以人为本，在实践中不断改进、提高和完善，在疏导情绪、解决困难、凝聚合力的基础上进一步放大效应，真正把组织的关爱延伸到每一名职工。

1. 必须在融入中心、服务安全生产中积极探索。实践证明，只有在严格管理基础上的关爱才是真爱。面对长交路、轮乘制实施后存在的困难和乘务员队伍出现的问题，段党委不等不靠，深入调研，为更好地融入中心、服务安全生产，创新思想政治工作方式方法，充分发挥党政工团各级组织的服务作用，帮助职工解决思想、工作和生活上的实际困难，稳定了队伍、保证了安全。

2. 必须在关爱职工、解决后顾之忧中大胆创新。每个工种的情况不同，关爱的方法、措施就有所不同。为进一步深化思想政治工作，段党委注重结合各车间实际情况，充分了解不同职工在购房、情感、成长成才等方面的需求，制定个性化的关爱制度措施，不仅在全段营造了浓厚的亲情关爱氛围，而且拉近了干部职工心与心的距离。近年来，面对交路调整、机车换型、货运增量等重要工作，先后探索推行了“理论专题”集中学习模式、“连心码”服务平台矩阵、“集中干、集中休”乘务模式等有效载体，确保了各项改革的顺利推进和乘务员队伍的持续稳定。

3. 必须在助推成才、激发组织活力中放大效应。在加强和改进思想政治工作的实践中，我们发现仅仅停留在帮助职工解决困难、疏导情绪上是不够的，更加需要从满足职工成长成才的精神诉求上放大关爱效应，通过进一步激发党政工团组织的活力，把关爱体现在助推职工成长成才的过程中；要坚持个性化服务的思路，探索建立职工需求档案，详细记录个人信息、需求状况和发展动态，制订个性化培养计划，设计成才路线图，指明成才方向，并加强面对面沟通交流，及时了解职工需求变化，适时调整服务和支持措施。

（执笔人：田小强）

运用“加减乘除”工作法做细夯实国铁企业思想政治工作

中国铁路郑州局集团有限公司郑州高铁基础设施段党委

党的十八大以来，以习近平同志为核心的党中央高度重视思想政治工作，采取了一系列重大举措切实加以推进。作为党领导下的国铁企业，要充分发挥思想政治工作统一思想、凝聚共识、鼓舞斗志、助推发展的重要作用，将以人为本作为思想政治工作的出发点和落脚点。新时代十年，中国高铁发展令全球瞩目。2023年，河南率先在全国建成“米”字形高铁网，郑州成为全国“高铁朋友圈”最广的城市，在为群众出行带来极大便利的同时，也对高铁基础设施的维护和管理提出了更高要求。郑州局集团公司郑州高铁基础设施段地处路网中心，承担着畅通中原、服务全路的重大责任。基层党组织如何发挥思想政治工作优势，更好地化解矛盾冲突、凝聚人心合力，对于确保高铁运输安全、推动企业高质量发展具有至关重要的意义。

一、实施背景

为适应高铁生产力发展要求，优化运输生产力布局，不断提升高铁基础设施运维质量和效率，2019年，集团公司决定将管内高铁线路的工务、电务、供电设备及人员结构统一管理，成立郑州高铁基础设施段。当前，全段现有干部职工 2308 人，其中，35 岁以下青工 956 人，占比 41.4%，专业包含工、电、供三大专业、10 余个小专业。复杂的人员构成、繁重的生产压力、长时间的夜班影响，给做好职工的思想政治工作带来诸多挑战，这也构成了实施相关措施的重要背景。

一方面，新入路职工在身份转变和工作适应上存在困难，一入路就被分到夜班岗位上，他们感到缺乏关心，沟通不畅，并且工作与想象有落差，一时难以适应。另一方面，随着高铁改革步伐的加快及从严管理要求的深化，生产组织改革、安全生产等重重压力，致使部分职工感觉高铁工作压力大，他们感到付出多、回报少。此外，职工对文体活动有诉求，但活动形式和内容有待改进，同时存在时间冲突，沿线和偏远站区职工参加不便。

究其原因，一是工作性质特殊，段管 963 公里高铁里程，点多线长、管理跨度大、人员分散，沟通交流少，问题难以得到及时解决；二是利益需求多样，职工在绩效分配、生产组织、后勤保障等方面存在诸多诉求；三是反映渠道不畅，座谈会频次少、时间短，电话反映不受欢迎。这些问题的存在，迫切需要采取有效措施加以解决，以提升职工的工作满意度和生活质量，确保职工队伍思想稳定和健康发展。

二、主要做法

近年来，郑州高铁基础设施段党委精准把握职工思想脉搏这个关键环节，充分运用“加减乘除”工作法，做细夯实职工思想政治工作，为高铁运营安全提供了强有力的思想保证。

1.“加”强实事办理，提升管理效能。一是从大处着眼。对郑万、郑阜“三线”建设进行升级改造，一线生产生活环境得到了有效改善；对安阳东、鹤壁东、许昌东等沿线工区进行大修改造，在职工宿舍增设卫生间、淋浴等设施，提升职工生活质量。同时依托美丽郑铁建设，完成生活环境综合整治 11 个站区，站区绿化、美化达 2 万多平方米。二是从小处着手。坚持从解决职工关注的身边小事入手。高铁职工夜班多，健康必须有保证，每年通过开展健康知识讲座、“送健康到一线”，并结合季节特点，动态更新“一元餐”，保证餐餐都有水果或牛奶，增设热饭点21个，保证职工下夜班有口热饭吃。高铁异地职工多，为解决职工停车难、充电难问题，在车间、班组重新规划停车位300多个，扩建充电车棚8个，为职工生活尽可能提供便利。三是从细处着力。常态化开展“我为群众办实事”。为加强职工体育锻炼，改造活动室18个，改建室外篮球场、羽毛球场21个，为沿线工区配置跑步机、台球桌等文体设施。针对高铁工区紧邻高铁，白天噪声大，影响夜班职工休息情况，为沿线21个班组职工宿舍更换3层隔音玻璃，确保职工睡得好、休息好，不断提升干部职工从事高铁工作的获得感、幸福感、安全感。

2.“减”少负面舆论，主导思想导向。一是落实“四必访四必谈”。各级管理干部利用下现场跟班作业、交流座谈等契机，及时了解职工生产生活困难和思想困惑。及时掌握职工关注重点、反映的诉求和倾向性思想波动，针对反应集中的问题和重点人、重点事，结合职工思想动态分析工作，通过心理疏导、谈心谈话、座谈慰问等方式排解职工生活压力，引导职工以更好的精神状态投入工作。二是拓宽线上反馈渠道。创建中原高铁“码上办”，开通微信公众号留言功能，职工可以随时随地通过互联网反映工作生产中存在的问题和诉求，由段党群工作科进行收集、汇总、流转、督办，坚持矛盾不上交、不下移，积极正面回应，推动问题解决反馈。截至2024年10月，已解决反馈职工反映集中到的休班休假、床上用品发放等问题90余件。三是持续加强文化建设。以“大美中原、魅力高铁”品牌文化创建为载体，结合车间特点，精心提炼“畅”文化、“匠”文化、“合”文化。每年都开展中原高铁文化一线行文艺慰问活动，通过自编自导的小品、快板、原创歌曲等样式，不断丰富职工精神文化生活，创作出反映企业发展的《奋进之路》《说说中原高铁新气象》等专题片，充分展示干部职工保安全、建家园、勇攻坚的崭新风采，用文化力量，凝聚共识、激发奋进。

3.“乘”势思想教育，引领价值取向。一是广泛开展主题宣讲。结合每年国铁集团、集团公司的宣讲主题，结合段工作实际撰写本土化宣讲报告。开展“点餐式”“问答式”宣讲，组织开展专题调研，将收集到的1800余条意见建议进行梳理汇总，组织专职宣讲团开展巡回宣讲。组织各职能科室结合分管工作录制“科长大讲堂”6期，为职工答疑解惑、加油打气。组织一线骨干通讯员制作反映“四好”的短视频，用职工身边人身边事感染教育职工珍惜岗位、履职尽责。二是用心讲好高铁故事。坚持镜头对准一线，紧紧围绕段中心工作和家园建设，加强宣传策划，开展深度报道。近年来，反映段干部职工斗严寒、战酷暑的新闻作品60余次登上中央电视台、新华社、《人民日报》等国家主流媒体，展示了新时代高铁干部职工爱岗敬业、拼搏奉献的精神风貌。三是大力培育先进典型。通过开展“50佳魅力高铁之星”评选活动，挖掘来自一线职工业务好、思想好、基础好的职工典型。在段微信公众号开设“身边榜样”专栏，对“50佳”“四先”等优秀职工事迹进行集中宣传报道，在全段营造“比学赶超”的浓郁氛围。近年来，先后涌现出党的二十大代表郑小燕、以韩冬申为代表的抗洪“六勇士”等先进典型，引发强烈社会反响，极大提升了干部职工从事高铁工作的职业自豪感和荣誉感。

4.“除”去职工忧虑，激发奋斗志向。一是发挥绩效杠杆作用。把实施全员绩效管理作为激活发展动力的有效途径，明确组织、个人绩效考核评定等级和考核系数，提高考核“精度”，真正将个人收入与工作任务量、工作质效相挂钩，着力解决“三个不一样”，从根本上破除平均主义。同时，积极争取集团公司政策支持，增加职工收入。2023年，段职工平均工资较2022年同比增长5.28%，增幅位居集团公司前列。二是持续优化生产组织。段党委深化生产和劳动组织改革，精准测算各项作业标准时长，以及所需的人员、物资、机具等资源，成立道岔工电联合整治专班，负责重点、疑难道岔病害整治，实现设备的大规模集中修和专业查，推动生产力集约化管理和高效利用。同时，加大科技保安水平，加强工务巡检系统、道岔监测系统及供电2C、6C系统等检查监测手段应用，让数据多“跑腿”，用功能强大的大数据为高铁安全精准护航。三是完善人才队伍培养。坚持“百舸争流、唯德唯贤”用人原则，坚持重实干、看日常，坚持不看文凭看水平，不看资历看能力，努力做到人岗相适、人尽其才，让优秀者优先、能干者能上、有为者有位，大力营造干事创业良好氛围。近五年来，先后公开竞聘管理岗位127个，提职提级102人，11名中层干部走上站段领导岗位，8名干部被遴选到集团公司任职。

三、启示思考

近年来，郑州高铁基础设施段先后有效应对了历史罕见的“7·20”特大暴雨洪灾的艰巨考验、高标准完成了京广高铁时速350公里高标运营、郑州局集团公司“两线一站”开通等重大任务，有效确保了高铁运营安全和队伍稳定，扎实细致的思想政治工作，为助推企业发展注入了强劲动力，也为今后更好地做好思想政治工作提供了许多积极有益的启示。

1. 用“心”摸排动态，提升工作针对性。职工思想政治工作是一项长期性、常态化的工作，必须抓在日常、抓在经常。要针对不同受众、不同场合、不同情形，用职工听得懂、听得进的话语，分众化、差异化开展形势任务教育，增强实际效果。要分层开展职工思想动态分析，班组党支部每月动态了解职工思想动态，掌握班组重点人员；车间党支部（总支）每月分析车间职工思想整体情况，掌握车间重点人员；段党委每季度对职工思想作出整体评估，分析存在问题，制定针对性措施，确保职工思想稳定、队伍稳定。

2. 用“情”感召人心，增强工作有效性。在思想政治工作中，要采取平等交流、相互探讨的方式，带着深厚感情做工作，充分理解职工、尊重职工、信任职工。要以专题调研为抓手，利用好每一次和职工面对面、心贴心交流的机会，深入一线、深入基层，到困难多、职工意见集中、工作局面打不开的地方，将职工最真实的意见建议原汁原味地带回来，用心、用情、用力办好职工反映强烈、急难愁盼的问题，拿出有针对性、可操作性的新思路新办法，在为民办实事中发现真问题、解决真问题、真解决问题。

3. 用“力”办好实事，提高职工满意度。聚焦职工群众急难愁盼，用心、用力、用情解决好职工休息休假、吃住出行等现实问题，暖人心、聚民心，持续增强职工的获得感、幸福感、安全感。做好职工生日、重大节日等普惠性慰问工作，广泛开展送温暖活动，定期摸排走访慰问生活困难职工，用好职工大病医疗补助政策，为职工排忧解难，真正把思想政治工作做到职工心坎上。用好文体活动中心，定期组织开展形式多样、充满趣味的文体活动，丰富职工精神文化生活。加强党员干部与职工群众的联系，畅通职工诉求通道，及时回应职工关切，汇聚起干事创业的强大合力。

下一步，段党委将继续紧密围绕习近平总书记关于思想政治工作的重要指示精神，以打造“六个高铁建设”为引领，不断强化责任担当，持续加大创新力度，通过深化理论武装，突出正面宣传，加强思想教育，注重人文关怀等方式，全力打造团结稳定、积极向上的高铁干部职工队伍，奋力在构建铁路“六个现代化体系”、勇当服务和支撑中国式现代化的“火车头”，在新时代新征程上作出新的更大贡献！

（执笔人：牛新伟、万鹏飞、职明明）

推广“郑北模式”经验　提升思想政治质效

中国铁路郑州局集团有限公司郑州桥工段党委

“郑北模式”，是指郑州局集团公司郑州桥工段郑州北线路一车间在2022年8月以前，存在着职工思想涣散、生产组织无序、队伍士气低迷等情况，经过郑州局集团公司党委介入指导，围绕生产、技术、综合三大管理查找症结、制定机制，不断深化标准化规范化建设，一年里发生了翻天覆地的变化，生产步入正轨、队伍稳定和谐、职工信心提振。2024年4月，段党委配合集团公司党委宣传部通过实地走访、电话问询、座谈交流等方式，深入开展职工思想动态调研，旨在从思想政治工作角度探寻脉络，总结中心工作与思想政治工作结合的规律，提炼可复制、可推广的“郑北模式”有益经验，为推动基层思想政治工作走深走实、打造安全高效和谐美丽郑铁新局面提供思想保证和精神动力。

一、开展职工思想动态分析的重要意义

思想是行动的先导，是激发干部职工勇挑重担、担当作为的动力源泉。职工的思想动态直接反映了基层思想政治工作开展情况和企业文化建设成果，是核心竞争能力的集中体现。

1. 职工思想动态是做好思想政治工作的重要途径。思想政治工作直面一

线生产和生活实际问题，通过思想动态分析及时了解干部职工的思想问题和需求，可针对性地开展干部职工思想稳控和心理疏导工作。它充分体现企业发展要求，通过把握职工思想状况，及时掌握职工思想动态变化及特征，有效发挥思想政治工作统一思想、凝聚共识、鼓舞斗志、团结奋斗的积极作用。

2. 职工思想动态是管理层制定管理措施的有力抓手。加强与基层一线干部职工的沟通交流是做好思想政治工作的重要方法，通过“金点子”征集、民主恳谈会、现场办公会等方式征集职工对企业发展的意见建议，了解职工自我价值实现的需求，为建立科学合理的管理机制、激励机制、用人机制提供重要抓手。

3. 职工思想动态是构建职工与企业命运共同体、凝聚向上力量的迫切要求。通过分析职工思想动态，找到思想状况共性问题，积极引导职工树立正确的思想、行为观念；关心职工工作和生活需求，化解工作矛盾，解决生活所需，实现上下级之间有效沟通、职工之间团结协作的目标。

二、“郑北模式”构建中职工思想动态的问题分析

郑州桥工段郑州北线路一车间，管辖线路 113.65 公里，道岔 281 组，现有干部职工 69 人。自 2017 年开始，6 年内该车间发生行车事故 5 起，更换了 5 名车间主任，近一半的班组长因发生责任事故、触碰安全红线受到企业纪律处分，造成车间干部职工主流思想观念存在悲观情绪，队伍士气长期低迷。对“郑北模式”形成前的职工思想动态进行深入剖析，主要表现为：一是生存需求保障不足。通过调研发现，车间改革前，职工每天重复进行“小补修”“换件修”作业，随着工作难度不断加大，需要投入的时间、精力越来越多，部分职工身心处于疲惫状态，对管理存在抵触心理，普遍缺少归属感和幸福感。二是关系需求维系受阻。通过调研发现，该车间干部职工在生产和生活中有思想困惑时，61.99% 的职工选择了自我心理调节，17.12% 的职工选择找车间党支部支委谈心谈话，14.46% 的职工选择与同事交流沟通，6.43% 的职工选择与亲属倾诉。职工与组织之间、职工相互之间沟通交流较

少，不利于建立和谐融洽的氛围。三是成长需求得不到满足。通过调研发现，在个人价值实现方面，存在干部职工干事创业意愿不强、成长成才方向不够明确、对车间发展信心不足、自我定位不够准确、对车间工作满意度不高等状态，日常工作习惯按部就班工作。

2022年8月，集团公司党委组织主管部门对郑州北线路一车间存在的问题进行了系统分析，进而开展了完善管理制度、优化生产组织、推进标准创建等改革，打造现代化大站场生产组织管理“郑北模式”。2023年，该车间首次实现全年无故障无事故，整体工作面貌焕然一新。

一是职工思想重回正轨。先破后立，职工思想与单位目标实现了同频共振。过去，干部职工对车间面貌改善和个人发展一直存在悲观消极的看法，大家认为到郑北一线路车间工作，相当于受到单位的“发配”。一位线路工说道：“以前听老职工说，这边设备复杂、病害多。我来之前心里很忐忑，觉得很倒霉。”改革后，职工对安全生产和工作标准的认知回归正轨，大局观和责任感普遍增强，认为工作就应该严谨细致，效果就应该让人放心。职工思想的转变带动了行动上的转变。

二是团队信心获得重塑。触底反弹，从最难处着手让职工重新燃起希望。过去，由于粗放式管理，维修工区成了“灭火队”，哪里有问题就去哪里维修，从来没有考虑过长效机制。面对大量的重复作业，职工们对构建安全稳定的局面缺乏信心。维修二工区工长说：“天天维修，但同样的病害层出不穷。工作多，事故也多，大家伙都没有信心。”现在，精细化管理既减少了作业量，又提升了工作效率，一举扫清了从前压抑和委屈的心态，职工对车间发展前景和个人职业生涯有了充足的信心。

三是队伍士气空前高涨。对症下药、公平公开的机制激发了职工的昂扬斗志。过去，“大锅饭”的思维模式让车间的管理步履维艰，职工认为干与不干一个样，“有事没事请假”和“小病大养”成为常态，虽然人多，但工作起来人员力量还是捉襟见肘。车间主任说：“原先车间120人，日常只有一半人上班，工资也拉不开差距。”绩效分配制度改革后，职工收入差距最大能够拉大到 6186 元，困扰车间多年的士气问题迎刃而解，上道率从原来的 43% 提升至 82%，并且连续多月维持在 80% 以上，职工的内生动力正得到逐步释放。

四是精神风貌持续改善。滚石上山，破旧立新携手共建美丽家园。过去，车间生产生活条件不好，职场环境、卫生环境的维护处于无人管理、纯凭自觉的状态。车间副主任说：“以前没有养成良好的卫生习惯，每天工作完脏衣服随手一扔，大家也不觉得有啥。”趁着改革东风，单位对办公楼、宿舍、卫生间进行了提升改造，大幅度改善了生产生活环境。面对新家园，职工发自内心地认为要维护好这来之不易的局面，精神风貌也焕然一新。

三、主要做法

“郑北模式”的成功离不开思想政治工作的有力保障，思想政治工作的有效开展得益于科学分析研判职工的思想动态。为确保职工思想动态与段改革发展形成命运共同体，从五个角度提出解决对策。

1. 抓主线，培育“三实文化”。一是提炼文化理念。坚持问题导向，深入研判车间干部职工队伍在按章管理、按标作业的意识不强，车间班子整体合力发挥不够到位等现状，研究确立以“实”为核心的文化创建思路，提炼以“实学”的理念，解决干部职工对安全认知不高和对安全理论“不求甚解”的问题；以“实干”的理念，解决工作中标准不高、作风不实问题；提出“实管”的理念，解决管理粗放、机制建设不科学问题，形成以“实打实地学、学有目标；实打实地干、干有标准；有实打实地管，管有机制”为主要内涵的“三实”安全文化理念。二是深入宣传阐释。结合主题宣讲细化车间支部宣讲内容，由支部支委组成宣讲队，通过召开宣讲会、座谈会等形式，全面宣讲解读“三实”文化理念，引导干部职工在思想上认可、行动上跟随、工作上践行，筑牢安全生产根基。三是建好平台阵地。充分融合“三实”文化元素，建设安全文化墙、安全格言走廊、明星墙等一批安全文化阵地和安全文化小品，着力培育和打造“三实”文化视觉“样板间”，切实扩大“三实”

文化的影响力和覆盖面。

2. 稳人心，坚持“标准先行”。一是突出标准引领。针对工作标准不清、人员职责不明、队伍人心涣散等问题，坚持系统观念，强化顶层设计，优化流程机制，逐项梳理车间班组生产、技术、综合管理制度，提炼出车间应建基本管理制度13项，班组应建基本管理制度8项，形成“13+8”车间班组基本管理制度体系。更新完善岗位安全生产责任制，按照责任落实清单，对103项具体工作重新分配至每名管理人员，确定量化指标和落实标准，明确分工、压实责任，以雷厉风行的手段迅速稳定局面、安定人心。二是强化对标考核。实行“千元千分”制，即每名职工按1000元的标准与车间、班组标准化规范化建设挂钩，每月由段组织开展车间、班组全覆盖检查，通过月度对标、月度考核，核算车间及所属班组评价得分，按照“1分1元”的标准给予兑现。月度对标评价精准反映车间班组管理中存在的短板弱项，通过高频次、大力度对标评价考核，促进各项管理制度落实落地。三是提升素质能力。高度重视段开设的“领导讲堂”“科长讲堂”“交班讲堂”，组织干部职工收看班子成员、科室负责人解读专业基础管理知识和新工艺工法等，提升专业素质和破解问题的能力，促使干部向知识型、能力型、实干型转变。2024年以来，举办“领导讲堂”“科长讲堂”“交班讲堂”18期，专项培训班1期。

3. 塑信心，实施“四个讲清”。一是丰富宣讲形式。车间党支部与职工面对面宣讲，讲清车间改革举措、讲清工作具体标准，讲清未来发展蓝图、讲清个人收入增长，邀请职工全方位参与发展谋划、制度修订，增强职工“主人翁”意识和参与感，提升团队凝聚力。组织重点报道组，配合拍摄《解码“郑北模式”》，精心编排《你好吗？一年后的我》《我们的美丽家园》等7个讲述“郑北模式”情景剧，通过将宣讲内容注入新视角这一新形式，让宣讲给职工带来视听上的享受，在寓教于乐、潜移默化中深化职工对宣讲内容的认识。二是深化典型引领。针对青年职工这一思想活跃的群体，组织全路技术能手杜小明、“星耀家园榜样人物”黄担雨等为代表的各岗位各层级先进典型，讲述先进典型本人的成长故事和体会感悟，并开展先进典型座谈会，引导职工特别是青年职工分享聆听宣讲感受、畅谈未来工作规划，营造学习先进、争当先进的良好氛围。三是强化互动交流。支部强化讲者和受众双向交流，力求“氛围温馨、交流自然、充分认同”，每次宣讲后，利用车间篮球场等生活地点组织开展“四谈”座谈会，通过不同岗位、不同年龄的职工交流，安排青年新入路大学生分享入路初体验、退休员工分享退休生活，以身边小事、车间改革前后生产生活设施变化、工资收入增长打开话匣子，增强干部职工对“四讲四谈”内容的思想认同和情感认同。

4. 树雄心，强化绩效考核。一方面强化正向激励。车间依据段绩效管理要求，结合车间安全管理、设备管理、综合管理现状，绩效工资考核组多次修订、完善绩效工资挂钩指标、积分规则，树立安全、优质、高效的正确导向，对从事苦脏险累、技术性强的人员、发现安全隐患和防止事故人员等都有激励加分，与车间管理契合的绩效工资分配模式极大提高了职工参与安全、生产、稳定工作的积极性，“干与不干不一样”“干多干少不一样”“干好干坏不一样”形成共识，职工爱企业、爱岗位、爱工作、多付出、多担当的氛围更加浓厚。另一方面加强民主监督。绩效分配制度改革后，郑州北线路一车间职工收入差距明显拉大。为确保积分统计和工资分配公平公正公开，车间采取日积分、日清算、日公示、月发放的方式，利用公示栏和职场大屏，做到“四公示、四保存”，即：考勤表公示、出勤上道及日积分公示、绩效考核结果公示、监督电话公示；考勤表复印件、出勤上道及日积分统计表、考核会议记录、月度绩效考核结果保存，职工可随时查阅自己的日积分、月工资情况，自觉接受职工监督，确保了绩效工资考核分配制度规范执行，让职工干得明白、清楚差距，也有效激发了职工“一职多能、一岗多责”积极性和主动性，充分地体现多劳多得。

5. 暖人心，解决急难愁盼。一是激发内生动力。围绕职工生产生活需求，对食堂、浴室、卫生间、晾衣房、活动室开展提升改造，将车间分为办公区、生活区和活动区，根据三个区域的不同功能丰富职工环境，将职工宿舍、更衣室等划归为生活区，在床头、衣柜张贴职工全家福，用亲人的温馨合照和家人的亲情寄语来鼓舞、警示干部职工奋勇攻坚、保证安全；将篮球场、活动室划归为活动区，张贴“我运动、我健康、我快乐”等标语，引导干部职工树立良好生活习惯；将办公室、走廊等划归为办公区，张贴“从严一毫米、追求零误差”“规规矩矩、一板一眼”等宣传揭挂，通过“软”文化引领筑牢安全屏障。二是注重诉求解决。秉持“不让问题成为矛盾”的原则，利用交班会、点名会等时机，让职工敞开心扉，反映生产生活中遇到的各种各样问题，现场能解决的现场解决，现场解决不了的将其纳入车间“职工反映问题库”中，安排专人进行包保，按时销号。2024年以来，职工共提出13件急难愁盼问题，解决9件，纳入“问题库”4件，持续进行跟踪办理，真正将“三实”文化建到职工心坎上。三是实战锤炼“本领”。结合设备型号复杂，作业内容多样的实际，将该车间作为后备班组长培养基地，实施后备班组长“产、学”一体化培养模式，使该车间成为后备干部的成才基地，极大吸引了青年人才的工作意愿。同时，采用理论“集中培训+现场跟班”实践形式，带动职工学习生产组织、安全管理、站区设备概况等内容，邀请党办、团委及劳人等科室开展心理辅导、职业规划，定期对职工熟练掌握的作业项目、对站场设备的了解情况、自身业务方面的不足进行问卷调查，量身定制进步套餐，首推敢担当、能吃苦、肯奋斗的好青年，让他们从入路时的“能干活”成长到适应“郑北模式”后的“会干活”，切实转变“要你干”为“我要干”。

四、经验启示

1. 要深入学习贯彻习近平新时代中国特色社会主义思想，掌握研究问题和解决问题的“总钥匙”。习近平总书记指出，要“把新时代中国特色社会主义思想的世界观、方法论和贯穿其中的立场观点方法转化为自己的科学思想方法，作为研究问题、解决问题的‘总钥匙’”。习近平新时代中国特色社会主义思想继承和发展了马克思主义真理观，并赋予了新的时代内涵和实践要求，对于我们认识世界、改造世界，推动历史朝着正确方向发展具有重大理论和实践意义。我们要从习近平新时代中国特色社会主义思想中汲取奋发进取的智慧和力量，掌握其中蕴含的工作方法，自觉将习近平新时代中国特色社会主义思想转化为铁路现代化建设、高质量发展的强大力量。

2. 要聚焦“六个现代化体系”目标任务，广泛凝聚干部职工思想共识。一步一个脚印蹚出来的“郑北模式”，是全面落实“六个现代化体系”目标任务的生动体现。郑北一线路车间在改革前后职工思想的鲜明反差、生产组织改革的巨大变化，根本上反映的是发展观念变革。思想领域的转变，带来的不仅仅是个人主观能动性的提高，还有个人与集体间互相促进的良好化学反应。只有对标“六个现代化体系”，健全完善制度机制，将日常工作的方方面面逐项梳理、整章建制、压实责任，打造“事事有标准、事事有人管”的精细化管理格局，才能凝聚起推动铁路治理体系和治理能力现代化建设的强大合力。

3. 要坚持以人民为中心的发展思想，让发展成果惠及广大干部职工。习近平总书记强调：“维护人民根本利益，增进民生福祉，不断实现发展为了人民、发展依靠人民、发展成果由人民共享，让现代化建设成果更多更公平惠及全体人民。”“郑北模式”是中原铁路推动构建企业与职工命运共同体过程中结出的硕果，是贯彻以人民为中心的发展思想的生动案例。实践证明，只有对职工饱含深情，一切工作为了职工，就能从职工身上获得无穷力量。新时代新征程，企业要始终站稳人民立场，自觉把以人民为中心的发展思想贯穿到各项工作之中，维护好广大干部职工的根本利益，推动企业与职工命运共同体建设走深走实。

4. 要大兴调查研究之风，以解决职工实际问题带动解决思想问题。“郑北模式”的成果不是偶然，是来自于深入调查研究，来自秉承实事求是的态度，集团公司党委自上而下坚持问题导向，从多次实地调研中了解职工群众对铁路发展的意见建议，关心职工疾苦，解剖存在问题，并向职工群众问政，从职工群众的创造性实践中获得正确认识。实践证明，坐在办公室碰到的都是问题，深入基层看到的全是办法。只要用好调查研究这个传家宝，多倾听职工群众的真心话，就能提高科学决策和推动落实的水平。

（执笔人：刘宏禹、马驰、白汇远）

“政能力”共建“共同体”为车务段高质量发展聚力赋能

中国铁路郑州局集团有限公司洛阳车务段党委

党的二十届三中全会强调推动国有资本和国有企业做强做优做大，增强核心功能，提升核心竞争力。对于国有企业而言，推动高质量发展的关键在于巩固和增强发展动力，要充分调动广大职工的积极性。企业的发展离不开思想政治工作的有力支持，郑州局集团公司洛阳车务段党委以习近平新时代中国特色社会主义思想为指导，聚焦“政能力”共建“共同体”目标导向，创新思维、守正担当，持续推进精准化思想政治工作，为企业的持续发展提供强大的精神动力和前进力量。

一、“政能力”共建“共同体”的重要意义

加强和改进新时代思想政治工作事关党的前途命运，事关国家长治久安，事关民族凝聚力和向心力，是推进中华民族伟大复兴历史伟业的必然要求。作为企业，坚持发挥“政能力”作用，打造职工与企业命运“共同体”意识作为思想政治工作的重中之重，不断提高思想政治工作能力，着力构建共同推进思想政治工作的大格局。

1.“政能力”共建“共同体”是落实习近平文化思想的核心内容。2023年全国宣传思想文化工作会议，首次提出习近平文化思想。习近平文化思想为做好新时代新征程思想政治工作提供了科学行动指南。思想政治工作战线要深刻领悟“两个确立”的决定性意义，坚决做到“两个维护”，坚持以习近平文化思想为引领，提升“政能力”，千方百计做好人的工作，最大限度调动积极因素，不断提高职工的思想觉悟、道德水平、文明素养，共建“共同体”，努力开创新时代思想政治工作新局面，奋力实现安全、高效、和谐、美丽、清廉、幸福洛车新篇章。

2.“政能力”共建“共同体”是全面从严治党的重要抓手。习近平总书记强调，“政治工作只能加强不能削弱，只能前进不能停滞，只能积极作为不能被动应对”。思想建党和制度治党紧密结合是对党的建设历史经验的深刻总结。只有思想建党和制度治党紧密结合、同频共振、聚焦发力，才能充分发挥思想政治教育的引领作用、评价作用和支撑作用，发挥制度的根本性、稳定性、全局性和长期性作用，使我们党永葆生机活力。“政能力”共建“共同体”，引导职工深刻认识加强和改进新时代思想政治工作的极端重要性，坚决把思想和行动统一到党中央决策部署上来，把加强和改进思想政治工作这项重大政治任务和经常性、基础性工作切实抓紧抓好，为服务党和国家事业全局作出更大贡献。

3.“政能力”共建“共同体”是巩固意识形态建设的重要手段。习近平总书记指出：“意识形态工作是为国家立心、为民族立魂的工作。”进入新时代，世界范围内思想文化相互激荡，我国社会思想观念发生深刻变化，迫切需要有效发挥思想政治工作引领政治方向、凝聚思想共识、汇聚发展力量的重要作用。“政能力”共建“共同体”，大力唱响主旋律、弘扬正能量、振奋精气神，凝心聚力，更好承担起举旗帜、聚民心、育新人、兴文化、展形象的职责使命，不断巩固积极应对世界百年未有之大变局下意识形态领域频繁激烈斗争的共同思想基础。

二、“政能力”共建“共同体”的总体思路和基本原则

（一）总体思路

牢牢把握思想政治工作这条生命线，以“政能力”共建“共同体”为目标导向，提高思想政治工作的科学化规范化制度化水平，建立实施“制度上解疑、思想上解惑、精神上解忧、文化上解渴、心理上解压”的“五解”工作机制，调动职工工作积极性、改善干群关系、消除思想内耗、实现安全稳定，切实把思想政治工作的优势转化为企业的发展优势。

（二）基本原则

一是坚持党的全面领导。国有企业姓“党”，这是国有企业鲜明的政治属性。“政能力”共建“共同体”，在思想上政治上行动上同以习近平同志为核心的党中央保持高度一致，充分发挥党委的领导核心和政治核心作用，基层党组织的战斗堡垒作用，带领职工以高品质思想政治工作推动国有企业高质量发展。

二是坚持服务生产经营不偏离。要正确认识思想政治工作和生产经营不是对立面，更不是事物的两极。“政能力”共建“共同体”，坚持开展思想政治工作服务企业生产经营不偏离，任何时候，把提高企业生产效益、增强企业核心竞争力作为思想政治工作的出发点和落脚点。

三是坚持以人为本。思想政治工作是做人的工作，人是思想政治工作的对象，同时也是主体。“政能力”共建“共同体”的目的就是获得民心，获得职工思想理念上的理解与支持。要积极回应职工新要求新期待，研究和解决职工反映强烈的突出思想问题，满足职工的精神需求，充实内心精神世界，不断增强职工的获得感、幸福感、安全感。

四是坚持以问题为导向。要坚持把化解思想矛盾、破解思想问题作为“政能力”共建“共同体”的关键之举，因人、因事、因时解决职工实际问题，消除不稳定思想因素，确保思想政治工作始终朝着正确的方向前进。

三、“政能力”共建“共同体”的主要策略

洛阳车务段始建于1909年，2005年分局撤销，与原三门峡车务段合二为一；2019年生产力布局调整，原龙门车务段撤销，其中焦柳线10站并入洛阳车务段，融合是该段思想政治工作的首要任务。洛阳车务段管辖45个车站，其中：陇海线关帝庙至太要站间35个中间站，管辖跨度345.2公里；焦柳线龙门南至商酒务站间10个中间站，管辖跨度100.06公里，点多线长是该段思想政治工作的最大难点。洛阳车务段现有干部职工1929名，其中50岁以上717人，30岁以下301人，年龄两极分化严重是该段思想政治工作的主要挑战。

面对首要任务、最大难点、主要挑战，段党委以“政能力”共建“共同体”为目标导向，坚决贯彻落实《关于新时代加强和改进思想政治工作的意见》，把思想政治工作同生产经营管理、企业精神培育、企业文化建设等工作结合起来，建立实施“制度上解疑、思想上解惑、精神上解忧、文化上解渴、心理上解压”的“五解”工作机制，积极创新思想政治工作方式方法，持续提高思想政治工作质量，团结凝聚干部职工不断开拓、锐意进取，为推动车务段高质量发展提供有力保证。

（一）制度上“解疑”，把“软要求”变成“硬约束”

一是建章立制。2019年12月3日，集团公司调整生产力布局，组建了新的洛阳车务段。对两个段的思想政治工作管理办法取长补短、优化补强，制定了《洛阳车务段党委关于加强和改进新时代基层思想政治工作的实施办法》，建立健全了《职工思想动态分析报告管理办法》《职工政治学习办法》等9项思想政治工作制度，细化了职工思想动态分析、政治学习、谈心家访工作，明确了党委思想政治工作任务清单、各级管理人员思想政治责任，量化了政治理论学习积极分子、先进典型选树标准，确定了思想政治工作议事制度、思想政治工作评价办法，切实用制度保证思想政治工作常态化、经常化，真正把“软要求”变成“硬约束”。

二是细化责任。坚持把思想政治工作列入重要议事日程，纳入党建工作责任制和意识形态工作责任制，每年至少召开1次党委会、1次中心组集体学习，重点学习思政工作理论方针政策、重点研究思想政治工作，对职工思想状况作出整体评估和趋势研判，确保思想脉搏把得准、苗头性问题把得住。健全党委统一领导、各科室分工负责、全员协同参与的“大思政”工作机制，压实党委书记和党支部书记“第一责任”、党委委员和党支部委员“一岗双责”，确保思想政治工作与中心工作同研究、同部署、同检查、同考核。

三是严肃考核。发挥党的基层组织优势，针对生产岗位点多、面广、分散等特点，将党员骨干纳入思政工作管理队伍，细化责任清单，织密思政工作网络，实现全覆盖、无死角。科学设定各级管理人员落实思想政治工作考核指标，履职情况纳入党支部标准化规范化检查、意识形态专项督查等重点内容，坚持定量与定性相结合，全面、客观评价思政工作的质量和效果。强化结果运用，表彰奖励和问责通报“双管齐下”，推动把“软指标”变成“硬约束”，全面提升队伍的生产力、战斗力、竞争力、凝聚力。

（二）思想上“解惑”，强化思想政治引领

一是党委示范引领。深化完善年度中心组学习，坚持以习近平新时代中国特色社会主义思想凝心聚魂，持续深入学习贯彻党的二十大精神、习近平文化思想和关于党的建设、青年工作等重要论述，结合洛阳车务段实际学习贯彻习近平总书记到重庆铁路集装箱中心站等考察调研和主持召开新时代推动西部大开发座谈会时、主持召开新时代推动中部地区崛起座谈会时等重要讲话和重要指示批示精神，发挥基层组织作用，理论武装，引导党员干部坚定拥护“两个确立”、坚决做到“两个维护”。

二是创新学习形式。将理论学习教育纳入党支部书记培训、工班长培训和职工脱产培训内容，每年开展微党课、青马微课大赛，对理论学习内容“划重点、勾要点、圈亮点”，让职工听得懂、能理解、会落实。常态化组织开展思想政治知识竞赛，通过编发知识汇编、现场比赛等方式检验主题教育学习成效，有效推动洛阳车务段理论学习深入开展。鼓励职工自学提高，

推广应用“学习强国”平台，组织开展挑战答题知识竞赛，引导广大职工在线交流讨论，增强职工学习的积极性和主动性，确保学习走深、走实、走心。坚持纸质阅读和电子阅读相结合，以“我喜爱的好书”活动为载体，在微信公众号开辟栏目，组织开展线上线下读书，定期择优推送职工读书心得，形成崇尚学习、善于思考的良好风气。

三是抓好车间（班组）集体学习。优化完善 14 个科室、20 个车间和 26 个班组层面的学习方案，形成了“一车间（班组）学习方案”学习模式。采取创新性的体验式教学方式，在政治学习中安排“5 分钟微课”环节，由“被动听”转为“主动讲”，增强职工政治学习的参与度，并引导职工开展互动交流，深化学习理解，提高实践能力。2020 年，义马车站党总支运转班组调车区长任洪伟作为郑州局集团公司唯一入选者，被国铁集团授予“铁路基层政治理论学习积极分子”。2021 年，庙沟车站党支部提炼的《5 分钟微课》入选国铁集团班组政治学习优秀案例。

（三）精神上“解忧”，深入开展文明创建

一是坚持正面宣传教育。形势任务教育常态化，通过领导干部带头讲、宣讲骨干深入讲、典型人物贴近讲等形式多样的分众化宣传教育方式，不断增强思想政治工作影响力引领力感染力。党委理论学习中心组每人每年至少作 1 次宣讲报告，洛阳车务段“青工宣讲队”“文艺宣讲队”积极创作形式新颖多样的短视频、情景剧等反映一线工作生活题材宣教产品，《梦》《美丽洛车》等短视频获得职工广泛好评。越来越多的来自一线的职工从“听讲者”变成“宣讲者”，让思想更好地引发情感和精神共鸣，有效打通思想政治工作的“最后一公里”。

二是发挥先进典型示范引领作用。利用网站、新媒体、展板等载体，持续深入宣传身边的“新时代·铁路榜样”穆沟车站，年度星耀家园李辉、牛宝宝等先进事迹，推崇“做人要知足，做工作要知不足，做事业要不知足”的人生态度，弘扬践行爱国奉献、勤劳善良、宽厚正直的个人品德。形成崇尚先进、学习先进、争当先进的浓厚氛围，激发全段干部职工积极向上、干

事创业的热情和潜力，凝聚起干事创业的强大合力。出台骨干人才队伍建设、人才选拔推荐等制度，激励职工追求上进。

三是营造向上向善精神氛围。扎实推进普速线路沿线中间站区文化文明建设，采取靶向培育示范点、对标全面铺开的模式，培育建成巩义、戎庄、太要等10个特色鲜明、成效显著、示范性强的示范点，以点带面推动职场环境文化不断改善。开展第一届文明车间、文明班组、文明科室评选活动，授予首阳山、龙门南、职教科等10个车间、科室、班组奖牌，助力向上向善向好的文明风尚更加浓厚。常态化开展学雷锋活动，建立学雷锋服务体系，25支“郭冬梅党团员服务小分队”聚焦重点旅客帮扶、铁路文明出行宣传等，不断优化提升服务质量和水平。

（四）文化上“解渴”，丰富职工精神家园

一是引导职工树立正确“三观”。以培育践行社会主义核心价值观引领企业文化建设，总结提炼安全、高效、和谐、美丽、清廉、幸福“六个洛车”企业愿景，引导职工树立正确的“三观”“三德”，形成遵纪守法、诚实守信、勤奋务实、关心集体的精神风貌，提高职工的政治素质和文化素质，坚定理想信念，识大局、顾大体，凝心聚力为洛阳车务段高质量发展提供强大的精神动力。

二是传承弘扬红色传统文化。激活洛阳车务段百年历史的文化因子，聚焦管内郭冬梅烈士纪念馆和观音堂火车站党组织旧址纪念馆文化阵地，辐射辖区内中共洛阳组诞生地纪念馆、巩义市新中镇豫西抗日纪念馆、八路军渑池兵站旧址等文化阵地，在重大节庆纪念日组织各党（总）支部开展形式多样的红色基因宣传教育主题实践活动，让各类场馆成为思政“教室”，让各类史料成为思政“教材”，让典型模范成为思想“教师”，充分发挥红色文化资源和阵地在思想政治教育中的重要作用，滋养激励广大干部职工忠诚担当、实干争先。

三是丰富洛车精神谱系。建段一百多年来，洛阳车务段全段干部职工发扬“智慧+汗水”理念，形成了“进取、担当、务实”的洛车精神。2021

年 7 月，河南省遭遇罕见特大暴雨，造成管内关帝庙至黑石关间 7 个车站相邻区间多处发生水害，陇海线上下行中断，25 个站因灾滞留客车 36 列、旅客 30253 人。在防汛救灾的过程中不断挖掘、提炼、总结、培育了“听党号令、服务人民、不怕吃苦、敢为人先”的防汛救灾精神，形成洛车精神谱系。修缮郭冬梅烈士纪念馆和观音堂火车站党组织旧址纪念馆，编发《郭冬梅烈士诗歌选集》，充分展示美丽郑铁洛车文化魅力之美，强化职工将百年洛车所蕴含的精神财富转变为保安全、保畅通的实践行动。

（五）心理上“解压”，提振信心凝聚人心

一是畅通渠道察实情。每月综合运用局域网“职工心声”、新媒体平台线上留言、问卷调查、信访情况、专项调查等渠道，统筹掌握发生严重违标失职、受到考核处分、思想情绪有较大波动、同事邻里发生严重矛盾纠纷、伤病住院、家庭遇到困难等十类重点人员信息，安排各级管理人员综合运用下现场检查、跟班作业、工作交流、家庭走访等形式，了解职工真实心声、把握职工思想脉搏，力求做到全面、准确、真实、具体。

二是处置闭环求实效。坚持和发展好新时代“枫桥经验”，探索建立“查找问题—整改落实—情况反馈”闭环管理路径，着力把问题解决在基层、化解在萌芽。把思想工作融入日常、做在经常，注重统筹各方力量，明确科室、车间、班组各层级管理人员、工班长谈心谈话要求和处置时限，特别是对职工在工作、学习、生活方面一时不能解决的问题及时引导解释、积极推动解决，做到既量力而行、也尽力而为，着力让各级责任真正落实、问题矛盾真正解决、职工思想真正转变，不断增强职工群众获得感、幸福感、安全感。

三是真心实意办实事。坚持常态化长效化为职工群众办实事、做好事、解难事。聚焦职工职业生涯全过程开展关爱服务，每年为新入职职工讲授职业“导航”课；结合行调车岗位长期夜班压力大的情况，针对性举办线上线下健康讲座，安排全员进行年度健康体检；为新婚成家、生育哺乳、子女入学、生病住院、家人去世的职工送关怀慰问；为“7·20”暴雨、新冠疫情等意外致困职工开展重点帮扶；45 个车站分批次开展站场环境整治，创造

优美的工作、生活环境；为即将退休离岗的职工举办欢送活动，不断增强职工的企业归属感、职业荣誉感，让企业发展成果更好地惠及广大职工。

四是引领职工培育阳光心态。关注职工心理健康，百人以上车间开设“心理咨询室”，邀请医疗专家定期开展一对一健康咨询，发布“健康提示”，有效缓解职工身心压力。积极组织摄影、舞蹈、瑜伽等培训，举办年度职工运动会和群众性体育健身活动，发挥职工健身、户外健步、骑行等活动作用，引导职工阳光健康生活。首阳山车站党支部开展“心愿卡圆心愿”活动，通过小小的心愿卡，了解职工的内心真实想法，采取一对一、一帮一的方法，对职工关注的热点、难点、疑点问题及时给予回复解答，有针对性地帮助职工解决了许多家庭矛盾，将思想政治工作做到面对面、点对点、心贴心，增进了车站与职工的互信和交流。

四、思考与启示

通过“政能力”共建“共同体”，洛阳车务段党委思想政治工作较好实现了抓在日常、严在经常，“软任务”变成了“硬杠杠”，在参与中激发出职工主人翁意识，打造了牢不可破、坚不可摧的企业与职工命运共同体，提升了干部职工的获得感、幸福感、安全感，汇聚了企业发展的凝聚力、向心力，段党委多次荣获“标杆领导班子”“创建劳动关系和谐企业活动暨常务公开民主管理示范单位”“安全生产优质单位”等荣誉称号。但是，我们要清醒地认识到，思想政治工作做的是人的工作，解决的是人的思想、观点、态度的问题，做的是提高人的思想觉悟的工作，搞的是人头脑里的建设，是一项长期、艰苦而复杂的任务，面对新形势、新特点，思想政治工作内涵、使命、方式方法都有了较大变化，要求更高、难度更大，我们要深入研判新形势、分析新特点，因地制宜、因时制宜、因人制宜做好新时代思想政治工作。

一是“政能力”共建“共同体”，必须树立新理念。思想政治工作是“在人的头脑里搞建设”，就是要用党的科学理论武装头脑，重点围绕学习贯彻习近平新时代中国特色社会主义思想，在深化、内化、转化上下功夫。数字化、网络化、智能化时代，共建“共同体”，需要遵循思想政治工作规律，充分融入时代元素、时代特色，体现出“政能力”的多样性、丰富性和创新性。

二是“政能力”共建“共同体”，必须善用新方法。做好思想政治工作，要因事而化、因时而进、因势而新，注重方式、讲究艺术，做到春风化雨、潜移默化、以情动人。站段思想政治工作者要善用问题讲“学理”，巧用故事讲“事理”，无事常登“三宝殿”，把解决思想问题同解决实际问题结合起来，不断增强思想政治工作的温度、暖度和效度，以润物无声的工作达到掷地有声的效果。

三是“政能力”共建“共同体”，必须探索新载体。当前，互联网正成为意识形态斗争的主阵地、主战场、最前沿。提升“政能力”，要强化互联网思维，探索和研究全媒体条件下思想政治工作的新特点和新方法，打造“云端”“指尖”上的思想政治工作模式，提高思想政治工作的互动性、生动性和实效性，让互联网这个“最大变量”变成共建“共同体”的“最大增量”。

四是“政能力”共建“共同体”，必须提炼新经验。思想政治工作要常做常新，用好办公室“小阵地”，用活传统“小课堂”；用好年轻化语态，用活管内既有红色资源，发挥红色资源“富矿”作用，积极探索“请工人师傅坐前排”（尊重群众）、“篮下投篮进球多”（贴近群众）、“想主任事、尽主任责”（主人翁意识）等丰富多彩的实践活动，使“共同体”意识水到渠成、根深蒂固，汇聚起勇当服务和支撑中国式现代化“火车头”的先锋力量。

（执笔人：张巧英）

关于武汉局集团公司职工政治理论学习现状、问题和对策的调研报告

中国铁路武汉局集团有限公司党委宣传部

职工政治理论学习是国有企业思想政治工作的重要组成部分，是一项基础性、战略性工作。深入学习贯彻党的二十大、二十届三中全会精神，国铁集团党组提出推动铁路高质量发展、率先实现铁路现代化、勇当服务和支撑中国式现代“火车头”的中心任务，对持续加强和改进职工政治理论学习，进一步统一职工思想、提高职工整体素质、激发职工工作热情提出了更高要求。因此非常有必要结合职工政治理论学习质量提升年，对武汉局集团公司职工政治理论学习现状和存在问题进行一次全面梳理，针对性提出对策建议，进一步提升职工学思践悟质量，为推动集团公司高质量发展筑牢团结奋斗的思想基础。

一、调研基本情况

2024年初，利用列席党委中心组学习、职工政治学习等时机，带着课题深入基层一线摸实情、谋实招、求实效，自觉用党的创新理论研究问题、剖析问题、解决问题，采取座谈访谈、抽样检查、问卷调查、资料分析等方式，对集团公司职工政治理论学习情况开展了深入调查研究，掌握了大量鲜活一

手资料。调研期间，分层组织基层单位宣传助理、车间党支部书记、班组长等代表召开 5 场座谈交流会、与职工代表开展一对一访谈 61 人次、抽查了 9 个车间、科室职工政治理论学习开展情况；面向全局干部职工开展了为期一周的匿名式网络问卷调查，收集问卷 1169 份。调研基本结束后，对调研收集的资料进行了归纳、研究、分析，深入总结好的做法和经验，分析存在的共性问题和个性问题，统筹把握上级要求、基层所盼、职工所需，研究加强和改进职工政治理论学习的具体措施。

二、全局职工政治学习现状

近年来，集团公司党委把加强理论武装作为深化职工队伍思想政治建设的首要任务和基础工作，准确把握职工政治理论学习的重点内容，健全完善职工政治理论学习组织和机制，切实加强职工政治理论学习管理，教育和引导广大职工不断增强政治意识、大局意识和责任意识，增强科学思维能力和明辨是非能力，积极投身集团公司改革发展，全局职工政治理论学习呈现出良好的发展态势。

1. 党的创新理论越来越深入人心。坚持和加强党的全面领导，坚持不懈用习近平新时代中国特色社会主义思想武装头脑、教育职工、推动工作，推动党的创新理论深入人心、落地生根。一是理论学习实现全员化常态化。通过健全职工政治理论学习制度，构建了以理论宣讲、理论微课、理论读本为主干的理论宣传体系，针对不同工种岗位特点及作业班制，明确不同的时间、地点、频次、考勤等组织方式，形成“一班组一方案”，打通了理论向基层传播的“最后一公里”，推动职工政治理论学习从线下延伸到线上、从集中扩大到经常，把党的创新理论以更加立体的方式呈现给广大职工，实现每月职工参加集中学习全员覆盖，保证职工每年参加集体学习不少于 16 学时。二是理论学习更加通俗化大众化。突出习近平新时代中国特色社会主义思想，突出习近平总书记对铁路工作的重要指示批示精神，以职工喜闻乐见的对象化学习方式，用“小环境”解说“大形势”，用“身边事”解读“大政策”，用“小故事”阐明“大道理”，推动了党的创新理论“飞入寻常百姓家”，扎根在职工心中。比如：在庆祝中国共产党成立100周年之际，组织开发的“中国共产党为什么能”“马克思主义为什么行”“中国特色社会主义为什么好”系列思政课，把党的百年历程、百年成就生动地传递至每一个职工，让人人都能记得住、人人都能讲几句，充分营造了党史学习教育的浓厚氛围。三是理论学习转化内化得到加强。从深刻分析“形”与“势”、“上”与“下”、“近”与“远”、“量”与“质”的关系，到剖析集团公司的企业性质定位、法人治理体系和制度、未来改革发展方向，再到完整提出“三大发展战略”“八大工程”，集团公司党委始终高度重视在企业改革发展实践中运用党的创新理论。集团公司党委宣传部坚持每年初编发一期集团公司工作会议精神宣讲提纲和“怎么看怎么干”等专题学习资料，让总体国家安全观、以人民为中心的新发展思想、新发展理念等党的创新理论融入企业发展形势任务中，向每一名职工传递，让职工切身感受到，党的创新理论推动了企业的发展，构筑了个人发展的美好未来。

2. 促进中心工作越来越有力。始终把围绕中心、服务大局作为职工政治理论学习的行动准则，着力发掘与改革发展的连接点，通过小切口，发挥大作用。一是为改革发展鸣锣开道。坚持把党中央重大决策部署、铁路发展形势任务作为重点，在重大政策调整、安全生产任务繁重、运输经营压力巨大等关键时期，找准职工关心关注的焦点，深入开发学习产品，精准组织政治理论学习，做到重要节点有声音、重大问题亮观点，引导职工从企业与个人命运相系的角度，理解改革、支持改革、参与改革，主动参与到集团公司改革发展各项工作部署当中。比如：针对实施劳动组织改革后有职工片面地认为动了自己的“奶酪”问题，制作《宁可站着生，不要躺着死》的专题学习资料，直击职工内心，在全局产生热烈反响。比如：针对集团公司经营形势严峻、完成2024年度客货运任务有差距的实际情况，先后制作的《确保平稳开局人人有责》《谈谈我们的工资》等职工政治理论学习资料，充分向职工讲清“大河无水小河干”的道理，赢得了职工对集团公司面临安全生产压力的理解和工作部署安排的支持。二是为职工思想解疑释惑。坚持从职工思想动态分析中找素材，分析梳理职工关心关注的理论难点、政策焦点、社会热点，结合生产生活实际设置小话题，通过组织职工充分参与讨论，为职工在思想上解惑、精神上解忧、文化上解渴、心理上解压。近年来，集团公司党委宣传部连续下发了《清清爽爽过个年》《从“回去多读书”聊聊“祸从口出”》等“爆款”话题，成为引领职工思想风潮的“利器”。正因为学习内容能够契合职工思想实际、贴近现场需求，在调查问卷中，对当前职工政治理论学习内容表示比较满意或非常满意的占 71.24%。三是为企业发展培育正能量。充分运用理论和形势任务宣讲，用身边人、身边事教育和激励职工，形成学习先进、争创先进的浓厚氛围，职工队伍的思想更加有力量、行动更有方向，主动在投身改革发展的热潮中践行企业精神，并不断赋予企业精神新的内涵。集团公司涌现了“中国好人”“荆楚楷模”“全国铁路劳动模范”“全路优秀共产党员”“火车头奖章”获得者熊文、黄望明等领军人物，“新时代武铁优秀员工”“最美铁路人”“湖北省行业技术能手”贾青青、王江、楚颖丽等一大批行业“明星”，产生了先进典型“群星效应”。

3. 思想政治工作格局越来越开阔。职工政治理论学习的生动实践，得到了基层单位的认同和广大职工的认可，为抓好思想政治工作探索出了一条紧贴实际、卓有成效的路径。一是工作理念更加统一。各级组织对职工政治理论学习定位、路径越来越清晰，认识上越来越统一，普遍认为职工政治理论学习是理顺情绪、化解矛盾、稳定队伍的有效途径，认为运输安全任务越重，改革发展越深入，越要重视车间班组政治理论学习，加强思想教育，提高职工素质，稳定职工队伍。2024 年以来，江岸车辆段围绕职工如何为改革发展作贡献、如何杜绝“两违”发生等编发学习资料 5 期。二是工作导向更加鲜明。职工政治理论学习始终以人民为中心的工作导向，着力把解决思想问题同解决实际问题结合起来，既讲道理，又办实事，促成了企业和职工的“双向奔赴”，成就了宝贵的稳定局面、大好的发展态势。在基层单位调研访谈时，一名车间党支部书记这样说道：“职工政治学习中的小话题讨论像一座桥梁，职工把平时不想说的话、不愿反映的问题都说了出来，我们回头就把能解决的问题解决了，职工非常感动，这也让我们深受触动。”三是工作创新更加主动。职工政治理论学习通过不断丰富和完善，积累了丰富的有效经验，产生了积极的正面效应，让各级组织“尝到了甜头”，更加主动地探索新方法。武汉动车段采取“2+N”模式发布学习计划，即：段企业微信号每月2次推送的职工政治理论学习内容，各党（总）支部结合实际，通过“学习强国”平台等自行选取若干文章、视频内容进一步补充丰富，制订学习计划，确保针对性和时效性。襄州运营维修段常态化开展职工“融合有我　点滴教育”，每周一开设“襄州大讲堂”，将课堂以视频连线的方式延伸到每一个小站，挑选理论骨干轮流走上讲台当“讲师”，带动职工主动学、相互学。2024年以来，襄州运营维修段开展“襄州大讲堂”30余场，开展“融合有我　点滴教育”600余场次，有效激发了干部职工学习热情和动力。四是人才队伍更加壮大。落实抓职工政治理论学习责任，明确工作任务和量化指标，倒逼各级党组织书记、委员、党办工作人员、班组长等先学一步、学深一层，并不断提升理论宣讲能力，培养造就了一大批懂理论、能讲课的政工干部；注重在学习过程中选拔和培养人才，通过学习内容开发、重要时段宣讲中培育和挖掘“好苗子”，形成了一支以党校骨干教师、先进典型为主体的理论骨干队伍。

4. 职工精神面貌越来越向上向好。通过职工政治理论学习，把教育引导抓在经常、融入日常，理论知识的普及、价值观念的引导，以润物细无声的方式影响广大职工。一是学习习惯逐步养成。在组织职工进行政治理论学习时，设置集中讨论“小话题”，推动平等、自由、轻松的交流沟通，实现职工思想政治教育由“说教式”到“启发式”、由“集中式”到“分散式”、由“单向式”到“双向式”的转变。在集团公司党委宣传部的示范带动下，各单位职工政治理论学习内容上更有针对性、形式上更生动活泼，职工由被动学向主动学转变。武昌南机务段组织职工讨论时，有职工表示：“专题教育资料听起来像拉家常一样，娓娓道来确实说服了我，要打印回家让老婆孩子也学一学。”在访谈中及问卷调查显示，绝大多数职工都能正确认识“为什么要参加政治理论学习”。二是是非观念树得更牢。坚持以学习推动培育和践行社会主义核心价值观，面对新形势下职工思想观念呈现出多元化、多样化、多变化的新特点，针对职工关注的社会热点主动出击、精准发力，及时编发学习资料、设置小话题进行有效引导，帮助职工校准是非观、答好是非题。近年来，集团公司党委宣传部先后编写推送了《增强斗争本领　维护国家统一》等多期职工专题教育资料，及时廓清了职工思想误区。三是言行举止更加规范。经常性把法律法规、正反典型以专题学习资料、小话题讨论等广受欢迎形式纳入学习安排，以“日用而不觉”的形式影响职工的思想和行为，让职工时刻保持心有敬畏、行有所止，更加自觉地遵守法律法规和规章制度。其中，《远离“翻墙”依法上网》《提高警惕　远离邪教》《珍惜生命　远离违章》等专题学习资料，引发职工热烈讨论。在调查问卷中，表示职工政治理论学习对自己的工作生活帮助很大的占比 32.82%，帮助较大的占比 22.65%，有一定帮助的占比 39.23%，基本没帮助的仅占比 5.31%。

三、全局职工政治理论学习问题剖析

尽管全局职工政治理论学习总体向好，但存在的问题也不容忽视，特别是认识不到位、落实不严实、形式不丰富、内容供给不充分、吸引力不强等问题，在一些单位还或多或少存在，制约着职工政治理论学习效能进一步提升。一是思想认识存在偏差。有的单位对职工政治理论学习这项工作重视不够、定位不准，没有真正认识到抓好职工政治理论学习是做好职工思想政治工作的首要任务和基础工作，导致推动落实还有一些不到位的地方。二是组织者领学能力参差不齐。现场政治理论学习基本是由班组长或班组党支部书记组织，他们有的学习意识不强，政治理论基础薄弱，无法向职工讲清讲透；有的提前准备不足，领学过程中照本宣科，没有达到应有的学习效果。三是职工学习主动性有待加强。有的职工受互联网影响很大，习惯了抖音、微信、短视频平台的碎片化推送，不愿自己思考，缺乏学习动力；有的职工对政治理论学习缺乏正确认识，把学习和工作当作一对矛盾，把学习当作额外负担，学习时间短一点还坐得住，时间一长就抱怨连连。四是学习内容有待进一步优化。主要是有的学习内容供给不够精准，对接职工关注的热点问题还不够充分；有的学习内容上下“一个样”、上下“一般粗”，有的学习偏重理论，结合实际不紧，导致学习的吸引力还不强。五是学习形式不够丰富。2024年以来，大多数单位组织学习时还是以单向灌输式学习为主，音视频、动漫类等形式运用不够充分，互动式参与性的学习场景还比较少，学习的积极性没有完全调动起来。

四、加强和改进职工政治理论学习的对策建议

以习近平新时代中国特色社会主义思想为指导，深入学习贯彻习近平总书记关于思想政治工作的重要论述，坚持问题导向、目标导向、效果导向，着力在内化、转化上下功夫，在通俗化、大众化上下功夫，进一步完善学习办法、优化学习安排、改进学习方式、强化学习管理，教育和引导广大职工坚定拥护“两个确立”、坚决做到“两个维护”的思想自觉和行动自觉。

1. 提高政治站位，把准工作定位。深入学习贯彻习近平总书记关于思想政治工作的重要论述，始终从推动党的创新理论进车间、进班组、进岗位，巩固马克思主义在意识形态领域的指导地位，筑牢服务和支撑中国式现代化“火车头”的思想基础这个战略高度，来认识和把握职工政治理论学习工作，切实把职工政治理论学习列入两级党委的重要议事日程，作为落实党建工作责任制和意识形态工作责任制的重要任务，经常研究情况，提出改进措施，抓好督促落实，真正使政治理论学习为职工思想解疑释惑，为企业改革鸣锣开道，为铁路高质量发展保驾护航。

2. 加强组织领导，统筹协调推进。抓住责任制“牛鼻子”，逐级明确各级管理者的工作责任，将职工政治理论学习纳入各级党组织书记落实党建责任制重点任务清单、意识形态工作责任清单、思想政治工作清单，形成一级抓一级、层层抓落实的工作格局。建立职工政治理论学习列席机制，定期

组织各级领导、车间支部委员到包保站段、车间、班组参加学习，加强对职工政治理论学习的指导和督导。将职工政治理论学习工作纳入标准化站段、标准化车间、标准化班组建设范畴，明确可考核、能量化的具体标准，每季度开展检查考评，构建“明责履责、考责问责”责任闭环，使职工政治理论学习从“软指标”变成“硬任务”。

3. 强化制度约束，提高工作效能。修改加强和改进职工思想政治工作的指导意见，指导基层单位完善政治理论学习办法，在集团公司制度之下，形成一单位一方案、一班组（车间）一方案。以保证职工每年参加集体学习不少于16学时为刚性约束，对不同系统、不同工种、不同岗位、不同作业班制的职工政治理论学习，从时间、地点、次数、形式、考试、考核等方面作出明确规定。比如：可以把职工政治理论学习与点名会、交班会、学习会、科务会等有机结合起来，通过“化整为零”的方式，既完成学习任务要求，又使政治学习脱虚就实，实现由“做到”向“做优”转变。

4. 贴近现场需求，优化内容供给。突出职工关心关注的理论难点、政策焦点、社会热点解读阐述，把学习内容分为创新理论、法律法规、政策解读、形势任务等多个模块，以两级党委为主体集中力量开发优质内容，把更多“成品”向下投递，让车间、班组拿着就能用、看了就会讲。主动适应职工学习习惯，发挥两级融媒体中心资源优势，用好党校教师、青马讲师、青年理论人才等理论骨干，开发视频、有声书、动漫等学习产品，提升学习内容吸引力。

5. 丰富学习方式，提升学习效果。着力在集体讨论上下功夫，结合实际精心设置讨论话题，引导职工积极交流讨论，提高参与度，增强互动性，更好地促进内化转化。着力在丰富学习形式上下功夫，定期组织同系统或同区域单位开展职工政治理论学习联组学习会、讨论交流会，因地制宜开展在线答题、现场抢答、征文比赛活动，营造学深悟透的浓厚氛围。着力在推动自学上下功夫，优化掌上武铁栏目设置，增设职工政治理论学习模块，充分发挥好职工理论学习小组等作用，引导职工自我学习、自我提高。

（执笔人：陈启亮）

深刻认识和把握“六个坚持”重大原则 为进一步全面深化改革提供坚强思想政治保证

中国铁路西安局集团有限公司政研会

党的二十届三中全会围绕进一步全面深化改革、推进中国式现代化主题展开，系统阐述了进一步全面深化改革必须贯彻的“六个坚持”重大原则，这是对改革开放以来特别是新时代全面深化改革宝贵经验的科学总结，集中体现了习近平总书记关于全面深化改革重要论述的核心要义，必须倍加珍惜、长期坚持，在实践中不断丰富和发展。

一、在全面深化改革中把握“六个坚持”内涵

1. 坚持党的全面领导，把准改革方向。中国共产党领导是中国特色社会主义最本质的特征，是中国特色社会主义制度的最大优势。随着社会主要矛盾发生转变，进一步全面深化改革的复杂程度、敏感程度、艰巨程度前所未有，需要不断深化对改革的规律性认识，正确判断改革形势，顺应实践发展新要求，不断破解发展难题和阻力，这些都需要发挥党总揽全局、协调各方的优势，以新的理论指导新的实践，科学描绘改革开放的宏伟蓝图，制定实施正确的路线、方针、政策，以非凡战略定力和执行能力，咬定青山不放松，

不断开辟事业发展新天地。

2. 坚持人民至上，站稳改革立场。人民群众是我们党的力量源泉，人民立场是我们党的根本立场。为了人民而改革，改革才有意义。当前，容易的、皆大欢喜的改革已经完成，剩下的都是“难啃的硬骨头”，甚至是牵动全局的敏感问题和重大问题，但越是这样的问题，越牵动着人民的心，人民关心什么、期盼什么，进一步全面深化改革就抓住什么、推进什么，才符合党的根本宗旨和改革的价值取向。依靠人民而改革，改革才有动力。尊重人民主体地位和首创精神，最大限度地激发人民的创造热情，改革开放就能获得最广泛的支持，就有强大的生命力。

3. 坚持守正创新，把握改革方法。改革开放是一项开天辟地的伟大创举，没有成熟的经验可以借鉴，没有现成的模式可以模仿。历史发展有着内在规律，其作用不以人的意志为转移，进一步全面深化改革，是一场复杂而深刻的社会变革，必须运用科学方法才能取得成功，要以守正为创新指引方向、以创新为守正注入活力，守正就是要坚守符合历史发展规律的正确道路，不为任何风险所惧，不为任何干扰所惑。创新就是要以一往无前的胆魄和勇气变革现实、扫除障碍，沿着历史前进的逻辑前进、顺应时代发展的潮流发展。

4. 坚持以制度建设为主线，夯实改革基础。制度稳则国家稳，制度强则国家强。改革面对的是深层次体制机制问题，对改革顶层设计的要求更高，对改革的系统性、整体性、协同性要求更强，整章建制、构建体系的任务更重。《决定》中提到，构建高水平社会主义市场经济体制、健全推动经济高质量发展体制机制、构建支持全面创新体制机制、健全宏观经济治理体系等，“制度”从未像今天一样成为全面深化改革的关键词，“制度创新”也从未像今天一样成为牵动改革的“牛鼻子”，坚定的制度自信就是进一步全面深化改革的勇气。

5. 坚持全面依法治国，坚定改革路径。法治是国家治理最科学最有效的方式，在协调利益关系、化解社会矛盾、规范社会行为、维护社会稳定、促进社会公平正义、确保国家长治久安等方面，发挥着不可替代的重要作用。

改革是一个通过革故鼎新增活力、添动力、聚合力的过程，需要依靠法治凝聚改革共识、排除改革阻力、巩固改革成果、有序推进改革。改革和法治相辅相成、相伴而生，全面依法治国是国家治理的一场深刻革命，要做到改革和法治相统一，坚持在法治下推进改革、在改革中完善法治，重大改革于法有据，及时把改革成果上升为法律制度。

6. 坚持系统观念，统筹改革大局。系统观念是马克思主义认识论和方法论的重要范畴，是马克思主义政党基础性的思想和工作方法。进一步全面深化改革是一项复杂的系统工程，关联度高、协同性强，事关社会主要矛盾、人民群众需求、实践发展要求、国际社会环境变化等，呈现出全局性，对改革顶层设计的要求更高，对改革的系统性、整体性、协同性要求更强。坚持系统观念的科学方法，能够在交互耦合的复杂关系中把握改革的重心及规律，使各项改革在政策取向上相互配合、在实施过程中相互促进、在实际成效上相得益彰。

二、遵循“六个坚持”原则，助推国铁企业改革发展

近年来，国铁企业改革持续深化，先后组织实施了管理体制改革、货运组织体系改革、结构布局优化等一系列改革，思想政治工作在引领改革、推动改革中发挥着重要作用，必须始终贯彻“六个坚持”重大原则，以高质量思想政治工作助推国铁企业改革稳步推进。

1. 加强党对国有企业改革的领导。党的领导是进一步全面深化改革、推进中国式现代化的根本保证。推动国铁企业改革发展，离不开各级党组织的合力共为，要始终把党的政治建设摆在首位，严格落实“第一议题”和中心组学习制度，确保习近平总书记重要讲话和重要指示批示精神落实落地。充分发挥党组织“把方向、管大局、保落实”作用，认真贯彻落实民主集中制，整治党委会决策不规范等问题。深入实施党建“强基提质”工程，不断增强基层党组织的政治功能和组织功能，把党建与生产经营工作深度融合推向深入，把党的领导贯穿改革各方面、全过程，确保改革始终沿着正确

方向不断前进。

2. 凝聚推动国铁企业改革的强大动力。干部职工既是推动改革的实践者，也是检验改革实绩实效的阅卷人。要通过主题宣讲、职工政治理论学习等形式，深入开展形势政策任务宣讲，广泛凝聚改革共识。持续深化“思想政治工作一线行”，用好思想动态直报点、思想动态分析等途径，及时掌握职工对改革事项的态度，回应和解决职工的现实诉求。用好职工群众在改革中的首创精神，选树改革中涌现的先进典型，让干部职工理解改革、响应改革、参与改革。大力推进基层减负工作，深入破解改革中可能出现的形式主义、官僚主义问题，倡导注重改革实际效果。

3. 坚持守正创新提升工作质效。坚持把新时代思想政治工作置于进一步全面深化改革的大背景下去思考谋划，与时俱进找准定位、创新举措。针对职工思想观念多样、价值取向多元、社会思潮繁杂的实际，探索“互联网+思想政治工作”新途径，坚持面对面与“键对键”有机结合，用好融媒体平台持续推出理论微课、理论述评等产品，增强理论宣传吸引力。运用信息化平台、大数据分析等手段，做好“一人一事”思想政治工作，提高思想政治工作精准化水平。突出青年职工思想教育，加强以青马讲师、心理咨询师为主的青年思政骨干力量的培养，以年轻人的思维、视角、爱好为着力点，创新思路方法，增强思想政治工作针对性。

4. 健全落实思想政治工作制度机制。坚持以制度立标准，以制度促规范，以制度管长远，不断完善思想政治工作制度机制。坚持务实导向，持续开展制度“废改立”，以铁路基层思想政治工作标准化测评体系为遵循，结合基层工作实际和职工现实反馈，动态做好基层思想政治工作责任清单、思想动态分析管理办法等制度的修订完善，配套细化制定工作流程图、业务指导书等，增强制度的针对性和可操作性。利用巡视巡察意识形态专项检查、党建检查等时机，加大对制度落实情况检查考核力度，强化“硬约束”，确保制度时时生威、处处有效。

5. 持续加强职工普法宣传教育。改革需要法治保障，法治需要改革推进。

推动国有企业法治建设，是构建现代化铁路治理体系的重要内容，必须善于运用法治思维和法治方式引领、推动、规范和保障深化改革。要发挥思想政治工作优势，通过党委中心组学习、职工政治理论学习等载体，引导职工深入学习领会习近平法治思想，增强全员法治观念。广泛开展普法宣传教育，弘扬宪法精神和社会主义法治意识，以宪法、民法典等为重点，邀请党校老师、专家学者开展诠释解读，编发理论阐释产品，引导职工自觉尊法学法守法用法。聚焦青工网贷、诈骗等问题，组织开展案例教学、现身说法等活动，增强宣传教育实效。

6. 坚持系统观念构建大思政格局。铁路是一个大联动系统，抓好思想政治工作也是一项系统工程，要掌握和运用科学的方法论，统筹兼顾、系统谋划、整体推进。要统筹组织、工会、团委，以及各业务部门优势，发挥思想政治工作领导小组作用，建立常态化沟通联动机制，在信息传递、资源共享、教育帮扶、问题解决等方面开展协作，增强思想政治工作合力。充分发挥党校、政研会作用，发挥优秀党员、劳模先进、青马讲师等群体优势，充实思政骨干力量，创作形成一批解读有质量、内容接地气、职工能听懂的理论文章、典型事迹等。发挥融媒中心“中央厨房”作用，用好各个传播平台，开发系列启发式、访谈式、体验式、互动式、沉浸式理论宣讲产品，增强思想政治工作感染力、影响力。

（执笔人：郭颂章）

实施“解疑释惑”系统工程 夯实国铁企业改革发展思想保证

——以中国铁路济南局集团有限公司工作实践为例

中国铁路济南局集团有限公司政研会

习近平总书记强调，“我们必须把人民对美好生活的向往作为我们的奋斗目标，既解决实际问题又解决思想问题，更好强信心、聚民心、暖人心、筑同心”“通过各种途径了解群众的意见和要求、批评和建议，真抓实干解民忧、纾民怨、暖民心”。思想政治工作是国铁企业的生命线和传家宝，济南局集团公司坚持以人为本，通过构建解决职工思想问题与解决实际问题相结合的系统工程，切实把思想政治工作做准做实做深，提升思想政治工作效果，为推进国有企业高质量发展提供坚强有力的思想保证。

基于此，近年来，集团公司积极探索实施“解疑释惑”系统工程，在深化企业思想政治工作，确保职工队伍稳定，凝心聚力推动铁路高质量发展上发挥了重要作用。通过深入 6 个单位 14 个车间班组，就集团公司实施“解疑释惑”系统工程的重要意义、实践路径、成效运用进行调研，总结提炼出工作启示，为国铁企业推进思想政治工作发展提供决策参考。

一、实施"解疑释惑"系统工程的重要意义

1. 实施"解疑释惑"系统工程，是贯彻落实习近平新时代中国特色社会主义思想的必然要求。党的十八大以来，习近平总书记站在党和国家工作大局的高度，就国有企业改革发展和党的建设发表了一系列重要讲话、作出了一系列重要指示和重大部署，也给加强和改进思想政治工作指明了方向、提供了根本遵循。当前，百年未有之大变局加速演变，国际国内环境发生深刻变化，各种社会思潮纷繁复杂，国铁企业所处的社会环境、经营环境发生很大变化，职工队伍结构呈现出许多新特点，职工思想观念多元多样多变趋势明显。党的二十届三中全会通过《决定》明确提出，要深化国资国企改革，要推进铁路体制改革等，同时指出要完善思想政治工作体系。当前，国铁企业改革正处在关键时期，迫切需要在统一思想意志上充分发挥思想政治工作的先导作用，如果思想政治工作跟不上，就会极大影响职工队伍稳定。集团公司遵循习近平总书记对思想政治工作"只能加强不能削弱，只能前进不能停滞，只能积极作为不能被动应对"的要求，面对新时代加强和改进思想政治工作的严峻性、紧迫性和重要性，聚焦思想政治工作创新及其理念创新、手段创新、基层工作创新，积极探寻思想政治工作的规律性、针对性，探索有利于破解工作难题的新举措新办法，以思想认识新飞跃打开工作新局面，把创新的重心放在基层一线，实施了"解疑释惑"系统工程，运用系统观念，坚持问题和目标导向，以解决热点难点疑点问题为突破口，高度重视、解决好职工心理、情感、生活等方面的诉求，深入做好解疑释惑、排忧解难、稳定人心工作，并以制度的形式固定下来，发挥"解疑释惑"系统工程的长期长效作用。

2. 实施"解疑释惑"系统工程，是国有企业实现高质量发展的现实需求。当前，国有企业改革进入深水区，特别是国铁企业改革将推进行业自然垄断环节独立运营和竞争性环节市场化改革，这是深化经济体制改革，推动铁路行业高质量发展，加快建设现代化基础设施体系的重要举措。推动企业改革发展必须紧紧依靠一线职工，必须紧紧依靠思想政治工作。思想政治工作做实

了就是生产力，做强了就是竞争力，做细了就是凝聚力。集团公司以习近平总书记重要论述精神和党中央决策部署为统领，坚持问题导向，坚持底线思维，把问题研究作为制定政策的起点，把工作的着力点放在解决最突出的矛盾和问题上，有针对性地做好思想政治工作。建立实施"解疑释惑"系统工程，就是主动破解新形势下国有企业思想政治工作面临的难题，通过收集职工意见建议和诉求，在职工思想的共鸣点上"号准脉"，在利益的交汇点上"开好方"，在落实的着力点上"下对药"，达到解思想疙瘩、释政策疑虑、引心理压力的作用，充分调动职工主人翁责任感和创新创造的积极性主动性，最大限度地凝聚起推进企业改革发展的正能量。

3. 实施"解疑释惑"系统工程，是加强和改进国有企业思想政治工作的有效方法。实践证明，在思想政治工作诸多方式方法中，"一人一事"的思想政治工作效果突出，然而"给谁做、怎么做、怎么做好"是至为关键的问题。而且，思想政治工作是在人的头脑里搞建设，思想工作做没做、做得好不好往往难验证，过程无法可视、难以再现。在调研中发现，有的思想政治工作者认为职工的思想看不见、摸不着，思想政治工作过程无法物化，不好把握；有的党支部书记做思想政治工作仅凭经验、靠感觉、大呼隆，削弱了思想政治工作效能；有的不注重研究把握新形势下思想政治工作规律，部分干部不愿做、不会做，方法简单，针对性和实效性不强，一定程度上造成了思想政治工作的虚化、淡化、弱化和边缘化问题。这都要求思想政治工作在精准收集和化解职工思想问题方面需要进一步改进和提升。他们认为，实施"解疑释惑"系统工程，通过理念、机制、方法集成创新，变思想政治工作由"模糊管理""松散管理""经验管理"向"科学管理""系统管理"转变，成为"看得见、摸得着、有温度"的实实在在工作，在创新思想政治工作方面大有可为。

二、实施"解疑释惑"系统工程的实践路径

集团公司在实施"解疑释惑"系统工程过程中，紧紧围绕提升国有企

业思想政治工作质量和水平这个重要课题，立足企业改革发展实际、职工迫切需要，聚焦“怎么建、建成什么样、取得什么效果”，确保机制建设的目的明确、目标精准、手段有力、流程简洁，畅通“下情上传”“上情下达”渠道，拉近企业与职工“心与心”的距离，推进决策科学化、管理规范化和职工队伍稳定。

1. 明确主体责任。进一步明确和落实各级党组织“解疑释惑”系统工程建设的主体责任，明确和落实各级党组织书记第一责任人的责任，做到重要工作研究，重要事项过问，重要问题督办，切实加强对“解疑释惑”系统工程建设的领导。发挥集团公司、站段两级领导班子成员、专业部门做解疑释惑工作的“一岗双责”责任，让做决策的人讲决策、让出政策的人讲政策，提高政策宣传解读的精准性和信任度。站段单位在集团公司党委的统一领导下，建立由宣传、工会、团委、综合、信访、人事、劳资等部门组成的联动工作机制，加强信息沟通和工作协调，把上级的工作线条穿到一个针孔里去，形成一条心一股劲，增强“解疑释惑”的工作合力。

2. 畅通征集渠道。切实把“解疑释惑”落到基层一线和职工中去，建立并畅通多种形式的信息征集受理渠道。一是坚持以网络为主渠道，大力实施网上受理平台，充分用好局域网、融媒体平台，开发手机 App，设置“我要建议”等栏目，保证职工意见诉求反馈渠道 24 小时畅通；二是坚持定期与不定期相结合的日常渠道，每月以基层班组为单位，广泛收集职工热点、难点、疑点问题和意见建议，日常通过交谈、走访等形式随时掌握职工思想诉求；三是健全完善以职代会、民主恳谈会、厂务公开等为集中形式的反馈渠道；四是把征集受理职工意见建议与职工代表提案征集、合理化建议“金点子”征集、来信来访、网络舆情收集等工作紧密结合、统筹运作，不断拓宽征集渠道。

3. 科学设置流程。推行问题答复和解决的统一流程，有效防止问题解决答复不及时不彻底不到位，影响“解疑释惑”工作的最终质效。建立“问题受理—信息传递—梳理分类—组织研究—当面答复—公示通报—处理解决”的工作流程，重点把好三个环节：一是组织研究。党委、行政、工会主要负责人对各自负责的问题，组织相关部门和人员进行研究，逐项提出解决措施和答复意见，并召开专题会议，形成集体决策意见。对需要解决的具体问题，按照决策权限和程序，提交相关会议研究解决。二是当面答复。坚持一月一答复，当月问题当月答复，以党委、行政主要负责人为主报告问题收集情况，面对面通报答复意见。有代表性的共性问题，则邀请职工代表参加。三是公示通报。对当月问题征集、答复、解决情况进一步梳理总结，形成书面通报，由党委、行政、工会主要负责人签字后，通过办公网、公示栏等平台传递张贴到车间班组公示，让职工知晓明了，以公正公开答疑释惑。

4. 规范管理体系。实施“解疑释惑”系统工程的目标任务、工作程序、责任分工、考核评价等机制，建立党委集体研究、协调各方、共同管理的工作制度，扎紧制度笼子，防止出现重建轻管、职责不清、落实不力的问题。为促进“解疑释惑”由虚无缥缈变得实实在在，用鲜明的考评导向引导抓在日常、做在平常，要明确考评内容，细化考评标准，定期对收集、处理情况进行考评、排序、通报，对“解疑释惑”的问题解答、处理结果进行群众满意度测评或定期回访，以过程质量盯控为重点抓好即时性考评，纳入所属单位领导班子业绩考核，推动“解疑释惑”既“有形”更“走心”。

5. 提升办理质量。着眼及时化解问题，按照“及时办理不拖延、认真答复不敷衍、限期回复不失信、严格审核不草办”的原则，认真抓好意见建议的处理，定期统计回复率、办结率。对确定解决的问题盯住不放，重点问题纳入重要事项实施督办，明确落实责任，确保解决到位。能够解决的问题立即解决，及时销号不得拖延；需要时间解决的问题倒排工期，倒逼措施落实，把办理时效和落实效果纳入重点工作绩效考核，形成闭环管理，确保“解疑释惑”质量。

三、实施“解疑释惑”系统工程的成效运用

国铁企业思想政治工作是一项系统工程，实施“解疑释惑”系统工程，

是对思想政治工作系统的不断丰富和有益完善。在实践中，集团公司深刻认识到，系统工程的成效运用，既不能形成“单打独斗”的局面，也要防止另搞一套，不增加额外负担。他们注重与其他思想政治工作手段紧密结合、综合运用，融入企业治理体系和企业管理机制，发挥“推手”和聚力的效应。自2020年建立“解疑释惑”系统工程以来，累计解决答复职工意见建议和诉求12600余件次，推进了决策科学化、管理规范化，有力促进了安全生产长效化和职工队伍稳定。

1. 加强思想引领，增强“解疑释惑”的针对实效。“解疑释惑”系统工程的建立实施，增强了思想政治工作的针对性、实效性。坚持必要的“漫灌”与精准的“滴灌”相结合，在开展覆盖全员思想教育的基础上，发挥“解疑释惑”系统工程的精准作用，聚焦重点群体、关键人员，更多关注青年职工、老职工、家庭困难职工等特殊群体，一对一、面对面地做好分众化、对象化的宣讲解读，加强互动交流沟通，耐心细致做好思想引领和说服教育工作，施以关心关爱，增强职工的企业归属感。

2. 开展思想分析，提升“解疑释惑”的研判质量。结合日常落实职工思想动态分析报告制度，确立遍布基层班组的职工思想信息直报点，围绕铁路中心工作和重点工作，定期开展职工思想专题调查分析，全面真实掌握职工思想动态，不仅大大提升“解疑释惑”系统工程的运作质量，对于精准研判关键性、倾向性、苗头性问题，具体分析关键群体、重点人员及其主要诉求，有的放矢加强思想引领，起到十分重要的推动作用，为集团公司改革发展重大决策提供重要价值参考和依据。

3. 用好心理疏导，凸显“解疑释惑”的精准作用。“解疑释惑”的本源含义就是解答疑难问题，消除困惑情绪。平时，职工对企业的看法、思想的疑虑、政策的困惑、职业的不适，久而久之会形成不良观点或心理压力，而通过“解疑释惑”加以引导，得到有效纾解。因此，他们高度重视职工心理健康维护，结合“解疑释惑”系统工程加强心理疏导工作，建立兼职心理疏导员、心理咨询师队伍，成立心理咨询室、情绪化解站、心理健康协会等，投资完善职工谈心、休闲、情绪宣泄等场所及软硬件设备设施，区分职工年龄、群体、岗位，分众化做好心理测试、情绪管理、积极心态培育等工作，提供一对一、点对点的精准服务，做到“一把钥匙开一把锁”，做好“一人一事”思想政治工作。

4. 建立大政工队伍，夯实“解疑释惑”的基础保证。党支部是基层一线的战斗堡垒，是企业党的全部工作和战斗力的基础，在做好解疑释惑工作、稳定职工思想队伍中发挥着不可替代的作用。集团公司坚持“党的一切工作到支部”的原则，着力加强党支部建设，提升政治功能，增强组织凝聚力、工作落实力和思想引领力，落实好党员和职工队伍教育管理职能。重视车间班组“大政工”队伍建设，充分发挥一线党团员、工班长、劳模先进等先进分子在加强职工思想教育引领中的独特优势，发挥好示范引领和“传帮带”作用，推动各类思想问题止之于未萌，化解在一线。

5. 解决具体困难，延展“解疑释惑”的关怀帮扶。通过“解疑释惑”系统工程征集的职工意见建议，许多是涉及生产生活的具体问题，而这些问题间接反映了职工的内心想法或情绪，一旦解决不好，势必影响职工思想稳定。为此，集团公司聚焦职工普遍关切的生产生活具体利益，坚持解决思想问题与解决具体困难相结合，解决生产生活具体问题，开展困难职工、大病职工常态化帮扶，增强职工获得感、幸福感、安全感，使一线职工的诉求问题由“不愿提、不想说”变成“尽情讲、主动谈”，推动基层一线问题的快速反应和及时解决，把职工个人命运与企业发展联系在一起思考问题开展工作，紧密构筑命运共同体。

6. 融入日常管理，扩大“解疑释惑”的溢出效应。“解疑释惑”是做好思想工作的基础，“解疑释惑”系统工程在运行中所征集的职工意见建议涉及企业管理的各个方面，许多是推动企业管理上水平的“金点子”。由此，集团公司领导班子决策层，不断完善重要决策调研评估机制，将“解疑释惑”系统工程融入企业治理体系和企业现代化管理，充分调研论证，充分吸纳职工意见建议，实现科学民主依法决策。同时，促进各级干部转变作风、提升履职能力，坚持把没有问题作为最大的问题，激励各级干部主动深入现场深入职工，由“等问题”变成主动“找问题”，倒逼各级干部改进作风、提升能力，管理定位不断从“主动发现解决问题”转向“超前工作防范问题”，为推动国铁企业高质量发展增强动力引擎。

四、实施“解疑释惑”系统工程的启示

集团公司实施“解疑释惑”系统工程，既抓住矛盾的普遍性，又掌握矛盾的特殊性，突出问题导向、目标导向和结果导向，结合已有经验和国铁企业改革发展实际，原则性、实效性、针对性、可操作性都较强，对国铁企业思想政治工作具有一定的实践参考价值。

1. 明确工作目标，解决思想政治工作基本指向问题。加强和改进思想政治工作，要坚持继承与创新相结合，遵循“三贴近”的原则。坚持“融入中心，服务大局”是国铁企业思想政治工作的总体思路和目标，坚持做好“一人一事”思想政治工作是基本指向。思想政治工作必须要寻找到能够服务大局、发挥优势、过程融入、成效检验的具体载体，使思想政治工作的融入意识更加明确，融入方式、融入途径更加深入，推动思想政治工作在基层落到底、延展到边。

2. 健全工作制度，解决思想政治工作督导落实问题。从国铁集团到各所属集团公司，再到站段、车间、班组，迅速形成一套与现行体制相对接、行之有效的管理制度，是当前强化思想政治工作的必然要求。在调查研究，科学论证，完善职工政治理论学习、职工思想动态分析等制度，改善职工生产生活条件，推进企业文化、精神文明建设等一系列工作制度的基础上，应把工作的着力点放在对工作的推进落实上，应把这些制度的执行和督导，纳入日常管理的硬性、刚性约束的轨道上来，推动思想政治工作坚持制度、执行制度成为一种道德行为和职业行为，真正达到潜移默化、润物无声的效果。

3. 形成评价标准，解决思想政治工作效能认定问题。思想政治工作在国铁企业进一步全面深化改革的新要求下，必须跳出思想政治工作来看思想

政治工作，从重自我评价向看作用发挥上转变。评价思想政治工作的作用和效能，主要看其是否转变了观念，解放了思想，促进了稳定和发展；在服务职工效果上看，看职工精神风貌是否良好、思想是否稳定；在激励、引领、培育人的实践上，看职工的整体素质和企业的持续发展；在思想政治工作者效能上，可以客观地看其贡献大小，纳入其绩效考核、提拔使用、收入待遇等，从而提高思想政治工作者的积极性。

（执笔人：汤红星）

精准开展铁路思想政治工作的探索与思考

中国铁路济南局集团有限公司政研会

思想政治工作是我们党的优良传统和政治优势。党的二十届三中全会报告中，习近平总书记对加强思想政治工作提出了新的要求。铁路具有重视和加强思想政治工作的优良传统，是基层党组织最健全、作用发挥最有力的行业之一。在革命、建设、改革开放各个时期和铁路波澜壮阔的发展进程中，思想政治工作都发挥了不可替代的重要作用。进入新时代，我们必须精准开展思想政治工作，不断增强职工思想动态分析运用的及时性、准确性、实效性，为勇当服务和支撑中国式现代化的“火车头”提供坚强的思想保证。

一、充分认清形势，精准开展铁路思想政治工作势在必行

1. 精准开展铁路思想政治工作，是贯彻落实习近平新时代中国特色社会主义思想的必然要求。习近平总书记指出：“思想是行动的先导，要高度重视做好思想政治工作，改革推进到哪一步，思想政治工作就要跟进到哪一步，有的放矢开展思想政治工作，引导大家争当改革促进派。”习近平总书记的重要讲话精神，鞭辟入里、内涵深刻，充分体现了加强和改进思想政治工作的紧迫性和重要性，要求我们必须增强精准开展思想政治工作的使命感和责任感。我们深刻认识到，只有深入学习贯彻习近平新时代中国特色社会

主义思想，特别是将习近平总书记的重要讲话精神创新运用于思想政治工作之中，在工作的方式方法上进行相应的加强和改进，才能使国有企业的生命线脉搏越来越强劲、传家宝价值越来越彰显。

2. 精准开展铁路思想政治工作，是铁路高质量发展、率先实现铁路现代化的现实需要。思想政治工作做实了就是生产力，做强了就是竞争力，做准了就是凝聚力。党的二十届三中全会全面部署了各领域各方面300多项重要改革举措，特别对推进铁路等行业自然垄断环节独立运营和竞争性环节市场化改革、深化综合交通运输体系改革、推进铁路体制改革等方面提出了明确要求，我们深刻认识到，新形势下我们既具备有利条件，也面临严峻挑战，扎扎实实把国铁企业改革推向前进，必须紧紧依靠一线干部职工，通过精准开展思想政治工作，引导广大职工在加快构建“六个现代化体系”，奋力推动铁路高质量发展的新征程上展现新担当新作为。

3. 精准开展铁路思想政治工作，是改进和创新基层思想政治工作的必由之路。在长期实践中，“一人一事”思想政治工作最有效，然而恰恰最难的是怎么找到需要做思想工作的对象。在做谁的思想工作、谁有思想问题上研究得不够，常常凭经验、靠直觉，不能精准确定工作对象。加之一些单位不注重研究把握新形势下思想政治工作规律，部分管理人员不愿做、不会做职工的思想政治工作，方法简单、针对性和实效性不强，一定程度上造成了思想政治工作的虚化、淡化、弱化和边缘化问题。我们深刻认识到，新时代基层思想政治工作，如何在职工思想的共鸣点上“号准脉”，在利益的交汇点上“开好方”，在落实的着力点上“下对药”，充分调动起广大职工的积极性主动性，是迫切需要思考和亟待破解的难题。

二、深入思考研究，在思想政治工作一线行中探索实践

在常态化开展“思想政治工作一线行”中，济南局集团公司党委对精准开展铁路思想政治工作进行了深入思考研究，建立工作机制，拓宽信息渠道，抓好数据应用，以数智化赋能铁路思想政治工作，及时解决职工思想问

题和实际诉求，提升铁路思想政治工作质效，为率先实现铁路现代化凝心聚力。

1. 建立解疑释惑工作机制，确保职工思想诉求“一盯到底”。思想问题是和实际问题相伴相生的，精准开展思想政治工作最根本的是“事要解决”。集团公司党委对全局思想政治工作开展专题调研，发现各基层单位意见收集渠道多元多样，但解决问题缺少机制约束，造成解决的速度、质量参差不齐。针对实际情况，建立解疑释惑工作机制，统一工作流程，明确了从问题征集、梳理分类、组织研究，到当面答复、公示通报、上报请示、闭环管理等7个环节的规定动作，开发“解疑释惑”信息平台，通过平台对诉求受理节点、问题解决答复时间、公示评价情况等数据实行后台监看，确保机制运作规范有效。2024年以来，累计征集受理职工意见建议902件，答复解决890件，纳入督办12件，奖励“金点子”38件。

2. 开发职工留言板系统，确保职工意见建议“一键直达”。在推行解疑释惑工作机制过程中发现，有的同志存有“好面子”“怕麻烦”的思想，对本单位、本部门的职工思想问题遮遮掩掩，总担心把问题暴露了“不好看”，怕上级追问起来给工作“添麻烦”，导致问题“节流”和“中阻梗”的情况时有发生。为畅通职工诉求表达和问题解决渠道，我们设计开发职工留言板系统。在系统测试期，为集团公司每名职工配属个人账号，实现账号预先铺设，职工可以通过本人手机号登录系统，体验一对一专属服务。在流程处理上，比照解疑释惑运行机制，管理员动态监看留言处理状态、流程进度、职工评价，督导相关部门处理答复，直至满意为止。同时，积极探索职工留言板系统与国铁济南局移动客户端互联互通渠道，职工可以从手机端直接留言，进一步实现诉求表达便捷化、意见征集广泛化、办理流程可视化。

3. 抓好动态数据整合应用，确保思想分析预判“一步到位”。传统职工思想分析多是文字形式，仅依靠人工分析，难以对所有信息进行科学有效梳理，一些鲜活、有效的信息有可能被忽略或舍弃。在实际操作过程中，分析结果又受不同分析人员认知水平、工作能力和经验习惯等因素影响，难以避免地出现一些对共性问题把握不准确、对重点问题分析不深刻、对问题原因解剖不彻底、制定措施针对性和可行性不强等问题，进而影响了职工思想分析的准确性和科学性。为进一步提升职工思想分析预判的精准度，我们将“解疑释惑”“职工留言”“思想分析”平台全部打通，并将专项调研、问卷调查、信息直报等数据融入系统，丰富样本信息。将所属单位按照车务、机务、工务、电务、车辆、非运输等系统进行划分，将职工意见诉求分为安全生产、设备质量、职工权益、职场环境等 17 个类别，图形化显示不同时段、不同系统、不同群体职工思想问题的变化动态，对当前职工思想存在的主要问题作出趋势化判断，用大数据锁定职工关注热点难点，加强政策解读和思想引导。2024 年 4 月，我们根据数据分析，发现职工存在长期连续作战的焦虑状态，专门编发思想动态预警，指导各单位高度关注职工心理和身体健康，采取相应措施，确保了职工队伍思想整体稳定。

三、精准开展铁路思想政治工作的启示思考

1. 精准开展铁路思想政治工作必须强化网络思维，用好网络平台。“思想政治工作过不了网络关就过不了时代关”。面对“微时代”的“来势汹汹”，我们主动适应新兴媒体发展趋势，搭建“解疑释惑”“职工留言”“思想分析”等平台，依托大数据，对职工思想动态进行收集汇总、分析研判、疏导处置、追踪落实、考核评价和成果运用，使我们的思想政治工作装备上“数字大脑”“机械手臂”，看得清方向、把得准脉搏，做得出预判，因时而动，顺势而为，精准施策，赢得主动。精准做好铁路思想政治工作，必须“微”下去、“网”出来，不断扩展调查渠道，线上线下齐发力，才能做到具体准确、及时有效。

2. 精准开展铁路思想政治工作必须善于调查研究，用事实说话。“没有调查，就没有发言权。”我们先后围绕物流转型发展、青年人才培养等焦点问题，深入访谈了解职工思想情绪、现实诉求，剖析实例、寻根溯源，提出针对性建议，调研报告多次被集团公司领导批示转发，为决策提供重要依

据，特别是反映职工物流转型中的诉求意见，在制定相关办法时予以充分吸纳。精准做好铁路思想政治工作，必须沉下去、走出来，发扬“严真细实快”的工作作风，主动掌握职工真实情况，通过深挖根源、总结规律，从管理上提出治本之策，才能做到心中有数、有的放矢。

3. 精准开展铁路思想政治工作必须加强业务指导，打好团体战。“思想政治工作如果跟不上，就会散了人心、乱了队伍。”“解疑释惑”信息平台推广之初，不少党支部书记反映不会用，为此我们绘制平台操作流程图，编制班组、车间和单位领导登录指南及图谱，运用一图读懂方式给大家划重点、敲黑板。针对车间班组思想分析聚焦不精准、重点不突出等问题，组织培训，编制《职工思想动态分析报告参考模板》，新上任的党支部书记纷纷点赞。精准做好铁路思想政治工作，必须深下去、教出来，从一件件具体工作入手，手把手指导党支部书记会干、干好，集思广益，群策群力，才能做到心往一处想、劲往一处使。

做好新时代铁路思想政治工作使命光荣、责任重大，我们必须坚定信心、锐意进取，全面推进基层思想政治工作守正创新，集聚起干部职工建功新时代的磅礴力量，为推动铁路高质量发展、率先实现铁路现代化取得新成效，勇当服务和支撑中国式现代化的“火车头”作出新的更大贡献！

（执笔人：杨婉清、汤红星、陈子微）

加强铁路意识形态阵地建设管理研究

中国铁路济南局集团有限公司党校

意识形态工作是为国家立心、为民族立魂的工作。党的十八大以来，以习近平同志为核心的党中央对意识形态工作高度重视，对意识形态工作作出了一系列全局性、根本性、战略性论述，意识形态工作全面推进，意识形态领域形势发生全局性、根本性转变。党的二十大明确要求："建设具有强大凝聚力和引领力的社会主义意识形态。"铁路是国家战略性、先导性、关键性重大基础设施，是国民经济大动脉，在党和国家事业发展中起着十分重要的支撑作用。铁路始终听党话、永远跟党走，坚决贯彻落实党对意识形态工作的各项要求。特别是近年来，高铁已经成为一张亮丽的国家名片，铁路的发展更引人关注，铁路相关信息也极易成为社会热点，铁路意识形态工作的重要性和紧迫性不言而喻。

一、加强铁路意识形态阵地建设管理的重要性

意识形态阵地是铁路意识形态工作的基本依托，是实现党对意识形态工作领导权、管理权和话语权，应对意识形态领域复杂斗争态势，对内凝心聚力、对外展示形象的核心载体，加强其建设管理十分重要。

（一）坚守意识形态阵地，发挥思想引领作用

习近平总书记强调，“党的十八大以来，我国意识形态领域形势发生全局性、根本性转变，全党全国各族人民文化自信明显增强，全社会凝聚力和向心力极大提升”。但意识形态工作不是一劳永逸、一蹴而就的。当前，意识形态领域存在不少挑战，铁路必须坚守意识形态阵地，发挥思想引领的突出作用。

从外部世界看，以美国为首的西方国家对我国的渗透、围堵和遏制从未停息。他们利用媒体传播打压抹黑中国；利用文化产品和大众消费品的输出进行渗透；利用教育、学术交流影响中国的知识分子和青年群体；利用非政府组织直接培植代理人。从社会层面看，随着社会深刻变革和对外开放不断扩大使思想文化相互激荡、价值观念多元多样，对社会主流思想形成冲击。西方势力还利用宗教进行渗透，这些现象在学校、农村和城市社区中十分突出。从网络层面看，互联网迅猛发展，一方面域外敌对势力企图利用网络扳倒中国，另一方面网络上各种鱼龙混杂，甚至低俗、媚俗的内容成为突破价值底线的“污染源”。在敌对势力的污蔑攻击、错误思潮的渗透破坏等挑战面前，只有不断加强意识形态阵地建设管理，才能与错误现象和思想开展有力斗争，充分发挥思想引领作用。

（二）树立铁路为民形象，把好舆论宣传风向标

自中国共产党诞生以来，铁路始终是最听党的话、坚定跟党走的一支产业大军，为党和国家的事业发展作出了突出贡献。“人民铁路为人民”是铁路精神谱系的核心，是一代代铁路人践行的服务宗旨，是铁路人始终传承的精神。将铁路人艰苦奋斗、无私奉献、爱岗敬业、为国分忧、为民担当的精神记录下来、宣传出去，不仅可以获得社会的认可，也有利于铁路工作顺利开展。加强铁路意识形态阵地建设管理，可以通过广泛宣传，为铁路营造良好的社会舆论氛围和发展空间。同时，当前中国高铁作为中国制造的一张亮丽名片，发挥铁路意识形态阵地的宣传引导作用，也可以更好地向世界展示中国高铁实力和形象，有利于提升中国铁路乃至中国在世界的影响力。

（三）凝聚精神力量，激励铁路人使命担当

新时代新征程，铁路既要担负起“交通强国、铁路先行”的光荣使命，也要发挥意识形态阵地作用，凝心铸魂，激励铁路人实干担当。铁路精神的传承，需要铁路人在实践中历练、在环境中熏陶，也需要有正确的舆论引导。随着我国经济社会深刻变革、利益格局深刻调整，人们思想认识的独立性、选择性、多变性显著增强，如何在“多元化挑战”下，继续弘扬主旋律，汇聚正能量，发挥思想凝心聚力的作用，这考验着我们意识形态工作的能力，加强铁路意识形态阵地建设管理是必然之举。通过加强阵地建设管理，增强铁路人的使命感、责任感，提升铁路人干事创业的精气神。同时，铁路作为国民经济的重要基础，其社会影响力也是举足轻重的，进一步提高铁路意识形态工作的政治站位，在全局中谋划，也会对整个社会形成正向引领和良好示范。

二、铁路意识形态阵地建设管理取得的成绩与面临的挑战

党的十八大以来，在党的领导下，铁路意识形态阵地建设管理取得显著成绩。与此同时，新时代意识形态阵地建设管理也面临不少新的问题和挑战。

（一）铁路意识形态阵地建设管理取得的成绩

一是制定相关制度并不断完善。党的十八大以来，随着意识形态工作的推进，铁路建立意识形态工作责任制并不断完善。2015 年，中共中央印发了《党委（党组）意识形态工作责任制实施办法》；2017 年以来，全路各级单位相继制定了党委（党组）意识形态工作责任制实施细则；2018 年 12 月，又完善制定了党委（党组）意识形态工作责任制任务书和责任清单。

以济南局集团公司为例，为加强意识形态阵地的建设管理，在意识形态工作责任清单这个总抓手之下，集团公司对传统和新媒体平台、干部职工培训会、报告会、研讨会、文化场馆、职场宣传阵地、站车文化传媒等各类意识形态阵地的建设和管理进一步细化，制定了《中国铁路济南局集团有限公司站车文化传媒管理办法》《中国铁路济南局集团有限公司爱国主义教育

基地管理办法》等管理办法。围绕互联网意识形态阵地建设管理，制定了《中国铁路济南局集团有限公司党委落实网络意识形态工作责任清单》，坚持正能量是总要求、管得住是硬道理、用得好是真本事，切实维护网络意识形态阵地安全，掌握网络意识形态工作主导权。同时，加强对课堂教学、科研项目、学术交流等阵地的管理，防范和抵御意识形态渗透。

制定和完善制度的同时，把党委（党组）落实意识形态责任制的情况纳入巡视和巡察工作中，确保意识形态阵地建设管理工作得到常态化、制度化的保障落实。

二是多媒体融合发展、创新发展取得收效。2018年贯彻落实国家铁路总公司（现国铁集团）党组《关于推进媒体融合发展提升铁路全媒体平台传播力的实施意见》部署要求，推进铁路各级各类媒体融合发展。各铁路局集团公司层面整合报社、电视台等机构成立融媒体中心，站段层级成立融媒体工作室，根据“中央厨房”运行机制，实现报、台、网、端、屏等各类媒体融合发展，形成媒体建设、管理、运维主体，实现全媒体的采、编、发职能一体化，发挥建好用好传播平台、生产发布宣传产品、不断提升传播效果的职责作用。集团公司形成融媒体矩阵，全路形成全媒体“1+18+N”矩阵联盟，既发挥合力又突出特色。

充分发挥融媒体优势，不断创新传统媒体宣传方式，全力打造更多受众喜爱的“精品”。针对新媒体环境下传统宣传栏吸引力不强的情况，不少站段转变思路，把宣传栏打造得与工作环境相协调、相呼应，增强吸引力。青岛电务段通过“亮化工程”，把原有传统展板更换为“学习一体机”，宣传展示的内容更具时效性、美观性，宣传阵地作用充分发挥。一些单位坚持形式创新与内容创新并重，如青岛机务段通过打造全新宣传阵地，讲好青岛机务段故事。创办段报《正行报》把镜头对准一线，版面留给职工，围绕工作重心制作内容，把职工获奖评先等信息刊登在段报上，把“喜报”以报刊的方式送到职工手中，增添了职工荣誉感和全段的宣传意义。依托段融媒体工作室“中央厨房”，成立11个车间融媒体兴趣小组，采用“你出主意，我拿策划，你出作品，我改成品”的两级联动，每期刊发职工作品，并给予100～200元不等奖励，激发职工创作热情，打造属于职工的报纸，构建人人创作的大宣传格局。该段还创办《正行TV》，围绕重点工作和形势任务宣贯，对段内的政策、制度、办法进行深度解读，做到简洁明了，切实保障职工权益，提高工作落实质效。青岛机务段用新思维让传统媒体宣传方式发挥出新能量，牢牢占领意识形态主阵地。

积极探索新媒体、全媒体传播，对内激发全员干事创业的荣誉感、责任感，对外宣传铁路人爱党爱国爱民爱路的家国情怀和使命担当。比如：兖州车务段融媒体工作室制作的讲述铁路人辛勤工作无私奉献的微电影《邂逅》和《21个未接电话》等作品，被数家中央级融媒体平台播发，点击量均达千万次以上，引发“现象级”热点。青岛机务段连续六年在春运首日推出宣传视频，主唱小哥是一名高铁司机，用节奏感十足的Rap唱出万千铁路职工坚守岗位、热情服务，为旅客打造安全、舒适、便捷的春运还乡路。视频获《中国青年报》等国家级媒体播发，全网点击量超3亿次。运用新媒体，铁路在更大范围提升了传播力、引导力、影响力，也进一步把握住意识形态阵地主动权。

努力拓展媒体平台功能，由以信息传播为主向信息传播、舆论引导、公共服务等多种功能融合转变。实践中，很多站段作出了很好的尝试，如临沂工务段创建“临工e家”平台，融合工作交流、身边故事、业务擂台、大家谈等功能模块，职工可以交流工作、学技练功、建言献策、反映问题。对于职工提出的问题，段党委有专人负责监控并要求相关部门三日内回复解决，不能解决的要做出说明，由此畅通了解决职工问题的通道。平台还设置了思想地图、心情预警等查询功能，可以根据职工在平台活动轨迹，分析职工兴趣爱好、思想波动等情况。通过平台功能拓展，既掌握了职工思想和工作状态，又有力引导舆论导向，更帮助职工解决了工作生活等实际问题，成为职工的精神家园。由此，意识形态阵地也变得更加坚实有力。

三是全路政治敏锐力、鉴别力明显提升。党的十八大以来，在党中央坚强领导下，铁路意识形态工作有力推进，有效提升了铁路人的政治敏锐力、鉴别力。

从几个事例的前后对比中，我们可以清楚地看到这些变化。比如：2016年某大城市火车站刊登了某位名人代言的空气净化产品广告，这则广告刊登的时点是在该代言人因发布不当言论受到留党察看处分后一个月内，广告宣传把政治问题当卖点、博眼球，缺乏起码的政治意识、看齐意识，折射出相当一部分铁路职工还缺乏对该项工作的政治敏锐性和鉴别力。对比2022年发生的另一件事情就有了很大变化，2022年9月某艺人被行政拘留的消息一经公布，行驶中的高铁就紧急撤换了印有该艺人代言广告的高铁座椅枕巾。此例中，铁路没有丝毫迟疑，立即行动，显示出了高度的政治敏锐性、工作责任感和执行力。

又如：车站投放广告的变化。之前各类广告五花八门，存在品位不高、制作粗劣等问题。作为铁路的窗口、作为城市和地方的窗口，车站形象很大程度影响甚至代表了铁路、城市和地方的形象。党的十八大以来，车站在投放广告中更加注重广告本身及其影响，广告内容与效果清朗悦目，严格遵守意识形态阵地建设管理相关制度规定。

从铁路点滴的变化中，可以看到意识形态阵地建设管理取得了明显收效，广大铁路干部职工的政治敏锐性、辨别力显著增强。

（二）铁路意识形态阵地建设管理面临的困难挑战

一是对内宣传引导的吸引力不足。当前人们思想认识的独立性、选择性、多变性显著提升，价值观念呈现多元化。多元化的社会思潮冲击着主流意识形态的主导地位，出现了一部分人思想失秩、行为失范等问题，这就需要发挥宣传思想工作的引领作用，拨清思想迷雾，作出正确价值判断。但传统的具有鲜明政治色彩的宣传思想工作的影响力明显不足，亟须改进提升。

互联网、新媒体迅猛发展，传统的宣传方式受到了新兴媒体的冲击，新媒体、自媒体让公众的注意力更加分散。基于大数据、云计算、人工智能等新一代信息技术的创新应用，人们不知不觉陷入“信息茧房”，互联网信息真伪难辨，极易受到错误信息煽动。互联网的无边界性、即时性、迭代性，要求我们提升意识形态阵地引领的实效性、先导性、前瞻性，现实工作任重道远。

二是对外舆论宣传的影响力不够。铁路在规划建设、运输服务、经营管理、科技创新等方面所取得的成绩有目共睹，但铁路对外舆论宣传的影响力与实际所发挥的作用还有差距，存在软实力和硬实力的落差，也时常处于“有理说不出、说了传不开”的境遇。公众对铁路的认识多停留在其交通基础设施、运输服务行业、国企性质等方面，对铁路能够发挥国民经济大动脉作用的背后，铁路人的奉献付出理解不够；对铁路作为国有企业在提供公益性服务的同时也要遵循市场规律而调节运价、提供市场化服务的经营行为理解不够。因此，当出现一些热点事件时，铁路往往处于舆论引导被动的窘境之中。

比如：2024 年 2 月，一条乘务员在餐车用餐时与旅客发生争执的视频，引起社会广泛关注，随后铁路部门对当事乘务员批评教育并考核，同时，该乘务员向旅客致歉。但央媒发声评论“不是谁拍曝光视频谁就有理”，还对怒斥乘务员并曝光视频的男子及铁路方面处理手段的不当之处都作出评论。铁路的“惯性道歉”，没有帮助解决问题，反而对社会舆论产生负面影响。又如，2024 年清明假期期间，某大城市车站因安检口少，出现旅客赶时间起哄冲卡情况，铁路部门在回应声明中称“因个别旅客不配合安检作业，造成短时间内安检通道拥挤”。此回复又被质疑有“甩锅”之嫌。这些都凸显了铁路在对外宣传方面的影响力、引领力还远远不够，铁路真实工作和社会主观印象的“反差”亟待修正。

三是意识形态阵地建设管理队伍的能力不够强。一方面，从事意识形态阵地建设管理工作的人员不仅有专职工作人员，还有不少兼职人员，即使是专职工作，也往往忙于很多事务性工作之中，导致按部就班地完成既定工作之外，很少有时间和精力再做大的规划或提升，兼职人员的时间精力和能力更可想而知。另一方面，宣传思想工作其目的就是要“用一颗灵魂去唤醒另一颗灵魂”，这本身就是一个需要用心用脑用热爱去从事的工作，加之新兴媒体的迅猛发展，让宣传思想工作实现从心灵到心灵的难度进一步加大，工作人员需要有更多的创新思维和更强的创新能力，不断输出的同时，需要有源头活水来，其本身也需要被不断赋能。

最后，实际工作中往往还存在上下思路不统一困境。新媒体时代，意识形态阵地建设管理在坚守正确立场方向的同时，其宣传的方式方法也要适应时代发展、适应受众需求不断创新，工作中时常出现具体工作人员有了新的创意想法，实施后，受众反应很好，但领导却停留在传统思维中，对新创意不接受、不认可，这也使宣传效力提升陷入困境。

三、加强铁路意识形态阵地建设管理的对策建议

课题组通过查阅大量文献资料、开展广泛调研，总结提炼各单位在加强铁路意识形态阵地的有益做法，针对如何加强铁路意识形态阵地建设管理提出以下四点对策建议：

（一）坚持用党的最新理论成果武装头脑，把稳铁路意识形态阵地建设管理的正确方向

建好管好铁路意识形态阵地需要先进思想和正确理论的指导。因此，要坚持用习近平新时代中国特色社会主义思想武装头脑、指引方向，推动意识形态阵地建设管理工作取得实效。

一是要学懂。一方面，要积极引导广大铁路党员干部和职工自觉主动学习习近平新时代中国特色社会主义思想，特别是要学深悟透习近平总书记关于意识形态工作的重要论述，深刻理解其精神实质。另一方面，相关部门的宣讲人员，要遵循理论宣讲大众化、通俗化的特点规律，以平实朴实、准确鲜活的时代语言阐释好党的最新理论成果，引导广大干部群众产生共鸣与认同。

二是要弄通。要正确认识源和流的关系，坚持把深入学习习近平新时代中国特色社会主义思想同学习马克思列宁主义、马克思主义中国化的其他理论成果贯通起来，同学习党史、新中国史、改革开放史、社会主义发展史贯通起来，根植于中国特色社会主义的伟大实践，深刻把握习近平新时代中

国特色社会主义思想的理论逻辑、历史逻辑和实践逻辑，着重从理论的高度、历史的深度、现实的映照中感悟意识形态工作、意识形态阵地建设管理的极端重要性。

三是要做实。“精通的目的全在于运用”。要努力将学习成果转化为干事创业的强大动力，转化为发现问题、分析问题和解决实际问题的能力本领。具体在意识形态工作中，要坚决坚守党和国家指导思想在我国社会主义意识形态中的指导地位不动摇、不移位、不偏航。

（二）多措并举，持续推进意识形态阵地建设管理工作的创新

阵地作为意识形态工作的基本依托，阵地建设管理的水平直接影响意识形态工作的成效。加强意识形态阵地建设管理，尤其在当前要应对意识形态领域不断迭生的新情况、新问题、新挑战，亟须多措并举，持续推进意识形态阵地建设管理工作的创新。

一是坚持理念创新为先。一切创新的实践都是以理念创新为引领。建好管好铁路意识形态阵地，要坚持理念创新为先，一切以时间、条件为转移，保持思维的开放性，提高思维的敏感度，勇于突破思维的舒适区，敢于打破传统的思维定式，把思想认知从过去不合时宜的观念、做法中解放出来，以理念创新引领铁路意识形态阵地建设管理打开新天地、开拓新局面。

二是坚持手段创新为主。一方面，要加强网络阵地建设。互联网已经成为意识形态斗争的主战场，习近平总书记指出：“要把网上舆论工作作为宣传思想工作的重中之重来抓。”因此，在筑牢传统阵地防线的同时，占据制高点，抢占主动权，才能把不可控的变量转化为增量。要充分利用大数据等手段，加强网络舆情监管，抓好互联网工作群组管理等工作。另一方面，要推进媒体融合发展。习近平总书记指出：“要适应社会信息化持续推进的新情况，加快传统媒体和新兴媒体融合发展，充分运用新技术新应用创新媒体传播方式，占领信息传播制高点。”加强铁路意识形态建设管理要应势而动、顺势而为。调研发现，绝大部分单位和部门在新媒体运用上，存在比较突出的应用能力不足的问题，作品形式和内涵不够丰富、热点效应加速下滑，

尤其是以 H5 图文网页和小视频为主要形式的宣传品，已经逐渐失去围观度。所以，要积极推进融媒创新、发挥融媒优势作为新时代加强和改进宣传思想文化建设的重要抓手，通过做强融媒专职专业化团队、探索新的应用模式和场景，不断提升思想政治工作的实效性和时代感，着力打造思想理论性强、职工认可度高、具有吸引力、传播力、向心力的高质量媒介平台，提高信息发布的针对性，增强信息传播的及时性和交互性。比如：济南局集团公司青岛电务段集中力量抓好“智信青电”微信公众号运营，借助微平台流量优势，创新推出“老职工寄语”“我的帮班故事”等深受职工追捧的专题专栏，为职工抒发感悟、畅谈感想提供了平台，畅通了沟通渠道。也可以通过重大活动的微端网络直播等形式，强化“吸粉”引流，提高粉丝热度。又如：临沂工务段通过开通“临工在线”线上直播，实现业务科室分管工程师与职工在线互动答疑解惑，加强线上线下政策解读，根本上解决了长期困扰职工思想的一些实际问题。此外，也可以充分发挥融媒技术优势，融入日常具体工作，要着力解决铁路基层中存在的意识形态工作和具体实际工作“两张皮”的问题，协助相关科室搭建低值易耗品管理、技改大修业务管理等网络系统，助力提升工作信息化管理水平。

三是坚持基层创新为重。抓住基层，才能打好基础。一是坚持抓在平常，融入日常。常态化开展职工座谈会、谈心谈话活动，以平等的对话姿态、通俗易懂的语言，与职工谈心谈话，打开职工心扉，深入了解其所思所需、所忧所盼，提升基层意识形态阵地工作的针对性和有效性；二是坚持家企联动，携手共进。家是温暖的港湾，也是能最真实地反映职工的思想动态的地方，因此，家庭也是铁路意识形态阵地的延伸。架起铁路各单位和职工家庭沟通的桥梁，实现双向交流，既通过职工家庭掌握职工思想动态最新的变化及原因，又能使职工家庭更深入地了解铁路的工作性质，增强对铁路工作的认同感，两者相互促进，以无形阵地的建设管理，达到直戳心底的效果。三是坚持发挥党内品牌的引领作用。在课题调研中发现，当前各单位各部门创建了多个党内品牌，在引领方向、凝聚人心、促进发展上发挥重要作用，因此，加强铁路意识形态阵地建设管理，可借力党内品牌。比如：济南局集团公司济南西车辆段动态运用车间党支部的党内品牌“慧智兰心”，就通过每周集体读书、每月专题培训、半年读书交流等引导广大职工通过读书学习，浸润内心、提高境界，打破思维局限，培养积极健康的生活习惯，在潜移默化中“攻占”了职工八小时工作外的思想阵地。

（三）加强意识形态阵地人才队伍建设，汇聚强大合力

人是各种生产要素中最活跃的因素，加强铁路意识形态阵地建设管理，归根到底是做好人的思想工作，因此，要加强铁路意识形态阵地的人才队伍建设，自上而下着力培养一支政治站位高、业务能力强、工作作风实的人才队伍，汇聚强大工作合力。

一是加强领导班子队伍建设。要选好配强宣传思想部门和各站段、各单位主管宣传的领导班子，既要有发现问题的自觉性，又要有解决问题的实招高招，把意识形态阵地建设管理的职责扛在肩头、记在心中、抓在手上，紧随时代的变化，在不断学习的过程中接受新理念、新思路、新做法，这样才能避免具体工作人员拿出创意思路却得不到领导认可，甚至创意被否定“拿下”情况出现。把好方向的同时又要懂宣传、会宣传，才能切实承担起政治责任和领导责任，引领基层党委和其他工作人员在铁路意识形态阵地建设中取得新突破。

二是提高基层宣传思想工作者的能力素质。铁路基层广大宣传思想工作者是铁路意识形态阵地建设管理实践的主要推动者、实施者，主要包括基层各站段、各单位党委宣传部门的专职工作人员、各车间党支部书记、融媒体中心工作人员、党校教师等，其能力素质水平直接影响阵地建设管理的成效。在调研中发现，尤其在基层站段车间层面相当一部分党支部书记对于“到底铁路意识形态阵地包含哪些”“如何进一步管好建好铁路意识形态阵地”等问题概念不清、思路不明、手段不新，折射出的现实问题正是当前基层宣传思想工作者的能力素质并不能完全满足实际工作需要，亟须加强提升。一方面，要强化基层宣传思想工作者的职责使命，深刻认识铁路意识形态阵地

建设管理的重要性；另一方面，要加大对基层宣传思想工作者的培养力度，严格按照“干什么就学什么、缺什么就补什么、什么弱就强什么”的原则，增加培训的频次，增强培训的针对性、实用性，同时，做好经验总结、交流和分享，积极促进不同区域、不同系统、不同单位之间的交流互鉴，头脑风暴，取长补短，着力提高基层宣传思想工作者的脚力、眼力、脑力、笔力，成为在理论阐释上有高度、语言表达上有厚度、艺术创作上有温度，让人信服的行家里手。

四、加强铁路意识形态阵地建设管理的思考与启示

意识形态工作是一项极端重要的工作，特别是进入新时代，应对内外部风险挑战，发挥举旗帜、聚民心、兴文化、育新人作用，为中华民族伟大复兴凝聚思想伟力，意识形态工作须臾不可放松。同时，意识形态工作的本质就是做人的工作，人的思想是动态变化的，意识形态阵地工作也就没有固定的模式，在坚定立场方向根本前提基础上，要顺应内外部形势变化、信息技术发展，与时俱进、动态发展、持续完善。

（一）坚持人民立场，激发内生动力

新形势下，社会的个体利益需求更加多样、主体价值意识逐渐觉醒、主体选择权利日益得到张扬与重视，社会成员思想的差异化和价值观念的多元化不断增强，凝聚人心、汇聚力量的任务更加艰巨。铁路意识形态阵地建设管理要发挥凝心聚力的作用，就要在宣传引导中坚持人民立场、尊重人民主体地位，把服务群众同教育引导群众结合起来，摒弃意识形态说教等传统生硬做法，更多采用以文化人、以文育人的潜移默化的方式，让人民群众认识到意识形态工作所要谋求的全民族共同利益，激发内生动力，从而凝聚全体人民的思想共识和价值追求。

（二）发扬斗争精神，掌握意识形态主动权

意识形态领域的斗争千变万化，风险五花八门，挑战层出不穷，特别在互联网的助推下，许多错误思潮、谣言信息得到快速广泛传播。一张图、

一段视频通过网络几小时内就能形成爆发式传播，一旦应对不当，“茶杯里的风波”可能演变成“社会大风暴”。意识形态阵地工作一定要下好先手棋，及时发现问题、及时分析研判、及时应对处置。要运用马克思主义立场、观点和方法，对意识形态舆情特点、原因、规律等进行深入分析研究，并对其趋势进行预测，提出应对引导和防范化解的意见建议。针对意识形态重大问题和突发事件，要有一套从预判预警、快速反应到妥善处置的协调高效的闭环机制，牢牢守住意识形态阵地，发挥阵地思想引领作用。

（三）坚持守正创新，不断拓展完善意识形态阵地

习近平总书记强调：“宣传思想阵地，我们不去占领，人家就会去占领。”阵地是意识形态工作的基本依托，必须建好管好、占领守住各类意识形态阵地，使其成为传播先进思想文化的坚强阵地，决不能为错误思想言论提供传播渠道。随着时代发展、媒体格局变化，特别是互联网、大数据、人工智能等技术发展，传统的报刊、通讯社、电台、电视台、新闻网站，新兴的微信、微博等社交平台都应是我们牢牢掌握的意识形态阵地，特别是近年来 ChatGPT、Sora 等人工智能快速发展，我们要高度重视，防止这些新生领域成为敌对势力渗透的工具，同时，要积极行动，占领新的阵地，把“最大变量”变成推动我们事业发展的“最大增量”。

（执笔人：苏进、周佳、龚茜）

铁路青年职工思想动态研究
——以中国铁路济南局集团有限公司为例

中国铁路济南局集团有限公司党校

习近平总书记指出："青年兴则国家兴，中国发展要靠广大青年挺膺担当。年轻充满朝气，青春孕育希望。"对于铁路来说，青年是企业发展中最富有朝气和梦想、最具有生机和活力的力量，为推进新时代新征程铁路高质量发展作出了突出贡献。因此，关注重视青年职工的思想动态，事关青年职工成长发展，事关职工队伍稳定，事关铁路事业发展的长远未来，具有重要意义。为此，济南局集团公司党校组成课题组，通过座谈交流、资料查阅、实地调研和在线测评问卷等方式展开调研。首先，在党校举办相关班次召开学员代表座谈会，并面向青年学员发放调查问卷 305 份。其次，深入 9 个基层单位，同站段党委副书记、团委书记、青年代表座谈交流，充分了解青年思想动态和基层青年思想政治工作经验。最后，到济南局集团公司党委宣传部、团委等部门查阅相关资料，征求相关工作人员意见建议。项目组对调研情况进行了汇总分析，并形成调研报告，以期为提升青年思想政治工作质效提供参考借鉴。

一、基层单位青年思想政治工作主要做法与成效

近年来，济南局集团公司所属各单位认真学习贯彻习近平总书记关于青年工作的重要思想和党中央、国务院《关于新时代加强和改进思想政治工作的意见》，坚持以人民为中心的工作导向，坚持融入中心、服务大局，坚持守正创新、拓展形式，把青年思想政治工作贯穿到党的建设和企业改革发展各领域各方面各环节，因地、因人、因事、因时制宜开展工作，获得了一批鲜活经验，取得了一定工作成效。

（一）主题宣讲推动党的创新理论入脑入心

各单位党委坚持把主题宣讲作为加强青年理论学习宣传的重要载体和有效手段，采取领导人员面对面宣讲、理论微课线上宣讲、邀请党校教师送课到一线、组织劳模先进巡回宣讲等多种形式，宣讲党的创新理论、宣讲改革发展成就、宣讲服务群众举措，教育引导青年党员和职工深刻领悟“两个确立”的决定性意义，进一步增强“四个意识”、坚定“四个自信”、做到“两个维护”。兖州车务段团委运用线上线下、定时定点的方式，克服工学矛盾，实现主题宣讲全覆盖的经验。青岛电务段发挥融媒体工作室作用、采用直播方式开展主题宣讲的经验，对强化青年理论学习宣传具有借鉴和推广价值。

（二）解疑释惑做实“一人一事”思想政治工作

各单位坚持将解决青年思想问题与实际问题紧密结合，认真落实济南局集团公司党委解疑释惑工作运行机制，打开大门听民声、解民忧、集民智、聚民心，真心实意为一线解难题、为职工办实事，极大增强了青年思想政治工作的针对性和实效性。针对青年职工多是异地通勤，到段部报销、办事程序复杂、跑腿多等问题，济南机务段、济南电务段等单位设立职工服务中心，一体化集中进行政策解读，办理各类报销手续，受到青年职工好评。青岛电务段党委把传统的“一人一事”的思想工作与网络技术相结合，定期组织“青情百分百”互动直播，段党政工主要领导在线倾听一线职工心声，第一时间答复各种生产生活难题难事，100 分钟内最多在线参与职工达 1301 人。

（三）创新形式提高青年思想政治工作实效性

各单位针对青年职工群体思维活跃、好学上进、情感丰富的特点，创新思想政治工作方式方法，开展了一系列服务青年成长发展的具体工作。青岛电务段针对青年职工乐于从网上获取知识的特点，运用现场直播方式全程观摩、实时讲解职业技能竞赛，激发了青年职工学技练功热情。日照车辆段举办“青年讲堂”，专门就青年大学生成长成才诉求和困惑进行政策解读。青岛机务段开展“青年思想大调研”活动，利用微信公众号留言板听取青年职工意见建议，召开7场不同岗位青年职工座谈会，形成青年思想分析专题报告。部分单位还针对青年职工婚恋困难，制定“红娘”工作激励制度，广泛开展路外青年交友联谊活动，青岛机务段举办2场联谊会，已成功牵手4对。

（四）在服务大局中展现思想政治工作独特优势

各单位把青年思想政治工作作为企业治理的重要内容，纳入党建工作责任制、意识形态工作责任制和经营业绩考核办法，坚持与中心工作同步研究、同步部署、同步检查、同步考核，推动青年思想政治工作在内容和形式上与中心工作结合得更加紧密。兖州车务段推行“走谈访”机制，要求党支部每年“走遍所有岗位，谈遍所有职工，访遍所有家庭”，及时全面准确地掌握职工特别是青年职工思想动态，绝不让一名职工带着情绪上岗、背着包袱作业。青岛机务段团委把问需于民与问计于民结合起来，重视发挥青年“民间调图小组”作用，有效解决了机车运用交路不合理问题。

二、当前铁路青年职工思想动态现状分析

（一）当前铁路青年职工思想动态总体状况

当前，随着铁路改革发展，铁路青年职工思想更加活跃，青年职工个性需求明显增多，青年职工对工作要求日益提高。从整体看，广大青年职工思想积极向上，朝气蓬勃，已成为铁路高质量发展的中坚力量。

一是政治觉悟不断提高。党的十八大以来，广大铁路青年职工坚定不移听党话、跟党走，坚持不懈用习近平新时代中国特色社会主义思想武装头

脑，进一步掌握了习近平新时代中国特色社会主义思想的精神实质、丰富内涵、实践要求和贯穿其中的立场观点方法，深刻领悟“两个确立”的决定性意义，坚决做到“两个维护”，深入理解理论背后的价值追求和情感温度，感悟党的创新理论的真理魅力和实践伟力，广大青年对党的向心力不断增强，普遍认识到新时代中国青年生逢其时、重任在肩，施展才干的舞台无比广阔，实现梦想的前景无比光明。

二是精神面貌焕然一新。通过持续深化爱国主义、集体主义、社会主义教育，充分发挥社会主义先进文化、革命文化、中华优秀传统文化的涵育功能，用铁路精神、济铁精神等铁路传统文化感召青年职工，广大铁路青年职工充分展现向上向善的精神风貌，劳动创造财富、奋斗成就人生、奉献彰显价值蔚然成风，很多青年能够自觉抵制暮气、惰气、邪气，始终充盈青春应有的蓬勃朝气与奋斗精神。他们艰苦奋斗，吃苦耐劳，自觉经风雨、见世面、壮筋骨、长才干，塑造了新时代铁路好青年的良好面貌。

三是责任担当充分彰显。在新时代新征程上，广大铁路青年接过历史的接力棒，争当伟大理想的追梦人，纷纷在铁路的战场上建功立业，把青春写在铁道线上。不管是保安全、增效益，还是闯市场、提质量，不管是战酷暑、斗洪水，还是迎风雪、斗严寒，他们特别能吃苦、特别能战斗、特别能奉献，用臂膀扛起如山的责任，展现出青春激昂的风采。从“要开就开中国最快最好的火车”的孔祥配到技能过硬、毫厘必争的高铁“精调师”李魏林，从铁路青年五四奖章的获得者聂康到全国优秀共青团员油勇江……一大批济铁优秀青年苦练本领，坚守责任，以铁的担当为高质量发展贡献力量。

（二）当前铁路青年职工思想动态新变化

一是政治理论学习积极性不够。调研中发现，很多青年学习积极性高，学习能力强，也热衷于各种学习和继续教育，通过在线学习、参加培训等方式，不断提升个人的学历水平和知识储备。不少青年职工在选择学习内容时，重视与自身工作相关的专业知识、管理技能，但往往忽视了思想政治素质的主动学习和提升，对通过学习提升自己的思想素养，涵养自身的意志品质重视程度不够，部分职工停留在为了完成任务而学习，导致面对工作、生活中的问题，缺乏正确的思想指导。尤其是深入学习党的理论创新成果不够，掌握运用党的立场、观点、方法不够，在解决思想困惑，检视自身思想作风和精神状态方面能力欠缺，世界观、人生观、价值观和权力观、政绩观、事业观仍有待进一步培育，在使自己的思维方式和精神世界更好适应事业发展需要上仍有欠缺。部分青年在集体协作观念、服务奉献精神方面不足，在工作中只愿干轻活、不愿扛重活，只想尽快走向管理岗位、不愿接受艰苦工作的锻炼和考验，存在不少浮躁情绪，缺少在风雨中历练的耐心和决心，一旦遭遇挫折和困难，有躲着走、绕着走的想法，甚至情绪失控。究其主要原因，很多青年职工内生动力不足，思维认知、能力素养亟须加强，特别是青年成长成才的价值观培育上，距离有理想、敢担当、能吃苦、肯奋斗的要求仍有差距。因此，面对重任和使命，青年职工思想教育和精神培育须臾不可放松，要坚持发挥青年主观能动性，保持清醒头脑，内外携手努力助力青年成长，切实解决自身思想教育短板问题，进一步加强青年职工内生动力。

二是职业压力成为导致思想波动的重要因素。调研发现，不少青年职工职业压力大，导致比较明显的思想波动。长期以来，面临着安全、营收、创效的压力，在高标准严要求之下，工作强度大，精神高度紧张，负面情绪不断累积，工作压力越来越大，不少职工存在职业倦怠情况。研究表明，工作压力与思想波动有正相关关系，职工压力越大，情绪波动越明显。据调查，感觉到压力和焦虑的情况中，认为来自工作要求严、标准高、责任大的占比为51.48%；认为来自单位人际关系复杂的占比为42.95%；认为来自自我个性与工作特点存在矛盾占比为34.75%（见图1）。认为最大的烦恼是缺 少社交机会，个人可支配时间少的，占比52.79%（见图2）。很多青年普遍反映“身体得不到充分的休息”“感觉像工作的机器，仿佛休班也是为了更好地工作”“经常性感觉很疲惫”，这也成为一些职工在巨大思想波动中最终离职的原因。以青岛机务段为例，排在青年离职主要原因第三位、次要原因第二位的是“工作不顺心”（分别占比16%、28%）。一部分青年职工认为“考核过于严格”“学习考试多且重复”等是导致自己辞职的重要原因。种种表现说明，职业压力不断加大已经成为影响青年职工思想的首要因素。

三是对多元关怀的诉求明显增加。青年职工存在的需求短板主要集中在工作、生活压力较大，对情感支持需要尤为迫切，但在铁路工作特点之下，情感支持远远不够，对青年职工成长发展造成不良影响。

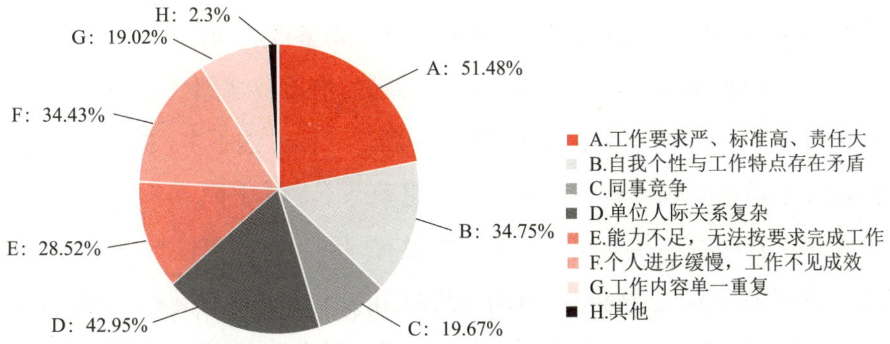

图 1　关于“压力或焦虑因素”的统计

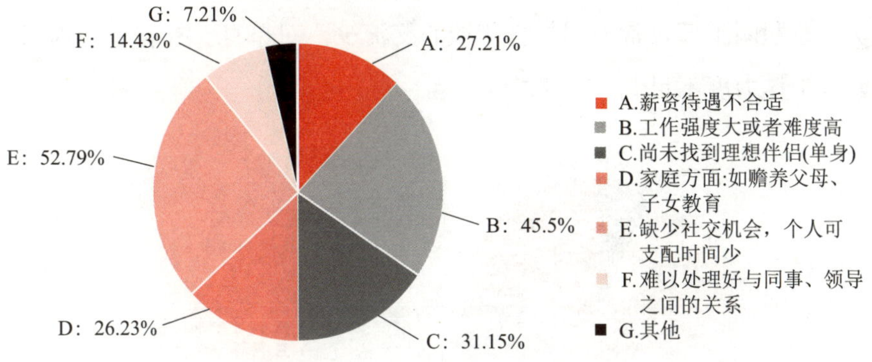

图 2　关于“烦恼因素”的统计

首先，亲情关怀支持力度不够。对于已婚职工，不少职工常年异地工作，参与家庭事务不够，与家人产生距离感，从而使家庭矛盾不断累积，致使家庭氛围恶性循环，不仅难以提供强大的家庭情感支持，还会造成职工心理创伤。有的职工长期家庭关系紧张冷漠，更希望从外界获得关怀。对于未婚职工，虽然不存在参与自身家庭事务的难题，但面临社交圈狭窄的婚恋难题，同样缺乏足够的情感支持，尤其是来自外省的青年职工，探亲条件不足，进一步加深了青年孤独感，甚至因此离职。以青岛机务段为例，排在青年离职主要原因第二位的是“离老家远，无法照顾父母”，占比 16%。

其次，管理关怀支持力度不够。据调查，在希望反馈意见与建议的方式中，占比前两位的是，希望利用电话、网络平台信箱或借助问卷调查匿名反映的占到 57.05%，希望领导个别谈话的为 21.64%，充分说明对青年职工主动关怀与倾听不够，而青年职工对此诉求恰恰比较强烈（见图 3）。管理关怀不够的背后是管理者主动性不够，创新性工作方法不多，担当意识不强、有效沟通不足等问题。有的单位职工思想动态不是从上而下了解，而是由下往上靠职工自己讲，甚至职工不讲就是没有问题。有的单位与职工只谈话不谈心、只问困难不沟通思想；有的思想政治工作方法简单粗暴，做决策、抓工作不考虑青年职工的承受能力。有的遇到问题绕道走，导致问题久拖不减，青年职工只能选择自我化解。调研中发现，较多青年职工认为思想政治工作流于形式。特别是对于共青团，一些站段团委层面开展工作不够积极主动，基层专兼职团干部日常与团员青年谈心交流少，对单身、外省、新入路等重点人群工作力度不足。

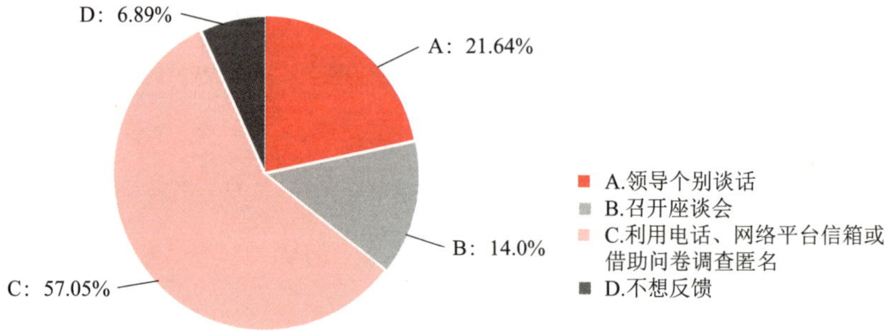

图 3　关于“希望通过哪种方式反馈意见与建议”的调查

再次，人生与职业规划模糊。调查发现，很多青年职工对职业发展以及人生规划没有认真思考过，抱着过一天算一天的心态，进而产生工作迷茫、消极颓废心理。一些职工负面情绪外溢，对工作失去热情。在同辈群体的消极影响下，部分青年职工逐渐失去了方向与意志，丧失了基本奋斗力，陷入能力滞胀困境。一些职工沉迷娱乐游戏，对人生发展兴趣不高。这反映出不少青年职工的科学成长成才之路面临着诸多挑战。随着时间的延长，外界的各种诱惑越来越多，自身的锐气和勇气逐渐减弱，能不能不忘初心、牢记使命是对职工个体提出的一大挑战。此外，现实生活中部分职工三分钟热度，奋斗意识短暂，空谈奋斗口号，始终停留在嘴上，而不愿付出实际行动，头脑清醒时满怀抱负、雄心壮志，但落到实干时，心有余而力不足。这是“知”与“行”分离的典型外显。新时代是奋斗的时代、拼搏的时代，青年是砥砺奋斗的一代、接力拼搏的一代，在这个充满机遇与挑战的时代，青年要肩负起更重的责任，自然需要具备更强的本领。影响这一问题的因素很多，如青年职工的教育背景、能力素养、思维方式等。调研中发现，这一难题如何破解职工个体没有清晰回答，管理者也没有更好的办法。一些职工明知道这样做不对仍然坚持，一些管理者明知道问题存在仍然无动于衷，长此以往，必然会直接影响队伍的战斗力。

三、做好青年职工思想政治工作的对策建议

思想政治工作是一项系统工程，解决调研发现的问题，必须深入学习贯彻习近平总书记关于思想政治工作的重要论述，将其作为一项经常性、基础性工作，把握时代要求，强化系统思维，推动青年思想政治工作在守正创新中走深走实。

（一）加强思想建设，引导青年职工树立正确的价值导向

思想是本，本正则行立。加强思想建设，是青年职工成长成才的基础性工程，只有如此，才能帮助青年职工扣好职业生涯的“第一粒扣子”，才能帮助其树立正确的世界观、人生观、价值观、职业观。

一要强化理论学习，坚定政治信仰。习近平总书记指出：“理论上清醒，政治上才能坚定。坚定的理想信念，必须建立在对马克思主义的深刻理解之

上，建立在对历史规律的深刻把握之上。”引导青年职工形成正确的政治立场，就要加强对党的创新理论的学习。要通过青年大学习、理论组学习等正面课堂，持续巩固深化主题教育成果，推动习近平新时代中国特色社会主义思想入脑入心，在学习理论中坚定对马克思主义的信仰、对中国特色社会主义的信念。在加强理论学习的同时，要尊重青年职工的个体性差异，因材施教，对党的创新理论作出青年化阐释，把大道理讲实，摒弃假大空的话语，用身边人身边事讲清楚理论创新、发展成就。把老道理讲新，善于运用青年人喜闻乐见的方式，让文字“站”起来说话画像，让镜像“活”起来表图解意，让视频“动”起来激活一线，让数据“深”起来广挖细掘等方式方法的变革，既要新瓶装老酒，也要老酒出新味。要把新道理讲明，要讲清楚逻辑力量、真理力量、实践力量，将抽象的理论形态转化为贴近青年、贴近实际的生活逻辑。要把小道理讲好，以小见大，见微知著。以简单质朴的语言讲透彻，以喜闻乐见的方式说明白。要把歪道理批透，要通过辨法析理的方式，揭示出错误道理的本质，不能姑息、不能迁就。

二要融入社会，在社会实践中引导青年职工向上向善。一语不能践，万卷徒空虚。各级组织要为青年职工提供广泛的志愿服务和社会实践机会。在工作之余，组织青年职工参与各种各样的社会实践活动，如志愿服务、社会调查、社区服务等特色实践，在落实主责主业中践行社会责任、传播企业文化、引领文明风尚，走出自我的小圈子，融入社会的大课堂，增强社会责任感和团队协作能力，发挥“点亮一盏灯、照亮一大片”示范带动作用。

三要发挥榜样引领作用，积极选树优秀青年典型。做好劳模先进的培育选树，把工作业绩、技能水平、防止事故、技术创新等实绩作为评价衡量的标准，让人人都有出彩机会、身边都有榜样。深化创新工作室、大师工作室和劳模工作室“三室”联建，推动问题整改、技术攻关和科技创新同向发力，发挥工作室“领头雁”和带头人作用。要做好青年典型的宣传工作，举办青年典型分享会，利用集团公司融媒体中心和站段融媒体工作室等宣传渠道，广泛宣传优秀青年典型，让优秀的人和优秀的事迹感染更多的人，在青年职工群体中营造人人皆可出彩、人人都能出彩的良好氛围，引导青年职工把报国之志、爱局之情转化为做好工作的实际行动。

（二）加大培养力度，着力提升青年职工的业务技能

欲筑室者，先治其基。过硬的业务技能是青年职工的看家本领，是其成长成才的关键。要抓住青年职工成长成才的黄金时期，加大培养力度，不断强化提升青年职工的业务技能，帮助其克服“本领恐慌”，夯实职业生涯之基。

首先，明确培养目标和需求。各级组织要走近青年职工，倾听青年职工心声，深入了解青年职工的所思所想、成长中遇到的问题与困惑、业务技能水平，做到心中有数，从集团公司重实作、差异化、分众化的培训思路出发，制定个性化的培养计划和方案，突出“干什么、学什么、精什么”和应急处置，科学铺排计划方案，精准设计培训课程，明确所需课时，妥善解决工学矛盾，保证充足的培训时间，避免“一刀切、一锅煮”现象。

其次，提供多样化的培训和学习资源。要根据青年职工的需要，结合单位发展规划，组织多种形式的培训和学习活动。比如：邀请路内知名专家教授现场授课，举办职业技能竞赛，通过小练兵、小比武活动，或者开展“每班一讲”的活动，发扬“挤”和“钻”的精神，促使青年职工时时刻刻在学习业务，时时刻刻在提高技能。要适应跨专业、一体化的作业需要，有目的、有重点地培养一批复合型技能人才，对有“一岗多能”需求和意愿的职工，提供相应培训，形成全面培养、立体充电的培训模式。加强懂管理、懂技术的多专业复合型干部培养。持续巩固拓展既有“2+1”校企合作模式，在前期实习过程中加强现场实作教学以及理论培训，缩短从学生到职工的过渡期，经培训仍不满足岗位条件的要予以淘汰，把住源头质量。

最后，注重实践和应用。牢固树立“使用就是最好的培养”的理念，给青年职工压担子、搭平台。引导广大青年职工主动投身安全生产一线、运输经营主战场、项目攻关最前沿，主动到艰苦吃劲的岗位多锤炼、多摔打，用奋勇搏击的硬实力描绘青春最亮丽的底色。要发挥“青”字号品牌建功育人作用，深化“学技对标‘双创’立功”竞赛。选拔优秀青年人才参加对外

挂职、定向挂职、交流挂职、项目挂职，加快青年人才成长成才。革新师徒“传帮带”模式，优化导师选拔流程，综合业务能力、日常言行及性格情况进行选拔，从源头上确保老师业务过硬、思想导向正确，避免师父带歪徒弟现象的发生。老师应定期与青年职工进行沟通交流，了解他们的学习进度和困难，提供相应的帮助和支持，对青年职工扶上马、送一程。

（三）注重人文关怀，提升青年职工幸福感和归属感

人文关怀是企业文化的重要方面，青年职工入路时间不长，大多在从象牙塔里的学生向铁路职工的身份转变上存在困难，迫切需要组织、领导、同事的关心支持。在目前竞争日益激烈、职工工作压力不断增大的形势下，强化人文关怀十分重要，是提升职工归属感、向心力和凝聚力的有力举措。

一是勤交流，加强企业管理人员与青年职工良性互动。各级组织要根据青年人思想活跃、心思比较敏感等特点，构建多渠道地倾听了解青年职工诉求的平台和体系。比如：从青年职工入路之初，各站段就在新职培训时举办入职座谈交流，了解职工对于工作以及未来的定位，并有针对地制定长期有效的沟通、关怀策略；进入工作后应定期以座谈或者党团活动的形式让青年职工与团干部以及更高层级的领导进行面对面交流，拉近职工与领导的距离，增加青年职工的企业归属感；同时，年长的同事应以自身经历多做分享，将经验倾囊相授，增强青年职工对铁路的认同感和归属感；此外，各站段车间应运用QQ群、微信群、企业微信公众号等平台，全面扩大与青年大学生职工的交流渠道，及时了解他们的心理状态和情绪波动，帮助青年职工尽快了解铁路、适应铁路的工作特点，减轻心理压力，提高耐挫能力等。要聚焦影响青年职工思想动态的三个关键变量，即：住房（租房）情况、职业发展路径和婚恋家庭支持。这三个关键变量是青年职工初入职场、初涉社会的重要基础，因此，各级组织就要从解决青年职工关注的三个关键问题出发，想办法、出实招，加大关怀力度，让青年职工有更多的获得感、幸福感、安全感。

二是搭平台，让青年职工充分展示自我。要充分发挥党群组织作用，通过开展特色主题教育实践活动和形式多样的文娱竞赛活动，为青年大学生

职工搭建展示自我的平台，培育青年乐观向上的精神风貌。比如：依托党的二十大精神宣贯、国铁集团主题宣讲等展开主题演讲活动，尤其是青年职工爱好广泛，在工作之余渴望精彩的日常生活，热爱运动、交友，等等。铁路工作存在相对比较封闭、轮班制等特点，入路后青年职工与朋友相处可能存在时间空间上的难度，各站段应重视对青年职工业余时间的安排，可以以车间、班组为单位，适时开展文体活动、娱乐活动。

三是强心理，营造身心舒畅的工作氛围。引导青年职工在繁重的工作中保持良好的心态和健康的心理至关重要。一方面，要积极引导青年职工正确对待自己、他人和社会，正确对待困难、挫折和荣誉；引导树立公平竞争、共同发展的理念。另一方面，加强专业心理疏导，普及心理知识。通过举办专家辅导讲座、印发心理健康知识手册、订阅心理健康报纸杂志、收看心理健康辅导视频或依托网络平台传播心理健康知识，引导职工正确认识和看待心理压力。

（四）完善体制机制，畅通青年职工成长成才渠道

完善的体制机制是做好青年职工思想政治工作的重要保障，直接关系到青年人才能否脱颖而出，要从铁路发展后继有人的高度健全完善青年职工发展的相关体制机制，为推动铁路高质量发展提供坚强的人才支撑。

推进青年职工管理体制改革。集团公司人才管理部门要进一步简政放权，消除对用人主体的过度干预，建立青年职工管理服务权力清单和责任清单，清理和规范人才招聘、评价、流动等环节中的制度障碍，消除“中梗阻”，破除体制机制的藩篱。深化高素质产业工人队伍建设，大力推进“三支队伍建设”，专业技能、操作技能人才通过职级晋升都能获得较为满意的收入，改变了原本只有通过走上管理岗位才能建功立业的固有理念。尤其是近年来，集团公司在干部人才队伍建设中明确突出了大学生早期培养，干部选拔任用的源头是操作技能岗位的人，是大学生这个群体。针对当前青年人才的培养机制不明确，仍然是传统的培训、师带徒等方式，应继续探索如何在激发个人主动性上实施具体措施，丰富人才选拔渠道，进一步提升青年职工成

长成才的积极性，并且在每个阶段提供相应的政策支持。

完善青年职工评价机制。整合简化评价类目，营造宽松评价文化，探索长周期评价，提高对探索性工作失误的包容度，健全完善容错纠错机制，把无意过失与主观故意区分开来，允许他们在实践探索中犯错误并从中学习，保护青年职工的创新之火。适度使用锦标赛制，高度竞争的职业锦标赛制能够在短期内激发青年职工的创新潜力，敦促其不断“闯关”。但是为了保护青年职工的创新活力与积极性，应该在竞争性和稳定性之间取得适度平衡，既要发挥“选优”功能，在重要课题、技术攻关方面揭榜挂帅，让优秀青年人才脱颖而出、人尽其才；又要具有兜底作用，为在竞争中处于下风的青年职工提供必要保障，平稳过渡，促使青年职工不挫败，奋起直追。

创新青年职工激励机制。坚持目标导向，通过推行目标责任制，使企业生产经营指标层层落实，形成“千斤重担人人挑，个个头上有指标”的目标管理格局，每个职工既有目标又有压力，产生强烈的动力，努力完成任务。坚持问题导向，结合一线工作实际，对防止事故、技术比武、科技创新、制度建设等工作作出突出贡献的职工予以重奖，在实打实的兑现奖励中激发青年职工的工作活力，让青年职工有干头。坚持薪酬激励，建立健全薪酬体系，严格落实铁路职工三级分配模式，重点在班组的要求，实行计件计时，坚持积分制，多劳多得、少劳少得。对标国铁集团工资增长机制，聚焦安全、运输总收入、盈亏、货运增量等重要指标，努力争取最好成绩，多做青年职工看得见、摸得着的实事，让青年职工吃到嘴里、穿在身上、揣进兜里的越来越多、越来越好，激励青年职工积极作为，闯出事业发展新天地。同时，要严格考核，对于表现落后的青年职工要加强督促检查，激励广大青年职工登高不“躺平”，奋斗不“佛系”，以顶格标准、满格状态、实格举措助推济南局集团公司高质量发展“加速度”。

（执笔人：王宜胜、刁金强、路宇）

关于“智慧党建”平台应用评估研究

中国铁路济南局集团有限公司党校

“智慧党建”是现代社会党建工作的一种新理念，它运用互联网、大数据等信息技术，实现党建工作一体化、智能化、信息化管理，有利于理顺党建活动流程，提高党建工作质量。习近平总书记强调：“要将信息技术应用到党建工作中。”《中共中央关于加强党的政治建设的意见》第五章第十二条明确提出，“积极运用互联网、大数据等新兴技术，创新党组织活动内容方式，推进‘智慧党建’，使党内政治生态始终充满活力”。党的二十届三中全会强调，要大力运用数智技术。济南局集团公司党委高度重视运用信息化技术提升党建工作，积极推进“智慧党建”，开发试用“智慧党建”平台，试运行已一年多。为深入了解平台应用情况，根据济南局集团公司党委领导要求，党校成立项目组，对“智慧党建”平台应用情况进行调研、评估，形成了调研报告。

一、平台试运行的主要做法与初步成效

从调研了解的情况来看，用户对集团公司“智慧党建”平台的满意度较高。调查问卷显示，用户对平台6个版块24个功能模块的总体满意率为86%，较为满意率为11.7%，两项合计97.7%，一般满意率为2%，不满意率

为0.3%。24个模块的满意和较为满意率平均为84.5%，其中：满意和较为满意率最高的模块为组织生活会，达到96.8%；最低的模块为信息调研报送，为72.1%，其主要原因是参与问卷调查人员对该模块不了解和没使用的较多，达到26.5%（见表1）。5个方面评估项点的总体满意和较为满意率平均为94.6%，其中，最高的为预期目标功能达标情况，达到95.2%，最低的是平台技术性能情况，为94%，总体满意度较高（见图1）。

表1　各模块用户满意度问卷调查结果

序号	模块名称	满意率（%）	较为满意率（%）	一般率（%）	不满意率（%）	不了解和没使用率（%）
1	党组织信息	87.8	8.8	1.7	0	1.7
2	党员信息	86.1	10.5	1.7	0.3	1.4
3	党组织换届	84.3	10.3	2	0	3.4
4	民主生活会	80.6	8.3	2.6	0	8.5
5	党建述职评议	78.3	10	1.4	0	10.3
6	党群编制及配备	65.2	10.8	0.9	0	23.1
7	首任书记报审	64	12	0.6	0	23.4
8	发展党员	79.5	15.1	1.7	0	3.7
9	组织生活会	87.1	9.7	2.3	0	0.9
10	创岗建区	84.6	11.1	3.1	0.3	0.9
11	党组织保安全	82	11.7	2	0.3	4
12	党员档案信息	77.5	10.5	0.9	0	11.1
13	职工思想动态	78.6	11.7	2.3	0	7.4
14	“两个责任”报告	67.9	8.8	1.4	0	21.9
15	警钟长鸣	69.9	8.8	1.1	0	20.2

续表

序号	模块名称	满意率（%）	较为满意率（%）	一般率（%）	不满意率（%）	不了解和没使用率（%）
16	廉洁文化	70.7	7.4	1.4	0	20.5
17	纪检工作考核	66.9	6	1.7	0	25.4
18	纪检干部队伍建设	66.6	6.3	1.4	0.3	25.4
19	纪检信息	67	7.7	1.1	0.3	23.9
20	政治工作督导	67.2	6.6	1.1	0.3	24.8
21	信息调研报送	66.1	6	1.4	0	26.5
22	党组织工作经费	65	8	1.4	0	25.6
23	优质党课	82.6	8.3	2	0	7.1
24	制度文件	78.9	9.7	1.4	0	10

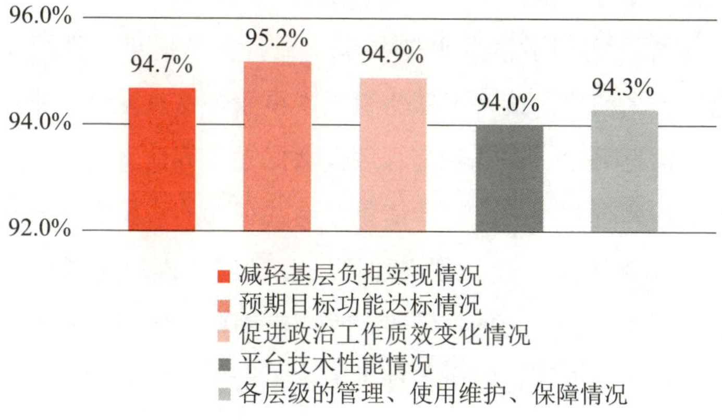

图 1　各评估项点满意和较为满意率

（一）平台功能日趋完善，运行比较平稳

一是平台应用功能架构基本建成。平台集服务、管理、宣传、教育、考评于一体，上线运行之初设有组织建设、宣传工作、党风廉政、政工督导、党建综合、资源共享等 6 个版块、21 个功能模块；2023 年 9 月，党风廉政

版块新增设3个模块。到目前，平台共有6个版块24个功能模块，平台应用功能架构基本搭建完成。二是平台运维有保障。2022年12月16日《中国铁路济南局集团有限公司党委办公室关于集团公司“智慧党建”平台试运行的通知》（济铁委办组函〔2022〕13号）下发，同时附带详尽的平台用户手册、具体联系人信息。集团公司纪委，集团公司党委办公室、组织部、宣传部，信息技术所和各所属单位共同对平台进行维护，加强对平台的应用推广、督促管理和培训指导，从人力、物力、财力等方面保障平台的运行。调查测评中，对于各层级的管理、使用维护、保障情况的满意和较为满意率为94.3%。三是平台运行比较平稳。平台依托铁路局域网试运行，在集团公司党委、纪委，所属各单位党委、党（总）支部广泛应用。平台设计可登录用户数约5万人次，截至2024年3月，共有13403（模块•人）用户申请使用。按照集团公司党委、所属单位党委、党（总）支部三级权限进行维护管理应用，做到了分级管理、责任到人。调研对象普遍反映平台整体技术性能和运行比较稳定。调查测评中，平台技术性能情况的满意和较为满意率为94%。

（二）立足服务一线，初步满足了党建工作需求

一是一定程度实现了信息数据共享。平台党员信息、党组织信息、党组织保安全等5个模块，接入了铁路组织人事管理信息系统、集团公司人力资源管理综合信息平台、铁路安全管理大数据平台等信息资源，部分实现了信息互通共享。调查测评中，数据信息互通共享功能的满意和较为满意率为85.34%，其中党组织保安全、创岗建区、党员信息模块此项功能的满意和较为满意率分别为91.9%、96.7%、94.8%。济南西车辆段表示，党组织保安全模块可以自动识别出铁路安全管理大数据平台中“两违”职工的党员身份，对党组织及时发现、督促党员整改“两违”问题发挥了积极作用。二是节省了人力物力，提高了办事效率。基层单位反映，多项数据资料由原来的多种形式、渠道上报改由平台统一办理，促进了无纸化、网络化办公，办事效率得到提高。这种改进在首任书记报审、“两个责任”报告、民主生活会、党建述职评议、创岗建区、组织生活会、发展党员、纪检工作考核等模块表现

得较明显。如，调查测评中，业务网上办理、资料系统提报功能的满意和较为满意率分别为84.48%、85.04%。创岗建区工作效率的变化度的满意和较为满意率为95%。组织生活会投入人力物力的变化度的满意和较为满意率为96.7%。三是方便了基层统计汇总和查看。基层单位反映，信息库数字化建设不断加强，平台上信息查询越来越便利；自动汇总、自动筛选、自动统计、趋势分析、导出、在线及时跟踪功能不断增强，调查测评中，信息查询、数据自动汇总分析功能的满意和较为满意率分别为85.43%、85.37%，方便了党组织对党建工作开展情况的实时查看。党员信息模块信息查询功能的满意和较为满意率为95.3%，党组织信息模块数据自动汇总分析功能的满意和较为满意率95.5%。四是较好地为基层提供了帮助。基层单位普遍反映，“智慧党建”平台的一大优势在于实现资源共享。从调查问卷来看，对带来的帮助和便利的满意和较为满意率为85.46%，优质党课模块的满意和较为满意率为90.9%，制度文件模块的满意和较为满意率为88.6%，受到基层党组织的欢迎。济南西机务段反映：平台提供了较丰富的党员学习资源，有助于支部书记上好党课，提高党员学习的兴趣和效果。

（三）锚定提高工作质效，促进了党建标准化规范化水平的提升

一是进一步提高了工作标准化规范化程度。基层单位反映，党组织换届、发展党员、组织生活会、“两个责任”报告等模块设置了工作流程图、步骤说明和录入模板，能有效防止流程步骤及要点方面的遗漏。调查测评中，发展党员、职工思想动态模块“规范性”工作质效变化度的满意和较为满意率分别为93.8%、90.2%。二是较好地增强了工作的时效性、计划性。基层单位反映，平台某些模块设置了提醒功能，能够对工作进度及时提醒。如党组织保安全模块设置了工作通知栏，党组织换届模块设有届满日期提示功能，方便、及时、直观。调查测评中，党组织保安全、党组织换届模块“计划性”工作质效变化度的满意和较为满意率分别为93%、94%。三是较好地提高了工作精准度。基层单位反映，平台具备了初步的自动统计分析等智能功能，一定程度上避免了人工统计分析时带来的人因偏差，提高了定量定性统计分

析的精准度和及时性。调查测评中，创岗建区、党组织信息模块“科学性”工作质效变化度的满意和较为满意率分别为 96.9%、95.7%。四是逐步提升了信息的可靠性和可追溯性。基层单位普遍表示，平台的信息汇总与存储功能提高了后期查阅的便利性，提升了可追溯性，避免了信息分散、遗漏和丢失的问题。调查测评中，调查测评中，创岗建区、职工思想动态模块“可追溯性”工作质效变化度的满意和较为满意率分别为 97.1%、90.6%。

总之，“智慧党建”平台上线试运行一年多来，经过多方努力，平台架构初步建成，功能逐步完善，平台整体性能比较稳定，平台在集团公司党委、纪委，所属单位党委、党（总）支部得到有针对性地探索应用，实现了分级管理、分类授权、多层次使用，初步达到了《集团公司“智慧党建”平台试运行的通知》确定的建设目标。

二、影响和制约“智慧党建”平台成效的主要因素

（一）思想认识还不到位

调研中发现，有的单位没有站在提升基层党建质效的高度去认识平台的重要性和必要性，更多的只是从个人必须完成上级党组织交给的政治任务的层面来认识。部分单位只是满足于利用平台完成信息查询、数据录入等“前半篇文章”，对如何融入中心、减负增效等“后半篇文章”的思考较少。从问卷情况看，调查对象对 24 个模块的不了解和没使用率平均为 13.8%，最高为 26.5%，这也从一个侧面反映出一些调查对象对平台应用重视不够。有的单位认为，“智慧党建”平台是一件新生事物，抱有等待观望心理，推广应用的力度和决心不够。还有个别党务干部墨守成规，仍满足于使用过去的工作方式，使用平台的自觉性和主动性不够。

（二）管理不够规范有力

一是功能模块授权数量不统一。调研中发现，在功能授权上，没有统一标准，各单位管理员往往有较大“自由裁量权”，导致站段与站段之间，支部与支部之间，用户功能模块授权数量各异。以党支部书记权限为例，授

权最多的单位有 15 项，最少的仅有 7 项。调研座谈中，一些调查对象反映部分模块授权范围过小，如“警钟长鸣”（注册用户 85 人）、“廉洁文化”（注册用户 86 人），这些模块对支部开展党员教育有较大帮助，但没有使用权限。

二是数据更新不及时。“智慧党建”平台党员基础信息依托于铁路组织人事管理信息系统，该系统由基层单位党委负责日常更新维护，但不少单位平时更新维护不及时，造成平台数据滞后。济南房建公寓段的一名支部书记反映，部分党员调整岗位后，平台上的创岗建区、民主评议党员等信息还停留在原岗位，影响信息录入。从问卷情况来看，对平台可靠性（稳定、准确、及时、顺畅）感到满意的为 76.32%（见图 2）。此外，警钟长鸣、廉洁文化、制度文件模块，内容更新不及时，2023 年以来的内容很少。

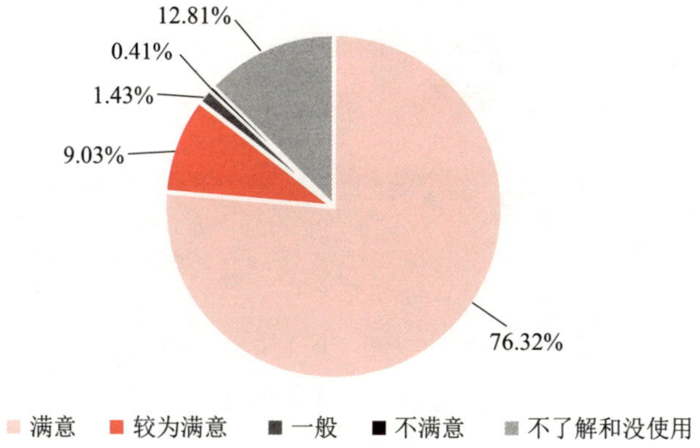

图 2　可靠性满意度

三是对既有平台资源整合力度不够。“智慧党建”平台仅仅是嵌入了职工思想动态、政工督导、政工信息等既有平台的链接，管理、登录仍然是使用过去的方式，距离一站式管理、一账号通用尚有差距。对平台促进政治工作的协同性的满意度为 76.26%（见图 3）。济南站的一名支部书记反映，当前各功能模块数据资源分散，互通共享性较差，不利于形成党建工作合力。

（三）技术性能不够优

一是用户体验有待提升。兼容性较差，平台只能使用谷歌浏览器（win7

以上系统才可以安装），无法使用传统的IE浏览器，部分配置较老的电脑无法安装、使用。还有的单位反映，部分分辨率较低的显示器打开平台网页后，网页上方显示不全，影响美观和使用。使用场景受限较多，平台仅能在局域网PC端使用，缺少互联网移动平台服务，对于偏远站区、流动性较强的党支部来说，使用不方便。用户登录方面也困扰了少数用户，比如：平台登录用户名为汉字姓名，会出现用户重名的问题。此外，济南电务段的一名宣传助理反映，其本人兼任科室党支部书记，但是在平台中，仅能以宣传助理这一种身份使用，而无法以科室党支部书记身份登录平台，无法维护、查询科室党支部的数据。

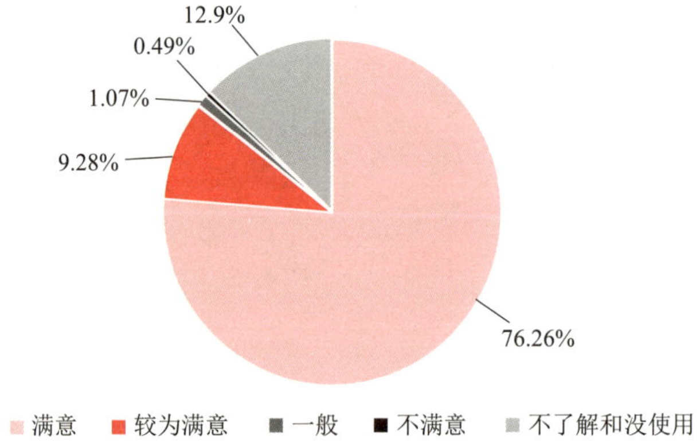

图3　促进政治工作协同性满意度

二是调查对象对部分功能模块的技术性能还有更高期待。从问卷来看，对平台技术性能的满意和较为满意率为94.0%，是五项评估点项中最低的一项。调研中，大家反映比较集中的问题主要有：功能定位较为局限。各模块功能无法覆盖党建工作全周期、全流程，用户主体无法覆盖全体党员。信息不够全面。党员信息模块，当前显示的信息量不够全面，缺少党员照片、身份证号码、家庭地址等信息。弹窗提醒缺少。党组织换届模块，只用不同颜色变化提醒，但没有弹窗提醒，如果不打开该模块，就看不到提醒。信息查询、录入不便。创岗建区模块中党员姓名随机排序，查找和录入较为不便，对于支部党员较多的支部书记来说，工作量较大。互动性不足。工作通知设置在党组织保安全目录下，虽然该功能不限于安全领域，但是该功能当前仅限于集团公司党委与站段党委之间互发文件，而无法实现站段党委与车间党组织之间互动。扩展性不足。对平台可扩展性满意率不足 75%，是平台技术性能评估项点中，满意率最低的一项（见图 4），多个单位反映，平台缺少个性化、可定制、可扩展的功能。数据辅助决策不够。调研发现，政治工作督导模块的数据自动汇总分析满意度不足 70%（见图 5）。部分单位反映，政治工作督导虽然反馈大量问题和数据，但是平台无法实现自动汇总分析，进一步的分析、研判、预警等工作还要依赖传统的方式进行。

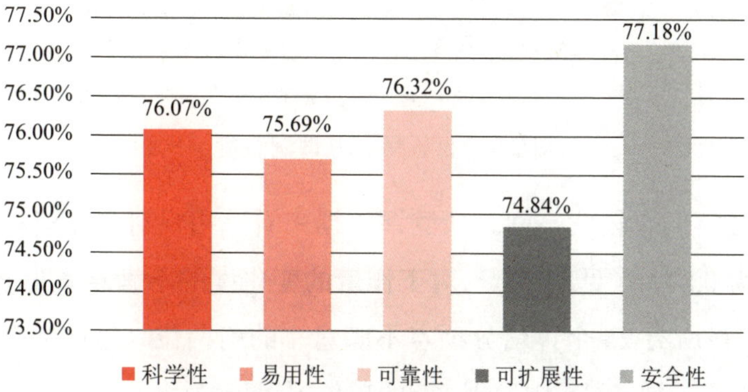

图 4　平台技术性能评估项点各分项点满意率

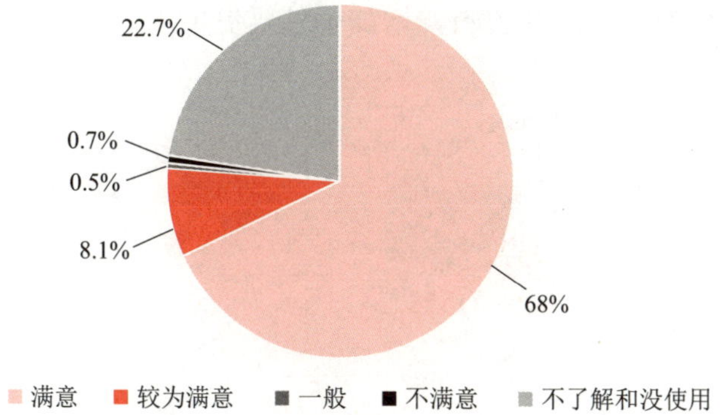

图 5　政治工作督导数据自动汇总分析满意度

（四）减负效果不够明显

一是业务网上办理率不够。调研发现，调研信息报送、党组织工作经费等业务的网上办理满意率低于 70%（见图 6）。济南西机务段的组织助理反映，部分可以线上办理的事项，没有真正实现线上办理，仍然是采用传统方式办理。

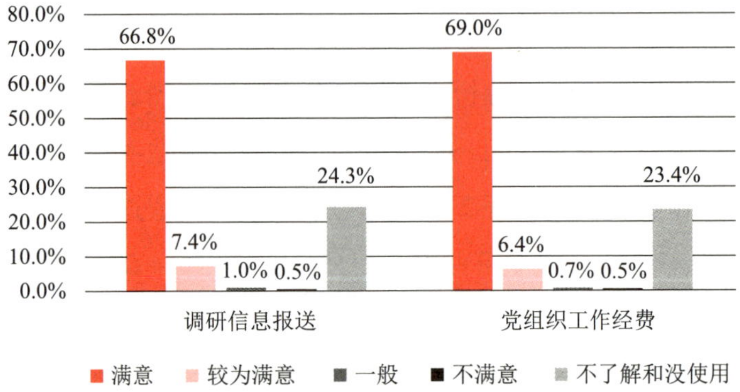

图 6　业务网上办理满意度

二是减负仍有较大空间。从测评数据来看，用户对台账资料变化度的不满意率为 0.87%（见图 7），对工作量的变化度的不满意率为 0.83%（见图 8），排在所有 25 个评估分项点不满意率的前两位。这些数据说明，在减负方面尚有欠缺。调研中发现，有的单位习惯于使用过去开发的党建平台、手机 App 等，存在“双平台”共用的现象，还有的单位党委使用平台后，仍要求党支部保存大量纸质资料，增加了基层负担。

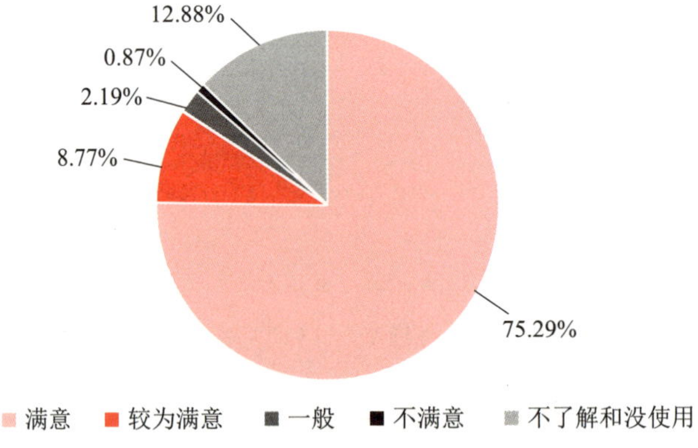

图 7　台账资料变化满意度

三、进一步改进“智慧党建”平台的对策建议

针对存在的问题和新形势新任务新要求，根据国家、铁路相关文件、规定，站在加快铁路高质量发展、推进“智慧济铁”建设的高度，对平台提出改进建议。

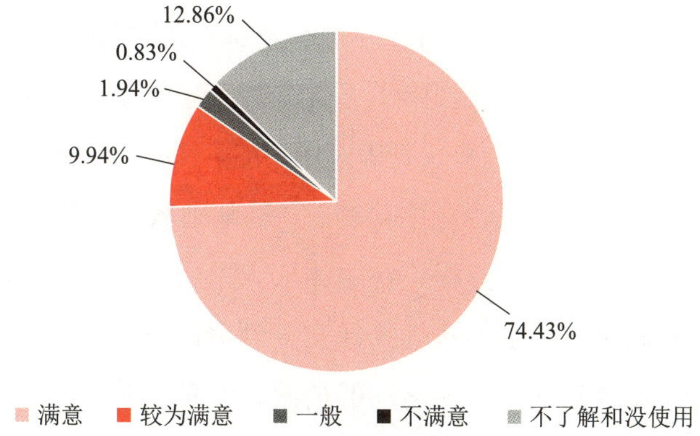

图 8　工作量变化满意度

（一）进一步提高工作站位

一是提高思想认识。建设“智慧党建”平台是集团公司党委贯彻落实党中央关于“智慧党建”工作部署要求，深入推进基层党组织建设“强基提质”工程，深化推进“智慧济铁”建设，切实推动基层党建工作减负提效的重要举措和有力抓手，各级党组织和党务工作者要不断增强推广应用平台的思想自觉和行动自觉。

二是增强责任意识。健全管理制度，明确集团公司党委各部门、各级党组织和党务工作者的管理责任，构建集团公司党委统一领导、各部门统筹推进、各级党组织和党务工作者维护应用的工作机制，形成各负其责、齐抓共管、一体推进的工作格局。

三是增强服务意识。自觉站在应用者的角度去考量“智慧党建”平台功能，积极回应应用者的所思所盼，在“功能更强、流程更优、操作更简便、

分析更智能”上下功夫，持续优化完善，使平台真正成为党委的“好参谋”、党支部的“工具箱”、党务工作者的“好助手”、共产党员的“掌中宝”、党建工作的“资料库”。

（二）着力打造“智慧党建”平台升级版

一是提升优化既有平台的技术性能。坚持问题导向，进一步优化平台科学性、易用性、可靠性、可扩展性、可兼容性，解决好平台当前存在的信息不够全、录入不方便、更新不及时等问题。做强数据辅助决策功能，打通各模块的底层数据，在创岗建区、党组织保安全、职工思想动态、政工督导等模块，拓展动态监测、统计分析、趋势研判等应用功能，为决策提供数据支持。

二是进一步扩展完善平台应用功能。立足基础数据全周期、立体化管理，把党建工作和党组织生活全流程、各主体嵌入平台，进一步开发新的功能应用，做到从党组织成立开始、从个人递交入党申请书起，能够随时展示、查阅和调用党组织开展和党员参加活动的情况，实现党建工作一网通办、组织生活一屏全览。

三是适时建设移动平台。立足全天候运用、全体党员运用，适时开发“智慧党建”手机移动平台，做到平台在局域网办公电脑和手机端的同步部署和应用，实现党务工作者和全体党员在哪都能用、有网就能用。

四是持续释放平台价值。坚持线上线下一体设计，做到新技术运用与传统工作减负同步思考，实现录入一份电子文档、减少一份纸质台账。

（三）加强服务保障，确保稳定运行

一是加强人才培训。针对当前部分用户不会用、不愿用、用不好平台等问题，加强培训和业务指导。集团公司和站段两级党组织应将平台应用业务作为党支部书记等党务工作人员培训班重要内容，及时开展平台业务培训。

二是强化设备和技术保障。要结合基层一线实际，根据平台运行的需求，配置办公电脑、存储设备、网络等办公资源，提供相关技术支持，为平台健康、稳定、高效运行提供保障。

三是健全督导考核机制。要将平台应用情况纳入政治工作考核评价的

重要内容，定期进行督导检查，激励一批、督促一批、考核一批，打造平台应用示范单位，示范带动平台建设效能不断提升。

四、思考与启示

1.“智慧党建”平台不仅仅是一个信息平台、一种技术手段，更是代表着党建工作的一种先进理念、创新导向，值得高度重视。铁路党建工作历来扎实有效，经验丰富，也善于与时俱进、不断创新。如果说，“智慧党建”是现代社会党建工作的一种新理念，是加强党的领导、创新党的工作方法的战略选择，是深入推进基层党组织建设“强基提质”工程的重要抓手，那么，“智慧党建”平台就是推进“智慧党建”工作的不可或缺的重要载体，对于建设一流党建新局面具有重要意义。我们要站在应有的政治站位和政治高度上，真正深刻认识“智慧党建”平台的重要性、必要性和紧迫性。

2.“智慧党建”平台经历了实践的初步检验，运行成效不错，值得推广。济南局集团公司“智慧党建”平台虽然只试运行了一年多，但是取得的成效历历在目：通过初步的多系统信息数据共享和部分工作流程再造，在信息查询、数据自动汇总分析、业务网上办理、资料系统提报、资源共享等方面给基层带来了实实在在的帮助和便利，在工作效率的提高及促进政治工作标准化规范化方面取得了初步的成效，提升了党建工作的数字化信息化水平，得到基层党务工作者的好评。事实证明，“智慧党建”平台的运行成效不错，值得在全路推广。要扩大使用范围，发挥更大作用。

3.“智慧党建”平台的构建及作用发挥是一个长期的过程，不能一蹴而就，需要不断磨合完善。集团公司“智慧党建”平台尚处于试运行阶段，虽然取得了不错的效果，但是还存在一些问题和不足，与智慧化党建目标和基层单位的期待相比，还有较大提升改进的空间。充分说明“智慧党建”平台的构建及作用发挥不可能是轻轻松松的事情，会遇到很多困难，没有极大的勇气决心和长期不懈地努力，是不可能达到目标的。因此，要在既有成效的基础上，立足于长远，下大力气进一步优化既有平台的技术性能，进一步扩展完善平台应用功能，适时建设移动平台，加强服务保障，确保稳定运行。

4.“智慧党建”平台的构建与完善是一个系统工程，需要各方积极参与、共同努力、形成合力，才能真正发挥作用。“众人拾柴火焰高”。搞好“智慧党建”工作，各级党组织和党务工作者是主体，同时也离不开各级领导干部和广大党员的参与支持。要强化全员参与的意识，营造人人参与、人人有责、齐抓共管的良好氛围，大力提高“智慧党建”平台建设的参与度。要搞好顶层设计，整合各类资源，下决心打通信息壁垒，加强资源整合，真正做到一个平台、互联共享，权限明晰、一号通用。坚持平台建设与中心工作统筹推进，做到功能应用与生产业务紧密关联，使党的建设更好地融入中心、引领发展。最终打造集服务、管理、宣传、教育、考评于一体的上下贯通、横向联动、系统化运作、闭环式管理的“智慧党建”平台。

（执笔人：熊焕琤、王培伟、王宜胜）

关于加强和改进车间班组思想政治工作的实践与思考

中国铁路上海局集团有限公司政研会

思想政治工作是党的优良传统、鲜明特色和突出政治优势，是一切工作的生命线。习近平总书记指出，“要把思想政治工作作为企业党组织一项经常性、基础性工作来抓”。近年来，上海局集团公司党委认真落实党中央、国铁集团党组关于加强和改进思想政治工作的部署要求，坚持强基提质、守正创新，持续推动基层思想政治工作走深走实，为集团公司高质量发展提供了坚强思想保证、强大精神力量。

一、深刻认识加强和改进车间班组思想政治工作的必要性

车间班组思想政治工作是引领广大职工坚定理想信念，牢记企业中心任务，为企业高质量发展而团结奋斗的重要抓手。随着经济社会的发展、信息技术的进步，车间班组思想政治工作面临的形势任务要求也发生了巨大变化，需要不断加强和改进。

1. 加强和改进车间班组思想政治工作是教育引导职工争做改革创新的支持者、行动派，进一步全面深化企业改革的迫切需要。党的二十届三中全

会部署了未来五年的重大改革举措，绘就了进一步全面深化改革的全景图，国铁集团、上海局集团公司改革发展任务愈加繁重，迫切需要更好发挥思想政治工作统一思想、凝聚共识、提振信心、激发合力的作用。

2. 加强和改进车间班组思想政治工作是满足职工日益增长的多元精神文化需要和现实利益诉求，进一步增强职工自信自立自强精气神的迫切需要。随着我国经济体制深刻变革、社会结构深刻变动、利益格局深刻调整、思想观念深刻变化，职工的精神文化需要和现实利益诉求更趋复杂多样，迫切需要思想政治工作以文化人、以文育人，引领主流价值，进一步增强自信自立自强的精气神。

3. 加强和改进车间班组思想政治工作是切实把牢信息化时代思想政治工作主动权，进一步适应信息技术革命重塑传播格局新变化的迫切需要。当今世界，互联网已成为日常生活的新空间、信息传播的新载体、思想教育的新平台。把互联网这个“最大变量”转变为集团公司事业发展的“最大增量”，是基层思想政治工作面临的重大课题和紧迫任务，迫切需要加快思想理念、制度机制、方法手段创新，提升思想政治工作的针对性、有效性。

二、车间班组思想政治工作的实践与成效

近年来，集团公司车间班组思想政治工作坚持把制度机制建设作为着力点，把服务引导职工作为落脚点，把提升工作质效作为关键点，为集团公司高质量发展凝神聚力提劲。

1. 完善“412”制度机制，压实工作责任，健全思想政治工作体系。在继承原有经验做法的基础上，构建“412”工作制度机制，形成齐抓共管的“大思政”工作格局，推动车间班组思想政治工作标准化规范化。一是建立四级工作责任体系。制定出台集团公司党委《关于加强和改进新时代基层思想政治工作的实施意见》，明确重点工作、任务分工，形成党委统一领导、宣传部门组织协调、各部门共同参与的思想政治工作大格局。印发《集团公司党委思想政治工作责任清单》《车间班组思想政治工作基本规范标准》，组织

基层单位党委、车间党总支和班组党支部结合实际，层层进行细化，用好新修订的《基层思想政治工作标准化测评体系》，指导基层站段优化完善“一班组一方案”，形成集团公司、站段、车间、班组四级思想政治工作责任清单。二是建立一支专兼职结合的思想政治工作队伍。出台《班组政治宣传员队伍建设指导意见》，聚焦车间班组在学习教育、宣传宣讲等方面的困难和需求，推动运输站段配备班组政治宣传员6500余人，让班组思想政治工作有人干。组织开展写作竞赛、宣讲比赛、融媒体产品创作竞赛等，分层建立理论骨干、融媒体骨干、文艺骨干等兼职队伍，举办宣传干部培训班、理论骨干培训班、融媒体骨干培训班、班组政治宣传员示范培训班8期，培训2490人次，常态化选调优秀思政工作者到党委宣传部、融媒体中心等部门实践锻炼54人，提升骨干队伍业务水平。三是建立两项检查考核激励机制。将车间班组思想政治工作标准化建设纳入集团公司政治工作考核、运输站段标准化规范化建设考核评价，推动思想政治工作责任落实、任务落地。组织基层思想政治工作示范点创建，先后命名集团公司示范点20个，3家单位获评全路基层思想政治工作示范点，广泛宣传特色做法，带动全局思想政治工作提质增效。

2. 打造“五大品牌”，强化思想政治引领，筑牢“根”和“魂”。坚持用党的创新理论凝心铸魂，按需打造理论宣传阐释“五大品牌”，推动党的创新理论入脑入心。一是打造“班组思政课+理论答题挑战赛”品牌。在各车间班组推行“一班组（车间）一学习方案”，每月制作推出“班组思政课”学习视频和“最强学习者”理论答题挑战赛新媒体产品，为车间班组提供权威性、可视化、好参与的学习内容，平均每期吸引近10万人次参与，受到职工广泛欢迎。有的单位开发党建App，运用信息化数字化手段助力政治学习。有的单位拍摄制作职工政治学习指导视频，促进学习质效整体提升。二是打造“上铁·尚理”宣讲团品牌。精挑细选机关部门负责人、党校教师骨干、理论骨干、党的二十大代表、青年讲师、“五老”骨干等，组建“上铁·尚理”宣讲团，围绕党的二十大、二十届三中全会精神等，深入一线单位开展全覆盖宣讲。三是打造理论微课品牌。组织党校教师、融媒体骨干、基层理论骨干等，定期创作推出理论微课、青马精品课等优质理论宣传阐释产品，近年来，28部理论微课入选铁路“五个一百”网络正能量作品。四是打造“尚铁轩”评论品牌。组织理论骨干创作“尚铁轩”“上铁时评”等系列评论，2024年以来，共推出内容通俗化、文字接地气的评论文章61篇，帮助职工理解掌握党的创新理论、方针政策。五是打造“e起公开课”品牌。组织党校教师定期创作理论解读课程，在上铁网上党校专题网页推出网上教学课程，供一线职工自主学习使用，丰富了理论学习宣传的载体形式。近年来，集团公司产生全国基层理论宣讲先进集体、先进个人各1个，铁路基层理论宣讲先进集体、先进个人各3个，3名骨干获评铁路理论学习积极分子，6部作品获评铁路理论武装优秀成果。

3. 用好“三个载体”，强化正面宣传引导，汇聚团结奋斗正能量。坚持团结稳定鼓劲、正面宣传为主，通过“三个载体”，持续充盈企业向上向善正能量。一是用好精准宣讲聚力载体。组建集团公司机关部门形势任务宣讲团，公布宣讲“菜单”，每年按需为基层一线开展定制化上门送讲200余场。组织各单位发动管理骨干、文艺骨干、宣讲骨干、班组长等，通过宣讲报告会、小分队巡回讲、包保宣讲、送文艺到现场等，讲清企业形势任务，点燃职工奋斗热情。分层举办主题宣讲比赛，以赛代讲、以赛促讲，集团公司5名选手参加全路总决赛，获得总分第三名、集体二等奖的好成绩。二是用好先进典型示范带动载体。坚持自下而上、层层发动，持续深入开展岗位之星、班组之星、站段N个十佳、“新时代·上铁榜样”等先进典型评选表彰，形成了以1个“时代楷模”集体、5名“最美铁路人”、13名全国劳模、101个“新时代·上铁榜样”为代表的多层次先进典型群体，让职工身边学有典型、做有榜样。统筹大屏小屏、路内路外等各类全媒体平台，利用巡回宣讲报告会、“先行有我”专栏、新闻报道等，开展全方位、立体化宣传，讲述奋斗故事，展示先行风采。三是用好社会主义核心价值观培育载体。全面落实《新时代爱国主义教育实施纲要》《新时代公民道德建设实施纲要》《党史学习教育工作条例》，在“五一”“七一”“十一”等重大节假日和重要时间节点，广泛组织文艺展演、“我喜爱的好书”读书活动、主题党日活动等丰富多彩的群众性文化活动，组织职工参观爱国主义教育基地和文博场馆，开展法治案例、国防知识等全媒体宣传，创作系列正能量文化产品，大力弘扬社会主义核心价值观。近年来，2 个集体和个人获评感动上海年度人物，出版发行《长三角铁路老物件会说话》书籍，汇聚了强大正能量。有的单位办起“夜校”，生动演绎思政微课，构建起职工“八小时外”精神家园。

4. 延伸工作“触角”，服务职工所思所盼，确保思想稳定队伍稳定。坚持用好平台载体，及时掌握职工思想反映，精准分析研判，推动问题解决，确保职工思想和队伍长期稳定。一是打通职工诉求收集渠道。分系统、分工种在各类车间班组设置职工思想动态直报点 88 个，两年来收集职工思想诉求和意见建议 1800 余条。发挥班组政治宣传员作用，每季度通过电话、微信等方式抽样联系，多渠道掌握一线职工所思所想所盼。有的单位组织一线管理人员与职工互加网络好友，将关爱触角延伸到生活圈、朋友圈，及时、准确掌握职工心情状态。二是提升思想动态分析研判质量。在每季度普遍分析基础上，建立宣传部门、工团组织、客货运、企法、内保信访等部门联动分析机制，联合开展青年职工、货运改革、廉租房配租等专题分析 5 次，把准职工思想脉搏。三是解决思想问题和实际问题。分层建立车间班组“一人一事”思想工作档案，确定包保联系人员，落实“四必清”“四必谈”“四必访”要求，答疑解惑、疏导情绪。坚持解决思想问题与解决实际问题相结合，畅通心理咨询服务热线，为职工答疑 32700 余次；针对电信网络诈骗，下发思想动态预警提示单，制作宣传手册、案例解读视频，开展大讨论活动等，成功防止 240 余名职工上当受骗。

三、当前车间班组思想政治工作存在的突出问题

在系统梳理实践做法的同时，发现当前车间班组思政工作中还存在一些较为突出、影响质效的现实问题，具体反映在以下几个方面：

1. 思想认识还不到位。调研发现，一些基层干部对思想政治工作是“一

切工作的生命线”认识不到位，抓工作的紧迫感、责任感不强。有的车间班组负责人主观上觉得业务工作是“硬饭碗”，思想政治工作是“软指标”，认为思想政治工作主要是宣传部门、党办、党支部书记、政治宣传员的事，工作主动性不强；有的车间班组机械落实指标任务，只求台账留痕而不问实效，工作开展浮于表面，存在不同程度的形式主义。

2. 工作方法较为单一。传统的单向灌输多、双向交流少，重“输入”弱“输出”。针对职工思想多元多变多样化特点，开展思想政治工作的针对性精准性不够，运用“互联网+”赋能思想政治工作的信息化手段不足，存在老办法用得不好、新手段不会用的现象，在面对面、“键对键”上都需要下功夫。

3. 制度体系较为繁杂。近年来，集团公司先后制定出台的思想政治工作相关制度多达10余个，有综合的，也有单项的，在形成较为完整的思想政治工作体系的同时，也出现了一些内容重复交叉、打补丁的情况。特别是一些制度在初期制定时“头痛医头、脚痛医脚”，缺乏系统性规划，繁杂有余，精简高效不足，给基层单位学习和执行带来了困扰，增加了负担。

4. 能力素质参差不齐。调研发现，部分管理人员思想政治工作能力不足，未能有效引领基层党支部、党员在开展思想政治工作中充分发挥战斗堡垒和先锋模范作用。有的理论功底不扎实，缺乏干工作的底气和勇气；有的对新知识、新技术、新方法学习掌握不多，指导实践能力不强，工作抓不住关键、打不开局面；有的工作作风不实，思想教育简单粗暴，缺少亲和力、感染力，找不准打开职工思想通道的钥匙，常常事倍功半。

5. “大格局”有待优化加强。调研发现，一些单位党委思想政治工作责任压得还不够紧，落实“一岗双责”和思想政治工作责任清单有差距，党群部门优势作用发挥不够充分，没有形成有效工作合力。有的车间班组党支部（总支）的政治功能和组织功能不强，落实基层思想政治工作规范标准不够有力。尤其是在推动思想教育与业务工作一体化管理上存在差距，专业部门、综合部门力量资源调动统筹不够。

四、加强和改进车间班组思想政治工作的对策措施

加强和改进车间班组思想政治工作要把习近平文化思想作为根本遵循，更加自觉把牢思想政治工作的重点任务，着力在理念创新、手段创新、基层工作创新上下功夫、出成效。

1. 强化理论学习，筑牢思想根基。始终把学习贯彻习近平新时代中国特色社会主义思想作为首要政治任务，深入实施“党的创新理论进班组”工程，用党的最新理论成果启迪思想、更新观念、创新理念，持续提升职工政治理论素质。坚持用好党支部“三会一课”、车间班组政治学习、“理论微课365”等学习载体，不断优化完善“一班组（车间）一方案”工作机制，开发精品“班组思政课”学习视频，办好“最强学习者”理论答题竞赛，大力倡导互动式交流式学习讨论，切实提升学习质效。坚持示范引领，积极培育打造车间班组政治学习示范点，组织单位内部和跨单位观摩交流活动，以点带面，整体提升。试点将理论学习情况纳入干部政治素质考察的重要内容，纳入职工岗位星级评比（评定）、党员积分制管理的考核项点，纳入各类招聘、转干、劳务工转正的前置条件，转变“要我学”为“我要学”。统筹线上线下、各级各类宣传平台，加强面向一线的理论宣讲和阐释解读，提高“尚铁轩”理论评论等宣传产品供给质量，用生动鲜活、接“天线”有地气有温度的语言，让党的创新理论走进职工身边，筑牢干部职工坚定拥护“两个确立”、坚决做到“两个维护”的思想根基。

2. 坚持思想育人，汇聚奋进力量。坚持把立德树人作为思想政治工作的根本任务，强化思想政治引领和道德教育，锻造向上向善、爱岗敬业的职工队伍。坚持每年一个主题，深化形势任务宣传解读和正面教育引导，充分发挥“上铁·尚理”宣讲团、上铁青年讲师团、“五老”宣讲团、“上铁榜样”宣讲团等宣讲品牌带动作用，持续开展各层级主题宣讲比赛，发现和培育优秀宣讲人才，用好宣讲比赛成果，激发职工建功新时代奋进新征程的思想动力。持续深化“新时代·上铁榜样”“最美上铁人”选树宣传，统筹行

车主要工种和其他岗位，注重挖掘具有集团公司特色、特点鲜明的工种、岗位和具有全路“唯一”“稀缺”属性的典型人物群体，形成群星璀璨的生动局面。运用“互联网+”赋能车间班组思想政治工作，开发宣传思想文化工作信息系统，实现思想政治工作信息和数据采集由“追着要”转向“找上门”。丰富拓展“上海铁道”微信平台、“上铁职工家园”App栏目功能，搭建企业与职工一键式服务的“连心桥”。坚持把思想教育融入日常、抓在经常，常态化开展职业道德教育、法治宣传教育、纪律规矩教育，守牢思想稳定、队伍稳定底线。落实集团公司新职人员思想政治教育实施办法，抓住青年职工入路后的5至10年的职业定型关键期，将入路教育和入路后的经常性教育相结合，引导青年树立正确的世界观、人生观、价值观，增强青年对铁路企业的认同感、归属感。

3. 加强调查分析，搭准思想脉搏。加强和改进车间班组思想政治工作，要多做组织群众、宣传群众、教育群众、引导群众的工作，多做统一思想、凝聚人心、化解矛盾、增进感情、激发动力的工作，做到改革推进到哪一步，思想政治工作就跟进到哪一步；职工在哪里，思想政治工作就延伸到哪里。锚定职工思想稳定、队伍稳定的目标，强化人文关怀，坚持严管重教和关心厚爱并举，完善职工思想动态四级调查分析制度，用好集团公司88个职工思想动态直报点，拓展“上海铁道”微信平台、“上铁职工家园”App职工诉求通道，多渠道掌握职工所思所想所盼，对苗头性倾向性问题提前预警、超前防范；坚持把正面教育引导与解疑释惑结合起来，把集团公司改革发展面临的形势任务与职工个人的美好生活愿景结合起来，把企业安全效益目标与职工岗位责任和要求结合起来，教育引导干部职工树牢与企业的命运共同体意识。始终把实现好、维护好、发展好职工根本利益作为一切工作的出发点和落脚点，用心用情用力促进解决职工群众急难愁盼问题，真正把工作做到职工心坎上。

4. 建好精神家园，丰富文化生活。坚持以文化人、以文育人，着力打造健康文明、昂扬向上、全员参与的车间班组家园文化，进一步丰富广大职工的精神文化生活。深入落实集团公司“十四五”企业文化建设发展规划，完善修订集团公司安全、服务、经营、高铁等文化建设制度，促进集团公司安全生产持续稳定、服务品质全面提升、经营效益不断提高。抓好“长三角铁路+”系列文化丛书编撰工作，鲜活讲好上铁文化故事，增强广大职工的责任感和使命感。建好用好博物馆、各级图书室、陈列室和互联网展览馆等文化阵地，加快推进“沪杭铁路爱国主义教育实践带”建设，构建起上铁职工共有的精神文化场所。深入推进车间班组家园文化建设，打造温馨舒适、优美和谐的文化环境。常态化开展文明车间、文明班组、文明宿舍、文明职工创建活动，因地制宜举办“送文化到一线”活动，不断满足职工精神文化生活新期待。

5. 加强组织领导，压实各方责任。做好思想政治工作，必须全党动手。充分发挥宣传思想文化工作领导小组作用，落实“管业务就必须管人、管思想”要求，加强与客货运输、机辆工电等业务部门和安监、劳卫、职培等综合部门沟通协调，推动形成思想政治工作与业务工作同部署、同落实、同检查、同考核一体化管理。健全完善基层思想政治工作责任体系，突出车间党支部（总支）政治功能和组织功能，调动车间班组所有管理人员切实担负起思想政治工作责任，主动思考上手、全力支持配合做好职工思想政治工作。运用标准化规范化建设思路，全面梳理思想政治工作制度机制，按照实用有效的原则，对能够整合的文件制度进行优化整合，压缩文件数量。同时，运用编制作业流程图、工作指导书等方式，为车间班组开展思想政治工作提供简易有效的“施工图”“任务书”，化繁为简，切实为基层减负。按照分级负责、分级培训原则，加强对基层专兼职思想政治工作人员的全员培训，着力增强脚力、眼力、脑力、笔力。突出党支部（总支）书记队伍教育培训管理，更好地发挥一线党支部抓基层思想政治工作的“桥头堡”作用，着力调动和发挥党员作用，全党全员抓思想政治工作，共同推动车间班组思想政治工作提质增效。

（执笔人：李博、徐飞强、张冰）

关于立足受众实际改进加强主题宣讲的实践与思考

中国铁路上海局集团有限公司申铁信息公司党委

主题宣讲是铁路企业普及创新理论、宣传形势任务、凝聚奋进力量的优良传统。2024年以来，申铁信息公司党委围绕“改革创新展作为、提质增效立新功”主题，坚持从职工队伍实际出发，加强组织领导，创新方式方法，广泛开展面对面、分众化、互动式宣讲，激励和引导公司职工统一思想、凝聚力量，以实际行动加快建设全路领先的现代科技企业。

一、分析受众，增强主题宣讲针对性

作为上海局集团公司唯一的信息化专业公司，申铁信息公司现有职工3800余人，他们是主题宣讲的主要受众。申铁信息公司党委准确分析和把握职工队伍分布情况、思想状况和兴趣爱好，提高开展主题宣讲的针对性和实效性。

一是分布点多线长面广。公司职工散布在三省一市近300个车站，且工作流动性大。组织一场传统的“大课堂”式宣讲，需要从会议选址、讲师邀请、人员组织、时间统筹上进行妥善安排，却只能容纳有限的听众。有的职工为了参加宣讲会，可能来回高铁就要奔波七八个小时，时间成本较高；

很多工种如消防值守施行24小时轮班制，若参加线下宣讲会，可能需要和同事进行调班，一定程度上影响日常工作。职工队伍分布点多、线长、面广的特点，促使主题宣讲必须采用灵活多样的方式因地制宜开展。

二是思想状况比较活跃。公司职工以机电和信息方面的大专院校毕业生为主，技术业务较为熟练，但思想状况比较活跃，特别是对党的政治理论的学习和理解把握不够，理论功底还不够扎实。针对这一现状，必须在优化宣讲内容上下功夫，把形势任务宣讲与政治理论宣讲有机结合起来，从职工思想状况实际出发，变大而全为小而精，做到职工想听什么就宣传什么、职工什么不懂就解读什么，真正把“沾泥土”“带露珠”“冒热气”的宣讲内容送到职工身边，以通俗化、大众化内容推动党的创新理论进现场到一线。

三是年轻趋势日益凸显。公司职工呈现年轻化趋势，青年职工占比越来越大，目前职工队伍平均年龄30岁左右。这些青年职工在信息网络技术快速发展中，对手机、平板等移动端有天然的喜好，导致他们对新媒体平台的信息资讯关注度高。在这个背景下，仅仅通过传统的线下主题宣讲，无法很好地吸引青年职工的积极参与，影响了主题宣讲作用的发挥。对此，在开展主题宣讲中，必须坚持守正创新，在继承历年宣讲经验做法的同时，运用互联网思想、全媒体视角改进方式、创新载体，不断扩大宣讲吸引力和覆盖面。

二、改进创新，提高主题宣讲影响力

申铁信息公司党委坚持把“企业想说的”与“职工想听的”结合起来，围绕宣讲主题、内容、队伍、方式、载体等积极改进创新，提高主题宣讲覆盖面和影响力。

一是精心策划，确定“微话题”。坚持上接天线、下接地气，围绕中国式现代化、铁路“六个现代化体系”、集团公司奋力当好排头兵等主题，结合公司职工实际需求，确定受众喜闻乐道的“微话题”。比如：公司劳务派遣工占比较大，他们更多地关注转正转干、职称评审、房屋租赁、异地工作等话题，宣讲的开展就以这些热点为切入口，把“大主题”分解为小知识、小事件，把大事讲小、把小事讲透，真正做到润物无声、入脑入心。

二是结合分工，组建“微团队”。立足“走出去”开展主题宣讲，结合分工职责灵活组建宣讲“微团队”，团队由公司主要领导带队，以“公司分管领导 + 分公司主要负责人 + 地区维保部主任”模式组建，动态控制在4至5人，深入南京、杭州、徐州、合肥四个地区举办宣讲报告会，最大限度集中各地区职工参加。他们利用宣讲契机，交流工作亮点，分析存在问题，展望美好前景，更好进行沟通交流，达到融入融合的目的。

三是言传身教，挖掘“微角色”。注重身边人讲身边事，深入基层一线选拔“微角色”，广泛发动优秀党员、青年骨干、技术能手等进行现身说法，讲自身成才经历，聊自身感悟体会，使宣讲把握小处、深入细处、落到实处，真正贴近现场、贴近职工。2024年6月，中铁信息公司党委举办主题宣讲比赛，通过层层选拔，来自基层一线的6名职工在舞台上绽放光彩，宣讲内容实在，看得见、摸得着、感受得到，观众触动很大。

四是见缝插针，用好“微时间”。在组织地区宣讲的基础上，鼓励各部门各单位见缝插针开展日常宣讲，或利用日常例会、座谈会等时机抽出十几分钟进行，或利用生产间隙进行，大家围坐一起、畅所欲言，从而统一思想、凝聚共识。比如：公司党委在举办2024年党支部书记培训班过程中，用好培训期间的“微时间”，组织公司13个部门的负责人穿插其中开展宣讲，创新了培训形式，提升了宣讲效果。

五是以小见大，讲好“微故事”。坚持以小见大、以事说理，深入挖掘报道职工坚守奉献的感人事迹，把理论变为实践，把道理变为事例，以情动人、以情感人，用鲜活案例阐明道理，提高宣讲的渗透力。比如：公司党委坚持宣传报道与主题宣讲相结合，在路内外媒体发表员工感人“微故事”60余篇，并将这些故事作为主题宣讲重要内容，用通俗易懂的大白话讲述小故事、阐明大道理。

六是移动优先，推出“微产品”。坚持移动优先，发挥融媒体骨干的优势和作用，运用微信、抖音、钉钉等新媒体平台，精心制作推送图文并茂、形式活泼的主题宣讲“微产品”，提高宣讲吸引力，扩大受众覆盖面。2024年以来，通过“申铁微家”微信公众号，制作推送图文、海报、视频等宣讲“微产品”20多期，让职工利用碎片化时间进行学习掌握，在点滴积累中实现受益匪浅。

七是注重互动，开展“微竞赛”。践行传播者也是服务者的理念，运用新媒体平台的服务功能，每周开展“微竞赛”，鼓励和引导职工参与线上答题、即时互动，增强职工自我教育、自我提高的意识和能力。在主题宣讲中，公司融媒体工作室在每期周刊最后加上有奖问答链接，回答满分的可获得公司文创产品，职工参与率达90%以上，发放定制U盘、定制鼠标垫等奖品近2000份，让职工在快乐中提高了认识、增强了本领。

八是求实问效，抓好“微点评”。宣讲开展得好不好，点评是把科学尺。在点评主体上，既有公司主要领导从宏观角度进行评论，也有宣讲人相互之间的互评，更有听众从基层一线的视角进行评价。在点评的标准上，涉及宣讲主题、宣讲内容、宣讲创意、宣讲时长、精神风貌、仪表着装、语言表达、感情表达、现场效果、综合评分十个方面，多角度、多层次地反映主题宣讲效果。

三、总结提高，确保主题宣讲高质量

2024年以来，申铁信息公司党委组织宣讲200余场，较2023年增加100多场，职工参与率和好评率近100%；公司宣讲报告在集团公司主题宣讲比赛上海地区复赛中获二等奖。通过回顾总结，公司党委虽然从职工队伍实际出发进一步加强和改进主题宣讲，但在宣讲的组织推进、队伍的挖掘组建、过程的严格把控、效果的综合评价等方面还存在问题和不足，必须针对性采取措施予以改进和提高，确保主题宣讲高质量发展、取得更大成效。

一要加强领导重部署。主题宣讲年年开展，但每年都会根据形势任务变化而变化，必须加强组织领导、强化部署安排。要深入调查研究，坚持重心下移，深入现场一线，倾听职工声音，了解职工所思所想、所需所求，做到心中有数、有的放矢。要精心谋划方案，把上级部署要求与公司发展实际相结合，研究制定工作方案和计划展开表，抓好分工、要求、责任“三落实”，确保主题宣讲不断档、不丢项、不松劲。要集中精力筹备，组织各部门、各子分公司召开研讨会，结合分管专业认真思考，明确为什么讲、讲什么、怎么讲，确定宣讲选题，撰写宣讲材料，层层把关实施。

二要广纳贤才强队伍。主题宣讲的有力有效开展，需要有一支强有力的宣讲队伍做支撑。要做好源头把控，注重从党员干部、先进员工中筛选优秀骨干，既要确保宣讲成员涵盖不同专业、不同年龄、不同层面，也要确保宣讲成员综合素质高、技术能力强、思想政治硬。要做好教育培训，组织宣讲骨干学习上级部署要求，了解公司发展实际，把握员工思想状况，掌握表达艺术和演讲技巧，不断提高宣讲的能力和水平。要优化评价反馈，组织开展问卷调查，了解掌握每场宣讲中宣讲成员的实际表现，针对性对宣讲队伍进行调整优化和补强完善。

三要守正创新促改进。任何一项工作，都需要在守正中继承、在创新中改进，主题宣讲也不例外。要在守正上下功夫，继承和发扬历年来主题宣讲过程中形成的好经验好做法，如面对面宣讲、地区性宣讲、身边人说教、集中式学习、分众化讨论、示范式宣传、主题式报道等。要在创新上下功夫，结合形势任务变化，把文化引领、人文关怀和心理疏导等融入主题宣讲，同时积极发挥信息化专业公司的优势和作用，牢固树立互联网思维，广泛运用全媒体手段，持续改进和创新主题宣讲的内容、方式、载体和语言等，不断增强主题宣讲的吸引力和覆盖面。

四要落实责任严把控。主题宣讲是一项系统工程，需要明确各方职责和要求，统筹各方资源和力量。要明确工作职责，各级党组织要勇担主体责任，党组织主要负责人要落实第一责任人职责，其他班子成员要履行一岗双责，全力抓好抓实主题宣讲。要强化督查督办，制定任务清单，按照时间节点下发重点工作提示，定期总结分析、督查督办，确保主题宣讲重点任务落地落实。要严肃问责追责，把主题宣讲开展情况纳入干部作风督查和季度支部考评，坚持问题导向，严肃问责追责，促使公司各层级积极参与其中，形成齐抓共管、合力共为的大宣讲格局。

（执笔人：柴卫民、仇蓓、钟钰）

关于新形势下加强青年职工思想教育的实践与思考

中国铁路上海局集团有限公司杭州电务段

习近平总书记指出："青年兴则国家兴，青年强则国家强。青年一代有理想、有本领、有担当，国家就有前途，民族就有希望。"对于铁路基层单位来讲，青年是一个单位的新生力量，是改革创新发展的生力军。近年来，随着上海局集团公司招生政策的调整和电务段新线的陆续接管，管辖里程快速扩张，新职大学生不断融入，青年职工人数越来越多，青年职工已成为全段安全生产的主力军和现场生产管理的中坚力量。如何掌握这些青年职工的思想动态，培养使用好这股年轻的力量，对促进全段安全稳定及经营改革发展和建设全路一流电务段的目标，显得尤为重要。

一、电务段青年职工队伍现状

杭州电务段现有职工2080人，其中35周岁以下青年职工1389人，占职工总数的66.8%。从学历上看，大学本科及以上学历417人，占青年职工总数的30%，大中专学历760人，占青年职工总数的54.7%，中专以下学历212人，占青年职工总数的15.3%。从技能等级上看，全段青年职工中技师及以上为82人，高级工643人，中级工587人。青年职工队伍除年纪轻、学历高、技能等级高外，还有以下几个特点：

一是悟性高，适应快。近年来，入路的青年职工文化程度普遍较高，且部分是毕业于信号专业，因此在各自的岗位上学习领悟力也比较强，工作上手快，能够在较短的时间里掌握岗位专业技术，并能把理论知识与实践相结合，在国铁集团、集团公司、电务段技术比武大赛中获得较好名次。

二是积极性高，可塑性大。大部分青年职工工作态度比较端正，工作积极性很高，上进心强，在不同岗位的交叉培养、锻炼中表现较好，转换角色较快，尤其在接管新线配合、重点施工作业等工作中能拉得出、顶得上，有的表现比较突出。

三是思想活跃，思维敏捷。大部分青年职工观念新颖、兴趣广泛，探索未知劲头足，接受新生事物快，主体意识强，对实现人生发展有着强烈渴望，但人生阅历不广，容易从自身角度、从个人理想状态的角度来认识和理解事物，易受周边工作环境和条件影响，具有一定局限性。

二、青年职工思想教育中存在的问题

随着新入路青年职工数量的不断增加和铁路现代化事业发展对职工队伍素质要求的不断提升，青年职工的培养教育还存在着一些不容忽视的问题，通过调研及结合平时了解掌握的情况看，主要表现在：

一是对青年职工的思想动态和个性特点把握引领还不够全面深入。近年来，新入路的青年职工以“95 后”“00 后”为主体，这些青年生长在我国改革开放后经济快速发展的黄金时期，普遍具有较优越的生活环境，受到较好的基础教育培养，但也存在一些比较明显的短板。有不少青年职工对铁路一线岗位的艰苦程度认知不足，进入铁路后难以接受铁路一线苦、累、险、重的工作，个别甚至报到后不久就离职；有的青年职工受长期优越成长环境影响，自我中心意识强，情商不高，缺乏团队协作精神，难以融入铁路大家庭；有的青年职工眼高手低，动手能力差，又不愿从最基础的操作技能开始学习锻炼；有的青年职工在学生时期不注重政治理论学习，在思想观念和政治素养方面跟不上铁路企业对员工的基本要求。针对以上青年职工思想特点，我们对青年职工针对性思想教育还明显不足，入路教育简单粗放，对路情、局情、段情教育没能讲深讲透，对帮助青年职工实现从学生到员工的身份转变、适应铁路艰苦岗位的变化，还不能做到循序渐进，方式方法没有做到细致入微；政治思想教育偏重于大道理的说教，内容比较空洞，没能结合青年职工的思想特点有针对性开展，从而真正起到帮助青年职工转变观念、理顺情绪、适应变化、主动融入的作用。

二是对青年职工的早期思想教育还不够到位。青年职工的早期培养教育在其成长过程中有着十分关键的作用，但从目前青年职工培养的实际情况看，在早期培养制度的落实上还有一定的差距，比如：对青年职工的职业生涯规划不够具体细化，没有根据人才需求和每名青年职工的专业、个性特长，进行量身定制，细化制订培养方向清晰、培养方法明确、培养措施具体的职业生涯规划；入路集中教育时间偏短，课程安排重业务培训而轻思想教育，管理上严格管理有余而沟通关爱不足，从而影响了入路教育的效果。对青年职工见习期的教育培训方式比较单一，新入职青年职工入路集中培训后，大多分配到沿线车间班组，青年职工平时学习主要靠师父带徒弟、班组学习、个人自学等方式进行，学习的内容相对单一，随机性较大，班组长责任心强、师父比较负责、自身学习较主动的学员，学习进步比较快，反之学习效果就会打折扣。

三是对青年职工的思想教育体系还不够完善。电务段作为铁路主要设备维修单位，对职工的专业性、技术性要求高，从青年职工入路到培养成为一名合格的操作技能人才，一般需要 3 至 5 年的培养周期。从目前实际情况反映，杭州电务段对青年职工的培养规划安排还不够周密充分，包括对培养的具体方向、内容、路径、过程检验、阶段性评价等，缺乏具体统筹安排，造成对青年职工培养的系统性、针对性不强，对青年职工培养锻炼的举措不多，青年职工缺少展示技能、锻炼提升的平台和机会，对青年职工培养效果的考核评价不够完善，评价的标准不够具体明确，评价的考核流于形式，没有真正做到客观评价，评价结果的运用也没有得到相应体现。同时，整个培养规划过程中缺少一定的沟通反映渠道，对青年职工思想动态关注较少，对他们所思所想、所期所盼没有深入了解和及时跟踪。

三、原因分析

1. 社会层面。当前经济社会处于转型期，国家鼓励“大众创业、万众创新”，在这样的时代背景下，青年职工渴望有所作为，实现人生价值和理想抱负。同时，当前社会中多元的思想观念碰撞、网络文化的短视效应带来的价值观偏差、个人理想与现实的差距等，使部分青年职工产生了茫然、徘徊思想，工作上也出现了不够务实敬业的现象，导致一些青年职工行为上从“理想主义”转向“现实主义”。

2. 单位层面。青年职工毕业后直接进入铁路工作，与同期进入工程局、地铁等其他单位的大学生相比，具有工作稳定、工资收入高、福利待遇好的明显优势。电务段在青年职工定职定级和专业技术职务评聘方面，与其他行业相比也有一定优势，一定程度上增强了广大青年职工对企业的认同感。但是，随着高铁里程逐年增长，从事线路维修管理的青年职工承受着工作任务和安全压力的双重考验，加上管辖范围广、跨度大，生活节奏乱，部分青年职工产生畏难、退缩和跳槽的想法。

3. 自身层面。从素质能力看，青年职工普遍受到高等教育，有理论文化基础，知识面、视野比较开阔，思想解放，敢于创新。从性格方面分析，做事情有自己的想法和见解，注重事情的结果，而不太关注过程；习惯特立独行，不太愿意被约束；有些独生子女成长环境优越，不愿意从事体力劳动和辅助性工作。个别青年职工因各种原因，适应不了长期夜班，对电务工作产生厌倦的想法，投入精力减少。

四、加强青年职工思想教育的对策建议

无论从电务段青年职工思想教育的现状，还是从铁路现代化建设发展

的更高要求来看，加强青年职工思想教育的任务都十分艰巨，下一步需要重点做好以下几个方面的工作：

一是加强青年职工政治理论教育。坚持政治教育和专业培养相结合，综合运用脱产培训、网络教学、在岗自学等方式，常态化开展以政治理论、政策法规、形势任务、职业道德和人文素养等为重点的教育培训。通过青马讲师授课、9095新时代理论宣讲团宣讲等形式，进一步加强对青年职工的政治理论宣传教育，让习近平新时代中国特色社会主义思想等党的创新理论深入青年职工之心，全面提升青年职工政治理论水平。

二是推进青年职工思想教育制度化规范化。杭州电务段党政主要领导切实担负起青年职工思想教育第一责任，开展与青年职工“见一次面、谈一次话、讲一次课”的“三个一”活动。劳人、党办和相关业务部门负责人按照分工各司其职，为青年职工成长成才营造良好的生态环境，要精心上好一堂思政课、组织一次宣誓、开展一次青年职工调研等活动，健全落实段领导、车间（科室）负责人与青年职工联系帮带制度，帮助青年职工细化制订职业生涯规划，及时了解青年职工日常思想动态，有针对性做好思想引导。

三是多渠道掌握思想动态把准职工脉搏。坚持把党支部书记和班组长作为掌握职工思想动态重要信息的第一来源，探索形成“看、听、搜”工作方法。注意“看”个体状态，组织一线班组长及骨干人员，在班前预想会时观察职工情绪是否变化，在现场干活中注意职工劲头是否衰减，同时，将这些变化纳入“一人一事”职工思想档案。注意“听”谈论话题，在日常工作生活中，有心地去听一听职工关于家庭情况、健康状况、兴趣爱好等讨论的话题，主动充当“家庭政委”的角色作用，定期向职工家人沟通工作表现、思想状况。注意“搜”侧面信息，组织车间管理人员、班组长与职工的微信、抖音等社交媒体互加好友，将关爱触角从“工作圈”延伸到“生活圈”和“朋友圈”。

四是多举措疏导思想情绪解决职工困惑。坚持把解决思想问题与解决实际问题相结合，努力打通思想工作的“最后一公里”。建立点对点帮扶措施，建立班组、车间、段三级思想动态分析网络，由党委办公室每月收集编发职工思想动态综述，并发送给段领导班子成员及各科室负责人，指定对口科室定点帮助需要解决问题的工区。做好面对面的谈心关爱，针对影响安全和工作的重点思想问题，组织科室负责人结合包保检查，深入一线开展主题宣讲和面对面集体谈心。组织车间管理人员通过到宿舍“拉家常”的形式，了解家庭、生活是否出现了问题等情况，疏导职工存在的思想疑惑。做好“心贴心”的隐私保护，严格控制涉及个人隐私思想问题职工的信息知晓范围，组织周边亲近的干部职工通过散步聊天等形式进行“坐诊”，让职工在舒缓放松的环境下“倒苦水、诉心声”，为他们创造轻松的人际环境。

五是发挥工团组织在青年职工思想教育中的优势。工会组织通过加强阵地建设，建立完善职工书屋、篮球场、羽毛球场、乒乓球室等文体活动场所，组织开展形式丰富多彩的群众性体育、文化、艺术等活动，满足青年职工的精神文化需求，组织开展形式多样的劳动竞赛、学技练功和合理化建议等活动，引导青年职工将知识与实践相结合。团组织深入推进“青年之友”建设，以服务青年业余文化生活需求为导向，推动青年活动向沿线工区、融合点延伸，扩大辐射范围，切实关注青年职工婚恋交友问题，用好“缘在高铁”线上交友平台，服务好青年职工“八小时外”生活。

六是注重将解决青年职工实际困难和问题与思想教育相结合。大力加强车间班组“三线”建设，对新成立和偏远工区班组实行重点帮扶指导，不断改善青年职工生产生活条件。关注青年职工心理健康，推进心理咨询站建设，定期组织心理咨询讲座，对青年职工工作生活中遇到的困惑答疑解惑。加强青年职工劳动经济各项权益保障，规范落实劳动用工、报酬福利、安全健康、休息休假等各项劳动经济权益。对青年职工在工作生活环境、薪酬福利、晋职升迁、个人提升等方面的愿望和需求进行认真分析，对通勤、休假等生活方面问题，认真组织研究，提出对策措施，努力满足青年职工正当需求，切实解除青年职工的后顾之忧。

（执笔人：李静、徐彰扬、娄晓磊）

关于基层站段培养选树先进典型工作的思考和对策

中国铁路上海局集团有限公司徐州车务段党委

先进典型是社会进步与改革进程中的先行者和实践者，发挥先进典型的引领示范作用对于企业进步和高质量发展具有重要的意义和价值。通过选取具有代表性、可信度高、具有示范意义的先进典型，可以让更多的人了解和学习先进典型身上蕴含的精神力量，鼓励更多职工向先进典型学习和效仿，在铁路企业形成争先创优的良好风尚，从而激发广大职工的积极性和创造力，为企业高质量发展提供不竭动力。

上海局集团公司徐州车务段党委确定本课题后，成立了调研课题小组，采取深入现场调查、召开座谈讨论、下发调查问卷、统计分析数据等方式，对近年车来徐州车务段的先进典型选树培养工作进行了认真总结、分析，并进一步厘清了下一步的工作思路。

一、调研概况

调研课题组围绕徐州车务段先进典型选树机制、先进典型选树效果、先进典型作用发挥等问题设计了调查问卷，共有干部职工 284 人参与调查问卷，其中有效问卷272份。参与者中，一线职工184人，占比67.6%；一般管理人员58人，占比21%；中层管理人员30人，占比11%，基本覆盖了全段各个层级，征求建议意见47条。课题调研组还先后召开座谈会4场，征求意见建议23条。

徐州车务段近年来先进典型选树情况如下：荣获全路及以上荣誉称号的各类先进个人5名，荣获集团公司级（地市级）的各类先进典型个人17名，荣获集团公司各类先进集体8个，荣获江苏省各类先进集体5个。

二、存在的主要问题

1. 先进典型选树缺乏高度。从调查问卷情况来看，部分干部职工对先进典型选树工作，政治站位不高，争先意识不强，思想认识不足。10%的职工认为先进典型可有可无，对整体工作的影响不大；12%的职工认为部分先进典型带头作用不突出，缺乏代表性和先进性；20%的职工不知道徐州车务段近年选树的集团公司及以上的先进典型；15%的职工不清楚本站推荐的段级先进典型，这都说明了部分职工对选树的典型整体认可度不高，评选出的部分先进典型存在代表性、影响力不足，先进典型先进性不够的问题。

2. 先进典型覆盖缺乏广度。通过调研发现，存在评选标准设置不够科学合理，评选流程不够严谨严格的问题。十年来，“徐车榜样”的评选表彰中，“徐车二十佳”中安全技术标兵125人，其中车站值班员115人，调车长10人，助理值班员、连接员等岗位无一人入选；管理标兵40人，其中站长（科长）30人、一般管理干部10人；服务标兵30人，客运值班员28人，客运员、售票员2人。这说明评选覆盖范围还不够均衡全面，先进典型的多元性、代表性不足，选树培养相对向高技能岗位和管理岗位倾斜，连接员、助理值班员、客运员等低技能岗位和低层级工种基本未被挖掘和表彰，没有实现全方位覆盖。

3. 先进典型宣传缺乏力度。通过调查问卷和座谈发现，段各级组织对先进典型的事迹和精神挖掘提炼不够，典型宣传还缺乏多样性、长效性，没有做到久久为功，“保鲜期”太短，评选表彰时轰轰烈烈，一段时间后就力度减弱，对典型传帮带作用发挥没有做到跟踪总结，没有发挥出典型示范引领的长远效应。部分车站在评选先进典型的过程中，存有按资排辈、轮流坐庄、印象指点等现象，导致先进典型更换频繁，导致宣传效果不优，使选树出来的典型立不住、叫不响、不过硬。

4. 先进典型机制缺乏深度。通过现场调研和问卷反馈情况看，段各级组织对先进典型选树培养工作谋划不周密，顶层设计不科学，责任机制建设不到位，表彰奖励力度不够大，对先进典型选树培育、宣传培养、总结提炼，缺乏长期思想、系统观念、全局意识，对一些崭露头角、逐步成长起来的先进典型关心关爱、跟踪指导不够，未能及时开展有针对性的教育引导工作，特别是对职业发展进步等方面，支持措施、平台搭建、方式方法招数不多、手段不新，既影响了潜在榜样的积极性和创新性，又造成一些先进典型半途“夭折”、半途而废或“长不大”。

三、下一步工作思路及措施

坚持把典型选树作为宣传思想工作的重要抓手，逐步探索实践出发现、宣传、培养“三位一体”先进典型培育选树机制，形成崇尚先进、学习先进、争当先进、赶超先进的氛围，激发干部职工内动力，促进车务段高质量发展。

1. 严格标准选树典型，发挥典型的引导力。一是注重时代特征，突出典型的先进性。把牢“千千万万普通劳动者最伟大，幸福都是奋斗出来的”宣传导向，认真落实集团党委选树宣传“新时代·铁路榜样”的部署要求，坚持传承“徐车榜样”评选做法，健全常态挖掘、季度推选、年度评选工作机制，制定《徐车二十佳、最美徐车人评选表彰办法》，明确“民主推荐、层层评选、综合分析、集体讨论”评选程序、方法步骤和具体标准，以时代要求、铁路特色、徐州车务段特点作为衡量标准。二是注重群众基础，突出典型的广泛性。用群众评价作为鉴判典型的重要基础，用实绩的优劣作为取舍典型的基本依据，好中挑优找先进、优中选强树典型、强里拔尖立标杆；

对推荐的典型，在段、支部、班组公示，接受职工群众监督，保证先进典型的真实性、可信度；在倾听群众心声、回应群众期盼的过程中找到培育选树典型的着力点，让典型过得硬、立得起、树得住、推得开。三是注重集群效应，突出典型的多样性。坚持系统化、多层次、全工种培育典型，让每名职工在先进典型的行列中找到合适自己效仿的榜样。近年来，我们培育了全国“向善向上好青年”获得者赵斌，“火车头奖”获得者赵军、金民、田甜，集团公司“五一劳动奖章”获得者刘硕、闻震、朱杰，集团公司道德模范耿林、程立建等大批先进典型，涵盖安全管理、技术创新、营销创效、文明道德等领域，弘扬了社会正气、鼓舞了职工士气、凝聚了企业人气。

2. 组织学习宣传典型，扩大典型的影响力。一是聚焦挖掘提炼，让典型“立起来”。针对推选出的先进典型事迹，通过专人跟踪采访，专人撰写事迹，深入挖掘总结，确保真实感人、表述准确，突出特色亮点、事迹过硬，使典型事迹可学可做、典型精神可追可及。二是多种形式学习，让典型“响起来”。精心组织“学典型、赶典型、超典型”主题实践活动，常态化开展各级典型巡回宣讲、集中座谈交流经验，并以党支部为单位开展“对照先进差什么、立足岗位干什么、学赶先进做什么”大讨论，引导干部职工找差距，查不足，明确努力的方向，把学习先进典型的收获转化为创先争优和推动车务段高质量发展的实际行动。三是内外联动宣传，让典型“亮起来”。坚持通过集中的、立体的、全方位的内外宣传，放大典型宣传效应，树立徐车形象，扩大社会影响。运用微信公众号“徐车风”开辟专栏，宣传优秀集体和个人风采；在段职代会上隆重表彰先进典型、举办“徐车榜样”荣誉颁奖活动，扩大典型效应；坚持为先进典型著书立说，组织开展“讲好徐车榜样”故事创作；组织文艺骨干深入一线车站班组，创作情景剧、电影短片等作品。主动邀请路外媒体深入一线采访报道先进典型事迹，力求“上大报、上头条、上专题”，取得“墙内开花内外香”的典型宣传效果。

3. 完善机制发展典型，增强典型的内动力。一是建立先进典型联系制度。常态化做好与先进典型面对面交流，建立每季度进行一次电话沟通，每半年进行一次座谈交流，每年进行一次上门走访的“三个一”联系制度，有针对性地加强和改进联系工作，保证典型培树信息畅通。二是建立先进典型跟踪培养管理制度。加强对先进典型的动态管理，不定期跟踪了解现实表现和民主评议，及时发现和解决先进典型成长中遇到的问题和不足。三是建立健全典型激励机制。坚持从实际出发，对先进典型重用不乱用，关爱不溺爱，既搭台子又压担子，对选树的典型在学习培训和晋职晋级等方面优先考虑，为其更好展示作为提供舞台、创造环境。近年来，全段 11 名先进典型走上了管理岗位，52 名职工先进典型在安全服务等关键岗位发光发热。

四、三点体会

1. 必须坚持齐抓共管。培养选树先进典型工作需要加强领导，统一部署，立足长远，科学谋划，上下联动，一体推进，落实责任，精心组织，才能确保培养选树工作取得实实在在效果。

2. 必须坚持服务大局。培养选树先进典型工作要坚持围绕中心，在急难险重、大战大考中选好用好各级各类先进典型。要始终围绕车务段“六个强段”建设目标任务，贯彻“有名次争第一，无名次创一流”的工作理念，才能凝聚全员奋进的强大合力，营造创先争优发展氛围。

3. 必须坚持真评实考。培养选树先进典型是对干部职工工作业绩、综合素质、业务能力的评价和肯定。只有评出拿得出、站得稳、过得硬的先进典型，才能确保评选对象具有时代性、先进性和代表性，先进典型才能有长久的生命力。

（执笔人：许宁、甄伟、李佃好）

新形势下深化基层站段形势任务宣讲工作的实践与思考

中国铁路上海局集团有限公司上海工务段党委

基层宣讲是打通党的创新理论传播“最后一公里”的重要渠道。习近平总书记指出：“做好新形势下宣传思想工作，必须自觉承担起举旗帜、聚民心、育新人、兴文化、展形象的使命任务。”基层理论宣讲是加强基层宣传思想文化工作的重要一环，承担着打通理论武装“最后一公里”的重要任务。根据上海局集团公司党委和铁路政研会年度工作安排，上海工务段党委围绕“开展‘改革创新展作为、提质增效立新功’主题宣讲”重点课题开展调研。调研期间，结合三轮“改革创新展作为、提质增效立新功”形势任务巡回宣讲，通过座谈交流、个别访谈、谈心谈话、问卷调查等形式，深入一线、车间（科室）、班组，共进行 5 场集中座谈，个别访谈来自 16 个车间、6 个科室共计 112 人，问卷征集 1876 份。

一、基本情况

近年来，上海工务段高度重视形势任务宣讲工作，围绕全年重点工作任务细化宣讲方案，聚焦基层不同群体，定制个性化宣讲内容，创新宣讲形式，不断推进基层形势任务宣讲工作的深化和创新。2023 年，段党委组建的“尚工”宣讲团被评为集团公司基层理论宣讲先进集体。一是强化精准施策，制定个性宣讲菜单。内容定得准，理论才能讲得“活”。2024 年初，段党政主要领导带队，深入调查排摸，召开座谈会 3 场，广泛征求职工对宣讲的意见及建议。利用中心组学习、月度例会等契机，向分管领导、相关科室布置了主要任务及分工。面向全段干部职工发放“宣讲内容你来定”主题调查问卷，找到职工关切点、找准基层兴奋点。对收集上来的 1744 份问卷，由党委办公室统计筛查后，牵头业务科室召开主题宣讲内容定制会，将“大主题”分解成“微话题”，遴选出党的二十届三中全会精神、工务红黄线管理、反诈知识宣传、先进典型事迹等主题纳入宣讲内容。通过制定“个性菜单”，切实提高干部职工理论学习的参与度、获得感，在提升宣讲内容受众度等方面实现了新突破。二是激活宣讲阵地，运用多种形式载体。新形势下做好形势任务宣讲，必须适应时代要求创新形式，不断增强理论宣讲的吸引力和感染力。段党委充分运用融媒体宣传优势，开设“上工面对面”栏目，邀请专业科室负责人、主管工程师直面镜头，围绕安全生产、重点任务、绩效考核、职工福利等主题向干部职工讲清政策、讲明要求、讲细举措，策划制作微视频 4 个，累计阅读量 9722 次。充分运用段刊《上工通讯》，编发“改革创新展作为、提质增效立新功”专题形势任务宣传专刊 8 期，涵盖党的创新理论、国铁集团、集团公司领导干部年中工作会议精神、集团公司形势任务宣传提纲、医疗保险惠民政策等内容，通过车间、班组职工记名学习的方式做好最新形势任务的传达。三是优化宣讲格局，搭建丰富宣讲网格。经过不断探索，该段党委搭建“领导干部带头讲—中层管理人员专业讲—宣讲团成员巡回讲—先进典型示范讲—宣讲骨干日常讲”的“五级”宣讲网格。贯彻落实习近平总书记提出的“领导干部要做实干家，也要做宣传家”的重要指示，段领导班子利用集中修动员会、施工把关等契机开展面对面宣讲 40 余场次，掀起了主题宣讲热潮。科室、车间负责人结合下发的形势任务宣传册，利用室务会、三会一课机会向职工划重点，结合科室、车间近阶段工作重点进行宣讲。发挥“尚工”宣讲团作用，每季度组织8名有宣讲特长的青年职工分两组赶赴上海、苏州、常州、张家港等地，深入一线25个车间、113个生产班组开展面对面宣讲，互动交流、提升效果。邀请党的二十大代表顾蓉、上海交通工匠高占雄、集团公司“建设先锋”庞聪等先进典型代表利用休班时间宣讲自身成长故事、分享成长经验，激励身边职工。举办主题宣讲比赛，在全段范围内选拔出18名宣讲骨干，组织宣讲骨干在车间、班组内开展日常形势任务宣讲，确保主题宣讲覆盖率。

二、现阶段在基层形势任务宣讲方面存在的问题

近年来，段党委在做好基层形势任务宣讲方面做了一系列工作，但从宣讲形式、宣讲效果、宣讲队伍建设的整体成效上来看，还存在诸多亟待改进的问题。一是宣讲形式不够“接地气”。调研中发现，超半数的干部职工反映，平时听宣讲的还是以面对面为主要形式，领导干部、车间党政负责人、巡回宣讲队、宣讲骨干“轮番上阵”，这种“填鸭式”宣讲方法，导致宣讲效果不佳。当前，段党委主要形势任务宣讲形式以报告会、讲座为主，“百人一课”“众人一堂”的情况仍然存在，事实证明，这种“灌输式”“一刀切”的宣讲方式已经很难被基层干部职工所接受。部分青年职工表示，对先进典型上台示范讲的形式比较感兴趣，希望以后的形势任务宣讲能增加更多互动与提问的环节，让“倾听者”也能成为“宣讲者”。二是宣讲内容不够“聚人气”。经调研了解，部分职工认为当前宣传宣讲内容多，有时宣讲时间过久，还会影响个人作息。有的车间管理人员反映，部分宣讲内容存在一张稿子念到底、一个道理空到底，不注重对宣讲内容的浓缩和提炼，导致部分职工“难以消化”，职工参与宣讲的积极性不高，部分职工甚至产生了抵触情绪。在职工被动应付的前提下，主题宣讲的成效自然偏离预期。此外，将形势任务宣传知识融入文艺作品创作的水平还不够高，当前在主题巡回宣讲中仅排有快板节目、吉他弹奏节目，能够让干部职工记得住、传得开的文艺作品较少，缺乏一定的吸引力、感染力和穿透力。三是宣讲队伍不够“有生气”。“尚

工”宣讲团成员及宣讲骨干都为兼职，在做好日常的生产工作的同时，还需要根据当季主题丰富宣讲材料、制作宣讲 PPT，导致个人精力和时间不足，在经济收入分配、岗位竞争等方面也不占优势，即使站段内部表彰奖励，也不存在优势和加分项，导致宣讲人员的积极性不高，宣讲效果也打了折扣。此外，宣讲团成员结构并不合理，队员基本为近几年入路的青年职工，对党的创新理论理解不足。队伍中能结合基层站段发展实际、结合群众身边的故事来讲好党的创新理论的高素质宣讲队员更是缺乏，在盘活各级各类宣讲人员方面还需持续用力。

三、解决问题的对策措施

宣讲是在人的头脑里“搞建设”，是在心灵深处“耕耘播种”。基层宣讲工作实践告诉我们，要让宣讲出新出彩，必须不断创新理念、内容、形式、方法、机制，让宣讲走进群众、贴近生活、打动人心，让有意义的事变得有意思。一是要聚焦队伍建设，着力解决“谁来讲”。着力构建“大宣讲”格局，将段各专业主管工程师及劳动人事科、职工教育科、综合科室的相关负责人融入宣讲团队，形成宣讲合力。要优化宣讲团队伍构建，通过主题宣讲比赛优选一批政治过硬、熟悉路情、懂得政策的宣讲骨干，经常性开展备课试讲。要发挥优秀党员、先进典型等群体的示范引领作用，邀请道德模范、劳动模范、车间党支部书记、一线工班长代表、退休老干部讲述自己的故事、经历和体会，用身边人身边事说身边理，增强宣讲感染力。要吸纳各类文艺骨干参加主题宣讲，根据形势任务宣讲主题开展歌剧、戏曲、相声、快板、诵读、脱口秀等文艺展演，通过“理论宣讲+文艺展演”的宣讲形式，使理论的“深刻”与文艺的“有趣”深度融合。要定期举办宣讲骨干培训班，邀请理论功底深厚、有丰富宣讲经验的专家到培训班辅导，并选送优秀宣讲骨干外出培训，提高基层宣讲员的理论宣讲水平。对宣讲骨干进行动态管理，建立宣讲激励机制，通过调查问卷、电话回访等方式考核宣讲效果，分层次、分类别实施奖励，确保人才能进能出，充分调动宣讲员的积极性。二是加强阵地前移，着力解决“在哪讲”。按照“一线职工在哪里，宣讲阵地就延伸到哪里”的原则，坚持将阵地前移，送宣讲上门，让职工在宿舍、在车间、在学习室内都能听宣讲。要用好管内新丰站、浒墅关、斜塘沪杭铁路戊申年引桥遗址等管内铁路红色地标，打造“红色宣讲路线”，开展“重温红色故事，凝聚奋进力量”主题宣讲，让红色基因赓续红色血脉。要着力构建“线上线下共同发声”的大宣讲格局，发挥新媒体理论宣传主渠道作用，通过网络直播微党课、录播专题微宣讲和理论学习挑战赛的形式，引导广大党员、群众学深悟透党的创新理论，实现网络覆盖到哪里，理论宣讲就跟到哪里，打造随时随地学理论的线上线下共享宣讲课堂，构建全方位、立体化基层宣讲体系。三是突出形式创新，着力解决“怎么讲”。要针对受众对象不同，灵活设定宣讲场景，突出小范围、近距离和短时间，积极将理论融入感人故事，以“理论+文艺”“理论+故事”等形式，把“大主题”转化为“小切口”，把“普通话”翻译成“上海话”“江浙话”等群众喜闻乐见的艺术形式，把宣讲内容唱出来、演出来、展出来，让干部职工在娱中学、学中娱，不断增强宣讲的穿透力和感染力。要创新采用情景模拟、角色扮演等互动式宣讲方式，让干部职工在轻松愉快的氛围中深刻理解形势任务相关知识，激发干部职工学习热情，让党的创新理论在干部职工中入脑入心。

（执笔人：王成、俞霄凡、汪寒）

深入运用“实透新细”工作法
助力南铁高质量发展取得新成效

中国铁路南昌局集团有限公司党委宣传部

思想政治工作是党的优良传统、鲜明特色和突出政治优势，是一切工作的生命线。南昌局集团公司党委着眼做好新时代思想政治工作，紧扣南铁改革发展实际，聚焦职工思想观念、价值取向、利益诉求变化特点，以“坚持守正创新、解决思想困惑，坚持细致入微、解决实际问题”为重点，充分运用“实透新细”思政工作法，在贯穿结合融入深化、做实做透做新做细上下功夫，构建各级组织同频共振、同题共答的“大思政”工作格局，在基层实践中持续提升思想政治工作质效。

一、以“实”为基，始终坚持以人为本的重要原则

习近平总书记强调，“思想政治工作从根本上说是做人的工作”“要把思想政治工作作为企业党组织一项经常性、基础性工作来抓，把解决思想问题同解决实际问题结合起来，既讲道理，又办实事，多做得人心、暖人心、稳人心的工作”。把思想政治工作做“实”，就是要着力解决好职工群众最关心最直接最现实的利益问题，切实把实现好、维护好、发展好职工群众的根本利益作为思想政治工作的出发点和落脚点。

1. 真才实学掌握思政工作本领。做好思想政治工作，体现的是政治站位，展示的是能力胸怀，需要坚持用党的创新理论武装头脑、指导实践，需要掌握思想政治工作领域的专业知识，需要加强对网络信息知识的学习，更需要在实践中不断学习，切实增强做好思想政治工作的战略思维、创新思维、辩证思维。比如：福州工务段在党支部书记培训班、党员轮训班上开设思政工作培训课，将党的创新理论、基层思政工作优秀案例、心理辅导课程等融入教学，着力转变"思想政治工作就是党群干部的事"的观念，解决行政干部"不想做、不会做"思想政治工作的问题。

2. 真心实意深入一线掌握实情。铁路高质量发展的主战场在哪里，思想政治工作就要跟进到哪里，统一思想、凝聚力量就要在哪里见效。做好思想政治工作，要传承发扬"四下基层"优良工作作风，通过现场检查、跟班作业、工作交流、谈心家访等方式，深入一线面对面问计问需，让职工群众的需求"浮出水面"，实际问题"摆上台面"，在了解职工生产生活的实际情况中找准做好思想政治工作的切入点。比如：厦门车站、南平车务段探索推广应用职工思想动态直报机制，设立职工思想动态直报点，重点掌握12类重点人员信息，将职工思想问题发现在"萌芽"、解决在"初期"。

3. 真抓实干为职工办好实事。做好思政工作，需要聚焦抓落实、求实效，让思政工作抓到点子上、抓到关键处。比如：南昌机务段党委推进支部为基层办实事、干部为现场解难题、党员为安全献计策"三连招"，实打实为基层职工办事解难；向塘西车站紧扣职工所需，由车站班子成员带队，完成全站54个厕所专项整治，得到干部职工的认可；萍乡工务段通过集中修施工关怀慰问、改善职场环境、为困难职工提供帮扶及倾听职工心声等措施，妥善解决职工急难愁盼29件。

二、以"透"为本，始终紧扣凝心铸魂的中心任务

习近平总书记强调，要"多做组织群众、宣传群众、教育群众、引导群众的工作，多做统一思想、凝聚人心、化解矛盾、增进感情、激发动力的工作"。把思想政治工作做"透"，就是要提高针对性、增强感染力，既要仰望星空"接

天线”，将上级的要求吃透，又要俯下身子“接地气”，把基层情况摸准，做到宣传宣讲深入人心，形势任务入脑入心，解疑释惑入情入理。

1. 把党的创新理论讲透彻。持续优化“一车间一规定、一班组一方案”职工政治理论学习制度，让学习组织既满足学时要求，又便于执行落实。通过进一步强化基层思想政治工作队伍建设，发挥党校智库作用，用好两级理论骨干力量，力求把鲜活的思想讲鲜活、把彻底的理论讲彻底。比如：南昌高铁基础设施段结合工作实际对学习内容“划重点、勾要点、圈亮点”，每月制作形成一个45分钟左右的学习视频，帮助职工学深悟透，让职工政治理论学习内容有趣有用有意义。

2. 让南铁形势任务更透明。建好管好宣讲队伍、凝聚宣讲力量，发挥“809000”宣讲团、党校“熔炉”宣讲团主力军作用，充分运用各级领导人员、管理人员、思政骨干等多方力量，融入职工视角，进一步探索体验式、实践式、互动式等职工群众喜闻乐见的载体形式，让职工爱听，让宣讲团“圈粉”。2024年，集团公司党委宣传部邀请安监、人事、财务、职培等部门负责人做客演播厅，录制推出11期《权威访谈》节目，精准解读形势任务。组织工会、劳卫、社保等部门围绕职工关注热点编制《热点问题百问手册》，及时回应职工关切。

3. 为基层一线职工做“透析”。指导基层单位用好用活“实透新细”思政工作法，建立健全闭环管理流程，实现职工思想动态常态沟通“全覆盖”、数据收集“全要素”、问题解决“全闭环”，让问题矛盾真正解决、职工思想真正转变。比如：厦门供电段有效运用“三步十六款”谈心工作法，依托单位“雷锋”系统督办解决问题，形成职工思想闭环管理机制。赣州工务段固化周分析重点人员制度，每周收集、分析干部职工在段微信公众号“诉求通道”“信访通道”“廉政举报”的留言，建立谈心谈话机制和“满意度”回访制度，及时跟踪反馈闭环，确保职工队伍心齐气顺劲足。

三、以“新”为要，始终用好守正创新的重要方法

习近平总书记强调，“创新工作方式方法”“加强人文关怀和心理疏

导”“要运用新媒体新技术使工作活起来，推动思想政治工作传统优势同信息技术高度融合，增强时代感和吸引力”。思想政治工作要做“新”，就是要讲究工作的艺术，达到春风化雨、润物无声的效果，进一步提升思想政治工作的吸引力。

1. 转换新思维，守正中创新。把握思想政治工作基本规律，主动适应“对象多元化、环境复杂化”的特点，用职工“能听懂、听得进”的方法做好思想政治工作。近年来，集团公司党委宣传部在形势任务宣讲中用好“文艺+理论”的方式，吸纳南铁网红“多多喂”“周小花”等文艺骨干，组织创作三句半、快板书、情景剧等100余个职工喜爱的思政课系列产品，让思想政治工作生动鲜活起来。2024年以来，累计开展形式多样的宣讲5200余场，覆盖职工7万余人。

2. 运用新媒介，开辟新阵地。创新工作方式方法，运用新媒体新技术，推动思想政治工作传统优势同信息技术高度融合。发挥集团公司全媒体矩阵平台作用，开展榜样宣讲、示范教育、思政课堂等，丰富职工线上学习与交流。比如：福州动车段量身定制“思政云套餐”，探索推出“半月谈”线上学习模式，组织随车机械师开启线上直播，讨论形势任务、业务知识、问题诉求等，较好地解决随车机械师工学矛盾问题。

3. 拓展新渠道，多形式出招。将思想政治工作融入日常、做在经常，把互联网这个“最大变量”转变为南铁事业发展的“最大增量”，通过多种形式创造性地丰富职工思想政治工作方法，增强企业凝聚力和向心力。比如：南昌通信段成立“通通心灵氧吧”线上心理工作室，累计开展心理疏导20余人次；福州动车段打造“攀讲”茶聊吧和青厦“唠嗑”吧活动阵地，有效疏解职工思想症结；南平车务段将闽北地区喜闻乐见的“吃茶”习惯与思想政治工作相结合，推行“反向探亲+吃茶话事”新模式，为职工家属准备“探亲房”“团圆饭”，让节假日坚守职工感受到家的温情。

四、以“细”为重，始终强化齐抓共干的鲜明导向

习近平总书记强调，“做好宣传思想工作必须全党动手。各级党委要

负起政治责任和领导责任”；强调“要精心培养和组织一支会做思想政治工作的政工队伍，把思想政治工作做在日常、做到个人”。

1. 在工作路径的探究上，想得更细。做好思想政治工作，必须掌握“一把钥匙开一把锁”的方法。比如：福州机务段将“实透新细”工作与段“我有话想说”平台结合，将党群干部面对面谈心征集思想动态与行政业务紧密结合，准确把握职工思想动态；龙岩工务段党委成立“铁路枫桥”工作室，通过资源整合、部门融合、力量汇聚，实现“矛盾不上交、平安不出事、服务不缺位”。

2. 在相关职责的设置上，定得更细。把思想政治工作贯穿党的建设始终，统筹各部门共同参与、主动融入，充分发挥各自职能优势，强化责任落实，共同做好职工思想政治工作。比如：鹰潭供电段进一步规范四级职工思想工作职责及内容，将职工思想波动情况原因细分为政治、个人、工作、生活、家庭及其他五大类 57 小点，精准形成职工思想关爱“一人一事一方案”帮扶措施，达到“开锁”“解扣”“减压”的效果。鹰潭车站细分全站 69 个重点岗位，制订月度走访调研计划，掌握职工生产生活困难，发挥部门联动作用共同解决问题。

3. 在关爱职工的举措上，落得更细。基层是干事创业的“第一线”，是联系服务职工的“主战场”。积极发挥基层党委和一线党支部抓基层思想政治工作的“桥头堡”作用，常态化开展“思想政治工作一线行”，把思想政治工作做实在基层、落细在一线。比如：南昌客运段结合客运乘务工作实际，在暑期重点推出“暑托班”“清凉防暑汤”“伙食团精品菜”“志愿理发屋”等关爱套餐，架起与职工的“连心桥”。鹰潭机务段充分发挥“二道防线”作用，以“父子情、儿女情、夫妻情”感召职工，拍摄机车乘务员家属温馨嘱咐短视频 200 余部，让职工随时感受亲情温暖。2024 年以来，集团公司党委从细节入手，组织各部门做好夜班、户外行车、乘务作业人员等重点群体关心关爱，举办心理知识讲座，提升职工餐饮和健康服务品质，让企业职工更有获得感、幸福感、安全感。

（执笔人：王璐、孙吻莹）

新时代加强和改进铁路企业职工思想政治工作的思考与探索

中国铁路南昌局集团有限公司党委宣传部

党的二十届三中全会对进一步全面深化改革、推进中国式现代化作出系统部署，续写了新时代新征程推进中国式现代化的实践篇章。铁路企业200万产业大军作为党最可靠的阶级基础，是实现中国式现代化的重要力量。同时，铁路产业工人的思想政治引领也是实现中国式现代化的重要保障。推进中国式现代化，做强做优做大铁路企业，更加要牢牢把握思想政治工作这条生命线，深刻理解加强和改进铁路企业职工思想政治工作的重要意义，立足新形势新挑战，找准思想政治工作推动铁路企业高质量发展、助力中国式现代化的实践路径。

一、新时代加强和改进国铁企业职工思想政治工作的重大意义

铁路作为国家战略性、先导性、关键性重大基础设施，是推动国家高质量发展、实现中国式现代化的重要力量，在服务和支撑国家重大战略中发挥着不可替代的作用。进一步加强和改进思想政治工作对铁路企业行稳致远、汇聚合力具有重大意义。

1. 加强和改进铁路职工思想政治工作是新时代坚持党的全面领导的必然要求。国铁企业是党执政兴国的重要政治基础和物质保障，承担着重要政治责任和社会责任，做好思想政治工作是坚持“国企姓党”政治本色的迫切需要。国铁企业的政治属性决定了要将思想政治工作作为一项经常性、基础性工作抓紧抓牢，引导广大干部职工学习领会党的创新理论和决策部署，更加深刻领悟“两个确立”的决定性意义，进一步增强“四个意识”、坚定“四个自信”、做到“两个维护”，更加坚定自觉地贯彻落实好党的理论和决策部署，为新时代坚持和加强党的建设提供坚实思想政治保证。

2. 加强和改进国铁企业职工思想政治工作是新时代推进中国式现代化的重要保障。推进中国式现代化是新时代最大的政治。国铁企业牢牢把握国家铁路、人民铁路在中国式现代化建设中的战略定位、职责使命，进一步全面深化国铁企业改革，完善铁路“六个现代化体系”建设方案，以改革的精神和举措更好服务和支撑中国式现代化。围绕中心、服务大局是思想政治工作的基本职责，做好思想政治工作是坚持“兴企强国”使命任务的迫切需要。国铁企业紧紧围绕进一步全面深化改革这个主题，在重大改革任务、关键核心项目中坚持思想政治工作先导先行，将思政工作的政治优势、组织优势、思想优势转化为铁路企业的行业优势、竞争优势、发展优势，为实现新征程国家铁路使命任务注入强劲动力，充分发挥铁路在综合交通运输体系中的骨干作用。

3. 加强和改进国铁企业职工思想政治工作是新时代推动铁路企业高质量发展的现实需要。当今世界，政治格局加速演变，国际市场深刻调整，国内外环境重大变化等，都对国铁企业改革发展提出了更高要求、更大挑战。国铁集团党组明确提出要推动铁路高质量发展、率先实现铁路现代化的目标任务，实现这一目标，离不开全路干部职工勠力同心、和衷共济。做好思想政治工作是凝聚人心、汇聚力量的迫切需要。越是面对新形势、新任务、新要求，越要发挥思想政治工作引领人、教育人、鼓舞人、凝聚人的强大作用，通过扎实有效的思想政治工作，构建起企业与职工命运共同体，进一步统一思想、凝聚共识，推动思政工作与中心工作深度融合，充分激发职工群众的劳动创造热情和主人翁的作用，汇聚起建设世界一流企业、推动高质量发展的强大合力。

二、当前国铁企业职工思想政治工作中存在的问题和不足

当前国铁企业职工思想政治工作存在的问题和不足，主要包括思政教育实效性不够、职工思想动态精准性不够、思政工作者专业水平不够等。这些现实问题在一定程度上影响着铁路企业职工思想政治工作质效，需要引起重视。

1. 思想政治教育的实效性有待提升。从当前铁路职工思想政治教育的整体情况来看，铁路基层单位在推进职工思政教育工作的方式方法、内容理解上按部就班、缺乏创新，在职工政治理论学习和形势任务宣传宣讲中通常是“大水漫灌多、精准滴灌少”“群体性教育多、个性化教育少”“完成规定动作多、创新自选动作少”“关注群体多，关注个体少”，这“四多四少”说明当前铁路职工思想政治教育举措还不够有力有效，对职工思想政治教育工作的思考还不够深入具体。随着青年职工群体人数的增长，他们无法完全接受传统的“填鸭式”教育，特别是在新媒体飞速发展的今天，信息量激增、信息流动迅猛，国铁企业对运用新媒体加强职工思想政治教育的手段和技术还有待提升，这已然成为提升当前铁路职工思想政治教育工作针对性和实效性的重要课题。

2. 把握职工思想动态精准性有待提升。现行的职工思想动态分析上报制度在一定程度上能够看到各基层单位每季度职工思想动态的整体情况、重点人员情况等内容，但就实际情况来看，国铁企业存在点多、线长、面广的情况，一些车间、班组设在交通不便地区，一些车间班组流动性大，加上铁路工作的倒班作业性质，也给及时、准确、全面地掌握基层一线职工思想动态造成了一定难度，这些问题也暴露出一些基层单位对重点人聚焦不准、重点事收集不细不准，思政工作机制、信息互联互通还存在梗阻现象。部分基

层单位聚焦重点人、重点事的谈心帮促数量不多、质量不高，没有统筹解决好职工的思想问题和实际问题，“四必清五必谈六必访”制度在个别单位流于形式，“一人一事”的思想政治工作在有些地方没有达到预期的效果。

3. 思政工作者业务水平专业性有待提升。一些基层单位管理人员尤其是党支部书记、车间主任等做思想政治工作的方式还较为单一，意识更新、载体创新、方法翻新不足，对职工不当行为敏感性不强，对有些重点矛盾不敢触及，做思想政治工作有时显得很被动。不少管理人员还是习惯用行政管理的“硬”手段，欠缺解开思想疙瘩的“软”方式，未能有针对性地、深入细致地开展思想沟通、问题化解工作，造成少数职工尤其是重点人员的思想问题没有得到更好更有效解决。

4. “大思政”工作格局全面性有待提升。当前铁路企业基层单位开展思政工作普遍存在信息渠道不够畅通的问题，比如：党办未能与劳人科、工会、武保科等职能科室建立起有效的横向沟通，导致重点人、重点事信息分属在不同部门未能有效整合归集，没有实现资源信息共享。职工违章违纪信息在安全管理部门、违法和遭受电诈信息在保卫部门、考核处分信息在人劳部门、上访纠纷信息在信访部门、重病职工信息在工会组织等，因这些信息分布在不同部门，信息交流在部分基层单位存在孤岛化、梗阻化现象，“大思政”的工作格局未能有效形成，导致一些单位日常思政工作存在盲区死角。

三、新时代加强和改进国铁企业职工思想政治工作的实践路径

铁路职工思想政治工作的现实性和艰巨性，要求铁路企业根据新时代、新情况、新问题，进一步探究加强和改进职工思想政治工作的新举措、新方法，推动铁路企业思想政治工作取得新成效、新突破。

1. 创新教育形式，注重强实效。要坚持以改革创新的精神推动职工思想政治工作，力求“创”到点子上，“新”在关键处。要善于运用微博、微信等社交媒体，让思想政治工作从关注职工“朋友圈”开始，同时注重运用新媒体开放式、多渠道、多角度地做好职工思想工作，提高宣传思想文化工

作的覆盖面和影响力。持续深化“思想政治工作一线行”活动成果，到基层到一线找准思想政治工作的着力点和切入点，更好地总结经验、推广优秀案例，推动基层思想政治工作整体上水平、上高度。持续创新理论宣传宣讲手段，结合实际，把讲故事与讲道理相结合，在“大主题”中找到“小切口”，多用接地气、沾泥土、冒热气、带露水的话语，实现理论宣讲、政策宣传的大众化、通俗化，使思想政治工作做得更加具体实在、入情入理、可亲可信，真正吸引和感染职工。

2. 优化工作模式，创建云平台。为有效解决信息分散、重点人员掌握不全、矛盾化解跟踪不力的问题，国铁企业结合“数智铁路”思路，联合党群部门和相关专业部门，积极组建专业团队，打造思想政治工作云平台。进一步探索将安全管理信息、职工健康信息、职工困难信息、信访信息四类平台信息，以及走访座谈信息、网络留言信息、诉求平台信息、违法犯罪信息、遭受电诈信息五类动态信息整合至云平台，建立重点人信息库，明确重点人帮教流程、销号评价标准，使大数据充分运用到思想引领、教育引导、关心关爱、工作保障之中，促进基层思想政治工作更加精准、更有实效。

3. 加强队伍建设，提升硬本领。进一步健全站段、车间、班组思想政治工作责任清单，细化明确各级管理人员的思想政治工作责任，督促各级管理人员认真落实“一岗双责”，做到管人管事管思想。选优配强思想政治工作队伍，按照政治强、业务精、作风正的要求，通过把好选拔关、培训关、考核关、退出关，着力打造一支党群干部、管理人员、党员组成的基层思想政治工作队伍，形成专兼结合、数量充足、素质优良的工作力量。结合每年基层党支部书记培训、思政工作骨干培训、工班长培训等契机，大力加强基层思想政治工作人员业务培训，帮助思想政治工作者与时俱进，掌握新技术、开发新技能，破除“本领恐慌”，不断提高思想政治工作水平和能力素质。结合年度铁路企业基层思想政治工作示范点和系列优秀成果表彰，进一步加强优秀思想政治工作成果评选交流，推动思政工作特色做法互学互鉴。

4. 强化机制保障，凝聚大合力。在党中央《加强和改进新时代基层思想政治工作实施细则》的基础上，认真落实国铁集团党组关于加强和改进新时代基层思想政治工作的实施细则，进一步做到明确把做好职工思想政治工作作为落实党建工作责任制和意识形态工作责任制的重要任务、明确把思政工作纳入站段月度工效挂钩考核、明确把思政工作纳入标准化规范化站段建设评价内容、明确把思政工作纳入年度党群工作量化考核、明确把思政工作纳入政治巡察的重点内容这“五个明确”。建立健全《南昌局集团公司宣传思想文化工作失职问责情形》，加强对思政工作履职严重不到位人员的究责考核。逐步建立健全各单位党委负责人牵头主抓的职工思想政治工作议事机制，推动形成党委统一领导、各方合力共为的思想政治工作大格局。

（执笔人：孙吻莹）

关于新形势下青年思想政治工作理论创新和实践路径的调研报告

中国铁路南昌局集团有限公司团委

一、调研背景与意义

思想政治工作是党的优良传统、鲜明特色和突出政治优势，是一切工作的生命线。对于一名机关干部，不管是行政干部还是党群干部，不管是专业干部还是综合干部，一个很重要的工作就是做思想政治工作，就是做人的工作，是传道授业解惑，传好马克思主义真理之道，授好推动改革发展稳定之业，解好改造主观世界和客观世界所遇之惑。我们对工作对象内在的、根本的、持久的吸引力和感召力，应当也必须来源于思想层面、来源于科学理论的真理力量。一个不会做思想政治工作的干部不是一个称职的干部，行政干部也要懂得做思想政治工作。

做思想政治工作，就要深入研究思想政治工作的对象，研究工作要求的变化。对于机关干部，要明确现在思想政治工作的对象和要求有哪些变化。

二、调研方法与对象

南昌局集团公司团委作为为党做青年工作的重要部门，通过专题调研、团干部直接联系青年工作制度等方式，主要对全局青年思想状况、行为方式进行调查研究。

三、调研的基本情况

（一）思想政治工作对象的新变化新特点

1. 工作对象发生了变化。现在的职工队伍中有许多新变化、新特点，认清这些时代特点是做好工作的基本前提。一是结构更加年轻。现在的职工队伍中青年职工队伍不断壮大，但是青年职工队伍整体还存在大而不强、将强未强的现状。当前，南昌局集团公司共有35岁以下的青年职工3.69万人（不含部分劳务派遣青年职工），未来三年，铁路职工新老交替将迎来一个高峰，因此会不断地补充新鲜血液，到2025年，预计全局35岁以下的青年职工将超过4万人，集团公司职工队伍结构也将发生重大变化，其中突出的特点就是年轻化。二是文化程度提高。随着受教育水平的提高，现在青年职工的思辨能力也相应提高。当代青年的知识储备丰富程度、视野格局开阔程度， 远超以往任何历史时期。三是思想更趋多元。现在的“95后”“00后”青年职工群体有着自己的文化特点、性格特征和思维方式，我们做各项工作首先要做到对这部分群体充分尊重和理解，才能实现对他们的有效引领和引导。

2. 工作要求发生了变化。一是统一思想行动的要求更加迫切。当今世界正处于百年未有之大变局，青年思想活跃敏捷、富有好奇心和创造力，是推动社会进步最活跃的力量。我们要把握形势任务的发展变化，自觉做到与时代同发展、与青年同步伐。从国际形势看，世界百年变局加速演进，不稳定不确定性上升。这需要加强青年思想政治引领，引导青年保持清醒头脑，敢于斗争、敢于亮剑，筑牢青年维护政治安全和意识形态安全的思想防线。从国内任务看，党的二十大报告提出：“高质量发展是全面建设社会主义现代化国家的首要任务。”国铁集团党组鲜明提出奋力推进铁路高质量发展，率先实现铁路现代化。集团公司党委立足长远发展，提出实施强局建设的目标任务。铁路工作是“巨系统”，工作上点多、线长、面广，要解决长期存在的老问题已属不易，在推进铁路“六个现代化体系”、实施强局建设过程中又会碰到许多新的问题。工作信号的准确传导、工作进程的及时反馈只是手段，如果仅靠发通知、出文件是解决不了问题的，必须通过广泛的宣传、深入的交流，才能提高工作效率。二是占领网络阵地的要求更加迫切。当前，网络对人的渗透率接近 100% 。如同信息化改造工业化， 互联网作为基础的技术条件已经渗透社会运行的各个方面。在这个开放、平等、即时的平台上，如何做好思想政治引领及相关的任何工作都必须搭这个便车，我们一切工作的绩效也必然会裸陈在这个平台接受被评判。随着互联网技术加快应用，青年职工思想观念和价值选择日趋多元多变、影响因素更加纷繁复杂，青年职工受到各方面的诱惑也明显增多。近年来，集团公司还出现多起青年职工被诈骗案例，这些对传统的青年职工思想引领和工作方式带来深刻影响，更加需要团组织改进青年职工思想政治引领方式，注重加强形势任务教育，引导青年职工认清发展大势、明确大是大非，筑牢青年职工维护政治安全和意识形态安全的思想防线。适应青年职工网络化社交特点，运用互联网思维开展青年职工工作，着力提升团组织知网、用网、管网能力，引导南铁团员青年职工文明用网、文明上网，有力应对各类网上风险挑战。加强做好普法及反诈骗教育，提升青年职工尤其是新职工的法律意识和风险防范能力。三是把握规律的要求更加迫切。我们在推进马克思主义中国化时代化的过程中，只有能“共鸣”，才能“共情”，这是创新理论传播的核心要义。思想引领兼具“质”的规定性和“量”的规定性。“质”的规定性，是指职工队伍这一整体性的群体。“量”的规定性，是指绝不是少数所谓“精英群体”的自说自话，理应成为一种人人珍视、人人参与、人人受益、人人成就的事业。

3. 对工作主体的要求大大提高。现在推进的模范机关建设，领导干部是推进模范机关建设的根本依托和基本力量。这支队伍是否过硬，决定了工作的成效和水平。一是要有更高的政治素质。首先就要做到对党绝对忠诚，具备政治理论素质、政治把握能力和政治敏锐性，特别是在大是大非面前能够站得稳立场，在关键时刻能够靠得住。特别是网络时代瞬息万变、工作形势异常复杂，需要领导干部有更快更强的判断能力和决策能力。二是要有更高的思想理论水平。思想政治引领工作，就是要把党的创新理论通过宣传讲解直达人心。面对现在的职工队伍特别是极富变化的青年职工群体传播不断发展的马克思主义，需要领导干部自身具备一定的思想理论水平。三是要有更高的政策实践能力。要想说服和团结更多的职工，就要提高自身的政策水平，让广大职工透过政策理解党的思想主张、感受党的温暖关怀。如果我们缺少对政策的研究和掌握，如对工资构成、社保福利等和职工密切相关的政策不了解，不懂得帮助职工落实政策的办事程序，那就是脱离职工群众的典型表现。在政策宣传的过程中，就是思想引领的过程。

（二）当代南铁青年的思想状况

1. 对新时代以来国家发展成就倍感骄傲。当代铁路青年生活在一个日新月异的时代，丰富的物质条件让“衣食住行”都发生了巨大改变。有不少青年在国家快速发展的大潮中通过自身的努力与奋斗实现了个人命运的较大转变，接受高等教育并入职铁路，从小县城来到大城市，获得了稳定的工作、更广阔的发展平台。

2. 对新时代以来中国铁路的成就充满自豪。复兴号奔驰在祖国广袤的大地上，复兴号高速列车项目荣获2023年度国家科学技术进步奖特等奖，CR450动车组试验车在福厦高铁跑出“中国速度”，等等，一系列发展成就是铁路人的荣光，青年职工对“铁路人”这一身份更加有认同感。

3. 渴望在职场有更好的发展。青年对学习和提高技能的需求比较突出，渴望通过接受学习培训提高自身素质，取得更高层次的职业等级认可，掌握更多的技术技能，为自己的前途和发展奠定基础。

4. 追求公平公正的职场环境。青年职工追求简单、透明的职场关系，希望通过公平竞争实现个人价值。他们普遍相信努力就会有收获，看到身边人都在学习时也会持续提升自己，营造了努力学习技术业务的浓厚氛围，他们也普遍认可并积极参与技术比武、背规比赛等活动。

5. 认为物质奖励和精神鼓励同样重要。大部分青年在工作中无私奉献、努力奋斗，并不刻意追求物质奖励和精神鼓励。但青年也普遍认为如果在努力奋斗后被看见、被认可、被奖励，会感到光荣，从而更好激励自己成长成才，渴望能够得到物质和精神上的反馈。

四、存在的思想和实际问题

（一）青年职工存在的“四种压力”

近些年，大批量青年入职带来的本地化融入和生活需求、“00后”青年所持有的价值观和铁路企业文化的融合、家庭结构变化给青年职工群体带来的工作家庭平衡的冲突，导致现在青年面对的四种压力如下：一是“接触面窄、不认识人”的交际压力，二是“昼夜颠倒、工作加速”的健康压力，三是“扎根沿线、背井离乡”的通勤压力，四是“顾不着家、老小衔接”的抚养压力。这些都将对青年个体的生理和心理产生波动，需要我们时刻关注。

（二）青年思想的“七个特点”

1. 有高涨的政治热情，但容易导向“二元对立论”。当前，我国经济发展阶段和国际环境都发生明显变化，国际地位和综合国力得到显著提升，青年在现实或者网络空间的表达中，表现出了自信自强的政治热情。但随着原本并非敏感的国际议题或包括铁路发展在内的国内议题呈现出爆点多、燃点低的特点的出现，舆论空间越来越频繁地被划分为多个相互独立的阵营，对多元观点的包容空间极小，加之青年政治理论素养有待加强，政治判断力有待提升，少数青年对一些问题的认识容易陷入非黑即白的误区。这类缺乏平和理性的声音若被放大传播到国际社会，势必对我国国际形象造成不良影响，对我们管控意识形态领域安全造成被动局面，需要我们高度警惕。

2. 有正确的价值观，但容易被“个体表达所左右”。随着青年受教育程度的不断提升和社会正面环境影响，普遍正确的事业观、家庭观是青年价值观的主流。同时，青年对某些权利的强调，彰显了个体独立意识和权利意识，表达了青年追求个性、渴望自由的情感。但部分青年缺少挫折和压力的经历，面对处理复杂的人际关系和日益增长的工作压力时，遇到挫折就垂头丧气打退堂鼓。在互联网技术广泛应用的背景下，受网络负面信息影响，部分青年容易受个体表达所左右，主观辨别能力不强，缺乏主见，盲目跟从，思想消极，自我价值追求积极性不高。受个人主义价值观和物质主义消费观的影响，有的青年面对形形色色的“诱惑”产生不切实际、逃避现实的动摇，出现自控力不强的问题。比如：有的青年沉迷于刷视频、打网游、玩网聊，追求感官刺激，忽略了精神需求，消磨了意志，深化了对现实生活的逃避；有的青年不思进取，存在“一夜暴富”“一夜成名”“一步登天”的错误想法，放松了对现实诱惑的防备心理和对底线的坚守，近年来青年被网络诈骗、电信诈骗的事件时有发生，且金额较大。

3. 有拼搏奋斗的意愿，但常常试问自己努力的意义。青年职工奋斗在各地区各系统各岗位，他们处于人生的爬坡过坎阶段，在“明天会更好”“一代更比一代强”的家庭和社会期待之下，面临着超越父辈获得更好生活的压力，对自己未来社会地位的预期持续上升，且预期上升的速度较快，表现出了拼搏奉献的意愿。但部分青年缺乏科学的职业规划，没有充分结合自身优势制定成长路径，导致工作中失去方向和目标，有的青年甚至对自己岗位职责不清楚，基本的业务知识不熟悉，缺乏岗位荣誉感、责任感。部分青年存在职业发展的高需求和个人能力不匹配之间的矛盾，内心要求收入高、成长快的期盼与现实发展存在冲突，理想和现实出现差距。面对漫长的成长轨迹、有限的岗位晋级、新职人员的逐年加入，产生工作挫败感，感受到离最初的组织规划和自我设计越来越远的错觉，渐渐失去目标和追求，产生“即使努力了，也不一定有机会”的认识偏差和发展困惑，慢慢出现“躺平心态”，导致对不断提升自我能力、实现自身价值的内驱力逐渐消失。部分青年面对职业发展现实不知所措，部分专科学历的青年对职场晋升心存疑虑，认为学历不如大学本科生，在今后的职业发展中会受到限制，职业生涯不会有太大发展，一辈子只能在一线当工人；部分本科学历的青年则在了解到本单位还有本科生仍然工作在一线后，心理有所负担，担心即使拥有高学历文凭，也长期埋没在一线，职业生涯得不到发展。当前随着铁路高速发展，竞争也日益激烈，各单位在组织管理人员招聘考试中，常常出现多人竞聘一个岗位的激烈场面，很多青年职工在竞聘考试中，出现连续几次竞聘不中的现象，从而导致自信心挫败、心灰意冷的情况。部分青年职工应对艰苦的工作环境无所适从。有的青年职工不了解铁路企业的特点、铁路企业的发展环境，对部分一线岗位工作的困难和艰苦程度认识不足，更有甚者认为自己一来就可以坐办公室，思想上缺乏下现场吃苦的准备，没有从基层干起的决心和魄力。分配到操作技能岗位后，狭隘地认为到了一线就是被边缘化、不被重视，从而产生了抵触情绪，没有归属感，就开始打退堂鼓，工作激情降低。加之受工区个别职工负面情绪和班组松散式管理影响，产生消极怠慢思想。部分一线青年职工，特别是高铁岗位的青年职工，日常的教育培训受夜班影响，出现“工学矛盾”。比如：工电供系统，夜间“天窗”基本持续五六个小时以上，凌晨下班后，精神疲劳，能够自律的青年职工还能保持一日三餐的正常用餐规律，有的青年职工则是“一睡不醒”。由于不规律的作息、繁重的工作压力等因素，青年职工难以自觉找到工作和学习的契合点，学习劲头逐渐减退，学业务技能的积极性不高。

4. 有提升能力的期望，但存在成长中的烦恼。青年对提升业务有着强烈的期许，也愿意为之付出努力，但部分青年重视结果，认为“有意义的努力是奋斗，没有意义的努力是内卷”，忽视了成长过程中的付出、不理解管理中“严”和“爱”的关系，耽误了良好习惯的养成。近年来，随着铁路的高质量发展，安全管理压力随之加大，各层级的安全管理考核随之增多。部分青工思想上对严格的管理存在抵触情绪，认为当前安全工作任务量大了，压力也变大了，考核力度也变大了，当受到离岗检查的处分时，经济损失较大。特别是工区工长、技术骨干，受考核的力度比普通职工更大，导致形成“多干多考核、少干少考核”的错误认知，一定程度上降低了青年工作积极性。同时也对青年职工进一步加强专业学习，提升自身业务素质产生了消极影响，认为自己职工学得越多，承担的责任越多，干的活越多，受到的考核也越多。部分青年职工未能有效提升自身业务能力。经过广泛调研，青工A类及以上违章占比在一半以上，主要因素是工作经验欠缺、业务能力不足。铁路行业有其特殊性，掌握一般基础性的技能需要3至5年，而前3年是较易发生违章事故的高风险阶段。由于工作时间短，青年职工很少亲历应急处置的突发问题或事故，导致缺乏必要的敏感性和对安全的敬畏感。有的青工认为一些规定措施多此一举，偶尔一次不执标也没关系，导致出现安全风险，甚至事故。同时，由于铁路的快速发展，新规章、新技术、新理论不断涌现，一些青年职工的业务水平跟不上技术发展的步伐，放松了对新知识、新理论的学习，仍停留在以前的老经验、老习惯上，工作思维僵化，存在惰性或侥幸心理，简化或者违反作业程序。

5. 有安家立业的愿景，但依然被现实所阻碍。有时青年愿意在思想更成熟、事业经济更稳定的时候再成家，对家庭有较强责任感。有的青年更看重思想的交流，不会为了结婚而结婚，更注重自身的生活质量。有的青年，因为一些困难或挫折，愿意保持单身。还有部分青年交友能力不足，特别是有些设备维护岗位的青年，整天和设备打交道，缺乏与人的交流沟通的能力，缺乏主动性。在调查中，有62.8%的单身男青年认为是工作性质造成婚恋困难，如工作位置地处偏远导致接触异性困难，还有长期倒班不符合对方择偶条件，如工务部门的车间，许多青工星期一至星期五工作生活都在车间，长期夜间作业，白天睡觉，很少有时间外出，又大部分来自异地，周边缺少亲戚朋友，导致哪怕是在休息时间也与外界接触不多，社交圈相当狭窄。部分地方青年对铁路异地青年存在一定程度的“歧视”，更倾向于选择本地青年作为婚恋对象。加之在交友联谊活动过程中，部分铁路未婚青年是专科生，在与地方政府、企事业单位人员在联谊中存在学历劣势，导致配对成功的比例不高。部分地域收入支出差异给青年交友造成阻碍，当前，车、房、彩礼依然成为男青年结婚的“三座大山”，调研1120名参加工作5年以内的青工，其中有78.6%的人没有足够信心承担购房、购车、教育子女等经济压力，特别是工作在厦门、福州等高房价地区的站段青年吐槽只能“望房兴叹”。

6. 有积极乐观的态度，但心理抗压力相对较弱。“90后”“00后”青年大多积极乐观，富有激情和个性，对待生活有态度。但他们多为独生子女，家庭条件和成长环境相对优渥，对于工作后遇到的挫折困难适应力较弱。有的青年反映工作和家庭很难兼顾，产生的愧疚感和孤独感无人倾诉、无处宣泄。有的青年受挫能力不强，缺少沟通倾诉，遇事不能深思熟虑，容易受外界干扰，产生偏激心理，对紧张的工作节奏不适应，时常感到压抑、焦虑或难以入睡。有些青年性格任性、遇到一点小事就发脾气，易激动，情绪不稳定。有的青年在工作时遇到突发事件，抗压能力薄弱，心理准备不足，导致手忙脚乱、处理失当，逐渐产生爱抱怨、自暴自弃的思想。有的青年反映长期夜班工作导致身心疲惫、生活枯燥，负面情绪无法排解，身体处于亚健康状态。

7. 有坚守岗位的初心，但存在异地通勤的现实问题。青年来到铁路工作，热爱铁路，怀揣着为事业奋斗的初心，但异地通勤的问题成为平衡家庭和工作的一大困扰。近几年入职的青年，不少来自东北、内蒙古、陕西、山东等地区，这些异地职工远离家乡，与亲人、恋人聚少离多，容易在思想上产生波动。一是经济压力引起“筑巢困难”。青年工作后，在单位所在地“落地生根”，有着强烈的住房需求，但伴随当前城市房价居高不下的现状和个人家庭经济情况，导致“筑巢”难。他们“希望建铁路福利房”“希望单位争取地方购房相关优惠政策”等类似诉求。二是异地通勤带来诸多难题。通过了解，大部分异地已婚青年的配偶都是在老家介绍的，许多异地青年在结婚后，一部分选择异地分居，一部分选择配偶辞职，来到青年工作地一起生活，这些都面临着通勤、购房、孩子抚养、赡养父母等诸多现实问题。调研显示，80%的异地青年表示因为父母亲不在身边，自己又是倒班作业，抚养小孩精力跟不上，有的青年还存在假设生了小孩，很难给予家庭充分陪伴这方面的顾虑。随着全国各地的地铁相继开通，异地青工离职情况频繁，这些离职青工基本上都是已经培养成熟的熟练工，导致人才流失。

五、改进的措施建议

（一）探索互联网思想引领工作的理念和方法

网络空间是青年生活中的重要组成部分，必须学会在这个空间开展工作的方式方法。一方面要因势利导，从青年在网络获取信息的主要渠道入手，打造更多网络思想文化精品，通过青年常用的抖音、B站等短视频平台渠道进行传播，逐渐影响并占据青年的网络空间；另一方面要与时俱进，采用新颖、高效、时尚、互动性强等具备网络空间传播特点的宣教方式，既注重覆盖面，也兼顾活动形式和深度，开展线上、线下相结合的青年网络文化系列活动，采取青年喜闻乐见的方式更大程度地激发兴趣，让青年主动关注、自主参与。

（二）提升青年思想引领工作的深度

青年希望参与更多有品质、有参与感、有收获的思想教育活动，必须要提升日常青年思想引领工作的深度。一方面，要杜绝照本宣科式学习方式，着力提升各类理论学习宣教活动的质量，要加强对理论的深度研究，花大力气做好宣教工作的“前半篇文章”，过程中既要讲道理，也要讲故事，让人愿意听、听得懂；要注重青年的参与体验感，既要听人讲，也要自己说，多安排交流、讨论、分享等互动环节。另一方面，要丰富学习形式，多组织开展情景式、沉浸式、体验式的学习宣教活动；紧密结合铁路特点，打造团员意识教育阵地，注重青年仪式教育，分层分类推出定制化特色课程。

（三）充分发挥青年身边典型作用

对青年影响最大的往往是他们身边的师傅、同事，普遍反映对自己身边看得见、摸得着的榜样典型最可亲可敬、共鸣共情，必须从加大对青年身边典型的选树和作用发挥。一方面，要在青年入路阶段大力推行名师带徒活动，有针对性地选派业务能力强、实践经验丰富、综合素质好的典型榜样与青年建立一对一的师徒关系，在帮助青年提升业务的同时，用其优良的作风和高尚的品德去感染青年。另一方面，要持续加大对青年身边典型的选树宣传力度，构建上下联动的典型选树机制，努力做到“人人身边有榜样，人人努力当榜样”，要经常性地邀请各类典型参与青年的各类活动，在青年中营造浓厚的典型引领氛围。

（四）提升青年文化活动质量

青年不仅追求生活的品质，对希望参与的各类文化活动也提出了更高要求。一方面，要继续广泛开展兴趣类的青年社团活动，持续加强各地区青年之家建设，加大力度支持各类青年自组织的孵化，适时举办青年之家主题文化节活动，让更多青年以兴趣爱好为纽带真心认识朋友、消除忧愁。另一方面，指导各级组织加强对各类活动的设计筹备，坚持质量为先的原则，要充分考虑青年在活动中的参与度和获得感，多开展“走出去”的交流活动、多开展运动竞技类活动、多开展一些如露营、围炉、小剧场等紧跟社会潮流的高质量活动，让青年发自内心愿意参加活动。

（五）营造公平公正的职场环境

青年追求的职场公平公正贯穿工作各领域、全过程。为此，一方面，要持续加强青年正确价值观引导，让青年更加坚定相信在铁路职场“努力付出就一定有收获”。另一方面，要不断拓宽助力青年成长成才的空间渠道，特别是要加大对青年技能领域的平台搭建，常态化组织开展各工种、各领域的小班制竞赛、青年技能竞赛等技术比武活动，同时要让每名青年参与到技术比武的组织评审等环节，让青年亲身感受竞赛的公平公正。此外，各级组织也应进一步拓宽选人用人的视野和渠道，逐步形成求才、选才、用才、育才、激才、留才的工作机制，让青年在现实工作和生活中看到自己的发展空间，以此来激发工作积极性和责任感。

（六）多渠道关注掌握青年诉求

青年往往不会主动将个人的烦恼、困惑向组织或者身边领导、同事述说，必须主动干预、多渠道掌握青年的想法。一方面，可以在网络空间打造青年诉求反馈平台，更加快速、便捷地实时掌握青年诉求收集，分层分类做好答复反馈。另一方面，要充分发挥各级组织作用，推动建立青年思想动态包保联系制度，明确包保责任人、联系内容、反馈机制等，实时精准地掌握青年诉求，最大可能地帮助青年消除烦恼，助力他们健康成长。

（七）构建服务青年的统一战线

当前，集团公司团委在服务青年成长成才、安心安家等方面有比较成型的做法，也取得了一定成效，但面对新形势下青年不断涌现出的新矛盾、新问题，需要各级组织合力共为，这需要构建由各级组织参与的服务青年工作联席制度，形成服务青年统一战线，明确牵头部门，定期分析研究青年思想动态、服务青年措施等，着力解决青年成长路上的难点、痛点，真正为青年成长创造更好的环境和条件。

（执笔人：王荣飞）

坚持"三个聚焦"　筑牢"安全基石"
久久为功构建"六个家园"思政工作体系

中国铁路南昌局集团有限公司福州工务段

南昌局集团公司福州工务段承担着2190.38公里的线路和包含世界最长跨海公铁两用大桥——平潭大桥在内的710座桥隧检修养护任务。

该段党委严格落实"四个强局"建设目标任务，巩固深化"对标找差、奋勇争先"工作主线，坚持保安全、强基础、调结构、带队伍、促和谐五个路径，保持定力，狠抓落实，一体推进平安家园、标准家园、科技家园、育人家园、清廉家园、和谐家园"六个家园"思政工作体系建设，通过打造高铁党建引领示范基地，推动思政工作与安全生产同向聚力、同频共振，截至2024年10月20日，实现党内安全生产4042天，连续实现40个防洪安全年。

一、构建"六个家园"思政工作体系的重要意义

在2024年的国铁集团工作会议上，党组提出以加快构建"六个现代化体系"为载体，为以中国式现代化全面推进强国建设、民族复兴伟业贡献铁路力量的战略部署。为呼应中央号召、党组要求，顺应"大而不强"的现实局情，南昌局集团公司全面实施强局建设，科学提出管理、经营、人才、文

化"四个强局"建设目标，坚持循序渐进、久久为功，以先立后破、晋位提升、巩固发展三个阶段推进实施，旨在向管理要效率、向经营要效益、向人才要活力、向文化要动能。2024年是南昌局集团公司实施强局建设的关键一年，也是集团公司工务系统的改革元年，福州工务段立足工务站段职责定位，着眼长治久安、科学谋篇布局，对原有家园文化建设内涵全面扩充，提出一体构建平安家园、标准家园、科技家园、育人家园、清廉家园、和谐家园"六个家园"，以党建引领推动段思政工作高质量发展新局面。

福州工务段地处东南沿海，主要承担杭深、福平、昌福、合福、永莆、衢宁、甬广7条干线及福马、东吴、江阴、可门、国投、罗屿6条支线的维修养护任务。7条干线中有5条为近五年内接收，其中6条为高速铁路。近十年来，福州工务段管辖设备从山区普速铁路跃升以沿海高速铁路为主，里程增长了10倍。全段在职职工1123名，其中35周岁及以下青年职工756人，占全段职工总数的67.3%；全段141名管理人员中35周岁及以下49人，占比34.7%。

随着设备、人员、管理的深度变革，福州工务段发展处于"三个关键阶段"。一是队伍新老交替期，处于风险攀升，蓄势增能关键阶段。随着新线的相继接收，技术管理力量跟不上生产力布局扩充速度，干部综合能力距离专业管理要求有较大差距，队伍素质是安全基础建设的重要短板，需要加快蓄势增能。二是设备补强提质期，处于滚石上山、爬坡过坎关键阶段。虽然近年来投入大量资金补强设施设备，但2023年先后发生的安全问题暴露出"设备质量保安全"存在较大差距，需要持续加大资金投入，补强设备质量。三是经营创效瓶颈期，处于结构调整、转型突破的关键阶段。受到生产定员、用工成本等客观条件制约，外委创效动能不足，综合效益呈下行态势；经营管理较为粗放，诸多管理瓶颈亟待解决。

二、构建"六个家园"思政工作体系的总体思路

建设"六个家园"思政工作体系是一项长期性工程，不可能一蹴而就，

需要恒心定力。要有“认准了就要干”的决心，聚焦党建引领、聚焦标准化、规范化建设、聚焦文化引领，保持饱满干劲，全力攻坚克难，持续推动“六个家园”思政工作体系建设走深走实。

（一）聚焦党建引领，构建赋能提素的“育人家园”

1. 坚持以党的政治建设为统领。把坚定拥护“两个确立”、坚决做到“两个维护”作为最高政治原则和根本政治任务，发挥好党委把方向、管大局、保落实作用，扎实开展党的二十届三中全会宣讲、“改革创新展作为、提质增效立新功”主题宣讲、思想政治工作“一线行”等活动，组织领导班子成员、党支部书记、思政骨干、青马讲师开展宣讲150余场，受众职工1700余人次，将建标立标、完善机制融入思政工作中去，创新宣传教育形式，持续发挥段“809000”宣讲团作用，常态化推出“早安福工”系列、“防洪知识小课堂”系列、“安全知识小课堂”等新媒体作品，举办“建设六个家园、争当实干先锋”微党课暨思政微课、青马微课，举办“党建＋安全暨青年学规对标”知识竞赛，每月定期开展职工思想动态分析，利用化解联动机制答复解决职工思想和实际问题77条。

2. 坚持带好队伍。制定“育人家园”三年规划方案，通过实施“五个一批”路径措施，即选优配强一批、发现储备一批、挂职实训一批、岗位历练一批、强化培训一批，推动中层管理、专业技术、高技能人才和班组长等“四支队伍”选育管用链条不断完善，梯次培养更加科学合理，推动实现干部队伍综合化、技术人才专家化、职工队伍技能化。重新修订《技师、高级技师评聘办法》，实施“思想＋素质、生产＋培训”培养工程，三年来提拔任用中层干部25名，集团公司挂职5人，2名优秀中层踏上段领导岗位。30名职工评聘技师、2名职工评聘高级技师，全段高技能人才464人，占比47.6%；技师、高级技师88人，占比8.9%。全段250名班组长、平均年龄35.56岁，其中全日制本科及以上学历42人，占比16.8%；大专学历159人，占比63.6%；党员班组长103名，占比41.2%。

3. 坚持打造成长平台。搭建青年安心安家成长成才“四项机制四个平台”，即青年岗位练兵、风采展示、学习交流、“最美青工”评选4项成长成才机制，以及家园文化、青年之家、婚恋交友、青春之声4个安心安家平台。实施大学毕业生“七个一”跟踪培养措施，优先选送符合条件的大学毕业生、生产骨干参加班组长资格培训，全段有720名职工取得班组长任职资格。打造“雏鹰成长”实训基地。将福州南党建引领示范基地建成人才培养基地，设置构件加工、钢筋绑扎、混凝土预制等12个功能分区，实现学技练功、创新攻关、成品预制为一体的综合性实训基地。组建班组长专业工区、新入路青工专业专修工区，广泛开展应急演练、学技练功、青年“工匠争霸赛”，不断形成“学技术、比业务”“讲贡献、比业绩”的良好氛围。近年来，有58名毕业生从示范点走上管理岗位，11人在局级职业技能大赛中获奖，78名职工获省部级以上荣誉。

（二）聚焦标准规范，高起点谋划推动高质量发展

1. 构建责任在心的“平安家园”。一是用好安全工作新理念、新策略、新方法，坚持主动预防、超前防范、源头治理安全策略，坚持人防、物防、技防一体建设，健全应急预案管理体系，强化安全生产调度指挥中心职能作用，完善应急处置流程，以警为令，落实“一雨一案”“一风一案”，提升防洪抗台能力。二是深化党员创岗建区活动，设164党员责任岗，84个党员责任区，党员责任岗采取“7+3±N”计分法，党员责任区评定采取“5+5±N”计分法，切实做到当班能见面、思想能沟通、作业能提醒、技术能帮带、业绩能考核。三是开展党内立项攻关活动。聚焦深化铁路安全基础建设三年行动，确定年度党内立项攻关项目。为应对平潭海峡公铁两用大桥养修世界难题和全新课题，成立“平潭大桥先锋护桥队”党员突击队，引领带动“魔鬼风域护桥者”青年突击队创建，起草《运营阶段梁体变形检查检测指导书》等3项可行性研究报告，提出公路梁体伸缩缝止水带整治措施，探索应用薄壁空心墩内壁快速检查技术，实现远距离成像检查。针对斜拉索检查难题，同设计单位共同研发“斜拉索爬索机器人”，完成3次升级改造，实现周期内304根斜拉索全覆盖排查。“平潭大桥先锋护桥队”获评集团公司党内优

质品牌。

2. 注重安全文化建设。对标“有理念、有文化、有环境、有氛围、有成果”的“五有”标准，在重点作业场所和关键作业岗位，设置安全风险提示、安全生产标语，时刻警示职工按标作业。以安全生产先进集体、个人典型引路，把镜头、刊头对准一线，引导职工自觉增强安全责任意识。开展“我是党员我先行”突击奉献活动，健全党团员汛期应急动员机制，在抗击“杜苏芮”“海葵”等超强台风、2024年台湾地震、6月持续强降雨中，提前成立12个青年突击队、3个青年应急抢险队，及时解决杭深线北山隧道检查道不畅等11个隐患问题，组织综合科室党员利用隧道口综合视频实时轮班监控，发现突出安全隐患防止事故38人次、各类水害16处。2024年，该段正积极推进福鼎、宁德、霞浦、莆田、永泰及福州地区等8个车间基地的安全文化创建。开展爱路护路宣传教育42场次，覆盖沿线78所学校、26个大小村庄，推动安全文化更好地服务安全生产。

3. 构建精益求精的“标准家园”。一是分层分级编制了13个科室管理及工作手册，14个车间管理工作手册，77个班组工作手册，用以规范管理行为，确保各项工作有序开展，减少管理风险，提高管理效率和工作质量。二是着力打造标准化指挥中心，完善指挥中心内部管理制度，优化施工计划管理、计划审批、路用车计划管理等11项工作流程，建立生产调度员、作业监控员等7个岗位的一日作业流程，做到“事事有人管，事事有标准”，实现精细化管理。三是从规范台账、作业流程、作业控制等8个方面，推进示范车间、班组建设，打造6类重点示范班组，并根据打造样板复制推广建设了15个示范班组。

（三）聚焦文化引领，共建共享凝聚强大奋斗合力

1. 弘扬创新文化，构建驱动发展的“科技家园”。一是运用信息化管理手段，大力推广无缝线路钢轨位移观测、站场道岔尖轨位移快速检测设备，积极运用平潭大桥线路检测机器人、金属构件水性涂层防腐技术，推动平潭大桥抗风理论科研成果转化，通过“物防、技防”相结合的方式助力管理规

范化。二是开展技术设备改进革新，在机械设备、工艺技术、信息系统、工器具、材料等方面改进革新。建立健全科技创新专项激励机制，让贡献大、作用强的项目得到保障、让职工得到实惠。开展“支部 + 支部”“支部 + 班组”“支部 + 设备”品牌共建，打造党内品牌创建集群。三是进一步提升数智化水平。用好智能巡检、相控阵钢轨焊缝探伤仪、薄壁空心墩智能检测系统等智能设备，提升安全生产调度指挥中心调度指挥信息化水平，强化隧道远控系统、桥梁防撞系统运维管理。持续深化手持终端功能性开发，依托南铁数字建设，推进信息系统信创替代工作，投入运用信创设备，力争完成率达标，提升数字化、信息化、智能化管理成效。

2. 弘扬廉洁文化，构建风清气正的“清廉家园”。一是压紧压实“两个责任”，推动党委主体责任、党委书记第一责任人责任、班子成员“一岗双责”贯通协同、一体推进。深化业廉融合，按照“抓系统、系统抓”要求，将常态化开展自查自纠融入各部门安全生产经营各项工作。二是严肃认真抓好巡视整改。认真落实整改责任，切实抓好国铁集团党组巡视和集团公司党委巡察反馈问题整改，研究制定整改方案，建立问题清单、任务清单、责任清单，明确责任人、整改措施和完成时限，确保条条整改、件件落实。三是加强廉洁文化建设，坚持“以案释纪”案例警示教育学习，常态化、分众化、精准化开展党章党规党纪教育。利用管内红色教育资源，挖掘红色文化、传统文化及地域文化中的廉洁元素，推动相互融合，在职场打造廉洁文化阵地，开展廉洁文化作品征集活动，形成“人人崇廉、人人尚廉”的良好氛围。

3. 弘扬企业文化，构建团结奉献的“和谐家园”。一是构建企业文化体系，坚持以环境引导人、环境改变人、环境塑造人，以“忠诚担当、实干争先”南铁精神和“团结务实、高效创新”福工精神为引领，加强福工精神具体化阐释，提炼安全文化、党建文化、管理文化理念。大力弘扬平潭大桥工区职工“迎风成长”主流价值，不断丰富完善福工家园文化的内涵和外延。二是打造高铁党建引领示范基地。推动高铁基地各单位党建、文化、生活、生产相融合，助力高铁生产生活一体化。按照“人车分离、亭林相映、地域融合、文宣一体”思路，突出育人、融合、怡情“三个功能”，按照“六个一”思路，定置建设“一片菜园、一座凉亭、一个球场、一处休憩区、一组宣传栏、一块停车场”，推进基地人文环境建设。在福州、宁德打造“福工家苑”，宁德3间探亲房、10间宿舍投入使用，福州6间探亲房、21间宿舍年内投入使用。三是切实关心关爱职工。建立“红娘奖”实施办法，着力解决青年职工婚恋交友问题。推进铁路“三线”建设标准化、规范化，推动年度10件好事、实事项目落实落地。开展“冬送温暖夏送清凉”活动，深化职工健康水平三年行动，制定职工健康体育活动推进计划；落实困难职工帮扶救助机制。压实信访工作责任，畅通职工诉求表达渠道，运用职工思想和实际问题化解联席会，加大矛盾排查化解力度，确保职工队伍稳定。

三、构建“六个家园”思政工作体系的主要成效

近年来，福州工务段党委在集团公司党委坚强领导下，坚持“对标找差、奋勇争先”工作主线，以高质量党建推动段高质量发展。先后荣获国铁集团标杆站段、文明单位、安全文化建设示范点、厂务公开先进单位，福建省模范职工之家等荣誉称号，福州南线路车间先后获评“全国工人先锋号”“福建省工人先锋号”。平潭大桥工区被授予“全国优秀青年突击队”和集团公司党内优质品牌称号。

1. 促进平安和谐发展。福州工务段党委将“平安家园”摆在首位，认真践行安全发展理念，深化安全双重预防机制，持续开展“两违”专项整治。有效抗击“杜苏芮”“海葵”等超强台风，管内设施设备经受住小时和连续雨量历史极值考验，连续实现第10个安全年、第40个防洪安全年。持续深化生产组织，推行车间月度生产计划“一张表”，实行点外作业及干线转支线首个区间关门防护，实现峰福线管界调整平稳有序。2023年完成大修、技改等项目117项。

2. 有力保障新线开通。成立党团员突击队，高标推进甬广高铁线路精调、静态验收、联调联试等工作，确保甬广高铁安全顺利开通。配合CR450科

学试验，试验列车在甬广线福厦段运行单列时速453公里，创造交会时速891公里、隧道交会时速840公里的世界纪录，时速350公里动态检测TQI 1.25，排在前列。

3. 推动标准化规范化建设。按照“11234”工作思路，将标准化规范化、党建标准化、家园文化建设有机融合，协同推进。以“标准化班组”为突破口，确定6个段主抓、17个车间主抓班组，2023年全部验收达标；福州工务段被评为集团公司示范站段。有序推进车间组织生产，实行月度计划“一张表”，充分发挥车间主观能动性。在推进企业文化建设的过程中，福州工务段党委注重“内外结合、外美内实”，从“设备标准化、作业标准化、环境标准化”上进行规范，逐渐养成良好行为习惯。干部职工一致认为企业文化建设能够有效促进全段标准化规范化建设。

4. 建成人才“孵化”基地。抓好“平台搭建、精准培养、激励驱动”三项工作，着力构建大教育格局，建好“育人家园”。整合优化培训基地、练功场所补强培训功能布局，高标建设福州南实训基地、樟林培训基地、福州探伤练功房和安全警示室，全面推广和充分运用南铁学习云平台，确保线上线下培训需求，切实为职工教育创造有利条件，促进队伍培养与日常生产有机融合，全段上下已形成“干中学、学中干”的良性循环。

5. 汇聚干事创业合力。福州工务段党委把“六个家园”建设作为干部职工充分展示自我、施展才华的舞台，结合“改革创新展作为、提质增效立新功”主题宣讲，扎实做好“强局有我、建功南铁”大宣传、大宣讲、大讨论，不断汇聚全员干事创业的精神力量。扎实做好正面宣传引领，加强对内宣传效用，不断传递正能量，提振精气神，汇聚了干事创业的强大力量。干部职工一致认为企业文化建设改善了职工精神面貌，提升了职工向上向善、创先争优的积极性。

四、构建“六个家园”思政工作体系的工作启示

做好站段思想政治工作，要主动适应新时代铁路基层思想政治工作的

新形势新任务新要求，聚焦铁路职工思想观念、价值取向、利益诉求变化特点，着眼发展形势要求，谋大局、应变局、开新局，站在文化自信、文化强企的高度，增强繁荣发展新时代铁路企业文化的政治自觉，进一步顺应职工对精神文化生活的新需要。

1. 抓“学习载体”提素质。一是强化理论武装工作，继续深入学习贯彻党的二十届三中全会精神，善始善终抓好党纪学习教育，用好“一车间一规定、一班组一方案”职工政治理论学习机制，提升干部职工政治素养。二是学习有效运用“实透新细”思政工作法，提升思政工作质效，及时掌握职工思想状况，直面职工矛盾诉求，紧盯关键岗位、关键人员，“一人一事”做好思政工作，坚决防止小矛盾积聚成大问题，确保职工队伍稳定。要重点强调一下，要转变“思想政治工作就是党群干部的事”的错误观念；行政干部要摒弃“不想做、不会做”思想政治工作的想法。三是要充实培训资源，加强教育培训资源配置，推进樟林培训基地建设，优化现有车间练功场所功能布局，在各车间开设“云学习”“考试吧”，补强培训基础设施，为职工教育培训创造有利条件。

2. 抓“品牌载体”解难题。一是深化党员创岗建区活动。进一步优化党员责任区设置，完善岗区考评标准，选取若干工作基础扎实、先锋作用发挥较好的党支部开展“红旗区评比”试点，把划区形式、考评标准、奖励机制都建立起来，形成示范效应。二是打造好福州南“雏鹰成长”实训基地，将福州南党建引领示范基地建成人才培养摇篮，将新职人员放到基地见习培养，设置构件加工、钢筋绑扎、混凝土预制等12个功能分区，实现人才培养、创新攻关、标准示范为一体的综合性实训基地。三是提升“青”字品牌建设，搭建青年岗位练兵、风采展示、学习交流、“最美青工”评选4项成长成才机制，通过开展青年座谈会、工匠争霸赛、征文演讲、青年文化节等系列活动，提供出彩机会，让青工充分展示自我，培养好人才队伍。

3. 抓“服务载体”聚人心。一是推进党支部标准化、规范化建设，以深化基层党组织建设“强基提质”工程为平台，利用好创岗建区制度机制，推动党建工作与中心工作深度融合，规范抓好青年推优入党，加大在大学毕业生、年轻优秀班组长中发展党员力度，不断提升党员班组长比例，服务职工成长成才。二是营造干事创业的良好环境，落实“抓系统、系统抓”要求，加强国庆期间廉洁风险防控，继续开展零小工程领域问题整改“回头看”、党组织工作经费自查整改工作，动态跟踪国铁集团巡视、集团公司巡察反馈问题整改情况，推进问题销号佐证材料收集工作，加强干部作风督查和考察识别，用好立整立改、专题通报、倒查问责等措施。三是关心关爱职工，一体推进“六个家园”建设，提升职工生产生活条件，加强新职工教育引导，帮助新职工安心安家、成长成才。用好“红娘奖”实施办法，解决青年职工婚恋交友问题。聚焦国庆假期职工坚守岗位、默默奉献的先进事迹，深入开展宣传报道。压实信访工作责任，畅通职工诉求表达渠道，运用职工思想和实际问题化解联席会，加大矛盾排查化解力度，确保职工队伍稳定。

（执笔人：郭桂元、于云龙、王福斌）

做好铁路基层班组宣传思想文化工作的实践和思考

中国铁路南昌局集团有限公司福州工务段

铁路基层班组，是铁路企业的“细胞”，是铁路运输安全的重要基础，是各项工作的落脚点。加强班组宣传思想文化工作，要贯彻落实习近平总书记在党的二十大报告中指出的关于坚持大抓基层的鲜明导向，推进以党建引领基层治理的根本遵循，落实《关于新时代加强和改进思想政治工作的意见》的具体要求，切实把一线班组建成职工思想教育的第一课堂，安全文化建设的第一阵地，人才培养的第一高地，把安全文化、标准文化、家园文化植入班组日常管理、融入职工职业生涯全过程。坚持问题导向、把握正确方向，以文化人，推动提升铁路企业基层“细胞”活力和动力。

一、铁路基层班组宣传思想文化工作的现状和面临的新形势

近几年，铁路企业宣传思想文化工作不断深化，一线班组安全文化、标准文化、家园文化建设水平逐年提升，先进成果不断涌现，职工生产生活条件持续改善，形成了具有铁路行业特色的基层文化体系。但随着外部环境和职工队伍结构的不断变化，基层治理中的新情况、新问题也在动态变化，

这给做好班组宣传思想文化工作提出新的要求。

1. 理想信念教育的时代需求对抓好班组职工思想教育提出新课题。百年未有之大变局下，信息多元化给职工思想观念也带来了多方位的影响。如何巩固壮大奋进新时代的主流思想舆论，做好新形势下职工思想政治工作，提升职工政治学习吸引力、影响力、引领力，给我们提出了一个重要课题。当前，我们按照集团公司下发的《加强和改进新时代基层思想政治工作实施细则》相关要求，有序推进职工政治学习、思想教育，但在实施过程中，仍存在执行标准和实施效果不均衡的问题，一些班组在落实落细思想政治工作责任上还有差距。这就要求我们要抓住班组这个关键单元，加强职工理想信念教育，引导职工自觉践行社会主义核心价值观，把优秀的铁路文化和职工思想教育有机融合，进一步抓细抓实责任清单和任务清单，才能更好把握基层宣传思想文化工作的正确方向和实践要求，更好地发挥班组思想政治工作前沿阵地作用。

2. 铁路安全生产新形势对深化班组安全文化建设提出新要求。当前，全路深入学习贯彻习近平总书记对安全生产的一系列重要论述，提出了铁路安全工作的新理念新策略新方法，对强化安全生产宣传和安全文化建设，提升职工安全意识和素养提出了新要求。近几年来，随着职工队伍新老交替持续变化，高铁职工队伍年轻化的特征更加明显，青工安全教育压力不断增大，职工队伍呈现出的安全意识不牢、风险意识不强、实践经验不足等现实问题更加凸显，这也给班组安全生产宣传和职工职业道德教育提出新的要求。为此，要清醒认识抓好安全生产基础，提升本质安全水平，是推进建设现代化铁路安全保障体系的基础性工程。要坚持问题导向，紧盯班组安全管理规范化建设和职工安全素养的提升，把正面宣传引领和案例警示教育相结合，把安全文化植入职工职业行为规范，打造具有系统特色、班组特点的安全文化体系。让职工人人参与安全警示文化、安全榜样文化、安全标准文化等创建工作，更好适应建设“六个现代化体系”和铁路高质量发展的需求。

3. 铁路现代化建设的使命任务给班组人才思想阵地建设创造新机遇。

党的二十届三中全会胜利召开后，铁路对进一步全面深化改革，率先实现铁路现代化作出全面部署。如何把握这一历史机遇，把铁路改革重大举措贯彻到底、落到实处；如何抓住人才培养这个关键，凝聚基层强大合力，宣传思想文化工作要先行。只有抓住基层、依靠职工，积极构建企业和职工命运共同体，才能更好引导职工、组织职工积极投身强局建设实践。近年来，铁路不断深化标准化和信息化建设，大力推进强化基层基础基本功，依靠标准化和信息化手段提升管理水平。班组作为企业管理基础的“最后一公里”，在担当职责使命中发挥着“领夯石”的作用。要聚焦职责使命，把握新机遇，发挥班组宣传思想文化工作的正向引领作用，通过党内优质品牌、“青马工程”、“青”字号品牌创建等有形载体，不断提升班组职工标准行为素养，教育引导职工把标准当成习惯，让习惯符合标准，把班组建设成职工职业道德教育的“第一高地”，通过先进的班组文化赋能，持续提升班组人才队伍建设的水平。

二、做好班组宣传思想文化工作的主要做法

1. 建好职工思想教育“第一课堂”，把政治学习制度机制用“活”。作为南昌局集团公司思想政治工作的示范单位，福州工务段紧紧围绕深入学习贯彻习近平新时代中国特色社会主义思想，把宣传贯彻落实上级决策部署，抓好职工政治学习，作为班组宣传思想文化工作的重点，着力“三个抓住”，推进职工思想教育走深走实。一是抓住班前。指导各车间党支部把班前学习作为最重要的学习制度，通过每月政治理论集中学习、形势任务微宣讲、安全问题班前点、职工诉求面对面等方式，把上级精神第一时间向班组职工传达，重点任务让职工第一时间知晓，职工关注的热点问题诉求第一时间解决，提升职工思想政治工作实效。二是抓住日常。以抓好主题宣讲活动为主线，细化班组思想政治工作责任清单，发挥车间支委、班组长、党团员骨干、“8090”宣讲团的作用，让支委联系班组、科室联创共建形成长效机制，促进科室、车间管理人员和班组职工经常性面对面，提高政治理论学习

和政策规章宣讲解读水平。深化领导班子班组联系点和日常谈心交流制度，通过经常性的谈心谈话，全过程掌握职工思想动态，及时发现职工思想上的问题和堵点，切实解决职工思想工作生活中的实际困难和问题。三是抓住线上。牢牢把握互联网、新媒体平台这个网络意识形态工作主战场，建立职工网络思想动态观察员制度；针对异地班组多的实际情况，通过“线上＋线下”定期连线的方式，及时掌握异地班组职工思想动态；规范建立班组工作群、钉钉平台职工诉求和问题答复通道，运用网络答疑和“云平台”学习宣传机制，实现异地班组职工日常宣传思想教育工作全覆盖。同时，抓好新媒体平台的宣传引导，针对班组信息流转中的盲区和死角，开辟“月度工作划重点”“六个家园建设动态”等专栏，帮助异地职工更加直观地了解掌握当前全路全局安全经营形势任务和重点工作要求，打通班组宣传思想文化工作的“最后一公里”。

2. 筑牢安全文化建设“第一阵地”，把职工安全意识教育做“实”。班组是企业安全生产的基石，也是企业安全文化建设的基础和落脚点。随着铁路改革的不断深化，设备管理新技术新装备新工艺的不断运用，我们围绕强化职工安全意识，教育职工树牢“安全第一”思想、落实岗位“第一责任人”，将安全文化、标准文化和家园文化有机融合，运用“三入”工作法，持续提升班组安全文化建设水平。一是融入中心。以“党建引领、基地示范”为理念，将班组文化建设与安全生产宣传相融合，结合主要工种特点，建设班组安全文化阵地，将安全警示文化、安全榜样文化、安全标准文化植入班组宣传文化阵地。建设职工重点故障安全警示台、安全岗区揭示栏、安全行为理念展示墙、安全立功榜等安全文化阵地，浓厚安全文化氛围，教育引导职工时刻把安全标准牢记心间。二是嵌入制度。把班组安全文化建设嵌入职工岗位星级评定、党员创岗建区、党团员立项攻关等活动制度中，通过标识展示、标准示范，用身边人讲身边事等方式，使“示范带动、提升标准、减少‘两违’”的安全工作理念转化为职工安全生产自觉。三是引入机制。坚持问题导向，运用现场会、联学共建、关键岗位帮促机制，把安全生产和思想政治工作深度融合，确保阶段安全重点工作要求宣传到每个职工，并开展常态化检视整改。运用合理化建议机制和创先争优活动机制，促进班组职工更加积极主动地参与安全生产管理全过程；通过组织党、团支部深入班组开展青年安全说、安全生产大家谈、“安全医生”在线会诊等方式，把各项活动制度机制做实，提升班组安全文化建设水平。

3. 打造人才培养孵化“第一高地”，把班组核心价值文化做“精”。作为铁路基层宣传思想文化工作的末梢，福州工务段在班组文化建设中注重发挥职工首创精神和先进典型示范带动效应，运用“三促”机制，努力把班组打造成职工成长成才、幸福工作生活的“第一家园”。一是文化赋能。深化班组文化阵地建设，分阶段打造集系统特点和地域文化一体融合的班组文化“硬”环境，将职工首创的安全雕塑小品、安全创意作品、安全金句格言纳入文化环境整体建设，激活职工主动参与班组文化建设的原动力。二是基地示范。实施“一班一策”，把班组标准化规范化创建与基地建设相融合，深化班组“三线”建设，把职工安心安家和成长成才工程相衔接，建设完善羽毛球馆、健身房、青年之家等文化活动设施和阵地，开辟职工菜园、果园、茶园，把“三线”建设和家园文化创建有机融合，打造外美内实的职工生活家园，提升职工家的归属感。三是典型引路。深化人才培养孵化机制，通过打造“雏鹰成长”实训基地、宣传推广平潭大桥工区“全国青年突击队优秀案例”等品牌和先进典型，教育引导职工立足岗位、比学赶超，共建家园。一体推进“平安家园、标准家园、科技家园、育人家园、清廉家园、和谐家园”六个家园建设根植在基层班组，使企业文化核心价值理念真正深入职工心田，推动以文兴业，凝聚推动发展的强大合力。

三、几点体会

1. 牢牢把握班组宣传思想文化工作的正确方向。要坚持深入学习贯彻落实习近平新时代中国特色社会主义思想，牢牢把握基层宣传思想文化工作主要任务，落实“让党的宣传思想工作在基层实起来、强起来”的要求。把握基层班组这个最小单元的思想政治工作规律，始终把教育引导职工树立正确理想信念，自觉践行社会主义核心价值观，作为推动企业高质量发展的重要任务，将宣传思想文化工作聚焦一线，延伸到班组，贴近职工思想需求。切实把铁路企业思想政治工作班组“第一课堂”制度机制落细落实，引领职工奋斗新时代，才能使铁路企业基层治理的源头活水更加清澈充足。

2. 正确把握班组安全文化建设的本质要求。班组是铁路企业的细胞，细胞健康肌体才健康。铁路本质安全，首要就是人的因素，要深入学习贯彻习近平总书记对安全生产的重要论述，突出班组这个基层治理的关键单元和各项规章制度落实的“最后一公里”，把安全文化全链条、全过程植入班组管理。切实发挥好宣传思想文化工作的引领力、穿透力，通过安全文化建设促进职工形成牢固的安全风险意识，自觉把标准当成习惯、让习惯符合标准，才能形成“安全生产人人抓、全员合力保安全”的浓厚安全文化氛围，进而提升铁路现代化安全保障体系建设水平。

3. 紧紧依靠职工群众创新创造的强大动力。党的二十届三中全会对铁路企业改革发展提出新要求，作出新部署，新征程上，要充分发挥职工群众聪明才智和首创精神，激发班组在团结带领职工推动强局建设、共建美好家园中的主观能动性。要释放职工主动参与班组家园文化建设的创新动力，把深化班组标准化规范化建设和提升职工队伍思想政治素质有机融合，把安全管理、标准化管理理念贯穿到班组管理的各个环节，压实责任、建好阵地、用好机制，才能更好服务职工成长成才和企业改革发展的时代需求，为推动铁路“六个现代化体系”建设、实现铁路高质量发展，提供强大的基层动力。

（执笔人：黄奔）

关于持续深化站段标准化融媒体工作室建设的实践与思考

中国铁路广州局集团有限公司党委宣传部

党的二十届三中全会《决定》指出，要“构建适应全媒体生产传播工作机制和评价体系，推进主流媒体系统性变革”。落实全会精神，国铁集团党组明确提出，要加快推进铁路媒体深度融合发展，充分运用信息技术赋能，积极推进工作理念、内容、载体、方法创新，塑造适应互联网时代的工作体系和工作格局，持续壮大有利于铁路高质量发展的网上正能量。站段融媒体工作室作为推进媒体融合发展的基础单元，持续深化标准化建设对于做强铁路“1+18+N”全媒体传播矩阵、提升铁路全媒体平台传播力引导力影响力公信力、更好为铁路高质量发展凝心聚力具有重要意义。近年来，广州局集团公司持续深化标准化融媒体工作室巩固创建工作，为集团公司宣传思想文化工作提质增效、更好服务改革发展提供了有力支撑。

一、深化站段标准化融媒体工作室建设的做法和成效

1.加强平台管理，提升传播效能。把平台建设作为深化标准化融媒体工作室建设的基础，加强对各单位融媒体工作室运维平台的指导管理，着力

提升平台吸引力、传播力，推动基层站段媒体平台传播矩阵更加完善。

一是立足“建”好，打造传播矩阵。按照移动优先、内外宣分开的原则，指导各单位融媒体工作室结合实际建立新媒体平台，推动站段新媒体平台建设进一步规范和扩大。对内发挥“广州铁路”企业号的聚合功能，各单位融媒体工作室在企业号开设子平台，实行实名认证注册使用，形成对内宣传聚合平台矩阵，确保平台用户安全可控。对外指导广州南站、广九客运段等 22 个站车窗口单位开设微博或微信平台，及时向旅客货主发布权威信息，提供服务咨询，增强平台活跃度和突发舆情引导力。

二是注重“管”好，规范平台运维。加大对各单位融媒体工作室运维平台的指导力度，建立微力指数评价体系，不断提高平台运维质量。落实媒体平台建设报审、报备制度，每年对各单位已开办的平台进行年审，对新成立物流中心等 3 个单位新开办平台严格按照流程审批，及时清理“小弱散”平台，确保平台安全可控。认真落实“三审三校”制度，严格审核发布流程，指导各单位融媒体工作室坚持每条融媒体产品由党委负责同志、重点产品由党委主要负责同志审定后发布，确保意识形态安全。

三是突出“用”好，强化思想引领。围绕中心工作及时发声，通过平台解读政策，活化教育，讲好身边故事、凝聚奋进合力。2024 年以来，各单位融媒体工作室围绕学习宣传贯彻党的二十届三中全会精神、“改革创新展作为、提质增效立新功”主题宣讲、现代物流体系建设、防洪防汛等重点任务，累计在“广州铁路”企业号站段平台发布原创产品 1.6 万余篇，总阅读量突破 3000 万人次，点赞量 1500 万人次；站车窗口单位通过微信、微博等对外平台及时发布列车信息、营销政策 2000 余条，有效服务了旅客、货主。用好企业号平台留言功能，及时用网言网语回应职工关切，提升用户黏性，定期梳理收集后台留言，协调业务科室跟踪解答诉求，同步解决思想问题和实际问题，有效促进队伍稳定。

2. 坚持内容为王，打造精品力作。围绕中心工作和群众需求，不断健全完善选题策划机制，积极创新产品形态，着力打造更多有“网感”、有时代气息的优质产品。

一是聚焦群众需求。坚持以受众为导向，强化平台与受众的连接，生产干部职工和旅客、货主更喜爱的内容，打造干部职工与旅客、货主离不开的渠道，进一步发挥好平台的桥梁纽带作用。2024 年以来，各单位企业号围绕职工关注的收入福利、医保政策、健康管理等热点，累计推送宣传产品 2200 余个，其中广州车辆段推出的《医保待遇政策知多少》、肇庆信号水电段推出的《2024 年“健康活动节”启动》等 20 余个产品阅读量超 5000 人次，深受职工欢迎。对外聚焦旅客客户需求，及时发布便民资讯信息 4000 余条，积极引流上线。其中宣传推广的“‘一份家常饭’高铁餐食”“‘那个女孩’高铁奶茶”等特色服务被《人民日报》、央视、《广州日报》等主流媒体报道 30 余次。

二是强化选题策划。充分发挥策划的源头引领作用，建立重点选题三方联动机制，党委宣传部、融媒体中心牵头，基层融媒体工作室参与，围绕中心工作和阶段重点任务，通过定期下发宣传报道任务书和召开选题策划会等方式，确保重点选题按节点推进落地。鼓励站段融媒体工作室分片区、分系统建立协调工作机制，成立片区融媒联合小组，通过联合策划、资源共享来提升优质产品的生产能力，扩大产品的传播力影响力。2024 年 4 月，广州、怀化、株洲、衡阳各地区融媒体工作室联合生产的《高能预警！坐高铁时千万不要低头玩手机！》相继在《人民日报》、人民网、中工网、中国青年网等央媒刊发，微博话题总阅读量超过 4000 万，话题“高铁穿越金黄花海驶向春天”一度冲上微博热搜前十。

三是注重产品创新。指导融媒体工作室善于发掘和讲好生动鲜活故事，在综合运用全媒体方式、大众化语言、艺术化形式制作新闻产品的基础上，丰富短视频、微电影、有声新闻等多种形态，通过产品形式的创新增强吸引力，让平台信息不仅“有意义”而且“有意思”。2024 年以来，各单位融媒体工作室创作的微电影、歌曲 MV、漫画等新媒体产品 180 余个，其中肇庆车务段、广州动车段等单位融媒体工作室创作的微电影《守护》、歌曲《青

春铁道　唱响未来》等作品火爆出圈，深受职工喜爱。

3. 注重固本强基，夯实基础保障。围绕人员、设备、制度等加强基础建设，积极搭建资源共享平台，进一步夯实管理基础，为深化站段标准化融媒体工作室建设提供有力保障。

一是加强队伍建设。坚持把政治素质过硬作为首要标准，督促各单位及时选优配强融媒体专职人员。党委宣传部定期对融媒体工作室专职人员配备、年龄学历、岗位经历、兴趣特长等情况进行统计更新，适时掌握人员调整、空缺等情况，及时制定补强措施。对于部分单位专职人员空缺时间长等困难问题，以集团公司党委巡察意识形态专项检查工作为契机，及时纳入巡察问题库，借助力量推动解决，推动标准化融媒体工作室常态化达标。注重发掘融媒体人才，建立写作策划、摄影摄像、设计制作等多领域融媒体复合人才库，及时将 800 余名各类特长人才吸纳到融媒体工作队伍中来，组建一支综合能力强、覆盖面广的融媒体兼职骨干队伍。采取集中培训、挂职锻炼等多种形式加强对融媒体人才的培养锻炼，提升融媒体人才素质能力。累计已组织 32 期 300 余名融媒体骨干到集团公司宣传部、融媒体中心培养锻炼，打造了一大批提笔能写、对镜能讲、举机能拍、新闻感知力强的融媒体全能队伍。

二是夯实设备基础。聚焦每个融媒体工作室有独立的生产场所，具备音视频、动画等融媒体产品制作等基本要求，及时做好各单位融媒体工作室设备升级补强工作，坚持每年开展 1 次融媒体工作室设备摸排工作，确保各融媒体工作室器材设备功能齐全、状态良好，2024 年增拨经费，对既有融媒体工作室录播台、编辑电脑、摄录机等设备更新升级。针对新成立的 3 个铁路物流中心，积极与人事、劳卫部门及单位党群部门沟通，明确专人负责媒体融合工作，配齐基本设施，加强经费保障，确保工作正常开展。

三是完善制度机制。落实国铁集团党组宣传部关于开展铁路标准化融媒体工作室创建工作的通知要求，结合集团公司实际，进一步细化完善“广州铁路”企业号平台管理办法、集团公司融媒体工作室管理办法等 6 个配套管理办法，夯实制度基础。完善考评机制，将融媒体工作室建设质量纳入基层单位党建工作责任制考核，每季度发布宣传思想文化工作通报，压紧压实创建责任。注重示范引领，发挥 12 个全路和集团公司标准化融媒体工作室示范点作用，分片区召开示范点交流会、观摩会，并鼓励各单位自行到各示范点观摩学习，2024 年以来示范点单位融媒体工作室共接待 111 批次观摩学习队伍。建立以赛促优机制，常态组织开展新媒体平台、产品等系列“十佳”评选，举办微视频创作大赛，进一步激发站段融媒体工作室生产创作热情。

二、深化站段标准化融媒体工作室建设存在的问题

1. 落实创建责任不到位。个别单位党委在思想认识、工作力度、办法措施等方面还有欠缺，认为标准化融媒体工作室已经建成，对于常态长效巩固创建成果、持续推动标准化融媒体工作室提质升级等方面下功夫不够。部分多元系统和直属单位创建标准不高，融媒体工作室作用发挥还有待增强。

2. 优质内容供给有差距。对互联网时代传播规律把握不到位，融媒体产品策划能力不强，策划推出有影响力的爆款产品较少，有的产品内容吸引力还不够、阅读量不高。部分单位在推广产品时不注重方式方法，以行政手段要求职工学习，引起职工反感。

3. 融媒体专业人才缺乏。融媒体工作室专职人员大部分都是铁路业务专业，缺乏对融媒体专业知识的系统深入掌握。有的单位融媒体工作室专干不专责，难以集中精力钻研业务。有的单位在兼职融媒体人才的挖掘、培养和使用方面做得不够，没有建立起一支覆盖广泛的兼职骨干队伍。

三、深化站段标准化融媒体工作室建设的思考与措施

1. 持续在优化机制、形成合力上下功夫。聚焦问题完善媒体融合发展有关制度，重点强化政策层面支持和管理责任落实，构建起基层党委领导、宣传部统筹指导、“融媒体中心 + 站段融媒体工作室”生产传播的责任体系。优化对各单位融媒体工作室平台运维状态和职工应用情况的微力指数评

价机制，推动各单位充分发挥主观能动性，提升平台服务推动中心工作效能。持续推进策采编发流程集约化、一体化，强化产品内容一次采集、多种生成、多元传播，实现宣传效益最大化。进一步转变宣传理念、手段和组织方式，调动一切积极因素，联合两级融媒体机构、站段车间科室等各类资源，吸引广大干部职工和旅客、货主积极参与融媒体产品生产传播，创作更多精品力作，更好服务铁路改革发展。

2. 持续在做优内容、出新出彩上下功夫。坚持内容为王，专注内容质量，指导各单位加大深度报道和评论策划生产力度，打造优质产品。完善融媒体工作室分片区、分系统联合机制，整合要素资源，创新合作模式，通过人力、设备、技术等资源共享，增强全媒体产品生产整体合力，持续提升产品生产水平。加强传播手段和话语方式创新，广泛应用短视频、直播、沙画等多种形式，创作更多受众喜爱、刷屏热传的“爆款”产品。加强融媒体传播领域的新技术应用，在遵循适合管用、安全可靠原则基础上，积极运用AI（人工智能）、VR（虚拟现实）和流媒体、超高清等技术，推出全息化、可视化及沉浸式、交互式融媒体产品，提升产品创作能力和质量。

3. 持续在培养人才、提升能力上下功夫。扎实推进融媒体工作人员增强“四力”教育实践工作，常态化开展全媒体意识教育和专业培训，通过集中办班、岗位轮训、学习锻炼、参与重大项目等方式，着力打造“一专多能”的融媒体人才队伍。优化人才队伍结构，加强视频制作、技术开发、新媒体设计人才队伍建设，补齐媒体融合专业人才短板。建好全媒体时代的“联通部”“群工部”，发展壮大具有文字、摄影、视频、动漫等特长的全媒体生产队伍，鼓励引导理论骨干、文艺人才等在新媒体平台发挥作用，打造有影响力的新闻“网红”。加强对融媒体人才的培养选拔任用，畅通人才发展渠道，提升融媒体人才队伍的事业心、归属感、忠诚度。

（执笔人：何志文）

国铁企业开展廉洁从政意识宣传教育的实践与思考

中国铁路广州局集团有限公司党委宣传部

习近平总书记始终把纪律教育作为全面加强党的纪律建设的一项基础性、经常性工作，突出加以强调。习近平总书记指出，“纪律是管党治党的‘戒尺’，也是党员、干部约束自身行为的标准和遵循”，要求各级党组织“把严守纪律、严明规矩放到重要位置来抓，努力在全党营造守纪律、讲规矩的氛围”。国铁企业始终把廉洁从政意识宣传教育作为“必修课”“常修课”，紧扣2024年开展党纪学习教育契机，突出日常与专题教育相结合、内容与形式相结合、正面与反面典型相结合，深入学习新修订的《中国共产党纪律处分条例》规定条款和刚性要求，不断拓展学习理解的系统性，真正让党规党纪刻印在心、融入血脉，切实学出信念、学出敬畏、学出忠诚，进一步增强政治定力、纪律定力、道德定力、抵腐定力，使铁的纪律转化为党员、干部的日常习惯和自觉遵循，以严明的纪律确保全员统一思想、统一行动，知行知止、令行禁止，形成推进现代化广铁建设的强大动力和合力。

一、国铁企业开展廉洁从政意识宣传教育主要特点

近年来，国铁企业不断创新廉洁从政意识宣传教育方式方法，坚持聚焦内容、丰富形式、紧盯对象、文化育廉等方面联动，上好廉洁从政意识教育“必修课”，让广大党员干部自觉把遵规守纪刻印在心、落实于行，推动形成尚廉律己的良好氛围。

1. 在聚焦“教育内容”上全面发力。国铁企业紧盯思想政治、理想信念、党规党纪、典型案件等多种教育内容，紧扣正在开展的党纪学习教育，认真开展廉洁从政意识教育，引导党员干部坚定理想信念，夯实廉洁从政思想的基础。

一是融入思想政治教育。坚持将习近平新时代中国特色社会主义思想贯穿始终，深入学习贯彻习近平总书记关于党风廉政建设、推进党的自我革命、全面加强党的纪律建设等重要论述，教育引导党员干部坚定理想信念，从思想源头消除贪腐之念。有的单位深入学习习近平法治思想、习近平总书记关于党风廉政建设和反腐败斗争系列重要论述；有的单位组织党员干部围绕“党风廉政建设永远在路上”等主题开展讨论，通过交流感悟和体会，强化党员干部廉洁从政意识；有的单位坚持运用党委中心组学习、“三会一课”、党员干部培训班等形式，组织学习领会习近平总书记关于全面从严治党的重要论述，不断筑牢思想防线、涵养清廉本色。

二是融入纪法知识教育。坚持把纪法知识学习作为廉洁从政意识宣传教育的应有之义，将《中国共产党章程》、新修订的《中国共产党纪律处分条例》《党史学习教育工作条例》等党规党纪纳入廉洁从政意识教育，引导党员干部自觉把学习纪律规矩当作“必修课”，不断增强纪律意识、规矩意识。有的单位开办“纪法知识在线学”等专题专栏，推出学纪产品 64 期、阅读量达 286.5 万人次，线上推出党纪“学习问答”11 期、10 余万人次参与答题；有的单位深入学习《中国共产党纪律处分条例》、机关纪律建设等内容，有的单位组织编发《党纪学习教育应知应会》口袋书，开展全员纪法知识学习

和考试；有的单位开展“学法纪、知敬畏、守底线”法纪宣传教育，持续营造学纪、知纪、明纪、守纪的浓厚氛围。

三是融入正反案例教育。坚持正向引导和反面警示相结合，运用典型案例和身边人、身边事开展案例教育。有的单位深入挖掘和推送“出淤泥而不染、濯清涟而不妖”的周敦颐、“不徇私情、不搞特殊”的罗荣桓、“不要钱、不要命、不要官”的彭玉麟等廉洁名人故事宣传产品，教育引导党员干部树牢正确的政绩观，时刻绷紧“纪律弦”；有的单位编发《常见违纪违法典型案例汇编》，特别是自身发生的违纪违法案例，通过以案说德、以案说纪、以案说法、以案说责，让党员干部真正从内心深处受到震慑警示；有的单位组织党员旁听危险驾驶罪庭审、组织管理和大学生旁听受贿、诈骗罪庭审，让党员干部在“身临其境”中知敬畏、存戒惧、守底线。

2. 在深化“教育方式”上持续用力。各单位始终把廉洁从政意识宣传教育作为一项长期性、经常性、基础性的工作来抓，打好日常、专项、关键教育“组合拳”，坚持久久为功、常抓不懈，持续营造崇廉拒腐的良好风尚。

一是抓日常常态化教育。因地制宜开展经常性廉洁从政意识宣传教育活动，不断创新形式方式，防止“搞形式”“大呼隆”“走过场”，切实将廉洁从政意识宣传教育抓在平时，融入日常。有的单位建立党风廉政教育“三个一”机制，做到每月组织一次纪律教育、观影一次典型案例、开展一次分析交流，引导干部职工厚植清廉思想根基；有的单位在党员干部中常态化开展“一月一学”“一月一问”“一月两案例”活动，做实常态化纪法教育；有的单位加强制度建设，健全完善经常性纪律教育的制度机制，切实解决纪律教育“管长远”“管长效”问题；有的单位定期组织领导班子成员、车间科室负责人专题学习，不断加强党风廉政教育，强化廉洁从政意识，筑牢拒腐防变的思想防线。

二是抓集中专项性教育。从严从实抓好党内集中党纪学习教育、每年坚持一个主题开展党性党风党纪教育。有的单位深入推进党纪学习教育，梳理《中国共产党纪律处分条例》中党员干部易触犯条款，便于党员干部开展学习；有的单位建立年度党风廉政专项教育制度，明确每年围绕党风廉政宣传月开展一次专项廉政学思践悟活动，并固化教育模式，促进形成新常态；有的单位扎实开展“纪律从严、落责从细、整改从实”主题党性党风党纪教育，梳理归纳出容易发生“微腐败”问题清单，逐一做好宣传防范；有的单位坚持抓好每年的党性党风党纪教育，因人而异、分类施教开展案例警示等规定动作，结合实际组织广大党员开展讨论和反思，持之以恒推进正风肃纪；有的单位以“吸取案件教训，强化纪法入心”为主题，开展党性党风党纪活动，推动集中专项性教育见行见效，教育引导党员干部树牢正确的政绩观。

三是抓节日关键点教育。认真落实节日廉政预警机制，针对吃请收礼、打牌赌博、当班饮酒等节日易发违纪违法问题，做好节前提醒、警示，把好“节日关”。有的单位推出廉洁提醒“节礼篇”“吃喝篇”“出行篇”等节日“纪”语、提醒；有的单位坚持逢节必组织一次节日廉政提醒、必下发关于加强节日期间党风廉政建设的通知、必开展一次党风廉政监督；有的单位对婚丧嫁娶、宴请及接受宴请等情况，一律开展事前提醒谈话；有的单位坚持在重要节日关键点，均通过单位企业号提前下发廉政提醒，有效把好过节廉政关。

3. 在紧盯“教育对象”上精准施力。各单位坚持分层分类、精准滴灌，聚焦“关键少数”、年轻干部、重点人员等不同群体特点，量身定制廉洁从政意识宣传教育“套餐”。

一是强化“关键少数”教育。通过理论宣廉、谈话讲廉、专题授廉、研讨论廉、读书思廉等提升“关键少数”纪法教育针对性，始终保持对“腐蚀”“围猎”的警觉。有的单位对新任职领导干部进行廉政谈话，面向“关键少数”特别是各级“一把手”有针对性开展定期谈话、约谈提醒；有的单位以做好巡察“后半篇文章”为契机，组织领导人员开展党委中心组党纪学习，推动“关键少数”自觉学廉；有的单位加强领导班子成员廉洁从政意识教育，落实班子成员讲廉政党课制度，组织党政主要领导、纪委书记等班子成员上廉政课，领导带头开展廉政宣讲，以自己讲来廉促廉、齐打“预防针”，自觉做到公正用权、依法用权、廉洁用权。

二是强化重点人员教育。紧盯重点领域、重要岗位及关键人员，着力针对廉洁风险点，加强纪律教育，抓实、绷紧重点人员纪律之弦。有的单位紧盯有吸毒史的人员帮教转化，每月由党支部书记与其谈心，每季度由人劳、保卫部门进行走访，每半年由分管领导回访，切实增强其法治意识；有的单位组织副科职和“六管”人员前往党风廉政警示教育基地，分批开展警示教育活动，通过现场教学、参观体验等方式，以案说法、以案释纪；有的单位持续加强重点盯控，采取个别谈话、集体座谈相结合的形式对车间、科室主要负责人、“六管”人员进行提醒谈话；有的单位组织各级管理人员签订《廉洁自律承诺书》，夯实重要人员廉洁从业的规矩意识，用纪律护廉。

三是强化年轻干部教育。紧紧抓住年轻干部价值观形成和确定的关键时期，引导其扣好廉洁从政“第一粒扣子”，警惕出现“前脚刚踏上仕途，后脚就步入歧途”现象。有的单位每年对新入路大学生进行入职前纪律教育，上好廉洁从政意识教育“第一课”，让廉洁种子在新入路职工心中生根、发芽、成长；有的单位针对青年职工身心发展特点分层施教，开设廉洁从政意识教育思政课，把廉洁从政意识教育融入青年职工思想政治教育内容之中，帮助青年职工上好廉洁从业、修身履职“必修课”。有的单位通过组织青马骨干开展廉洁从政意识宣讲等形式，深化青年职工对廉洁从政理念的思想认同和价值认同，让青年职工在宣讲中潜移默化接受教育。

4. 在建设“廉洁文化”上形成合力。各单位更加注重把廉洁文化建设与企业文化建设有机融合，通过文化墙、家风课、廉洁主题书画作品等方式，构筑廉洁文化矩阵，让广大党员干部感悟廉洁文化，营造风清气正的良好氛围。

一是注重环境阵地熏陶。立足实际将廉洁故事、廉洁用语等融入单位文化阵地，通过打造廉洁文化宣传墙、宣传栏等方式，推动廉洁文化进车间、进班组、到一线。有的单位在醒目位置搭设廉政文化长廊，融入彭玉麟等廉洁历史人物；有的单位以办公区交通主干道的路灯道旗为载体，打造“一路廉语”廉洁文化宣传阵地，制作廉语道旗；有的单位在站车创建廉洁文化阵地，积极营造廉洁文化氛围；有的单位在党支部修建廉洁文化阵地，装设廉政宣传画、格言警句、廉洁古训等内容，让党员干部在潜移默化中受到熏陶和感染。

二是注重媒体产品宣传。积极拓宽新媒体阵地，通过设置专题专栏等形式，以“可听、可视、可感”的方式，推出一些党员干部喜欢看、记得住、传得开的廉洁文化产品。有的单位在新媒体平台开设“党纪教育”专栏，分设“重要论述”“动态信息”“条例解读”等5个栏目；有的单位开设“纪法小课堂”“节气话廉”“廉洁故事”等。2024年以来，各单位在新媒体平台累计制作推送廉洁从政意识宣传教育产品250余期；同时，有的单位拍摄视频《包拯不持一砚归》、创作漫画《人人当好“反诈宣讲员、传播者”》，运用视频、漫画等形式推出廉洁文化产品。

三是注重举办系列活动。积极组织参观廉洁文化教育基地、开展党规党纪知识竞赛、举办“廉洁家书”主题征文等系列促廉活动，教育引导党员干部做到廉以律己、无私奉献。有的单位开展法纪宣传教育演讲征文比赛，采取即兴演讲等形式，讲述职工喜闻乐见的法纪故事；有的单位开展“心存敬畏、廉洁奉公，干净做事、清白做人”主题党日，组织全体党员参观反腐倡廉教育基地；有的单位开展“重温红色记忆、传承革命精神——律己身、明廉洁”主题活动，组织党员、入党积极分子参观廉洁文化教育馆；有的单位开展“培育好家风、我们在行动”家风家教主题活动，引导党员干部严格约束自己，严格教育管理家人，涵养新时代共产党人的良好家风。

二、国铁企业在开展廉洁从政意识宣传教育中存在问题

近年来，国铁企业廉洁从政意识宣传教育工作取得较大进展、较好效果，但影响宣传教育作用发挥的一些因素仍然存在，必须与时俱进加以解决。

1. 组织者思想认识上存在短板。一方面，思想认识不到位。对廉洁从政意识宣传教育工作必要性认识不够，有的车间班组没有认识到“腐败行为的发生，首先是思想防线出了问题”，对宣传教育是预防腐败的基础性工作

认识不足；有的车间班组片面认为开展廉洁从政意识宣传教育，只是一项政治任务，车间班组主要还是以安全生产为主，只要把生产任务完成了，把安全工作搞好了，就万事大吉了，开展廉洁从政意识宣传教育工作意义不大。另一方面，重视程度不够高。对廉洁从政意识宣传教育工作不够重视，有的车间班组认为基层干部大部分时间都在岗位上操作，没有机会，也没有权力犯错误，把廉洁从政意识宣传教育纳入党支部整体工作不够；有的车间班组开展廉洁从政意识宣传教育工作的积极性主动性有不足，不能严格按照要求去抓推进落实，认为宣传教育开展过就行了，抓教育时紧时松，没有形成齐抓共管、常态长效的宣传教育机制。

2. 教育形式和内容缺乏灵活性。一是形式创新有差距。教育载体不够丰富，教育形式单调，结合自身实际情况少，有的车间班组对抓廉洁从政意识宣传教育还停留在传达学习会议精神和上级文件上，简单地采用开会签到留痕、做学习笔记等灌输式教育；有的车间班组一味注重参观纪法教育基地等仪式感、现场感，弱化了警示教育内容本身，过程上也缺乏互动谈体会、谈认识等思想上的深化，受触动、受洗礼不够。二是内容缺乏针对性。廉洁从政意识教育的重中之重是党员干部，但个别单位、车间平时工作往往是不分对象的“一刀切”，有的全体干部职工一起抓，没有针对关键岗位、关键人员分门别类有的放矢；有的区分受众需求不够精细，内容“上不着天、下不着地”，甚至为图省事搞“上下一般粗”，教育内容在与教育对象贴近现实、拉近距离、同频共振上下功夫还不够。三是案例选用不精细。有的单位过多强调反面案例警醒，忽视了正面案例引导作用，挖掘和宣传中华优秀传统文化中的廉洁因子，通过培树可学可鉴的廉洁典型，激励党员干部见廉思齐、见贤思齐不够。有的单位在选用警示教育案例上，片面将教育重点放在贪腐的形式、数量等方面，没有把重点放在“为什么会出现这类腐败问题”“如何防止这类腐败问题重演”的问题剖析和规律探索上，甚至一味在标题设计和内容撰写上求新求异。

3. 融入日常抓在经常力度还不够。主要表现为个别单位、车间没有把廉洁从政意识宣传教育作为一项长期性系统性工作来抓，有的习惯集中一段时间搞“大呼隆”无法契合受众的内心需求，没有把警示教育融入日常抓在经常，在经常抓、反复抓上还有不足和差距；有的廉洁从政意识宣传教育工作比较随意，“有一搭没一搭、想一出是一出”，常把廉洁从政意识教育工作打在事务“包裹”里、混在业务工作中，没有规划、不成体系；有的集中性教育和经常性教育结合不够，工作被动开展的多、主动开展的少，笼统宣传的多、有针对教育的少，大政方针教育的多、具体规定宣传的少；有的在“全周期”“全流程”教育管理上下功夫不够，没有聚焦入职、入党、提拔等全链条开展警示教育，未能完全建立起全要素覆盖、事前事中事后全链条贯通、惩治防全周期管理的科学化、系统化、常态化警示教育体系。

4. 受众积极性与教育效果还不足。一方面，受众未入脑入心。一些党员干部在接受廉洁从政意识宣传教育时，虽然能够“入眼入耳”，但态度不够认真，学得浅、学得散，满足于一知半解，存在学不入心、学后脑子里仍旧“空空如也”，有的觉得纪律教育事不关己、必要性不大，对廉洁从政意识学习不深不透，没有入脑入心；有的听是听了，但没听进去多少，更多是把廉洁从政意识教育当作一种形式化、程序化的例行公事，学到多少是多少。另一方面，教育效果难评估。一些单位虽然把廉洁从政意识教育纳入落实全面从严治党“两个责任”的重要内容，但在落实层面上没有明确突出党委主体责任，纪检与组织、宣传、业务之间缺乏联动互动，削弱了警示教育整体效果；警示教育效果缺乏可量化的评价机制，缺乏有效的衡量标准和反馈渠道，很难对警示教育开展效果不佳、导致问题重复发生的进行有效问责，没有形成廉洁从政意识教育管理的闭环机制。

三、国铁企业进一步加强廉洁从政意识宣传教育的对策建议

聚焦问题导向，进一步在政治引领、案例教育、受众导向、以文化人、机制建设等方面持续花力气下功夫，形成广覆盖、多角度、立体式的廉洁从政意识宣传教育方式方法。

1. 进一步强化政治引领，夯实廉洁从政规矩意识。坚持把党章和党规党纪作为廉洁从政意识教育的重要内容，既要定期开展集中学习，又要鼓励党员干部自学自悟，将“党章党规党纪”作为明镜高悬，引导党员干部时常对照检查，品出“纪律严味”。各级党组织要持续把学习贯彻习近平新时代中国特色社会主义思想融入廉洁从政意识教育，从思想源头增强党员干部廉洁从政、廉洁用权、廉洁修身、廉洁齐家的高度自觉，激发广大党员干部崇高理想追求，教育引导其坚定理想信念，铸牢对党忠诚，站稳人民立场。各级党组织要加强理想信念、职业道德教育，夯实清正廉洁的思想根基，教育引导党员干部树牢世界观、人生观、价值观这个总开关，坚定理想信念、筑牢思想防线、涵养清廉本色。

2. 进一步深化案例教育，筑牢拒腐防变思想防线。有针对性地选择警示案例，根据警示教育对象的职务、岗位、年龄等特点，选择与其职务岗位相近、年龄相仿的违纪违法典型案例，用“同类人、同龄人、身边人”，让警示教育有更多切身感。各级党组织有侧重地呈现案例危害后果，讲解既要展现对违纪违法人员本人产生的严重后果，也要强调对其家人、单位、社会造成的不良影响，使党员干部因害怕违纪违法后果而不敢腐。各级党组织结合本单位实际，深刻剖析身边事、身边人违纪违法典型案教育素材，用好忏悔录、警示教育片等职工喜欢的方式，促使党员干部把“眼前的教训”转化为“心里的敬畏”，管好自身、管好家人、管好身边人。

3. 进一步突出受众导向，让廉政教育更走新入心。结合不同层级、不同岗位职责风险点，分层分类开展廉洁从政意识宣传教育，分层分类明确廉政教育具体要求和重点举措，在教育对象全面覆盖基础上，突出“一把手”、年轻干部等关键群体，做到紧盯重点、因人而异精准施教。各级党组织要主动适应分众化、差异化教育需求，运用音视频、动漫、VR、H5 等新技术新手段创新廉政教育形式，坚决防止重形式不重内容、图热闹不图实效的现象，实现宣传入眼、教育入脑、廉洁入心。

4. 进一步注重以文化人，在潜移默化中耳濡目染。深入挖掘本地廉洁文化资源，将廉洁文化与地域文化、民俗文化等相结合，融入企业文化和标准化规范化建设，打造具有地方特点、广铁特色的廉洁文化品牌。各级党组织可以通过廉洁微视频征集、廉洁文化书画展览、家风优秀故事评选等形式，创作推出一批“廉”味浓、“铁”味足、党员干部喜闻乐见的廉洁文化作品，让党员干部在潜移默化中接受廉洁从政意识教育。各级党组织通过设置廉洁文化专栏、开设廉洁宣传教育专题专栏、制作推送廉洁文化宣传品等方式，扩大廉洁文化的覆盖面和影响力，让廉洁文化成为党员干部的精神家园，做到公私分明、克己奉公、清正廉洁。

5. 进一步注重机制建设，强化上下联动提高效果。健全完善各级党委统一领导、纪检监察机构组织推动、相关部门（科室）各司其职、各层级各系统齐抓共管的工作机制，上借下力、下借上势，同向发力、同频共振，构建起全集团、各系统、全方位的廉政教育模式，形成人人参与、人人受益的廉政教育态势。不断健全完善经常性廉洁从政意识教育的制度机制，落实廉洁从政意识教育责任和效果评价机制体系，明确重点内容、主要任务和责任分工，确保权责清晰，执行有力有序，对不按规定开展廉洁从政意识教育的，要严肃指出、限期整改，走过场的责令重新开展，切实把廉洁从政意识教育实起来、严起来。

（执笔人：刘星海、蒋嘉玮、车竞）

企业基层党委思想政治工作考评机制研究与探索

中国铁路南宁局集团有限公司党委办公室

中共中央、国务院 2021 年印发的《关于新时代加强和改进思想政治工作的意见》指出，要“建立科学有效的评价考核体系，建立内容全面、指标合理、方法科学的思想政治工作测评体系，将测评结果纳入落实全面从严治党主体责任情况监督检查和巡视巡察内容，纳入党政领导班子、领导干部综合考核评价内容，把‘软指标’变为‘硬约束’”。南宁局集团公司围绕推动基层党委落实思想政治工作责任，构建了企业基层党委思想政治工作考评机制，并纳入落实全面从严治党主体责任考评体系。该考评机制自实施以来，充分发挥了考评“指挥棒”作用，进一步压紧压实了思想政治工作责任，促进了基层思想政治工作融于中心工作，切实把党的思想政治优势转化为企业发展的内生动力和强大合力。

一、企业基层党委思想政治工作考评机制构建的意义

1. 企业基层党委思想政治工作考评机制是推进全面从严治党向基层延伸的应有之义。国有企业基层党委处于承上启下的关键环节，位置特殊、作

用重要。思想政治建设是加强企业基层党建的重要举措，也是推进全面从严治党向基层延伸的有效途径。企业基层党委思想政治工作，一方面，是坚持党对国有企业领导的必然要求。习近平总书记强调：“坚持党的领导、加强党的建设，是我国国有企业的光荣传统，是国有企业的‘根’和‘魂’，是我国国有企业的独特优势。”国有企业通过完善思想政治工作考评机制，有利于促进基层党委把政治优势和组织优势转化为企业高质量发展的实际效能，从而巩固中国特色社会主义的物质基础和政治基础。另一方面，是压实管党治党政治责任的必然要求。为从根本上解决全面从严治党主体责任缺失、管党治党“宽松软”等问题，习近平总书记多次强调全面从严治党必须强化管党治党责任意识。国有企业通过完善思想政治工作考评机制，有利于促进基层党委履行管党治党政治责任，从根本上破解全面从严治党“最后一公里”的党建难题，从而推动全面从严治党在基层落地见效。

2. 企业基层党委思想政治工作考评机制是发挥基层党委政治引领作用的关键举措。通过完善基层党委思想政治工作考评机制，寻求思想政治工作和中心工作的契合点，能够有效促进基层党委将思想政治优势转化为发展优势。一方面，有利于促进党委发挥领导作用。国有企业基层党委发挥“把方向、管大局、保落实”的领导作用，就是要始终站稳政治立场、坚守正确政治方向。建立更全面、更科学的思想政治工作考评标准，推动基层党委围绕职责定位，团结带领广大干部职工贯彻执行党的路线方针政策和上级决策部署，完成安全、经营、建设等事关全局的重点任务，是永葆“国企姓党”政治本色的有力保障。另一方面，有利于促进党支部发挥战斗堡垒作用。国有企业基层党支部发挥战斗堡垒作用，就是要增强政策宣传和思想教育功能，汇聚人心、凝聚力量。建立更全面、更科学的思想政治工作考评机制，支持引导基层党支部围绕中心工作自主开展政治学习和主题实践活动，承担“把党员培养成骨干、把骨干发展成党员”任务，是确保职工群众紧密团结在党组织周围的现实路径。

3. 企业基层党委思想政治工作考评机制是提升思想政治工作考评质效

的客观需要。随着国有企业思想政治工作形势发展，传统考评机制已经不适应新时代新征程思想政治工作要求，集中表现为“三重三轻”：一是考评标准上存在“重定性、轻定量”的问题，有的考评标准在设计上还不够合理，存在细化不足或过于细化的情况，考评指标的定性表述较多，依赖人为因素、主观印象比较明显，导致有的情形与考评标准难以匹配，考评组“下不去手”或“下手过重”；二是考评形式上存在“重留痕、轻实效”的问题，以往考评主要是查阅台账、述职材料，过于关注过程留痕，使基层党组织认为思想政治工作水平就是写作水平、记录水平、档案水平的体现，把时间精力用在台账、数据核对上，而对思想政治工作实效关注不够；三是结果运用上存在“重问责、轻整改”的问题，在考评中，有的认为加大问责力度就是“严”的体现，对检查发现问题通常仅要求基层党组织书面反馈整改情况，缺失跟踪督查、现场问效，以致存在“书面整改”“治而不绝”现象。

二、企业基层党委思想政治工作考评机制构建的做法

（一）构建原则

一是坚持思政工作与中心工作深度融合。始终坚持政治引领，融入中心、服务大局、促进集团公司改革发展这一主线，将思想政治工作与经营管理有效贯通、融为一体，真正发挥思想政治工作在集团公司发展中的促进作用，发挥考评的导向作用，力戒“两张皮”。

二是坚持加强科学谋划和顶层设计。注重考评机制的整体统一性，把考评的内容、流程、方法有机地融为一体，构成一个相互协调、有序结合的有机体，做到定性与定量相结合，运用定性评价、定量考核、综合评议等方法，对基层党委思想政治工作进行考核评价。

三是坚持分类指导精准施策重实效。着眼于集团公司实际，按照所属单位专业领域、体量规模实施分组考评，并根据单位类别制定有区别的个性化考核指标，切实增强考评机制的针对性、可行性和有效性，确保考评结果相对客观公正。

（二）体系框架

一是科学制定考核标准。对标《党委（党组）落实全面从严治党主体责任规定》有关要求和集团公司所属单位党组织思想政治工作责任清单，设计 38 项思想政治工作考评标准，占落实全面从严治党主体责任考评标准的 38%。考评标准分为三类，“贯彻落实党的理论和路线方针政策以及上级决策部署”“规范和加强党建工作基础管理”两类属于扣分制，“增强和发挥党组织政治功能、组织功能”类属于得分制。

在“贯彻落实党的理论和路线方针政策以及上级决策部署”类考评标准上，按扣分制计分，设置 2 个考评项点，重点考评贯彻落实上级思想政治工作决策部署、重点任务和防范发生突出问题情况，以及思想政治工作重大问题或重要事项请示报告情况等。

在“规范和加强党建工作基础管理”类考评标准上，按扣分制计分，设置 26 个考评项点，重点考评落实思想政治定期重点工作基本要求情况、党内集中学习教育情况、领导班子日常学习调研和干部、党员、团员、职工日常学习培训情况，以及年度思想政治工作基础管理运行结果等。

在“增强和发挥党组织政治功能、组织功能”类考评标准上，按得分制计分，设置 10 个考核项点，重点考评正面宣传教育和成果运用情况、企业文化和精神文明建设情况、岗位建功情况、创先争优情况等。

二是规范考评运行程序。把 PDCA 闭环管理工作法引入思想政治工作考评，以策划（P）、实施（D）、审查（C）、改进（A）进行全过程管控，形成闭环管理的考评运行程序。

策划阶段：制定考评工作方案，成立现场考评工作组，按照“站区集中、数量相近”原则分配考评单位，提高检查效率。组织各考评部门检查人员开展培训，明确考评项点的评判尺度，确保力度均衡、标尺统一。要求各检查组提前搜集检查单位党组织日常工作材料，大致掌握党组织整体工作状态，做到心中有数、有的放矢。

实施阶段：组织基层党委开展自评，将自查发现问题、申请加分项目及证明材料录入考评系统。检查组根据现场发现的问题线索，收集证明材料，与受检单位交换检查意见，形成小组考核评价报告。考评办梳理现场检查问题，反馈各考评部门审核，考评部门将结果掌握、现场复核的考评事项一并录入考评系统。考评办将所有考评事项呈考评领导小组审定。

审查阶段：召开集团公司党委书记专题会，研究审议考评结果。下发考评通报，同时指出各单位存在的普遍性、倾向性、典型性问题，公布考评分组排名，按照“优良”“合格”“基本合格”“不合格”4 个档序评定格次，提出后续工作改进意见建议。对各组排名垫底，或某一方面存在较为严重问题的单位，发出《整改通知书》，指出存在不足，明确下一步整改方向。

改进阶段：组织各单位对照通报问题，制定整改方案，定期报告整改完成情况。结合日常检查，采取线上覆盖检查、“四不两直”抽查的形式开展“回头看”，注重面对面问效为主、查阅台账为辅，着力破除“口头整改”“书面整改”的现象。将考评整改情况纳入次年度基层党委书记述职，督促第一责任人抓实抓细抓落地。

三是丰富考评方法手段。坚持定量与定性相结合，推行“线上数据掌握＋线下复查核实”机制。依托集团公司“宁铁智慧党建”平台，将思想政治工作相关数据由线下搬到线上，考评部门可以全程跟踪、动态考评，实现考评工作由模糊化向精准化转变。同时，各检查组在日常检查时，以“智慧党建”平台导出数据台账为线索，深入现场复核求证，确保查得深入、考得其所。比如：“智慧党建”平台显示某单位政治学习记录不规范、不及时，检查组利用日常检查等时机抽查问效该单位一线党支部，再从“不会干”“不想干”“不真干”等方面进行分析定性。对工作实际效果好、职工群众评价高的，不在细节上苛求台账记录，传递务求实效导向。坚持单位与项点覆盖查，推行“日常检查考核＋年度集中考核”机制。建立常态化检查机制，各考评组主要聚焦集团公司党委部署要求、年度重点任务、阶段重点工作等内容，每半年开展 1 次全覆盖检查；各考评部门可通过专项工作检查、“四不两直”现场检查、“智慧党建”线上检查等形式开展日常督查。考评部门汇总本部门、考评组日常检查发现问题，进行定量定性分析后纳入问题库。每年开展 1 次集中平推检查，重点检查日常未关注到的考评项目。由此，每年对基层党委可实现 2 次全覆盖检查，所有考评项点也得到核验。

四是强化考评结果运用。算好“政治账”，将思想政治工作考评结果作为所属单位参与各类集体或个人评优评先、党组织书记抓基层党建工作述职评议考评、领导班子及成员定期考评的重要依据。算好“经济账”，思想政治工作考评结果计入落实全面从严治党主体责任年度考评总评分后，再按规定系数比例联挂单位领导人员经营业绩考核，切实增强基层党委履行思想政治工作责任的主动性。办好“培训班”，根据考评结果，深入分析基层单位领导人员和政工干部履行思想政治工作责任的短板弱项，按照“缺什么补什么”原则，针对性将专题培训课纳入各级干部履职能力培训班，不断提高领导人员和政工干部的政治素养、理论水平、专业能力、实践本领，更好推动单位思想政治工作与中心工作互融互促。

三、企业基层党委思想政治工作考评机制的运用效果

2023 年，集团公司首次运用新的思想政治工作考评机制对所属基层单位党组织开展考评，经与往年考评结果对比，呈现出以下特点：

1. 考评范围进一步拓展。思想政治工作的考评意见从原来的单纯由党群部门出具，转变为综合考虑党群、安全、职教及专业部门的意见，从算“政治账”的角度对各单位党组织在围绕中心任务开展思想政治工作的情况进行检验，从而对整体带动集团公司思想政治工作水平的提升起到了促进作用。

2. 考核评分进一步聚焦。本次考评检验的都是事关集团公司思想政治工作全局的项点，都是反映各单位思想政治工作源头、重点和关键的具体事项，最终的评分体现出“不干不得分，干不好要扣分，多干多得分，干得越出色得分越多”的基本原则，评分高低也更加注重强基提质、严在日常经常和鼓励自我加压、自查自纠。

3. 考评准度进一步提高。思想政治工作基础管理方面，在“智慧党建”

平台大量后台数据信息的支撑下，现场复查指向性、针对性更强，考评组不再走马观花查台账、翻资料，政治引领方面，更加聚焦做“人”的工作，依靠围绕中心、服务大局的实际效果来评价，对党委领导作用、党支部战斗堡垒作用、党员先锋模范作用、群团组织桥梁纽带作用的评价不再空泛，逐渐具体明朗。

4. 长短强弱进一步体现。从思想政治工作考评结果计入落实全面从严治党主体责任考核得到的总评分来看，平均分2021年为97.7分、2022年为98.8分、2023年为85.6分；最高分与最低分的差距2021年为13.86分、2022年为8分、2023年为35分。从考评结果来看，得分差距进一步拉开，思想政治工作质量的各档序也更加泾渭分明，下一步补短板强弱项也更有针对性。

四、企业基层党委思想政治工作考评机制构建的启示

1. 坚持对规对标。构建基层党委思想政治工作考评机制要始终坚定不移地以习近平总书记关于思想政治工作的重要论述为根本遵循，确保政治方向不偏不倚；要以党的二十大关于思想政治工作的重要部署为行动指南，确保紧扣新时代党的建设目标任务；要以中共中央、国务院《关于新时代加强和改进思想政治工作的意见》和《国铁集团党组关于加强和改进新时代基层思想政治工作的实施意见》为具体依据，压紧压实企业基层党委思想政治工作责任。特别是在考评标准的设计上，与往年考评标准相比，更加精炼具体，更加凸显集团公司党委对各单位党组织履职尽责的检验，从而保障了考评工作的科学、规范、有效。

2. 坚持问题导向。构建基层党委思想政治工作考评机制要坚持问题导向，针对既有思想政治工作考评存在的问题短板，有的放矢，推进优化升级。比如：针对考核标准上“重定性、轻定量”的问题，着力推动考评指标细化、量化，最大限度减少人为和主观因素带来的考核失准；针对考评形式上“重留痕、轻实效”的问题，依托“智慧党建”平台大量后台数据和信息的支撑，

现场复查指向性、针对性更强，不再走马观花查台账、翻资料；针对考评结果运用上存在“重问责、轻整改”的问题，通过下发《整改通知书》、组织制定整改方案、持续跟进整改进程、检查复核整改结果等措施，压实整改责任，保障整改成效。

3. 坚持分类指导。构建基层党委思想政治工作考评机制要坚持分类指导，针对不同专业、不同领域单位特点，科学制定考核指标和考评分组。一是科学制定三级指标体系，对标企业基层党委思想政治工作责任，设置 12 个一级指标和 38 个二级指标。二是分类制定重点考核指标。在基础性指标基础上，针对运输单位、非运输企业、合资公司、其他单位不同特点，分类制定重点考核指标。三是定性和定量相结合。凡是党内规范性文件中有明确量化规定和要求的，要转化为定量考核指标，保障“规定动作”达标，没有明确量化规定和要求的，按照“有没有”“好不好”标准，科学设计定性考核指标。

4. 坚持过程管理。组织实施基层党委思想政治工作考评要注意严格过程控制，这是确保考评工作取得实效的关键。在考评前，要制定详细的考评方案，明确考评的目的、内容、方法、步骤和要求，组织考评人员进行培训，使其熟悉考评标准和流程，提高考评工作的专业性和公正性。在考评中，要加强监督管理，严格按照考评方案组织实施，确保考评工作规范有序，明确考评工作组和考评部门的职责和权限，对考评工作中的失职渎职行为进行严肃问责。在考评后，要及时总结反馈考评结果，对考评中发现的问题进行深入分析，提出整改意见和建议，将考评结果及时反馈给被考评单位，使其明确自身存在的问题和不足，以便采取有效措施加以改进。

（执笔人：李军、庞研佳）

加强思想疏导
充分发挥心理干预前置在信访接待中的作用

中国铁路南宁局集团有限公司办公室

信访工作的主要目的在于听民声、察民情、解民意，在信访接待中，需要倾听信访人的声音，加强沟通，使其合理诉求得到满足，从而解决问题，提高信访人在信访过程中的满意度，让其能够相信企业、相信党组织。而思想政治工作是维持信访稳定的基本前提，在企业信访工作中发挥着沟通思想、缓和对立情绪化解矛盾、促进企业和谐、维护安全稳定的重要作用。“群众利益无小事”，要解决好信访问题，“活血化瘀”“畅通血脉”，需要依靠思想政治工作加以解决。经过多年铁路信访工作实践，南宁局集团公司探索引入心理干预前置，对信访人心理特征、困惑和忧虑提出相应的接访策略，进行有效的安慰和思想教育，解除其心理压力，淡化各种矛盾，再进一步引导其从思想上产生正确认识，积极主动地接受意见，合理合规信访，更好推进信访工作开展。

一、信访人常见的心理特征分析

信访人在实施信访行为时，其行为背后必然存在着某种心理活动、心理需求和心理特征。社会心理学认为，个体所采取的行动都会受到其对客观事物的看法和认知的影响，心理认知对行为的影响极为深刻，而且具有长期的稳定性。如果要改变一个人的行为，就必须从内心入手，也就是需要改变他内心的看法和认知，看法、认知和态度发生改变，人的行为才会发生改变。正确把握信访人的心理特征，才能有的放矢、对症下药。心理特征是指心理活动经常表现出的稳定特点，它是一个人独特的心理属性，不仅影响个人的思考和行为方式，也影响个体的生活体验和职业方向。信访人因心理特征和所处环境的不同，在遇到自身权益受损或其他问题时，会采取不同的策略和处理方式，从而会产生不同的信访活动。结合近年来信访接访实践，总结出最常见的心理特征包括：维权心理、主人翁心理、倾诉心理、失衡心理、从众心理和侥幸心理。

1. 信任、维权心理。有这种心理的信访人认为自身、企业或社会的利益受到了损害，相信相关部门能够帮助其解决问题。在个人利益层面，此类信访人之所以寻求信访部门的帮助，是相信企业、相信信访部门能够满足自身诉求，这是最常见的心理，也是信访工作中需要重视和维持的积极因素，多见于初访。比如：参与铁路项目建设的农民工前来讨薪及要求相关补偿，希望通过信访得到集团公司的协助、指导或解决方案。

2. 主人翁心理。在企业或社会利益层面，此类信访人拥有主人翁意识，关心企业，责任感强。当企业出现不良行为或现象时，认为自己有义务采取行动；当企业的利益受到损害时，认为自己必须承担相应的责任，去维护企业的利益，实事求是地反映问题。比如：反映所在单位部门开展某项工作措施不力、部分管理人员不作为或工作作风不实等。

3. 倾诉心理。此类信访人的目的是宣泄情绪，得到接访人员的重视和安慰，发泄怨言，排解怨气。其在信访过程中已经知道自己的诉求无法实现，在信访过程中会与接访人反复诉说不满和怨气，企图得到接访人员的同情与理解，释放压力，排解负面情绪。比如：部分已经信访程序终结的，甚至法律层面已经终结的“上访老户”，长期到信访办“打卡”，反复诉求。

4. 失衡、偏执心理。失衡心理是一种与他人相比，发现自己的工作、经济生活环境等不如他人而产生的愤怒、焦虑、不满等心理状态，看待生活中的人和事比较消极，倾向于从外界找原因，“经济被剥夺感”“政治失落感”让他们心理不平衡，容易出现缠访。此类信访人只相信自己，固执己见，不相信相关政策法规，不相信接访人给出的解释，道听途说，相信小道消息，认为自己的诉求是合理的，应当解决；他们认为自己现在的局面是由其他人或企业造成的，必须由别人负责。严重的心理失衡会导致心理偏执，这部分群体性格孤僻、内心敏感多疑、时常满腹牢骚、情绪大起大落，受到微小委屈就认为是对自身的歧视和欺侮，看事情比较极端，冲动行事。比如：20世纪90年代因企业改革而内部退养的人员群体，希望调整退休待遇的诉求。

5. 从众心理。这种心理的信访人容易受到其他人的影响，随波逐流，观察模仿其他信访人的做法，容易放弃自己的主见，具有不稳定性和盲目性，多发生于集体信访。在他人的怂恿下，此类信访人觉得别人都参加了，自己如果不参加不太好；同时认为法不责众，其他人都参加了，如果出现不好的后果，承担的风险比较小；如果有好的结果，自己没参加的话，无法分享相关利益成果。比如：在集团公司改革过程中，部分涉及岗位调整、薪资待遇调整的职工群体，或涉及房屋拆迁的业主群体。

6. 趋利避害心理。这种心理的信访人反映的问题往往久拖不决，但确实有一些合理成分，于是表面上以促进社会公平正义、维权卫士、一心为公的面貌出现，交谈中则故意虚构、隐藏部分事实，无限放大执法瑕疵，夸大损害后果，对一些琐事上纲上线，或只谈对自己有利的一面，避开对自己的一面。比如：部分信访人反映被单位严厉考核，却闭口不谈因个人工作差错导致的。

7. 幻想、侥幸心理。这种心理的信访人对于相关处理结果不满意，对某个问题抱有一定的希望，认为“大闹大解决、小闹小解决、不闹不解决”“会哭的孩子有奶吃”，不相信相关条例规定，认为换个工作人员处理可能会有不同结果，认为可以通过大吵大闹向相关部门施压，相关部门和工作人员可能会妥协，所以更容易出现重访、越级访，甚至做出违法乱纪行为。同时，利用互联网的“放大效应”造势，逼迫相关部门作出回应。实际上，有一些信访人因此获利，这无疑增加了其信心，抱着试一试的态度继续进行信访。比如：个别重复访的信访人来访时采取围堵大门、举牌“伸冤”等极端行为。

我们发现，以上这些心理特点不只存在某类信访过程中，在信访的不同阶段，随着信访人的心态变化，随时发生变化或互有交叉。

二、心理干预前置在信访接访中的运用

心理干预前置（心理干预可以分为前置干预和后置干预两个阶段，本文仅对心理干预前置做论述）作为一种积极的、安全的和健康的信访接访方式，通过深入地去了解信访人，科学地运用心理学知识来研究信访者心理活动的规律和特点，辅助信访接待工作，从而为信访工作提供新的思路和方法，更大限度地发挥工作效能。

（一）心理干预和心理咨询的区别

心理干预概念是应用心理学的基本概念之一。它与心理咨询在内涵、工作方式，以及功能作用等方面有着不同的规定性。首先，心理咨询是指“心理咨询者通过和咨询对象的商谈、讨论，使其正确地认识自己与环境的关系，改变其态度与行为，帮助和启发他们解决各种心理问题，并对社会生活有好的适应。信访接待中的心理干预，是接访人员运用心理学原理、心理咨询技巧，帮助信访人改善心理状态，以减少心理冲突，使其情绪稳定、明晓事理的一种手段，是为了更好地开展信访接访工作。其次，心理咨询中的咨询师与信访人之间的关系是“不求不助”。而信访接待中的接访人员与信访人之间，主动性与被动性交替进行。最后，解决问题的属性不同。心理咨询师助求助者解决的问题，只能是心理问题，或是由心理问题引发的行为问题，不能帮助信访人解决任何生活中的具体问题。而信访接待中，需要解决的就是具体的信访事项，包括信访人反映的情况，提出的建议、意见或者投诉等。

（二）心理干预的对象选择

心理干预对象的选择上，可以参照心理咨询的对象。心理健康的，无

须刻意进行心理干预，仅接访过程中使用一些心理学参与性技术。通常一般心理问题最适合于心理干预，而某些类型的严重心理问题次之。至于心理异常的，即具有较为典型的精神障碍症状，丧失了正常功能的心理，心理干预的作用有限。

（三）心理干预的任务和形式

任务：信访事项接访成败主要取决于两个因素，一是对政策法律法规的熟知和应用水平；二是对信访人心理状态的把握能力，而对信访人心理状态的把握要求接访人员具有丰富的心理学知识，需引导其理性合法地表达个人诉求、维护自身权益，并纠正不合理的欲望和错误观念，学会理性应对现实，构建合理的社会交往行为模式。形式：按信访人的人数，可分为个体干预和团体干预。个体干预，是信访人与接访人员建立一对一的关系，着重解决信访者的个人问题。团体干预，是指在团体情境中，通过成员交互作用，以劝导、解释、说明、同情、支持和相互理解等方式，疏解信访人的怨气，缓和紧张气氛，创建良好和谐的信访关系，促进信访接待顺利进行。

（四）心理干预在接访工作中的运用步骤

在了解信访人的一般心理特征后，便可以灵活运用心理干预的相关步骤做好信访接待化解工作。

1. 利用“首因效应”植入第一印象，建立信任关系。从心理学角度看，一开始能否建立足够的信任决定了信访问题化解的成败和后续信访的走向，需着重考虑以下几点：一是合理选择场地。开展心理干预前置，对环境有一定的要求，空间不宜过大或过狭，同时避免被其他人打扰，造成分心或压迫感，提供心理安全感。合理布置座次，座次角度可以面对面或三角，信访人不宜背朝门坐（背朝门容易诱发无意识的紧张）。二是提高信访人的躯体舒适度。躯体舒适度能显著降低信访人的不良情绪。比如：明亮整洁的室内环境、舒适的椅子或沙发、合适的室温等也可根据实际需要，提供一些点心、热茶或糖果（心理学实验表明，室温、热饮和高糖食品可以在制造生理愉悦感的同时，间接提升正向情绪和人际印象）。三是主动问候，寻找共性元素拉近关系。初次接访应热情主动问候示意就座，自我介绍，传递尊重、真诚的信号。随后，询问信访人基本情况，目的在于找出共性元素，这种元素既可以是客观的，也可以是主观的，如出生地、居住地、兴趣爱好等。总之，要适时指出“缘分”制造熟悉感、拉近彼此心理距离，为后续接访建立信任铺垫的心理氛围。如果信访人是重复访，示意就座后可以马上接上对前期接访过程的概括及向信访人表述近段时间其他事项的推进情况，给对方工作认真、负责的印象，同时，以“很高兴又见面了”等语言再次暗示强化彼此的“缘分”。

2. 倾听、疏导负面情绪，鼓励表达诉求。一是倾听。包括目光、表情的运用，语速、语调的把握及坐姿的调整。目的在于通过利用倾听、提问、表达等方法，为信访人提供适度宣泄机会、鼓励其表达内心情感，降低情感张力，对其正确的观点或行为给予情感支持，给予希望。切记，不可一直直视对方的眼睛，不可随意打断信访人，或添加自己的评价。二是情绪稳定。用于在信访人情绪失控而无法理性解决问题时，根据实际情况，运用心理干预帮助信访人重新达到某种情绪平衡状态。比如：轻拍肩膀、建议其先喝几口茶等。三是表达鼓励。包括重复语义、情感反映等。以鼓励信访人更多地倾诉其内心感受，从而帮助其支配、认识和管理自己的情绪。

3. 确定核心诉求、形成接访目标。一是在信访人充分表达心声的过程中，通过观察信访人的非言语行为，如姿势、表情、举动、语调等，对信访人的心理健康水平、社会适应能力和个体社会资源等作出综合预判，从而选择接访过程中所需运用的具体技巧。二是察言观色，找准核心诉求。通过信访人言谈中的关键词，顺藤摸瓜，读出言外之意，确定来访最终想解决的问题。根据信访人自身情况的不同，可分为办事和走心两个目标。办事的目标包括解释政策法规、告知信访事项办理流程、当前办理进程、力所能及的帮扶救助。走心的目标则为通过安抚情绪，修正认识、提供归属感等心理健康教育，努力促进信访人觉察自身心理问题、回归正常生活。此外，作为接访人员，每次接访时都应当有一个可操作的工作目标。即便是无法当场化解的信访，也应该有一个相对清晰的目标概念。比如：对偏执型、疑难型“上访老户”，通过接访息诉息访的目标显然是不客观的，但稳定心境、避免激化的目标是可行的，在实际接访过程中也是具有积极意义的。

4. 促进思维转变、争取现场结案。一是自我教育。人们具有自我认同的心理倾向，即对自己过去的决定持有肯定态度，并会在后续类似问题上延续态度和观点。可以利用这一心理规律，引导信访人回忆、反思既往生活中遭遇过的类似经历但最终“看开、放下”的体验，借力用力，引导其自我教育、促成态度观点的转变。二是设问。用“你认为，这件事单位怎么做，你今天就不会来诉求”或“今天在这里，你希望我们做些什么，能让你觉得没白跑”等设问，一方面深入探悉信访人的真实动机和内心需求，另一方面，为后续争取信访人现场息诉息访埋下伏笔。三是说服。已明确得知信访人诉求不合理情况下，如果直接正面解释相关政策依据对方不接受，可以转而采用“苏格拉底的产婆术”，即不直接解释政策法规“为什么合法合理”，而是先用鼓励的语言引导信访人围绕他的逻辑阐述“不合理的理由”，然后用提问的方式要求对方给予进一步说明，直到对方无法自圆其说，然后再进行释法。这样既预防了双方一开场就陷入“辩论”的误区，回避了情绪化的对立，同时又为后续理性对话提供了空间。四是把握主动权。首先，要控制交谈的内容，当信访人谈话内容漫无边际、偏离主题时，要适当提醒；当信访人谈话反反复复、颠三倒四时，要对其内容进行概括，帮助其理顺内容与思路。其次，控制交谈进度，在有限的接访时间里，要避免无话可谈或无休止地交谈，该详细沟通的要放慢进度，无须详细沟通的可简单确认后做新的交谈。最后，控制交谈的气氛，可适时引用社会常识或信访人曾经说过的话，指出信访人“言行不一”“心口不一”，要求信访人收起“自欺欺人式的谎言”，必要时可以以“不相信我方的真诚、丧失了信任的基础，没必要继续”对信访人进行心理施压，督促其放弃幻想、实事求是处理问题。五是“人情债”。“人情债”包括表明“没有功劳也有苦劳”的态度，让对方相信为了对方的利益，超出义务牺牲了许多。比如：加班加点处理其信访事项、为了解决问题亲自去多地协调多部门等，从而获得在谈话上心理的优势。六是“促承诺”。心理学实验表明，人们在作出承诺后具有保持自身言行一致的心理需要，否则就会引起道德焦虑。趁双方关系融洽、给信访人“戴帽子”，如明事理、能理解、有气量、有涵养，对信访人进行正面肯定评价，提升信访人的认同感，促进其行为上形成与接访人员持续合作的方式，更容易达成一致，促进问题的解决。

通过以上心理干预前置，在信访人感觉最佳之际，接访人员就可加强宣传工作，将思想政治工作的教育功能充分发挥出来。对来访的职工，讲清企业当前发展形势，对职工进行正确引导，帮助职工加强爱企如爱家的理念，树立主人翁意识，正确地对待面临的问题。对来访的群众，通过对各种基本政策与法规的讲述，引导其明确自身的行为举止，也可结合实际情况通过批评教育的方式对其可能产生的一些过激行为进行制止，以此帮助其通过更加科学的途径对自身的问题进行解决，帮助他们树立正确的人生观、价值观，树立实事求是、依法办事的态度。在实践过程中，有条件的信访接待场所还可通过播放宣传片、发放宣传资料等给信访人，更为直观地进行辅助。

三、心理干预实践中需要注意的事项

1. 接访人员需要克服不良心态。接访人员直面矛盾、直面群众、直面问题，责任大、压力大、难度大，应不断调整自己，克服不良心态。一是不耐烦的心理。消极懈怠接待工作，认为已经听“明白”，不想再听信访人“啰唆”，频频打断，甚至与其发生争执，“引火上身”，陷入僵局。二是应付了事的心理。认为信访人的问题都是小事，心不在焉，一心只要信访人尽快离开信访场所，就认为“万事大吉”，造成信访人怨气郁结，本来能预防在萌芽状态的，导致集访或越级。三是高“人”一等的心理。拿出一副以上对下的姿态，盛气凌人，没有站在信访人的角度理解、尊重信访人，把信访部门与信访人置于对立面，不利于问题的化解。

2. 处理好“法治”与“心治”的关系。全面推进信访工作法治化是党中央部署的重大政治任务，要求依据“五化、四到位”的原则，紧紧围绕“群众的每一项诉求都有人办理，群众的每一项诉求都依法推进，实现权责明、底数清、依法办、秩序好、群众满意”的总体目标。然而，现阶段信访人的法治素养与理想状态仍有差距，“信访不信法”“唯官不唯法”的现实难题尚未彻底破解。这就要求接访人员在工作中，一方面，普及法律知识、解释法律时要走心，最大限度地促成信访人信法、服法；另一方面，应按照“三到位一处理”依法处理来访问题，严防为了息事宁人而突破政策法规底线，无原则地迁就错误或以新错掩盖旧错，以免给日后连锁反应埋下隐患。

四、心理干预前置在信访接访中的实践成效及应用前景

南宁局集团公司党委高度重视信访工作，以集团公司信访接待场所建设为轴心，持续完善来访接待、业务咨询、联合接访、矛盾调解、宣传引导等服务内容的整体功能布局，优化完善基础设施，设立爱心专座，配备雨伞、老花镜、应急药品，提供茶水、打印复印等便民服务，将信访接待中心打造成“职工群众之家”，最大限度满足信访人应急需求和人文关怀。同时，悬挂公示服务承诺，印制图文并茂的宣传手册放在中心可供阅读，播放集团公司专题宣传片，为信访人提供舒适、温馨、便利的信访环境，放松身心，消除思想疑虑的同时，潜移默化为信访人讲形势、讲政策、讲道理。建设集团公司党委优质党内品牌“幸福之访”调解室，为前置开展心理干预提供了良好沟通环境氛围。此外，选派集团公司信访接访人员参加心理咨询专业培训，通过考核取得国家心理咨询师职业资格证书，具备心理咨询资格。在接待过程中自觉运用心理学知识，融接待交谈与心理沟通为一体，结合实际，适时进行心理疏导；邀请职能部门、相关涉事单位、企法部门等参与重点信访人问题研讨，共同研究制定切实可行的解决方案。

2024年以来，集团公司依法用情用力解决各类诉求1000余件，通过思想引导、释疑解惑、人文关怀与心理干预等措施相结合，初信初访办结率和实体化解率保持95%以上，职工群众满意持续提升至98%；未发生进京集

体访、到集团公司机关规模性聚集和因信访引发的负面舆情炒作事件。连续四年荣获“信访工作先进集体”，连续四年荣获广西壮族自治区“人民满意窗口”称号，有效维护了职工群众的合法权益、凝聚了干部职工的智慧力量，构建起和谐的干群关系。

在实际过程中，也需清醒地认识到心理疏导作用的有限性，如心理干预不能为信访人直接解决具体的问题或困难，也不能为信访人的重大问题直接作出决定，仅仅是信访接待的一种方式方法。因此，在信访接待工作中，不能机械、刻板地使用心理干预，要正确把握信访问题的实质与核心，灵活运用心理干预，并结合协商、调解、司法诉讼、救助援助等多种途径，共同化解矛盾，最终实现“案结事了人和”。

（执笔人：廖雨果、唐勋、吴婷婷）

人工智能时代提升职工思想政治工作质量和水平的途径探索

中国铁路南宁局集团有限公司党校

国铁集团党组《关于加强和改进新时代基层思想政治工作的实施意见》指出，要创新方式方法，推动基层思想政治工作更加适应时代要求和铁路改革发展需要。随着新一轮产业革命和技术变革不断深入，人工智能以其强大的渗入性、整合性，深刻影响和改变了全社会的信息生产力，进而影响着人们认识世界的方式。这也意味着在意识形态领域，人工智能技术的影响不容忽视，新时代思想政治工作如果过不了“技术关”“网络关”，就过不了时代关。如何把握住人工智能技术对思想政治工作的主体、对象、环境带来的影响，整体认识人工智能时代思想政治工作的变化特征与缘由并提出科学的应对策略，是摆在各级党组织面前的一项重要课题。

一、人工智能在职工思想政治工作中的应用现状

为了解人工智能在南宁局集团公司基层思想政治工作中的应用情况，课题组从“知、信、行”三个维度对37个基层单位专兼职党支部书记、政工（组织、宣传）助理员等开展了问卷调查，共征集到电子问卷3908份，

调查结果具有代表性。

在调查中，89.68% 的基层思想政治工作者表示对于人工智能技术有一定的了解，但是在相关的专业培训上，即便在近一年内，集团公司相关部门已经开展了关于人工智能技术的普及性培训教育，集团公司党校也开设了相关课程，但是覆盖面仍然有限，仅有 20.86% 的受调查者表示接受过相关培训（见图 1）。

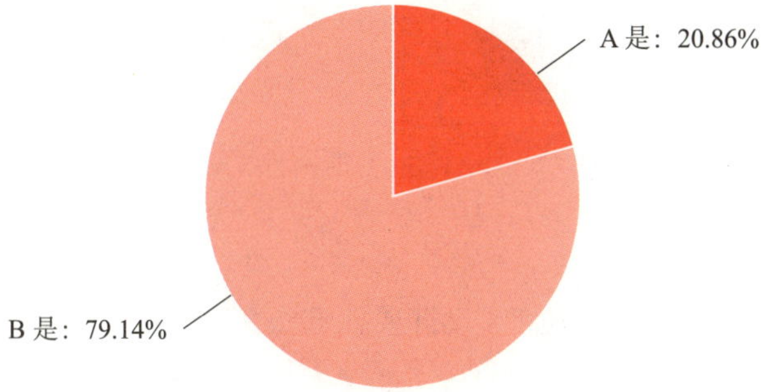

图 1　是否接受过关于人工智能技术应用的相关培训

在发挥人工智能技术的作用帮助开展思想政治工作这个问题上，大部分受调查者持积极态度，高达 94.97% 的受调查者认为人工智能技术对思想政治工作非常有帮助或有一定帮助，他们感兴趣的领域主要集中在运用人工智能技术开展职工思想动态分析、舆情监控、办公辅助和思政教育内容创新上。对于利用人工智能技术辅助开展思想政治工作可能面临的困难上，大家最关注的是数据安全问题，占比为 74.82%，其次是技术操作复杂和缺乏使用场景的问题，对于职工的接受程度，超过半数的受调查者持乐观态度（见图 2）。

根据调查结果可以分析出，人工智能技术对于基层开展思想政治工作的环境已经产生了较为明显的影响，基层思想政治工作队伍已经认识到人工智能技术带来的影响和可能发挥的积极作用，但是尚未采取有效手段主动应对这些变化和影响。具体表现在以下几个方面：一是技术应用能力不足。一方面，缺乏相关的技术培训和学习机会；另一方面，由于对新技术的陌生感和不确定性，存在一定的畏惧心理，不敢轻易尝试应用人工智能技术。二是资源整合不够。没有建立起有效的资源整合平台，无法实现资源的共享和高效利用。三是缺乏创新意识。没有积极思考如何利用人工智能技术创新思想政治工作的内容和形式，还没有完成从适应人工智能环境到利用人工智能技术的转变。

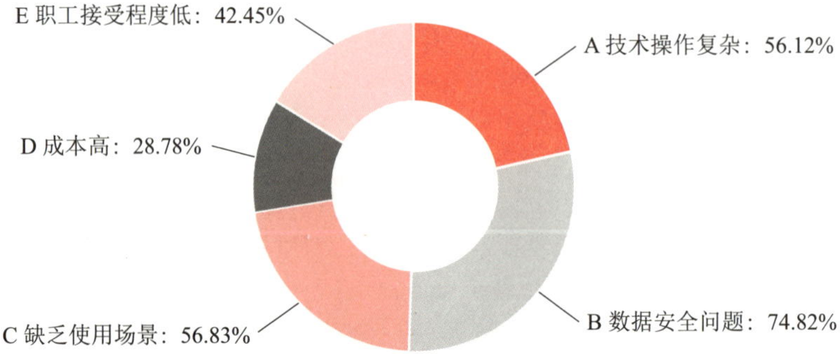

图2　利用人工智能技术辅助开展思想政治工作可能面临哪些困难

二、人工智能时代思想政治工作面临的挑战

随着新质生产力的持续提升，人工智能技术已逐渐应用于各种行业，并深入日常生活领域。在以政治学习、思想教育、人文关怀为主要途径的职工思想政治工作中，人工智能的影响开始逐步显现。基于上述调查和当前智能技术在思想政治工作领域的跨界应用情况可知，任何智能终端都可以成为职工接收信息的工具和平台投放内容的渠道。在云计算和大数据的支撑下，信息推送的精准程度更高，传播的途径也更加广泛，这都为开展思想政治工作带来划时代的挑战。

1. 冲击传统思政教育内容和形式。目前，集团公司在开展基层思想政治工作时，仍然以传统的单向度教育为主，无论是政治学习还是思想教育，其内容和方式均由相关部门规定，统一、自上而下地对职工进行教育，职工在这个过程中属于被动接受信息的角色。这种工作方式建立在教育主体的权威地位及自带“注意力特权”基础上。然而，在人工智能时代，传统意义上的权威话语权力正在逐步消解，思想政治教育的内容生产、发布的垄断地位被打破，有的甚至出现被“边缘化”的趋势。大量虚拟平台成为职工获取信息的大众渠道，其中不乏涉及意识形态等社会公共领域的内容。这些内容以“短平快”的方式呈现，为了获取流量，通过大数据精准获取受众的口味和喜好，再进行精准推送。

同时，人工智能对内容的传播是实时、不间断的。由代码和算法驱动的社交机器人可自动提取关键信息，进行点赞、转发、评论等“喷灌式”传播，短时间内覆盖内容传播平台评论区。这些人工智能生成的数据、信息更容易被职工信任和接纳，对思维认知的影响更直接、更有效，在潜移默化中影响职工的思维和认识。这导致传统思政教育在内容上权威地位被消解，在形式上，这种“要我学”的教育方式在虚拟平台精准推送的“我爱看”的内容冲击下，引导力和吸引力明显降低。目前，权威媒体纷纷在各种虚拟平台、社区开设账号，创立虚拟人物 IP，转变内容风格，都是面对这种情况的应对之策。其根本仍然在于借助人工智能技术，寻求教育内容与职工受众的“匹配度”，将更加专业的教育引导能力和技术能力相结合，提升思想政治教育的公信力和引导力。

2. 考验政工队伍信息获取和甄别能力。目前，生成式人工智能技术已经广泛应用于信息传播领域，大量自媒体运用人工智能技术生成内容，人们日常生活中所接触到的各种资讯，都可能来自人工智能。人工智能技术带来的社会安全隐患层出不穷，相关领域安全事件也在快速增加，难辨真伪的虚假内容出现井喷之势，信息甄别的难度不断提高。人工智能生成的虚假信息碎片化、符号化、视觉化的传播模式放大社会矛盾情绪，对真相信息进行拆分并重构，引导大众走向虚构“真相”，加大了信息甄别和获取的难度及意识形态斗争的复杂性。

另一方面，虚拟平台的资讯总是以大众喜闻乐见的方式出现，内容和形式更新迭代的速度很快，并且擅长追逐热点，这既是人工智能的优势，也是对思想政治工作带来的挑战。即便我们在开展思想政治教育时，已经在内容和形式上不断进行新的尝试，但是这种改变大部分仍然停留在从图文向视频的转变上，信息传播的方式没有发生本质改变。受到思想政治教育内容权威性、严肃性要求限制，在内容收集和创作上无法做到网络内容“追逐热点”式的即时性和娱乐化，这对提升思想政治工作吸引力和时效性提出了更高要求。因此，我们需要不断提升信息获取和处理能力，结合热点问题，赋予新形式以主流价值观。

3. 激发职工个性表达和互动的需要。在人工智能时代，媒介技术的发展和创新极大地激发了职工对于个性表达和互动的渴望。这种需求的增长主要得益于社交平台和自媒体平台的普及，为大家提供了一个自由发言和交流的空间。在这个空间里，每个人都可以成为信息的发布者，对各种社会事件发表自己的观点和看法，这种参与感和表达自由是前所未有的。这种信息传播是更加即时和广泛的，每当出现社会热点，职工可以即时地了解到各种社会群体的看法，并且不再只是被动接收信息的对象，能够迅速参与到公共讨论中。人工智能技术可以对这些观点进行快速地整合和反馈，这激发了职工在接收信息的同时进行即时表达和互动的需求。

然而，在当前思想政治教育中，这种自由表达和互动的需求往往得不到满足。传统的思想政治教育往往是单向度的，即单方面地向职工传播知识，而缺乏有效的互动和反馈机制。虽然我们已经有意识地收集职工对于思想政治教育内容的意见反馈，但是不同于人工智能技术带来的迅速整合和反馈机制，这种意见收集与反馈是滞后的，这种模式在一定程度上限制了职工在思想政治教育中的参与感和表达欲，使教育内容的认可度和接受度降低。因此在人工智能时代，我们需要认识到这种变化，并尝试将新的媒介技术融入教育过程中，创造一个更加开放和互动的教育环境，增强教育的吸引力和有效性。

三、人工智能时代做好基层思想政治工作的途径探索

人工智能时代带来了思想政治工作领域广泛而深刻的改变，为应对这些变化和挑战，我们必须尽快把握人工智能时代的思想政治教育特点，从教育主体的能力提升、教育内容的创新发展，到教育对象的需求满足、教育环

境的氛围营造等四个方面采取措施，发挥好人工智能技术的优势，规避人工智能带来的风险，努力提升基层思想政治工作的质量和水平。

1. 注重能力提升：加强政工队伍人工智能素养。人工智能素养绝非仅仅局限于对技术的认识和掌握，它更意味着对于新信息的高效整合和深入分析能力。面对职工日渐多元化的思想和价值观，我们需从多方面着力。一方面，要切实加强理论学习，不断提升政工队伍的政治理论水平和政策把握能力，确保其在重大问题上头脑清醒、立场坚定。另一方面，要开展培训教育，持续提升政工队伍的数字素养与技能应用能力。可以通过开展科普教育，让政工人员深入了解人工智能的发展历程与应用前景；组织实操培训，使他们熟练掌握人工智能工具的使用方法；鼓励政工人员积极参与线上学习平台的学习活动，拓宽知识视野。通过这些举措，引导政工队伍准确把握人工智能时代的意识形态工作特征，正确认识人工智能技术，并能够通过运用人工智能辅助开展工作。比如：借助人工智能技术，开展职工思想动态数据分析，实现个性化推荐。如此一来，政治理论学习内容便能更加精准地满足基层职工需求，从而提高基层思想政治工作的实效性。

2. 彰显内容魅力：增强思想政治教育形态创新。一要运用人工智能技术辅助教学设计。比如：通过数据分析挖掘社会热点问题和职工关心关切的问题，将其融入思想政治教育内容中，使教育内容更加贴近时代脉搏和职工需求。二要进一步解放思想，创新表现形式。在思想政治教育内容和形式创新上，要贴近人工智能时代的传播特点，在交互性、即时性上下功夫，引入更多教育形式。比如：丰富思政课形式，开发情景模拟、虚拟现实（VR）和增强现实（AR）等互动式学习体验，增强理论学习的吸引力。三要开发优质资源，丰富教学载体。进一步完善智慧党建平台的“众学园地”栏目，提供丰富的在线学习资源，将其打造为一体化智能化教学、管理与服务平台，可在其中设置“学时打卡”等功能，实现教育资源的优化配置和教学活动的智能管理，支持远程教学和自主学习，拓宽政治理论教育的覆盖面和影响力。

3. 满足交互需求：构建平等深度的交互平台。一要促进深度交流。目前，大部分单位开设的职工心声反馈平台多为“职工有说话”平台，平台开设以来，在推进企业民主管理、倾听职工意见满足职工需要上发挥了重要作用。但是平台的设计和管理仍然有很大完善空间，对于事项的处理进度、完成效果无法及时反馈。可以进一步设立“企业开放日”“领导直通车”等活动，赋予基层职工与领导干部面对面交流的机会，拉近职工与企业的心理距离，增加职工对企业的信任感和归属感，对思想政治工作的接受程度更高。二要实现双向奔赴。开辟渠道，实现与职工的即时互动交流，鼓励经验分享和情感沟通。构建平等深度的互动交流平台，让职工自己讲，允许职工在参与政治理论学习过程中发表自己的看法，不仅有助于管理层掌握职工的思想动态，还能够促进职工之间的思想交流，通过深度互动更好地引导职工思想，增强职工对集团公司价值观的认同。

4. 强化正向引导：赋予新形态内容主流价值观。人工智能带来生产力提升的同时，也带来了一定的风险，如意识形态的多元化、知识产权纠纷、信息的泄露风险等。因此，借助人工智能技术开展基层思想政治工作，必须坚持价值引领，确保技术应用符合社会主义核心价值观。一要强化对于人工智能技术和产品的正向引导，赋予基层职工喜闻乐见的大众化、娱乐化、短平快的内容以主流价值观，让思想政治教育内容既能够抓住眼球，更能直达人心。二要充分整合各类传播渠道，包括传统媒体与新媒体、线上渠道与线下渠道等力量协同作战，扩大宣传覆盖面和影响力；同时，还要规避相关风险，在运用人工智能技术的过程中，要关注信息安全问题，确保不出现信息安全风险事件。对于生成式人工智能创造的内容，要进行严格的审查，确保内容的准确性，避免出现意识形态风险事件。

人工智能技术不仅改变了信息传播的方式，也对职工的思想观念和行为模式产生了深远影响。展望未来，人工智能技术将继续深刻影响社会的各个方面，基层思想政治工作必须紧跟时代步伐，不断探索和实践，以更加开放的心态、更加创新的方法，不断提升工作的吸引力、影响力和实效性。

（执笔人：吴曦霞、陈紫茜、李丹）

弘扬新时代宁铁企业精神路径研究

中国铁路南宁局集团有限公司党校

习近平总书记指出：“伟大事业孕育伟大精神，伟大精神引领伟大事业。”唯有在精神上站得住、站得稳，我们的事业才能在风浪中激流勇进、奋发向前。南宁局集团公司成立70余年以来，宁铁人坚定不移听党话、跟党走，在革命、建设和改革发展实践中沉淀形成了独具时代特征、行业特色和自身特质的企业精神，并融入血脉、代代相传。2024年，集团公司提炼形成的“忠诚团结、创新担当、坚韧奉献、实干图强”新时代宁铁企业精神，既是对老一辈宁铁人奋斗形成的精神血脉的赓续拓展，也是激励新时代宁铁人锐意进取，接续奋斗的强大精神动力。

如何能把这种精神力量切实内化为广大干部职工的精神追求，并进一步外化为干事创业、积极投身高质量发展新征程的实际作为，是弘扬新时代宁铁企业精神需要写好的“后半篇文章”。带着对这一问题的思考，课题组深入柳州电务段、工务段，南宁机务段等10个单位调研走访，在第36期中青班、优秀大学生班、先进党支部书记培训班等6个主体班次组织3场调研座谈会，发放并收回网络调查问卷达600余份，全面了解新时代宁铁企业精神建设情况，听取干部职工对加强企业文化建设的意见建议，对探索弘扬新时代宁铁企业精神的有效路径进行了积极的思考、研究。

一、弘扬新时代宁铁企业精神基本情况

自新时代宁铁企业精神提炼形成以来，集团公司各单位持续开展宣传、教育、推广工作，不断把弘扬新时代宁铁企业精神引向深入。

1. 从推进进度看，氛围营造日渐浓厚。从走访和问卷调查情况看，广大干部职工普遍知晓新时代宁铁企业精神，接触、了解的渠道、载体，按选择比例从高到低依次是“单位文化墙、宣传栏”“单位内部培训”“内部网站、报刊、宣传手册”“集中巡回宣讲”“文艺演出”，这表明在集团公司统筹安排下，多数单位都已经围绕标识揭示揭挂、精神理念解读开展实际工作，集团公司上下文化氛围日渐浓厚。

2. 从了解深度看，精神理念渐入人心。问卷调查结果显示，88%的职工表示清楚或比较清楚新时代宁铁企业精神的16字表述，67.1%的职工表示对新时代宁铁企业精神的形成背景和丰富内涵有一定的了解。此外，有65.4%的职工表示当提到新时代宁铁企业精神，他们能联想到具体的人和事。这表明，前期宣传推广采用理论阐述和生动实践展示相结合的方式，在帮助干部职工理解、领悟新时代宁铁企业精神上取得了一定的入耳、入脑、入心的效果。

3. 从认同程度看，价值共识已经形成。在价值认同方面，问卷调查结果显示，77.6%的职工认为“非常有必要”或“有必要”弘扬新时代宁铁企业精神，选择新时代宁铁企业精神具有“增强企业向心力、激发职工工作积极性”“提升企业市场竞争力”“规范职工工作行为”“塑造企业形象”作用的比重，均达到了85%以上。受访干部职工对于新时代宁铁企业精神作用的高度肯定，进一步表明文化是一种无形的力量，大力弘扬新时代宁铁企业精神，将无形的文化软实力转化有形的企业硬实力是可能、可行的，也是必然、必需的。

4. 从践行力度看，文化落地初见成效。问卷调查结果显示，65.6%的职工认为自己在工作中有践行新时代宁铁企业精神的实际行动，具体表现为

“做到‘两个维护’，坚决贯彻党中央决策部署”“注重团结协作”“勇于创新、敢于担当”“恪尽职守、乐于奉献”等。从调研情况看，对企业文化建设抓得紧、落得实的单位，普遍呈现出人心齐、干劲足、事业兴的积极向上工作态势。比如：在段内打造有安全文化示范基地“火车头”文化广场的柳州机务段，文化凝聚力大，职工向心力强，2023 年，实现安全管理处于历史最高水平，获集团公司表扬嘉奖 47 次。

二、弘扬新时代宁铁企业精神存在不足

尽管当前新时代宁铁企业精神的宣传推广已呈现出遍地开花之势，但总体而言，整个工作还处在初始起步阶段。

1. 合力有待进一步增强。从调研情况看，在横向层面，当前各单位多以党员干部为主要推进力量，行政力量参与不足，存在不同程度的“说起来重要、做起来次要、忙起来不要”的现象。问卷调查结果显示，在弘扬新时代宁铁企业精神的参与力量中，党群干部、行政干部的占比比例为 9:1，58.3% 的职工认为领导干部的带头示范作用还需加强。在纵向层面，普遍存在“上热下冷”现象，弘扬企业精神工作的触角较少延伸到车间、班组层面，超过七成的车间、班组管理干部没有参与其中，不利于企业精神在基层干部职工中的落地生根。

2. 思路有待进一步厘清。不少单位对企业文化的内涵认识不足，不清楚完整的企业文化由内到外包含有精神层、制度层、行为层和物质层四方面要素，其中，制度层、行为层和物质层是精神层核心理念的化虚为实、发挥实际功效的表现载体，缺一不可。对企业文化内涵的认识不足直接导致弘扬新时代宁铁企业精神的思路不清，即现阶段主要是着眼于物质层的环境标识打造和精神层的核心理念阐述来推进新时代宁铁企业精神的落地落实，较少涉及行为层行为规范和制度层规章制度的匹配制定。问卷调查结果显示，有 50.4% 的职工并不知道具体怎样践行新时代宁铁企业精神，87.5% 的职工认为新时代宁铁企业精神要进一步落地，需要在明确行为规范和规章制度上

下功夫。

3. 方法有待进一步创新。从调研走访情况看，当前不少单位是“坐等”参与集团公司层面的巡回宣讲、文艺巡演、办班培训、先进选树宣传等活动，较少有结合单位具体情况开展符合实际，具有自身特色的活动，处于“叫干什么，就只干什么”的状态，缺乏主观思考，接地气不足，与一线职工需求有差距。问卷调查结果显示，有近三成的职工表示不了解新时代宁铁企业精神的基本内涵；有58.3%的职工认为缺乏有特色、吸引力的活动，是部分职工不了解新时代宁铁企业精神、践行积极性不高的原因所在。

4. 动力有待进一步激发。企业文化建设工作者对做好新时代宁铁企业精神弘扬工作大多存在积极性不高、动力不足问题。在与部分企业文化建设工作者面对面的交流中，51.1%的职工认为自己在新时代宁铁企业精神弘扬工作中的参与度“一般”或“较低”；关于阻碍积极参与企业文化建设工作的原因，主要包括“工作负担过重，无暇顾及”“非专业人才，缺乏必要的培训和支持，不具备相关的能力素养”“缺乏明确的激励机制”等，由此导致在具体工作中，他们多抱有临时应付的心态，只求完成基本的任务，对质量要求不高。

三、进一步弘扬新时代宁铁企业精神的对策建议

基于前期的宣传推广，弘扬新时代宁铁企业精神的重要性和必要性，已经在广大干部职工中达成普遍认同，但在引领、推动企业发展的作用发挥上，企业精神尚未完全落地，尚未充分融入企业生产经营管理工作、转化为企业竞争优势和发展优势，需要从组织、人才、方法、机制等层面进一步探索可行有效的弘扬路径。

（一）加强组织保障，在凝聚共为合力上下功夫

新时代宁铁企业精神的弘扬工作作为一项系统工程需要上下联动，左右协同，合力共为。

一是做好顶层设计。由集团公司党委研究出台关于弘扬新时代宁铁企

业精神的指导意见，明确各级党组织负责人为企业文化建设第一责任人，讲清目标任务、操作流程、评价标准，为各单位更好弘扬新时代宁铁企业精神提供制度依据和工作规范，确保高位推动，方向不偏，步调一致。

二是坚持横向联动。树立“一盘棋”观念，构建“一体化”工作格局，打破业务边界壁垒，构建起权责清晰、分工明确、各司其职的党委统一领导、党政齐抓共管、宣传部门组织协调、有关部门和群团组织分工负责、全员共同参与的弘扬新时代宁铁企业精神工作大格局，在政策、资金、人才等方面加强统筹协调。

三是强化纵向贯通。构建“集团公司—站段—车间—班组”四级管理网络，由上到下逐级指导站段、车间、班组立足实际细化指导意见、制定推进方案并抓好实施，层层逐级压紧压实责任，促使新时代宁铁企业精神弘扬工作能够“脚下有根、力由根生”，自上而下凝聚强大合力。

（二）夯实人才支撑，在激发内在动力上下功夫

企业文化是一门管理学科，大力培育一批掌握企业文化建设理论知识、实施要领的人才队伍，是推动新时代宁铁企业精神落地的前提和基础。

一是开展内部培训。在各类培训班开设企业文化相关课程，丰富机关、站段、车间、班组各级管理者，特别是党群干部关于企业文化发展演变、内涵要义、建设步骤、落地方法等方面的知识，为大力弘扬新时代宁铁企业精神提供理论支撑和智力支持。

二是安排挂职锻炼。借助集团公司干部挂职平台，选拔素质过硬、学习力强的企业文化建设工作者到局内局外、区内区外、路内路外，在企业文化建设上有建树的兄弟单位、知名企业及政府部门进行定期挂职锻炼、跟班学习，提升企业文化建设实操能力。

三是用活用好人才。集团公司企业文化建设工作者以兼职为主，内在动力的激发离不开有效的激励手段。对于那些工作推进效率高、效果好的个人，要挂钩各级各类评优评先、表彰嘉奖、绩效奖金，进一步增强其投身于新时代宁铁企业精神弘扬工作的责任感和使命感。

（三）坚持潜移默化，在增进文化认同上下功夫

企业文化主张潜移默化地“以文化人”，要坚持绵绵用力，使广大干部职工在润物细无声中接受、认同新时代宁铁企业精神。

一是持续用宣传教育增进思想认同。宣传教育是增进思想认同的常规途径，要常抓不懈、久久为功。在对象上，要做到全员覆盖，尤其是要强化对新入路职工的宣传教育，把新时代宁铁企业精神深深植入每一位“新人”头脑中。在内容上，要着重讲清新时代宁铁企业精神基本内涵及其与企业宗旨使命、中心任务、工作要求和精神谱系的内在关联，引导干部职工不仅知其然，更知其所以然，全面系统了解新时代宁铁企业精神的科学内涵、形成背景和践行要求。在形式上，要采用丰富多样的形式增加互动性、生动性和趣味性，让职工能坐得住、听得进、学得懂。

二是持续用氛围烘托增进情感认同。氛围烘托是增进情感认同的感性熏陶。营造的浓厚氛围，需要开展一系列喜闻乐见的、富有成效的群众性活动。在活动主题上，要契合单位实际和新时代宁铁企业精神，不能为了活动而活动，否则容易陷入形式主义的误区。在活动形式上，鉴于不是所有职工都能够自行领悟活动所蕴含的文化理念，可以加入讨论交流环节，引导职工们谈体会、悟初心、找差距、谋发展，分享讨论越多，体会越深，越有助于增进对精神理念的领会和认同。在活动频率上，不能随意散漫，想起来了、有空了，才弄一弄、搞一搞，必须结合生产实际，做到规划有序，方能营造出持续、浓厚的氛围。

三是持续用制度约束强化价值认同。制度保障是推进文化落地的刚性力量，极大地弥补了文化自身缺乏硬性约束力的不足。从长远来看，要使新时代宁铁企业精神切实成为全体干部职工的普遍遵循，必须通过各种制度来强化，以硬约束彰显鲜明价值导向。要对各项制度进行全面梳理、清理修订，打上新时代宁铁企业精神的烙印，让生产经营管理行为有章可依、有章必循。同时，对各项制度要进行深入细致的宣传解读，讲清其蕴含的价值观导向，增进干部职工的理解和认同。

（四）聚焦外化于行，在推动行为转化上下功夫

企业文化发挥作用的关键在于执行。要多措并举狠抓外化于行，引导广大干部职工把新时代宁铁企业精神转化为推动宁铁现代化建设的生动实践。

一是发挥领导示范带动作用。领导者不仅仅是企业文化的积极倡导者，更是身体力行者、言传身教者，领导者的行为对带动实现新时代宁铁企业精神的落地至关重要。比如：各级领导者的日常关注事项，在各种场合提及的高频率要求，要鲜明地体现企业文化愿景；在确定企业稀缺资源的分配标准，以及选、育、用、留职工标准时，要把企业价值观、企业精神纳为决策依据等，让广大干部职工切实看到领导者对企业精神的贯彻落实，并随之执行。

二是发挥先进典型引领作用。先锋模范人物在一定程度上就是企业文化的具化象征和代言人，他们的一言一行都是对企业文化的直接诠释。除了集团公司层面的选树外，各单位也要推选出自己的先进典型，让职工学有榜样、干有方向。在推选标准上，要本着宁缺毋滥的原则，把符合企业精神、有说服力、能让职工信服的先进人物推到前台来。在推选范围上，不仅仅是局限于正式职工，只要是对企业发展有贡献的人群，比如后方的职工家属，劳务派遣员工等，都可以纳入进来。在宣传推广上，必须多管齐下，利用报刊展示、网络推送、电台展播、巡回宣讲等多种载体和形式，持续扩大覆盖面和影响力。

三是发挥创先争优激励作用。大力开展创先争优活动，是推进新时代宁铁企业精神行为转化，激励广大干部职工干事创业、积极投身宁铁现代化建设事业的重要渠道。要结合企业中心任务和企业文化建设核心任务，积极搭建多种平台，组织开展技术比武、课题攻关等劳动竞赛，引导广大干部职工脚踏实地、苦练技能，形成“比、学、赶、超”的浓厚氛围，充分调动其在勇当服务和支撑中国式现代化的“火车头”中大力践行新时代宁铁企业精神的积极性和主动性。

（五）着力建章立制，在健全长效机制上下功夫

着眼于常抓长治，坚持把建章立制作为重要抓手，建立健全管长期、

利长远的长效机制。

一是构建问题解决机制。集团公司层面要定期、系统地组织开展企业文化建设专题调研活动，了解各单位弘扬新时代宁铁企业精神的工作情况，掌握推进进度，加强现场指导，广泛收集意见建议。对于基层反馈的普遍性、全局性问题，要召集相关部门及各单位负责人，召开专题会议进行集体商讨，协调各方资源，确保问题得到及时、有效解决。

二是构建品牌建设机制。按照“试点先行、品牌引路，以点带面、整体推进”思路，在集团公司范围内按运输业、非运输业两个类别，基层站段、车间、班组三个层次，确定一批弘扬新时代宁铁企业精神示范单位，加强品牌包装，加大宣传力度，提升品牌知名度和影响力。适时组织召开集团公司弘扬新时代宁铁企业精神工作交流会或现场观摩会，深化交流互鉴，总结经验得失，推广先进单位经验，让新时代宁铁企业精神在新征程上更加熠熠生辉。

三是构建考评问责机制。把弘扬新时代宁铁企业精神工作纳入基层单位党组织落实全面从严治党主体责任考核内容，纳入集团公司党委政治工作队日常检查督导内容，强化对进度完成率的检查考核，针对各级组织在履责过程中的不作为、慢作为，坚决予以通报批评，并视情节轻重采取相应的问责措施，推动新时代宁铁企业精神弘扬工作做在日常、抓在经常，持续走向纵深。

（执笔人：吴舸、黄燕）

传统优势与新技术赋能相统一
推动思政工作走深走实

中国铁路南宁局集团有限公司南宁机务段党委

习近平总书记指出："要运用新媒体新技术使工作活起来，推动思想政治工作传统优势同信息技术高度融合，增强时代感和吸引力。"在推动铁路现代化建设中，网络化、数字化、智能化是主要发展方向，也是运用新质生产力赋能思想政治工作的发力点和着力点。南宁局集团公司南宁机务段党委坚持以习近平新时代中国特色社会主义思想为指导，主动顺应时代发展趋势，坚持守正创新，积极探索运用现代新技术新途径，为传统思想政治工作增添智慧新动能，促进思想政治工作向纵深发展。

一、主要做法

1. 提高思想认识，在理念融合上下功夫。南宁机务段党委始终将党的领导挺在前面，通过多种形式努力解决各层级管理干部的"本领恐慌"、狭隘认识和惯性思维等问题，提升抓好新时代新形势下智慧思政工作的自觉性、主动性。一是坚持理论武装铸魂。段领导班子成员带头转变思想观念，每年通过党委理论学习中心组、党委会等形式至少 1 次专题学习习近平总书记关于思想政治工作及国家数据战略、建设数字中国等重要论述，不断提升智慧思维和网络意识，确保思想政治工作始终朝着正确方向，为提升企业思想政治工作效能奠定思想基础。做到学思用相统一，段党委每半年至少研究部署1次思想政治工作，及时总结好的做法，分析问题不足，特别是在聚焦新质生产力运用方面，主动思考，积极谋划，将智慧思政建设作为全段年度思想政治工作重要内容，通过使用人工智能和现代化科技装备等形式，不断增强现代化科技运用能力，提升思想政治工作的时代感、吸引力和感召力。二是强化素质能力护航。当前南宁机务段专兼职政工队伍年龄相对偏大，一些“老政工”受年龄、文化水平等情况的限制，对现代新的思政工作理念及使用网络等新技术的能力偏弱，存在一定的不适应，或者不能将传统工作与数智技术有效结合等情况。为此，段党委常态化通过政工例会、党支部书记培训班等形式，以及与中车集团、南宁车辆段等科技化、数字化运用较多较好的外单位联学联建，不断提高党支部书记守正创新的思维和自觉使用智能化、科技化设备设施的能力，切实增强运用创新技术推动基层思想政治工作提质增效的思想自觉、政治自觉、行动自觉。

2. 注重数据运用，在信息融合上下功夫。段党委不断强化技术支撑体系建设，自主创新研发大数据思想政治工作平台，以科技的力量为传统思想政治工作赋能，提升智慧决策能力。一是构建“数据库”全息管理。段党委以机车乘务员这个关键岗位群体为重点，创新研发大数据思想政治工作平台系统，整合利用现有技术资源，最大限度动态收集职工各种行为的有效信息。线下主要包括安全“两违”、业务考试、政治学习、健康“手环”等职工“八小时内”工作情况的数据；线上主要基于企业微信App、段微信公众号、朋友圈等微信矩阵，大量收集关注数、浏览数、跟帖等情况，了解职工“八小时外”网上活动轨迹、关注重点、偏爱喜好等。通过该系统将“线上+线下”各种碎片化的行为信息有效整合，达到数据的“多维度”，确保数据完备有效。二是坚持“双结合”科学分析。一方面用好“云计算”，利用大数据思政平台系统，对收集来的职工信息数据进行科学运算，生成职工队伍整体统计图及每个人的“精准画像”，分别以绿、黄、红三色标识良好、关注、预警三种状态，对于标识黄码、红码职工及时采取针对性的思想政治工作，有效发挥系统辅助和参考功能。另一方面，落实人机结合分析机制，各党支部每月根据大数据平台分析结果和日常掌握的职工思想情况，通过支委会等形式集体研判职工思想风险点，预测可能发生的行为，以职工思想动态分析报告等形式反馈给段党委。段党委每月进行分析，找出职工规律性、倾向性和苗头性的问题，为开展前瞻性、针对性思想政治工作奠定科学参考和基础。

3. 拓展教育空间，在环境融合上下功夫。段党委聚焦思想教育阵地的拓展和整合，创新学习场景，丰富教育手段，不断拓展育人空间，努力让思想政治工作活起来，走进职工内心深处。一是建设智慧思政教室。树立智慧育人理念，在集团公司党委的大力指导和支持下，2024 年南宁机务段正在建设全局首个智慧思政教室，该教室以传统的思政教育与信息化技术相融合为指导，以文化传承为核心，集政治理论学习、模拟体验、交流互动、意见反馈于一体，通过组织职工利用大型 LED 屏、触摸屏、全息投影等多媒体设备，互动式、沉浸式学习中华优秀传统文化、四史、中国铁路发展史等内容，并可根据受众群体不同，针对性地在资源库内选择合适内容进行现场教育和场景体验，以现代科技手段丰富职工政治学习和思想教育的途径和阵地，为职工思想政治工作提供多维教育活动空间。二是把握职工思想脉搏。坚持线上线下资源整合、工作协同的原则，对大数据平台提醒的“红黄码”重点人关键人精准施策，采取一对一形式，针对性开展座谈交流、谈心家访、家企联动，以及“开小灶”专业指导等相关行动，变“应急补救”为“日常教化”，将“一人一事”思想政治工作做深做实。对职工群体，针对普遍关注的理论宣讲、时下新闻、先进事迹、典型案例、政策解读等热点难点话题，在用好线下学习会、分享会、文体活动等形式的基础上，有效利用段网、微信公众号、企业微信 App 等段管媒体平台，推动优质内容的共建共享，并开展线上留言互动和线下撰写心得等形式，进一步强化职工学习践悟。比如：段党委针对青年职工普遍反映理论学习枯燥等情况，组建“青小宣”宣讲小分队，采取送讲上门及制作精品微课程、编排舞台剧、推出“南机悦读”有声书等多种形式，让职工随时看、互动学、亲身演，切实提升思想教育的吸引力和实效性。“青小宣”宣讲小分队获得2023年南宁局集团公司理论宣讲先进集体称号；创作的宣讲作品在2024年集团公司“改革创新展作为、提质增效立新功”主题宣讲比赛中获得一等奖，为集团公司在全路宣讲比赛拔得头筹贡献了力量。

4. 精准对接需求，在服务融合上下功夫。段党委始终坚持问题导向，把解决职工思想问题与解决实际问题结合起来，不断激发广大干部职工干事创业的积极性和主动性，提升思想政治工作质效。一是服务职工所需所求。坚持线上线下精准对接、同步跟进的原则，用好段、车间两级民主恳谈会、发放调查问卷、集中座谈、个别交流等传统手段，同时发挥掌上平台优势，基于段企业微信App建立“职工家园”全员工作群组、微信公众号开设“书记、段长”信箱及各车间“职工有话说”二维码等两级诉求反映网络渠道，打造客服大小V团队，实时了解职工所想所需所求，帮助解决实际问题。实行挂牌督办机制，问题整改和推进情况均以张贴、挂网等形式进行线上线下定期公示，职工可随时随地进行监督，确保问题得到实质性解决，得到广大干部职工的普遍认可。二是服务企业中心工作。职工既是信息数据产生的源头，也是提升工作成效的主体。段党委坚持融入中心，在帮助职工解决实际问题的同时，更注重问计于民。线上线下同步开设“我为安全献一计”“我为节能支一招”等话题，广泛收集职工关于安全生产、企业管理、改革发展等方面的意见建议。对于工作有较好启发性、操作性的意见建议，通过职工大会等形式进行表扬，并以合理化建议等形式，纳入“五小”和技术革新、合理化建议及技术改进等项目，有力激发职工的积极性和主动性，促进了企业创新驱动，实现企业和职工共进步的双向奔赴。

二、取得成效

1. 稳定了职工队伍。段党委通过线上多种学习平台、工作载体和服务模式，实现干群之间的全天候、多途径的交流沟通，干群之间通过平等对话，在交流中了解民意、在释惑中统一思想、在服务中密切情感。2024 年以来，两级平台共收集职工问题诉求反馈 532 件，已解决 510 件，未解决的实行挂牌督办，在段级职工问题诉求反馈的意见建议中，涉及个人利益的问题比例仅占 4.9%，且这个比例每年都在减少，从侧面也反映职工的企业归属感和主人翁意识在不断增强。其中，段“职工家园”全员工作群组做法最具代表性，在光明网、“人民铁道”公众号、《人民铁道》报等全路各级媒体平台报道和《铁路宣传》信息简报刊载。

2. 提升了管理成效。段党委引入智慧思政、共建共享的治理理念，统筹协调党政工团各方力量参与，建立和完善了《大数据思想政治工作实施方案》《关于加强内部宣传工作的通知》《关于规范管理部门“职工有话说”网上平台的通知》等涉及数据分析、信息预警、协调处置、志愿服务、监督落实等闭环管理工作机制，进一步明确了思想政治工作段、车间、班组三级工作标准和任务清单，确保职工在哪里，思想政治工作就到哪里，构建起稳固的大思政工作格局。同时，2024 年以来通过主题宣讲，开设互动话题等形式，共征集职工合理化建议 83 条，相应修改和制定涉及职工切身利益等生产管理制度 12 项，进一步打通了管理“症结”，实现了思想政治工作的提档升级。

3. 实现了正向驱动。思想是行动的先导，段党委精准对接职工精神需求，在正向引领上持续发力，创造了如《到百色去》优质短视频、《师父》原创歌曲等多个爆款新媒体产品，并在职工中广为传播，有效激发了职工的思想共鸣和学习兴致。全段干部职工干事创业劲头十足，并涌现出大批先进典型，其中 2023 年度“新时代·铁路榜样”提名奖动车组司机孙定远、全路优秀共产党员欧阳曙光、“新时代·宁铁榜样”刘明等人就是典型代表，广大干部职工心往一处想、劲往一处使，有力确保了全段安全生产持续稳定，连续十年实现高铁安全年，2024 年南宁机务段党委被评为集团公司先进基层党组织。

三、几点启示

1. 必须坚持科学理念。不日新者必退。在当今信息数据爆炸、科技突飞猛进的时代，脱离现代信息技术必将被淘汰，这也给思想政治工作提出了更高要求和更大挑战。加强和改进思想政治工作，既要打破传统依赖，又不能全盘否定传统工作的方式方法，也不能单纯的“唯技术论”，追求技术上的新颖独特。只有将传统优势和现代技术有机融合，既注重发挥传统形式的情感交流，又用好现代技术的便捷性和高效性，才能保持思想政治工作的温度、深度和广度，才能让思想政治工作的这个传家宝更有操作性和实战性。

2. 必须坚持以人为本。思想政治工作归根结底还是做人的工作，不管时代、方法和载体怎样变革，思想政治工作的对象和主体都不会变。职工思想稳定是实现企业高质量发展的基础性、前提性工作，把职工所想所需所求作为思想政治工作的出发点和落脚点，不断提高对数字化、网络化、智能化发展规律的把握能力，在坚持面对面的基础上，将“线连线”有效融合，用好现代信息知识和科技手段赋能传统思想政治工作，让传统和现代由“相加”到“相融”、由“独唱”到“合唱”。只有这样，才能最大程度贴近职工、走进职工，让职工接受，才能更好地发挥思想政治工作效能。

3. 必须坚持融入中心。加强和改进思想政治工作是铁路企业党组织的一项经常性、基础性工作，是一切工作的生命线。企业思想政治工作只有融入中心才具有生命力，只有站在服务大局的高度去谋划和思考思想政治工作，把围绕中心、服务大局作为根本任务，紧跟企业发展形势和职工思想脉搏，以传统优势与大数据思维、现代科技手段的融合运用，推动思想政治工作与中心工作互促共进、相得益彰，在凝心聚力、推动改革上做足文章，才能让思想政治工作不断焕发出新的活力和新的生机，才能更适应铁路改革发展的需要，为勇当服务和支撑中国式现代化“火车头”提供坚强思想保障和行动力量。

（执笔人：苏振铁、宋倩南、张少钦）

加强职工队伍政治教育
为国有企业新质生产力培育壮大提供人才保障

中国铁路南宁局集团有限公司南宁通信段党委

习近平总书记指出："新质生产力是创新起主导作用，摆脱传统经济增长方式、生产力发展路径，具有高科技、高效能、高质量特征，符合新发展理念的先进生产力质态。"发展新质生产力是我国在新一轮科技革命和产业变革中"变道超车"的根本动力，是我国在激烈的大国竞争中夺取制高点的战略举措，是推动高质量发展的内在要求和重要着力点。

铁路作为国家战略性、先导性、关键性重大基础设施，在经济社会发展中的地位和作用至关重要，在加快形成新质生产力的新赛道上，更是具有举足轻重的战略地位和重要作用。人是新质生产力的首要因素也是最关键的因素，只有把培育和发展新质生产力转化、内化为大众内心坚定不移的自觉追求，才能真正汇聚起以新质生产力推动企业发展的主体力量。

一、新形势下加强职工思想政治教育的重要意义

1. 加强党的执政能力的重要保证。国有企业党组织是党的政治领导在企业内部的体现，只有充分发挥企业党组织的政治核心作用，抓好思想政治

工作，才能提高党员干部的理论水平、思想政治觉悟和执行党的路线、方针政策的理解力、接受力，才能发挥全体职工工作的积极性、主动性、创造性，更好地促进企业的健康和快速发展。基于此，加强思想政治工作，就是加强党在企业的执政能力，加强党在企业的政治核心作用的发挥。

2. 建立现代企业制度的思想保证和精神动力。建设现代企业制度是国有企业改革发展的方向和目标。在加强顶层设计的同时，各阶段的具体落实，期间的创新创效，需要广大干部职工的共同努力，尤其是具有高学历、高技能的青年职工是企业生产建设的重要力量。因此，凝聚职工力量，把广大职工的智慧、优势集中到促进铁路改革发展上来尤为重要。思想政治工作的开展，可以最大限度地引导职工思想，让职工认识到个人的发展和企业的发展密不可分，引导职工把个人奋斗目标融于企业发展的整体目标。

3. 稳定职工思想、和谐企业氛围的需要。科学规范的现代企业制度是国有企业健康发展的前提和基础。但一个企业的持续向好发展，很大程度上取决于企业的凝聚力和向心力，尤其是广大职工，成为决定企业发展能力和潜力的决定性因素。企业的计划靠人编制、企业的生产靠人组织、企业的品牌靠人打造。随着改革不断深入，各种新矛盾、新问题也大量涌现，许多思想问题会接踵而来。面对各种难题和挑战，必须充分发挥思想政治工作的引导功能，同服务群众、联系群众有机结合，将不稳定因素化解在萌芽状态，成为凝心聚力、成风化人的具体举措，达到争取群众、赢得群众、稳定群众的效果。

二、发展新质生产力职工队伍面临的问题

南宁局集团公司南宁通信段职工队伍思想保持稳定，主流趋于正向，特别是通过2023年1月电务系统通信机构改革，职工对通信专业的认同感进一步提升，有效增强了凝聚力和向心力。但通过定性定量分析，发现当前职工队伍的现状还有很多不相适应的地方，与高质量发展要求还有很大差距，存在一些共性、个性、倾向性问题。

1. 队伍总量庞大，但年龄老化、结构失衡、一线有生力量不足。南宁通信段职工总数 1164 人，平均年龄 37.7 岁，50 岁及以上人员占 17%。从现状看，南宁通信段区域性、结构性分布不均衡，富余人员集中在室内岗位和南宁、柳州、桂林等地区，偏远地区和一线生产岗位实际力量不足，技能人才“紧缺”和“断层”问题比较突出。从未来看，随着新线开通、既有线电化改造等，对高铁现场岗位人员的需求进一步增加，年均自然减员又将始终保持高位，高铁通信工岗位缺员问题更加突显。从内部看，通过近年来全方位盘活既有人力资源，跨工种、跨区域余缺调剂空间已经十分有限，一线生产岗位人员补充困难。

2. 渴望实现价值，但对职业的信仰、对事业的追求较大程度缺失。随着市场经济体制的深刻变革和网络信息技术的快速发展，各种信息铺天盖地、各种文化交汇碰撞、各种思潮应运而生，职工的精神追求、价值取向更加多元多样，在思想层面逐渐由“单位人”转变为“社会人”。一些职工特别是青年职工渴望实现价值、渴望实现梦想，但单位给予实现梦想的渠道单一，传统干事创业、建功立业的思想无法激发起兴趣，导致一些青年职工没有把单位作为成长的平台，只是当作一份固定工作、稳定收入的保障，平时的兴奋点和注意力不在工作上、学习上、发展上，而是集中在网络上、兴趣上、生活上，甚至做点小生意上。各级组织在对职工的思想引领上、文化熏陶上、吸引凝聚上、正向推动上，还有很大差距。

3. 进步意愿强烈，但沉不住气、扎不住根、消极思想日渐滋生。从主观上看，南宁通信段青年职工成长成才、晋职晋级的意愿比较强烈，但普遍把升职加薪作为成才的标志和努力的方向，人人都想多拿钱，不想踏踏实实待在一线干专业、搞技术。从客观上看，受岗位编制限制和个人能力制约，不可能人人都走上管理岗位，特别是干部超编制，晋升通道比较狭窄，导致一些青年人才长期在操作技能岗位工作，迟迟看不到晋升希望，认为成长进步虚无缥缈、遥遥无期，逐渐消磨了意志，丧失了进取心。

4. 普遍珍惜岗位，但不注重加强学习提升素质、不能很好适应岗位需求。

职工普遍反映，对岗位比较珍惜、对待遇比较满意，特别是在目前经济环境下，与其他行业对比，感到在铁路工作更加有保障，对职业的自豪感、对企业的认同感进一步提升。但面对建设现代企业的目标和高质量发展要求，能力素质还存在不适应、跟不上节奏的问题。面对改革，职工心理比较矛盾，既希望通过改革让工作更好干、待遇更高，又害怕因为改革失去了现在稳定的岗位，心里始终有被淘汰的危机感。

5. 能够服从管理，但自控意识、规范意识、法治意识比较薄弱。职工队伍普遍服从管理，各项工作能够按照要求落实，职工听话，队伍好带。但一定程度上还存在惰性、惯性、随意性，干部拿经验当依据，职工把习惯当成了标准等方面的问题。

三、培育壮大提供人才保障的新途径

当前，在新技术革命的推动下，生产力正加速从传统形态向新质形态跃迁。新时代培育和发展新质生产力，亟须培养一大批掌握现代技术、适应高端设备、具有专业知识的高端创新型人才。南宁通信段党委按照“政治上保证、制度上落实、素质上提高、权益上维护”的思路，针对影响职工队伍发展的突出问题，努力造就一支有理想守信念、懂技术会创新、敢担当讲奉献的高素质通信队伍。

1. 实施“教育＋引领”，建设又红又专育人才的“大熔炉”。一是提高政治站位，把职工队伍建设融入党的建设新的伟大工程，把职工队伍思想政治建设摆在突出位置。关键是要提高自身的政治觉悟和政治能力，进一步增强抓职工队伍建设的意识和能力、抓思想政治建设的意识和能力，带头讲政治、带头学理论、带头抓队伍，引导和带动职工共同在政治生活中锻炼、在工作实践和斗争中磨砺。二是抓实政治理论学习。严格落实职工政治学习制度，区分党员、群众、青工制定针对性学习计划，运用网络拓展新形式、新载体，调动学习积极性，增强学习系统性，让职工真正学起来。针对青年职工群体，深入推进“青马工程”，引导青工坚定马克思主义信仰，形成正确的价值取向，扣好“人生第一粒扣子”。三是强化核心价值引导。坚持用正确的世界观、人生观、价值观引领职工队伍，充分发挥典型示范作用，不断加强企业文化建设，通过典型引路、舆论宣传、文化熏陶、行为实践，大力弘扬劳模精神、劳动精神、工匠精神，使劳动光荣、技能宝贵、创造伟大成为主流价值观，把职工实现自我价值的方向逐步校准到本职岗位上来。

2. 实施“制度 + 机制”，形成人才发展机制改革的“助推器”。人的因素是关键因素，人的积极因素是决定因素，必须从管理上、机制上入手，充分调动职工积极性、主动性。一是改进薪酬激励机制。紧扣“机制保障”，在履职评价上“科学立标”。实行操作技能岗位职工五、四、三、二、一星级评定办法，通过职工星级考评办法，缩小管理、专业技术和操作技能岗位人员的收入分配差距，加大向优秀职工收入分配倾斜力度，引导有生力量向关键岗位有序流动，激发职工能动性，规避职工“天花板”。二是健全正向激励机制。在实行职工星级考核办法的同时，也实行职工正向激励管理办法，职工积累一定分数后，可以利用积分满足职工调动、升学、转岗、转干等愿望，积分朝比赛、获奖等方面倾斜，充分肯定职工的工作成绩，鼓励职工继续保持和发扬，形成人人争先的良好风尚。

3. 实施“平台 + 赛道”，筑好职工素质提升的“铺路石”。一是落实终身职业技能培训制度，深化培训专业化、专业化培训体系建设，推行精准化、差异化培训，坚持实训基地的系统性培训和车间班组的实践性锻炼相结合，突出抓好基础知识、基本规章、标准化作业“一招一式”和非正常应急处置学习，全面提升职工的技术业务水平。二是建立常态化的规章案例教育工作机制，持续抓好“学习技术、学习标准、执行标准”培训教育活动，严格职工红线考核管理，着力培养职工底线意识、标准意识、担当意识，让敬畏规章、尊崇规章成为职工的行动自觉。三是打造“宁铁先烽 • 先烽擂台”，自上而下建立劳动竞赛、业务竞赛、技术竞赛机制，将竞赛名次全面融入正向积分管理办法，并将竞赛结果与每月安全评估、月度绩效考核和季度党建考评挂钩，推动各车间、班组、岗位真正赛起来，形成比学赶帮、共保安全的良好局面。

4. 实施“创新 + 激励”，点燃职工岗位建功的“总引擎”。一是充分利用高学历人才聚集的资源优势，以技术领军和科创孵化双向持续发力，形成稳定的创新人才梯队和生生不息的创新人才力量。定期召开前沿技术分析交流与研讨，联合工团组织长期面向全体干部职工征集创新改革金点子、形成思维碰撞火花，营造全员科创的活跃氛围。二是鼓励干部职工积极参与小改小革、“青创赛”、QC攻关和科技立项等，激发标准化达标创优内生动力。依托共青团青仝创新工作室平台，由“青创导师”带队，形成导师制的青年人才培养模式，号召团员青年主动投身创新工作，让青年及早种下科技创新的种子。三是深化拓展“最美南通人”等活动，树立良好形象。坚持镜头对准基层职工，对准身边人、身边事，不断推出有感染力、有影响力的人物故事，充分展示南通人的精神风貌，起到“点亮一盏灯、照亮一大片”的示范作用。

5. 实施“普惠 + 服务”，打造职工幸福生活的“加油站”。一是抓实全方位管理。从教育、管理和保护职工的角度，常态化组织法治教育、道德教育、行为规范教育，加强职工特别是青年职工“八小时外”教育管理，引导职工自觉尊法学法守法用法，培养遵纪守法、健康向上的生活习惯，通过追求道德的“高线”，守住法纪的“底线”。二是群团组织要当好桥梁。组织职工建言献策，广泛开展群众性劳动竞赛活动，以“工人先锋号”、大师工作室为平台，积极开展先进典型选树宣传活动。完善帮扶救助体系，实施精准帮扶，维护职工权益。深化拓展民主恳谈会、“南通心声”、连心桥等有效平台，践行新时代“枫桥经验”，确保职工诉求“件件有回音，事事有回复”。促进干群同心的活动，让职工充分信任、愿意依靠组织，调动积极性，增强归属感。特别要发挥兼职团干部作用，充分掌握青年思想状态和工作状态，准确把握青工成长规律和教育规律，以服务青工成长成才为着力点，实现青工需求与团组织活动的紧密对接。

（执笔人：王继承、梁凝、罗敏）

用好用活“四下基层”制度
推动亲情化车间班组建设的探索和实践

中国铁路南宁局集团有限公司南宁客运段党委

党的二十届三中全会通过的《决定》，强调在发展中保障和改善民生是中国式现代化的重大任务。一切为了人民、一切依靠人民，践行党的宗旨，矢志为民造福，是“四下基层”的精神实质和实践要求。南宁局集团公司南宁客运段党委坚持把“四下基层”作为学习贯彻习近平新时代中国特色社会主义思想的具体实践，充分运用“四下基层”制度大力推行亲情化车间班组建设，用心用力用情解决好职工群众最关心最直接最现实的利益问题和急难愁盼问题，持续改善职工生产生活条件，努力构建企业与职工命运共同体，让职工共享企业发展成果，不断满足职工群众对美好生活的向往，勠力同心为中国式现代化、宁铁现代化建设和客运段高质量发展贡献力量。

一、用好用活“四下基层”制度推动亲情化车间班组建设的实践做法

“四下基层”，即领导干部需“宣传党的路线、方针、政策下基层，调查研究下基层，信访接待下基层，现场办公下基层”，此制度是习近平总

书记在福建工作期间所倡导并亲身践行的工作方法与制度。它深刻体现了与群众紧密联系、解决发展难题的创新思维，蕴含着基层工作的思想方法和实践路径，为新时代基层群众工作提供了明确的指导。南宁客运段拥有职工 5696 人，涵盖了多种用工形式，面临着铁路客流持续增长、内部机构改革等多重挑战。在此背景下，我们更要深入运用“四下基层”制度，以亲情化车间班组建设为抓手，持续增强职工群众的获得感、幸福感和安全感，汇聚职工群众的力量，确保安全、和谐、高效的工作局面。

1. 强化政治引领，确保队伍稳定。坚持以习近平新时代中国特色社会主义思想为指导，持续加强党的创新理论武装，通过党委会“第一议题”、党委理论学习中心组专题读书班等形式，组织领导干部围绕“四下基层”的精神内涵、价值追求、制度方法及典型案例进行学习研讨，用科学理论武装头脑、统一思想、指导实践，带动全段党员干部学深悟透做实“四下基层”。针对职工体量庞大、用工形式复杂、流动性强等特点，组建“阳光”宣讲团，深入开展学习宣传党的二十届三中全会精神“改革创新展作为、提质增效立新功”巡回宣讲，小组成员固定联系一个班组，以“点单、派单、接单”宣讲工作模式，开展主题宣讲 487 场次，覆盖职工 5000 余人，让主题宣讲走深走实、见行见效。用活“红色文化教育室”“劳模大师工作室”“车模业务培训室”“安全教育讲课室”四个教育室，采取理论宣讲“情景 +”的模式，结合铁路安全生产优秀案例编排情景剧，通过情景再现，把理论“播出来”，不断增强思想政治工作与生产经营深度融合。党员领导干部采取下一线宣讲、上专题党课等方式深入基层职工群众，通过“宣传党的路线、方针、政策下基层”从“传声筒”到“身边讲”，推动党的方针政策直抵基层，汲取精神伟力，统一思想，保障队伍稳定。

2. 深入调查研究，制定精准策略。坚持把察民情、访民意作为“调查研究下基层”的第一步，领导干部深入一线开展“大调研大走访大服务”活动，通过调研走访、结对帮扶、信访接待等形式了解民情，征集民意，保持职工诉求反映渠道的畅通。把职工满意度、幸福度作为标尺，成立以党政正职为组长的亲情化车间班组建设领导小组，研究制定《南宁客运段亲情化车间班组建设管理办法》，优化职工服务举措，形成亲情化管理制度，构建“职工有诉求、组织有政策，职工有困难、组织有行动”的服务体系。坚持党员领导干部联系点制度，领导人员每人联系 2 个党支部（总支），深入联系点调研 360 余次，直接联系困难职工 200 余人次；坚持职工思想动态调查分析报告制度，职工思想动态调查反映共性问题 11 个；坚持信访接待工作制度，每月开展领导进班组信访接待日活动，现场接待来访职工群众 155 人次；坚持合理化建议奖励机制，鼓励职工围绕企业改革发展建言献策，收集合理化建议 13 条，真正为职工解难题、办实事。

3. 细化任务清单，明确工作责任。针对职工群众反映集中的共性需求和亟待解决的痛点难点问题，分层分类建立工作台账，形成项目清单及任务分解表，逐项明确责任领导、责任部门、目标成效，构建起“谁主管、谁负责”的责任体系，确保办实事、办好事落地见效。坚持领导干部开门办实事，在办公楼醒目位置建立党务、段务公开专栏，及时公布办实事、解难事进展情况，全过程接受职工群众监督。坚持贯通联动，强化督促指导，每周一办公例会听取项目清单落实情况，由党办、段办、纪检等部门跟催督办，一体发力，做到事事有着落、件件有回音。

4. 突出亲情关怀，提升服务质量。坚持全心全意为人民服务的根本宗旨，各部门聚焦主责主业，讲政治、讲担当、讲服务，围绕“严管与厚爱并重，用亲情关怀职工”服务目标，充分发挥管理部门“定标”作用，完善推行岗位贡献奖励、二次分配奖励、防止事故和突出隐患等一批奖励激励措施，讲奖多于罚，形成管理高效的良好局面。充分发挥后勤部门“管家”作用，制定每月增加餐料，节假日安排伙食补贴计划，解决提高乘务餐、乘务区食堂质量、改善办公区、备乘室条件、退乘接送等一批服务基层的行动举措，与生产业务板块同题共答、同向发力。充分发挥党群部门“纽带”作用，谋划做好为新职人员举行欢迎会、寒暑假幼托班、职工医务室、金秋助学、婚恋交友、住院慰问等一批惠及职工群众的实招硬招，让每一名职工都感受到组织的关怀和温暖。

二、用好用活“四下基层”制度推动亲情化车间班组建设的实践成效

南宁客运段党委坚持把贯彻落实“四下基层”制度作为推进亲情化车间班组建设的关键抓手，以及加强与群众紧密联系的重要途径。党员领导干部通过实地深入基层、真诚倾听职工声音、全心全意解决难题，更好地向职工问政、问需、问计。致力于在谋求职工福祉、解决职工忧虑上推出新举措、办成实在事，将惠民生、暖民心、顺民意的工作做到职工群众内心深处，通过解决难题的实际成效来打动人心、温暖人心、赢得人心，努力将党的群众工作优势转化为推动中国式现代化、宁铁现代化建设和客运段高质量发展的核心动力。

1. 突出政治引领优势，职工理想信念更加牢固。面对安全、经营、服务、稳定、改革等繁重的任务和压力，全段各级组织聚焦新时代新征程国家铁路使命任务和宁铁现代化建设目标，扎实开展“改革创新展作为、提质增效立新功”主题宣讲，组织“全路火车头奖章”获得者董丽琼、“新时代·宁铁榜样”吴志琼等先进典型开展巡回宣讲，引导广大干部职工坚定信心、开拓进取。党员领导干部认真践行“四下基层”要求，持续巩固深化“思想政治工作一线行”成效，将形势任务宣讲与理论宣讲结合起来，主动深入基层一线、走近职工群众开展宣讲，切实增强职工在全面深化改革创新、推进高质量发展中展示作为的积极性和主动性。充分发挥线上线下宣传阵地作用，向职工宣传好十年来中国铁路和南宁局集团公司取得的改革发展成就，通过对比高铁规模、对比运营速度、对比服务品质、对比社会效能、对比工作环境、对比收入待遇等各种方式，来巩固职工的爱路、爱段、爱岗意识，增强职工立足岗位为铁路客运事业不懈奋斗的信心决心。

2. 突出党员作用发挥，为民宗旨意识更加强烈。南宁客运段在职党员

1033名，占在职职工总数34%，分布在各区域各岗位，处在与职工群众交流沟通的第一线，是党组织联系职工群众的核心力量。党员自觉落实与职工群众谈心制度，深入职工群众听民意、访民情，听取职工群众反映问题25个，对照问题向组织提出改进工作的办法措施11条，用心用情为职工群众办实事、办好事。扎实开展“三亮三比三评”党内实践活动，设立党员责任区1404个、党员先锋岗885个，通过党员岗位公示、挂牌上岗、佩戴党员徽章等形式，亮身份、亮职责、亮承诺，强化党员服务意识、为民情怀，做到“一名党员就是一面旗帜”，让党旗在基层一线高高飘扬。党组织积极发挥应急动员作用，组建党员突击队19个，动员党员在关键时刻冲在前、作表率，带头参与恶劣天气、防洪防台、列车晚点、客流激增等突发事件应急处置52场次，充分发挥党员先锋模范作用。积极开展党员志愿者行动、爱民惠民服务等活动，为家庭困难职工爱心捐款10万余元、帮助出乘职工接送小孩照顾老人、节假日加餐送餐等爱心帮扶，做到哪里有需要哪里就有党员。

3. 突出调研成果转化，服务职工体系日趋完善。通过党委会讨论研究确定领导人员关于如何加强职工关心关爱工作调研选题11个，建立调研成果转化运用清单，形成整套包括明确职责、跟踪督导、考核评价的亲情化车间班组建设管理办法和服务体系，把调研成果真正转化为破解难题、改进服务工作的重要举措。健全完善运行保障机制，党委统筹组织领导，搭建服务平台、组建服务队伍、创新服务载体，充分发挥党支部、工会、共青团组织贴近职工的优势，开展“职工之家”“青年之家”建设，依托合理化建议平台，畅通职工群众与党委沟通交流的渠道，形成关注职工诉求、倾听职工意见、解决职工实际困难的权益维护和保障体系。发挥党组织落实全面从严治党主体责任考核“指挥棒”作用，把开展办实事情况纳入落实全面从严治党工作考核、党委书记抓党建述职评议、民主评议党员内容，作为年度测评领导班子和党员干部的重要依据，用制度落实责任、用制度推动工作、用制度保证成效。党群、纪检、劳人等有关职能部门“多方联动”，加强对办实事落实情况的监督检查，强化成效评价、强化职工监督、强化激励约束，使考核过程成为促进工作的过程。

4. 突出为民惠民成效，职工获得感、幸福感、安全感显著提升。坚持构建企业与职工命运共同体，让职工共享企业发展成果，以高质量发展不断满足人民对美好生活的向往。持续改善职工工作生活条件，建成职工医务室，定期举行送医到各乘务区、一线班组活动，举办职工健康知识讲座；在动车车间设立乘务包存放点，为各车间更换破损的办公桌椅、电脑、打印机、空调等新一批办公设备；在南宁东综合楼增设候乘室，更换维修热水器、电茶炉等一批生活设施；投入资金用于职工健康体检，精准开展助医、助困、助学等帮扶活动，以及进行工会会员生日慰问和职工年节慰问、送温暖、送清凉，文化观影等普惠性服务；组织开展“秋游”“安康杯”“健康讲座”等群众性活动93场次，切实解决了一批职工群众身边的操心事烦心事揪心事，办理了一批涉及民生的实事，推动了一批重要民生项目，让职工看到了党组织在解决实际问题中的担当作为。

三、面临的挑战和问题

在探索实践中，基层党员干部职工反映，学习运用好“四下基层”制度关心关爱职工存在一些问题。

1. 对习近平新时代中国特色社会主义思想的理论内涵缺乏深度理解，对做到学思用贯通、知信行统一还不够。有的党员干部对深入学习贯彻习近平总书记关于“四下基层”的重要批示精神的领悟和认识甚微，工作中缺乏敢于担责、勇于直面困难的精神，统筹抓好调查研究工作成效不显，无法全面把握职工群众的新期盼、新需求和新诉求。这导致所制定的政策、策略和措施，未能完全解决干部群众最为关切、最直接、最实际的问题和利益诉求。

2. 用工制度特殊，激励机制不健全。由于用工制度复杂，乘务班组合同工与劳务工都是混岗混编使用，尽管职责相同，但享受的待遇却存在差异。这种情况导致部分职工出现消极态度，工作中存在攀比心理，对“同工不同酬”的现象感到不满。同时，受限于上级规定，单位无法自行制定如劳务工转正等激励政策，使职工最为关心的问题无法得到妥善解决。

3. 工作环境特殊，生活条件差待遇低。职工在列车上最多需要连续工作生活5天，尽管住宿和饮食条件不佳，但他们仍需要承担大量且艰巨的服务工作。这种生产生活条件与需求的不匹配，导致职工难以安心工作，辞职率居高不下。车间干部经常加班，节假日、周末工作不断，严重影响了工作热情，他们渴望得到上级领导的关心和理解。

4. 职工精神压力大，得不到缓解消除。特别是新职人员和新入路大学生，由于他们缺乏工作经验和应对方法，面对旅客的问题时可能会感到无所适从，还会因工作失误而受到批评。长时间的列车工作让他们感受到“理想与现实的巨大落差”，精神压力难以释放，对列车一线服务工作产生排斥心理，希望调离现有岗位或调整到地勤岗位，存在一定程度的“躺平”和“混日子”现象。

四、思考与启示

1. 必须加强思想建设，以真理伟力感召职工。领导干部要以上率下，带头把“四下基层”精髓要义内化于心、外化于行，引导广大党员干部职工学懂弄通做实习近平新时代中国特色社会主义思想，深刻感悟党的创新理论的思想伟力和实践伟力，坚定拥护“两个确立”、坚决做到“两个维护”。要有计划、分层次、多形式地开展线上线下理论宣传宣讲，让思想政治工作横向到边、纵向到底，在职工群众中做到全覆盖、广参与、多元化。要抓好干部职工政治理论学习，推广班组职工政治学习优秀案例，推动政治理论学习提质增效，不断增强职工学习运用党的创新理论的自觉性和坚定性。发挥典型引路作用，加强先进典型先进事迹弘扬宣传，深化先进典型辐射带动作用，引领广大干部职工见贤思齐、立足岗位展示作为。

2. 必须转变干部作风，坚守人民至上理念。党员、干部要始终与人民心心相印，与人民同甘共苦、与人民团结奋斗，夙夜在公，勤勉工作，把赢得民心民意、汇集民智民力作为一切工作的着力点，以坚强党性聚集于民、引领职工群众，努力向职工群众交出一份合格的答卷。要加强选人用人工作，坚持全方位、多角度、近距离考察识别干部，多渠道了解干部日常表现，综合分析判断，做到精准识人用人，进一步树立重实干、重实绩、重担当的导向，注重在实践实战中选实干家，让有为者有位、能干者能上、优秀者优先。加强干部监督管理，既注重抓牢抓严干部作风建设常态化管理，督促各级干部胸怀大局做到守土有责、守土负责、守土尽责，又注重抓紧抓实业务与作风一体化管理，推动各级干部做到心中有责、眼中有活、工作有力、结果有效。要坚持职工利益无小事，大兴调查研究之风，力戒形式主义、官僚主义，深入研究和准确把握新形势下群众工作的特点和规律，俯下身子察民情、贴近群众访民意，虚心接受职工群众监督，在全心全意为职工服务中提高政治站位、提高工作能力，干实事、谋实招、求实效，使各项工作做到职工群众支持、职工群众满意。

3. 必须强化组织领导，建立健全服务体系。要深化领导干部对“四下基层”的学习研究和成果转化，设立职工关心关爱专门机构，推动发现问题在一线、化解矛盾在一线、落实工作在一线，推动各级领导干部深入基层、各项政策惠及基层、各类资源下沉基层。要以学习运用好“四下基层”制度推动亲情化车间班组建设的探索和实践为重要契机和抓手，着力解决乘务组织调整、兼职并岗挖潜、调剂人员接收、集团公司支援人员、院校实习生带来的职工思想不稳定、转岗职工不适应、工时工资待遇差异等问题，充分发挥段领导接访下访及车队意见建议箱作用，从职工实际需求出发建立健全职工关心关爱政策，全方位、多层次地增进职工福祉与满意度。要坚持大抓基层的工作导向，以抓基层、打基础、强服务为主要目标，充分发挥党支部、支工会、团支部、女职工委员会等基层组织紧贴职工群众的优势，不断拓宽服务领域、创新服务载体、完善服务制度，持续提升基层组织的引领力、组织力、服务力，增强管理的有效性和服务的针对性。充分发挥党员先锋模范作用，用好党员先锋岗、责任区等服务平台，把组织优势、组织功能、组织力量充分发挥出来，让每一个基层组织成为党委掌握民意、赢得民心、密切联系群众的桥梁和纽带。

4. 必须突出人文关怀，提升职工幸福指数。企业高质量发展与增进职工群众获得感、幸福感、安全感相辅相成，要在发展中保障和满足职工群众对美好生活向往的需求，让职工群众分享高质量发展成果，不断提高职工生活品质。通过推行好亲情化车间班组建设，开展职工职业生涯全过程亲情关怀，注重仪式感，重点围绕职工从入职入路、恋爱交友、结婚成家、生育哺乳、子女入学、职工生日、生病住院、意外致困、亲人去世、退休离岗等重要节点为职工提供暖心服务。加强职工情绪疏导，坚持“五必谈五必访”工作制度，党员干部利用现场添乘时机与职工“零距离”谈心交流，及时为职工答疑解惑，疏解情绪。邀请心理教授现场给职工排忧解惑，促进职工心理健康、实现职工队伍和谐。加强对职工家庭关心关怀，多办雪中送炭的实事好事，针对职工出乘时间长，家庭无暇顾及的困难，成立休班党员服务队，遇线上职工家中小孩、老人看护、吃饭、就医等困难，及时开展帮扶，消除职工后顾之忧，使其安心投入工作，让每一名职工群众都感受到组织的关怀和温暖，提升职工的获得感、幸福感、安全感。

（执笔人：梁永金、李继刚、彭承龙）

用好线上线下“职工有话说”平台
提升职工思想政治工作的针对性和时效性研究

中国铁路南宁局集团有限公司梧州车务段党委

随着互联网新媒体技术的蓬勃发展与广泛应用，促进了“人在网上”向“网随人走”的快速转变，企业开展职工思想教育工作不只局限在线下，新媒体平台已成为重要阵地和主要载体。新形势下运用线上线下“职工有话说”平台做好企业职工思想政治工作具有重要意义，南宁局集团公司梧州车务段结合线下座谈、宣讲等形式，进一步发挥线上新媒体平台的功能特点和传播优势，为国有企业全面深化改革、推进铁路高质量发展提供更强有力的思想保障。

一、新形势下职工思想政治工作面临的新变化

习近平总书记指出，“思想政治工作从根本上说是做人的工作”。随着时代进步、社会发展、企业转型、环境变化，价值观念、思维习惯、行为方式都在潜移默化中发生改变，做好新形势下思想政治工作，除了从制度、规定和机制不断完善之外，还必须从“人的思想”这个方面解决好当前问题，从而使职工更好地投身于企业生产经营和改革发展大局中。

1. 多元化价值观念的渗透传播，对统一职工思想、汇聚队伍合力提出了

新的挑战。随着世界多极化、经济全球化深入发展，各种思想文化在更大范围内、更深层次上互相激荡和碰撞。不同职工基于他们的教育背景、文化传统和个人经历，持有不同的价值观，在一种多元化的职场环境中，各类矛盾和热点问题层出不穷，企业思想日趋多元多变，思想舆论领域呈现十分活跃、十分复杂的状态。如何统一思想、凝聚力量推进各项任务向纵深发展更加艰巨繁重。

2. 信息时代传播方式的深刻变化，对传统的思想政治工作格局和手段提出了新的挑战。在新媒体背景下，随着以数字信息技术为基础的网络新媒体快速发展，新媒体平台已经成为人们工作生活中的重要传播和交流渠道，大量碎片化信息和知识通过各种渠道，源源不断地进入职工视线和头脑，尤其是微信、微博、QQ 等社交平台，以及即时通讯等新媒体的广泛应用，不仅为人们生活提供了便利，也在一定程度上对人们的思想意识、价值理念、道德观念等产生影响。新媒体环境下国有企业职工思想教育的方式和环境也开始出现变化，“你说我听、你教我做”的填鸭型、单向性、指令性的传统模式已经不能适应企业职工思想发展变化需要。如何把准职工脉搏、有效引导网上舆论、维护网络舆论安全，是必须抓紧研究解决的重要任务。

3. 企业改革发展步伐加快，对做好不同群体、关键人员的思想引导工作提出了新的挑战。随着企业全面深化改革，职工队伍构成、利益群体和诉求建议呈现多元化的特点，职工关注的热点是自身的岗位晋升、薪酬待遇变化、调动换岗等与自身利益密切关系的问题，对企业前景、企业文化、企业形象的关注度不高，在面对改革的热点情况下，如何及时掌握职工思想变化，如何把控防范化解苗头性、倾向性问题，如何有针对性地做好不同群体和关键人员的思想引导工作，给我们带来更大挑战。

二、运用线上线下“职工有话说”平台开展职工思想工作的原因

铁路点多、线长、面广，特别是本课题研究对象益湛沿线，小站分布更多，

环境条件、交通运输和职工成长等成为制约职工思想稳定的因素。线上“职工有话说”平台具备时效性、便捷性、互动性等显著优势，能够更加丰富和完善员工思想教育的方式方法，从而有效增强企业思想政治工作的针对性与时效性。

1. 克服点多线长难以了解职工思想动态的困难。以梧州车务段来说，所辖南广、贵广、益湛部分线路近700公里，横跨广西、湖南两个省区，管辖范围内有江华、富川两个瑶族自治县，共有41个车站。其中，益湛沿线大部分车站坐落于山川之间，一些车站位置前不着村后不着店，工作环境和条件艰苦。特别是在调研中，我们发现段管内的白果村、大路铺、长滩、富埇等车站，职工在职场环境、用水用电、食堂伙食后勤保障，以及本地间休无网络等生产生活条件更为艰苦，加之在出行通勤上不便、业余活动单一等诸多因素，导致职工工作生活受到较大影响，会出现无法安心工作现象。日常通过干部下站、电话询问等方式收集职工困难的渠道相对不便，打造线上“职工有话说”平台能够跨越时间、空间，第一时间了解职工所思、所想，搭建起沟通交流桥梁，从而最大程度地化解矛盾、理顺情绪，及时有效解决职工群众急难愁盼的问题。

2. 克服因生产生活矛盾难以开展心理疏导的困难。异地工作是益湛沿线许多职工面临的问题。课题研究中，就梧州车务段而言，该段职工来自26个省、直辖市。截至2024年10月，全段异地职工总数高达700多人，占车务段现职人数85%。加上铁路工作实行的是倒班制较多，有的职工上班在车站的时间多达11天，仅轮休5天；以此计算，一个月职工有22天的时间在车站，仅有8天能离开车站，扣除来回途中1至3天不等，在家时间更少，与家人经常会出现聚少离多现象，容易因无法顾家等原因出现工作不在状态的问题。打造线上“职工有话说”能够让职工打开心扉，“打开天窗说亮话”，敢于把自己的家庭矛盾、业务疑虑、病痛困难等情况说出来，便于单位从不同角度，采取不同方式提供帮助，缓解职工心理压力，疏导职工心理障碍。

3. 克服年轻职工居多难以做好思想引导的困难。益湛铁路沿线从梧州车务段职工分布情况来看，35 岁以下的职工有 700 多人，占该段职工总数 84.2%。企业青年职工多，尽管充满活力，可实际上这些青年职工绝大部分分配在沿线四、五等车站，甚至在沿线车站工作了 5 年之久，在偏远地区工作激情不足、家庭亲情和个人婚恋等情感问题逐渐显现，也有因对事业和个人职业通道上存在急于求成而没有达到理想目的后出现偏激思想。线上“职工有话说”平台能够把企业资讯、宣传信息、学习教育、管理理念等内容，通过形式多样的方式及时传递给职工，并得到相应的信息反馈，为企业思想政治工作提供有效辅助。

三、运用线上线下“职工有话说”平台，探索提升思想政治工作针对性和实效性的基本思路

随着改革不断深化，职工思想波动日趋频繁，这给进一步加强和改进企业职工思想政治工作提出更高要求，要顺势而为、积极创新、大胆实践，才能在巩固传统的思想教育方式基础上，更能有效运用线上平台做好职工思想政治工作。梧州车务段分析职工思想问题产生的根源和成因，运用新时代“枫桥经验”，建立“梧车直通”线上“职工有话说”平台，取得良好效果，探索出一条运用线上线下“职工有话说”平台做好职工思想工作的新路径。

1. 倾听民声民意，找准“需求点”，切实解决职工群众急难愁盼的问题。通过前期调研和反复论证，我们认识到传统的座谈、互动和问卷调查难以全方位收集到职工群众所忧所盼。在落实“民呼我为”“接诉即办”的机制下，梧州车务段通过设置“梧车直通”职工意见诉求反馈平台，并利用新媒体平台和政策措施宣讲在线上、线下进行宣传和推广，广泛听取干部职工意见建议，职工群众反馈的问题也从刚推广时几个到如今 270 多个，其中包括劳动工时、班次调整、岗位调整、调动意向的诉求 200 多个，现场生产设施设备需求、维护和维修诉求 77 个。对于职工在“梧车直通”上提报的问题，指

定专人负责收集，按行政和党务两方面，分送党政正职批阅，由党政正职转分管领导，再由分管领导牵头组织相关科室处理。车务段相关科室在5个工作日内100%对问题进行回复、解释，把职工急难愁盼的问题解决在萌芽，把职工潜在的思想问题化解在基层，真正打通服务职工的“最后一公里”。

2. 聚焦问题实际，主攻“关键点”，切实解决职工群众反映最迫切的问题。围绕打造企业与职工命运共同体目标，把“三线”建设打造成内强基础、外树形象的品牌工程，车务段针对职工线上反馈的生产生活条件基础差等问题，成立专班，组织调研，为梧州南站配置按摩椅，为调车作业量大的车站加装烘干机，为偏僻小站配置木床、空调、净水器，确保职工用水用电等后勤保障工作。针对职工反馈身心健康等情况，车务段工会协调地方医院，在梧州、贺州、道州组织开展心理知识培训，并在梧州、贺州、玉林、南宁、道县等地建立健康体检点，方便职工就近进行健康检查。针对职工反馈家园环境需要改善等问题，车务段领导班子牵头、各党总支组织休班党团员以开展党日活动为契机，到洪塘、福利、富家桥等地开展建家活动，既解决了职工群众反馈的问题，又凝聚了团队力量，激发了大家携手建家积极性，提升了职工获得感、幸福感、安全感。

3. 畅通成长渠道，激发“动力点”，切实做好新职工的思想引导工作。通过开展形式多样的培训，提高职工综合素质，打造更加畅通的上升渠道，立足全员性的技能普及，发挥高技能人才带教培养作用，遴选班组技术业务骨干与新、改职人员签订“师徒合同”，实行师徒奖罚考核联动，提升师徒帮教效果，形成浓厚学习氛围，不让任何一个职工掉队。将“发现、培养、选拔”作为“三位一体”工程整体推进，坚持多方面发展，对于有写作、演讲等爱好和特长的青年，要充分发掘潜能，有针对性进行培训，朝技能型人才培养，适时给他们压担子，让他们增长才干，在层层历练中积累经验。采取座谈讨论、专题宣讲、解释说明等点对点、面对面的线下方式，进行有针对性的思想引导，使广大职工在丰富多彩、喜闻乐见的活动中加深理解认同，澄清思想模糊认识，积极参与车务段改革发展实践。近年来，梧州车务段大力弘扬劳模精神、劳动精神和工匠精神，连续5年开展“十大优秀员工”“梧车之星”评选，通过梧州车务段、桂东铁路等微信公众号平台推送先进典型100多期，形成先进典型选树培养的长效机制。

4. 发挥组织作用，形成“合力点”，切实服务安全生产、运输经营等重点工作。在实现中心重点工作的道路上，组织作用形成的“合力点”起着至关重要的作用，发挥组织作用不仅可以提高效率，还可以激发创造力和创新能力，形成共促高质量发展的合力。“梧车直通”后台数据涉及党政工团等10多个部门，需要运用系统思维、多重用力、多管齐下、主动作为，利用形势任务宣讲、跟班写实、政策解读、技能培训、关心关爱职工等方式，共同谱出“同心圆”，通过“线上+线下”的方式，实现同频共振，真正实现职工诉求不落空，每条意见有人追。以“梧车直通”职工诉求平台为有力抓手，各部门齐心协力，形成“合力点”，解决职工后顾之忧，切实服务好安全生产、运输经营等重点工作。

（执笔人：何文荣、赵东、蓝梓瑜）

关于对构建全程化立体式入党启蒙教育模式的探索与思考

中国铁路成都局集团有限公司党校

入党启蒙教育是党员教育的基础，是引导群众积极向党组织靠拢的关键环节，也是提升发展党员质量的必要举措，直接关系着基层组织建设的质量和水平，党中央历来极为重视。习近平总书记强调："要严把发展党员入口关。"《中国共产党支部工作条例（试行）》明确规定，"对要求入党的积极分子进行教育和培养"是党支部的一项基本任务。党的十八大以来，随着全面从严治党向纵深推进，铁路思政工作提出新要求、发生新变化、面临新挑战。同时，当前国际国内环境错综复杂，世界政治经济格局发生重大变化，各种文化冲击不断加剧，国企职工，尤其是青工的价值取向和思维观念都受到较大影响。这要求我们要不断适应新形势，根据改革和发展的新情况，不断探索入党启蒙教育的新途径和新办法，以增强党性、提高素质为目标，建设完善、有效的国有企业入党启蒙教育培训体系，切实提升党员发展和教育管理工作水平，不断增强职工群众的党性认识和政治认同，为推动铁路高质量发展注入强大动力。

一、成都局集团公司入党启蒙教育模式创新的经验做法

新形势下，面对入党启蒙教育任务、环境、特点发生的新变化，尤其是青工占比不断提升的新趋势，成都局集团公司坚持把入党启蒙教育作为发展党员工作的源头性和基础性工程来抓，致力于解决以往教育手段僵化、难以触及灵魂的问题，解决培训与实际脱节、教育效果不明显的问题，入党启蒙教育的生动性和实效性显著增强，越来越多的职工群众表现出了积极的入党意愿。

1. 聚焦学习任务，精心制定课程清单，着力增强入党启蒙教育内容的实效性。通过调研了解，近年来各级党组织按照控制总量、优化结构、提高质量、发挥作用的总要求，坚持把政治标准放在首位，立足既定培训目标任务，综合分析入党启蒙教育对象的年龄、类型和知识结构等情况，合理开发设置与之相匹配的培训课程，不断丰富入党启蒙教育内容。坚持以学习贯彻习近平新时代中国特色社会主义思想为首要任务，以学习贯彻党的二十大和二十届三中全会精神作为主题主线，把党章党规党纪教育、革命传统教育、“四史”教育等作为基础课程和必学内容，教育引导入党启蒙对象寻根溯源、坚守初心、勇担使命，筑牢思想根基，使其从思想上入党。比如：集团公司党校（职工培训基地）联合集团公司党委组织部，围绕“入党启蒙”主题，以党校老师为组长，基层一位团委书记和一位优秀团干为组员，组成联合课题组进行优势互补和联合攻关，陆续开发了“最靓的红色气质——从巨大成就中感悟百年大党的独特品质”“最甜的信仰——从党的百年征程中领悟信仰的伟大力量”“最酷的时代风华——从伟大历程中感受党的青春活力”等系列专题课程。

同时，集团公司各级党组织在开展入党启蒙教育过程中，注重发挥先进典型的示范引领作用，通过组织入党启蒙对象深入学习雷立、阿西阿呷等铁路系统全国劳模的先进事迹，亲身感受他们身上体现出来的对党忠诚、信念坚定的党性觉悟和政治品格，扎根一线、服务旅客的高尚情怀，敢于担当、

干事创业的拼搏精神，恪尽职守、敬业奉献的务实作风，把入党启蒙教育聚焦在集团公司职工群众所处的现实工作与生活中，引起了启蒙对象的强烈共鸣。

2. 创新载体平台，打破传统模式壁垒，着力增强入党启蒙教育方式的灵活性。根据集团公司职工群众分布广、流动大的特点，打造线上教育培训载体，依托“智联学习”App、钉钉直播等方式载体，积极打造线上线下双平台，有效拓宽入党启蒙教育渠道，进一步打破传统教育模式在时间和空间上的限制，发挥互联网资源利用率高、时间成本低、工学矛盾小等优势，实现了入党启蒙教育与新媒体技术的深度融合。比如：通过深入挖掘入党启蒙教育“微资源”，用身边人讲身边事、道身边情、说身边理，既能上接天线、中接实情，又能下接地气，让理论学习和思政教育从枯燥乏味中脱胎换骨，焕发出新的活力。

2023年以来，“成铁微家园”微信公众号专题“党课开讲啦”栏目，展示播放了“深刻认识自我革命是党跳出治乱兴衰历史周期率的第二个答案”等13堂有颜值、有温度、滴灌式的“微党课”；部分单位把红色资源作为坚定理想信念、加强党性修养的生动教材，依托钉钉App系统，组织职工线上参观南湖红色革命纪念馆，通过实景展陈的鲜活讲解，全面、系统地展示红船精神“起航、凝聚、升华”的过程，让启蒙对象深刻感受中国共产党带领全国各族人民进行革命、建设和改革发展的奋斗历程，接受一次深刻的思想教育和精神洗礼；部分单位着力打造理论微课，利用单位微信公众号进行线上展播，与线下教育有机融合，有效克服了单一教育形式产生的疲劳感，切实调动了职工的学习热情，培养了学习兴趣，增进了学习效果。

3. 严格培训管理，延伸教育管理边界，着力增强入党启蒙教育过程的规范性。从调研情况来看，集团公司各级党组织始终把严管理贯穿入党启蒙教育全过程，通过现场随机抽问、抽查学习笔记、组织随堂考试等方式，实时跟踪入党启蒙教育对象的学习进度和学习质量，有效确保了新发展党员的政治过硬、理论过硬、素质过硬。比如：党校（职工培训基地）在组织开展集团公司发展对象网络培训班过程中，基于培训学员人员分布广、培训人数多等实际，采取分班制组合管理模式，由教学班主任牵头组建三个钉钉群班级，由党校（职工培训基地）贵阳培训部、成都培训部、重庆培训部各指派1名专职教师在钉钉群负责日常教学组织和教学管理，并实行“教学班主任+小组长”两级管理制度，确保日常监督全面覆盖，学习过程全面掌握，出现问题及时反馈。同时，为切实加强学员的日常教育管理，网络培训班实行了严格的积分制管理。

通过“两日一测”“每日签到”“笔记抽查”“线上抽问”等方式，严格把关培训管理实施过程中的每一个教学环节，真正达到了线上线下一个样的培训管理目标。同时，将学员钉钉积分与测试成绩，全部纳入学员积分考核和结业结果评定考核制度之中，通过“以绩定分、以分定级”的方式，在全班营造浓厚的“比学赶超”氛围；部分站段党委则在年初下发学习提示，明确发展对象培训学习内容，并通过月度检查、季度检查等方式实现学习闭环。

整体而言，在集团公司党委统一安排部署下，集团公司各级党组织纷纷以密集的态势，在党建工作上频出高招，尤其注重系统性设计、资源型整合、载体类创新，在入党启蒙教育的内容、方法和话语体系方面也更接地气，近年来取得了可喜的工作成绩，党建工作的力度、强度和效度都得到了显著提升。

二、成都局集团公司入党启蒙教育模式存在的不足及原因

长期以来，集团公司在创新入党启蒙教育模式上采取了很多办法，取得了较好成效。但与全面从严治党的要求相比，与集团公司创新发展带来的新挑战相比，与入党启蒙教育方式手段新的未来趋势相比，还有一定差距。一些长期存在、普遍存在的老问题还未能有效彻底予以解决，一些出现苗头、显露端倪的新问题还没有深刻准确地予以分析，需要我们认真研究，寻求破解之道。

1. 部分职工缺乏入党意愿和入党动机。从部分职工入党意愿缺失、入党动机缺失的原因归纳中，不难发现，只有在思想上入党了，才能真正在行动上入党。但从调研结果来看，虽然绝大部分调研对象表达了积极的入党意愿，但仍有一部分职工对加入中国共产党持消极态度。其中，“要交党费”“入党手续太麻烦”等是暂不愿入党职工群众给出的主要原因，部分职工对党的认识还不够全面深刻。调研中还发现，在有意愿递交入党申请书的职工群众中，一定比例人员对党的认识还相对模糊，或者停留在较浅的感性认识层面，政治素养还有待进一步提升。同时，在如何看待个人政治素养提升和单位工作开展的关系平衡问题上，还存在一定的认知盲区。有的职工把政治理论学习、列席党支部组织生活会、参加党支部活动等看成是“额外的负担”；部分职工甚至把党员身份看作是一种政治资本，认为在违章违纪时能够成为一道“护身符”。

究其原因，主要在于有的职工对党的理论知识、奋斗历程及方针政策等基本知识不了解、不清楚，未能将相关信息进行有效吸收，从而转化为自我知识体系的一部分。尤其是在鱼龙混杂的网络环境下，多元化、个性化、碎片化的各种非主流价值，容易给部分职工尤其是青工的政治心理上造成一定混乱，甚至“不随主流、妄逐支流”的情形也偶有发生。同时，个别职工受个人知识结构的局限，对于党团结带领全国各族人民取得的伟大成就感受不深，对中国共产党领导的多党合作和政治协商制度等基本政治制度理解不透，不能正确地看待伟大光荣的中国共产党，进而在思想上不能与党组织拉近距离，在情感上不能与党和人民产生共鸣，遇到事情表现出高高挂起的个人主义姿态，把自己的命运与国家民族的命运自行割裂开来，从而表现为在入党问题上的不积极、不主动，甚至是出现抵触心理。

2. 入党启蒙教育的方式载体有待创新。从调研情况来看，集团公司所属各级党组织目前的入党启蒙教育形式中，旗帜鲜明的显性教育多，柔性感化的隐形教育少，教育成效与组织意图还有一定差距。入党启蒙教育的全人员参与、全过程推进、全方位创新的工作格局还没有完全形成，缺乏系统的教学设计和过程管理。比如：有的单位入党启蒙教育老经验、老办法用得多，新手段、新举措用得少；有的依然是发文件、搞“大水漫灌”式的思想教育；有的谈心谈话习惯于“说教式”宣贯。用一把钥匙开不一样的锁，照本宣科、阐释生硬、浮于表面，不能有效结合启蒙对象的具体实际进行教育，导致职工尤其是青工听不懂、听不下去、听了不会用，甚至出现不愿听的现象；有的理念更新不到位，对互联网信息技术手段研究运用不足，入党启蒙教育的鲜活度和吸引力不够。

究其原因，主要在于部分单位和部门开展入党启蒙教育工作还缺少一支具备较高政治理论水平的专业化思政工作队伍。在入党启蒙教育的内容体系设计、教育形式创新、育人经验总结等方面仍亟待提升。就调研情况来看，部分站段的班组党支部书记同时担任着工长职务，不仅要推进党务工作，还要抓好安全生产，日常工作的繁杂性让党支部书记对班组职工群众尤其是青工的思想政治教育工作抓得不够紧、压得不够实，破解入党启蒙教育难题的办法不多，个别班组党支部书记对党务工作尤其是党员发展的具体业务不熟练、不清楚，存在重业务、轻思想政治工作的倾向，“说起来重要、做起来次要、忙起来不要”的问题依然存在，导致教育效果难以和组织意图相匹配。

三、创新国铁企业入党启蒙教育模式的对策建议

增强理想信念教育，引导职工群众积极向党组织靠拢、接受党组织的考察和考验是党牢牢把握国企意识形态领域话语权的必要之举，面对入党启蒙教育存在的不足，必须遵循铁路企业思想政治教育规律，按照国铁集团党组的部署要求，不断在提升入党启蒙教育顶层设计的科学性、加强多主体的联动性等方面下功夫，着力构建“全人员参与、全过程推进、全方位创新”的立体式入党启蒙教育模式。

1. 坚持全人员管理，着力构建联动管理机制。增强入党启蒙教育实效，关键在于形成多元合力。要着力以党团共建为抓手，发挥党组织主导作用，组织优秀职工群众尤其是优秀青工走入党支部，定期开设入党积极分子培养

培训课程，侧重解决启蒙对象认识体系不完善、不健全的问题。建立党团对接模式，搭建优秀党员、先进劳模宣讲平台，组织单位优秀共产党员、先进劳模分批走进团支部，开展主题团课、宣讲先进事迹、交流经验体会、引发思考共鸣。要结合好共青团优势，充分发挥好各单位和部门团委或者团支部作用，以启蒙对象熟悉的话语体系、方式载体，打造党团学习共同体。

全路党校系统要联合相关单位和部门，结合铁路职工群众尤其是青工思想现状和成长特点，将入党启蒙教育目标具象化，从理想信念、思想认识、入党程序、行为标准等层面，科学设计《入党启蒙教育大纲》，使入党启蒙教育的内涵更加具体和细微。同时，要通过完善铁路企业专兼职师资库等方式建设一支高素质的入党启蒙教育工作队伍，从铁路企业党群部门和各级党团组织等多渠道吸引优秀人才加入入党启蒙教育行列，真正把入党启蒙教育作为一项系统工程抓紧抓好。

2. 坚持全过程推进，着力实现闭环卡控管理。入党启蒙教育是发展党员工作的源头性和基础性工作，应当形成闭环式系统，明确各阶段培训提能侧重点，推进入党启蒙教育高质量开展，着力打造全链条教育机制。要全面形成从培训需求分析到教育内容设计，再到培训过程实施，最后进行培训效果评价的整体流程，构建“闭合链条”。这其中，每个步骤都不是孤立的，而是相互影响和联系的闭环系统。在需求分析环节，必须立足于和紧贴集团公司入党启蒙教育对象的需求特别是多样化需求，综合采用问卷调查、交流座谈、个别访谈、深度访谈、随机调查等方式方法，精准调研启蒙对象存在的突出问题及亟待解决和提升的思想理论问题；在教育内容设计环节，要立足调研中发现的问题，侧重解决职工群众尤其是青工认识体系不完善、不健全的问题，通过以党的理论充实和武装启蒙对象的头脑，班组职工群众尽快建立具有正确价值导向的知识架构，丰富其对中国共产党及中国政党制度的认识和理解；在过程实施环节，既要紧盯关键重点，又要根据不断发展变化的实际情况，不断转变教育理念、改进教育方式、完善管理链条，切实增强做好入党启蒙教育工作的针对性和实效性；在培训效果评价环节，必须创建科学的入党启蒙教育成效指标评价体系，避免入党启蒙教育考核流于形式，并将入党启蒙教育的行为主体统筹纳入教育成效考核评价主体范围，确保评价主体的多元化。

3. 全方位创新，着力增强启蒙教育实效。通过创新方式载体在全路营造入党启蒙教育良好氛围，有助于广大职工群众在工作生活中自然而然地获得熏陶和感染。要进一步丰富入党启蒙教育资源，注重挖掘鲜活教材，把党的基本理论与挖掘局史、段史、红色文化相结合，与形势政策教育相结合，与职工身边的典型事例相结合，与优秀党员榜样教育相结合，构建有活力、有魅力的话语体系，真正做到用身边人讲身边事、道身边情说身边理，让理论学习和思政教育从枯燥乏味中脱胎换骨，焕发新的活力。

要充分发挥新兴教学模式、新兴媒体、新兴业态的作用，结合新媒体传播特点和优势，把“贴近实际、贴近时代、贴近受众”作为“创新之源”，将传统教育培训和线上学习相结合，通过职工群众喜闻乐见的长图漫画、动图、视频等，不断提升入党启蒙教育内容的吸引力。同时，注重发掘职工身边的党员“网红”，录制党员微课视频，通过全媒体信息平台，全方位宣传党的理论方针政策、宣传优秀党员的先进事迹，真正实现“主阵地”与“微媒体”的有机结合。

（执笔人：廖华、李正琴、杨俊杰）

关于做好新时代铁路青年职工工作的思考

中国铁路成都局集团有限公司达州车务段党委

一、青年队伍结构及思想现状分析

1. 结构分析。成都局集团公司达州车务段现有青年职工（含调乘司机，35岁及以下，下同）451人，占全段总人数43.9%（1028人，不含劳务派遣、非在岗人员），其中男性366人、占比81.2%，女性85人、占比18.8%。从政治面貌来看，青年职工中有98名党员，占比21.7%；28岁以下青年职工162人，其中党员15人、占比9.3%，共青团员138人、占比85.2%，群众9人、占比5.5%。从年龄结构来看，24岁及以下的“00后”68人、占比6.6%；25～28岁85人、占比8.3%；28～35岁298人、占比29%。从学历来看，青年职工中拥有硕士研究生学历4人、占比0.9%；本科学历55人、占比12.2%；大专学历245人、占比54.3%；大专以下学历147人、占比32.6%。

2. 整体现状。近年来，在新进入铁路企业的青年职工当中，基本拥有大专以上学历，其中也包括一些硕士研究生。他们思维活跃、思想多元，接受和学习新事物的能力较强，对新事物有自己的见解。大多数青年职工充满激情，有86.2%的青年职工有合理的消费观念，有80.9%的青年职工认为单位对待青年职工比较关心，有 73.7% 的青年职工对企业有一定的归属感，有 65.5% 的青年职工对当前职业比较认同，有 38.5% 的青年职工对职业生涯有明确的规划，有 65% 的青年职工认为当代铁路青年最应该具备坚定的理想信念、健康的身心素质和扎实的专业技能，有 34.8% 的青年职工认为最能体现自身价值的方式是收入增长，他们具有普遍的表现欲，渴望得到认可和接受。然而，他们也存在一些较为突出的问题，56.5% 的青年认为在生活中感到焦虑的事是“收入无法满足日常开销”和“异地工作无法照顾家庭”，其中“收入无法满足日常开销”在操作技能人员中最为突出，占比 31.5%，而“异地工作无法照顾家庭”则在一般管理人员中比例较高，占比 38.5%。有 26.1% 的青年在工作中最大的困惑是“职业晋升的途径不明确，缺乏晋升机会”；有 57.2% 的青年认为当前面临急难愁盼问题是“职业发展问题”和“经济压力问题”；有 37.2% 的青年期望团组织提供“多倾听青年诉求，帮助青年解决实际困难”机会；有 71.5% 的青年认为身边的铁路青年存在“躺平”现象；有 23.1% 的青年业余时间用于“刷手机或打游戏”；有 37.6% 的青年对职业生涯规划“不明确，抱着先干着再说”的想法。

二、青年工作存在的问题分析

习近平总书记强调，“没有调查就没有发言权，没有调查就没有决策权。调查研究是我们做好工作的基本功”。通过此次调研，对全段青年职工思想上、诉求上有了全新的认识，对青年职工工作中存在的问题有了清晰的解和掌握，为下一步做好青年工作、培养青年人才奠定坚实基础。

1. 齐抓共管的局面还没有形成。调研结果显示，当前青年职工承受的压力越来越大，有 37.2% 的青年职工希望团组织提供“多倾听青年诉求，帮助青年解决实际困难”的机会，有 23.2% 的青年职工在工作中有意见或不满时选择“不反映，自己承受”的方式处理，反映出青年职工更希望上级组织能够多听听他们的声音，但是部分青年职工采取“不反映，自己承受”的方式来处理工作中存在的问题，这更增加大了他们心理的负担，所以在征求团组织提供的帮助和工作中最大困惑时，有 44.2% 的青年职工希望团组织开展“心理健康指导与服务”，有 17.9% 的青年职工认为工作中最大的困惑是“工作性质对身心健康产生的影响”，这体现出我们党、政、工、团对青年职工心理健康的关注还有很大的提升空间。在理想信念和责任意识上，有 47.6% 的青年职工认为现在青年群体“责任意识较差”，有 44% 的青年职工认为现在青年群体“缺乏理想信念”，有 28% 的青年职工认为当代铁路青年最应该具备“坚定的理想信念”，此外，统计显示，28 岁以下的党员仅占比 4.6%，团员占比 35.3%，群众占比多达 60.1%，这要求我们党组织、团组织做好青年职工政治素思想工作，持续提升青年职工政治素养，并引导青年职工坚定理想信念，逐步向团组织、党组织靠拢。在青年职工诉求上，有 29% 的青年职工将“职业发展问题”放在急难愁盼问题的首位，有 26.1% 的青年职工工作中最大的困惑是“职业晋升的途径不明确，缺乏晋升机会”，还有 37.7% 的青年职工“职业生涯规划不明确、抱着先干着再说思想”，有 31.9% 的青年职工希望团组开展“职业生涯导航”，表明出我们对青年职工的职业指导和职业晋升途径的宣讲力度还不够。在青年职工的认知中，有 73.4% 的青年职工认为营造良好的工作氛围最重要的是“奖罚分明，公平公正”，这对我们选人用人、职工日常管理提出了更高的要求。以上职工的诸多诉求涉及车务段党、政、工、团各级组织和各个部门，在青年工作中，没有局外人和旁观者，党、政、工、团各级组织和各个部门都应担负起各自的职责，真正将青年职工当作家人来关心关爱，而不是只提要求，避免出现只抓安全、抓生产，不过问青年职工诉求和思想工作，“一岗双责”落实不到位等现象，避免将把思想工作和安全工作分离开来，割裂了青年工作与中心任务的有机联系。

2. 行之有效的方法还比较匮乏。根据当前铁路青年职工成长环境及思想特点，部分传统的工作方法已经很难适应新的需求。但实际我们在开展青年工作中经常是墨守成规，按照我们的认知来决策，缺乏创新，习惯性地运用以往的工作经验。比如：有 37.2% 的青年职工最希望团组织提供的帮助仍然是“多倾听青年诉求，帮助青年解决实际困难”，集团公司仅限于每年车务段层面开展 2 次青年座谈会力度还远远不够；我们更多地开展青年社团文娱活动和多搭建婚恋交友平台，但有 44.2% 的青年职工希望团组织开展心理健康指导与服务，而希望开展“多搭建婚恋交友平台”的仅占 8.7%。青年工作中，没有把解决青年职工急难愁盼的问题同本单位、部门日常实际工作情况结合起来，比如：有 29% 的青年职工最关注“职业发展问题”，有 26.1% 的青年职工最大困惑是“职业晋升的途径不明确，缺乏晋升机会”。科室、车间、车站的管理者往往掌握不好准确的切入点，管理方式让青年职工难以找到共鸣，虽然有 80% 的青年职工有一定的企业归属感，但有 73.4% 的青年职工更注重“奖罚分明，公平公正”的管理方式，有 53.1% 的青年职工希望“按劳分配，多劳多得”。未能了解青年职工的惯性思维，未能迎合时代特点，对青年职工个人兴趣及心理特点掌握不足，与青年职工沟通交流不在一个频道。比如：有 92.8% 的青年职工在工作之余开展各类学习，有 22.5% 的青年职工认为最能体现价值的是“技能不断提升，成为专业领军人物”，因为我们没有精准掌握青年职工的所思所想，导致服务青年工作只停留在表面，不能深入青年职工内心，没有起到很好效果。

3. 服务青年的覆盖还留有空白。培养青年人才、服务青年工作时“大锅烩”，没有考虑到青年职工的个性差异，是导致青年工作效果不佳的又一问题。传统的管理手段和青年活动已经不适合当前青年职工的需求，有 23.2% 的青年职工业余时间在“刷手机或打游戏”，有 29.7% 的青年职工每天使用手机的时间在 4 至 6 个小时，青年职工日常更习惯了从抖音、快手、知乎等 App 上接收信息，而我们的服务青年工作在这方面的拓展还不够，或者说虽然有所拓展，但还尚未完全占领这些阵地。而且，受编制及选人用人等条件的限制，部分参加工作时间较长的大学生青年职工仍然在操作技能岗位工作，这在不同程度上挫伤了他们的自信心。同时，只是一味重视青年职工的岗位技能的培养，培训多以业务为主，但有 37.4% 的青年职工认为是被动参与单位的组织培训，从心理上对培训产生了抵触，这表明培训手段和方式上还需丰富完善，此外，培训内容忽略了青年职工职业道德和思想道德的教育，导致有47.6%的青年职工认为当前青年群体“责任意识较差”，有44%的青年职工认为当前青年群体“缺乏理想信念”。此外，我们更多地关注工作上的问题，而忽略了对青年职工生活习惯的培养，70.3%的青年职工存在“熬夜玩手机、打游戏”的习惯，有46.9%青年职工存在消极情绪，还有近20%的青年职工认为身边青年存在网贷、赌博和向他人借钱的不良行为，更甚还有3.6%的青年认为身边青年存在“吸毒”行为，这些问题都需要我们更加关注青年职工生活中的不良行为习惯，服务青年的覆盖面留白较多。

三、解决对策及几点建议

针对存在的问题，坚持问题导向、目标导向、结果导向，分类制定改进提升措施，真正在服务青年工作中出实招、办实事、求实效，让有想法、有干劲的创新型青年人才有广阔的职业发展空间。

1. 注重工作机制上的创新。一是政治上关注，当好“领路人”。坚持党管人才，积极推行“双培”的工作目标。一方面，注重锤炼政治品格，把青年业务骨干吸收进党组织。坚持“漫灌”“滴灌”相结合，摒弃假大空的说教方式，注重发挥群团组织的桥梁纽带作用，挑选优秀青年融入党团组织工作中去，增进青年职工对党的政治认同、思想认同、情感认同，科学运用新媒体新技术，采用接地气的方式，潜移默化引导青年树立理想信念，增强工作责任心，实现思想教育工作既会“键对键”，又能面对面。另一方面，注重锤炼综合素质，将青年党员培养成业务骨干。关注青年职工价值追求，突出岗位练兵，挖掘工作潜力。通过岗位技能大赛，业务知识竞赛等方式，提升青年职工的业务水平，挖掘其自身潜力，增强工作的自信心和创造力。此外，调研发现，有29人擅长主持、45人擅长新闻稿件写作、73人擅长视频剪辑，要充分发挥好青年职工的个人特长，引导青年职工实现个人价值与企业价值的统一，激发工作热情，真正推动“把党员培养成骨干、骨干培养成党员”落实落地。二是生活上关爱，成为“娘家人”。深入青年职工中积极为他们解决生活中的实际问题和工作上的难题。通过生活上的帮扶及工作上的指导来消除他们思想上存在的压力。比如：开设心理辅导课帮助青年职工缓解工作压力，畅通“达车之窗”诉求通道倾听青年职工的心声。给予他们关怀，让他们感受到企业的温暖，进而以饱满的热情融入工作中，增强他们对企业的归属感和忠诚感。三是工作上关心，扮好“过来人”。通过介绍优秀励志青年、先进典型的职业生涯历程，激发青年职工的工作热情，开展职业生涯规划大赛，指导青年职工做好个人职业规划。让青年职工通过聆听“过来人”的成长路径，从中明确自身职业定位，找准努力方向，消除职业迷茫。同时，也点亮了青年职工的成长希望。四是情感上关怀，做好“贴心人”。关心青年职工的身心健康，加强人文关怀和心理疏导，帮助青年职工缓解、释放心理压力和负担，通过座谈会、交心谈心等形式，让青年职工表达自己的观点，经常性地征求青年职工对涉及他们的重要事项的意见和建议，再问需于青年职工、问计于青年职工中教育引导青年职工树立企业主人翁意识。

2. 注重方式方法上的转变。一要树立党政同责的工作理念。青年职工的思想工作涉及面广，要做好这项工作，必须发挥党、政、工、团齐抓共管的作用。要把青年职工思想工作列入议程、摆上位置，定期研究分析。同时，要把做好青年职工思想工作列入一岗双责内容，做到同计划、同检查、同考核、同总结，切实把青工思想政治工作落到实处。二要增强及时引导的工作意识。要对青年职工的思想状况及时了解，在问题发生前及时介入，将问题解决在萌芽状态。对人事、改革、工资待遇、发展等重大事项、热点问题，一定要敢于直接面对，给青年职工讲政策、摆道理，帮助他们明事理。同时，还要高度重视并妥善解决青年职工的合理诉求，化解他们的疑虑，让他们安心工作。三要不断丰富思想政治工作的核心内容。广泛开展形式多样的主题教育活动，大力弘扬优秀传统文化和“时代楷模”精神，充分利用先进事迹、优秀典型引导青年职工，强化青年职工的责任感和使命感，坚定他们为铁路事业贡献青春的信念，增强青年职工队伍凝聚力和向心力。

3. 注重青年阵地的拓展。一是拓展青年思想交流阵地。充分利用“达车之窗”微信公众号、青年职工思想交流群、兴趣活动群等平台，设置青年职工专栏，发挥好群团组织作用，开展青年职工交流座谈会、一对一谈心交流，打造群团组织和青年朋友相互交流的“会客厅”，让青年职工有倾吐心声和发表建议的空间与园地。重点了解掌握青年职工思想动态，在与青年职工交流中潜移默化地答疑解惑，帮助青年职工提高思想认识，使爱岗敬业转化为实际行动。二是拓展青年职工成长保障阵地。培养机制是保障，段党委为青年职工的成长提供保障制度，明确培养方向、培养路径和原则，持续选派有工作激情、有发展潜力的青年职工到关键吃劲的岗位锻炼，加担子、压任务，倒逼优秀青年成长成才，在急难险重一线提升攻坚能力和应急处置能力。让青年职工兼职党支部副书记、支委委员、党小组长、共青团干部等岗位锻炼，安排在业务科室挂职锻炼，学本领强担当，真正在实践中检验学习效果，在锻炼中成就成事本领。强化荣誉成果转化运用，统筹考虑不同层级荣誉、不同类别竞赛成果、不同岗位在选人用人竞聘活动中的加分比重。三是拓展青年实践活动阵地。关工委、团委、工会联手，为青年开展文化教育、趣味户外运动、“橙C沙龙”等活动，为青年职工搭建起身边的“朋友圈”；开设“心理咨询”专题讲座，利用青年突击队、万州“小葵花”家教服务队、客运车站常态化志愿服务活动等载体，通过“知识讲座”、各类比赛，打通服务青年职工健康成长的“最后一公里”，切实增强青年职工的获得感、幸福感、安全感。四是拓展青年人才识别阵地。注重把功夫下在平时，把发现识别优秀青年职工人才融入日常、抓在经常，建立健全常态化工作机制，提出组织“荐”、常态“访”、平时“考”、实绩“比”、考验“看”、定期“研”等途径，及时把各领域各方面的优秀青年发现出来。建立优秀青年人才库，每季度动态更新，每半年汇总全段优秀青年的职务变动、培训锻炼、考核奖惩情况，每年开展一次优秀青年专题调研，建立青年基础信息数据库，实行每年滚动发现和动态调整，建立“动态型”专业化青年人才“储备库”。

（执笔人：王家兵、杜海林）

深化高铁文化建设、推进“复兴号”品牌文化打造的实践与思考

中国铁路成都局集团有限公司重庆车站　重庆客运段　贵阳客运段

随着我国高铁事业的迅猛发展，高铁文化与“复兴号”品牌文化打造已然成为推动高铁持续前行、提升竞争力的重要举措。从蒸汽机车到内燃机车再到电力机车，从普速列车到和谐号再到复兴号，中国铁路实现了从“追赶者”到“领跑者”的巨大跨越。习近平总书记指出，“推动中国制造向中国创造转变、中国速度向中国质量转变、中国产品向中国品牌转变”。由此可见，深入研究和实践“复兴号”品牌文化这一领域，对于传播先进文化、传承铁路文化、满足旅客需求、促进经济社会发展具有重要意义。文化、品牌建设事关高质量发展，是一项长期性、战略性任务，也是一项系统工程。为更好地展示中国铁路良好形象，擦亮中国高铁名片，重庆车站、重庆客运段、贵阳客运段通过交流座谈、问卷调查、实际观摩、现场体验等多种方式开展调研，重点围绕“品牌理念、设施设备、服务技能、智能创新、市场化应用”五个方面进行了思考和实践，在深化高铁文化建设、推进“复兴号”品牌文化打造的工作中取得了较好成效。

一、当前“复兴号”品牌战略取得的成效

1. 提炼理念，引领长期奋斗方向。本着“文化引领思想，品牌塑造形象，全面提升客运服务质量”的总体思路，立足铁路服务文化，着眼地域特色、劳动模范、传统红色文化、人文特征，通过不断对品牌的打磨，初步形成了体现时代特征、行业特点、地域特色的品牌集群，扎实推动品牌打造提质升级。以全国铁路劳动模范游佳同志命名打造的“游佳服务岗”服务品牌，全方位优化旅客服务品质；以红岩历史精神打造的“红岩服务站”品牌，将“爱国、团结、奋斗、奉献”的“红岩精神”和“复兴号”“只争朝夕、自主创新、精益求精”的精神内涵有机融合，从宗旨、效率、服务温度，不断推动服务质量整体迈上新台阶。结合地域民族文化，充分融合贵阳地域元素，与“多彩贵州”相呼应，着力打造“多彩黔程”服务品牌，同时投射出“贵客人”六边形工作理念，职工提倡：安全、品质、健康；干部提倡：担当、服务、管理，展现出强大的激励和导向作用。

2. 协同联动，打造优质服务标准。从满足旅客基础化、差异化、精细化、互动化体验入手，持续提升作业标准，做实重点服务，创新特色服务，以温馨温情服务为旅客提供便捷舒适旅途。围绕“作业流程、用语标准、礼仪标准、备品标准、广播使用标准、餐饮管理标准、设备管理标准、保洁管理标准”等方面，制定了“一图”“一书”“一表”的CR400AF复兴号动车组标准体系，着力打造在安全、服务、经营等各项工作中的最高标准、最优品质。坚持完善“四区一室”、特殊重点旅客预约、现金业务受理等便民服务举措及标准。不断创新服务方式，推行“真心之行、用心之行、安心之行、舒心之行、同心之行”的“五心”服务，推出“小助手、小导游、小时刻”的“三小”定制服务，“多备一招精心想、多走一步留心看、多问一句细心访、多看一眼耐心讲、多助一把热心帮”的“五多”特色服务法，让旅客上车有亲切感，旅途有舒适感，下车有留恋感。

3. 凝聚合力，锻造品牌一流队伍。健全制度机制，择优人员选拔，加

大培训教育力度，着力全面提升“复兴号”品牌队伍综合能力，最大力度打造精优团队。制定并严格执行《“复兴号”品牌列车服务质量奖考核办法》，强化激励、竞争机制作用发挥，打造一支政治强、业务精的“尖刀”队伍，最大限度保证人员队伍的先进性和可塑性。持续细化明确素质标准，将设备设施、服务礼仪、心理行为、沟通话术、应急演练等纳入培训计划，定期开展岗位技能培训，通过理论和实操技能的不断提升，打造出重点培养和储备人才的摇篮。经过实践的锤炼，职工队伍干事创业、凝心聚力的精气神显著增强，从“要我干”到“我要干”的鲜活实例越来越多，主动服务的热情和爱岗敬业的意识越来越强，钻业务、练技能的动力越来越足，培育出了一批技能型人才、成铁榜样、“党内安全之星”、优秀集体和优秀个人。

4. 升级赋能，构建品牌宣传体系。持续策划创作系列宣传文化产品，强化阵地建设，通过“线上 + 线下”的方式，充分展示良好的品牌效应和铁路形象。加强与央视、新华社、地方融媒体中心的合作，做大做强列车服务品牌宣传报道，结合运输重要时间节点，对“复兴号”品牌文化的新元素新内涵新成果进行集中宣传，持续推广“复兴号”品牌文化，品牌形象日渐深入人心。加强“双微”平台运维管理，持续关注报道品牌建设和服务社会取得成效，持续提升微博粉丝量、转评赞数量和浏览量，加强铁路榜样、成铁榜样、“节日我在岗”等特色人物报道，持续拓展“复兴号”品牌效应。对既有站房的文化阵地、文化标识进行升级，融合品牌理念、LOGO 等元素，重点打造品牌服务台、商务候车区、母婴亲子区、铁路发展文化回廊、“复兴号”品牌馆，在车体多部位及客运服务备品中展示、植入品牌 LOGO 及其延展设计，车体外皮涂装、揭示揭挂标识展示、主题车厢布置、列车特色广播等，以舒适温馨、整洁有序、人文氛围满足参观学习、文化展览等功能。

二、浅析当前深化“复兴号”品牌文化打造推进中存在的短板

1. 在讲述“复兴号”品牌文化故事上，传播性不够。作为窗口单位的客运站段，一切工作的根本出发点和落脚点就是为了旅客。良好的服务可以

提高品牌的亲和力，但随着网络化和信息化时代的到来，部分服务理念没有做到与时俱进、创新发展，举措不足、不便。从一线客运人员角度来看，部分职工虽然对复兴号动车组基本的运营信息、安全知识等能够熟练掌握，但在深入传达表述“复兴号”品牌所蕴含的文化内涵方面能力不足。比如：在人员培训体系中对文化故事讲述的专项培训不够深入，缺乏系统性的课程设置，导致客运人员难以将品牌文化故事与日常服务有机融合，只是简单地进行机械性服务，难以让旅客在旅途中深切感受到“复兴号”独特的品牌文化魅力。同时，一线客运人员缺乏用多种语言准确表达“复兴号”品牌故事的能力，从而限制了“复兴号”品牌文化在国际上的传播。

2. 在塑造“复兴号”品牌文化元素上，统一性不够。由于城市不断更新发展，城市火车站的建设标准与当下人们对火车站及列车的要求有了较大出入，车站各区域及车厢内部的装饰虽然简洁大方，但在体现整体品牌文化元素方面略显不足。与国外一些知名高铁品牌相比，集团公司“复兴号”品牌整体的设计风格、主题装饰等缺乏独特性和鲜明性，缺乏能够让乘客一眼就能识别并记住的特色文化标识。比如：集团公司属客运车站几乎没有专门设立有关“复兴号”品牌的打卡点，其站区内电子显示屏没有对“复兴号”列车有明显标识，也未分时段播放关于“复兴号”发展史、“复兴号”党内优质品牌故事视频等内容，客观上降低了旅客购买复兴号车票、进入复兴号候车区、乘坐复兴号动车组的完整体验；而列车上的电子显示屏除了播放一些基本的车次信息、安全提示外，很少有专门用于展示“复兴号”品牌文化的板块，比如：品牌发展历程的视频、中国高铁建设中的感人故事等。

3. 在绘就“复兴号”品牌文化图景上，保障性不够。加强客运人员队伍的培养、选拔、管理、使用、教育是客运站段的共同责任，但在品牌文化建设的考核机制方面，缺乏明确的标准和有效的激励措施。个别单位往往对客运服务人员只使用不管理、只管干不管养、只考核不送暖，对客运服务人员队伍业务上、能力上、思想上、心灵上等综合管理手段的弱化，没有将品牌文化建设纳入各个部门和员工的绩效考核体系中，必然导致安全管理及客运管理“夹层生”现象的发生，导致员工对品牌文化建设的积极性不高，难以调动员工主动参与品牌文化建设的热情。同时，管理制度在协调不同部门共同推进品牌文化建设方面也存在不足。比如：车辆技术部门、客运服务部门、营销推广部门等各自为政的情况仍然存在。车辆技术部门可能更关注列车的运行安全和技术性能提升，而对如何将技术优势转化为品牌文化内涵的一部分缺乏思考；客运服务部门在服务过程中，可能没有与其他部门有效协同，导致品牌文化的传播缺乏连贯性。这种部门间缺乏有效沟通和协作的管理制度，不利于“复兴号”品牌文化的全面保障和整体推进。

4. 在探索“复兴号”品牌文化进程上，互动性不够。随着人工智能技术被世界主流国家提上发展日程，人工智能与传统铁路建设发展的结合日益紧密，但对于推进“复兴号”品牌的理论方法与实际运用的结合上仍有一定困难，比如：当前人工智能在铁路的研究与应用处于尝试阶段，且相对于其他集团公司，集团公司所属各客运车站“智能服务机器人”“智能化失物招领”的应用还不够广泛，旅客无法通过扫脸查询、语音问询、重点业务办理、投诉建议等多种方式，更加快速便捷地解决需求。虽然列车上已经配备了一些智能化设备，但这些设备在传播品牌文化方面的功能尚未得到充分开发，仅仅停留在提供基本服务的层面，而没有成为品牌文化传播的新载体。在利用大数据和人工智能技术挖掘乘客对品牌文化的需求方面也存在滞后性，没有充分利用大数据分析乘客的地域、年龄、职业等特征与他们对品牌文化需求之间的关系，从而无法有针对性地进行品牌文化推广。

三、多措并举擦亮“复兴号”中国高铁名片的建议

1. 品牌理念上注重个性与共性。铁路站段品牌的打造应在追求个性与确保共性之间找到完美平衡。整合集团公司各大站段品牌 LOGO 及品牌理念，充分融入地域文化与地方特色，并结合统一的“复兴号”品牌文化风格元素，营造温馨自然的品牌文化氛围。更新进站口、检票口、站台等关键部位标识，将蓝色提示引导标识、粉色母婴标识、黄色安全警示标识与“复

兴号”品牌有效结合，处处彰显人性化设计，为旅客安全出行提供便利，进一步拓展“复兴号”品牌效应。比如：蓝色引导标识可以采用简洁流畅的线条，象征着“复兴号”的高速与高效；粉色母婴标识可以设计成可爱的卡通形象，传递出温馨与关怀；黄色安全警示标识则可以采用醒目的对比色，增强警示效果。在优化复兴号列车设施设备细节设计方面，可以进一步加大投入。在电子显示屏上，除了增设品牌文化宣传板块，循环播放“复兴号”品牌故事视频、中国高铁技术创新成果展示等内容外，还可以增加实时新闻资讯、旅游推荐等板块，为乘客提供更加丰富的信息服务。同时，设置互动功能时，可以引入人工智能技术，让乘客通过语音或手势与触摸屏进行交互，查询更多“复兴号”品牌文化详细信息。此外，还可以在车厢内设置文化展示区，展示复兴号动车组的发展历程、技术突破、荣誉奖项等，让乘客在旅途中亲身感受中国高铁的辉煌成就。

2. 传播链条上注重内宣与外宣。在新型主流媒体融合的大背景下，“复兴号”品牌的传播需紧密结合国内国际舆论环境的最新变化，积极探索内外宣传联动机制。严格选拔形象气质优良、业务能力过硬、文化素养较高且富有亲和力的人员担任“复兴号”品牌文化推广大使。紧跟国铁集团、集团公司宣传导向和战略部署，组织推广大使参与热门话题讨论、举办线上直播、拍摄创意短视频等，以多种形式展示“复兴号”的先进技术、舒适环境和优质服务，鼓励与旅客互动交流，收集意见建议，不断改进服务质量，提升出行体验。在主流社交媒体平台建立“复兴号”官方账号，比如：微信公众号、微博、抖音等，定期推送深度文章，介绍“复兴号”的技术创新、服务升级、文化活动等；微博可以发布即时动态、图片、短视频等，与网友进行互动；抖音则可以制作富有创意的短视频，吸引年轻用户的关注。同时，要利用社交媒体平台的互动功能，开展丰富多彩的互动营销活动。线上抽奖可以设置丰厚的奖品，比如：复兴号动车组模型、高铁车票、文创产品等，激发用户的参与热情；话题讨论可以围绕“我与复兴号的故事”“复兴号最美风景”等主题展开，引导用户分享自己的经历和感受；用户投票可以让用户评选“复兴号最佳服务明星”“复兴号最美车厢”等，增强用户的参与感和归属感。

3. 服务项目上注重标准与多元。铁路服务项目在坚守严格标准以确保安全、高效、优质的基础上，应大力拓展多元服务，满足不同旅客的个性化需求。精心挑选具备多语言能力的服务人员，不仅要考察他们的外语水平，还要注重他们的跨文化沟通能力。可以组织专门的培训课程，提高他们对不同国家和地区文化习俗的了解，以便更好地为国际旅客提供服务。利用智能化技术拓展品牌文化推广渠道是未来的发展方向。开发智能化的品牌文化传播应用程序时，可以与专业的科技公司合作，确保应用程序的稳定性和用户体验。通过虚拟现实（VR）技术，让乘客仿佛置身于中国高铁建设现场，不仅可以感受“复兴号”从设计到制造的全过程，还可以了解中国高铁建设者们的辛勤付出和创新精神。利用增强现实（AR）技术扫描车厢内的文化标识时，可以设置不同的难度级别和奖励机制，让乘客在探索中获取更多品牌文化故事，增加趣味性和互动性。此外，还可以在列车上设置智能服务终端，为乘客提供便捷的信息查询、餐饮预订、购物等服务。比如：乘客可以通过智能服务终端查询列车时刻表、沿途景点介绍、天气预报等信息；预订餐食时，可以选择不同的口味和套餐，满足个性化的饮食需求；购物方面，可以购买“复兴号”文创产品、当地特产等，丰富旅途生活。

4. 文化内涵上注重延伸与覆盖。“复兴号”中国高铁品牌应积极与其他行业品牌进行跨界合作，实现资源共享和优势互补。与地方文旅的联合，可以深度挖掘重庆、成都、贵阳等地的地域文化特色元素。重庆的山城风貌、火锅文化，成都的悠闲生活、熊猫元素，贵阳的民族风情、自然风光等，都可以与复兴号动车组所蕴含的文化内涵进行有机融合。在挖掘文化元素的过程中，组织专业设计团队和资深文化专家进行深入分析和研究。可以通过实地调研、文献查阅、民间走访等方式，收集丰富的文化素材，将这些文化元素巧妙融入文创产品设计之中，可以开发出一系列独具特色的产品。比如：行李牌可以设计成重庆的轻轨造型、成都的熊猫图案、贵阳的民族服饰花纹等；行李箱可以采用复兴号动车组的流线型设计，结合各地的标志性景观进行彩绘；靠枕可以绣上当地的特色图案或文字，比如重庆的“长江三峡”、成都的“悠闲生活”、贵阳的“多彩民族风”等；充电宝可以设计成小巧便携的款式，印上“复兴号”标志和各地的文化符号。这些文创产品既具有深厚的文化内涵，又兼具实用性和纪念意义，能让旅客在使用过程中留下美好的回忆，同时也为“复兴号”品牌的传播提供了新的载体。

今日中国，铁路网如巨脉贯穿大地。在习近平文化思想引领下，中华民族现代文明迈向美好未来，“复兴号”似脉络热血，将民族愿景变为现实。未来，我们将继续以党的二十届三中全会为指引，以服务中国式现代化建设为动力，以构建“六个现代化体系”为载体，秉持核心理念，践行宗旨，发扬西南铁路优秀传统文化。突出站车融合打造重点，围绕主题，为铁路高质量发展贡献力量。携手共进，书写铁路辉煌篇章，让“复兴号”名片在世界舞台闪耀光芒。

（执笔人：张渝、胡慧、熊露露）

关于物流组织体系优化调整期间职工思想动态的调研分析报告

中国铁路昆明局集团有限公司政研会

深入推进铁路现代物流体系建设是国铁集团党组坚决贯彻落实党中央关于有效降低全社会物流成本的具体举措。物流组织体系优化调整期间，涉及改革相关单位职工思想怎么样，对未来职工怎么看，下一步准备怎么干，围绕上述课题，昆明局集团公司政研会积极主动开展现场调研，分析职工思想主流，总结归纳典型性倾向性意见建议，针对性提出改进工作举措，着力确保职工队伍稳定，为持续推进铁路现代物流体系建设提供坚强有力的思想保证。

一、调研基本情况

着眼物流组织体系优化调整的阶段性重点任务、实际进展情况等，集团公司政研会认真制定调研方案，成立 3 个调研工作组，拟定调查问卷提纲，于 2024 年 4 月至 6 月上旬，综合运用面对面座谈、问卷调查、走访谈心、网络留言收集等方式，深入昆明物流中心、管内各车务站段等单位部分营业部（室）、车站，并征询部分专业管理部门意见建议，广泛调研分析干部职工所思所想所盼，其中，召开座谈会 7 场次、覆盖 200 余人次，线上参与调查问卷填写 1371 人次。

二、调研中分析发现的主要做法和职工思想主流

1. 加强政治引领，干部职工坚决拥护支持改革。“2•29”“4•28”全路电视电话会议，对全面深化货运市场化改革、加快推动铁路货运向现代物流转型发展、有效降低全社会物流成本等工作进行了部署，集团公司党委迅速组织传达学习了党中央、国铁集团党组的部署要求，基层各单位采取交班会、“三会一课”等方式，抓好会议精神的学习宣传贯彻。通过对会议精神的学习教育，干部职工普遍认识到，加快推进现代物流组织体系建设是党中央、国铁集团党组作出的重大决策部署，必须提高政治站位，增强政治担当，主动融入和服务现代物流组织体系建设。网络问卷调查统计，有 1159 名职工（占比 84.5%）表示学习过相关部署要求，将结合实际抓好推进组织，切实把思想和行动统一到上级部署要求上来。昆明物流中心党委组织开展“改革转型，我们准备好了吗？”大讨论活动，参会人员在学习讨论中认识到物流组织体系优化调整的重要性和紧迫性，必须以高度的政治责任感落实各项工作任务。集团公司货运部营销三室负责人谈到，推进物流改革是一项重要的政治任务，必须在确保物流运输安全的前提下，不断完善服务手段，提升服务质量和效率，切实增强市场竞争力，用优质高效的服务来扩展运输市场份额。昆明物流中心西双版纳营业部内勤货运员谈到，铁路货运必须紧跟时代的步伐，抓住机遇，创新服务，为客户提供更加高效、便捷的物流服务，才能赢得更多客户的青睐。昆明物流中心盘州营业部职工认为，降低全社会物流成本是服务实体经济和人民群众的重要举措，通过推进铁路现代物流体系建设，让物流成本降下来，最终惠及的是市场主体和广大人民群众。

2. 广泛宣讲教育，企业职工命运共同体意识不断强化。紧扣现代化铁路运输服务体系建设方案明确的“丰富完善货运供给，建设绿色集约、融合高效的货运产品和现代物流体系”任务，集团公司党委把物流体系建设形势

要求作为“改革创新展作为、提质增效立新功”主题宣讲的重点内容，在管内 7 个片区组织开展专题宣讲，相关单位采取领导班子带头讲等方式，阐述讲清物流体系优化调整与现代化运输服务体系建设的紧密联系，通过聆听宣讲教育，干部职工能认识到，只有不断做大做强物流业务，才能实现集团公司高质量发展、接续推进昆铁现代化建设取得新成效，自身才能更好地享受到改革发展成果。网络问卷调查统计，有 1219 名职工（占比 88.9%）表示参加过解读集团公司优化调整的宣讲会，663 名职工（占比 48.36%）认为宣讲教育效果很好，学习了这些安排要求后，职工表示现代物流组织体系建设和集团公司高质量发展、现代化建设、自身利益息息相关。昆明物流中心领导班子成员表示，中心成立以来，集团公司领导对中心职工的生产生活给予了关心和指导，如对异地职工办理宿舍入住程序进行简化、实行“先入住后办手续”等，这些便民举措让职工切身感受到组织的关心关爱。昆明物流中心安宁营业部桃花村营业室负责人、生产调度指挥中心监控调度谈到，改革后自己和身边的同事一直都很关心收入会不会减少，4 月是第一次在物流中心领工资，当看到收入是同比增加的时候，大家悬着的心都落了下来，心想着以后要更加努力工作。昆明物流中心楚雄营业部负责人表示，2024 年以来，楚雄营业部装卸车、运输收入呈现上升趋势，职工收入同步都增加了，有效调动了工作积极性，下一步，营业部将细化分配办法，不断激发职工增运增收的工作热情。

3. 持续磨合实践，广大职工看好发展前景和改革优势。自 2024 年 3 月初开始，昆明物流中心全面承担物流生产经营的主体责任，经过 3 个多月的运输生产实践和与协作联动单位的磨合，较多干部职工能够认识到，优化调整物流组织体系能够消除以往各个车务站段之间存在的管界壁垒等，推动形成全局货运工作“一盘棋”，有利于提升运输生产组织效率和经营效益，开启改革新征程，必须抓住改革机遇，主动担当作为，推动改革收到实效。集团公司货运部技术设备科负责人谈到，实施物流组织体系改革，有利于实现货运物流资源统一利用、业务统一管理、市场统一开发，在以后的工作中会认真领会把握重点任务，转变工作观念，拓宽工作思路，扎实推进分管业务工作。调研组在昆明物流中心安宁、建水、盘州等营业部，与干部职工座谈交流时，安宁、建水营业部党总支书记等干部职工较多谈到，优化调整前，各车务段负责自己管界里的货运业务，现在货运业务整合到物流中心后，大家是“一盘棋、一条心”，管内货物的发送组织协调工作更加顺畅。同时，实行集中管理后，缩小了信息差，现在中心18个营业部、101个营业室之间的沟通更加紧密，对管内货源掌握更加清晰，信息集成整合优势更加凸显。昆明物流中心玉溪营业部负责人谈到，推进现代物流体系建设能够增强运输能力，促进物流产品供给体系更加完善。昆明车务段桃花村站党总支书记表示，车站和营业部每天都会召开生产组织协作会议，车站会根据每日装车计划统筹安排运转工作，党支部之间还组织开展过“五同”党建联创共建系列活动等，大家的目标都是一致的，就是努力完成下达给营业部的货运发送任务。

4. 克服“本领恐慌”，部分职工主动充电提素。随着改革不断深入，物流业务的专业化专门化水平不断提升，对职工队伍的综合能力素质提出了更高要求，部分职工经历了岗位、职责变化，逐步认识到个人能力、知识上存在的短板不足，产生了“本领恐慌”，意识到在今后的工作中，只有不断充电提素，积极学习掌握现代物流组织建设方面的专业知识，才能更好地满足改革对岗位提出的素质能力要求。网络调查统计，在针对的“您认为是否有必要专门组织开展物流体系优化调整的集中培训”问题的选项中，有1085人选择“有必要”项，占比79.1%；针对“您认为还需要在哪些方面继续加强和改进物流业务”问题的选项中，分别有961人、748人选择了“学习一流物流企业先进经验”“提升货运队伍人员素质”选项，分别占比70.1%、54.6%。货运部营销二室货运值班员表示，从一名95306客服人员转变为营销人员，从“后场”到了“前店”，从思想到行动，对自身来说，都是一个全新的挑战，个人会加强学习，不断提升自己的综合素质，积极转变角色，快速适应新形势改革发展的要求。昆明物流中心装卸业务部某营销专职谈到，以前在原单位只负责一个区域的业务（管理）工作，现在工作范围扩展到了全局，感觉开展工作的难度增加了，担心自身的能力会不适应工作需求。

三、调研中了解到的职工典型思想倾向

1. 少数职工对物流组织体系建设的思想认识还有差距。推进现代物流体系建设，思想认识要先行。集团公司党委宣传部从座谈调研、网络问卷调查中发现，个别基层单位在宣讲解读物流体系建设重点任务中，与本单位、车间班组、现场岗位的实际结合不够紧密，不同程度存在“照本宣科”读文件，在优化调整物流体系工作中，引导职工认清为什么、怎么看、怎么干上还有差距，少数职工在思想认识上统一、部署要求上看齐还存在不足。具体来看，个别单位（部门）未组织开展过专题宣讲，少数职工表示对物流组织体系建设的要求认识理解有偏差。比如：从网络调查问卷数据汇总来看，在针对的“您所在单位（部门）领导人员（管理人员）是否组织宣讲解读过集团公司的调整措施要求”问题的选项中，有 152 人选择“未开展过专题宣讲”项，占比 11.09%，同时，有 90 人认为单位（部门）开展的物流组织体系优化调整宣讲教育没有效果，占比 6.56%。从座谈交流中了解到，某车务段职工谈到，相关的文件都组织学习了，但这些文件和自己有什么关系、职工又该怎么干，这些困惑仍然没有得到有效解决。某运输站段个别职工表示，改革发展是上级部门的事，对于职工来说，就是干好本职工作，不出错、少扣钱就行。

2. 部分职工对物流组织体系相关管理方式制度较为关注。集团公司此次优化调整物流组织体系共涉及昆明物流中心、7 个车务运输站段、2 个非运输企业公司等单位干部职工的人员变动，从车务站段到物流中心，从沿线车站到营业室、从非运输企业到运输站段，这些岗位、地点、单位属性的变化，使职工心理产生了不确定性，特别是新单位新部门的管理方式、绩效办法、工作理念、企业文化等引起了职工的集中关注。调研组从座谈调研、网络问卷调查等途径中发现，较多职工对调整后的个人岗位职责、生产管理方式、生产生活环境等关注度高，还存在部分工作实际与个人预期值有落差的

情况。比如：从网络调查问卷数据汇总来看，在针对“是否清楚新岗位的工作职责”问题的选项中，有161人选择“不太清楚”项，占比11.8%；针对“是否适应新单位（岗位）的生产管理方式”和“对新单位（新岗位）的生产生活环境”问题的选项中，分别有49人选择“不适应”项、有109人选择“不太满意”项，分别占比3.6%和7.9%。在个别谈话中了解到，某运输站段少数职工表示运价机制不够灵活、一体化协作的职责和考核约束机制还不够健全完善、现场工班长等职责还不够清晰，希望能够得到改善。某车务段职工认为，调整后货场货物线、专用线防溜、交接检查签认和巡视检查的职责划分不够明晰，担忧产生现场安全管理隐患。管内磨憨站、山腰站由于涉及口岸运输，在物流组织体系优化调整中仍由原单位管理，某车站少数职工表示，自身岗位有局限性，所在车务段目前其他车站没有货运员的岗位，以后无法内部调去其他车站或营业部工作，担心一辈子都要“焊”（固定）在边境口岸站工作。

3. 部分职工期待解决优化调整后的生产生活等切身利益问题。优化调整具体到职工来看，不仅是个人岗位、工作单位发生了较大变化，对日常生活、通勤区段、值班作息等都产生了直接影响，这些都是和职工息息相关的切实利益。调研组从座谈调研、网络问卷调查等途径中发现，较多职工对集团公司、所在单位持续加大对职工关心关爱力度，解决生产生活实际困难，增加工资收入等关注度高，愿望较为强烈。比如：从网络调查问卷数据汇总来看，在针对的“相比以往，您觉得优化调整后工作方面的压力”问题的选项中，有767人选择“增加了”项，占比55.9%；针对“对您个人生活影响最大的是什么？”问题的选项中，职工认为影响较大的（根据比例）依次排序为上班内容的变化（占比44.6%）、个人岗位的变化（占比22.8%）、休息时间的变化（占比17.8%）、工作地点的变化（占比14.8%）。另外，从座谈交流、电话调研等其他方式中了解到，某运输站段职工谈到对新单位的工作环境、办公环境、生活环境还不够满意，希望能够得到改善，有的职工担心营业部发送装车、收入目标完不成，工资收入会相应减少，会对家庭生活开销带来一定影响。围绕调整对生活的影响，有个别职工谈到，工作与家庭异地，难以兼顾对孩子的日常照顾和学习辅导，通勤成本较高；有的职工表示，职工工作环境应进一步改善，落实好防护措施，特别是外勤货运员遇到装卸散堆装石碴、煤等货物灰尘特别大时，担心会引起职业病。车务段的职工表示，一直以来货运在车务段经营收入中占据着较大的比例份额，对收入高低也起到决定性作用，物流组织体系优化调整后，客货经营不能形成互补，没有货运经营来补位，担忧自己的收入会下降。

4. 少数职工对物流体系改革“水土不服”，攻坚克难的积极性主动性还需提升。按照“运输生产组织有序、现场安全稳定可控、职工队伍平稳过渡”的基本原则，集团公司明确了优化调整三个阶段的工作安排，这些阶段工作安排都是实打实的硬任务。调研组从座谈调研、网络问卷调查中发现，少数职工感觉到工作节奏太快、思想压力较大，存在不掌握运输任务目标、对完成任务目标信心不足甚至产生转其他岗位的想法和打算。比如：从网络调查问卷数据汇总来看，在针对“您是否掌握2024年集团公司、本单位的货运发送任务目标”问题的选项中，有260人选择“不掌握”项，占比18.9%；针对“您对完成集团公司下达的上半年、全年货运任务目标是否有信心”问题的选项中，有79人选择“没有信心”，占比5.7%；针对“您是否对今后的工作岗位有所规划”问题的选项中，有72人选择“有转其他岗位的打算”，占比5.3%。在座谈交流中，部分干部职工认为，当前宏观经济形势复杂，物流市场竞争激烈，铁路物流组织体系建设的优势没有形成，完成货运发送任务难度较大。少数职工谈到，一线职工收入不高，激励效应不明显，影响了货运营销的积极性主动性。

四、调研中征集到的关于铁路现代物流体系建设的工作建议

1. 加强业务相关单位沟通协作。从专业部门到各车务运输站段，从物流中心到货主企业，物流组织体系优化调整涉及面广，针对如何加强上下沟通、横向协作，以提高工作效率，职工纷纷建言献策，有物流中心职工表示

结合部问题依然是困扰运输站段和物流中心的问题，建议加快部门间的磨合，推动人员协调、设备协调磨合融合。有职工建议改变以前生产单位模式，建立健全适应物流公司的管理体系，让营业部职能充分发挥。有职工建议进一步优化物流配送网络，根据客户需求和订单特点，合理规划物流配送线路和节点，减少不必要的运输和转运环节。

2. 改进改善生产生活环境条件。在现场与职工代表座谈交流、问卷调查中了解到，职工对改进改善生产生活条件较为关注，主要集中在收入分配、休班通勤、劳动防护、食堂就餐等方面。部分职工建议，增加基层职工收入，让一线作业人员得到实惠。有职工建议分步解决职工工作地点与生活的矛盾，能为离家远的职工多多考虑，有的职工工作岗位离家远，照看老人和小孩的时间少，希望能够调回去，多一点时间照看老人和小孩。有职工建议解决各货运站工作外部风尘沙、内部用水用电洗澡等问题，改善职工住宿等生产生活条件。有职工建议改善办公环境，对办公电脑进行更新，缩短办公用品领取配置的时间。有职工建议对部分站点进行扩能改造，修缮外勤货运点房屋，进一步满足运力需求，有助于树立和展示铁路货运品牌形象。

3. 优化调整人员劳动组织管理。人员变动、岗位设置、劳动管理等涉及职工现实利益，调研组了解和收集到较多职工意见建议。有职工建议单位能够拿出一些岗位来公开竞争上岗，给予基层现场职工创造一些上升的机会，真正发挥有工作经验、管理能力强的人的作用，不要出现不干活的、不懂业务的人还在管理岗位的情况。有职工表示上级管理部门多，每天都在要基层提供各种台账信息，基层生产任务重、工作量加大，建议减少不必要的台账报表。有职工建议根据实际情况，做好货运队伍顶层设计，均衡分配年轻人力资源，提高各营业室工作效率。有职工建议，引进运输类等专业人才，聚焦市场分析、表达沟通能力等方面，加大营销队伍培训力度，提升现代物流体系建设专业化水平。有职工建议组建有营销经验的专职营销团队，加强市场动态分析，充分发挥物流总包优势，成立专业接取送达团队。

4. 运用创新技术赋能物流改革。当前，大数据、人工智能等数字技术快速发展，数字化元素对物流行业整体迭代升级的关键性作用日益凸显，职工围绕用好信息手段、创新理念等方面的建议较多。有职工建议，利用物联网、大数据、人工智能等先进技术，实现物流信息的实时共享和智能处理，进一步优化物流流程，提高运作效率，降低物流成本。有职工表示作业现场手写量繁重，效率低、占用时间大，建议加强物流信息化建设，研发统计分析类软件，提升信息化智能化水平。有职工建议大力改善货运、装卸、配送设施设备，提高各环节作业效率。有职工建议创新破除以往理念认知，用好互联网平台，收集掌握各大电商平台对物流的需求，拓展扩大运输市场。

五、下一步对策建议措施

1. 更加有力地开展正面宣传教育。聚焦"4·28"全路电视电话会议精神、集团公司月度工作会议部署等重点内容，坚持自上而下、分层分众，持续组织开展好形势任务宣讲，紧密结合物流组织体系改革以来取得的成效、存在的不足、需改进的工作等实际，广泛开展学习讨论，提升宣传教育成效。立足物流中心、各车务站段职工分布散、点多线长的实际，用好新媒体平台、互联网工作群组等，采取图解、短视频等方式，讲解奖惩机制措施、责任要求，广泛宣传营销先进典型，激发调动干部职工攻坚克难的工作干劲。持续深化"云鹏"货运服务品牌创建，扎实推进现代物流组织体系货运服务文化建设，以文化引领思想、凝聚人心、促进发展。

2. 更有针对性地加强重点人员引导。严格落实职工思想动态分析制度要求，持续了解掌握物流中心和运输站段各营业部（线路管理站）、营业室（班组）等各层级重点人、重点事。发挥思想政治工作优势，督促基层党组织书记落实"第一责任人"、其他管理人员落实"一岗双责"职责，结合重点人员思想波动情况，有针对性地开展思想疏导，及时化解心理困惑，保持重点人员思想总体稳定。

3. 更加有效解决实际生产生活问题。动态梳理职工反映的典型性、倾向性意见建议，按照尽力而为、量力而行的原则，扎实有序推动解决职工通勤、就餐、住宿、劳保等实际问题，让职工感受到组织的关心关爱。坚持立足当下、着眼长远，聚焦职工生产生活品质和健康水平“双提升”，分步骤把沿线各站点各营业室纳入既有线生产生活设施提质改造中，因地制宜打造一批工会驿站等“小而美”的民生项目，为职工生产生活提供坚实保障，让职工群众切身感受到各级组织的关心关爱。

4. 更加有力汇聚职工增收创效合力。对职工提出的加强结合部管理、运用新技术赋能、优化劳动组织等意见建议进行汇总梳理，建议由货运、运输、劳卫等部门进行研究，充分论证评估后实施，切实转化为增运补欠的实际举措。建议指导和推动昆明物流中心段部、营业部建立健全分配管理考核办法，建立完善专职营销人员考评机制，更好地激励发挥营销“主力军”作用。发挥绩效考核“牛鼻子”作用，进一步提振职工信心，鼓足攻坚“双过半”和全年任务目标的干劲和热情。

（执笔人：曾志林）

坚持守正创新　落实重点任务
持续加强和改进铁路基层思想政治工作

中国铁路昆明局集团有限公司政研会

党的二十届三中全会强调："完善思想政治工作体系。"思想政治工作是我们党的优良传统、鲜明特色和突出政治优势，是一切工作的生命线。迈入全面建设社会主义现代化国家、实现第二个百年奋斗目标新征程，我们必须深入贯彻落实中央、国铁集团党组部署要求，大力弘扬改革创新精神，持续加强和改进铁路基层思想政治工作，不断增强广大干部职工团结奋进的引领力、凝聚力、向心力，努力为推动铁路高质量发展、奋力实现铁路现代化提供坚强思想保障和强大精神动力。

一、深刻认识领会加强和改进思想政治工作的重要意义

加强和改进铁路思想政治工作是加强党的领导、推进国铁企业治理体系和治理能力现代化的根本要求。我们要深刻领会把握做好思想政治工作的重要意义，提高政治站位，增强政治自觉，切实把思想和行动统一到上级部署要求上来。

1. 做好思想政治工作是我们党的优良传统。我们党历来高度重视思想

政治工作，在中国革命、建设、改革等各个历史时期，我们党始终把思想政治工作摆在重要位置，作为一项全局性、基础性工作和生命线工程加以推进，团结带领广大人民群众不懈奋斗，完成了党在各个历史时期的各项任务，开辟了伟大道路、创造了伟大事业、取得了伟大成就。新民主主义革命时期，我们党以工农学兵为重点，广泛宣传马克思主义、宣传党的主张、宣传国家和民族面临的生死存亡严峻形势，唤醒带领千万社会劳苦大众积极投身反帝反封建反侵略的伟大斗争中，夺取了新民主主义革命伟大胜利，实现了中国从几千年专制封建政治向人民民主的伟大飞跃。社会主义革命和建设时期，面对国内外政治、经济、军事等方面一系列严峻挑战，我们党加强党的路线、方针、政策的宣传教育，广泛开展社会主义思想道德和文化建设，动员广大人民群众投身社会主义革命和建设热潮，实现了中华民族有史以来最为广泛而深刻的社会变革。改革开放和社会主义现代化建设新时期，在党和国家的重大历史转折关头，我们党从真理标准问题讨论破题，加快推动思想观念转变，以科学的理论武装头脑，大力开展改革开放宣传教育，加强社会主义精神文明建设，号召动员人民群众投身改革开放大潮，实现了中华民族从站起来到富起来的伟大飞跃。中国特色社会主义新时代，党的十八大以来，以习近平同志为核心的党中央高度重视思想政治工作，采取一系列重大举措切实加以推进，思想政治工作广泛深入开展，全党全社会思想上的团结统一更加巩固，我国意识形态领域形势发生了全局性、根本性的转变。党的百年思想政治工作实践充分证明：思想政治工作是我们党的优良传统，也是指导推进各项事业进步发展的重要法宝，我们要深刻领会把握，有力融入工作实际。

2. 做好思想政治工作是党中央、国铁集团党组作出的重要决策部署。加强和改进新时代思想政治工作事关党的前途命运，事关国家长治久安，事关民族凝聚力和向心力，是推进中华民族伟大复兴历史伟业的必然要求。当前，我们已经踏上了全面建设社会主义现代化国家的新征程，比历史上任何时期都更接近、更有信心和能力实现中华民族伟大复兴的目标，必须准备付出更为艰巨、更为艰苦的努力。着眼更加有力统一全体人民的思想和行动、汇聚起同心共筑中国的磅礴力量。党的十八大以来，2013 年、2018 年、2023 年全国宣传思想工作会议等重要会议都对做好思想政治工作进行了部署，指明了努力方向。我们党的第一部关于宣传工作的基础性主干性党内法规《中国共产党宣传工作条例》也对做好思想政治工作提出了明确要求，特别是 2021 年中共中央、国务院印发了《关于新时代加强和改进思想政治工作的意见》，深入分析了思想政治工作面临的新形势，系统阐明了思想政治工作的指导思想、方针原则、重点任务、目标要求等，对新时代持续深入做好思想工作进行全面部署，具有鲜明的政治性、思想性、针对性和可操作性。认真落实习近平总书记、党中央关于做好思想政治工作的决策部署，国铁集团历次工作会议、宣传思想文化工作会议也都对加强铁路思想政治工作作出了部署，并先后印发了《加强和改进新时代基层思想政治工作的实施意见》《国铁集团党组思想政治工作责任清单》等基础性、规范性文件，修订印发了《基层思想政治工作标准化测评体系》。同时，对加强职工思想动态分析等也建立了相关制度、明确了具体要求，为我们做好新时代思想政治工作提供了基本遵循。党中央、国铁集团党组这些重要部署要求，我们必须深入学习领会，把握核心要义，结合自身工作实际，认真抓好贯彻落实。

3. 做好思想政治工作是推动铁路高质量发展的坚实保障。思想政治工作是和企业改革发展相辅相成、相互促进的一项重要工作。对于企业来说，通过切实加强和改进思想政治工作，能够有效统一思想认识、有力凝聚起职工奋发向上的精神力量，不断夯实共同奋斗的思想基础。深入贯彻落实党的二十大、党的二十届三中全会精神，国铁集团党组强调作为国家铁路、人民铁路，新征程上全路广大干部职工必须坚决听从党中央号令，推动铁路高质量发展不断取得新成效，切实承担起服务和支撑中国式现代化的“火车头”的历史重任；未来五年乃至今后一个时期，国家铁路的中心任务是，推动铁路高质量发展，率先实现铁路现代化，勇当服务和支撑中国式现代化的“火车头”，重点是构建“六个现代化体系”。目标已确定，关键在落实。抓好工作落实的首要任务就是要统一广大干部职工的思想认识，进而凝聚起不断奋进前行的行动力量，要广泛采取政治学习、宣讲教育、交流讨论等行之有效的思想政治工作手段方式，引导各级干部职工强化思想认识，锚定发展目标、充分认清当前铁路改革发展面临的机遇挑战、把握重点工作任务，切实形成心往一处想、劲往一处使、智往一处谋的生动局面，汇聚起推进铁路现代化建设的强大合力。

4. 做好思想政治工作是促进职工全面发展的现实需要。坚持人民至上，增进人民福祉、促进人的全面发展是我们党立党为公、执政为民的本质要求。美国著名社会心理学家亚伯拉罕·马斯洛提出“需求层次理论”，他认为，人的需求是由生理、安全、社交、尊重、自我实现等五个等级构成的。依据这一理论，从心理学的角度，人的全面发展可以涵盖事业发展、知识积累、能力提升、身心健康、家庭婚恋、人际关系、社会归属等全领域各方面，而事业发展是人的全面发展中的重要组成部分。具体到国铁企业来看，由于铁路行业具有分布地域广、流动性大、野外和夜间作业多等特点属性，会难以避免地给一部分职工的正常生产生活带来一些实际困难，需要铁路职工付出更多的辛苦和努力，实现自身全面发展将面对克服更多挑战难题，也需要更多精准有效的思想政治工作开展，才能够有效帮助职工疏导思想困惑，走出心理困境，增强个人责任感归属感，持续激发人生前进的源动力。比如：个别职工一旦遇到较大生活困难、家庭变故时就会产生低落甚至消极情绪，这种不良情绪极容易蔓延到工作岗位上，就需要开展针对性的思想疏导，解开思想疙瘩，引导放下包袱、直面挑战，在生活的熔炉中锤炼成长。又如：新职工进入铁路工作以来，面临着从学生到职工的身份转变、从学校到单位的管理转变、从家乡到工作所在地的地域转变等一系列转变，必然会给他们带来参加工作初期的不适应、不习惯等，容易产生焦虑、担忧等不良情绪，同样需要做好深入细致的思想政治工作，主动宣传介绍铁路运输生产组织的基本情况特点，帮助新职工走好入路“第一步”，鼓励他们在铁路安全、运输、经营、建设等各项事业的高质量发展的“大舞台”上实现自身人生价值和全面发展。

二、准确把握铁路基层思想政治工作中存在的短板不足

思想政治工作本质上是做人的工作，思想政治教育是思想政治工作的主要内容。认真对照开展思想政治工作标准要求，国铁企业思想政治工作目前还存在着思想认识不到位、方式方法不够创新丰富等问题不足，需要精准把“脉”、靶向开“方”，推动思想政治工作不断改进和加强。

1. 少数人员对开展思想政治工作重要性必要性的认识有偏差。思想是行动的先导，认识观念是工作组织开展的前提和基础。总的来看，广大干部、各级管理人员都能够把开展思想政治工作作为日常工作的一部分，认真履行好“一岗双责”职责，但少数人员在思想观念上还存在认识不到位、观念有偏差等问题。这些问题主要表现就是个别管理人员认为做好思想政治工作是党总支、支部书记等专职政工干部的职责，作为技术、专业等专职管理人员，主要任务就是加强业务管理、完成工作任务，对自身肩负的思想教育职责使命认识定位上存在偏差；还有的管理人员简单地把工作任务部署会替代成思想政治工作会，认为只要相关工作部署会议开了、上级要求传达了、具体任务说清楚了就可以了，对思想政治工作的政治性、引导性、实效性、差异性等特点属性认识还不到位，思想观念还需进一步转变、具体举措还要不断细化实化。

2. 思想政治工作开展不断面临外部环境冲击影响。唯物辩证法认为，任何事物都不是孤立存在的，都和周围的事物相互影响、相互作用，外部条件是事物发展变化不可缺少的条件。事物发展规律如此，思想政治工作开展同样也受到外部条件的制约影响。具体到铁路基层单位思想政治工作来看，一方面，铁路运输生产组织具有流动、分散、夜间和野外作业多等特点，同时随着中国铁路“走出去”步伐的加大，部分作业人员需要长期在境外工作，这些生产组织的特点造成了职工日常分散多、集中开展思想教育管理少的客观实际，也给随时随地掌握现场职工苗头性、倾向性的思想问题造成不便；

另一方面，随着信息技术特别是移动互联网的飞速发展，置身于信息社会，铁路职工特别是青年职工无人不网、无日不网、无处不网，纷繁复杂的信息使职工思想认识具有多样性、多元性、活跃性的特点，大量混杂其中的低俗、诈骗、违规、误导等不良信息极易影响部分职工的思想行为判断，造成情绪行为波动，甚至误入歧途，给思想政治工作开展带来较大挑战。

3. 开展思想政治工作方式方法不够创新丰富。“器欲尽其能，必先得其法”，活用管用实用的方法，是开展好思想政治工作的基本前提。总体来看，基层单位各级专兼职政工队伍能够对照落实思想政治工作开展规范要求，综合运用集中交流、个别谈心、面对面沟通等手段方式，组织开展思想政治工作，推动具体任务要求落地，但主动适应思想政治工作新形势新要求的手段方式还不够创新丰富，在因地、因人、因时制宜上，还需加大探索尝试力度。因地制宜上，采取集中式、打包式、一对多的集中思想教育方法较多，一对一、“键对键”、案例式的集散结合、灵活多样的方法采用较少；因“人”制宜上，坚持因人而异，对思想政治工作对象的人生经历、年龄阶段、教育程度、认识理解等情况了解得不够深入细致，采取对象化差异化的方法还须加大力度；因“时”制宜上，坚持思想政治工作做在前的理念还不到位，一些人员选择出现了突出问题暴露出后再进行“亡羊补牢”式的思想教育工作，表现出被动“补”较多、主动“想”较少的情况。

4. 少数思想政治工作人员能力素质不够过硬。专兼职的思想政治工作队伍是开展思想政治工作的主体，队伍能力素质的高低决定着思想政治工作开展的质量。全面对标党中央、国铁集团党组新时代加强和改进思想政治工作任务要求，基层少数专兼职思想政治工作人员在理论素养、综合知识、实践锻炼等方面还不过硬、能力素质短板不足问题还比较突出。理论制度素养方面，主要是对上级部门关于思想政治工作的基础性制度文件学习不认真不深入，把自己摆进去、把职责摆进去还有差距；有的将党的创新理论和铁路、自身工作实际融会贯通起来，注重用“大白话”讲“大道理”、用“小故事”讲“大主题”，但增强职工群众对党的路线方针政策学习领会还须下更大气力。综合知识运用方面，主要是简单地认为做好思想政治工作只要掌握大致情况就可以了，对背后所需的全面广泛的知识储备认识不到位，对心理学、社交学、沟通学等辅助类知识书籍学习还有不足，还存在知识短板、认识盲区的情况。实践锻炼方面，主要是个别新职思想政治工作人员在开展工作时存在一定的信心不足、畏惧担忧等心理，在树立信心、总结经验上还需加大工作力度。

三、守正创新推动铁路基层思想政治工作持续加强和改进

站在“两个一百年”奋斗目标的历史交汇点上，我们党意气风发地踏上了新的赶考之路。主动融入和服务经济社会发展大局，我们必须不忘初心、砥砺前行，勇当服务和支撑中国式现代化的“火车头”。实现奋斗目标需要凝聚奋进力量，我们要强化政治责任，弘扬改革创新精神，健全完善工作机制，守正创新推动新时代思想政治工作不断加强和改进，努力为推动铁路高质量发展提供坚强思想保障。

1. 加强政治理论学习。思想在学习中不断升华，认识在教育中凝聚统一。坚持把政治学习和正面宣传教育牢牢抓住手上，加强对职工群众的思想教育引领，有力统一全员思想认识。持续抓好职工政治学习，坚持“一班组（车间）一方案”，建立好落实好职工政治学习制度，突出政治属性，加强对党的创新理论的学习领悟，及时跟进学习习近平总书记重要讲话特别是关于铁路工作重要指示批示精神，认真学习党中央、国铁集团党组的重要决策部署要求，定期组织开展线上线下政治理论学习测试、检验学习成效，督促全面掌握《铁路职工政治理论应知应会题库》知识，确保职工群众全年参加集体学习不少于 16 个学时。深入抓好形势任务教育，落实好全路“一年一主题”主题宣讲要求，紧扣宣讲、讨论、实践三个环节，紧紧围绕全年阶段任务要求，细化方案措施，灵活运用多种方式，扎实推进实施，教育引导干部职工认清全年面临的形势、掌握目标任务、强化使命担当。持续加大“新时代•铁路榜样”等选树宣传，广泛组织学习先进典型事迹，持续激发主动投身安全、

运输、经营、服务等重点任务的强大动力。

2. 创新思政工作载体。思想政治工作只有不断创新丰富手段方式，才能更富有针对性和实效性。紧密结合铁路行业特色、职工特别是青年职工思想行为特点、信息传递互动特征等，在开展思想政治工作的平台、方式、表现形式等加大创新力度，不断探索“互联网 + 思想政治工作”新途径，切实提高思政工作开展的时代性针对性。拓宽工作阵地，在用好巩固集中思想教育主阵地的基础上，主动适应铁路运输组织点多线长面广、流动分散的特点，适应境外作业组织管理特点，善于将“固定讲台”活化为“流动课堂”，将面对面拓展为“键对键”，扩大职工思想政治的覆盖面。丰富教育表达形式，在开展思想教育、沟通引导中善于严肃的“说教语言”变成生动的“群众白话”，用小案例阐述大道理。积极探索运用大数据等方式，精准掌握职工思想动态，认真做好一人一事思想政治工作，切实解决职工关心关注的实际问题，确保职工队伍思想稳定。准确把握信息社会传媒特点趋势，加大全媒体思维运用实践，注重运用 H5 网页、图解、短视频等融媒体传播方式，大力织就思想教育一张网，唱响思想教育立体声。

3. 健全完善工作制度。制度事关根本，关乎长远，是做好思想政治工作的基本依据。切实把完善思想政治工作制度体系的一项基础性根本性的工作抓紧抓实，在加强制度学习和完善健全、抓好示范点建设上持续下功夫。加大制度学习力度，近年来，国铁集团党组着眼夯实基层思想政治工作管理工作基础，先后印发了《国铁集团党组关于加强和改进新时代基层思想政治工作的实施意见》《国铁集团党组思想政治工作责任清单》等制度办法，构建了“一个实施意见、一个责任清单、一个管理办法、一个测评体系”的“四个一”思想政治工作制度体系，各级专职政工队伍特别是宣传干部队伍要加大对制度的学习力度，全面把握开展思想政治工作的具体任务要求，明确自身“目标清单”“任务清单”“责任清单”，要紧扣运输站段车机工电辆、非运输企业多元经营等不同单位特点，因地制宜制定本单位“四个一”思想政治工作制度，夯实工作基础。充分发挥全路、集团公司两级基层思想政治工作示范点引领辐射效应，提高思想政治工作标准化规范化水平。

4. 构建合力共为格局。思想政治工作是一项涉及面广、任务项点多的工作，需要各方共同参与、合力共为，齐心协力打好“团队战”，奏响“交响乐”，才能不断开创思想政治工作新局面。明晰工作责任，各级党组织要严格落实好开展思想政治工作的主体责任，党组织负责人要认真履行好“第一责任人”的职责，各级管理人员要对分管领域、人员履行好“一岗双责”的责任。宣传思想战线要履行好思想政治工作主管责任，承担好组织谋划协调职责，做好思想政治工作基本制度建设，加强日常督促检查，对存在问题不足要及时向本单位党组织负责人报告，推动各项工作要求落实到位。工会、共青团组织要充分发挥自身联系职工群众、青年职工的桥梁纽带作用，注重帮助职工群众解决实际困难，做好人文关怀，加强日常教育引导，体现组织的关心关爱。人事、纪检组织要将思想政治工作有效开展纳入干部考核管理、日常监督工作中，不断压紧压实工作责任。各级思想政治工作队伍要增强学习的主动性、积极性、紧迫性，全面学习把握开展思想政治工作所需的心理、社交、沟通等方面的综合知识，不断提升开展工作的本领能力。

（执笔人：曾志林）

关于如何因地制宜开展好基层政治学习的调研与思考

中国铁路昆明局集团有限公司政研会

习近平总书记强调，“思想政治工作只能加强不能削弱，只能前进不能停滞，只能积极作为不能被动应对”。2021年7月，中共中央、国务院印发《关于新时代加强和改进思想政治工作的意见》指出：“思想政治工作是党的优良传统、鲜明特色和突出政治优势，是一切工作的生命线。”昆明局集团公司认真贯彻落实党的二十大关于“完善思想政治工作体系”部署要求，因地制宜、因材施教，大力推动思想政治工作不断在基层落地落实落细。

一、基本情况

这些年来，集团公司认真落实国铁集团关于思想政治工作安排，坚持从制度建设入手，不断健全思想政治工作制度机制，以《加强和改进新时代基层思想政治工作实施方案》为牵引，各有侧重推出了职工思想动态分析报告管理实施办法、党委思想政治工作责任清单、基层思想政治工作标准化测评体系等，立起了思想政治工作的“四梁八柱”，有效加强了各层级思政工作的规范性、有效性。总体来看，集团公司各单位制度机制建设扎实有力，车间班组全覆盖建立了“一班组（车间）一方案”，制度落实有力度、见“回响”。基层能够持之以恒抓学习，做到了政治学习有清单、有任务、有分工，频次较高的单位实现管内班组每周至少一次集中学习，实打实开展政治理论应知必会测试，并将结果纳入职工绩效考核，多措并举抓实政治理论学习。坚持效果导向求实问效，根据日常抽查和调研情况看，基层单位职工政治理论学习组织实现了从起初应付组织到如今规范管理，职工参与从起初消极被动到如今积极主动的转变，基层政治理论学习总体呈现逐年走深走实的特点。

二、经验做法

1. 精准“喂料”，坚持供给与需求精准衔接。从2018年起，集团公司党委宣传部在集团公司办公网开设理论学习专栏，连续6年每月定期推出“车间班组政治学习要点”，累计在政治理论测试题库储备应知必会试题460题，次月公布上月学习答案，并针对职工日常抽考错误率高的题目进行阐释解读，加深理解。通过在线答题竞赛、线下测试等方式，督促职工抓好学习，着力推动政治学习持续向基层“末梢”延伸。从2019年开始，集团公司党委宣传部参照国铁集团“理论微课365”精品课，立题定任务，组织基层单位创作“昆铁·理论微课365”课程108期。党的二十届三中全会召开后，立即组织理论骨干、融媒体骨干开展微课创作，用“接地气”“有铁味”的语言阐释和解读全会对铁路的改革部署，把严肃、高深的理论变得易学、易懂，推出“从辉煌成就中读懂‘中国共产党为什么能’”“凝心聚力汇聚铁路改革发展的强大思想合力”等理论微课，“共同奋斗创造美好生活”入选国铁集团2024精品课。一堂堂集“图文声漫”于一体的“指尖”理论产品不断涌现，让职工随时随地方便学习。职工反映：理论微课与铁路实际相结合，接地气、有感触、好理解，爱学爱看。各单位结合职工组成、班制特点、人才队伍等情况，因地制宜推出“周一课堂”“‘合伙人’微讲坛”“昆机大讲堂”“昆铁房寓思政课”等网上思政课堂，开展“书香昆铁·我喜爱的好书”读书活动、职工兴趣小组展演等，让学习供给“有声有色”，推动集团公司上下思政教育蔚然成风。

2. 紧盯“后浪”，以新理论引领青年思想。随着集团公司青年职工占比不断提升，超过职工总人数52%的实际，抓好青年职工思想教育、政治学习成为一项重要课题。这些年来，集团公司上下更加重视青年职工队伍建设，从组织开展“理想信念代代传”座谈会，邀请老党员、老劳模、优秀青年职工代表座谈交流，通过老中青三代铁路人共话理想、讲奋斗、谈未来，教育引导广大青年职工传承好昆铁优良传统，在实践中艰苦奋斗、挺膺担当。广泛组织青年职工到芷村云南铁路第一个党支部陈列室“学史增信”示范点、“岭航”主题教育基地“学史明理”示范点等场所观摩学习，通过沉浸式、互动式学习，促进青年职工坚定不移传承“始终听党话、永远跟党走”铁路红色基因。结合青年职工思想活跃、善于创新、兴趣广泛等特点，党委宣传部广泛搭建平台，分门别类成立文联文学分会、摄影分会、书法分会、美术分会、羽毛球协会、乒乓球协会、桥牌协会、青年乐队、青马研学社、话剧社、新媒体社、主持朗诵社等30个职工兴趣小组（协会、社团），在寓教于乐中提振青年职工精气神，厚植向上向善内动力。从调研情况看，青年职工整体积极向上、心怀志向，82%的青年职工表示愿意主动关注国家大事要事、形势政策；98%的青年职工表示经常性、时常参加车间班组政治理论学习，85%的青年职工能主动参加“三会一课”、政治理论学习和研讨，在不断学习中为青春“充电续航”，更好地以理论指导实践，在云南铁路高质量发展中留下属于自己的青春足迹。

3. 练强“方阵”，提升职工政治学习组织力。推动政治学习向基层延伸，班组是最基本的桥梁纽带，最小的单元格。班组能否组织好政治学习，班组长是关键。具体到集团公司，现有运输一线班组2214个，班组长4108人，其中党员班组长2857人，占比70%。从学历和年龄组成来看，集团公司班组长平均年龄为37岁，大学专科及以上学历占总数的63.8%，呈现出年轻化、高学历的特点。近两年来，集团公司党委宣传部充分运用好年轻班组长队伍理论接受快、组织带动性强等特点，在“干部职工政治学习质量提升年”“思想政治工作一线行”等实践中，把提升班组长能力素质作为重要抓手来推动，用好《铁路党支部宣传思想文化工作实务十讲》等业务指导书的同时，通过日常培训、实践锻炼等，强化班组长政治理论水平培育教育，促进班组长日常学习组织能力提升。在每年新职（预备）工班长培训班中开设思政课，由党委宣传部派出专人开展示范宣讲、业务授课，面对面传授班组政治理论学习方法、交流基层优秀学习案例，从源头上提升班组长抓政治学习的整体能力。各单位因地制宜，及时跟进，把班组长政治素质培养作为强基固本的重要途径来抓，曲靖工务段推出“金色鲁番”班组长特训营、玉溪供电段建立“玉才”培养机制、昆明机务段打造“动力人才”培养工程等，纷纷将政治理论教育列为班组长的“充电站”，从上而下锤炼政治站位高、本领过硬的班组长“方阵”。

4. 突出“实效”，有力把学习成效化为理论成果。学习的目的在于运用。我们坚持“抓两头、带中间”，既着力推动基层政治学习落实好“规定动作”，确保职工全年学时至少保持在 16 学时以上，更坚持求实问效，推动理论学习出成果、见实效。以两级党委理论学习中心组学习研讨为带动，提升集中学习研讨交流发言质量，择优向各级各类平台推荐，形成更多的理论成果。集团公司领导人员《打造中老两国人民发展路幸福路友谊路》理论文章在云南省委主办的期刊《云岭之窗》发表，《大力弘扬改革创新精神　奋力谱写昆铁现代化建设新篇章》等文章在《人民铁道》报“中心组声音”栏目发表，形成更强示范带动效应。组织基层各单位领导人员、车间党支部（总支）书记广泛列席基层政治学习，围绕习近平总书记关于安全生产重要论述、对中老铁路的重要指示批示精神等，带头开展学习讨论，在思路“碰撞”中形成工作举措、“金点子”，切实推动理论学习与基层实际紧密相连、相互促进、相得益彰。充分挖掘集团党校资源力量，组织优秀教师、理论骨干等开发精品思政课程，形成 7 个板块 89 门专题课，广泛开展“送精品课程到基层，讲专题党课到支部”活动，力促形成更多的理论成果、实践成果。驰而不息推动政治理论学习进车间、到班组，引领带动越来越多的青年职工成长为理论骨干、宣讲骨干，推出的“以改革创新推动高质量发展”“从伟大发展成就中汲取奋进力量”等主题宣讲微视频深受职工欢迎，丰富了职工“指尖”上的学习。

5. 锤炼“四力”，推动宣传战线思政工作能力过硬。宣传战线是推动政治学习走深走实走细的关键力量。这些年来，集团公司党委宣传部紧扣“四力”要求，坚持守正道、创新局，以观念转变、思路碰撞、破解难题、创新创造为突破，推动思政工作能力不断强起来。始终把增强脑力、提升宣传战线理论能力摆在重点突出位置来抓，以“读原著、学原文、悟原理”主题读书活动为载体，广泛组织宣传干部原原本本、原汁原味学习理论知识，提升整体能力素质。用好“学习强国”等学习平台，组织宣传干部认真学习新思想，摘抄“每日金句”，做好每日、每周、专项答题，抽考宣传干部 80 余人次，以检验评判宣传干部学习效果，督导促动宣传干部养成良好学习习惯。发动宣传战线不断增强脚力，深入践行群众思维、实践思维，分系统、分片区组织宣传干部、融媒体骨干力量走基层、进班组，原汁原味采写、拍摄基层故事，创作时尚新颖的新媒体作品，及时把“铁”味强、情感浓、可亲可感的新媒体产品推送到职工“指尖”。注重笔力淬炼，逐年开展理论骨干岗位练兵，分理论、实作板块实施答题竞赛，一批理论“新秀”脱颖而出，为宣传战线储备了人才、壮大了力量。对标《基层思想政治工作标准化测评体系》，对宣传部干部、融媒体工作室人员进行业务培训，结合年度意识形态工作督查等时机，查找并解决突出问题，在一项项实际问题化解中提升宣传干部工作能力水平。坚持比拼晾晒，在各类现场会、读书交流活动中广泛展示宣传战线物化成果、典型案例等 360 余类，切实以成果清单来检验“四力”教育实践工作效果，引导宣传战线坚持“一年干成几件事，一年干出几个成果”的思路，创造性开展工作，在比学赶超中全面推动思政工作能力整体过硬。

三、存在问题

1. 政治学习的主动性还须进一步提升。从日常掌握情况来看，基层对政治理论学习的认识参差不齐，总体上集团公司机关干部、站段级干部学习积极性相对较高，呈现出越向车间班组层面延伸，学习积极性逐级递减的情况，基层“末梢”特别是偏远班组、流动班组开展政治学习还存在一定“梗阻”和“堵点”，中老铁路境外段职工政治学习还需进一步强化组织。职工只参加集中学习，不进行自学的情况也有一定程度存在，有的职工还存在“干好本职工作就行，政治学习无关紧要”“自学等于不学”“业务学习是‘饭碗’，政治学习是‘软指标’”等错误认识。网络时代，青年职工广泛集聚在抖音、快手、微博等网络社交平台，网络占据了职工大量业余时间，呈现出“网络冲浪时间多、学习充电少”的现状，如何教育引导青年职工、“新鲜血液”从一开始就扣好“第一粒扣子”，成为摆在我们面前的一道紧迫课题。进一步深入分析，职工对学习的认识不足、对“为什么学”心存困惑，关键在于思想的“总开关”没有打开，在于基层各层面对为什么开展政治理论学习没有思辨想透，对于在党的大政方针下开展好铁路工作，在国铁集团党组、集团公司党委部署要求下抓落实没有从“讲政治”的高度来想清解透，融会贯通理解不够，敞开心扉交流不足，久而久之，让基层职工把学习当成了“负担”“包袱”。破解职工“何以学”的思想疑惑，需要各层面协同发力、“多向奔赴”，从思想深处、根子上解决职工“为什么学习”的思想问题。

2. 解决政治学习工学矛盾还须靶向施策。云南铁路是典型的山区铁路，管内班组设置多，职工外出作业流动频繁，如大机、桥路、客运等专业组织集中学习存在现实难题。在一次调查问卷中显示，有 0.37% 的职工表示从未参加过政治理论学习，0.76% 的职工表示不清楚“昆铁 +”理论学习模块，0.89% 的职工表示从未学习过理论微课，还有 57.86% 的职工对制度明确的每年学习必保 16 学时回答不上来，反映出基层抓政治理论学习未有效做到全覆盖，职工对学习底数不清。从日常检查情况看，机关有的部门、个别非运输企业还存在以党员大会形式组织开展政治学习，存在非党员职工未覆盖的情况，漏学问题在一定程度上存在。此外，集团公司多条线路运营高铁，夜间“天窗”作业较多，职工夜间作业、白天休息的班制也同样对如何有效组织好高铁职工政治学习提出了新课题。针对上述问题，我们加强思考交流，深层分析原因，找到了“症结”所在。比如：流动作业职工学习难以管理，根本原因在于基层缺乏“一把钥匙开一把锁”的思维，对流动班组政治学习管理“鞭长莫及”、力不从心。一些高铁职工参学难，关键在于车间、班组层面组织政治理论学习的方式方法还较为落后，工作班制、工作性质变化后，抓管理的思路还未有效更新迭代，破解工学矛盾的招法不多、办法不新。

3. 职工政治学习形式还须持续丰富。这些年，结合互联网发展趋势，昆明局集团公司党委宣传部紧跟环境变化和基层需求，相继推出了“昆铁+”理论学习、“昆铁·理论微课365”、“打卡！政治理论小测验”等一批职工耳熟能详的“掌上”学习品牌，但在站段层面推出的学习内容相对较少，基层单位对理论产品创作不够，“深加工”不足，行之有效的方法载体还不多。从政治学习产品浏览量、传播度看，职工对新媒体、短视频等可视化产品较为青睐，对开展知识竞赛等呼声较高，有的反映可适当以走出去观看爱国主义题材电影等方式开展学习，有效丰富学习形式。调查问卷显示，71%的职工表示最喜欢以观看视频的方式开展学习；15%的职工选择以“理论讲解”的方式开展；11%的职工表示可以用摘抄金句的方式开展政治理论学习；2%的职工选择“集体诵读”。除此之外，基层对集团公司打造的7个党史学习教育示范点、云南红色教育基地等运用不足，用好资源优质开展思想教育还需进一步提升。职工还反映，基层目前的学习主要以记要点、背金句为主，一些老年职工记忆力不好，“会上学、会下忘”比较普遍，“知其然而不知其所以然”比较明显，职工希望能够多推出一些名师送教进基层等活动，对集团公司党校推出的送教进基层活动比较感兴趣。在送课进一线的问卷中，职工对时事政治类与铁路相关政策类选择占比较高，分别为34%、39%。这些来自职工的最真实声音和第一手数据，为我们进一步改进学习方式打开了思路，提供了参考。

四、下一步工作打算

1. 在“常态盯”上下功夫，把政治学习牢牢抓在手上。针对基层职工对政治理论“为什么学”认知不足的问题，各层级应加强对职工的日常教育，讲清楚抓职工政治学习是坚定不移“始终听党话、永远跟党走”的必然要求，讲清楚抓职工政治理论学习是凝心聚力、统一思想的必由之路，只有深入细致抓好学习，才能有效推动党中央的政策方针、国铁集团党组和集团公司党委部署要求在基层落地落实。车间党支部（总支）书记、班组长是抓基层“末梢”学习的关键力量，需进一步强化宣传部、组织部、职培部等部门联动合力，加强对关键环节人员的管理，在党支部（总支）书记、工班长培训班中增设政治理论学习课程，把政治素质考核作为上述人员考评选用的标准，让抓学习者首先转变观念，让抓学习者先学习，从根本上提升学习组织者的能力水平，推动基层政治理论学习形成“头雁领航、雁阵齐飞”的良好局面。针对集团公司青年职工越来越多、平均年龄逐年呈年轻化发展的特点，加大对青年职工抓好政治学习的日常教育引导，切实形成各层面抓学习的强大合力。常态化抓好中老铁路境外党建工作调研对话会，对境外两中心车间班组政治学习、“一班组（车间）一方案”优化完善等进行督促指导，进一步推动境外职工政治学习提质增效、入脑入心。

2. 在“划重点”上下功夫，切实提升政治学习质效。针对有的职工政治学习 “入心”不够、容易忘等问题，进一步加强重点学习内容供给，组织段层面结合单位属性、工作实际对学习内容进行提炼归纳，确保到职工身边的学习内容精炼有重点，做到基层学习有靶心。组织基层单位结合月度学习内容，进一步划小单元格，根据基层不同班制、不同作业特点等，对学习时间、时长、地点、形式等进行明确，可将每月集中学习内容分解到每周，甚至每天，创新推出如“班前 3 分钟学习”“每日一学”等“少食多餐”的学习方式，组织职工每天占用几分钟时间开展班前或班后学习，有助于养成学习习惯的同时，还能有效化解一次学习内容多、难记住等问题。进一步压实从段到车间、班组各层面责任，加强从学习到测试各环节管理，确保真学真测、有力有效。进一步改进工作方式，各层面在日常检查基层政治学习时，应树立效果验证的导向，杜绝单纯以查台账、看资料评价学习开展“好不好”

的情况，从根本上扭转有的车间班组认为政治学习就是记录台账、留下痕迹等偏差认知，从上至下切实形成真抓真学的共同合力。

3. 在“强供给”上下功夫，持续提升学习吸引力感染力。针对职工对新媒体、短视频、图文解读等可视化产品比较青睐的实际，紧跟理论热点、时政焦点等，组织力量加大对学习产品的创作，力促推出更多“有铁味”“接地气”，能够打动人心、触动心灵的理论宣传产品。充分利用好基层融媒体工作室力量，列出理论微课创作清单，每季度召开选题策划会，组织基层单位“照单领题”，确保每个单位每年至少完成1期理论微课创作，持续提升理论学习产品质量。坚持“坐下来”学与“走出去”看有机融合起来，有针对性组织职工观看爱国主义题材电影、红色教育等，丰富学习内容。组织各单位持续用好互联网工作群组、自身学习平台等，定期向职工转发、推送精品学习内容，引领职工把学习当成一门日常“必修课”抓牢抓实。用好集团公司先进典型资源，组织“新时代·铁路榜样”王超、起明等先进典型与职工面对面宣讲，结合岗位奋斗、成长历程等交流学习心得，提升感染力。持续发挥好国铁集团、集团公司两级理论骨干作用，结合铁路“六个现代化体系”建设、阶段重点工作任务等撰写理论述评文章，凝练思想观点，加强阐释解读，提升职工认识。组织集团公司党校师资力量开发优秀思政课，推出“教学清单”，持续开展“送课进一线”活动，满足基层学习需求，不断提高政治学习供给能力。同步录制精品思政课视频，择优上传到“昆铁+”App“理论学习”栏目，精准向中老铁路境外职工推送，统筹提高各层面政治学习供给质量。

4. 在“求实效”上下功夫，以扎实政治学习凝聚奋斗合力。实践证明，政治学习日常抓得实、抓得紧的单位，职工队伍管理就有条有理，职工精神面貌也昂扬向上。新的起点上，我们将继续把职工政治学习牢牢抓在手上，进一步从破解有的单位党员学习与普通职工学习无区别、顶层学习与基层学习“一般粗”等问题入手，在“接地气”上求突破，推动学习内容、学习组织方式等与基层相契合，多措并举提升职工学习的理解力、有效性、针对性。

创造性组织开展政治学习答题竞赛，统筹中老铁路境内境外，站段、车间、班组各层面，策划开展好昆明局集团公司政治理论知识竞赛，通过层层选拔、在线直播、知识讲解等方式，推出“学习达人”“学习明星”等，广泛吸引职工参与，营造出浓厚的网上学习氛围。充分运用好国铁集团党组在太原局集团公司湖东车辆段召开的铁路基层思想政治工作推进会经验，提前思考谋划，筹备好集团公司基层思想政治工作推进会，推动总结经验、交流亮点，形成示范带动。充分利用日常检查、年度意识形态督察等时机，加强对基层职工政治学习指导，进一步深化对思想政治工作“如何抓、谁来抓、怎样抓”的认识，持之以恒抓好制度机制建设，推广基层好的经验做法，大力推动基层工作创新，集聚起干部职工团结奋进的磅礴力量。

（执笔人：周军）

关于山区铁路防洪抗汛期间干部职工思想动态调研情况报告

中国铁路昆明局集团有限公司政研会

昆明局集团公司地处高原山区，管内铁路曲线多、坡度大、桥隧密、地质构造复杂、客观条件恶劣、自然灾害频发，汛期防洪形势严峻。为准确了解掌握防洪期间干部职工的思想动态情况和干部职工的关注期盼，针对性做好职工群众思想分析和宣传引导工作，集团公司党委聚集防洪工作实际，采取座谈交流、电话访谈、问卷填写、网络留言收集、一对一谈心等方式，深入38个单位的车间班组、科室，开展线下调研760余人，线上问卷填写2100人。主要情况分析报告如下。

一、职工思想主流

1. 层层宣传宣讲，职工“时时放心不下”的责任感更强。2024年入汛以来，我国南方多次出现持续强降雨、单点暴雨等极端天气，集团公司管内经历了8轮大面积强降雨天气，暴雨侵袭，导致边坡溜坍、陷穴、落石、倒树、水淹道床等灾害险情频发多发，对行车安全影响极大，防洪防汛形势严峻。各单位持续学习贯彻习近平总书记关于防汛救灾工作的重要指示批示精神，认真落实集团公司党委、集团公司防洪工作部署，聚焦“自然灾害不可控、行车事故不能出、重大风险防得住”等安全新理念，切实把防洪安全意识教育纳入形势任务教育重点内容，纳入主题宣讲重点内容。通过全覆盖宣传宣讲、政治学习、事故警示教育、防洪知识竞赛、防洪培训等方式，教育引导干部职工增强防大汛、抗大洪、抢大险、救大灾意识，提升防洪能力，广大干部职工“时时放心不下”的责任感和紧迫感明显增强。调研中，84%的职工表示管内线路周边山体多、地质复杂，极易发生边坡溜坍，必须始终保持高度警惕。超过 70% 的职工表示一定会牢固树立“宁可十防九空，不能万一失防”的防洪理念，贯彻落实好“变以雨为令为以警为令”的安全新策略，练就过硬技术本领，遵章守纪按标作业，立足岗位确保安全。普洱基础设施段的职工谈到，中老铁路安全无小事，防洪安全更无小事，防洪期间他们每天都要对设备进行多次巡检，精神一直保持高度紧张，生怕有一点疏漏。开远工务段河口线路车间的职工谈到，米轨上的防洪任务确实重，抢险也是真的多，不是倒树就是边坡溜坍，虽然很辛苦，但不敢有丝毫马虎。大理机务段大理东整备车间的职工表示，防洪关键时期，必须以更严的标准、更高的要求整备好每一台机车，绝不让机车带病上线运行。昆明南电务段调度指挥中心的调度员谈到，进入 8 月，段整体防洪压力很大，设备面临着更大的考验。只有牢固树立“高铁无小事”的安全理念，对待设备隐患“零容忍”，才能在 2024 年防洪“考试”中交上一份合格的答卷。

2. 坚持典型引领，职工“岗位奋战攻坚”的信念更强。防洪期间暑运任务叠加，职工安全压力、工作任务成倍增加，工作时间延长、工作强度增加，疲劳应战容易引发职工思想波动。集团公司注重在关键时期发挥先进典型的示范引领作用，加大防洪奖励力度，下发防洪通报 4 期，对 228 名防止事故有功人员通报奖励，其中职工 150 人，合计奖励金额 81700 元。各单位坚持讲好岗位奋斗故事，深入挖掘防洪暑运期间涌现出的先进典型事迹，利用报纸、电视新闻、网络媒体广泛宣传。同时，各级党组织结合“七一”表彰，召开表彰会隆重表彰优秀共产党员、防洪先进个人等，职工学习先进、争当先进、岗位奋斗、岗位攻坚的信念越来越强。调研中，79%的职工表示，集团公司防洪奖励力度很大，极大激发了职工确保防洪安全的斗志。60%以上的职工谈到，受身边先进典型的影响，日常工作中责任心更强，落实标准更严。昆明北车辆段开远运用车间的职工谈到，要和全路优秀共产党员一样，做一名政治素质、业务水平双过硬的“国门”工长。昆明车辆段库检车间的职工谈到，防洪暑运是铁路工作的重点任务，身为一名青年党员，要向明星大师王超学习，全身心奋战在车辆检修一线，确保防洪期间的列车安全。曲靖车务段宣威站的客运值班员谈到，进入汛期，他们顺利应对了11次列车折返和多次大面积晚点，很多同事放弃休息奋战岗位，他们也有信心迎接秋汛更大的挑战。昆明南电务段曲靖信号工区的职工谈到，通过听先进典型事迹报告，深刻认识到企业的发展与个人息息相关，越是关键时刻，越需要职工担当攻坚。

3. 加强关心关爱，职工“事事心中有底”的干劲更足。防洪期间，集团公司各级组织坚持让职工共享发展成果，加大一线职工特别是奋战在防洪、暑运一线艰苦岗位干部职工的关心关爱力度。层层开展送文化、送活动、送清凉、送健康关爱活动，落实助学、助医、助困关爱举措，开办暑期托管班、心理咨询室，收入向艰苦岗位倾斜，切实帮助职工解决急难愁盼问题，最大限度保障职工权益，职工获得感、幸福感、安全感成色更足，奋战防洪的干劲更足。昆明电务段昆明西信号车间的职工表示，现在防洪任务很重，但单位能随时关注职工的生产生活条件，并及时处理好职工反映的各种思想问题和实际困难，让他们感觉工作更有动力了。开远车务段开远南线路车间的职工说，这几次的工会活动特别有趣，参与感很强，比较开心，在经过一天疲惫工作后，这样的活动使他们在一片欢声笑语中增强了工区的凝聚力，以更加饱满的精神状态投入工作中。玉溪供电段玉溪供电车间的一名干部谈到，暑期单位为职工子女提供暑期托管班，举办了亲子运动会、金秋助学活动，让他们感受到单位心中始终装着职工，虽然防洪任务很重很辛苦，但大家坚守岗位干劲很足。普洱车务段万象运营管理中心琅勃拉邦中心站的职工谈到，感谢各级领导的关心帮助，他们在境外工作困难很多，但单位领导时刻想着他们，在以后的工作中，一定会牢记嘱托，以高标准严要求做好境外工作。曲靖工务段水红线防洪看守工说，他们夫妻俩整天面对着大山生活枯燥乏味，感谢集团公司能想着他们，防洪慰问小分队演出很精彩，鼓舞他们继续在看守点一直坚守下去。

二、存在的典型思想倾向

1. 因防洪防汛与生产任务上量压力叠加，部分职工出现畏难情绪。汛期，集团公司管内强降雨、单点暴雨、台风“摩羯”等极端天气频发，一线干部职工坚决雨前排查、雨中巡查、雨后复查任务加倍，落石、边坡溜坍、水淹道床等水害造成应急抢险频繁，加之暑运车辆检修、设备检修等工作量增加，职工普遍感觉安全压力较大，部分职工因不能按计划兑现休息，身体疲劳得不到很好的缓解，导致工作激情有所减弱，畏难情绪增长，存在工作标准执行不到位等情况。大理机务段大理东检修车间的个别职工谈到，防洪期间外出巡检作业多，但外出巡检轮换人员较少，作业压力相对较大。开远车务段莲花滩站的应急值守人员谈到，有一天，他在一个班内连续处置 2 次降雨超值，区间封锁信息，晚上还要进行夜天窗施工维修作业卡控，工作压力感觉很大。昆明北车辆段的一名工长谈到，个别职工对雨季户外作业存在畏难情绪，作业过程中会出现防控措施执行不到位、作业标准打折扣的情况。昆明客运段的一名列车长谈到，因暑运后半期临时加开、套跑、重联等情况较多，职工工时持续保持高位，身体疲劳，容易出现情绪不稳定的情况，在值乘中存在作业漏项、言行举止不规范、服务话术标准落实不到位等问题。普洱基础设施段万荣综合维修工区的职工谈到，日常工作压力很大，有时候遇上大雨，会感到格外疲惫。玉溪供电段玉溪变配电运维工区的工长说，雨季高温天气对职工的心理素质要求较高，特别是雷雨天气容易引发设备跳闸，应急处置压力较大。

2. 因极端天气造成的列车停运晚点增加，客运岗位职工普遍感觉思想压力较大。通过调研谈话了解到汛期旅客列车晚点、临时停运、折返等情况频繁，部分车站正常的客运作业组织秩序被打乱。客运职工面临办理退票、改签等业务工作量增加，应急能力要求高、工作时限延长，面对旅客投诉、指责较多，职工们普遍反映精神压力较大。富源北站的客运员谈到，他感觉越来越无法适应现在的工作强度，想申请换一个轻松的岗位。开远车务段玉河线建水站的客运值班员谈到，当前面临的主要困难是暴雨天气导致列车大面积晚点，大量的旅客滞留车站，增加了其他客运业务的作业量和作业难度。广通车务段大理站的一名客运员谈到，大理临时站房条件比较有限，暑期游客暴增，候车大厅又热又闷、旅客情绪较为急躁，有的旅客不满意服务质量会在网上发帖，他们感觉心理压力很大。昆明站、昆明车务段的职工谈到，列车晚点后，大量旅客反复来询问列车何时能到站，他们要反复、耐心地对不同旅客解释，部分旅客对列车晚点的情况不理解，他们感到工作压力很大，身心俱疲。

3. 部分新职人员不能适应汛期高强度的作业，心理落差较大。汛期一线职工雨中作业、雨中抢险较多，作业环境恶劣，作业强度较大，部分新职人员业务能力及身体素质都不能适应工作要求，心理落差较大，有打“退堂鼓”的情况，需要重点关注。昆明车辆段库检车间的干部谈到，车间少部分职工特别是年轻职工经历在积水中作业后产生抱怨情绪，工作积极性不高，觉得自己不应该吃这些苦。开远车务段的一名干部谈到，部分新入职人员到工区后，因所在工区工作环境与内心期望差距较大，心里存在落差，导致工作积极性不高。普洱基础设施段的一名工长谈到，近期工区外出作业时间较长、作业安全压力大，部分青年职工因个人综合素质偏弱及对工作适应不够，个人思想情绪有一定波动，工作主动性、积极性受到较大的影响。昆明车务段的一名年轻职工谈到，为尽快完成列车编组，连接员经常要冒雨作业，他感觉自己不能适应这种作业环境，作业过程中心理压力较大。

4. 少数职工防洪意识还不强，全员防洪理念还没树牢。防汛抗洪“宁可十防九空、不能万一失控”，需要牢固树立“全员防洪、全年防洪、全域防洪、科学防洪”的理念。从调研座谈及日常检查中发现，个别基层单位对全员防洪的思想认识不到位，在形势任务宣讲中不同程度存在讲经营讲效益较多，讲防洪讲安全较少，导致少数职工片面认为防洪与本单位、本岗位关系不大，防洪意识不强、防洪要求不掌握、防洪培训不到位。昆明物流中心的个别职工表示，防洪跟营业部关系不太大，对于他们来说最大的任务是做好货运营销，确保货运增量。旅服公司的个别职工谈到， 昆明具有得天独厚的地理和气候优势，不会发生大规模洪水泛滥等情况。

三、下一步工作建议和努力方向

1. 进一步提升形势任务教育针对性。结合党的二十届三中全会精神、国铁集团、集团公司领导干部会精神学习宣传，坚持分层分众开展好形势任务宣讲，讲清上半年集团公司取得的工作成效、存在问题不足，讲清下半年工作目标和重点举措，特别是以台风“摩羯”的危害性为例，讲清防秋汛面临的形势任务及推行安全新理念新策略新方法后的防洪要求，强化命运共同体意识，不断凝聚起坚决完成全年任务目标的思想合力。持续发挥先进典型示范引领效应，持续加大防洪奖励力度，坚持镜头对准一线，深入挖掘防洪一线先进典型事迹，通过全媒体平台加大典型宣传力度，树立鲜明的价值导向，增强干部职工岗位奋斗的积极性、主动性。

2. 进一步强化新职人员的思想疏导。发挥思想政治工作队伍作用优势，督促党组织书记等落实“第一责任人”、其他管理人员落实“一岗双责”职责，结合重点人员思想波动情况，有针对性地开展思想疏导，及时化解心理困惑，保持重点人员思想总体稳定。针对青年职工特别是新职人员所思所盼所忧，发挥车间党支部书记、工班长离职工最近的优势，每月开展一次新职人员思想动态收集。针对普遍性、趋向性问题，通过路史路情宣传、优秀青年成长分享等，教育引导青年职工传承铁路红色基因，发扬吃苦耐劳精神，实现岗位价值；针对个性化问题及需求，思政工作者采取岗位谈心、情绪疏导、心理解压、帮助解决问题等做好“一人一事”思想政治工作，帮助解决思想疑虑和实际生活困难，形成向上向阳、勇于担当的工作生活态度。加强新职人员专业能力培训和综合素质培养，通过专业技术人员一对一包保、导师带徒、实践锻炼、重点工作历练等方式，提升新职人员实战能力，帮助其快速适应岗位需求，增强应对不同工作环境的勇气和信心。

3. 进一步做好关心关爱工作。各部门各单位合理安排“天窗”作业、作业班次、人员调配，尽最大努力保证职工休息，同时加大防洪有功人员奖励力度，激发职工工作热情。党政工团各级组织发挥作用，组织好职工健康体检、节日慰问、心理健康讲座、防洪慰问演出、读书活动、助学助医等，用职工群众看得见、摸得着、感受得到的关爱，进一步激发奋斗潜能。针对列车晚点、停运等突发情况，宣传部门主动发声，回应旅客关切、做好舆情引导，减轻现场职工压力。成立职工小组，发挥职工兴趣小组作用，定期组织开展“小而美”的活动，丰富职工业余文化生活，缓解职工思想和工作压力。

（执笔人：魏学枝）

关于“感动兰铁·年度人物”选树宣传工作的实践与思考

中国铁路兰州局集团有限公司党委宣传部

伟大时代呼唤伟大精神，崇高事业需要榜样引领。党的十八大以来，以习近平同志为核心的党中央站在时代发展的制高点上，着眼实现中华民族伟大复兴中国梦的宏大愿景，把典型示范作为重要途径，用榜样的力量温暖人、鼓舞人、启迪人，将榜样的力量融入国家改革发展的伟大事业中、融入人民创造历史的伟大奋斗中，激励全党全军全国各族人民撸起袖子加油干、意气风发向未来。

运用榜样的力量，抓好典型示范，是我们党开展思想政治工作的优良传统，也是正面教育引导的重要方式。铁路是榜样辈出的沃土。进入新时代，特别是党的十九大以来，国铁集团坚持“幸福都是奋斗出来的”“千千万万普通人最伟大”的工作导向，用好“新时代·铁路榜样”“最美铁路人”这一载体，全方位、多角度、立体化选树宣传先进典型，在全路营造了见贤思齐、争当先进的浓厚氛围，也向全社会展示了铁路人的先行风采、服务本色、担当品格和奋斗精神。

在国铁集团党组的领导和示范下，兰州局集团公司深入学习贯彻习近平文化思想，立足西部铁路实际，自 2012 年起开展“感动兰铁·年度人物”

选树宣传活动，12年时间评选表彰“感动兰铁·年度人物”347人、特别奖5个。尤其是一年一度的颁奖典礼，不仅为全局干部职工奉上了一顿精神大餐，也呈现了一桌文化盛宴，一些先进事迹短片催人泪下，一些获奖感言金句频出，典礼光盘是人人想要的“抢手货”，《榜样的力量》系列宣传产品成了全局“限量款”。理性思考“感动兰铁·年度人物”之所以能引起干部职工的强烈反响，关键是在选树宣传先进典型上定位准、理念新、形式多。

一、面向一线选“主角”

习近平总书记指出：“伟大出自平凡，英雄来自人民。”我们坚持把镜头对准一线、版面留给职工，各级组织、各单位紧扣中心工作、紧贴现场实际大力选树榜样，形成了职工选、选职工的良好工作局面。

1. 放眼全局海选。选树先进典型是一项系统工程，必须抓住时代性、先进性、代表性和示范性，统筹全局、均衡分布，让每个系统、每个单位、每个工种都有自己的榜样、看齐的标杆。坚持日常发现和集中推荐相结合，把推选周期拉长至一年、范围扩大到全局，力争选树的典型立得住、叫得响、传得远。日常用好发现“最美兰铁人”“星耀兰铁”等载体，聚焦工作生活中的凡人小事，找出职工身边的“草根明星”，择优纳入先进典型数据库，做到科学比对、动态平衡、心中有数，为年度评选打下坚实基础。每年四季度启动“感动兰铁·年度人物”评选活动，围绕年度重点任务和阶段性工作，突出扎根一线、业绩突出、事迹感人，通过车间班组广泛推荐、基层单位层层遴选、机关部门审核把关、集团公司党委研究决定，自下而上集中推荐候选人，覆盖全局车机工电辆各系统，辐射安全生产、运输经营、后勤服务、脱贫攻坚以及践行社会主义核心价值观等各领域，让所有符合条件、作出贡献的职工都有机会走到台前、获得荣誉。

2. 发动全员评选。选树先进典型应建立一套科学合理的评选机制，把职工服气不服气、认可不认可、能学不能学作为评价典型选树成功与否的标准，确保选树的先进可亲可敬、可学可鉴。制定《“感动兰铁·年度人物”

选树宣传工作实施办法》，坚持将宣传关口前移，把评先进的过程作为引导干部职工学先进的过程，按照公平、公正、公开的原则，统筹线上线下，确定 3 种投票方式，每次专门下发通知，组织全员广泛参与，让选树的典型既经得起检验，又能教育职工。线上建立办公网和微信投票两个渠道，明确准备、预热、公布 3 个环节，精心设计投票程序，利用“兰州铁道”微信平台和互联网工作群组广泛预热，让评选活动不仅面向职工，还延伸至家属和社会。针对可能出现的网络刷票问题，开始前反复测试，过程中实时监看，确保评选结果的真实性。组织网络投票的同时，通过公文系统同步印发纸质选票，各单位和机关各部门在组织干部职工认真学习先进事迹的基础上，集中绝大多数人的意见确定推荐人选，使评选结果既体现民意，也让职工在评选过程中受启发、受感动。

3. 带动基层自选。先进典型来自一线的平凡岗位和日常的生产生活中，只有各单位积极培育、主动发现、深入挖掘、广泛筛选，才能形成先进层出不穷的良好局面，才能建好典型储备的“金字塔”。我们坚持把先进典型选树宣传作为衡量一个单位宣传思想工作水平的重要指标，纳入标准化规范化建设考评、基层思想政治工作示范点验收、季度党建工作联检互评和年度政治工作考核，把“软任务”变为“硬约束”，各单位抓典型选树实现了从简单认知到普遍认同的转变。比如：兰州西机务段坚持自下而上、层层推荐，开展最美机车司机、最美检修工匠、最美保障标兵、最美管理干部等“最美人物”评选，让全段干部职工学习榜样、争当榜样。兰州车辆段连续十年评选表彰了 400 余名“十大安全生产状元”“十大节支创效状元”“十大优质检车状元”“十大优质修车状元”，为各岗位、各工种树起了看齐的标杆。嘉峪关供电段策划实施“典型引领工程”，建立常态化先进典型选树宣传机制，每季度评选“安全之星”，每年表彰“最美奋斗者”“十大青年榜样”，让先进典型选树常流水、不断线。

近年来，通过面向一线海选、发动全员评选、基层单位自选，一大批接地气、有特点、打动人的先进从“幕后”走到“台前”，成为人人关注的“主角”。参加评选活动的职工说道：“我打心眼里佩服这些职工推荐、职工评选的先进，他们的事迹感染着我、激励着我，我也希望像他们一样，在平凡的岗位作出不平凡的贡献。”

二、突出理念搭“舞台”

习近平总书记指出，“各级党委和政府要关心、关怀、关爱英雄模范，推动全社会敬仰英雄、学习英雄”。只讲奉献、不求回报，是我们中华民族的传统美德。但不图回报，不等于不该回报。我们坚持“让先进典型有名有利有发展”的理念，各级组织和各单位坚持严格管理和关心关爱并举，既搭台子又压担子，创造了先进价值有体现、发展有空间、待遇有保障的良好环境。

1. 隆重表彰，搭好展示的舞台。颁奖典礼只有集思想性、艺术性、观赏性于一体，才能受到职工喜爱、引起职工共鸣。集团公司党委宣传部紧跟时代节拍，每年确定一个主题，举行“感动兰铁·年度人物”颁奖典礼，通过精心设计、认真组织，力争给观众以精神洗礼、灵魂触动和视听享受。在提高颁奖规格上，凝聚党政工团优势和力量，专门举行颁奖典礼，邀请甘肃省有关领导、集团公司班子成员为先进典型逐人颁发鲜花、奖杯和荣誉证书；同时，突出典型的先进事迹、主要品质、工作特点等，拍摄制作先进事迹短片，高质量撰写颁奖词，邀请专人现场宣读，唱响一曲曲“明星赞歌”。在提升节目质量上，立足铁路特色和集团公司实际，创作《我自豪，我是兰铁人；我骄傲，我是中国人》等脍炙人口的诗歌，编排了《支部书记孙万斌的“民情日记”》等反映先进事迹的小品、舞蹈和歌曲，这些极具“铁”味的节目让职工倍感亲切，常常引起在场观众的阵阵掌声。在氛围营造上，组织相关单位对获奖人员进行再表彰、再授予，持续提升先进的自豪感和荣誉感。比如：嘉峪关电务段、银川房建段等单位召开表彰会，组织干部职工观看“感动兰铁·2020年度人物”视频集锦，向张婧婧、冯瑕等获奖者再次颁发证书、奖杯，让更多的人知先进、学先进。

2. 注重培养，搭好成长的舞台。一个立得住、叫得响的先进典型，除了自身的努力，更需要组织的培养。坚持人适其岗、各尽其才，重用不乱用，关爱不溺爱，不断压缩培养周期、拓宽培养渠道，让先进既有扎根的“沃土”，又有成长的“阳光”和“雨露”。集团公司先后出台职业技能等级认定实施办法、中层及以下管理和专业技术人员选拔任用管理办法等制度，对获得局级以上技术能手、省部级以上劳动模范等荣誉的先进典型，在技能等级认定和干部选拔任用中予以政策倾斜。兰州西机务段、银川工务段等单位将全国劳模赵丕、全国青年岗位能手孙阳阳选拔到管理岗位，不仅激发了他们的干劲，也使其他职工感受到，只要学技练功长本领、操心出力作贡献，就能迅速成长挑大梁。兰州西车辆段深化“名师带高徒”工作机制，将青年先进典型纳入名师库，优化结对方式，日常跟踪指导，定期考核评价，实现了“名师带高徒、高徒成名师”的人才发展良性循环。兰州电务段把先进典型纳入青年人才库、预备干部库，把典型作为重要岗位后备力量加强针对性培养，让“功臣明星”有了奔头。

3. 保证待遇，搭好比学的舞台。加大对先进典型的奖励力度，特别是给予物质和经济上的激励，就是要树立“辛苦付出就有丰厚回报”的鲜明导向。集团公司对“感动兰铁·年度人物”给予 1 万元，对全局劳动模范、先进生产者和优秀共产党员分别给予 5000 元、3000 元和 2000 元奖励。同时，建立了机车乘务员发现安全隐患、防止事故奖惩办法，以及容错纠错、考核返还等机制，对防止隐患的有功人员给予重奖快奖。比如：对连续发现防止车轮辐板裂纹和轴承异音故障的嘉峪关车辆段李晶晶，一次性给予 4 万元奖励，在全局发挥了很好的示范作用。工会组织坚持为各级劳模和全国五一劳动奖章获得者进行全面体检，组织外出疗休养。各单位经常倾听先进、劳模的心声，尽力帮助他们解决住房、就医等切身利益问题。比如：兰州车辆段修订职工保障性住房分配文件，为李东宇等在国铁集团技能大赛获得前三名的先进典型直接分配住房。

兰州北车站原团委书记张晓倩曾荣获路局接发列车技术比武信号员第

三名，被选拔为团委书记后，她也十分重视先进特别是青年典型的选树宣传工作，在调研时，她说："经历过学技练功的苦与甜之后，我就更想讲好先进拼搏努力、刻苦学习的故事，希望影响带动更多的团员青年比学赶超、争当先进。"

三、立体推广塑"明星"

习近平总书记指出："崇尚英雄才会产生英雄，争做英雄才能英雄辈出。"我们创新形式、拓宽载体，千方百计拉长宣传过程，持续放大典型示范效应，力求推广一个、叫响一个，使先进成为干部职工眼中的"楷模"、心中的"偶像"、行动的"标尺"，在全局营造了见贤思齐、争当先进的浓厚氛围。

1. 近距离宣讲。先进典型离职工越近，就越真实；先进事迹越真实，就越感人。在宣讲报告创作过程中，我们注重以事感人、以情动人，坚持贴近实际、贴近职工，在认真学习观看历年"最美铁路人"先进事迹报告会的基础上，把握宣讲稿创作规律和特点，组织骨干力量与先进典型反复沟通，深入现场采访其身边同事，按照既总结提炼先进典型的精神品质、又不弄虚作假的原则，突出人物故事化、故事情节化、情节细节化，撰写宣讲稿、制作PPT，做到思想不拔高、事迹不做假、成绩不掺水。宣讲稿打磨完成后，统筹用好各种形式，通过先进典型组建团队巡回讲、视频会议扩大讲、讲堂访谈带动讲、分期推送微宣讲，让先进典型面对面、屏对屏与职工交流，讲好"感动兰铁•年度人物"的先进事迹和感人故事，传递奋斗最美的价值理念，激发职工学习的动力。

2. 全方位宣传。一个典型生命力的强弱，很大程度上依赖于后期的宣传和学习。我们坚持报纸有字、电视有声、网络有赞，用好"兰州铁道"全媒体平台，进行高频次、全覆盖的推送，形成宣传声势。宣传部发挥自身优势，组织骨干力量为"感动兰铁•年度人物"著书立说，每年坚持编印《榜样的力量》宣传画册和报告文集，制作宣传海报、折页及礼盒，打造了一套拿得出手、传得下去的“铁路礼品”。银川工务段紧抓银西高铁开通运营有利契机，认真收集视频素材，组织拍摄专题片《大志无疆大行必远》，以更真实、更直观、更亲切的手段塑造先进、感染职工。银川供电段党委组织网评员撰写《毫厘之间尽显工匠本色》《“以梦为马”成就出彩人生》等网评文章，捕捉先进典型“闪光点”在网上引导职工群众见贤思齐、奋发向上。

3. 多渠道推荐。俗话说，隔行如隔山，但隔行不隔理。先进人物虽有行业的区别，但是先进精神却值得大家共同学习。对企业而言，增强典型辐射效果，关键要看典型宣传是否实现由内而外、做大做强，典型效应是否升华为群体效应、社会效应。在宣传推广上，我们突出那些分量重、平台高的省部级以上荣誉，特别是盯住“最美铁路人”这个“铁”字号品牌，加大推荐力度，有效提升了先进典型的知名度和影响力，取得了“墙内开花内外香”的宣传效果。近年来，在各级组织和相关部门的共同努力下，一大批先进典型走出路局、走向社会。比如：“感动兰铁·年度人物”陈忠祥荣获第七届全国道德模范提名奖，赵丕荣获全国劳动模范、“感动甘肃·陇人骄子”提名奖，马振文荣获甘肃省劳动模范，王莉荣获甘肃省道德模范，“95后”青工刘晓燕、“钢轨神探”黄涛被评为“最美铁路人”。

榜样的力量是无穷的。先进典型一旦确定，就要动用一切力量和资源，进行针对性、可持续的培育，开展立体化、全方位的宣传，这样才能让先进成为家喻户晓的“明星”，才能起到引领职工、鼓舞职工的作用。在宣传“最美铁路人”刘晓燕时，许多青工说：“刘晓燕是我们学习的标兵，每次读她的事迹、看她的视频，都很受感动、很受鼓舞，以后一定要认真学习、苦练本领，有朝一日像刘晓燕一样也站在领奖台上。”

“感动兰铁·年度人物”评选活动启动至今，已经走过12个年头。12年来，集团公司在实践中摸索、在摸索中总结，既取得了令人欣喜的成绩，也获得了一些宝贵的经验。

一是面向一线选，先进典型才能立得住。先进典型只有成长于一线、来源于一线，才具有广泛而深厚的群众基础、才能发挥有力且有效的示范作用。每一名“感动兰铁·年度人物”都是各系统、各领域的佼佼者，他们工作在运输生产一线、生活在干部职工当中，大家既了解又信服，这是先进典型被认可、受欢迎的根本原因。

二是建好平台树，先进典型才能叫得响。一个典型就是一面旗帜。把典型树起来就是要让大家学有榜样、行有示范、赶有目标。通过举行颁奖典礼、精准培养锻炼、重奖快奖激励，为先进搭建展示的平台、成长的平台、比学的平台，不仅对典型的辛苦付出给予了看得见的肯定，还最大化宣传了单位的回报机制，既使先进觉得光荣，也让别人看着羡慕。

三是上下联动推，先进典型才能传得远。培养选树先进，出发点和落脚点在于宣传推广，从而达到“一花引来百花开、万紫千红春满园”的效果。对内，要发动各级组织、各单位广造声势，进一步聚人气、正风气；对外，要主动出击、加强联系，瞄准省部级以上特别是“最美铁路人”“新时代·铁路榜样”等有分量的荣誉，通过更高的平台宣传先进事迹，引起旅客共鸣和社会关注，进一步扩大典型的感染力、影响力。

（执笔人：朱亮、胡锦荣）

加强和改进基层思想政治工作专题调研报告

中国铁路兰州局集团有限公司党委宣传部

思想政治工作是党的优良传统、鲜明特色和突出政治优势，是一切工作的生命线。聚焦职工政治理论学习供给质量不高、宣讲宣传吸引力不足、“一人一事”思想政治工作不精准等全局基层思想政治工作存在的突出问题，对标《责任清单》《基本规范》等5项思想政治工作制度，兰州局集团公司党委宣传部先后深入兰州电务段、兰州车务段、兰州铁路物流中心、兰州供电段、兰州工务机械段、兰州车辆段、兰州西机务段车间班组，通过分层座谈、问卷调查、实地查看等多种形式进行专题调研。

一、基本情况

1. 制定方案、做足准备。分系统选取兰州片区车务、机务、工务、车辆等单位作为调研对象，理清重点细化方案。设计调查问卷（涵盖理论学习等4方面25个问题），提前做足“功课”。

2. 重心下移、直奔现场。严格落实“四不两直”要求，直接深入7个站段的22个车间班组，与8名站段领导、12名党支部书记、44名职工进行交流，3000余名职工不记名参与问卷调查。

3. 平等交流、摸准实情。调研中采取“引导式”“拉家常”的方式征求职工意见、了解职工需求，让干部职工毫无顾虑、敞开心扉谈感受、提建议。共征集梳理各类问题59件、建议80条。

4. 推广案例、优化措施。针对职工提出的政治学习内容供给不优等5方面13条问题，积极推广可复制的典型案例。同时，针对问题制定针对性措施，把调研过程变为指导实践的过程。

二、好的做法

总体上，经过近几年兰州局集团公司党委不断改进和加强基层思想政治工作，各站段党委始终把加强和改进思想政治工作与凝聚力量、促进发展、维护稳定融为一体积极探索，在工作载体、方式和内容上有了明显的提升和长足的进步。

1. 理直气壮抓、静下心来学，学习氛围日益浓厚。各单位坚持把学习贯彻习近平新时代中国特色社会主义思想作为首要政治任务，推动职工政治学习走实走深。调查问卷显示，分别有27.24%和61.58%的干部职工表示“有强烈的学习愿望”和“有条件和时间就学”；69.5%的职工认为思想政治理论工作政治学习对自己产生的影响最深。“政治是解决为什么干的问题，理论则是解决怎么干的问题。”在座谈交流中，2018年入路参加工作的机车钳工对参加政治学习的认识让调研组印象深刻。兰州西机务段每月在微信公众号发布“月度政治理论学习计划来啦”集锦，推出重要讲话、理论微课、铁路榜样、理论测试的图文视频，优化内容供给。兰州车辆段动集车间改变以往月度一次集中学习多项内容的模式，积极倡导“三五分钟不嫌短、三五个人不嫌少”的“微”教育，加密学习频次、精炼学习内容，既减轻学习任务压力，又使学习效果得到保障。兰州车务段白银车站将理论微课、警示教育片等视频学习资料纳入每月职工政治学习计划，推送至互联网工作群组，增强政治理论学习的实效性和吸引力。

2. 奔着需求去、丰富形式讲，思想引导成效显现。各单位坚持受众在哪里、思想政治工作的阵地就延伸到哪里，结合职工需求积极探索正面教育的方式方法，提升教育质效。兰州西车辆段宣传助理员说：“我们段‘学习强国’积分 7 万以上的职工有 98 人，占总人数的 3.7%，‘四大平台’关注率达 100%。”通过座谈了解到，部分单位有效运用“学习强国”“人民铁道”“兰州铁道”等网络平台加强思想教育，引导职工知形势、明任务。问卷调查中，66.43% 的干部职工表示很有必要参加宣讲会或形势任务报告会；68.01% 的干部职工习惯通过电教片开展形势任务宣传。兰州电务段通过开设“科长讲堂”、成立宣讲小分队等形式，录制推出形势任务宣讲短视频，针对职工关心关注的热点，“线上线下”同步开展“菜单式”宣讲，提升了宣讲的覆盖面和针对性。兰州西车辆段发挥职工特长，积极打造“铁山漫画”品牌，利用段微信公众平台，精准推送涉及劳动安全、保密知识、规章制度等系列“微宣讲”作品，寓教于乐，深入人心，增强宣讲的感染力和趣味性。

3. 自下而上推、自上而下学，典型引领深入人心。一个典型就是一面旗帜。各单位坚持先进典型引路，运用“感动人物”“最美人物”“安全标兵”“岗位先进”等活动载体，抓好先进典型选树宣传，大力选树职工身边人、宣传职工身边事，使干部职工学有榜样、行有示范、赶有目标。调查问卷显示，52.16% 的职工知道 2022 年“最美铁路人”“感动兰铁·2022 年度人物”先进事迹。兰州供电段检修车间副主任朱宗成说：“单位每年组织开展的‘最美兰供人’颁奖典礼，有一种春晚的感觉，也让人有种典型就在身边的自豪感。”兰州供电段学习借鉴“感动兰铁·年度人物”颁奖典礼，将评选的年度“最美人物”进行广泛宣传，打磨提炼颁奖词，同步送上文化盛宴，让职工在艺术享受中增强情感认同、传播榜样精神。兰州西机务段兰州整备车间兼职党支部书记说：“我打心眼里佩服‘雷锋号’机车组，司机长念盼的事迹感染、激励着我，我也希望像他们一样，在平凡的岗位作出不平凡的贡献。”“感动兰铁·2022 年度人物”颁奖典礼在全局范围内产生了较好示范效应，干部职工纷纷表示要以实际行动学习先进、争当先进。兰州西机务段兰州整备车间对发现重大隐患的先进典型在车间光荣榜进行广泛宣传，以身边人、身边事教育引导职工落实作业范围、提高作业标准，在思想政治工作保安全方面发挥了积极作用。

4. 拓宽渠道听、合力共为办，人文关怀逐步走深。各单位坚持以人为本，发挥各级组织优势，通过拓宽职工反馈渠道，切实解决好职工思想问题和实际问题，树牢企业命运共同体意识。兰州工务机械段党委书记说："办好职工的事就是最大的思想政治工作，一切工作都是人干出来的，职工的心气顺了，工作也就自然干好了。"问卷调查中，62.2% 的干部职工表示单位能够及时回应他们的诉求。兰州西机务段兰州整备车间电力机车钳工说："段微信公众平台让上情下达、下情上传畅通无阻，开通的民情民意'直通车'搭起干部职工'连心桥'，打通了联系服务职工的'最后一公里'。"兰州西机务段积极探索运用"互联网 +"开展思想政治工作，积极拓展职工诉求表达渠道，在段微信公众平台开通民情民意"直通车"，形成了"倾听民意、答疑解惑、落实跟踪"的职工诉求和思想问题闭环管理机制，使反映民情、了解民意直通化、互动化。该段兰州整备车间集中职工智慧力量，为车间病困职工建立专门档案，指定应急联系人进行包保帮助，解决了职工后顾之忧。兰州车务段创建的"四心"驿站和开展的"屏对屏"心理辅导讲座，既注重解决实际问题，又解决思想问题。兰州北车站综合设备车间建立完善包保人、班组长、支部委员的三级信息收集网络，每月组织开展职工座谈，了解职工诉求，确保职工思想稳定。"快递到家的举措真是太周到了，对我们这些外省离家远的职工来说真是太方便、太贴心了。"座谈中，干部职工对集团公司坚持不懈办好民生实事、保障民生温服的务实举措反响良好。

5. 规范基础做、明确责任督，齐抓共管格局形成。各单位以强化组织保障为抓手，对照国铁集团安排部署和集团公司工作要求，不断健全完善思想政治工作制度，理顺工作思路、厘清工作重点，在"常""长"二字上下功夫，推动各级组织、各部门落实责任。问卷显示，在座谈交流中，兰州车辆段动集车间党总支书记说："把思想政治工作做实了就是生产力，做强了就是竞争力，做细了就是凝聚力。"从谈话了解到，各单位对思想政治工作明显重视，干部职工对思想政治工作发生了从"不明显"到"很有效"的转变，职工的认同感、体验感明显增强。兰州西机务段区分不同工种、不同班制，逐一明确职工政治学习时间、频次、形式、考试、考核等规定，形成“一车间一办法、一班组一方案”，流程清晰、要求具体。兰州工务机械段焊轨车间党总支书记说：“思想政治工作说起来简单，想要见到效果却不是一蹴而就的，需要通过一些措施潜移默化地感染职工、引导职工、凝聚职工。”兰州工务机械段焊轨车间把思想政治工作融入安全生产全过程、全领域，提炼“铸就精品　焊接永恒”的车间精神，打造“规矩方正”“基地发展史”等文化阵地，营造良好的思想政治工作环境。兰州铁路物流中心将思想政治工作纳入干部履职考评和党支部评比验收的重要内容，利用党建工作联检互评、专项检查、季度写实等形式，定期掌握工作进度，做到底数清、情况明、推动实。

三、调研发现的问题和不足

从调研发现的问题和座谈职工反馈的意见来看，各单位在加强和改进新时代基层思想政治工作上还存在一些问题和不足。

1. 政治学习质量还不够高。调研了解，职工普遍反映政治学习形式比较单一枯燥，职工自觉参与感、互动性不强。调查问卷显示，78.98% 的职工表示所在班组政治学习“一人读、众人听”的学习方式比较常见，“留痕”多、“入心”不够，政治学习自由化、随意化比较突出。有的单位职工政治学习没有按要求全面分类制定学习办法，在内容安排上“上下一般粗”、与职工思想和工作实际结合不紧密。调查问卷还显示，61.71% 的职工表示每周参加一次班组政治学习，普遍反映学习内容多，职工政治学习各个部门的线上测试答题活动让他们疲于应付，有的倒班职工需要“牺牲”休息时间专门去参加各种学习，导致职工产生抵触情绪，学习质量打折扣。

2. 正面宣教效果还不够好。调研发现，基层单位在开展常态化宣传教育上，面向干部职工的形势任务宣讲与对象化、互动化的要求还有不小差距，宣讲内容与本单位发展实际和基层职工生产生活实际、思想实际联系不够紧密，宣讲的针对性、说服力不强。有的职工反映，车间层每月的形势任务宣讲，主要是传达上级工作要求，对着宣讲提纲念的多、结合现场实际解读的少，而且往往是一个宣传提纲层层讲、反复讲，没有充分考虑受众的需求和喜好。调查问卷显示，44.75%的职工表示开展宣讲形式老套，达不到宣讲的预期目标；分别有68.01%、53.98%的职工喜欢通过看电教片宣传和新媒体平台宣传的方式开展形势任务宣讲，但这方面供给跟进不够。

3. 思政队伍力量还不够强。调研发现，专兼结合思政队伍配备不到位，有的班组党支部书记或工班长把思想政治工作作为一项上级下派的“软任务”，部分专兼职党支部书记受自身素质限制，思想政治工作能力不足，有些单位党支部书记职工思想教育不到位，思想动态掌握不够精准，未能及时发现倾向性、苗头性问题，未能有针对性地做好一人一事思想政治工作。调查问卷显示：33.98%的思想政治工作者工作方法简单生硬，能力需要提升。在座谈交流中，一名兼职党支部书记表示：“自身专业素质不高、理论储备不足，开展思想政治工作专业性不强，有时会存在思想政治工作满足于不出问题的想法。”说明基层单位在配备思想政治工作队伍上还存在差距，导致开展基层思想政治工作质量不高。

4. 层层压力传导还不够足。从专项调研的结果来看，车间班组层思想政治工作呈“上热中温下冷”的问题相对比较突出。主要是缺乏闭环管理考核机制，基层对思想政治工作管理比较“笼统”，思想政治工作测评体系运用不好，各项工作推进有弱化、虚化、淡化的倾向。特别是在车间班组层面，一线职工最真实的思想倾向不能及时准确地反馈上来，职工思想政治工作效果在一线体现不够明显。这也说明思想政治工作压力传导不够，有的基层单位开展思想政治工作满足于对上级指示传达了、贯彻了就是干了，干了就是干好了，不仅缺乏思想政治工作的感染力和影响力，也很难满足职工的心理需求，更谈不上收到应有的效果。

四、加强和改进基层思想政治工作的建议

加强和改进新时代基层思想政治工作，必须在落实工作责任、创新工

作载体、提升工作效果方面下功夫，全方位提升基层思想政治工作实效性。

1. 创新思维，激发基层思想政治工作的活力。树牢创新思维，是基层思想政治工作突破传统、提质增效的首要前提。一是树牢标准化思维。以全局示范点创建为带动，持续深化基层思想政治工作标准化建设，将思想政治工作细化为若干个项目点，明确目标，制定“时间表”“任务书”，确保思想政治工作在基层有抓手、能落地、提质效。二是树牢常态化思维。在实践中，应因事而化、因时而进、因势而新，把功夫下在平时，常抓不懈，在“抓常态、常态抓”中不断提高基层思想政治工作能力和水平，做到和风细雨、润物无声。三是树牢质效化思维。用好《铁路基层思想政治工作标准化测评体系》，发挥考核“指挥棒”作用，把“软指标”变为“硬约束”，推动基层思想政治工作由“可做、可不做”转为“必须做、认真做”，推动基层思想政治工作再上新台阶。

2. 改进方法，增添基层思想政治工作的动力。不断改进方法，是基层思想政治工作主动求变、保持生机的关键所在。一是在改进理论学习方式方法上下功夫。以职工政治学习质量提升年为契机，立足现场实际，推动全局各单位建立“一班组一方案”；优化内容供给，提高政治学习的针对性和吸引力；加强学习管理，不断促进学习严起来、实起来。二是在改进宣传教育方式方法上下功夫。搭建以微信公众号平台、办公网终端平台为依托的数字化平台，推动数字化思想政治工作由“零散”向“融合”全面提质升级；把握分众化、差异化传播趋势，充分利用报刊、电视等传统媒体，以及新兴媒体的宣传功能，让基础性宣传工作内容可视化、形象化，打通职工内心的“最后一公里”；因势利导，理直气壮说“真话”，直面问题说“行话”，贴近职工说“白话”。三是在改进人文关怀方式方法上下功夫。因地制宜，抓实考核返奖和防止事故奖惩办法、青年安居工程等惠民举措，让职工最关心的利益问题有效解决；坚持因人而异，加强职工心理疏导和人文关怀，让最有温度的思想政治工作成为有效化解心结的良方。

3. 完善机制，汇聚基层思想政治工作的合力。健全完善机制，是基层思想政治工作创新走实、落地见效的重要保证。一是完善坚强有力的领导机制。坚持把党建引领作为龙头和依靠力量，站在全面从严治党的高度去理解思想政治工作，将思想政治工作纳入党建工作责任制和意识形态工作责任制，形成"哪里有党组织，哪里就有思想政治工作"的鲜明导向。二是完善上下联动的工作机制。完善上下贯通、左右联动、执行有力的思想政治工作运行体系，打造"合作链"，共下"一盘棋"，推动党政工团齐抓共管、宣传部门组织协调、各部门分工负责、全体职工共同参与的思想政治工作大格局，形成推进思想政治工作的强大合力。三是完善专兼结合的队伍机制。配齐配强宣传骨干队伍，充实优化兼职队伍，不断壮大志愿服务队伍；开展"四力"培训，全面提升宣传队伍能力和水平；坚持和完善宣传干部交流、挂职等制度，畅通职务晋升、职称评定渠道，推动思想政治工作落地见效。

（执笔人：张俊峰）

关于对“90后”青年职工精神文化生活现状的调查

中国铁路兰州局集团有限公司党委宣传部

物质富足、精神富有是社会主义现代化的根本要求。精神文化生活是人民群众生活的重要组成部分，对于人的全面发展具有重要影响。青年是国家经济社会发展的生力军和中坚力量。如何满足“90后”青年职工对精神文化生活的期待，在铁路高质量发展中有效发挥这支日益壮大、充满激情的青年队伍作用，是各级组织需要深入思考和实践的重要课题。兰州局集团公司党委宣传部聚焦“90后”青年职工精神文化生活现状和需求，运用多种方式开展专题调研，较为全面客观地了解了“90后”青年职工精神文化生活现状。

一、调研基本情况

1. 把准方向定方案。积极与团委、工会、劳卫等部门沟通，全面掌握“90后”青年职工人数比例、年龄结构、文化层次、岗位分布特点，以及精神文化生活现状等基本情况，设计制定调研方案。调研对象方面，侧重30岁左右长期单身青年职工、工作地点偏远，以及通勤异地的青年职工；调研内容方面，突出“90后”青年职工精神文化生活现状、需求期盼和诉求建议等4个方面；调研方式方面，主要采取问卷调查、座谈了解、个别访谈、单位报告等5种渠道，覆盖11个系统、侧重单位较为集中的3个片区开展调研，确保调研底数清、方向明。

2. 深入调研摸实情。调研前，明确“怎么看、怎么谈”等重点内容，厘清“找谁谈、谈什么”等关键环节，精心设计7个方面的调研访谈提纲。7月2日至7月5日，集团公司党委宣传部集中时间，统筹安排人员，组建2个调研小组，分头深入兰州北、兰州西、嘉峪关等片区18个单位开展调研。调研期间，组织召开座谈会3场，面对面集中座谈61人次，个别访谈青年职工30人次，与基层单位团委、工会及宣传干部交流16人次，深入了解情况、征求意见建议，确保调研情况清、措施实。

3. 拓展渠道求实效。坚持合理性、导向性、针对性原则，根据日常掌握了解情况，从单位、组织及个人角度设计了涵盖“90后”青年职工基本情况、思想认识、兴趣爱好、文化生活、活动组织、意见建议等6个方面35条问题的调查问卷，利用9天时间采取不记名方式开展线上问卷调查，组织14988名“90后”青年职工参与调查，占青年职工总数的45%。同步下发工作提示，组织52个基层单位、46个信息直报点开展调查分析。梳理分析2024年以来涉及“90后”青年职工的网上信息，线上线下全面掌握情况，实事求是研究分析，确保调研客观真实、全面准确。

二、“90后”青年职工基本情况

集团公司现有35岁以下青年职工36097名，占职工总数的48.9%。其中，单身青年职工19463名，占青年职工总人数的53.9%；异地通勤18409名，占青年职工总人数的51%。结合问卷数据看，系统分布方面，工务系统占比最高为21.46%，建设系统占比最低为0.31%；性别方面，男性青年职工占比为76.09%，女性青年职工占比为23.91%；文化水平方面，本科及以上占比20.35%，专科及以下占比79.65%；婚姻状况方面，未婚及离异青年职工占比53.72%；通勤情况方面，异地通勤青年职工占比50.9%；年龄结构方面，1990年至1994年出生青年职工占比38.3%，1995至1999年出生青年职工占比43.22%；政治面貌方面，青年党（团）员占比54.24%；岗位分布方面，一线操作岗位青年职工占比 94.71%。

三、青年职工精神文化生活现状

随着经济社会发展变化和企业深化改革持续推进，新时代青年职工精神文化生活的发展情况比较复杂，整体呈现积极向上、状态良好的态势，主要体现在三个方面。

1. 各级组织高度重视。调查发现，各级组织普遍关注并非常重视青工的精神文化生活，各级党组织、工会和共青团针对他们的精神文化需求，从政策、经费、设施等方面持续投入，为青工精神文化活动提供了保障。兰州西车辆段党委副书记说：“我们每年将职工精神文化生活建设的费用列入工会经费，组织开展春秋游园的活动基本达到了职工全覆盖，形成了活动有组织、人人能参与的良好氛围。”我们感到，国铁集团党组和集团公司党委坚持以人民为中心的发展思想，在加强职工精神文明建设方面力度不减，特别是 2024 年确定实施的“16 件实事”，对全局文体场馆免费或优惠向全体职工开放，扩大职工业余活动的场所，最大限度满足精神文化生活需求，让青年职工切实感受到了组织的关心关爱。

2. 文化生活形式多元。调查发现，随着经济社会发展，特别是互联网技术的发展扩大了他们精神文化生活的空间，他们对精神文化生活的时间更加自主、方式更加多元，需求也更为广泛。座谈中，兰州车辆段兰州西动车运用所地勤机械师表示：“我是单位的文艺骨干，日常除了参加各种文体活动外，也非常热衷于滑冰、钓鱼、网游等活动。工余时间，我会抽出一定的时间和精力去发展自己的这些爱好。”我们感到，随着“90 后”，甚至“00 后”青年职工逐步步入职场，他们对精神文化生活更加看重，他们作为集团公司最积极、最有生气、最具创造力的群体，对精神文化生活需求高品质、个性化、多样化的特点也更加鲜明。

3. 设备设施不断完善。调查发现，绝大多数单位均有图书室、文体活动室、健身器材等精神文化生活阵地，并且为满足青年职工精神文化生活，大部分单位打造了青年工作室，组织开展演讲比赛、手工艺品培训、读书分享等活动，为青年职工提供展示平台。兰州西机务段团委书记说：“单位青年职工达到 3400 余人，占职工总数的 60% 以上，通过打造青年工作室，组建兴趣小组，常态化组织展示交流活动，较好满足了青年职工个性化精神文化需求。”我们感到，集团公司党政工团各级组织与时俱进、因地制宜搭建舞台、创造平台，满足青年职工精神文化生活需求的同时，教育引导他们树立正确的观念，对精神文化生活有强烈的意愿、积极的行动和显著的成效。

四、“90 后”青年职工精神文化生活特点

结合本次座谈调研、问卷调查结果分析，“90 后”青年职工精神文化生活呈现以下三个方面的特点：

1. 独立化。“90 后”青年职工精神文化生活受经济社会发展影响较大，他们从小衣食无忧，有着较好的物质基础和受教育水平，相比于“70 后”“80 后”职工热衷参加有组织、集体性活动，“90 后”青年职工更愿意选择一些时间自由、不受约束的活动去满足他们精神文化生活需求。调查显示，31.76% 的青年职工没参加过单位组织的文体活动，特别是大部分（61.01%）参加工作 3 年以内的青工倾向于通过网络独立空间度过业余时间。

2. 层次化。从工作年限来看，随着参加工作时间的增加，业余时间选择上网、运动、社交聊天、逛街旅游等的比例逐渐降低，而选择陪伴家人的比例呈上升趋势。说明随着工作年限的增加，工作、家庭等成为影响他们精神文化生活方式的重要因素。从学历水平来看，学历越高，业余时间选择阅读、运动来锻炼提升自己的比例也越高，而选择社交聊天的比例不断下降。同时，研究生及以上学历水平的青年职工更加注重规划并坚持他们的业余时间，说明青年职工文化水平也成为影响他们精神文化生活方式选择的一个重要因素。

3. 娱乐化。“90 后”青年职工成长在互联网时代，网络世界为他们提供了全新的精神文化生活空间。调查显示，54.21% 的青年职工业余时间主要是上网，且 61.35% 的青年职工选择刷短视频。这些活动具有碎片化、低回报的娱乐特点。虽然看书占 20.6% 的比重，但结合座谈了解，59.76% 青年职工偏向于网络小说、漫画、杂志等消遣娱乐类的书籍，他们的精神文化

生活中增长知识、能力发展方面的活动较少。

五、“90后”青工精神文化存在的问题

“90后”青工精神文化生活方面存在的一些突出矛盾和问题也不容忽视。

1. 工作压力和文化生活矛盾突出。问卷显示，73%的青年职工认为工作压力大是影响自己业余生活状态的主要原因，并且45.6%的青年职工感觉当前压力非常大，64.12%的青年职工认为压力主要来自工作。通过分析问卷结果，我们发现不同系统、单位的实际情况也是影响青工精神文化生活的一个重要因素。生产任务较重、安全风险较高的单位和倒班制和轮休制的岗位工作压力大，青工精神文化生活比较单一。座谈中，兰州车辆段动车运用所地勤机械师表示：“我们的岗位一个萝卜一个坑，上班参加活动还得加班‘补欠账’，下班参加活动又不想占用休息时间。”兰州西机务段兰州整备车间的职工说：“干车轴和减震弹簧检修，零部件又大又重，全靠人搬运安装，上班犹如健身，下班就想睡觉。”调研过程中，青年职工反映最集中的就是没时间、没精力干自己喜欢的事。我们感到，大部分青年职工都渴望丰富多彩的精神文化生活，但工作压力和生活压力一定程度上消磨了大家的热情和激情。

2. 活动组织和职工需求矛盾突出。问卷显示，有49.35%的青年职工没参加过读书分享活动，有62.75%的青年职工没参加过联谊交友活动，有31.59%的青年职工没参加过文体活动，并且认为单位组织的活动自己不喜欢、体验感不佳的青年职工占比分别是26.61%和20.37%。座谈中，兰州车辆段检修车间车辆钳工说：“单位组织的活动主要还是面向绝大多数职工，针对青年职工的可选择性不是很大，我喜欢组乐队搞音乐，但这个爱好受众面相对较小，单位也没有办法满足我们的需求。”兰州电务段兰州北信号车间的职工说：“单位的活动更像是任务，每次集合、点名准备时间比活动时间还长，参加一次就不想参加第二次。”调研过程中，青年职工反映比较集中的是单位组织的活动基本以打打球、唱唱歌为主，形式相对单一，体验感不佳，特别是现在年轻人喜欢的活动比较少，青年职工对参加活动缺乏兴趣。通过分析问卷结果，我们发

现从工作性质来看，生产任务较重、安全风险较高的单位活动就相对较少；从地理位置来看，处于市区的单位活动较为丰富活跃，处于沿线的单位活动更简单传统；从工作班制来看，采用倒班制和轮休制的基层单位常常因时间不固定、人员不集中，不能很好地开展活动。我们感到，“90后”青年职工对单位精神文化生活多样性、个性化的特点必须引起重视，需要我们在掌握青工爱好、搭建活动平台上与时俱进，进一步满足他们精神文化生活需求。

3. 认识观念和心理预期矛盾突出。问卷显示，分别有38.15%和16.12%的青年职工没有规划、不想规划自己的业余时间；有54.21%的青年职工业余时间主要就是上网，每天平均上网时间超过2小时的占到了48.68%，且上网刷短视频的青年职工高达61.35%。通过分析问卷结果，我们发现青年职工存在“物质至上”和“实用至上”的价值观念，对物质生活和个人发展关注度较高，对自身精神文化需求了解规划不够，追求精神文化生活容易陷入“低欲望”“短平快”的盲区，追求精神文化生活品质态度消极。座谈中，兰州西工务段永登线路车间的职工说：“上班赚钱，下班享受生活，自己感觉舒服就行，为什么非要培养一个爱好。”兰州车务段河口南车间的职工说：“休息的时候就想宅在家里，和单位的同事一起感觉工作生活分不开，一个人玩手机刷短视频就很放松。”调研过程中，大部分青年职工表示下班后就是宅在家玩手机、刷抖音、打游戏。我们感到，“90后”青年职工自我意识较强，集体观念和团队精神相对薄弱。同时，他们对自己业余时间缺乏自控，需要格外加强对青工业余时间的管理，进一步引导青年职工培养积极健康的兴趣爱好，充实“八小时外”的精神追求，让他们有地方可去、有事可干。

六、下一步改进建议措施

服务青年、依靠青年、赢得青年，铁路事业才能不断发展进步，集团公司现代化建设才能持续加快推进。要把解决问题与引导青年职工奋斗奉献结合起来，把严格管理与关爱职工结合起来，从青年职工最关心最直接最现实的利益问题入手，既解决思想问题，又解决实际问题，更帮助青年职工成长成才。

1. 加强青工思想教育。扎实开展入路教育、岗前培训、职业生涯导航等工作，引导新入路职工扣好职业生涯“第一粒扣子”。加强青年职工政治理论学习，用足16学时集中学习，深化“理论微课365”活动，开展“四史”宣传教育，用好“青马工程”“学习强国”等载体，教育引导青年职工筑牢理想信念之基。统筹开展主题宣讲，加大青年典型的选树宣传力度，引导青年职工认清形势、统一思想、明确责任、凝聚合力，树立正确的职业观，不断增强投身铁路现代化建设的思想自觉和行动自觉。

2. 解决思想和实际问题。统筹网上网下、做深做实调查研究，加强青年职工思想动态收集，特别是细分参加工作1至2年、2至5年、5至10年不同岗位的青年职工群体，进行更加精准的思想动态调查分析。用好谈心谈话、家访慰问等行之有效的传统方法，有的放矢做好“一人一事”思想政治工作。注重青年职工心理健康，积极开展心理健康宣传教育和心理疏导，改善青年职工心理认知能力和水平。高度关注青年职工的切身利益，着力解决好职工收入、住房、通勤、生产生活等现实问题。

3. 精准丰富文化生活。全面了解不同年龄阶段、工作性质、文化层次的青年职工精神文化生活需求，广泛征求意见建议，用好现有资源、拓展平台载体，尽最大能力实现供需匹配。主动适应青年职工需求，针对青年职工特点，丰富文化服务内容，创新工作方式，提高他们参与精神文化活动的积极性和参与度。拓展活动载体，利用互联网平台建立电子图书馆、文博馆等线上文化平台，聚焦青年职工个性化需求开展定制化文化服务活动，进一步提升青年职工精神文化生活的吸引力和体验感。

4. 加大政策扶持力度。建立党政工团齐抓共管的领导体制，明确职责，落实责任，共同设计，共同实施，形成党委领导、行政支持、工会推动、各方参与的工作格局。积极构建青年职工精神文化人才队伍建设，建立完善文化活动人才激励机制，让有组织才能、有传播文化意愿的青年职工发挥聪明才干，真正让青年职工精神文化生活实现“走心、聚心、鼓舞人心”的效果。

（执笔人：朱亮、胡锦荣）

发挥思想政治工作优势作用
为新疆铁路高质量发展助力赋能

中国铁路乌鲁木齐局集团有限公司党委

2024年以来，乌鲁木齐局集团公司党委认真学习贯彻习近平新时代中国特色社会主义思想，特别是习近平总书记对加强和改进新时代思想政治工作提出的新思想新观点新论断，坚持推动思想政治工作融入改革发展全过程、各环节，有效凝聚起全员团结一心、合力攻坚的思想共识，为新疆铁路高质量发展注入强劲动能。截至2024年10月30日，旅客发送量达4389万人，完成全年目标87.8%；货物发送量达1.93亿吨，完成全年目标84.3%，均创历史最佳；保障中欧（中亚）班列开行同比增长16.3%，安全生产顺利跨越1500天。

一、主要做法

1. 强化党的创新理论武装，持续推动学懂弄通做实。始终聚焦用党的创新理论武装全党、教育人民这个首要政治任务，着力在真学真信真用、深化内化转化上持续用力，切实用党的创新理论统一思想和行动。一是突出抓好“关键少数”。集团公司两级领导班子成员率先垂范，先学一步、深学一层，聚焦党的二十届三中全会精神，统筹年度14个专题学习安排和党纪学习教育学习计划，各级领导人员聚焦解决制约生产难点堵点问题深入现场开展调研，先后以“深入学习领会党的二十届三中全会精神，准确把握会议精神，奋力开创集团公司高质量发展新局面，谱写铁路现代化建设乌铁篇章”等为主题，开展集中学习、集体学习研讨1200余场次，深刻领悟、准确把握全会精神和全面深化改革的主题、重大原则、重大举措、根本保证等方面要求，研究制定了集团公司推进“六个现代化体系”建设的39个方面、116项工作措施，形成了提升运输组织效率“挖潜提效”11条措施和保障“疆煤外运”15条硬措施，并统筹抓好推进实施，让带着问题学、结合实际悟成为常态。坚持将习近平总书记关于国家全局性工作、全面深化改革、各地区考察讲话、重大事件批示等内容纳入党委第一议题，有效构建起学习、落实、问效的工作闭环，有力推动了党中央各项重大部署在集团公司落实落地。二是着力抓实“绝大多数”。突出“学什么”，以习近平新时代中国特色社会主义思想和习近平总书记最新重要讲话精神为主题主线，每月采取“重点摘要＋微解读”的形式精准内容供给，用简明通俗的语言阐释理论与铁路、与岗位、与实践的关系，引领职工坚定不移听党话、跟党走。突出“坐下来”，针对现代物流体系建设生产力布局调整，指导基层单位持续完善“一班组（车间）一方案”，着力解决机车乘务员等流动人员、沿线车间班组等分散人员难以集中的工学矛盾，并根据基层单位学习安排，制订列席计划，列席职工政治学习28场次，督促职工政治学习有序开展。突出“学起来”，围绕全会精神、国铁集团领导干部会议精神，以及高质量服务共建“一带一路”、保障“疆煤外运”等内容，用好基层宣讲骨干、理论骨干、青马讲师等队伍，推行“每人一讲”学习模式，讲重大意义、讲工作举措、讲岗位责任，打破班组长“唱独角戏”单一模式，打破学习与实践的隔阂与阻碍。突出“学进去”，实施“每月一主题”讨论活动，指导基层单位紧扣重点工作精心设置讨论话题，引导职工结合思想和工作实际开展交流；将职工政治学习内容与业务能力测试相结合，实现以考促学、检验成果；组织开展线上答题35场次，2.3万职工参与，确保学有所思、学有所想、学有所获。三是持续加强理论宣传阐释。充分发挥党委宣传部、融媒体中心、党校、基层理论骨干优势作用和联动效能，多角度开展理论宣传阐释。加强与党校联动，将党的二十届三中全会精神及党史、新中国发展史等五史内容纳入各级各类培训班课程，联合开发“进一步全面深化改革　推进中国式现代化”“中国共产党是什么、干什么——从党的百年奋斗看初心使命”等思政课。2024年以来，针对领导人员、基层党支部书记、党员轮训开展授课128场次；重点开发“深入领会党的二十届三中全会的重要意义　坚定将改革进行到底的决心”等三中全会精神解读系列慕课5期，通过“送教到一线”等活动，深入基层一线开展授课。用好融媒体中心和基层单位理论骨干队伍，用群众语言推出理论述评文章32篇；以小切口反映大主题、阐释大道理，创作优质理论微课420期，其中“始终听党话、永远跟党走”“因地制宜发展新质生产力”等4期理论微课被评为全路精品课。

2. 深入开展形势任务教育，不断提振担当作为士气。紧扣“改革创新展作为、提质增效立新功”主题，抓紧抓实形势任务宣讲，进一步坚定全员全面深化改革、推动国铁企业高质量发展的信心和决心。一是精心组织示范宣讲。集团公司两级领导班子成员率先垂范，走进枢纽站区、国门口岸、戈壁小站等一线开展宣讲，讲清新疆铁路服务共建“一带一路”高质量发展、保障国家能源安全的重大责任，讲清新疆铁路已成为国际通道枢纽、货发量跃升至全路第一方阵的发展优势，讲清确保安全持续稳定、推动客货运量再创新高等目标任务，提振士气；围绕春运暑运、攻坚“疆煤外运”上量等阶段重点任务，组织专业部室和基层宣讲骨干、精心挑选年度主题比赛获胜人员组建集团公司巡回宣讲团，结合各专业系统工作要求、工作举措及自身岗位实践，在全局主要站区开展了5轮、44场次全覆盖示范宣讲，为各基层单位开展宣讲立标打样，有效凝聚起完成各项任务、决战决胜全年目标的思想共识。二是注重基层一线宣讲。构建形成以各层级管理干部覆盖所有车间、班组的纵向到边、横向到底的宣讲网络。各单位结合系统专业实际细化党委宣传部下发的10期重点任务宣讲提纲，将《运输组织挖潜提效考核办法》等三项激励措施融入其中，细化“战暑运　保安全　增效益”活动和“挖潜提效”11条具体措施，组织2000余管理干部深入货运上量主战场、运输繁忙交界口、客运服务最前沿，与职工一对一、肩并肩开展对话式宣讲2.2万场次，讲清完成年度客发5000万人、货发2.29亿吨任务的举措，货运组织改革、客运提质增效与收入增长的必然联系，设备管理单位对确保安全畅通的重要性，讲清政策的同时，在宣讲对话中化解职工思想疑虑、顾虑，引导职工当好主人翁、激发干劲。三是拓展多种形式宣讲。坚持创新载体、丰富形式，运用“木子学堂”“丝路驼铃”“闪・电”宣讲吧等思政品牌，组织宣讲骨干创作《今后，要这么干！》等一批优秀宣讲提纲，用好职工政治学习、班前点名会等多种时机，开展宣讲300余场次；组织基层文艺骨干，结合集团公司改革发展取得成效、干部职工奋勇拼搏事迹，编排小品《新疆铁路亚克西》等30余个文艺宣传产品，通过“送文化到一线”等活动，深入管内沿线车间班组开展巡回宣讲。充分发动优秀党团员贴近一线优势作用，以自身对工作的理解、岗位上的奋斗、工作标准的落实为主题，以演绎、讲述、分享等形式，开展情景展现、分享交流式宣讲373余场次、分享式宣讲300余场次，着力讲出温度、讲出感情、讲出认同，汇聚攻坚克难奋进合力。

3. 大力选树宣传先进典型，切实发挥示范引领作用。坚持“点亮一盏灯，照亮一大片”，持续推出涵盖各领域、各层面的先进典型，并通过集中宣传，引导和激励干部职工立足岗位踔厉奋发、勇毅前行。一是坚持层层推荐，把典型选出来。突出组织认可、群众认可、业务过硬，聚焦运输安全、现代化物流体系新领域、客货服务第一线、经营创效主战场，围绕安全生产、经营创效等中心工作，组织各单位用好“每月之星”载体，推出“服务之星”“改革先锋”“经营创效达人”等典型人物383人；紧扣在岗位作出突出贡献标准，通过集团公司季度“新时代・乌铁榜样”、年度“感动乌铁十大功臣”等选树载体，先后选树保障口岸高效通行的于荣、用心用情服务旅客的阿米兰・阿力木等一批集团公司级先进典型，同时推出“全国民族团结进步模范”库尔勒客运段列车长米尔班·艾依提，季度“新时代·铁路榜样”阿拉山口站货运员程栩等一批国家、省部级先进典型，让职工身边的先进典型不断涌现。二是坚持立体宣传，把典型树起来。加强先进典型的对内、对外宣传力度，切实提升身边榜样的感召力、影响力。组织融媒体中心记者和基层宣传干部深入一线、实地采访，针对各级先进典型在岗位上标准作业、用心服务的感人故事，采写“冒热气”“带露珠”的人物故事，并统筹“1+41+N”媒体矩阵资源，推出电视专访、报纸通讯、专题微信等系产品；及时更新“典型墙”“光荣榜”等传统宣传阵地，编印《榜样风采录》《双十》等作品和宣传片，并纳入职工政治理论学习，激发全员见贤思齐、学超典型的内生动力。先后21次累计邀请65名中央级、省部级和地方媒体记者，开展先进典型人物进行采访报道，其中，《盛开在“民族团结一家亲号”列车上的石榴花》登上央视、光明日报等大报大台，全网点击量突破1.2亿次，形成现象级宣传效应，产生了良好的社会反响。三是坚持示范带动，让典型多起来。着力发挥新老典型的示范带动作用，借助2023年度“最美铁路人”全国巡回宣讲时机，邀请全国劳动模范高宏宝、“新时代·铁路榜样”程栩参与其中；组织年度“感动乌铁十大功臣”，开展巡回宣讲；各单位积极开展先进典型座谈会活动、邀请先进典型为新入路职工上思政课270场次，向干部职工讲岗位奋斗历程、岗位成才经验，用榜样的力量感召人、引领人拼搏奋斗、岗位建功。坚持给典型交任务、提要求、压担子，深入推进劳模工匠创新工作室建设和创新工作室联盟共建，规范劳模创新工作室管理，围绕解决制约安全、运输的难点问题，深化修程修制创新和技术革新，着力打造了库尔勒工务段岳绍成、库尔勒供电段马占林、哈密机务段白建新等一批劳模创新工作室，并申报“火车头劳模和工匠创新工作室”，让典型的示范引领作用体现在日常工作中、攻坚克难中，体现在推动集团公司高质量发展的全过程。

4. 做实做细人文关怀工作，广泛汇聚全员奋进合力。充分发挥思想政治工作的制胜优势，筑同心、暖人心、强信心，不断汇聚攻坚克难的强大合力。一是思想解惑筑同心。坚持用好面对面与“键对键”相结合的方式，持续深化“六访谈”工作机制，压实访谈责任人“必谈必访”责任，与职工拉家常、聊工作，全面掌握职工所思所想所盼；畅通以“乌铁微家园”职工留言板、职工网上邮箱、55885职工服务热线为主体的职工线上诉求收集平台，准确掌握职工思想动态。拓展“思想政治工作一线行”成果，释放“雯雯心理服务站”“烦恼解忧站”“老康聊吧”等全局思想政治工作品牌优势，针对职工生产生活，特别是生活中的难心事、烦心事、揪心事，通过就餐时了解、间休时聊天、下班路上谈心等方式做好思想疏导，帮助职工理顺焦虑情绪。二是关怀纾困暖人心。着力改善职工生产生活条件，加大投资，对一批职工宿舍、食堂等生活设施进行补强，在乌鲁木齐、哈密等车站建设通勤职工中转“工惠驿站”，打造阿勒泰基础设施段健康管理中心、库尔勒车务段运动服务中心、哈密青年公寓“工惠课室”等特色阵地，持续为一线职工创造良好的工作生活环境。对69名帮扶对象实行一对一包保，下拨补助金和医疗救助金，对217名患大病职工及时进行医疗救助。不断繁荣职工文化生活，组织文艺骨干编排328个节目深入霍尔果斯、奎屯等站区开展“送文化、送体育、送健康、送慰问”进站区活动63场次，丰富沿线职工精神文化生活；歌舞剧《幸福的金火车》在乌鲁木齐、哈密和库尔勒巡回演出15场次，6900余名干部职工及家属现场观看；坚持文体场馆面向职工和家属免费开放，上半年累计服务职工及家属25.5万人次，努力把“职工愿景”变成“幸福实景”，用心用情、妥善解决职工群众最关心、最迫切、最期盼的现实问题。三是成长成才强信心。紧紧围绕凡是通过持续优化能够促进集团公司各项事业向好的方向发展的思路举措都是改革的工作思路，尊重职工主体地位和首创精神，鼓励职工开展难题攻关、工作创新，年内申报全国“五小”创新成果项目22个，表彰奖励集团公司职工创新优秀成果198项。紧扣决战决胜年度目标任务，常态化推进“提质增能创效”“一带一路”铁路口岸过货劳动竞赛，首次成功举办中哈国境铁路口岸中欧班列集装箱换装技能竞赛，评选表彰200名优秀技能人才，激发职工学技练功热情。加大青年职工队伍培养力度，举办集团公司首届“青年职业生涯规划设计大赛”，引导青年职工深入分析自身优势与潜能，制定符合自身实际的发展职业规划，激发青年职工岗位成才、建功立业的内生动力。

二、工作成效

1. 强化了“铁心向党、担当作为”的政治自觉。干部职工充分认识到习近平新时代中国特色社会主义思想的重要意义、深刻内涵和实践要求，深刻感悟了中国铁路在习近平总书记的亲切关怀下取得的一系列高质量发展成就，更加坚定了拥护“两个确立”、做到“两个维护”的政治自觉，坚定了“始终听党话、永远跟党走”的决心，筑牢了坚守国铁企业战略定位，展现新疆铁路政治担当的思想根基。

2. 激发了“干事创业、勇毅前行”的昂扬干劲。干部职工牢固树立了总体国家安全观和大安全观等思想认识，明确了铁路在实现中国式现代化中肩负的使命和责任，坚定了立足岗位当好服务和支撑中国式现代化“火车头”的思想共识，激发出建功新时代新征程的昂扬精气神和澎湃正能量。特别是在聚焦保障疆煤外运、决战决胜全年各项目标任务的主战场上履职尽责、实干担当、勇于奉献，谱写了新疆铁路高质量发展的崭新篇章。

3. 汇聚了“同心协力、团结奋斗”的工作合力。干部职工切实把个人与企业的发展紧密联系在一起，切实把思想认识统一到国铁集团党组、集团公司党委的决策部署上来，争做顾全大局、敬业爱岗、经营创效的排头兵。各级组织积极搭建实践平台，切实解决职工实际困难，大力营造干事创业良好氛围，画出了干部职工团结奋斗的最大“同心圆”。

三、经验启示

1. 坚持把“理论学习，凝心铸魂”作为持之以恒的首要任务。实践告诉我们，只有理论上成熟，才会有政治上的成熟；只有理论上清醒，才会有政治上的坚定；也只有理论眼界宽广，才会有工作事业的开阔。我们要更加坚定自觉地学懂弄通做实习近平新时代中国特色社会主义思想，深刻感悟习近平新时代中国特色社会主义思想的真理力量和实践力量，增进政治认同、思想认同、理论认同、情感认同，勇于结合新的实践不断学习党的创新理论、善于用新的理论指导新的实践，把学习和实践不断引向深入。

2. 坚持把“围绕中心，服务大局”作为持之以恒的主题主线。纵观思想政治工作的推进与发展，取得成功的核心要素，就是在于坚持围绕中心、服务大局。特别是2024年以来，集团公司党委充分发挥业务部门和综合部门优势，深入开展“改革创新展作为、提质增效立新功”主题宣讲，坚持在大局下行动，精准把握企业中心工作和形势任务，通过集中宣讲教育，引导干部职工的思想认识始终聚焦中心、贴合主线，为推动企业高质量发展凝聚了民心、汇聚了民智。

3. 坚持把“问计一线，精准施策”作为持之以恒的工作方法。以职工需求为导向，以实际效果为目标。在思想政治工作推进过程中，集团公司党委坚持把握主基调，推动精准施策、分众引领，聚焦需求抓宣传引领。特别是在重点工作启动、重大政策出台前，采取调查问卷、调研座谈、试讲试听等方式，精准掌握职工的思想需求，对症下药定选题、定内容，把广大职工的诉求变成一一对应的宣讲重点，讲好形势任务、解答疑虑困惑，职工听得懂、易接受，确保了宣讲的效果与质量。

4. 坚持把“常抓不懈，久久为功”作为持之以恒的推进原则。久久为功，久在恒心，功在毅力。在人的头脑里搞建设决不可能一蹴而就，惟有常抓不懈、持之以恒，才能不断强化、日益巩固。推进过程中，集团公司党委坚持思想政治工作不断线、不断档，职工思想建设取得了良好的效果，干部职工团结奋斗、众志成城，打赢了不少硬仗、啃下了不少“硬骨头”，为集团公司高质量发展奠定了坚实基础。今后，我们还要锚定干部职工思想稳定、队伍稳定的目标，守正创新、奋勇担当，切实推动基层思想政治工作提质增效，为进一步全面深化国铁企业改革、推进铁路现代化提供坚强思想保证和强大精神动力。

（执笔人：宋丽宝、张宏伟、陈锐）

从"心"出发　靶向施策
做好新时代铁路青年职工思想政治工作

中国铁路乌鲁木齐局集团有限公司乌鲁木齐车辆段党委

党的二十大报告明确指出，"全党要把青年工作作为战略性工作来抓"。青年工作在国家发展大局中地位的提升，既是对历史经验的总结，又有现实的考量，更有长远的谋划。习近平总书记多次强调，"要高度重视对青年一代的思想政治工作，完善思想政治工作体系，不断创新思想政治工作内容和形式"。青年既是国家和民族未来的希望，也是国有企业全面深化改革、转型升级、实现高质量发展的根本保障，更是推动新疆铁路建设、发展作出卓越贡献的"铁"动力、"铁"担当。

乌鲁木齐局集团公司乌鲁木齐车辆段成立于1981年4月，地处天山北麓，准格尔盆地南缘，位于新疆维吾尔自治区首府乌鲁木齐市的经济技术开发区、丝绸之路经济带的核心区，是全国铁路网西北末端唯一的动客车运用维修基地，拥有"一主一片三辅"的运用检修布局，辐射乌鲁木齐、伊宁、喀什、哈密四地。主要担负着集团公司3481辆客车及51组动车组的运用维护工作，覆盖乌鲁木齐至北京、上海、广州等全国11个方向及管内旅客运送任务。日均检修本外属客车48列864辆、动车18组153辆，全年总走行公里数突破 107370 万辆公里。动客车运行区段主要集中于“三高两强一长”（即：高寒、高温、高海拔，强风沙、强紫外线，长交路）的恶劣运用环境，途经三十里风口等三个风区，昆仑山等三个山区及准噶尔、塔里木两大盆地，南北疆最大温差可达 30℃，运行线路长，经纬度跨度大，运维难度高。近年来，段党委坚持从“心”出发，用“润物细无声”的方式精准施策，引导青年职工更好地激发创新活力、形成发展合力，推动青年职工思想政治工作不断走深走实，为集团公司、段高质量发展提供坚强的思想保障。先后于 2020 年、2022 年荣获集团公司“先进党委”“先进党组织”荣誉称号，2024 年荣获国铁集团“先进党组织”荣誉称号。

一、当前青年职工队伍结构及思想现状分析

全段现有 35 岁以下青年职工 2223 名、占全段职工 63.4%，其中党员占比 8.9%、大学本科及以上学历占比 31.9%、乘务工作的青年职工占比 27.5%。男生 2028 名，女生 195 名，男女比例达 10:1，28 ～ 34 岁青年职工 1336 名、占比 60.1%，异地（哈密、伊宁、喀什）青年职工 321 名、占比 14.4%，单身青年职工 1167 名、占比 52.5%，其中异地单身青年职工 338 名、占比为 28.9%。

通过对青年职工人员比例、政治面貌、学历层次、个人婚恋等多个维度全面分析，“90 后”“00 后”已成为乌鲁木齐车辆段高质量发展的主力军，青年职工思想活跃、自主意识强，对工作、生活及精神层面展现出多样化的需求。青年党员比例占比较低、男女比例失衡、异地青年职工思乡和恋家之情、乘务性质青年职工人员流动分散等实际情况凸显。受到日常生活、职业规划、购买住房、婚姻家庭等诸多现实因素的影响，青年职工产生的“职业倦怠”和“生活焦虑”不断增强，“个性”“叛逆”“躺平”等标签随之而来，“调侃”人生、“游戏”人生的态度应运而生，通过进一步为青年职工“精准画像”，有效解决好理想信念薄弱化、工作性质特殊化、利益诉求多样化、反映渠道一般化、工作局面被动化等问题，将青年职工思想政治工作的“梗阻点”

转变为“突破口”是摆在我们面前的重大课题，具有重大意义和长远影响。

二、做好新时代青年职工思想政治工作的主要做法

青年职工在推动企业改革发展中发挥着至关重要的作用，为进一步教育引导青年职工树立正确的世界观、人生观和价值观，培养青年职工的创新精神和实践能力，激发他们的工作热情和创造力，通过校准心、强信心、塑匠心、暖人心、筑同心的方式，不断深化思想政治工作质效，推动青年职工在工作生活中有“底气”、涨“士气”、激“锐气”、聚“人气”、焕“朝气”，为青年职工的成长成才和集团公司、段高质量发展提供有力保障。

1. 校准心，强化政治历练，让青年职工有“底气”。始终把习近平新时代中国特色社会主义思想作为思想政治工作的坚实基础，认真贯彻落实党的二十届三中全会精神中关于强化政治素养的具体要求，高举旗帜、加强引导。一是量身定制学习清单。重点围绕党的二十大、二十届三中全会精神、习近平文化思想和习近平总书记关于铁路工作的重要指示批示精神等，结合各车间青年职工日勤制、轮班制、乘务制、倒班制的不同特点，划分好党员干部、党员、职工三个层面学习方式，按照“定主题、定内容、定时间、定地点、定流程”的“五定”要求形成一车间、一班组政治学习清单，精准设置理论学习内容，不断规范政治学习标准，进一步提升职工政治理论学习效率和质量。二是精心开设理论课堂。扎实做好新入路大学生“思政首课”入路教育；依托“三会一课”、主题党日、交班会等载体，常态化上好“理论微课”；通过“理论宣讲＋讨论交流”的方式，开展“实践课堂”；通过瞻仰红色教育基地等活动，体验“实景课堂”，让青年职工在感官与思考中逐步深化认识，实现从理性认知到情感共鸣，最终达到对政治理论的高度认同，真正做到入脑、入心、入行。三是用心培养一支队伍。以强化思想引导为基础，组建由铁路基层政治理论积极分子、青马讲师、“红色小讲师”等101人参与的阶梯式理论骨干队伍，运用线上线下相结合的形式，把理论传播的触角伸向现场、进入车厢，让党的创新理论能够讲清楚、听明白，使广

大青年职工成为习近平新时代中国特色社会主义思想的坚定信仰者、忠诚实践者、有力传播者。

2. 强信心，丰富宣传形式，让青年职工涨“士气”。始终把思想政治工作作为鼓舞斗志的号角，加强思想政治和意识形态教育，借助“互联网+”，紧跟形势，丰富载体，建强思想政治工作阵地，使思想政治工作在车间、班组有抓手、能落地。一是着力提升宣教质效。坚持用多样化的宣讲，多角度、多层面、多形式地讲好形势任务，明确“宣讲、讨论、实践”三步法，通过领导干部带头讲、科室干部片区讲、一线干部现场讲、宣讲小分队巡回讲等方式，讲清形势、讲明责任、讲出措施，使青年职工在不同的宣讲主题内容中通过讨论获得教育和启发，通过党员“三无”竞赛、“安康杯”劳动竞赛等进一步深化岗位实践，促进成果转化。二是全面占领内部阵地。坚持“突出特色、创新引领、以人为本”的思路，依托新疆地区唯一的动客车运用检修基地的资源优势，精心打造车辆文化，突出“五基地四条道一广场”的文化布局，悬挂12块电子显示屏、制作75块宣传展板，20处宣传标语，6处企业文化理念展示墙，28个人物橱窗揭挂，循环播放和宣传党的创新理论、企业文化理念、榜样先进事迹等，形成了随时随地可学可看的态势。三是持续攻取网络高地。坚持职工关注点在哪里，思想政治工作就覆盖到哪里，积极开设“两号一厅”（“乌辆视窗”微信公众号、视频号，榜样会客厅），定期发布“乌辆新闻”，制作各类新媒体作品千余篇，第一时间将党和国家方针政策、集团公司决策部署和段工作推进落实的声音传递给青年职工。做强网上正面宣传，组建网评员队伍，有效引导网上舆论，使网络媒体成为重要的思想政治工作阵地。

3. 塑匠心，榜样示范引领，让青年职工激“锐气”。青年要在各自的领域积极发挥示范引领作用，以实际行动带动身边的人，共同为进一步全面深化改革、推进中国式现代化努力奋斗。段党委坚持多层次、多领域、多渠道挖掘选树先进典型，通过各种形式对其进行宣传推广，激发青年职工学习热情和干事激情。一是导向引领榜样带动。坚持选树成绩突出、职工信服、业务过硬、攻坚克难的先进典型是推进中心工作的重要动力，对发现防止重大安全隐患人员、技术比武取得集团公司及以上奖励人员、“名师高徒”人员进行大张旗鼓的表彰，坚持运用段局域网、职场大屏、食堂电视等宣传载体共同发力，开设“光荣榜”专栏对历年“新时代·铁路榜样”“感动乌铁十大功臣”“新时代·乌铁榜样”等先进典型事迹进行常态化推送展示，从精神激励和物质奖励方面持续放大激励效应，让青年职工学习先进、争当先进的热情持续高涨。二是发挥言传身教作用。充分发挥先进典型的号召力，在工作中与职工肩并肩，讲经验、传高招，激发工作干劲。积极探索“老带新传帮带”的师带徒工作方法，建立段技能竞赛获奖选手、技能大师、国铁竞赛教练、专家讲师等名师库，与青年职工一对一结对，开展师徒教学，每半年公开评选出10对“名师高徒”进行重奖表彰，用同龄人感召同龄人，以实际行动带动身边人，拒绝青年职工“躺平”心态，倡导“比学赶帮超”的良性竞争，不断提升专业能力，更好地适应改革发展的需要，为推进中国式现代化、加快构建铁路“六个现代化体系”汇聚青春力量。三是总结凝练广泛传播。将先进典型的工作经验、攻关成果作为宝贵财富，及时做好总结推广。开设“榜样会客厅”专栏节目，通过邀请“新时代·铁路榜样”，“感动乌铁十大功臣”、全路技术能手、Z180次抗洪救灾先进个人等先进典型走进会客厅，通过面对面访谈的形式，交流自身工作经历、推广先进工作方法，从不同侧面、不同角度，深入开展向先进典型的学习活动，进一步激发青年职工创新思维，开拓思路，不断提升自身工作水平，促进解决问题的新方法和新途径产生，将创新热情进一步融入全面深化改革大局，积极为铁路改革发展贡献力量。

4. 暖人心，解决急难愁盼，让青年职工聚“人气”。秉承以人为本原则，更加注重人文关怀，畅通交流沟通渠道，坚持“六访谈”工作机制，加强面对面的心理疏导，将人文关怀落实到青年职工思想政治工作的全过程。一是畅通渠道把准脉搏。以构建“互联网＋思想政治工作”为载体，拓宽“自下而上、自上而下”青年职工思想信息诉求收集渠道，设立“乌辆心声”网页邮箱、“乌辆视窗”留言板、诉求热线电话和诉求意见箱 4 种平台，采取问卷调查、查看青年职工自媒体账号动态信息等方式，全面了解青年职工所思所想所盼。排摸形成严重“两违”、不文明上网等 9 类 46 名青年职工的重点人员库，收集关于岗位调整、工资社保等意见诉求 89 条，根据问题性质、紧急程度建立诉求问题库，为主动做好思想政治工作扩大维度。二是谈心家访解决问题。坚持解决思想问题和解决实际问题一道抓，确保在职工发生岗位职务变动、发生违章违纪、受到批评教育等苗头性问题时第一时间开展谈心家访，实现日常谈心家访与 12 种必谈必访形式相融合、全覆盖，形成了“1+6”思想工作法、“今晚八点面对面”等典型做法。结合外地青年职工较多的实际，通过建立“家庭信息档案”，组建“家庭政委”队伍，定期与职工家属电话、视频反映职工在安全生产、工作生活的综合表现，潜移默化中产生“润物细无声”的效果，有效解决好个别单亲家庭青工不善言谈、不愿沟通，个别青年职工沉迷网络游戏影响工作的问题。三是分析研判闭环管理。本着“诉求有人管、信息不流失”的原则，建立班组、车间、段三级职工思想分析网络，认真落实“班组日常收集、车间每月提报、段党委每月分析督办、季度回访验证”的常态化工作机制，精准研判共性和个性问题、督促和解决问题。将问题诉求按照“一般、较重、严重”三个级别分类，从家庭环境、任职岗位、性格特征等方面进行定性分析，针对性下发《思想预警通知书》，实施一对一帮扶转化，靶向开展思想疏导，解决劳动班制调整等问题诉求 89 件。

5. 筑同心，发挥组织优势，让青年职工焕“朝气”。坚持把青年职工思想政治工作与中心工作的融合度，对发展大局的贡献度作为衡量思政工作成效的检验标准，为青年职工搭建展实力、培能力的优质平台，使青年职工的成长道路，看得见、摸得着，为思想政治工作有效开展提供有力支撑。一是搭建平台成长成才。针对青年职工不同发展阶段的需求，精准发力、精准聚焦，坚持干什么、缺什么、补什么，积极鼓励青年职工参加段各项课题攻关小组，参与技术难题、惯性故障的攻关整治，通过不断学习钻研，破解攻坚难题，提高个人专业技术水平。近五年来，共有117人次参与各类课题攻关和技术改造项目，获得42项集团公司科学技术奖、管理创新奖。二是开展丰富多样活动。各团支部积极组建“青年突击队”，创建“青年文明号”“青年安全生产示范岗”，引导青年职工树立积极向上的工作生活态度。针对单身青年职工，积极联合国网新疆电力有限公司、新疆税务团工委、沙区团委等8家单位开展交友联谊活动3场次，帮助30余名职工解决交友困难问题。三是按需打造兴趣社团。为进一步深入了解青年职工思想动态，拓展思想政治工作触角，全方位倾听青年职工心声，及时帮助他们解决工作、生活中的困难，引导他们以积极向上的心态面对工作中的压力和挑战，创立“青听社”开设“乌辆青听”热点栏目，累计播出75期，发展培养主播23名，通过定期推送职工关心关注的热点话题和政策信息，进一步畅通诉说渠道，增强思想政治工作的吸引力、感染力和凝聚力。

三、加强和改进新时代青年职工思想政治工作的启示

1. 做好新时代铁路青年职工思想政治工作是筑牢信仰之基的根本之策。思想政治是青年职工成长成才的“总开关”，引导青年职工把马克思主义理论和习近平新时代中国特色社会主义思想作为成长成才的“必修课”，用坚定的理想信念补足青年精神之“钙”，用社会主义核心价值观引领青年人生航向。引领青年职工在铁路工作中岗位建功，增强本领能力，激发奋勇争先的进取精神，历练不怕失败的心理素质，端正乐观向上的人生态度，敢于克服困难挫折，勇于承担攻坚任务，在新征程中苦干实干勇担当，在新格局中创新创业展风采，最终实现以青年职工的成长成才推动新疆铁路长期、稳定、快速高质量发展。

2. 做好新时代铁路青年职工思想政治工作是传承红色基因的重要使命。青年职工思想政治教育工作要始终坚持“党管青年”原则，强化党建带团建这条主线，发挥好党团组织作用，健全党联系青年桥梁纽带。将青年职工思想政治教育纳入党委、团委年度重点任务，党团组织负责人要部署和推动青

年职工思想政治工作，定期为青年职工作形势任务辅导，梳理、解读党的创新理论，增强理论功底，提高政治站位，提升看待问题的宏观视野、分析问题的辩证思维、解决问题的高超本领，让青年职工切身感受到关心与期望，使青年职工快速成为集团公司、段持续和快速发展的中坚力量。

3. 做好新时代铁路青年职工思想政治工作是激发创新活力的动力之源。青年职工思想政治工作要融入中心工作，要嵌入深化改革，要用发展战略牵引力凝聚共同奋斗的理想，要用企业文化内驱力增强共谋发展的认同，要用安全平稳的生产态势提振高质量发展的信心。推进思想政治工作要保持定力和耐心，持之以恒提高青年职工的理论思维和战略思维，使其思维视野、思想观念、认识水平紧跟时代发展节奏和铁路发展步伐，着力为集团公司、段培养和输送一批有理想、有能力、重实干、敢担当、讲奉献、德才兼备的优秀青年人才，为高质量发展提供不竭的人才“源动力”。

（执笔人：韩春刚、许海荣、刘涛）

抓实“四项举措” 推动基层思想政治工作质效提升

中国铁路乌鲁木齐局集团有限公司奎屯车务段

思想政治工作是党的优良传统、鲜明特色和突出政治优势，是一切工作的生命线。习近平总书记强调，“把解决思想问题同解决实际问题结合起来，既讲道理，又办实事，多做得人心、暖人心、稳人心的工作”。乌鲁木齐局集团公司奎屯车务段党委坚持以习近平新时代中国特色社会主义思想为指导，深入学习贯彻党的二十届三中全会精神，认真落实国铁集团党组、集团公司党委关于加强和改进基层思想政治工作的部署要求，积极探索思想政治工作新特点、新途径、新方法，以进一步深化“六访谈”工作机制为抓手，聚焦当前职工的思想症结和共性诉求，采取健全制度机制、发挥引领作用、坚持问题导向、注重方式方法等措施，有效发挥思想政治工作服务基层、凝聚力量的积极作用，为推动铁路企业高质量发展夯实思想根基。

一、基本情况

当前，新时代思想政治工作面临复杂多变的环境，职工队伍也呈现出思想多元化、价值多元化、需求多元化的态势，思想政治工作的范畴也在发生延伸和拓展。集团公司奎屯车务段现有职工 1013 人，其中，35 周岁以下青工 631 人，青工人数占比约 62.4%。面对车务段点多线长，多数职工都在沿线作业，安全生产责任重，日常工作压力大，尤其是青工群体思维活跃、表达直接，但抗压能力相对较差，休息时间手机不离手，然而多数基层管理人员仍然采用传统灌输式为主的思想政治工作手段，已不适应企业发展新形势、新要求。因此，急需改进基层思想政治工作方式方法，有针对性地开展职工思想稳控和心理疏导工作。

根据《中国共产党宣传工作条例》及党中央关于加强和改进新时代产业工人队伍思想政治工作的部署安排，按照集团公司《关于加强和改进新时代基层思想政治工作的通知》要求，奎屯车务段党委坚持思想工作“两个巩固”的根本任务，紧紧抓住统一思想、凝聚力量这一中心环节，着力在发现问题、思想引导、解决困难上下功夫，打破心理隔阂，构建服务职工“连心桥”，深化推进基层思想政治工作走深走实。

经过现场检查调研发现，奎屯车务段思想政治工作在管理方面还存在对其重要性认识不足、与生产经营融入不够、缺乏有效闭环管理机制等问题。

一是对做好思想政治工作重要性认识不足。一些基层干部、班组长认为思想政治工作只是“软任务”，是务虚的工作，对思想政治工作能促使队伍稳定、推动中心工作的认识不到位。在落实上级工作要求时，思路僵化、形式、单一，按部就班地开展诉求征集和谈心谈话，长期形成惯性思维、路径依赖，缺少有效的创新手段。在落实“六访谈”等工作时，仅是说了、谈了，就认为做了、成了，缺少做好思想政治工作的信心和决心。

二是思想政治工作与生产经营融入不够。一线（车间班组）的管理人员都是身兼数职、负担较重，日常更注重安全生产，而忽视了对思想政治工作的研究和投入，重业务轻党建“两张皮”的现象普遍存在。部分干部、班组长简单地认为思想政治工作就是组织政治理论学习，与安全生产工作结合度不高，存在“假大空”现象。部分党群干部在运用思想政治工作优势指导实践、解决问题上形式单一、方法不当，导致思政工作缺乏吸引力，严重影响工作质效。

三是缺乏有效的监督考核闭环管理机制。奎屯车务段现有党群干部17人，直接服务生产一线的专职党支部书记仅有8人，相较于党群干部的分管工作，以及现场服务职工人数1013人而言，专职党群干部深入现场，覆盖开展一对一思想政治工作的精力有限；在加强培训引导，发挥其他管理人员作用，尤其是对一线班组长的系统培训上仍存在差距，思想政治工作质量显然难以保障。同时，段各科室、车站，以及同级党工团组织，对做好职工思想引导、队伍稳定工作都有职责，但侧重点不同，权责交织，看似各项工作都有覆盖，却并未落实到具体责任人、具体工作上，缺乏硬性约束和工作闭环，未能形成有效的抓手。

二、主要做法

（一）健全制度机制，以丰富形式，破解思政工作单一弱化的问题

党的二十届三中全会明确提出"完善思想政治工作体系"部署要求，加强基层党组织思想政治工作，要深入学习贯彻习近平总书记人民至上的重要理念，坚持去尊重和保护每一个人，通过完善相关机制办法，以刚性的制度约束，更好地服务职工群众。

一是规范访谈制度。对照集团公司进一步深化"六访谈"工作通知要求，在充分调研、征求意见的基础上，研究制定《奎屯车务段进一步深化"六访谈"凝心聚力工程细化措施》，明确6个方面、16条具体要求。重新梳理了什么情况下访谈，谈什么、怎么谈等项点，确保访谈任务分工负责、分批到人，推动访谈工作"被动抓"变为"主动做"。同时，把"首谈敬畏"纳入两级委员思想政治工作责任清单，细分了各级管理人员的访谈责任，并合理确定访谈量化，督促个别支委成员、普通党员，从"不管闲事"到"主动担当"，切实把"六访谈"工作做在日常，抓在经常。

二是压实工作责任。把思想政治工作开展情况纳入党支部月度工作考核和干部作风督查的重要内容，明确各党支部书记、站长要准确把握现场干部职工思想脉搏和工作状态，当好第一"知情人、帮扶人、报告人"，全面

做好“一人一事”思想政治工作。段党委利用日常检查、季度验收等形式，动态考评思想政治工作落实情况，针对开展质效较差、访谈成果不明显的党支部纳入问责追究，并进行专项诊断帮促，强化“六访谈”工作机制的闭环管理。同时，纠正“一阵风”式访谈，避免扎堆走过场，将访谈工作转变为真正解决职工诉求、推动企业发展的“及时雨”。

三是形成联动效应。利用段巡回小组主题宣讲时机，段党群领导、党委办公室人员围绕“为什么要开展思政工作”“如何用好‘六访谈’机制”等主题，组织面对面宣讲讨论31场次，向全员讲清思想政治工作的重要性和必要性，引导干部职工合理反映诉求，有效开展访谈工作。段党委健全用好领导班子和职工面对面制度、党员联系群众工作制度、干部包保服务班组制度，经常性听取职工对思想政治工作的意见建议，通过面对面谈心家访，了解职工的思想动态，以及在工作、生活中面临的实际问题和困难，做到应帮尽帮、应救尽救。2024年以来，围绕典型违章频发、职工家庭变故等实际需要，段领导人员带头深入家访慰问9场次，各级干部开展一对一谈心谈话270人次，努力形成既分工负责种好“责任田”，又齐心协力抓好职工思想“主阵地”的生动局面。

（二）发挥引领作用，以多重保障，化解职工思想症结和实际困难

习近平总书记在党的二十届三中全会上强调，要“解决好人民最关心最直接最现实的利益问题，不断满足人民对美好生活的向往”。国铁企业的发展壮大离不开思想政治工作的有力保障，通过调研分析，找准思想状况共性问题，化解突出矛盾，解决生活所需，实现干部职工之间有效沟通、团结协作、相处融洽的目标。

一是强化诉求回应。合理运用段局域网（领导信箱）、职工服务热线、融媒平台留言等渠道，及时收集掌握职工疑问诉求。党委办公室按月梳理汇总后发送段领导、各支部书记邮箱，作为访谈工作参考依据，同步反馈责任部门做好答疑整改工作，并于次月将销号情况在段网页公示，形成诉求整改闭环。在企业劳动组织优化、运输结构调整等职工思想状况易出现问题的关键

时期，通过提前研判，及时启动职工思想动态预警机制，组织各党支部开展职工思想动态排摸，编发重点访谈任务通知书，明确各级干部的访谈对象和包保责任，分层分类做好访谈工作。2024年以来，针对职工提出的改善食堂伙食、优化劳保品发放等26件有效问题，段党委全部予以回复，能解决的解决到位，不能解决的解释到位，推动问题化解，提升访谈工作的前瞻性和覆盖面。

二是把准症结关键。“90后”职工在奎屯车务段占比达到62.4%，针对青年职工思维活跃、表达直接，但抗压能力相对较差等特点，段党委摒弃采用传统灌输式为主的思想政治工作方法，改为注重在日常工作中关注职工喜怒忧乐、情绪起伏，关注职工岗位变化、工资奖金等方面的问题和矛盾，通过党员干部“一帮一”的模式，把访谈工作渗透到生产、管理的各个环节，及时把握职工思想脉搏，使服务职工的工作具有针对性和感染力。同时，依托党员联系服务群众的便利性，倡导全段党员时刻关注和发现身边可能影响安全稳定的关键人，并做好信息反馈，协助党支部开展思想政治工作，监督工作成效。每季度利用党员大会交流点评一次党员作用发挥情况，不断促进密切联系群众和思想政治工作取得成效。

三是用好帮扶措施。聚焦车务段点多线长、多数职工异地通勤等特点，段党委坚持把思想疏导和为职工办实事结合起来，充分用好各级组织的关心关爱举措和企业各项福利政策，既解“症结”，又办实事，不断提升职工对企业的归属感、认同感。用好站区思想政治工作共建机制，针对职工突发性急难愁盼问题，发挥应急帮扶共建队伍作用，通过信息共享、站区联动，及时解决实际困难，形成同向发力的良好氛围。发挥“家庭政委”亲情优势，组织28个车站再次梳理职工“一人一事”电子信息档案，在遇到倾向性、苗头性的思想问题时，由党支部书记（站长）主动和家属联系商讨，共同化解职工的思想包袱和工作压力，让思想政治工作有说服力、感召力。

（三）坚持问题导向，以实践成效，促进思政工作与生产经营融合

习近平总书记在党的二十届三中全会中强调，“完善维护国家安全体制机制，实现高质量发展和高水平安全良性互动”。人心是最大的政治，共

识是奋进的动力。通过推深做实思想政治与生产经营相融合的“敬畏意识教育”举措，有效调动干部职工保安全的积极性，提升现实安全控制能力和安全治理水平。

一是抓实敬畏教育。常态化开展“四学两做一算”工作，把学《铁路交通事故调查处理规则》《奖惩办法》等制度，以及算清“六比账”的敬畏意识教育作为“改革创新展作为、提质增效立新功”主题宣讲的重要内容，在全段广泛开展宣传宣讲，强化干部职工对敬畏文化的认知认同。要求各级干部在开展“一人一事”思想政治工作中，先入为主、首谈敬畏意识，教育引导干部职工把敬畏意识、底线思维内化于心、外化于行，促成安全行为习惯养成。用好干部作风倒查机制，针对安全责任不落实、惯性违章频发等典型问题，严格执行管理责任倒查，通过查摆补强管理漏洞，促进干部作风转变。2024 年以来，围绕袁家庄站迟报设备故障安全信息等典型问题开展作风倒查 14 次，下发通报 14 期，问责 37 人。

二是帮扶薄弱人员。聚焦谈育结合，段党委将“六访谈”与“强补育”机制紧密贯通，采取“交流互动 + 敬畏教育”的方式，帮助典型违章违纪人员树牢敬畏意识、补强业务短板，实现人员素质能力提升，最大化规避安全管理中人的不稳定因素。安全科每月梳理通报全段违章违纪信息情况，领导班子成员每季度对包保区段安全关键人进行谈心谈话，对发生安全事故和红线问题的进行即时家访。2024 年以来，各级干部与受到集团公司考核、发生 H 类典型信息、月度内连续发生违章违纪问题的 71 名职工开展了谈心谈话，做到典型违章必访谈，促进访谈工作更具精准性。

三是提振工作干劲。段党委把春风化雨的思想政治工作贯穿于职工日常学习、工作、生活之中，及时梳理职工关切的焦点、难点问题，面对面讲清安全与效益、工资绩效与生产指标、职工与企业命运共同体等紧密关系，讲明企业所办的好事实事和各类职工保障政策，解答职工疑惑，凝聚工作合力。根据职工倒班、休假，不易集中等客观情况，灵活掌握工作方式，既要“键对键”，也要面对面，运用职工喜爱并易接受的话语体系和活动形式，做好强信心、暖人心、筑同心的工作，进一步激发全员干事的创业热情，为精河站开办客运业务、集中修、助力疆煤外运上量攻坚等中心工作汇聚起强大的精神力量，让思想政治工作不空、不虚，真正落地见效。

（四）注重方式方法，以真情实感，汇聚推动企业发展的强大合力

国铁企业基层管理人员必须以真挚情感，用心开展思想政治工作，努力使每一名职工都感受到尊重、关心和理解，才能启发他们自觉提高主人翁的责任感，坚定对企业发展的信心，心无旁骛地投入安全生产工作。

一是坚持以人为本。各级干部坚持服务一线、换位思考的工作原则，将解决职工急难愁盼作为思想政治工作的出发点和落脚点，严格落实"首问负责""异地帮扶"等制度要求，常态化开展"我为群众办实事"实践活动。在进一步畅通职工诉求反映渠道，主动做好解疑释惑工作的基础上，紧扣生产组织结构调整、"战保增"重点任务推进等关键节点，深入分析研判职工思想动态。针对共性问题集中答疑整改，有效解决了选购劳保品实用性不强、发放不及时、考核标准不统一等职工关注的热点难点问题；针对个性化问题灵活开展"一人一事"思想引导，并积极拓展线上"K歌"、篮球比赛等群众性文化活动疏导压力和情绪，保持了职工队伍思想稳定、昂扬向上。

二是推动工作创新。引入社会治理中的"网格化"理念，按照段、车站、班组三级管理模式，突出段党委管全局、定标准，党支部广覆盖、重分析，一线管理人员抓落实、盯关键的工作思路，为每个自然班组明确负责人、联络员，构造网格化管理体系，保障敏感和突发思想状况能够第一时间发现、第一时间反馈、第一时间处置。紧跟信息化快速发展的历史进程，强化"互联网+"思维，坚持既管得住、又用得好的工作原则，健全段微博、"奎车时空"微信平台、职工服务热线，以及OA邮箱（领导信箱）等线上服务载体，鼓励关注职工自媒体账号，发挥移动端方便快捷、大数据分析的优势作用，全面掌握职工思想动态，坚持线上线下相融合模式，精准高效开展思想政治工作。

三是深化示范带动。利用段年度管理人员培训班、党支部书记、党员轮训、"青马工程"教育等培训契机，紧密结合"把准青工思想特点保稳定、

运用好车站班组思想政治工作规范”等课题，由党群领导、宣传助理精心备课授课，提升一线管理人员的政治理论水平、思政工作能力和铁路专业素养，拒当“门外汉”，真正成为职工的“贴心人”。发挥党支部抓思想政治工作的“桥头堡”作用，坚持典型示范，组织季度标准化检验、年度考评优秀的党支部书记分享思想政治工作经验，并纳入巡回宣讲、宣传展示重点，营造浓厚氛围；在重大政策出台、生产组织方式变革、年底攻坚等关键敏感时期，组织党员干部分工包保，带动职工心往一块想、劲往一处使，不断增强思想政治工作的亲和力、凝聚力。

三、工作成效

奎屯车务段党委高度重视做好职工思想政治工作，通过近一年的探索实践，推动解决了一批干部职工最关心最直接最现实的问题。同时，也为段建立科学合理的管理机制、激励机制、用人机制提供了重要抓手。当前，全段呈现干部职工主流思想观念正、干事创业意愿强、成长成才方向明、对行业发展信心十足、自我定位清晰准确、对本职工作满意度较高等良好状态。

1. 多维度强化思想引领。段党委以深入学习贯彻习近平新时代中国特色社会主义思想为重点，通过创新学习方式，拓宽学习渠道，强化全员学习参与意识，组织干部职工及时跟进学习习近平总书记重要讲话精神和党中央重大决策部署，持续强化爱国爱企教育，切实把干部职工思想和行动统一到党中央决策部署上来，保证政治方向、工作方向、发展方向不偏离，形成强大工作合力。干部职工充分运用“学习强国”“学习强局”App，以及“乌铁微家园”“奎车时空”等线上学习教育平台，并通过组织联学共建、志愿服务、竞赛评比等职工乐于接受的方式开展学习活动，激发学习热情，多维度引领干部职工筑牢信仰之基、补足精神之钙、把稳思想之舵，不断增强职工归属感和幸福感。

2. 全方位提升能力素质。坚持“多岗实践、全面培养”的思路，细化制订新入职大学生学习教育和培养计划，为青年职工施展才华、实现价值、成就人生搭建广阔舞台；坚持“使用就是最好的培养”理念，通过组织推荐、日常考察等程序，做好后备人才库的考核及动态调整，建立53名优秀年轻干部库和成长档案，结合个人经历、能力情况，有针对性地明确从事重点工作、参加急难险重任务、挂职锻炼、岗位交流、参加培训等具体措施，推动年轻干部培养工作形成常态、抓出实效。2024年以来，段公开招聘选拔年轻干部6人次，安排31名干部进行多岗位历练，着力打造一支年轻、充满活力、多岗位复合型人才队伍。

3. 立体化服务干部职工。注重人文关怀和心理疏导，从青工个人信息、兴趣爱好、婚恋诉求等方面进行排摸，建立“一人一册”电子档案。全面落实党的依靠方针，坚持共建共享，通过广泛开展全民健身、交友联谊、体育竞赛、文艺表演等活动，引导广大职工尤其是青工“放下手机、健康生活”，释放缓解工作压力和心理压力，保障职工身心健康。在段职教楼等场所打造身边榜样文化墙、先进典型宣传栏，为职工提供展示自我的平台，增强职工的企业归属感，促进他们尽快成长成才。动态征集职工诉求和建议，及时解决劳保品发放、食宿环境改善等18件急难愁盼问题，年内探望慰问、助困助学108人次，新分大学生流失率从2022年的32%降低至11%，职工队伍充满了激情、士气、正能量，在各自岗位上拼搏奋斗、建功立业。

4. 个性化助力成长成才。紧密关注干部职工的成长发展需要，加强顶层设计，做好方向引领。通过组织职工开展座谈会，研究制定大学生个性化职业生涯规划，进一步厘清人才培养思路，有效化解了部分大学生职业发展方向不明、工作动力不足的问题，调动了青年工作热情。聚焦职工全链条成长，完善优秀大学生从定职到胜任班组长等行车关键岗位的教育选培机制，贯通育用衔接，做大后备人才梯队。注重“百千万人才”的引领，充分发挥2名集团公司专业带头人“传帮带”作用，组建课题攻关团队，吸纳优秀年轻干部、大学生参与课题研究、管理创新，以及段制度办法修订，搭建学习交流平台，促进提高专业能力，积累业绩成果，截至10月底有8名候选人被推荐为2024年度集团公司专业骨干人才人选；137人完成年度职业技能等级取证晋升任务目标，有序实现段人才供需动态平衡。

四、工作启示

新时代国铁企业基层党组织要始终牢记中国式现代化是物质文明和精神文明相协调的现代化，要自觉把加强和改进思想政治工作作为一项重大政治任务落到实处，做到与企业各项制度相适应、与中心工作深度融合，让思想政治工作实效更加显现，更好地促进企业与职工共同全面发展。

一是坚持学深悟透理论武装。国铁企业基层党组织推进思想政治工作，首要任务就是深入学习贯彻习近平新时代中国特色社会主义思想，贯彻落实党的二十届三中全会对“深化文化体制机制改革”的重大部署要求，坚持不懈用党的创新理论武装头脑、指导实践，思想政治工作才能找准方向、取得实效。

二是坚持围绕中心服务大局。国铁企业基层党组织开展思想政治工作务必要紧密贴合企业发展实际，聚焦安全生产中的难点、堵点、痛点问题，深入调研分析职工思想状况，量身定制应对措施，将思想政治工作融入日常、抓在经常，引导干部职工始终听党话、永远跟党走，筑牢企业发展思想根基。

三是坚持以人为本工作理念。思想政治工作的服务对象是一线职工群众，要紧跟时代发展步伐，必须坚定相信和依靠职工群众，尊重职工的主体地位和创造精神，因地、因时、因事灵活开展工作，尤其要转变对青工群体的思想引导方式，注重换位思考、循序渐进，不断提升思想政治工作的亲和力、感召力。

四是坚持构建齐抓共管格局。做好思想政治工作，必须要做实做优“一盘棋”格局，坚持党委领导，有效实现党组织和工作“全覆盖”，不断形成制度健全、组织严密、管理闭环的工作态势，做到党政工团齐抓共管，实现思想政治工作与企业中心工作同部署、同安排、同考核、同检查，为思想政治工作提供坚实保障。

实践证明，只有运用科学有效的思想政治工作方法，想职工群众所想，急职工群众所急，才能增强职工群众的获得感、幸福感、安全感，激励广大职工汲取坚定前行的力量，以昂扬姿态助力企业高质量发展。

（执笔人：王庆丰、冷瑞星、任栋江）

关于“90 后”青年职工思想动态的调研报告

中国铁路青藏集团有限公司政研会

多年来，青藏集团公司深入贯彻国铁集团人才强企战略，持续深化铁路产业工人队伍建设，积极做好“90 后”青年职工培养培育、优选优用工作。目前，“90 后”青年职工已逐渐成长为集团公司的主力军和生力军，在不同岗位、不同工种、不同角色上发挥着重要作用。为进一步加强对青年职工的教育引导，集团公司党委成立由党委宣传部牵头，组织工会、团委、机关党委等部门共同对基层 27 个基层单位和公司机关的“90 后”青年群体，通过面对面座谈、发放调查问卷、网上调查等方式开展调研。

一、开展“90 后”青年职工思想动态调查的基本情况

2024 年以来，在集团公司主管领导的带领下，党委宣传部深入西宁、德令哈、格尔木等地开展现场调研、座谈讨论、个人谈心等多种方式，重点围绕青年职工队伍基本情况、工作现状、思想状况、对集团公司管理的感受、建议及文化认同等方面开展思想动态调查，还重点针对“90 后”青年职工精神文化生活现状及需求开展了专项调查。一是深入车务、机务、工务、电务、车辆、房建等系统各单位，突出异地车间班组开展专项调查，组织召开座谈会 20 余场。二是深入青年高地音乐节，在轻松的音乐和充满趣味活力的氛

围之下，与青年职工进行充分的沟通交流，取得了比较好的效果。三是组织和基层单位开展职工思想动态调查分析，了解“第一手”资料。四是与集团公司车间班组信息直报员交流，了解青年职工主流思想动态，问询意见建议。五是梳理微信公众号后台、电话热线等渠道收集到的青年职工反映，进行综合分析研判。六是组织开展网络调查问卷，重点围绕青年职工的基本情况、工作现状、思想状况、对集团公司管理现状的感受、文化认同等方面设计调查问卷，组织青年职工参与调查，参与人数 9066 人，占集团公司青年职工的 65%，一线青年职工占参与人数的 95.6%。从参与人员分布来看，本次调研具有广泛性、真实性和代表性，青年职工思想状况呈现出“总体趋于稳定，主流积极向上，成长愿望较强烈”等特点。

二、集团公司“90 后”青年职工基本情况

1. 职工基本情况：集团公司在册“90 后”青年职工共计 13950 人，占集团公司总人数的 55.03%。其中“90 后”青年职工未婚 8249 人，占比“90 后”青年职工的 59.13%；已婚 5701 人，占比“90 后”青年职工的 40.87%。

2. 未婚职工状况：“90 后”未婚职工中男职工 7313 人，占比 88.65%；女职工 936 人，占比 11.35%。“90 后”未婚职工中，青海籍 3672 人，占比 44.51%；西藏籍 272 人，占比 3.3%；其他省份 4305 人，占比 52.19%。

3. 异地情况：“90 后”与父母或配偶异地职工共计 6522 人，其中未婚与父母异地 5057 人，占比 77.54%；已婚与配偶异地 1465 人，占比 22.46%。

三、集团公司“90 后”青年职工思想现状

1. 青年职工高度关注企业发展。集团公司青年职工思想主流是积极进取和奋发向上的。青年职工主要通过会议传达、集中学习、主题宣讲、学习先进典型、关注两级新媒体平台、内报内刊等方式，学习了解全路、集团公司的发展形势任务，对国铁集团、集团公司的发展形势非常关心，对未来前景充满信心。调查问卷显示，一是青年职工对集团公司发展比较认可。有 84.6% 的青年职工

对中国铁路在世界上居于领跑地位感到自豪，有81.7%的青年职工认为铁路是干事创业和实现人生价值的平台。对集团公司“两会”报告描绘的光明前景充满信心，认为工作报告是集团公司的宏伟蓝图和行动纲领，战略目标让大家有了行动的指南针，有了进一步前进的方向。大部分青年职工珍惜工作，热爱岗位，学习能力强，自觉学习新知识、落实标准化作业。二是个人获得感、幸福感、安全感较强。青年职工在收入待遇、个人成长、工作环境等方面有较强的获得感。问卷显示，获得感来自收入稳步增长的占47.57%，个人成长进步的占74.6%，工作条件和环境有所改善的占48.44%。还有个别青年职工从岗位工作中获得成就感，如受到旅客的表扬和感谢。座谈中有多名青年职工表示对工资收入相对满意，期望通过个人努力、企业发展能够得到持续增长。三是青年职工与企业共赢的意识比较强。有64.6%的青年职工对集团公司工作会议提出的“牢记人心是最大的政治，突出人文关怀，构建企业职工命运共同体”感触比较深刻。有83.9%的青年职工认为企业和个人是不可分割的命运共同体，企业发展目标的达成离不开个人的业绩，个人的业绩对企业发展目标有着直接影响。

2. 青年职工对集团公司企业文化认同感较强。一是青年职工对企业归属感较强。问卷显示，有94.4%的青年职工都了解“挑战极限，勇创一流”青藏铁路精神是集团公司的企业精神，是青藏铁路精神是在青藏铁路的建设、运营实践中凝结成的宝贵精神财富，有78.4%的青年职工清楚集团公司司徽司歌，青年职工普遍认为青藏铁路精神是引领集团公司改革发展、凝聚职工队伍合力的精神源头和思想旗帜。有95.23%的青年职工通过入路第一课、观看青藏铁路精神报告会、形势任务教育等方式了解青藏铁路发展历史，有较强的归属感。二是青年职工对企业管理比较关注。大部分青年职工认为单位要发展，必须有一个好的领导班子、高素质干部职工队伍、严格科学的管理模式、创新能力及良好的外部环境等因素。部分青年职工认为随着铁路科学技术的进步，设施设备的更新，管理的标准化、规范化、精细化，对职工的业务素质提出了更高的要求，职工培训要在突出针对性、实用性方面多下功夫。三是青年职工对助力企业发展比较有信心。通过学习国铁集团工作会议精神、领导干部会议精神及集团公司“两会”精神、领导干部会议精神等，对“六个现代化体系”建设、集团公司“五位一体”“六个一流”创建目标等方面高度认同。关于如何聚焦发展目标、助力铁路高质量发展，85.56% 的青年职工认为要认真学习各方面知识，努力提升综合文化素质；80.2% 的青年职工认为要加强学技练功，提升岗位技能，立足岗位作贡献；72.5% 的青年职工认为要不断创新思维，学习新知识、新理念、新技术。

3. 青年职工能够积极融入集团公司育人育才的良好氛围。一是青年职工普遍思想积极进取。集团公司青工具有较高的思想觉悟，工作态度积极，有激情、有活力、有朝气，有 84.5% 青年职工有积极向党组织靠拢的愿望。二是青年职工对自身定位比较准确。大部分青年职工能意识到了自身的缺点和局限，认为自己在工作中还有待提高，并愿意为之努力，以谋求更好的发展。青年职工具有专业技术强（占 39.3%）、善于学习（占 68.1%）、大胆创新（占 31.8%）、责任心强（占 78%）、热爱工作（占 77.2%）、沟通协调好（55.4%）等特点，日常工作状态精神饱满、积极进取、充满热情的占 33.38%，有 39.29% 的青工虽然感到压力，但也能够履职尽责。三是青年职工对集团公司搭建成长成才平台期盼较高。青年职工对提高个人工作能力、提升个人发展平台等愿望较为迫切，希望集团公司通过技术比武、招考招聘、推荐选拔等方式为青工提供广阔的发展空间和公平竞争的机会。34.16% 的青年职工喜欢铁路工作并有信心有能力干好工作，56.9% 的青年职工感到虽然能按要求完成，但感觉能力还不够，希望多学习锻炼，有更多的平台及更多的培训。有 81.3% 的职工关注本单位青年职工成长晋升方面的工作，72% 的青年职工认为所在单位比较重视对青年职工的培养，66.8% 的青年职工认为职业发展机会比较多，72.7% 的青年职工认为本单位用人机制基本体现了公平公正公开。部分青年职工希望多提供一些展示平台，通过岗位推优施展才华，实现自身的价值。四是大部分青年职工在各自岗位上发挥着比较好的作用。有 35.15% 的青年职工认为自己完全能胜任本职工作，可以独当一面；93.1% 的青年职工认为要努力做好本职工作，争取获得更大发展；有 62.74% 的青年职工认为经过努力可以干好工作。部分青年职工利用业余时间考取各类专业证书，努力提升自身竞争力。五是青年职工兴趣爱好比较广泛。工余时间阅读的占43.06%，体育锻炼的占49.33%，发展个人兴趣的占48.21%，摄影采风的占13.4%，还有的青年职工会主动学习计算机编程、制作网页、撰写稿件、摄影拍摄、书法等，能不断提高自身的工作综合素质以适应公司的发展，职工的思想呈现出健康向上、积极进取的态势。

四、“90后”青年职工思想动态中存在的主要思想

1. 主动参与业余文化活动的积极性不够高。青藏铁路多数位于荒漠戈壁、万丈盐桥等寸草不生的无人区，沿线车间班组方圆几十公里范围内荒芜人烟，使习惯于热闹繁华都市生活的“90后”青年职工感到失落，虽然各单位配备了台球、篮球、乒乓球、棋牌、健身器等为主的设施，组织了阅读、文艺表演、篮球比赛等活动，但从实际效果来看还不能完全契合“90后”青年职工的想法，造成部分职工主动参与业余文化活动的积极性不高。在调查中发现，48.48%的职工刷手机打发业余生活，45.29%的职工用睡觉的方式消磨业余时间，40.31%的职工在网络游戏中度过，66.45%的职工希望开展文体活动，如露营、郊游、音乐会等。

2. 部分异地职工精神压力相对较大。青藏两省（区）无铁路院校，近年来青藏集团公司招录的新职工有46.87%来自青藏两省（区）以外的省份，64.24%的青年职工还处于单身状态。由于工作性质、班制等因素影响，多数职工只能休周末，因路途遥远没有长假，省外职工不能经常回家探望父母、配偶，加之长期往返家庭的费用会增加职工经济负担，有49.47%的职工认为生活压力来自异地无暇照顾家庭。

3. 婚恋观交友观出现新变化。调研中了解到部分青年职工不愿主动融入新的朋友圈，业余时间主要打游戏、玩手机，对于单位组织的传统方式的相亲交友活动参与热情不高。集团公司创新思路，利用“七夕节”等节点，与青藏两省（区）团组织、大型企事业单位联合举办“旅行式”“露营式”青年联谊交友活动，打造传统与现代交织的交友新语境，激发了青年想参与、

愿参与、爱参与的热情。由此可见，形式新颖、契合需求的相亲交友活动才会受到青年职工的喜爱。

五、加强“90后”青年职工思想教育工作的对策及建议

本调查客观真实地反映了青年职工思想状况和主流诉求，结合问卷结果调查分析制定如下对策及建议：

1. 悉心引导，加强青年思想建设。聚焦思想引领，推行“青马工程”，在青年职工中宣传党的创新理论，组织青年职工学习习近平新时代中国特色社会主义思想、党的二十大和二十届二中、三中全会精神，学习习近平总书记重要讲话精神及对铁路工作的重要指示批示精神，引导青工职工坚定理想信念，坚定拥护“两个确立”，自觉做到“两个维护”。要利用团课等形式组织青年职工学习铁路发展史、铁路红色故事、弘扬青藏铁路精神及先进典型等内容，在青工中赓续铁路红色基因，传承青藏铁路精神，激发责任感使命感，坚定立足岗位成长成才的信念理想。完善联系服务青年机制，搭建青年职工思想交流平台，引导青年职工做好职业规划，帮助青年职工树立正确的人生观和价值观。

2. 突出主题，加大面向青年职工宣传力度。每年一个主题开展宣讲，围绕集团公司重点工作和青年职工关心的热点焦点问题，突出习近平新时代中国特色社会主义思想、习近平总书记关于铁路工作的重要指示批示精神、习近平总书记关于安全工作的重要论述、党的二十大精神、国铁集团工作会议精神、集团公司“两会”精神、推进“六个现代化体系”建设、集团公司高质量发展等形势任务，丰富载体，活化形式，加大面向青年职工的宣讲力度，持续激发青年职工群体的爱党爱国爱路热情，引导广大青年职工奋进新征程、建功新时代。

3. 精心培育，推动青年人才培养。不断完善青年人才激励机制，坚持精准激励，调动青年职工的积极性。突出加强新工“入路第一课”培训，将弘扬青藏铁路精神纳入新工思政课，组织新工关注人民铁道、青藏铁路职工之家、本单位微信公众号，组织观看青藏铁路精神报告会，着重开展理想信

念教育、社会主义核心价值观教育、爱国主义教育、道德教育、法律法规教育、形势任务教育等方面内容，引导他们融入企业文化，找到归属感，强化使命感。落实大学生“双导师、双师徒”制度、优秀大学生评选表彰制度和挂职制度等，为青年人才成长畅通渠道。

4. 典型引路，助推青工成长成才。在推动企业发展中实现自身价值。对于绝大多数青年而言，并不缺少进取激情和创造热情，更需要的是引导、带动和帮助，而在他们身边涌现出来的先进青年典型的现身说法是最具有说服力和引导力的。要加大对青年职工先进典型的选树宣传，以“新时代·铁路榜样”等为载体，通过开展“优秀共产党员”“岗位建功”“青年先锋岗”等评比活动，积极为青年施展才华搭建平台，努力营造一个平等竞争、富有活力的人才成长环境，积极营造“使用就是最好的培养”的良好氛围，示范引领带动更多青年职工岗位成才。

5. 丰富职工业余文化生活。以“为工作赋能、为心灵解压”为思路，在提升职工学习生活“新活力”上下功夫，以线上线下相结合的方式，创建职工业余学校，开办瑜伽、舞蹈、篮球裁判员等培训班。发挥职工活动中心作用，为职工搭建才艺展示平台，鼓励职工积极创作具有青藏铁路特色、弘扬青藏铁路精神的文化精品，并在重要时间节点组织开展丰富多彩的群众性文化体育活动。定期了解职工关于精神文化生活的需求和期待，提供精细化、精准化精神文化产品，增强青年职工的获得感、幸福感、安全感。

6. 加强关爱，激励青年砥砺奋斗。要通过开展问卷调查、座谈交流、网络互动活动等形式，精准掌握青年职工关注的热点、焦点问题，及时摸排、分析职工的思想动态，将解决思想问题和实际问题结合起来，有针对性地做好青工思想政治工作。加大对青年职工心理关爱，重点关注青年职工“职业压力”“职业倦怠”等职场心理因素，引入更多人性化的管理方式和管理细节，为他们工作和生活中困难提供支持和帮助。通过各类技能比武、展示大赛、交友联谊、文体艺术、素质拓展、志愿服务等主题活动，满足青年职工多样化、多层次的需求，激发青年职工活力。

（执笔人：胡艳梅、李波涛）

加强和改进青年思想政治工作探索与实践

中国铁路设计集团有限公司土建院党委

思想政治工作是一切工作的生命线。青年是国家的未来、民族的希望。在新时代新环境下，做好青年思想政治工作，对推动企业高质量发展起着至关重要的作用。本课题以设计集团土建院改进和加强青年思想政治工作为重点，调研分析了当前思想政治工作开展的现状和面临的主要困难，探索建立了“聚焦一个根本、用好两条路径、实现三个结合、抓实四项举措”的“1234”青年思想政治工作方法，取得了良好的实践效果，对国铁企业加强青年职工思想政治工作具有一定的借鉴意义。

一、新时代加强国企青年职工思想政治工作的重要意义

1. 加强和改进青年思想政治工作是落实习近平总书记重要论述的自觉行动。党的十八大以来，习近平总书记多次就青年工作作出重要部署，特别强调，“青年工作抓住的是当下，传承的是根脉，面向的是未来，攸关党和国家前途命运”“要高度重视对青年一代的思想政治工作”。加强和改进青年思想政治工作，培育担当民族复兴大任的时代新人，为党的事业提供新鲜血液和源源动力，是落实习近平总书记关于青年工作重要论述的有力举措和生动实践。国铁企业开展青年职工思想政治工作，要准确把握青年职工思想

政治规律，进一步丰富手段、创新方式、增强本领，扎实体系建设和思政大格局建设，不断提升青年职工思想政治工作水平和实效。

2. 加强和改进青年思想政治工作是推动国企转型升级的重要举措。习近平总书记强调，“国有企业是中国特色社会主义的重要物质基础和政治基础”。党的二十届三中全会对深化国资国企改革作出了新的重大部署，是以习近平同志为核心的党中央着眼全面推进中国式现代化、实现第二个百年奋斗目标作出的重要战略安排，国有企业改革进入了攻坚期。思想政治工作是我们党革命、建设和改革取得胜利的重要政治保证，加强和改进青年思想政治工作，是确保党对国有企业的领导、以更高站位更大力度把改革向纵深推进、确保党的理论和路线方针政策在国有企业贯彻执行的重要举措，是提升国企综合实力和竞争力、推动企业高质量发展的重要支撑。

3. 加强和改进青年思想政治工作是保持队伍稳定、推动土建院高质量发展的现实需要。设计集团是国铁集团下属唯一设计企业，承担着铁路勘察设计“国家队”的重要角色；土建院作为设计集团主要站前专业设计研究院，生产经营任务重、工作体量大、专业要求高。当前，青年职工有想法、有闯劲，已成为设计集团和土建院生产经营活动的主力军，成为影响设计集团高质量发展的重要一环。青年职工人生阅历还不够丰富，世界观、人生观、价值观还未完全成熟，抗压受挫能力较差，极易产生深层次的思想问题，影响队伍的整体稳定。新时代青年职工的新特点对企业开展青年思想政治工作提出了新的严峻考验，需要企业完善思想政治工作体系，有针对性地开展思想政治工作，为他们成长成才、实现价值创造条件，为企业行稳致远奠定坚实思想基础。

二、土建院青年职工思想政治工作情况调研分析

土建院现有职工456名，青年职工构成特点有以下三个方面：从年龄结构上看，35岁及以下青年职工220名、占比48.24%，其中“95后”职工101名、占比22.15%，职工结构整体呈年轻化趋势，青年队伍日渐壮大；

从学历背景上看，青年职工中本科及以上学历达到100%，其中研究生219人、占比99.55%，青年呈高学历化趋势，知识型青年已经成为推动发展的骨干力量；从岗位类型上看，生产经营类、科技创新类、职能管理类职工分别为194人、20人、6人，绝大多数青年职工冲锋在生产经营创新工作一线，长期驻外较多，工作强度大。

为开展此次专题调研，土建院相继开展了青年职工思想动态情况调查、职业规划调查、思政工作开展情况调查、支部书记履职能力调查等问卷调研，并组织了职工座谈会，开展了谈心谈话等，通过多种方式调研分析，基本掌握了土建院青年思想政治工作开展情况。

（一）土建院青年职工思想现状

一是青年职工关心企业发展，认同企业文化。多数青年职工高度关注铁路行业形势和企业发展，认同企业与职工命运共同体理念，了解企业转型发展战略目标并愿为之努力工作，有较强的归属感和荣誉感，表现出较强的主人翁意识。许多职工在调研中对企业生产经营管理、人才队伍建设等方面提出切实可行的建议。对于企业改革等触及个人利益时，82.84%的职工能为企业着想且表示会积极配合，愿意为改革牺牲个人利益。绝大多数职工认同企业文化，愿意做企业文化的践行者、传播者，有较强的集体观念和团队意识。

二是青年职工工作积极进取，有较强的成长需求。调研发现，绝大多数青年职工认为能够胜任当前分配的工作。绝大多数职工对当前的工作和生活状态较为满意，有较强的工作责任心和进取心，珍惜企业提供的宝贵平台，强烈期望提高自身能力。同时，大部分青年职工具有明确的职业目标和发展愿望，希望通过努力来实现自身价值。成熟人才积极向党组织靠拢，注重了解党和国家的重大方针政策，努力提升自身觉悟。

三是青年职工思维较为活跃，有多样的成长诉求。青年职工求知欲普遍较强，对新鲜事物的接受和掌握速度快，对单位有多样的期盼和诉求。比如：部分青年职工希望得到轮岗交流学习的机会，提升自身综合素质；39.05%的青年职工倾向于向专业技术岗位方向发展，20.71%倾向于行政管理岗；青年职工不安于现状，表示迫切需要学习技能和最新理论知识的人员占比 60.36%；部分长期驻外职工希望单位能够加大对其及家属的关心和慰问；除职位晋升和薪酬提高外，多数职工更注重自身价值的实现，渴望劳动成果得到领导和同事的认可，希望单位给予其正面的鼓励和评价。

（二）土建院青年职工思想动态存在的主要问题

一是个别青年职工政治意识不够强，站位不够高。有的青年职工对理论知识的学习兴趣不够高，在思想上存在惰性。对上级决策部署和工作要求精神领会不到位，工作重点把握不够准，工作成效还需提升。个别青年职工从大局站位考虑问题不够，在服务核心业务、质量安全把控等方面不善于从讲政治的角度去看待和解决问题。

二是青年职工普遍工作强度大，生活质量受到一定影响。调研发现，绝大多数青年职工认为压力较大，压力主要来自生产进度、安全质量、科技创新等方面。同时，婚恋情感、健康问题、收入状况等也是压力的主要来源。还有职工反映个人支配时间较少，没有时间和精力进行学习反思和总结，造成知识焦虑。长期驻外职工参加集体活动不便，还难以照顾家庭，对工作状态造成一定影响。长期驻外青年在薪酬提升、职位晋升、评优倾斜等方面有实际诉求。

三是小部分青年职工思想不够成熟，承压能力不强。由于青年职工多数是独生子女，个性鲜明，部分青年职工角色转换较慢，思想不够成熟，很难迅速融入快节奏的工作环境。对薪酬奖金有很高的期待，奖励差异极易影响个人情绪。个别青年职工心理脆弱，抗压能力不强，在经受挫折打击、困难考验或者批评考核时，有自我封闭和自我保护意识，缺乏有效的缓解压力方式，在沟通交流、自我调节方面有所不足。还有极个别青年职工受网络“内卷”“躺平”文化影响，进取心有所减弱。

（三）土建院青年职工思想政治工作存在的主要问题

一是部分基层室所存在认识上“模糊”的现象。部分基层室所对青年职工思想政治工作认识不深刻，重视程度不够，开展工作存在“一手硬、一手软”的现象，忽视思想政治工作对于中心工作的指导促进作用。思想政治工作计划性、前瞻性不够，经常是出了问题才搞教育，有“头疼医头、脚疼医脚”的现象。基层室所有时将思想政治工作理解为理论说教，也导致青年职工对思想政治工作存在抵触心理，职工群众参与思想政治工作的积极性和主动性没有被完全调动起来。

二是多数管理干部存在方法上“老套”的问题。调研发现，有超过55.33%的青年职工认为室所开展思想政治工作手段单一，缺乏吸引力；76.67%的青年职工希望以新媒体等方式提升思想政治工作成效。总的来看，基层室所思想政治工作方法陈旧呆板，理论宣教内容形式缺乏创新，较少顾及教育对象的兴趣和需求，“你说你的，我干我的”，存在空对空、虚对虚的现象，导致思想政治工作流于表面，难以内化为青年职工的价值观。基层室所在开展思想政治工作时，批评说教多，关心关怀少，思政工作的渲染力和感染力不尽如人意。有超过70.00%的室所管理人员认为开展思想政治工作时存在“本领恐慌”，抓手不够多，重点把握不准，不懂抓、不会抓、不善抓。

三是部分职工存在融入中心总体效能发挥上“脱节”的情况。调研中，大部分职工对思想政治工作是给予肯定的，但在效果评价上，总体不是很理想，有28.33%的职工认为思想政治工作开展频次不够多，推动中心工作成效不够明显，存在“两张皮”的情况；有20.50%的职工认为思想政治工作形式主义较多，开展效果不佳；有的职工反馈思想政治工作的沟通协调机制不够完善，“上热中温下冷”的现象仍然存在；职能部门和室所之间沟通不够顺畅，无法形成工作合力；对企业文化的宣传和践行不够，员工对企业文化的认同感、归属感还不够强。

三、土建院“1234”青年职工思想政治工作方法实践与成效

针对调研发现的土建院青年职工思想政治工作开展情况和存在的主要困难，结合新时代青年思想特点，土建院党委研究制定“聚焦一个根本、用好两

条路径、实现三个结合、抓实四项举措”的青年职工思想政治工作方法，着力增强青年职工思想政治工作的实效，为企业发展提供坚强的思想政治保障。

（一）聚焦一个根本

坚持以习近平新时代中国特色社会主义思想为指导，始终不渝地把团结引领青年跟党走作为根本任务，站在党领导的铁路事业后继有人、兴旺发达的高度，创新性开展青年职工思想政治工作，努力体现深刻的思想性、鲜明的导向性、强烈的时代感，引导广大青年职工在奋力推动铁路高质量发展、率先实现铁路现代化、勇当服务和支撑中国式现代化“火车头”的生动实践中挺膺担当，更好成为中国铁路事业的合格建设者和可靠接班人。

（二）用好两条路径

一是扎实线下面对面思想政治教育。互联网时代，以“键与键”方式沟通的思想政治工作尽管有及时、便利的功能，但是缺少了面对面的现场感、温情和态度，长此以往容易产生隔阂和矛盾。土建院党委坚持将线下思想政治工作放在重要位置，通过开展谈心谈话、座谈交流、走访慰问、培训讲座等方式，推动管理人员与青年职工坦诚、直接、充分地交换思想、深入沟通、增进感情，切实增强队伍稳定，努力做到将面对面做到心贴心、心连心。

二是拓展“互联网+思想政治工作”方法。土建院党委针对土建院青年职工占比高、青年职工出差多的实际，坚持将青年职工思想政治工作与“互联网+”相结合，树立大数据和新媒体思维，搭建思政工作新平台。把“懂网”“用网”作为必修课，充分发挥媒体和网络平台的交流沟通作用，提升思想政治工作的时效性和针对性。通过“互联网+计算机+手机终端”，利用H5、视频号、问卷星等互联网工具，把思想政治教育搬到网上，打破时空格局，实现时间和空间上的延伸，打通思政教育“最后一公里”。

（三）实现三个结合

一是把思想政治工作同生产经营管理结合起来。思想政治工作是国有企业的传家宝。土建院坚持将思想政治工作与生产经营管理相结合，把思想政治工作渗透到企业生产经营管理的方方面面中，及时发现职工的思想和利益冲突，优化思想政治工作引领范畴，进一步服务企业员工的身心健康发展。在生产经营工作开展过程中，加强部门间联动配合，用好“土建院设计资源管理系统”等大数据工具，统筹资源配置，关注项目团队和个人工作量、工作完成时间等情况，常态化开展思想政治工作，及时开展答疑解惑和帮助指导。大力推进“青春建功‘十四五’”行动，不断深化青年职工的责任感、使命感和荣誉感。深化“青年突击队”建设，围绕中心工作，在服务中国铁路走出去、川藏新藏铁路建设、运营线防汛抢险等急难险重任务中突击奉献，充分展示土建院青年职工在重点工程建设、重大科研攻关中踔厉奋发、勇担大任的青春风采，广大青年职工在服务铁路高质量发展中增长本领、创造价值。

二是把思想政治工作同人力资源开发结合起来。习近平总书记指出，“未来属于青年，希望寄予青年”“着力培养担当民族复兴大任的时代新人”。土建院坚持在人力资源开发、干部人才队伍建设过程中开展思想政治工作，更好适应青年职工个人成长需要和价值追求。通过制定完善的人力资源管理制度和培训计划，为青年职工提供更多的学习和提升机会，帮助他们提高专业技能和管理能力；同时，在干部选拔任用时，充分考虑干部的思想政治素质和道德品质，做到德才兼备、以德为先、任人唯贤。坚持面向青年、深入青年、服务青年的工作定位，做好管理制度的宣贯讲解，在薪酬发放、职称评定、评先评优等工作开展中，避免青年职工出现困惑、心理失衡的情况。在骨干人才推荐、重点课题立项等工作中，明确向青年职工倾斜的工作导向，为青年职工“搭台子、压担子、架梯子”。

三是把思想政治工作同企业文化建设结合起来。习近平总书记指出：“一个民族、一个国家的核心价值观必须同这个民族、这个国家的历史文化相契合，同这个民族、这个国家的人民正在进行的奋斗相结合，同这个民族、这个国家需要解决的时代问题相适应。”土建院注重将思想政治工作同铁路文化传承、企业文化塑造、土建精神培育结合起来开展，发挥企业文化潜移默化、润物无声的关键作用，加强“四史”和百年铁路史教育，激励青年职工传承红色基因、赓续红色血脉。注重做好安全文化、廉洁文化、创新文化、科学文化等的培育，开展“文化上墙”和廊道文化建设活动，建强文化阵地，做实做细思想政治工作。

（四）抓实四项举措

土建院党委在开展青年职工思想政治工作过程中，坚持守正和创新相统一、显性教育和隐性教育相统一、广泛覆盖和分类指导相统一、解决思想问题和解决实际问题相统一，通过以下四项具体举措改进和加强青年思想政治工作，取得较好成效。

一是强化思想锻造，汇聚青年职工向心力。

加强理想信念教育。思想是行为的先导，理论是实践的指南。土建院党委以党课、培训、座谈会等形式，利用“三会一课”、主题党日等载体，广泛开展党的理论教育，引导广大青年职工深入学习习近平总书记重要讲话和党的二十大和二十届二中、三中全会精神，激发员工开拓进取、无私奉献的敬业精神。组织青年职工到中国共产党历史展览馆、中国人民抗日战争纪念馆等地开展红色教育，引导职工从百年党史汲取智慧和力量。探索“青年大学习”机制，推动“青马工程”实施，指导青年职工开展政治理论学习、交流分享研讨、参观研学和课题研究，指导党支部常态化开展“结构说”“我要讲课”“微党课”等学习交流活动，强化青年职工理论武装。利用“学习强国”平台、云上展览馆等新媒体工具，组织云上答题、在线学习参观、过政治生日等活动，极大拓展思想政治工作开展范围，做到理想信念教育全覆盖。

强化精神素养培育。土建院坚持弘扬以伟大建党精神为源头的中国共产党人精神谱系和以“人民铁路为人民”为核心的铁路精神，把铁路发展史、设计集团发展史等红色资源作为“大思政课”的鲜活教材，引导青年职工坚定不移传承“始终听党话、永远跟党走”的铁路红色基因。大力弘扬社会公德、职业道德、家庭美德，引导青年自觉遵纪守法、诚实守信、爱岗敬业、勤劳奉献，争做好公民、争当好职工。比如：组织青年职工参观“永远跟党走”集团公司历史陈列展，引导干部职工继承和发扬铁路前辈的优良传统。聚焦社会责任，指导青年职工开展爱心助学、地铁志愿引导、公益桥设计等志愿服务活动，在丰富的社会实践中滋养爱国情怀，弘扬正能量。邀请公安机关警官、法律法务专家、纪检领导干部等到土建院开展法律法规阐释答疑和违纪案例教育，增强青年职工的法治意识和纪律观念。

通过强化土建院青年职工的思想锻造，帮助青年职工掌握思想武器、破除思想迷雾、构筑强大精神支柱，为青年职工解开理想和现实、主义和问题、集体和个人、辩证和统一等方面遇到的思想困惑。土建院青年职工的理论功底更加扎实，理想信念更加坚定，进一步深刻领悟党的创新理论所蕴含的真理力量，增强志气、骨气、底气，更加坚定永远跟党走的信心决心。

二是广泛宣传宣讲，提升青年职工凝聚力。

开展形势任务宣讲。土建院把形势任务宣讲摆在重要日程，向青年职工讲清楚中国铁路取得的历史性成就是在党的坚强领导下，一代代铁路人艰苦奋斗、无私奉献干出来的；讲清楚铁路的高质量发展和集团公司的转型升级为青年职工创造了广阔的平台；讲清楚集团公司发展面临的机遇和挑战，引导青年职工牢固树立企业命运共同体理念，把个人的成长和理想追求融入集团公司的发展和铁路现代化事业中。比如：组织召开土建院青年工作会议，总结青年工作，部署下阶段重点任务，寄语青年把握时代、努力奋斗；定期邀请院士大师、退休劳模、资深专家、典型榜样等为青年职工面对面讲授工作经验、分享奋斗故事，引导青年职工回顾中国铁路筚路蓝缕的奋进历程，珍惜来之不易的大好时代，脚踏实地、攻坚克难，展现出新时代青年的朝气锐气。

壮大主流思想舆论。土建院党委始终坚持正确政治方向、舆论导向、价值取向，把青年思想政治工作融入主题宣讲、成就宣传等各项工作中。近年来，土建院在跨海隧道、大跨桥梁、软土路基、特殊结构设计和智能建造等领域实现多项突破，取得瞩目成绩。汕头湾海底隧道首爆报道阅读量超 1.4 亿、杭州湾跨海大桥被央媒报道、自研发软件获得中交协科技进步一等奖等等优质宣传作品涌现，青年职工的自豪感荣誉感明显提升，服务国家铁路建设、实现高水平科技自主自强的信心和决心不断增强，进一步鼓足迎难而上、再创佳绩的士气和勇气。

加强典型榜样选树。土建院发挥先进典型示范引领作用，注重分层分类分阶段选树先进典型，搭建学习、实践、激励平台和长效机制，形成“老典型常树常新、新典型层出不穷”的良好局面。五年来，通过积极参加国铁集团和集团公司创先争优、先进生产者、先进女职工等评选，培育出局级以上先进典型60余名。“新时代·铁路榜样”、国铁集团优秀共产党员标兵、国铁集团优秀党务工作者、全路火车头奖章、铁路青年五四奖章、设计集团“最美铁设人”等典型榜样层出不穷，这些“立得住、叫得响、树得牢”的先进典型，树起了一座座崇高的精神标杆，成为200余名青年职工学习的耀眼“明星”。

通过广泛开展宣传宣讲，土建院青年职工自觉把个人的前途命运同国家和民族的命运紧密联系起来，把个人的成长成才同企业的高质量发展紧密联系起来，从历史文化中传承红色基因、从企业发展中汲取奋斗力量、从先进榜样处明确前进方向，凝聚力、向心力不断增强，企业文化氛围更加浓厚，青年职工敢担当、能吃苦的精神品质更加出众，助力公司高质量发展作用更加明显。

三是突出岗位历练，提高青年职工战斗力。

因材施教，制定成长规划。土建院针对青年职工的不同成长阶段，制定进阶式的人才培养机制，定期开展职业发展规划问卷调研，结合青年职工发展诉求制定个性化的职业生涯成长规划。优化完善导师带徒机制，为职工配置双导师，助力青年职工尽快完成角色转换，明确成长的目标和方向。精心开展理论培训、素质拓展、业务提升、技术交流等工作，丰富青年职工知识储备，利用轮岗交流、劳动竞赛、技能提升活动不断提升青年职工岗位工作能力和业务素质，培养一专多能的复合型人才。

强化培训，促进岗位成才。完善职工竞赛新常态，以赛促学、以赛促培。常态化开展勘察设计、配合施工经验交流和资料展评，提升青年职工业务技能。敢于给青年职工压担子，青年托举人才、骨干人才等评选向青年倾斜；鼓励青年职工牵头生产经营、管理创新、技术攻关、课题开发等工作，增强创新意识，拓展思维视野，稳步提升青年人才的核心竞争力，为企业优秀青年人才脱颖而出和建功立业创造条件。

注重实践，强化锻炼提升。围绕企业工作重点，策划开展劳动技能竞赛、青年汇报比赛、科技论文评比等活动，引导青年职工学知识、提技能，营造争先创优的良好氛围。积极开展青年文明号、青年岗位能手、青年示范岗活动评选等各项先进评选表彰和岗位创建活动，充分发掘青年职工先进典型，为青年职工树立学习榜样，营造良好的学习先进、争做先进的良好氛围，发挥好示范引领作用。

通过岗位历练，青年职工掌握了扎实的专业技能，工作水平显著提升，能力本领更加过硬，绝大多数青年职工已经走上设计专业负责人、科研课题牵头人等重要岗位，生力军和突击队的作用更加彰显。

四是注重人文关怀，激发思政工作感染力。

密切联系青年，注重思想引导。土建院建立党委委员和党支部书记联系职工、联系青年、联系骨干人才等清单，定期与职工交流谈心，及时疏导解决思想问题。定期慰问总承包、外业勘察、配合施工等现场人员，及时给予肯定和鼓励，时刻关注职工思想波动。通过组织开展问卷调查、座谈交流、一对一谈心等方式，畅通沟通渠道，常态化准确把握思想动态。不断拓展丰富多样的教育形式，开展独具特色、主题鲜明的青年座谈会、读书分享、主题征文等活动，增强思想政治工作的吸引力，通过微信、微视频等生动活泼的微媒体，开展正确的思想指导，提升教育效果。

定期分析研判，及时关怀慰问。落实思想动态分析制度，提高思想分析工作的敏锐性，密切关注职工的社交账号，发现问题及时纠偏。指导党支部成立互助小组，在工作生活上关心、关怀青年，真正解决青年职工面临的实际困难，增强其对企业的认同感和归属感；关注青年职工关心的热点和难点问题，了解其工作感想、思想动态、职业诉求等，及时疏导不良情绪，发现并解决相关问题，引导他们在品格修养、工作态度等方面朝积极健康的方向发展。

坚持心理疏导，解决实际困难。加强职工心理素质的培养和训练，帮助职工保持心理健康，营造充满人文管理精神的工作环境。关注青年职工心灵感受和情感需求，持续开展“我为青年办实事”活动，为他们办好事、做实事、解难事，让他们感受到企业的温暖。利用优秀青年代表宣讲、成才故事分享交流等形式，加强青年职工之间的交流，各支部通过组建文体爱好、业务攻关、公益服务等兴趣小组或工作室，拓宽青年职工“朋友圈”和“社交圈”。紧密贴合青年职工需求，定期举办篮球、羽毛球等赛事，注重开展集体活动，吸引青年的积极广泛参与，以活动凝聚青年职工，以活动提升青年活力。

通过加强人文关怀，土建院青年职工对企业的归属感更加强烈，青年职工思想政治工作的“人情味”也更加浓厚，职工队伍长期保持稳定，青年职工对思想政治工作的接受程度显著提升。

四、土建院“1234”青年职工思想政治工作方法的经验启示

通过加强和改进土建院青年职工思想政治工作的探索和实践，为使青年职工思想政治工作目标明确、措施有力、效果显著，不断推动青年职工思想政治工作再上新台阶，要着重把握好三点。

（一）坚持党的全面领导，让青年职工思想政治工作有高度

党的十八大以来，站在党的事业后继有人、红色江山永不变色的高度，党中央相继提出了党管青年原则和党管青年工作原则，这是“党是领导一切的”必然要求，也是对党与青年密切关系的现实反映。加强和改进青年思想政治工作，必须坚持党的全面领导，旗帜鲜明讲政治，确保青年有很强的政治判断力、政治领悟力、政治执行力，做到始终对党绝对忠诚，始终在思想上政治上行动上同以习近平同志为核心的党中央保持高度一致。做好青年职工思想政治工作，必须更好地团结、组织、动员广大青年，在以中国式现代化全面推进强国建设、民族复兴伟业的新征程上不懈奋斗，用青春的能动力和创造力激荡起民族复兴的澎湃春潮，用青春的智慧和汗水服务建设更加美好的中国。

（二）坚持围绕中心工作，让青年职工思想政治工作有力度

面对严峻复杂的生产经营形势，各级党组织要结合企业发展的实际，主动扛起青年职工思想政治工作的主体责任，建立思想政治工作清单，把青

年职工思想政治工作与中心工作同研究、同部署、同检查、同考核，通过加强筹划、提升管理、做好服务，发挥好思想政治工作对企业发展的推动促进作用。要激发青年职工爱企爱岗热情，围绕中心、服务大局，鼓励青年职工在基层一线岗位上创新创效、在急难险重任务中建功立业，充分发挥青年职工的主力军和突击队作用，全力保证中心工作完成。要提升青年职工工作本领，鼓励参加青年岗位能手、劳动竞赛等活动，不断激发青年职工的学习热情和钻研精神，更好在服务企业高质量发展的过程中展现自我价值、实现个人成长，把青年思政工作成效转化为企业高质量发展的强大动力。

（三）坚持践行以人为本，让青年职工思想政治工作有温度

青年有获得感，青年思想政治工作才有存在感。青年职工思想政治工作从根本上说是做人的工作，既要关心青年思想，也要关心其工作生活。要紧扣服务青年的生命线，在继承上进行创新，在创新中不断总结提高，丰富工作手段，真心真情为青年职工办实事、解难事。要走好群众路线，加强调查研究，及时跟进青年思想动态，破解工作困惑和实践难题，努力提升广大青年职工的获得感、幸福感、安全感。要加强青年职工职业发展指导，广泛开展技能培训和能力教育，源源不断地为党组织输送新鲜血液，为企业发展输送骨干人才。

五、结语

青年兴则国家兴，青年强则国家强。做好青年职工思想政治工作是服务推动铁路高质量发展的重大课题，土建院党委将继续深入贯彻落实习近平总书记对青年工作和思想政治工作的重要指示批示精神，进一步深刻认识加强新时代国企青年职工思想政治工作的重要意义，认真分析解决当前思政工作中存在的不足，完善建立符合时代发展、具有新时代特色的青年职工思想政治工作方法，把新时代土建院青年职工培养成优秀的社会主义建设者和接班人，不断凝聚起以中国式现代化全面推进强国建设、民族复兴伟业的磅礴伟力。

（执笔人：庞兰文、王升、韩斌）

提升党员教育培训质量研究

中国铁路设计集团有限公司地勘院党委

党员教育培训是党的建设基础性经常性工作，是党的建设一个永恒的课题。党的二十届三中全会指出，要“完善党员教育管理、作用发挥机制”。设计集团公司地勘院深入贯彻落实《中国共产党党员教育管理工作条例》《2019—2023年全国党员教育管理培训工作规划》，聚焦落实全面从严治党要求和企业改革发展目标，着力强化党员教育培训质量，以坚定信仰、增强党性、提高素质为重点，结合企业工作特点，坚持标准和特色相结合，增强党员教育培训针对性、实效性。通过构建“135”立体工作模式，引导党员增强学习动力、激发干事活力，提升组织合力。

一、“135”党员教育培训体系的基本内涵

“1”即一个教育目标，通过增强培训针对性、实效性，引导党员提高政治判断力、政治领悟力、政治执行力，努力建设政治合格、执行纪律合格、品德合格、发挥作用合格的党员队伍，体系化加强国有企业党的领导，提高党的建设质量，以高质量党建引领高质量发展。

“3”即“三支队伍”，其中党员干部队伍，包括领导班子成员、副科级及以上党员干部；专职党务人员队伍，包括专兼职支部书记、组织助理员、

宣传助理员、纪检委员、群团负责人；党员队伍，即普通党员。

“5”即五大体系建设，即：目标体系、内容体系、方法体系、保障体系、制度体系。

（一）明确党员教育培训目标，强化目标导向

《规划》《条例》明确提出，党员教育培训目标是“以坚定信仰、增强党性、提高素质为重点”“努力建设政治合格、执行纪律合格、品德合格、发挥作用合格的党员队伍。”由于不同党员群体存在职务差别，在作用发挥上要求不同，所以在培训重点和培训目标也各有侧重。地勘院结合“三支队伍”教育培训实践，形成目标体系（见图1）。

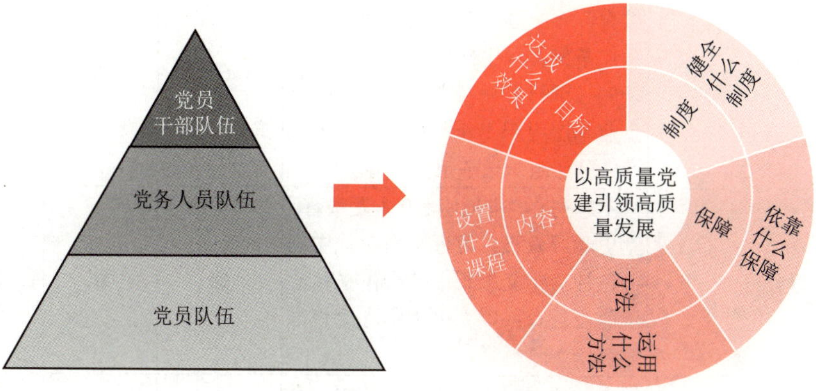

图1 “三支队伍”党员培训目标

（二）完善党员教育培训内容，强化精准施教

《条例》明确提出了党员教育培训“1个首要政治任务+7个基本任务”的要求，即：用习近平新时代中国特色社会主义思想作为党员教育管理的首要政治任务；把政治理论教育、政治教育和政治训练、党章党规党纪教育、党的宗旨教育、革命传统教育、形势政策教育、知识技能教育作为基本任务。地勘院结合党员教育培训内容需求，结合中央党校（国家行政学院）、国铁集团、设计集团公司相关党员教育课程设置，对地勘院党员教育培训“1+7”内容体系和培训重点细分见表1。

表1　“1+7”党员培训内容体系

培训模块		党员细分培训重点		
培训任务“1+7”	主要内容	党员干部队伍	专职党务人员	党员队伍
习近平新时代中国特色社会主义思想	《习近平谈治国理政》；习近平总书记关于党的建设和铁路工作的重要指示批示精神、重要论述	●	●	●
政治理论教育	党的基本理论、基本路线、基本方略；马克思主义基本原理和党的基本知识；国有企业党建理论	●	●	○
政治教育政治训练	民主生活会、组织生活会、民主评议党员、谈心谈话；设岗定责	●	●	●
党章党规党纪	党章党规党纪教育；宪法法律法规教育；《中国共产党党员教育管理工作条例》《中国共产党支部工作条例（试行）》《中国共产党国有企业基层组织工作条例》《中国共产党基层组织选举条例》等	○	●	○
党的宗旨教育	“不忘初心、牢记使命”主题教育；党史学习教育；习近平新时代中国特色社会主义思想；社会主义核心价值观教育；以人民为中心思想专题解读	●	●	●
革命传统教育	党史、新中国史、改革开放史、社会主义发展史、中华民族发展史；中国铁路发展史；党的伟大精神系列解读	○	●	●
形势政策教育	党的二十大、二十届三中全会精神教育；世情国情党情教育；集团公司工作会、党建会等重大精神专题	●	●	●
知识技能教育	国有企业党建、支部标准化规范化建设、党建考核、党员教育管理、思想政治工作等专业理论；政策研究、新闻宣传、公文写作等技能提升；信息化、新媒体、民法典等知识拓展	○	●	○

备注：●——重点掌握；○——学习了解。

（三）丰富党员教育培训方法，强化过程管控

《规划》要求："丰富教学方式。灵活运用好讲授式、研讨式、模拟式、互动式、观摩式、体验式等教学方式，探索'课堂＋基地'实训模式""加强案例培训""开展典型教育""加强警示教育"。对于地勘院党员教育培训，要适应方式方法发展要求，在传统讲授式教学基础上，努力在研讨互动式教学、基地体验式教学、网络新媒体教学三个方面寻求新突破，构建形成讲授式教学、研究式教学、基地体验教学、网络新媒体教学有机结合的"四位一体"教学方式方法体系，增强吸引力，保证培训质量。

（四）夯实党员教育培训保障，强化要素支撑

一是突出组织保障，明确两级党组织抓党员教育培训的主体责任，关键抓重点、作示范，明确党群工作室牵头抓总作用，细化培训任务，做好培训检查。二是突出经费保障，把党员教育经费列入年度经费预算，保证专款专用。三是突出师资保障，地勘院结合实际建立培训机构（铁道党校、天津市党校）、党组织书记、"两优一先"典型代表的"三个结合"讲师队伍。四是突出管理保障，坚持从严施教，严肃教学纪律，防止教育培训表面化、程式化、庸俗化，防止学用脱节、空洞说教等不良学风。

（五）健全党员教育培训制度，强化制度执行

一是坚持需求调研制度，坚持每年通过专题研讨、走访调研、大数据分析等方式，精准掌握党员学习需求，为持续改进教学、提高质量打好基础。二是坚持集中轮训制度，严格落实《规范》关于基层党组织书记每年至少参加 1 次党委举办的集中轮训、新任基层党支部书记一般应在半年内进行任职培训等轮训要求。三是坚持学时制度，预备党员在预备期内和转正后 1 年内各参加 1 次由上级党组织组织的集中培训，确保党员每年参加集中培训和集体学习时间一般不少于 32 学时，基层党支部书记和班子成员每年参加集中培训和集体学习时间不少于 56 学时、至少参加 1 次集中培训。四是坚持考评制度，把党员教育培训作为党建考核重要指标，加强日常督导，做好工作评价，把党员教育培训考核结果，作为党组织和党员评先评优的重要依据。

二、党员教育培训问题分析

地勘院现有党支部14个，在职党员240人，占职工总数57%，其中女党员17名、占党员总数的7.08%，35岁以下党员77名、占党员总数的32.08%，研究生学历党员138名、占党员总数的57.5%，高级专业技术职务党员150名、占党员总数的62.5%。为准确掌握地勘党员教育培训质量，课题组采用座谈、访谈形式，对全院党员开展了调研，围绕培训组织、具体实施、教育实践3个维度展开，聚焦培训对象、内容需求、方法难点、线上培训、教育资源、组织保障等多项内容，共座谈、访谈49名党员，涵盖“三支队伍”，针对性和代表性强，能够真实反映地勘院党员的特点。

（一）党员教育培训组织工作方面

一是党员大规模集中式培训难以开展。由于地勘院业务地域分布广泛，艰险复杂的长大干线通常分布在高山之巅、大海之滨、茫茫草原和戈壁沙漠，党员分散难以集中培训；海外项目的党员身处异国他乡，外部环境因素复杂多变、不确定因素多，难以参加集中培训。同时，党员“工学矛盾”突出，既要保证岗位生产要求，又要满足员工合理休息的诉求，因此很难抽调人员参加大规模集中式党员培训，以致造成培训时间、培训周期安排与正常的生产经营安排发生冲突，影响培训的进程和预期效果。二是党员分层分类培训缺乏统筹实施。随着地勘院党员数量的扩大化和党员群体的多样化，党员对培训的迫切需求与集中举办的党员培训班数量有限之间的矛盾日益突出。此外，设计集团公司、地勘院、基层党支部这三个层面的党员培训在培训内容、培训师资、培训方式、培训管理等方面都不统一，导致培训效果参差不齐、培训资源重复浪费，出现“想学的学不着，学着的不想学”的困境。

（二）党员教育培训实施工作方面

一是党员培训内容有待优化。在党员培训过程中，除党组织书记和党务工作者之外，缺乏对党支部委员、新党员、青年党员等党员群体的细致分类和个性化培训。同时，缺乏对企业现状、整体规划、发展思路方面的内容。

因此，党员培训内容同质化现象严重，党员培训工作的针对性和实效性不强。二是党员培训师资有待拓展。外部师资主要以铁道党校、天津市党校师资为主，其他高校、机关团体、企事业单位师资较少，来源渠道单一；企业内部师资匮乏，培训内容与本企业党建工作、党员发展现状联系不够紧密。三是党员培训方式有待丰富。《规划》提出，要“灵活运用讲授式、研讨式、模拟式、互动式、观摩式、体验式等教学方式”。地勘院党员培训中“教师讲、学员听”的讲授式教学方式仍占较大比重，党员培训缺乏灵活多样、丰富多彩的形式，对灌输式教育方法存在一定的抵触心理，难以激发党员同志的学习积极性和主动性。

（三）党员党性教育实践基地方面

一是党员党性教育实践基地时代气息不足。近年来，嘉兴、井冈山、西柏坡等红色教育基地在地勘院党性教育中发挥了积极的作用，已成为广大党员重温革命传统、传承红色基因、坚定理想信念、加强党性修养的重要阵地，但是与新时代发展形势、与当代党员教育培训任务要求相比，缺乏党的优良传统与时代要求之间的深度融合。当前地勘院高学历、高素质、年轻化的人群逐渐成为党员队伍的主力，他们有知识、有思想，追求教育的时代感。因此，需要提供更具时代特色的体验式教育，将党性教育与新时期的执政能力、抗腐抗变、改革创新等现实问题结合起来，让历史启迪现实，让历史告诉未来，使优良传统能够回应现实问题，增强党性教育的时代感和现实指导性。二是党员党性教育实践基地行业特色不足。《规划》指出，党员教育要“探索‘课堂＋基地’实训模式，增强教育培训的吸引力感染力”。地勘院不乏具有深厚历史的“红色铁路”、不乏具有本行业时代精神的优秀党员，但缺少对这些资源的深度开发和利用，没有形成具有地勘院特色的培训资源，没有很好地发挥“地勘人”精神的传播和引领作用。

三、推动党员教育培训体系化建设工作实践与成效

地勘院把抓好《条例》和《规划》贯彻落实作为重要任务，坚持系统思维、

整体推进、务实高效，建立涵盖“135”的党员教育培训体系，有计划分层次高质量落实学时制度和轮训任务安排，持续提升地勘院党员队伍整体素质。

（一）建立长效机制，引领高质量发展

一是落实第一议题制度，强化理论武装。组织制定《地勘院党委会会议第一议题制度（试行）》，研究制定地勘院年度中心组学习计划，及时跟进学习习近平总书记的重要讲话精神及对铁路的重要指示批示精神，确保上级决策部署在地勘院落地见效。紧紧抓住党委委员这个关键，紧扣规定动作，采取“读书班＋研讨方式”每周一学，突出抓好党员干部的学习教育。党委成员履行“一岗双责”，指导支部加强对党员学习教育管理，了解学习情况，增进学习效果。发布《关于改进和加强地勘院党委理论学习中心组学习的相关规定》，进一步推进学习制度化、规范化，党委书记带头发言并进行学习小结，党委委员结合学习内容、联系工作实际谈体会、讲认识，坚持在学深悟透中汲取担当“源”动力，不断提高政治素质和政治能力；邀请支部书记和副总工程师列席中心组扩大学习，带动基层支部书记抓实学习，推动习近平新时代中国特色社会主义思想进车间、进班组、进头脑。主题教育期间，先后举办中心组学习40次（专题读书班22次，研讨5次，重点发言10人次），实现了党委委员专题学习全覆盖。

二是建立考评机制，确保教育成效。在引导党员主动学、自觉学的基础上，为更好地评估学习效果，推动学习教育真正抓实抓细，建立三级考评体系进行刚性制约，推动教育培训落地落实。第一，与党支部标准化建设挂钩。把党员学习培训与创建“示范党支部”结合起来，从支部班子建设、党员队伍建设、工作制度建设、日常检查考核等方面开展标准化建设，把学习培训作为党支部标准化建设的重点内容，每半年针对“三会一课”和党员学习等内容进行检查指导，确保政治理论学习、“三会一课”、党员教育管理等基础工作规范到位。第二，与党建工作责任制考核挂钩。把《规划》贯彻落实情况纳入党建工作责任制考核，对党支部党员教育工作开展情况进行督导考核。把党员教育培训工作纳入党支部书记述职评议考核的重要内容，

确保党员教育培训取得成效。第三，与党员民主评议挂钩。坚持“民主生活会”“组织生活会”“谈心谈话”等基本制度，认真开展批评和自我批评，咬耳扯袖、红脸出汗，让党的组织生活真正起到教育提高党员的作用。党委班子成员严格落实双重组织生活制度，结合民主生活会、组织生活会认真查摆问题，深入党性分析。适时开展闭卷测试，以党史知识及铁路职工应知应会理论基础为题库，进一步检验党员学习效果。通过评议公示和对优秀党员的表彰激励，不断激发党员干部的学习热情，持续推动党员干部素质全方位提升。

三是创新管理模式，不断增强党员队伍活力。围绕党员教育培训的五大体系建设，建立党员亮身份、亮积分、亮业绩、亮风采的工作模式。党员亮身份，发展有作为。开展党员业务职责、党员先锋岗、红旗责任区等“亮身份”活动，让群众真实感受身边党员良好的精神风貌，持续增强党员队伍活力。党员亮积分，管理有成效。开展亮出“学习强国”积分和党建知识答题积分，把评优、奖励与积分挂钩，并向高分党员倾斜，从而激励党员的主观能动性、调动党员的积极性，实现“小积分”管好“大队伍”。党员亮业绩，模范有表率。开展重点项目攻关、党员突击队、职能作风转变等多项党员“亮业绩”活动，促进党员争当模范有表率。党员亮风采，形象有树立。以组织创先进、党员争优秀为目标，每季度开展创岗建区评比，展现党员风采，激活队伍活力，提升党组织凝聚力、向心力。

（二）丰富教育形式，提升党员队伍素质

地勘院党委紧紧围绕党员教育指导思想，积极探索党员教育培训新模式，设置“红黄绿”三色课堂，把党员教育工作融入日常、抓在经常，大大提高了党员的思想政治素质，增强了党员工作能力，发挥了党员先锋模范作用。

一是打造“红色党建课堂”，锤炼党性强信念。一方面，举行“红色讲师团”，让党员集中学，通过打造理论学习园地、“五老”传承、“人人上讲台”等活动，讲述《穿越百年看党史、牢记使命强信心》《弘扬井冈山

精神 用无悔的青春奋战雪域高原》《弘扬长征精神》等党课，让党员思想上受洗礼，铸“魂”补“钙”，提升党性修养，践行初心使命。另一方面，组织开展红色实践活动，推动爱国主义精神和革命精神的传承和发展。2021年，集中组织党员103人赴中共一大诞生地上海、嘉兴，重温入党誓词，过政治生日，发挥政治仪式浸润作用，党员党性意识不断增强。2021年，党委委员集体赴国铁集团红色教育基地詹天佑纪念馆及青龙桥火车站进行参观研学，不断将学习引向深入。主题教育期间，针对党员工作地点分散等难题，党委集中组织、支部统一策划、临时党小组组织党员就近就便到红色基地学习，共组织党员干部赴红色教育基地开展党史教育36场次，瞻仰革命先烈，铭记奋斗历史，引导党员将践行初心使命落实于日常行为和工作中。

二是开设“黄色警示课堂”，筑牢防线守底线。聚焦安全生产。安全是企业的生命，坚持把安全教育作为党管安全的基础，常抓不懈。通过召开党委会、支部党员大会及党课等形式，进行安全生产警示教育，引导职工牢固树立安全第一的思想，时刻敲响安全生产的警钟。聚焦廉洁自律。突出正向教育和警示教育相结合，常态化开展党纪学习教育，以案释纪、以案释法，紧抓廉政教育不松懈。党委委员分批次与基层单位党政负责人和“参与招投标重要岗位人员”廉政谈话，强化事前、节前警示教育。聚焦工程、物资、经营等领域，将委外分包、物资采购、资金拨付、设计变更、配合施工等廉洁风险高的环节，纳入地勘院党风廉政重要风险源清单，指导各支部梳理风险点，不断强化廉洁风险防控。聚焦保密工作。充分认清当前形势，加强保密警示教育。以“4·15”全民国家安全教育日、保密宣传月等活动为依托，通过宣传栏、《地勘院快讯》等宣传平台，积极开展保密普法宣传。通过案例学习引导干部职工从泄密案件中总结经验，不断提高自我防范能力。

三是推行“绿色综合课堂”，聚焦素质全面提升。聚焦中心工作，围绕“交通强国、铁路先行”、“十四五”规划实施、集团公司转型升级、地勘院高质量发展开展教育学习，引导党员把思想和行动统一到党中央决策部署上来，始终保持奋斗精神和革命精神，在时代大潮中建功立业。坚持技术赋能，发挥“微党课”优势，追踪生产中的“急难险重”任务，将政治理论内容与生产实践内容相结合；缩短授课时间，增加交流互动环节，避免党员“听觉疲劳”，提高学习质量；将“技术党课”搬进项目现场，通过“讨论＋实操”的培训方式，营造学以致用良好氛围。谨防电信诈骗，针对近年来网络金融诈骗活动的猖獗，及时开展“防范金融风险，筑牢反诈防线”主题教育宣传，使全体职工对网络贷款、网络刷单、冒充领导、网络投资等金融诈骗套路有了更全面的认识，增强职工抵制各类金融诈骗的“免疫力”。弘扬清风正气，通过“三会一课”、主题党日活动、职工大会、座谈会等形式，对“两优一先”等先进个人和集体进行表彰，弘扬身边的清风正气，让员工感受到有所作为的光荣，产生强烈的归属感和奋发成才的进取心。

（三）关注重点人群，强化分类施教

地勘院党委坚持以理想信念教育为主线，突出党性教育，着力打造政治素质过硬、业务能力强的党员干部队伍。

一是重点抓好党员干部学习培训，淬炼党性，强化执行力。坚持以强化中层以上党员领导干部理论武装、党性淬炼、能力提升为重点，扎实开展集中培训，锤炼忠诚干净担当的政治品格。2021 年以来，地勘院组织中层以上党员领导干部培训 4 批；依托铁道党校，组织党员领导干部参加网络专班学习，共 185 人次参加，完成率 100%；组织党委委员参加设计集团公司统一组织的集中培训 78 人次。坚持以学习贯彻习近平新时代中国特色社会主义思想为主线，贯彻落实党的十九大、二十大精神，把党性教育和理想信念教育贯穿始终，以坚持和完善中国特色社会主义制度、推进国家治理体系和治理能力现代化为目标，对党员干部进行系统教育培训。

二是着力抓好党务工作者集中培训，突出党务技能，强化能力提升。坚持把党务人员党性教育、能力提升作为强党建的抓手。2021 年以来，共组织党支部书记、专职党务人员集中培训 5 批次、71 人次，重点进行党章、党的理论知识及“三会一课”等党建业务知识的培训，进一步提升党务工作者履职能力。结合实际，组织编写了基层党建工作指南课件，为新任职的支

部书记及时开展培训，并汇总了基层党支部书记抓党建工作必用的程序性文件，为支部书记抓实党建工作，尽快提升抓党建工作的本领打下基础。两年来，及时培训新上岗的党支部书记10名，做到应培尽培。在地勘三所、检测公司、创研中心等不同业务类型党支部推行优秀年轻党员挂职党支部副书记，厚实基层党建工作和党务人才培养。

三是全面抓实党员集中轮训，强化党性教育，造就高素质党员队伍。将年度培训计划纳入党建重点工作清单，并严格落实。地勘院共有240名党员，且党员结构较复杂，党员间年龄差距大、学历差距大，面对结构复杂的党员群体，地勘院针对重点人群重点培训。针对新党员及发展对象、积极分子开展地勘院及支部级两级培训；针对高学历党员及工人党员，通过调研、访谈等了解其思想动态，针对不同的党员群体指导支部开展相应的教培工作；针对青年党员，抓好“传帮带”和“导师带徒”、入职岗前培训制度，持续开展适合青年职工特点的教育活动，以党建带团建，通过青年座谈会、征集“五小”论文、主题团日活动、青年比武台等活动形式，带领青年职工充分了解国情路情企情，助力成长成才；针对长期外业党员，利用“线上+线下”的模式参加云端学习，拉近外业党员与组织距离。针对普通群众，通过群团组织，积极开展各类活动，带动全体群众积极参与思想政治理论学习和工作，充分发挥群众的参与和监督作用，也更好地起到了组织、宣传、凝聚、服务群众职责。2021年以来，先后举办普通党员教育培训班4期、288人次，推动重点专题研学。

（四）突出特色教育，挖潜组织生机活力

地勘院党委不断创新党员教育方式方法，突出特色教育，着力提高党员干部素质，增强基层党组织凝聚力、战斗力，发挥好党员的先锋模范作用和示范引领作用。

一是创新组织形式，推动教育活起来、深下去。结合专业特点和工作实际，组织党员利用多种方式开展党史学习。利用微党课分享学习体会，组织党员以“党史上的今天”为主题，撰写“我要讲党史”微党课100余篇，

激发党员的学习热情。开展诗词品鉴活动，以《地勘院快讯》“筑梦之声”专栏为载体，分享红色诗词追忆革命历史，共征集19篇作品。开展“党史上的家乡”活动，通过讲述家乡党史故事，追寻红色足迹，感悟红色记忆，共征集18篇作品。以讲促学，举办“建设命运共同体，奋力作出新贡献”“两坚守、两实现”“奋进新征程、喜迎二十大”系列宣讲活动58场次，认清形势任务，提升学习教育质效；以赛促学，利用“学习强国”平台、“问卷星”小程序开展学习竞赛39次；面向广大党员群众，开展学“四史”知识竞赛快问快答活动，推动学习持续走深走实。开展“我为群众办实事”实践活动，党委层面聚焦服务构建发达完善的现代化铁路网、服务国家重大战略；聚焦加快企业发展，增强职工群众获得感、幸福感、安全感；聚焦企业与职工命运共同体，打造多元价值实现平台三方面重点，完成“我为群众办实事”清单16项，以学史力行、实干为民的实际成效彰显地勘院的责任担当。各党支部根据实际情况，立足小切口，产生大变化，完成所内办实事清单69项，让职工群众切身感受到办实事效果。

二是推进党建信息化系统建设，探索“党建 + 新媒体”学习方式。及时更新维护全国党员信息系统，确保党组织、党员信息的完整性、准确性，为基层开展党员学习教育提供基础保障。充分发挥“三号两刊一平台”作用，“三号”即“人民铁道”“中国铁设”“青春地勘”微信公众号，“两刊”即《铁三院简讯》《地勘院快讯》，“一平台”即“学习强国”平台，使广大职工充分利用好现有的政治理论学习阵地，广泛宣传党的主张、公司价值理念、生产经营动态、先进典型经验，组织党员利用零碎时间收听学习，形成了“全覆盖、多层次、有重点、常态化”的学习教育模式，解决了生产单位工学矛盾突出、党员集中学习困难等问题，打造出“指尖上的课堂”。

三是深化主题实践活动，挖潜基层组织生机活力。地勘院党委常态化开展党内主题实践活动，在各级党组织和广大党员中广泛开展“创先争优”，深化“党员先锋岗”“党员突击队”等活动，充分发挥广大党员的先锋模范作用和典型示范引领作用。围绕中心工作，授旗壮行展作为。广泛开展“党旗在基层一线高高飘扬——以实际行动庆祝中国共产党成立100周年”专项活动，结合生产、科研、经营工作实际，在11个基层单位组建了17支党员突击队，引领广大党员立足岗位担当作为、拼搏奋斗，在创先争优上深度融入，使党旗在基层一线高高飘扬。争创党内品牌，打造科技平台。坚持“以党建指导科研创新，以科研创新促进党建”的工作思路，指导创研中心党支部结合自身特色，创建“刘桂卫遥感技术创新团队”等党内品牌，引领地勘院党员职工积极投入创新发展工作，党内品牌效应及内涵得到充分展示。开展专项行动，转作风抓落实。在职能部门全体人员中开展“学典型、找差距、强作风、促落实”专项活动。以专题组织生活会为契机，广泛开展先进典型宣教学习，坚持查改并行、全员参与；以支部党员大会为抓手，定期学习教育研讨、查找问题整改；以机关与一线党支部结对共建为总揽，组织开展“下基层送温暖”“真情关怀见实效”“结对共建保研发”系列党日活动，力求打造一支政治强、业务精、敢作为、作风正的职能干部队伍，为中心工作提供优质服务。

四、推进党员教育培训工作的经验启示

加强党员教育培训质量是党的建设基础性、根本性、经常性任务。党的十八大以来，以习近平同志为核心的党中央高度重视加强党员教育工作，作出一系列重要论断、重大部署，不断推动党员教育工作从严从实、创新发展。我们党也相继开展了党的群众路线教育实践活动、“三严三实”专题教育、“两学一做”学习教育、“不忘初心、牢记使命”主题教育、党史学习教育和学习习近平新时代中国特色社会主义思想，党员队伍建设不断加强。2024年国铁集团工作会议上的报告中指出，要加强基层党组织书记队伍建设，完善落实后备培养、选拔任用、教育培训、履职考评等机制。

（一）贯彻党员教育管理工作条例是党员教育的基本遵循

《中国共产党党员教育管理工作条例》以习近平新时代中国特色社会主义思想为指导，以党章为根本遵循，总结吸收实践创新成果，对党员教育管

理的内容、方式、程序等作出规范，是做好新时代党员教育管理工作的根本指南。增强国有企业党员教育管理培训体系化建设就是要以《中国共产党党员教育管理工作条例》为基本遵循，切实把党员教育体系搭建的思路理清楚、理透彻、掌握准，充分认识培训质量、针对性实效性和体系化之间的关系。

（二）落实习近平新时代中国特色社会主义思想教育是党员教育的首要任务

用习近平新时代中国特色社会主义思想武装全党，是党中央明确的党员教育的首要政治任务。党员要把习近平新时代中国特色社会主义思想作为必修课，读原著、学原文、悟原理，深刻理解习近平新时代中国特色社会主义思想的重大意义、科学体系、丰富内涵、精神实质、实践要求，掌握贯穿其中的马克思主义立场观点方法，增强政治自觉、理论自信、情感融入，做到真学真懂真信真用。

（三）做到精准施策是党员教育的有力保证

一是做到培训对象精准，把党员领导干部队伍、党务人员队伍、普通党员队伍区分开来，分类施教。二是做到培训内容精准，在完成规定学习内容的基础上，坚持以培训对象的需求为导向，体现不同领域和群体党员特点，有针对性地因需施教。三是做到培训效果精准，对教育培训该解决什么问题、取得什么样的效果需有提前思考和预判，科学制定方案、合理安排课程等，并根据对象不同实行动态调整，确保预期效果与实际效果相一致。

（四）创新培训方式是党员教育的有效支撑

调查显示，教育培训方式方法不灵活是当前党员教育培训的主要问题。因此，要坚持继承优良传统与改进创新相结合，在传统的开会、上课、讨论等方法的基础上，积极推广专题研究、短期培训、小班教学等方式，创新运用体验式、案例式、观摩式培训方法，依托“互联网＋党建”模式，建立党员教育管理信息化平台，明确党员教育任务清单，固化教育流程，共享教育培训成果，形成“组织建在网上、党员连在线上、管理尽在掌上”的党员教育培训工作新模式，全面加强党员教育培训质量。

（五）引领培训成效是党员教育的最终目标

党员教育作为党的建设的重要组成部分，围绕中心、服务大局是应有之义。加强党员教育培训体系化建设要坚持把加强党的领导提高党的建设质量作为教育培训工作的指南针，把心怀“国之大者”服务国家发展大局作为党员教育培训工作的出发点，把解决思想问题与解决实际问题作为党员教育培训工作的落脚点，把教育引领基层党组织战斗力凝聚力作为党员教育建设的评价指标，建立有关部门齐抓共管，两级党组织履职尽责的工作新格局，有效加强地勘院党员队伍建设，为高质量发展提供人才支撑和强大动力。

（执笔人：张明启、王衍汇、张聪颖）

新时代铁路设计单位企业文化建设探究

中国铁路设计集团有限公司机环院党委

习近平总书记指出："没有先进文化的积极引领，没有人民精神世界的极大丰富，没有民族精神力量的不断增强，一个国家、一个民族不可能屹立于世界民族之林"。国有企业是"党执政兴国的重要支柱和依靠力量"，优秀的国有企业文化是中国特色社会主义文化的重要组成部分，是推动先进生产力发展的重要因素。铁路设计企业作为国有企业的重要组成部分，肩负着服务和支撑中国式现代化"火车头"的重要使命任务。当前，世界正经历百年未有之大变局，中华民族伟大复兴正在不断向前推进，这对铁路设计单位企业文化建设也提出了新要求。本文以中国铁路设计集团有限公司机环院为例，围绕该院文化建设开展研究，总结经验，归纳成果，探索发挥铁路企业文化软实力的实现路径。

一、新时代国铁企业文化建设的内涵、背景及意义

（一）国铁企业文化建设内涵

企业文化作为企业发展的核心竞争力，基本要素是企业经营哲学、企业精神、企业价值观等理念文化，其中企业精神作为企业员工共同的心理和价值取向，是企业凝聚人气、鼓舞士气的一面旗帜。国铁企业文化，相比而言，

因其性质决定其具有强烈的政治性和鲜明的人民性。

铁路是中国共产党领导中国工人阶级登上政治舞台的最早发源地之一，广大铁路人听党话、跟党走，形成了以“人民铁路为人民”为核心的铁路精神谱系，既有早期的“二七”精神、“毛泽东号”精神，也有新时期的“青藏铁路精神”“川藏铁路精神”，历史雄辩地证明，传承与发扬好铁路企业文化，必将使文化的“软实力”为勇当服务和支撑中国式现代化的“火车头”凝聚起强劲“硬支撑”。

（二）加强国铁企业文化建设的现实背景

2023年10月，党中央召开全国宣传思想文化工作会议，正式提出了习近平文化思想，为铁路企业更好担负起新的文化使命提供了强大思想武器和科学行动指南。党的二十届三中全会提出：“中国式现代化是物质文明和精神文明相协调的现代化。必须增强文化自信，发展社会主义先进文化，弘扬革命文化，传承中华优秀传统文化，加快适应信息技术迅猛发展新形势，培育形成规模宏大的优秀文化人才队伍，激发全民族文化创新创造活力。要完善意识形态工作责任制，优化文化服务和文化产品供给机制，健全网络综合治理体系，构建更有效力的国际传播体系。”

面对新形势新任务，国铁集团对铁路企业提出要坚持以习近平新时代中国特色社会主义思想为指导，全面贯彻党的二十大、二十届三中全会等重要会议精神，深入学习贯彻习近平总书记对铁路工作的重要指示批示精神，聚焦新时代新征程国家铁路使命任务，坚定信心、开拓奋进，以全面深化改革创新为动力，以加快构建“六个现代化体系”为载体，奋力推动铁路高质量发展、率先实现铁路现代化取得新成效，为民族复兴伟业贡献铁路力量。

进入新时代，具有良好企业文化传承的企业才能够获得更大价值创造力。百年铁路行稳致远、独具特色、繁荣发展的国铁企业文化是重要引领和支撑力量。因此，面对新形势、新任务，为了更好实现党中央和国铁集团的新要求，铁路企业需要更加聚焦聚力用党的创新理论凝心铸魂，发展壮大主流价值、主流舆论、主流文化，不断巩固全路干部职工团结奋斗的共同思想基础，不断提升铁路文化软实力和影响力，为奋力推动铁路高质量发展、率先实现铁路现代化、勇当服务和支撑中国式现代化的“火车头”提供坚强思想保证、强大精神力量、有利文化条件。

（三）新时代国有企业文化建设的价值意义

一是提升文化感召力。“国企姓党”，国企的企业文化首先要有鲜明的政治性。要带领职工践行社会主义核心价值观，坚持党的文化领导权，用企业文化的感召力将文化自信融入气质和品格，从而将广泛获得认同的价值理念转化为广大职工的行动自觉。

二是发掘潜在生产力。企业文化是企业核心竞争力重要组成部分，是企业内生动力。良好的企业文化是与企业发展战略、科学先进的经营理念、管理理念、产品研发理念相适应，能有效整合企业发展生产力，提升企业竞争力，从而推动中心工作。

三是扩大企业影响力。把握中国式现代化战略重点，打造良好企业文化有助于壮大企业价值，对内打造行业旗帜，形成行业标杆；对外展现中国铁路形象，扩大中国铁路影响力。

二、铁路设计单位企业文化建设的现状

本文以中国铁路设计集团机环院为例，该院发源于1953年，几经变迁，逐渐发展为设置有机务、车辆等6个不同专业，职工189人的基层研究院。该院职工硕士以上学历占比71.4%，具有受教育水平普遍较高，专业素养积淀深厚的特点。

（一）调研设计

课题组以机环院职工为研究对象，组织开展职工企业文化认同度调查，从而作为下一步企业文化建设策略建议依据。

课题组通过对机环院史料分析和日常观察，结合本次研究实际，对现有企业文化研究量表进行收集和整理，以李克特五级量表为蓝本，从“认知、态度、行为”三大模块24个具体指标体系开发出“企业文化建设个人评价”

量表。

课题组在形成调查量表初稿基础上，征求了管理层（4人，占比100%）、职能管理层（6人，占比50%）、生产业务板块负责人（3人，占比60%）、生产业务基层职工（8人，占比6%）意见，并进行了第一次访谈，围绕企业文化建设、文化建设现状、对企业文化建设愿景及职工自身行为方面对量表进行了完善，修订了调研方案，通过再一次征求意见，量表信度和效度良好（见表1）。

表1 企业文化建设个人评价量表

测量维度	编号	测试题项
认知	X11	我清楚了解机环精神内容
	X12	我清楚了解机环安全理念内容
	X13	我清楚了解机环质量理念内容
	X14	我清楚了解机环创新理念内容
	X15	我清楚了解机环服务理念内容
	X16	我清楚了解机环廉洁理念内容
	X17	我可以说出机环院优点和特色
	X18	我很清楚机环精神和文化理念的含义
态度	X21	我很欣赏机环精神
	X22	我认为机环院提倡的价值观也是我做事的准则
	X23	我喜欢机环院的工作氛围
	X24	我认为机环院印制企业宣传册很有必要
	X25	我认为机环院制作《铁设风雨70载，机环奋进20年》很有必要
	X26	我会认真阅读《机环简讯》《机环快报》《机环微讯》
	X27	我会认真阅览集团院网上机环院的文章
	X28	我愿意把中国铁设公众号涉及机环院的消息分享给亲朋好友

续表

测量维度	编号	测试题项
行为	X31	我愿意为机环院文化建设作出贡献
	X32	我的行为正在受机环文化理念影响
	X33	我认为我的行为符合机环院主流价值导向
	X34	我积极参与机环院宣传工作，包括撰写稿件、将机环院宣传册分享给外部单位
	X35	我会主动维护机环院形象，提升专业地位
	X36	我会注意提醒家人不在网上发布不实言论
	X37	我积极参与机环院组织的宣传文化活动，如宣讲、合唱等
	X38	我认为机环院文化建设可以推动中心工作提升

（二）问卷和访谈

课题组选取 80 名职工填写问卷，覆盖机环院管理层、中层管理人员及全部生产单位。通过初步筛选，获得有效问卷 78 份，有效回收率 97.5%，基本情况见表 2。

表 2　样本基本特征情况

变量	样本分布	频数	百分比（%）
年龄	28 岁以下	12	15
	28 ～ 35 岁	40	50
	36 ～ 45 岁	22	27.5
	45 岁以上	6	7.5
入职年限	3 年以内	16	20
	3 ～ 5 年	24	30
	5 ～ 10 年	19	23.75

续表

变量	样本分布	频数	百分比（%）
入职年限	10～20年	13	16.25
	20年以上	8	10
职级	管理层	4	5
	中层管理人员	18	22.5
	基层职工	58	72.5

经过对问卷数据进行分析，职工对企业文化“认知”维度得分最低（3.6分），“态度”维度得分中等（4.4分），“行为”维度得分最高（4.7分）。整体呈现“行为—态度—认知”递减的情况（见表3）。

表3 样本测量得分

测量维度	编号	测试题项	得分（分）	维度得分（分）
认知	X11	我清楚了解机环精神内容	4.1	3.5
	X12	我清楚了解机环安全理念内容	3.3	
	X13	我清楚了解机环质量理念内容	3.3	
	X14	我清楚了解机环创新理念内容	3.3	
	X15	我清楚了解机环服务理念内容	3.3	
	X16	我清楚了解机环廉洁理念内容	3.45	
	X17	我可以说出机环院优点和特色	3.7	
	X18	我很清楚机环精神和文化理念的含义	3.9	
态度	X21	我很欣赏机环精神	4.9	4.3
	X22	我认为机环院提倡的价值观也是我做事的准则	4.3	
	X23	我喜欢机环院的工作氛围	4.2	

续表

测量维度	编号	测试题项	得分（分）	维度得分（分）
态度	X24	我认为机环院印制企业宣传册很有必要	4.6	4.3
	X25	我认为机环院制作《铁设风雨70载，机环奋进20年》很有必要	4.8	
	X26	我会认真阅读《机环简讯》《机环快报》《机环微讯》	4.0	
	X27	我会认真阅览集团院网上机环院的文章	4.1	
	X28	我愿意把中国铁设公众号涉及机环院的消息分享给亲朋好友	4.5	
行为	X31	我愿意为机环院文化建设作出贡献	4.8	4.7
	X32	我的行为正在受机环文化理念影响	4.6	
	X33	我认为我的行为符合机环院主流价值导向	4.6	
	X34	我积极参与机环院宣传工作，包括撰写稿件、将机环院宣传册分享给外部单位	4.5	
	X35	我会主动维护机环院形象，提升专业地位	4.9	
	X36	我会注意提醒家人不在网上发布不实言论	4.9	
	X37	我积极参与机环院组织的宣传文化活动，如宣讲、合唱等	4.6	
	X38	我认为机环院文化建设可以推动中心工作提升	4.9	

课题组对问卷调查情况进行分析，并组织开展个别深度访谈，得出二者结论比较统一，问卷调查结果基本符合实际情况。

（三）结果分析

通过对调研结果进行分析，之所以造成“行为”维度得分高于“认知”维度得分，与常规概念“知、信、行”呈现倒挂趋势，原因有以下两点：第一，企业文化理念内容、内涵了解不深主要原因在于物化企业文化内容形成较短；第二，得益于铁路人文化长期熏陶，通过企业规章制度、激励措施和管理方式的引导，潜移默化的行为准则已在职工中形成统一共识，使职工形成了行为自觉。结合调研分析，得出以下结论：

一是铁路企业文化要物化宣传，应实行“入眼、入脑、入心”的“三入”原则。铁路设计企业以实干为要，习惯“低头拉车”，埋头设计，对于宣传思想文化工作接受度还需进一步加强，“抬头看路”正在逐渐走进职工心中。要将企业文化理念进一步物化，通过“三入”原则，用文化墙、标语标识建设等方式，实现抽象文化可感、可视、可触，让职工通过日常“入眼”，长此以往“入脑”，经过长期“实践—学习—再实践”实现“入心”的目的。

二是企业文化要守正创新，应采用“三选”方案。“三选”即选择好要传承的内容，坚决杜绝需破除的理念，大力发扬值得发扬的精神。企业文化要随着时代发展不断去伪存真，广为弘扬。百年来，铁路人经历向国外学习先进技术的时期，形成谦虚、内敛的风格。如今中国铁路已走上世界舞台，中国高铁技术已经领跑世界，要引导职工勇于展示业务成就，将内化于行动中的统一的价值取向和行为准则等文化要素传承发扬。

三是企业文化要服务中心，围绕“三应”开展。“三应”即响应新时代号召、适应新时代变化、适应新时代需要。百年铁路之所以行稳致远，独具特色，离不开企业文化的引领和支撑。好的铁路企业文化建设，要响应新时代号召，勇当服务和支撑中国式现代化的“火车头”历史使命；好的铁路企业文化建设，要适应新时代变化，破除旧体制思维定式；好的铁路企业文化建设，要回应时代需要，着力于推动中心工作。

三、铁路设计单位发展企业文化建设的创新探索——“文化三力”建设

为了有效应对新形势、新任务，机环院以习近平文化思想为指引，结合调研发现的问题和单位实际，从企业文化工作入手，固本培元、守正创新、

培育文化软实力，创新探索构建“文化三力”建设，部署推进《机环院宣传工作管理办法》全面实施，在铸魂上用心、在强基上用力、在赋能上用功。

（一）主导原则

一是坚持党建引领，用理论指导实践。习近平总书记在2023年全国宣传思想文化工作会议上提出，“着力加强党对宣传思想文化工作的领导”。提高政治站位，是企业文化建设的基础，正确的政治方向，是国铁企业生存发展之本，必须持续跟进学习贯彻落实习近平新时代中国特色社会主义思想，并用以指导实践，推动工作。

二是强化组织功能，以制度确保执行。通过将党的组织和党的工作实现有形有效覆盖，健全两级党组织班子，充分发挥党委领导作用和党支部战斗堡垒作用。以强化组织功能为牵动，加强宣传思想文化阵地管理，完善制度建设，使管理更加精确、高效。将企业价值观建设融入企业管理办法，将宣传思想文化工作纳入党支部分类定级考核，并鼓励支部间“手拉手”交流互鉴，将抽象文化建设具体到实际工作中去。

三是秉持以人为本，以文化赋能发展。共产党人的初心和使命是为中国人民谋幸福，为中华民族谋复兴。中国铁路的根本宗旨是“人民铁路为人民”。企业的发展需要依靠人民群众，同时也是为了人民群众。构建职工与企业命运共同体，从广大职工精神需要出发，发挥职工的首创精神，引导职工将个人职业发展与企业发展方向高度统一，使企业与职工创造、传承、践行的理想信念、价值追求和行为规范反映到外化的核心价值观、整体气质和精神品格，造就内驱型员工，实现内驱型管理。

（二）打造“文化三力”文化建设体系

一是聚焦引领力建设，为企业发展铸魂。以企业发展方向为引领，宣讲国铁集团、集团公司和机环院形势任务、开展“改革创新展作为、提质增效立新功”宣讲，广泛进行本单位精神阐释宣贯，将主流价值、主流舆论、主流文化发展壮大，让职工充分体会其中的使命、愿景、价值观，并将这些融入日常管理的各个环节，强化企业与职工命运共同体意识，塑造基于共同价值之上的引领力。

二是聚焦执行力建设，为机环发展强基。执行力是企业对员工行为的约束，同时也反作用于企业的战斗力、凝聚力和竞争力建设。从支部党建和生产经营实际可以看出，党建工作考核得分靠前的，中心工作完成效果也是靠前的，基层党支部的执行力与中心工作效果呈正相关态势。

三是聚焦内驱力建设，为机环发展赋能。企业文化建设是提升企业生机和活力的重要源泉。在企业文化建设过程中，通过文化为职工内驱力赋能，使文化对内作用于员工，提升服务发展的本领；对外感染客户、吸引客户，提升企业知名度、获得客户信任，最终为业务的发展赋能。机环院在全员征集、广泛研讨提炼的基础上，形成了质量、安全、创新、服务、廉洁文化理念，让文化赋能业务、赋能客户，助力高质量发展。

（三）具体实践探索

在具体落地实践上，机环院结合发展20年以来企业文化建设情况和具体工作实际，从引领力、执行力、内驱力三个方面推动落地，实施以来收到了良好效果，获评全国水土保持先进集体、全路五四红旗团支部和全国青年文明号等荣誉，被设计集团认定为基层思想政治工作示范点。

1. 举好党建引领旗帜，加强理论学习，以“引领力”为主导，构建机环文化魂脉。一是坚持把学习宣传贯彻习近平新时代中国特色社会主义思想作为首要政治任务。把党的基本理论、基本路线、基本方略作为学习重点，邀请党校教授到单位授课，同时加强与路内企业“联学共建”学习中央和国铁集团重要会议精神，从而进一步统一思想，将“请进来”“走出去”相结合，通过政治引领构建良好文化基础。二是强化“机环精神”阐释，引领共同价值观建立。企业文化的核心在于价值观的认同。党委主抓，党政工团齐抓共管，将“爱企、协同、创新、执行”的机环精神进一步阐释宣贯，融入到机环院重大会议报告中，印制在运动会统一着装上，日常反复宣贯并在《机环简讯》《机环微讯》中规范使用。实施以来，“机环精神”得到了全院广大干部职工的广泛认同，一致认为爱企是前提，协同是关键，创新是动力，执行是保障。三是编制、宣贯宣传画册，引领人人经营意识形成。党委牵头，各支部组织专业梳理汇总本单位发展历程、典型业务成就、业务发展展望，带领职工回望历史的同时增强企业认同感，在编制完成后进行广泛发布，使每一名职工了解机环院各专业业务领域，强化“人人经营”意识，在对外工作中介绍、宣传机环院，提高对外经营形象。

2. 严格制度文化管理，树立纪律规矩意识，以“执行力”为保障，标定机环文化主线。一是建设制度文化，强化执行力养成。党委从基层单位制度执行着力，以“四化”考核机制硬化考核，实行“3 报、3 汇、3 查”机制，提前 3 天向党群室汇报活动计划；每 3 个月向党员大会汇报季度工作；党委每季度到支部检查党建工作并形成反馈通报点评，形成闭环，建立自上而下的高效执行力和坚实的基础管理体系，促使职工责任上肩，高效推动中心工作，将纪律规矩意识融入行为，形成高效、执行的文化氛围。二是通过立体化宣传，展现执行力成果。机环院通过对内宣传的《机环简讯》《机环快报》和对外宣传的《机环微讯》形成两讯一报，实现内宣、外宣平台全覆盖，《机环简讯》每月在内网发布，《机环微讯》在外网发布；《机环快报》每半月一期，对当期各方面工作最新消息进行快速报道，立体化宣传各项工作进展。坚持发挥榜样力量，打造机环之星系列评选，树立身边的榜样、遴选“两优一先”先进人物、锻造“最美铁设人”，让职工身边有榜样，层层有先进，用人人争当榜样的良好氛围引导职工行为，将职工思想进一步统一到企业发展这个大课题当中来。

3. 发挥文化赋能作用，深化文化理念阐释，激发职工“内驱力”建设，建设企业职工命运共同体。一是进一步阐释专题文化理念，为专项工作赋能。进一步企业文化建设是提升企业生机和活力的重要源泉。机环院将质量、安全、创新、服务、廉洁等专题文化理念作为重要项点在工作部署中宣贯阐释，组织职工结合工作谈体会，并编制《机环专题理念经验作品集》固化留存成果，通过“知—信—行”不断循环，深化企业文化影响力，实现对内提升员工专业水平，对外提升企业知名度的双赢局面。二是升级精神层面，用文化认同凝心、铸魂、聚力、笃行。通过开展主题党日、主题团日、表彰大会、政治生日等仪式性教育强化文化认同感和自豪感；举办“诗颂新中国，献礼新时代”朗诵大赛、“改革创新展作为、提质增效立新功”主题宣讲比赛，为职工搭建平台，涵育爱党爱国爱企思想；坚持好已进行 6 年的“红旗飘飘砥砺奋进读书会”和已进行 9 年的“爱心助童”志愿活动，持续打造传承性、社会性品牌活动，使职工有归属感和社会责任感；通过组织编制《铁设风雨 70 载，机环奋进 20 年》纪念册，以及“机环工匠面对面”“书记上讲坛”等活动，将宝贵经验积累沉淀，引导职工固化、沿用并继承在发展历程中形成的共同情感和价值追求，化“要我做”为“我要做”，让企业文化成为企业发展的软实力，成为铁路企业高质量发展的重要力量源泉。

四、结语

文化认同是最深层次的认同，是企业的团结之根，和睦之魂。机环院在企业文化方面进行了一些尝试，但是距离国内一流企业文化还有差距。

中国铁路百余年发展历程中，“始终听党话、永远跟党走”“人民铁路为人民”是铁路人的精神力量，铁路设计单位根植于丰厚土壤，自当将这伟大的精神力量融入血液，在党的坚强领导下，不断加强文化建设，传承红色基因，奋力推动企业高质量发展，以永不懈怠的精神状态和一往无前的奋斗姿态砥砺前行。

（执笔人：宋琪、王金委、马晓彤）